Aus Chinas Küchen

365 Rezepte
aus dem Reich der Mitte
gesammelt und präsentiert von
Ho Fu-Lung
im
Hallwag Verlag
Bern und Stuttgart

Ho Fu-Lung
wurde 1956 in Taiwan geboren, wohin sein einst begüterter Vater während der chinesischen Revolution geflohen war. Mit 16 Jahren begann der junge Ho seine Berufsausbildung als Koch in Taipeh, wo er nach sieben harten Jahren seine Ausbildung mit einem Meistertitel abschloß.
1983 begann der Autor seine neue Karriere in Deutschland, wo er in chinesischen Restaurants verschiedener Großstädte tätig war. Der auch als Food-Stylist tätige und heute in der Nähe von Köln wohnhafte Autor hat bereits mehrere Bücher über die chinesische Küche verfaßt, die in mehrere Sprachen übersetzt wurden. 1990 wurde er von der Gastronomischen Akademie Deutschlands mit einer Silbermedaille ausgezeichnet.
Seit dem Sommer 1993 leitet Ho Fu-Lung seinen eigenen gastronomischen Betrieb.

Der Verlag dankt Frau Renate Jeske in Erftstadt für die engagierte Durchsicht der Manuskripte und die kompetente Beantwortung aller aufgetauchten Fragen.

Umschlagbild:
Chinesische Kinder am Neujahrsfest beim Entzünden von Feuerwerk.

Sämtliche Illustrationen wurden speziell für dieses Buch von der Pekinger Malhochschule unter der Leitung von Liu-Jian und Jiang Ping angefertigt.
Lektorat: Urs Aregger
Umschlag und Gestaltung: Robert Buchmüller

Satz, Reproduktion und Druck: Hallwag AG Bern
Bindung: Burkhardt AG, Mönchaltdorf
ISBN 3-444-10414-6

Hallwag

Inhalt

Vorwort

Das Reich der Mitte liegt in den fruchtbarsten Klimazonen Asiens. Umgeben von einer Fülle von Pflanzen und Tieren hat sich dort in Jahrtausenden die chinesische Zivilisation entwickelt, als Widerspiegelung der geschichtlichen Erlebnisse ihrer Bewohner.

In China leben heute über 50 verschiedene Völker zusammen, die in gemeinsamen Anstrengungen eine vielfältige und hochentwickelte Kultur geschaffen haben.

Die Kochkunst ist ein bedeutender Teil dieser Zivilisation, der Lebenskultur überhaupt. Bereits vor 2000 Jahren gab es in China das bekannte Sprichwort «Das Essen ist dem Volk so wichtig wie der Himmel». Die chinesische Gastronomie ist in der ganzen Welt berühmt, und China wird ja auch «das Land der Kochkunst» genannt. Diese hat sich aus vielen Erfahrungen und großen Anstrengungen heraus entwickelt. Und aus dem Zusammenleben der Völker haben sich ganz unterschiedliche Eßgewohnheiten ergeben, von denen ich in diesem Buch ebenfalls berichten möchte.

In der 5000 Jahre alten Geschichte der chinesischen Zivilisation haben sich die Chinesen mehr als 4000 Jahre lang vorwiegend von den Produkten des Ackerbaus ernährt. Die drei täglichen Mahlzeiten bildeten die wichtigste Sorge im Alltag. Doch im Laufe der Zeit entdeckten auch die Chinesen die große Bedeutung von Essen und Trinken, und sie begannen sich der Verfeinerung ihrer Eßkultur zu widmen.

Daraus erklärt sich zu einem Teil die heutige große Beliebtheit der chinesischen Küche und die weltweite Verbreitung von Chinarestaurants. Wer die Küche Chinas kennengelernt hat, entwickelt meist eine besondere Zuneigung zu ihren Gerichten. Und wer vom Genuß besonderer Leckerbissen träumt, weilt in Gedanken sicher gern in einem der vielen Chinarestaurants, denn dort gibt es äußerst schmackhafte Bissen . . .

Doch wer weiß denn schon wirklich Bescheid über die Geschichte der chinesischen Küche, die Feinheiten ihrer Gerichte, spezielle Details? Warum ißt man überhaupt Neujahrskuchen? Warum begann man in China Fleisch zu räuchern? Wann wurden die ersten chinesischen Kochtöpfe hergestellt? Bei welchen Gelegenheiten trinkt man einen besonderen Festwein? Welche Tradition steht hinter der Weinerzeugung in China? Woran sollen die Mondkuchen beim Herbstfest erinnern? Oder was bedeutet es, wenn beim Drachenbootfest gedämpfter Reis *(Tzung-Tze)* serviert wird?

All diese Fragen wird das vorliegende Buch beantworten. Ich erläutere darin auch die traditionelle Eßkultur, die alltäglichen Nahrungsmittel, die Zubereitung der chinesischen Gerichte und die wichtigsten Eßgewohnheiten und Traditionen der Völker Chinas.

Daß die chinesische Küche etwas ganz Besonderes ist, illustrieren auch die mit ihr verbundenen Entstehungsgeschichten, Erzählungen, Legenden, Märchen, Sagen, Witze und Sprichwörter. Sie kommen im folgenden ebenfalls zur Sprache, zeigen sie doch auf, daß die Küche Chinas ein Teil des Volkstums, ja zweifellos *Volkskunst* ist.

Seit der Antike wurde die chinesische Kochkunst von Generation zu Generation, von Vätern zu Söhnen überliefert. Aber wie man das traditionelle Erbe dieser Kochkunst bewahrt und gleichzeitig um eine Weiterentwicklung bemüht ist, um die chinesische Kochkunst immer wieder der Zeit anzupassen und zu verfeinern, ohne sie jedoch ihrer Eigenarten zu berauben – das ist eine schwierige Aufgabe und gleichzeitig die historische Aufgabe und Pflicht der heutigen Generation aller chinesischen Köchinnen und Köche.

Ich bin stolz darauf, meinen Teil zu diesen Bemühungen beizutragen und die Kochkunst meines Volkes über meinen Kulturkreis hinaus vielen interessierten Leserinnen und Lesern bekannt und vertraut zu machen

Im Herbst 1993

HO FU-LUNG

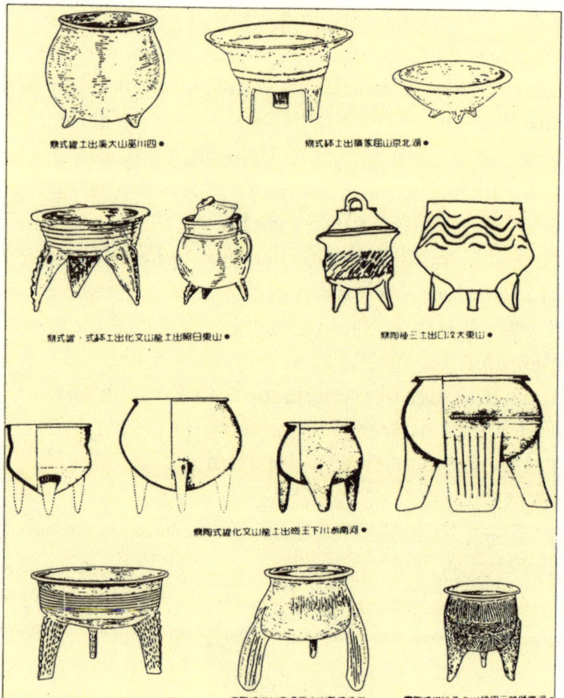

●四川巫山大溪出土罐式鼎

●湖北京山屈家嶺出土鉢式鼎

●山東日照龍山文化出土鉢式、罐式鼎

●山東大汶口出土三種陶鼎

●河南淅川下王崗出土龍山文化罐式陶鼎

●浙江嘉興馬家浜出土鉢式扁足陶鼎

●浙江杭縣出土良渚文化罐式陶鼎

●河南偃師二里頭出土夏代罐式陶鼎

插圖五　史前至夏代各式陶鼎

從本書史前陶製鼎形器看起來，所謂鼎，只是在罐或容器的鉢下面安上三支腳而已，早期的鼎足較矮，後來經改良而加長，目的都是製造一個可以燒火的空間，鼎乃[illegible]的罐鉢……是很明顯的。

Die chinesische Esskultur

Bevor die Kunst des Feuermachens entdeckt wurde, ernährte sich der Mensch vornehmlich von Pflanzen, Früchten sowie vom rohen Fleisch der Tiere. Dabei wurde alles mit Haut und Haaren verspeist. Das Blut der Tiere trank man, um den Durst zu stillen. Auch Fell und Federn der Tiere fanden Verwendung für die Bekleidung des Menschen, bevor sie selbst Stoffe herstellten.

Das Kochen hat seinen Ursprung wohl bei der Entdeckung des Feuers. Dieses ermöglichte den Menschen, Fleisch zu garen. Aber das gekochte Fleisch erwies sich häufig als völlig ungenießbar, da es verkohlte oder zu Asche wurde. So mußte sich der Mensch eine bessere Garmethode einfallen lassen.

Bei ersten Versuchen wurde das Fleisch mit Gräsern und Blättern umwickelt, wie die Geschichtsforschung nachweisen kann. Doch auch damit waren die Menschen jener Epoche auf die Dauer nicht zufrieden, da Gras und Blätter schnell verbrannten und das Fleisch hart und ungenießbar machten.

Nun umwickelte man das Fleisch mit Lehm, um es dann über dem Feuer zu garen. Allerdings konnte es dabei geschehen, daß das zu lange gebratene Fleisch so stark zusammenschrumpfte, daß nur noch die Lehmhülle übrigblieb. Die Verwendung einer Lehmschicht war aber vielleicht doch die zufällige Erfindung des Kochtopfes, und mit ihr beginnt die eigentliche Geschichte der Kochkunst und damit auch jene der Eßkultur.

Nach der chinesischen Überlieferung war es der legendäre «Gelbe Kaiser», der vor 4000 Jahren neben dem Ofen und weiteren Geräten den Tontopf erfunden haben soll. Sicher ist auf jeden Fall, daß die Chinesen sich seit jener Zeit darauf verstehen, im Tontopf Reis zu dämpfen und Korn zu Brei zu kochen. Hinzugefügt wurde dann häufig wildes Gemüse oder rohes Fleisch, womit die Kochkunst ihre erste Verfeinerung erfuhr.

Nachdem der Mensch in der Steinzeit sich viele Jahrtausende lang bemüht hatte, seine aus Stein gehauenen Geräte zu verbessern, gelang es ihm in einer langen Entwicklung schließlich, Bronzegeräte anzufertigen. Bronze läßt sich in jede Form gießen, und das war ein enormer Fortschritt, auch in der Herstellung von Küchengeräten. Geräte aus diesem neuen Material waren dauerhaft und konnten repariert werden, im Gegensatz zu den zerbrechlichen Steingeräten.

Bei der Bronzegewinnung wird Kupfer mit Zinn verschmolzen. Dadurch wird die Schmelztemperatur des Kupfers gesenkt, die Geräte werden härter, und die Farbe kann beeinflußt werden. Und bronzene Geräte sind nicht mehr zerbrechlich – ein Meilenstein auf der Suche des Menschen nach Schönheit und Ewigkeit.

Vor mehr als 4000 Jahren brach in China bereits die Bronzezeit an. Die Shang- (18. bis 12. Jh. v. Chr.) und die Zhou-Dynastie (1122 bis 249 v. Chr.) bildeten die Blütezeit des Bronzezeitalters. Die Ruine der uralten Mine aus jener Epoche, der Kupferberg *Tung-Lu-Shang* in der Provinz Hubei (Nordchina), ist ein beeindruckendes Zeugnis dafür. Diese Bronzemine wurde mehr als 50 m tief gegraben. Damals beherrschte man bereits die Technik der Belüftung, der Bewässerung und das Zutagefördern von schweren Steinbrocken aus der Tiefe. So gruben die chinesischen Ahnen Minen auf verschiedene Höhenstufen, bewirkten so Unterschiede im Luftdruck und damit Durchzug, was auf einfache Weise das Problem der Belüftung löste.

Weiter baute man damals Holzkuppen für die Bewässerung und erfand die Holzmühle, mit deren Hilfe Steine heraufbefördert wurden. Man baute in der Mine senkrechte und waagrechte Verstrebungen, um den Druck des Berges zu widerstehen und die Transportwege des Kupfers ans Tageslicht zu schützen. All diese technischen Schwierigkeiten wurden überwunden, bis man das Kupfer mit

Zinn verschmelzen und so die neuen Geräte herstellen konnte.

Zuerst formte man ein Tonmuster des gewünschten Gerätes. Dieses ölte man ein und überzog es zusätzlich mit einer Erdschicht. Schließlich schnitt man dieses Muster stückweise auf, korrigierte es und setzte es neu zusammen. Es wurde ein inneres und ein äußeres Muster gefertigt, worauf man die beiden zusammensetzte. Dazwischen goß man die flüssige Bronze. Nachdem man die Bronzeformen eingefroren hatte, brach man die äußere Schale auf und konnte dann das fertige Bronzegerät herausnehmen.

Der nächste Schritt war die Bereicherung der Speisen durch Gewürze. Das erste verwendete Würzmittel war Salz. Später kamen Pflaumen und viele wilde Kräuter hinzu. Dies ist der eigentliche Anfang der Entwicklungsgeschichte der chinesischen Küche, die sich grob in sechs Phasen unterteilen läßt:

Die erste Phase der chinesischen Kochkunst fällt in die Zeit von der Xia- (um 2100 v. Chr.) bis zur Chin-Dynastie (255 bis 206 v. Chr.). Die großen Fortschritte in der Landwirtschaft und in der Tierzucht in großen Teilen Chinas führten in der chinesischen Küche im Zeitraum dieser 2000 Jahre zu einer enormen Erweiterung ihrer Zutaten. Als die Jagdwaffen und Fischfanggeräte verbessert wurden, wurde die Palette der Nahrungsmittel mit Wildbret und Meerestieren ergänzt.

Wichtig für die chinesische Küche in dieser Epoche sind die sogenannten «fünf Elemente». Gemeint ist eine traditionelle Ernährungslehre, die sich sowohl auf die Gruppe der Haustiere wie auch auf Obst und Gemüse bezieht. Die «fünf Elemente» der Haustiere umfassen beispielsweise Rind, Lamm, Schwein, Hund und Huhn. Zu den Gemüsen zählen Lauch und Schnittlauch, während als die fünf elementaren Obstsorten Datteln, Pflaumen, Kastanien, Mandeln und Pfirsiche gelten.

Darüber hinaus bekannt sind zu dieser Zeit bereits Bär, Reh, Schimpanse, Orang-Utan,

Schildkröte und Dachs. Auch Muscheln, Zucker, Malzzucker, Taro und Lotuswurzel waren damals Grundbestandteile der chinesischen Küche.

Die zweite Phase der chinesischen Kochkunst fällt in die Zeit von der Chin- (255 bis 206 v. Chr.) bis zur Süd-Nord-Dynastie (317 bis 589 n. Chr.). In diese rund 800 Jahre fällt auch die Frühzeit des chinesischen Feudalismus. Landwirtschaft, Handwerk und Handel hatten sich in den Perioden der relativen Ruhe und Stabilität gut weiterentwickelt, und die Kontakte mit dem Ausland verstärkten sich zunehmend. Durch den Handel mit seinen westlichen Nachbarländern gelangten nun weitere Nahrungsmittel nach China und wurden dort bald heimisch. Dazu gehören Knoblauch, Wassermelone, Gurke und verschiedene grüne Bohnensorten. Sie bedeuteten eine zusätzliche Erweiterung für die chinesische Küche.

Verbessert wurden damals auch die Arbeitsmethoden in der Landwirtschaft, so daß es bald gelang, größeren und ertragreicheren Anbau zu betreiben. Die Kontakte mit den westlichen Nachbarländern verstärkten sich. In dieser Zeit wurde auch das Rezept des chinesischen Tofus, einer Art Sojabohnenquark, verfeinert. Mit der Tofuherstellung hielten auch weitere Kocharten in der chinesischen Küche Einzug, so die Schonkost und die vegetarische Kochrichtung.

Etwa zur gleichen Zeit wurde auch mit der Getreidebrennerei begonnen, und es wurden erstmals Essig und Sojasauce hergestellt. Man verbesserte auch die Qualität der Kochgeräte und verwendete allmählich leichteres, dünneres Material.

Die dritte Phase der Entwicklung der chinesischen Kochkunst fällt in die Blütezeit der chinesischen Kultur, etwa von der Sui-Dynastie (589 bis 618 n. Chr.) bis zum Niedergang der mongolischen Yuan-Dynastie (1280 bis 1368 n. Chr.). In diesen fast 800 Jahren erreichte und überschritt der chinesische Feudalismus seinen Höhepunkt. In einer Zeit der politischen Stabilität erlebte auch die Kultur ihre Blütezeit. Man nennt diese Epoche das Goldene Zeitalter der chinesischen Geschichte.

Natürlich war dies auch für die Kochkunst eine günstige Zeit. Aus den Nachbarländern wurden neue Pflanzenarten eingeführt. Die südostpazifischen Länder lieferten neue Fischarten, z. B. Jelly-Fisch und Tintenfisch, in den Häfen an, die sogleich in der chinesischen Küche Einzug hielten.

Die Erfindung eines tragbaren Blasebalgs ermöglichte auch die bessere Nutzung des Feuers, da dieses nun leichter entfacht und auch in seinem Hitzegrad intensiviert werden konnte. Eine der Besonderheiten der chinesischen Küche liegt ja gerade im richtigen Umgang mit dem Feuer.

Schon zur Zeit der Song-Dynastie (960 bis 1280 n. Chr.) begann man damit, die chinesische Küche in verschiedene Kategorien zu unterteilen. Meist zog man einfach geographische Kriterien dafür heran. So wurde eine erste Unterteilung in die nord- und in die südchinesische Küche vorgenommen; daneben gab es die vegetarische Kochrichtung.

Die vierte Entwicklungsphase der chinesischen Kochkunst fällt in die Zeit der Ming-Dynastie (1368 bis 1644 n. Chr.) bis zur Abdankung des letzten

Chin-Kaisers im Jahre 1912. Diese Epoche ist gezeichnet durch den allgemeinen Niedergang der chinesischen Feudalherrschaft.

In der Anfangszeit der Ming-Kaiser war China militärisch und wirtschaftlich noch sehr stark. Einer der kaiserlichen Eunuchen, der 1431 verstorbene Chong-Ho, durchquerte mit der chinesischen Handelsflotte siebenmal den pazifischen Raum und schloß mit vielen südostasiatischen Völkern Freundschaft, woraus sich umfangreiche Handelsbeziehungen und in der Folge eine Verbesserung der Küchenutensilien und eine Verfeinerung des Eßgeschirrs ergaben. Auch die Auswahl an Nahrungsmitteln wurde immer vielfältiger. Es bildete sich im Reich der Mitte eine überaus reiche Eßkultur heraus.

Bekannt waren damals vor allem die achtteiligen Kategorien der einzelnen Nahrungsmittel, die «acht Kostbarkeiten» der chinesischen Küche. So gehören zum Beispiel zu den klassischen «Kostbarkeiten des Berges» Bärentatzen, Haifischflossen sowie Abalonen; bei der Geflügelkategorie zählten etwa die Schwalbennester, der kleine Adler und der Schwan dazu. Unter den «acht Gewürzen» waren unter anderem der Affenkopfpilz und der weiße Holzohrenpilz, die getrocknete Lilie und der Strohpilz.

Als fünfte «Entwicklungsphase» der chinesischen Kochkunst könnte man die Zeit seit der Gründung der Volksrepublik China im Jahr 1949 bezeichnen. Die jüngste Geschichte ist allerdings für die Eßkultur auf dem chinesischen Festland eine eher schwarze Epoche. Eigentliche Fortschritte in der Kochkunst lassen sich nur auf Taiwan, in Hongkong und in den Vierteln der in Übersee wohnenden Chinesen erkennen. Die Basis dafür legte die Wirtschaftsblüte von Taiwan und Hongkong und der darauf aufbauende relative Wohlstand vieler Chinesen. In diesen Städten kann man bis heute beste chinesische Küche, verbunden mit traditionellen Kochformen, genießen.

Wenn man die Insel Taiwan mitrechnet, besitzt China 35 Provinzen. Jede von ihnen hat ihre kulinarischen Eigenarten bewahrt, was ja schon aufgrund ihrer Größe nicht überrascht. Man kann die chinesische Küche in acht regionale Bereiche unterteilen: die Küche der Hauptstadt Peking, der Provinz Hunan, der Provinz Jiangsu, der Provinz Kanton, der Provinz Sichuan, der Provinz Taiwan, der Provinz Zhejiang; hinzu kommt die vegetarische Küche (siehe S. 368). Die Besonderheiten der Provinzküchen sowie ihren Geschmack wird man nur verstehen, wenn man die betreffende Provinz im Zusammenhang mit ihrer eigenen Geschichte und ihrer Kultur betrachtet:

Die Küche der Hauptstadt Beijing (Peking)

Peking war bereits in früheren Epochen politisches Zentrum des Reiches, nämlich 907 bis 1125 während der Liao-Dynastie, 1125 bis 1234 während der Chin-Dynastie, 1237 bis 1368 in der mongolischen Yuan-Dynastie, 1368 bis 1644 während der Ming-Dynastie und 1644 bis 1911 während der Ching-Dynastie.

Natürlich stand in diesen Epochen auch die Eßkultur in der Hauptstadt besonders im Augenmerk der Bewohner des übrigen Reiches. Nicht zuletzt wegen ihrer verkehrsgünstigen Lage konnte man die Kostbarkeiten aus allen Landesteilen relativ problemlos in die Hauptstadt bringen. So übernahm die Peking-Küche im Laufe der Zeit Besonderheiten aus allen Teilen des Landes. Hauptsächlich beeinflußt wurde sie jedoch sowohl durch die mongolische Küche des Nordens als auch durch die Kantoneser Küche des Südens.

Mit Elementen aus der kaiserlichen Palastküche kombiniert, vereint die Küche Pekings viele kulinarische Köstlichkeiten, bewahrt dabei ihren eigenen Geschmack und bietet noch immer die schönsten Gaumenfreuden für den Genießer.

Die Küche der Provinz Hunan

Die Hunan-Küche ist besonders bekannt für ihre Fischspezialitäten. Meist wird hier die Kochtechnik des Dämpfens angewandt. Es wird aber auch gekocht oder geräuchert.

Man verwendet nach dieser Kochtradition verschiedene Sojasaucen, um eine dunkle Färbung der Speisen sowie einen sauer-salzigen Geschmack zu erzielen. Zu den Spezialitäten Hunans gehören z. B. die fermentierten schwarzen Bohnen. Auf besonders alten Traditionen beruhen die Methoden des Räucherns und Schmorens von Fleisch.

Obwohl die Hunan-Küche Feinheiten der Küche Zhejiangs, Hunans und Sichuans übernommen hat, gab sie ihre ursprüngliche Eigenart nie auf.

Die Küche von Kanton

Die Kantoneser Küche wird vor allem durch ihre geographische Lage bestimmt. Die Fläche dieser Provinz ist riesig, und die dortigen Bewohner verfügen über eine reiche Auswahl an Nahrungsquellen.

Bereichert wurde die Küche von Guangdong auch durch die frühen Handelsbeziehungen zum Ausland. Neben ihren traditionellen Gerichten wurde so auch einiges aus anderen Küchen, z. T. sogar aus der europäischen Küche, entlehnt. Die Küche der Provinz Kanton, zu der auch die Hongkong-Küche gehört, ist auf der ganzen Welt bekannt und feiert immer wieder besondere Erfolge. Man verwendet in ihr gerne Pflaumen-, Austern-, Sate- und Tomatensauce sowie Shrimps- und Sesampaste.

Einige der Eigenarten der Kantoneser Küche wurden der europäischen Küche entlehnt, so z. B. die Gewohnheit, kleine schmackhafte Bissen zum nachmittäglichen Tee zu reichen. Bekannt ist sie aber vor allem wegen ihrer Vielzahl an bescheidenen, leichten Gerichten, von denen *Dim-Sum* sicher das berühmteste ist.

Die Küche von Sichuan

Die Provinz Sichuan liegt in der Mitte Südchinas am Oberlauf des Chang-Jiang. Bekannt ist sie vor allem für ihre Reichhaltigkeit an Gewürzen. In der Sichuan-Tradition gibt es viele scharfe Chili-Gerichte. Häufig wird sie zusätzlich unterteilt in die Küchen der beiden Städte Chungqing und Chengdu.

Die Hauptnahrungsmittel stammen alle aus der Landwirtschaft, da die Provinz keinen direkten Zugang zum Meer hat. Die Sichuan-Küche umfaßt viele Geschmacksrichtungen: süß, sauer, scharf oder salzig. Knoblauch, Chili- und Pfefferaromen sind bei ihr besonders beliebt. Weitere Unterscheidungen innerhalb der Sichuan-Küche ergeben sich aus der Intensität der angewandten Kochmethode.

Festessen nach Sichuan-Art bestehen gerne aus speziellen Gerichten wie Haifischflossen, Schwalbennestern, Abalonen und getrockneten Seegurken.

Die Küche Taiwans

Durch das Wirtschaftswunder hat die Insel Taiwan einen besonders hohen Wohlstand erreicht. Auch Eßkultur und Gastronomie erleben heute eine Blütezeit.

Das traditionsreiche Gericht, klare Reissuppe mit kleinen Gemüsen, ist zu einem festen Bestandteil der reichhaltigen taiwanischen Küche geworden. Taiwan ist eine Insel im Meer, und so sind es natürlich die Fischgerichte, die den Hauptbestandteil der Küche ausmachen. Diese Richtung der chinesischen Küche hält das Gleichgewicht zwischen fett und mager, und ihre Produkte werden immer sehr frisch angeboten. Die häufigsten Kochtechniken sind hier Dämpfen, Dünsten, Braten sowie Grillieren.

Während der Besatzungszeit im Zweiten Weltkrieg kam Taiwan auch mit der japanischen Küche in Berührung. Einiges wurde von ihr übernommen. So essen heute auch die Taiwaner sehr gerne rohen Fisch und kaltes Rindfleisch.

Besondere Bemühungen richten sich auch auf ein schönes Dekor von Geschirr und Speisen. Die Schneidetechnik nach Taiwaner Art ist wohl die kunstvollste in ganz China und weltweit berühmt.

Eine weitere Besonderheit der Küche Taiwans (die man übrigens auch in Kanton beobachten kann), ist die «gesundheitsfördernde Ernährung». Damit ist das Dämpfen oder Dünsten chinesischer Heilkräuter zusammen mit kalorien- und vitaminreicher Nahrung gemeint. Damit soll dem Körper im Sommer Kühlung und im Winter Wärme zugeführt werden.

Die Küche von Zhejiang

Zu dieser Kochrichtung gehört auch die Küche von Shanghai. Sie wird besonders stark durch ihre geographische Lage bestimmt, denn Zhejiang ist eine Küstenprovinz am Unterlauf des Chang-Jiang (Yangtze).

Die Grundnahrungsmittel dieser Küche stammen vor allem aus dem Meer, aber auch aus der Landwirtschaft. Die Stadt Hangzhou ist besonders berühmt für ihr leichtes, mildes und aromatisches Essen. Geachtet wird hier besonders auf das kunstvolle Zerschneiden und Dekorieren der Speisen.

Die für Gerichte aus Fischen und Meeresfrüchten bekannteste Stadt ist Ning-Po. Dort werden durch Dämpfen, Dünsten und Backen die Speisen so zubereitet, daß ihr Eigengeschmack bewahrt bleibt.

Chinesische Lebensmittel

Gemüse

Affenkopfpilz

Der Affenkopfpilz verdankt seinen Namen dem besonderen Aussehen. Wildwachsende Exemplare findet man nur auf den Hochebenen. Die Außenseite dieser Pilze sieht einem Katzenauge ähnlich und ist von milchiger Farbe. Ein einzelner Pilz kann bis zu 500 g wiegen. Am häufigsten werden die Affenkopfpilze gebraten oder als Suppeneinlage verwendet. Ihr Geschmack gleicht dem der Champignons, ist aber viel zarter.

Auberginen

In China gibt es mehrere Auberginenarten, so außer den länglichen und kleinen, tomatengroßen auch die für Europa typischen Sorten. Die Farben können sich ebenso stark voneinander unterscheiden: Neben der typischen Auberginenfarbe gibt es nämlich noch weiße und grüne Variationen. In der chinesischen Küche werden die Auberginen geschmort, fritiert und gekocht gegessen. Nur die kleinen, tomatenähnlichen Auberginen eignen sich für Salat oder als Suppengemüse.

Austernpilz

Dieser große Pilz ist an der nach oben gerichteten Seite eher dunkel, während er an der Unterseite fast weiß gefärbt ist. Austernpilze sind das ganze Jahr über erhältlich. Im Sommer dauert die Wachstumsperiode etwa 90 Tage, während der Wintermonate hingegen 120 Tage. Die Pilze werden als Suppeneinlage gebraten, geschmort und fritiert gegessen. Auch als Beilage zu Nudeln sind sie sehr beliebt.

Bambus

Der Bambus hat im Reich der Mitte eine sehr große Bedeutung: Vom Hausbau bis zur Speisekarte – überall konnte und kann man ihm noch heute begegnen. Aus altem Bambusholz werden z. B. Küchengeräte, Möbel und andere Gebrauchsgegenstände angefertigt.

Gegessen wird hingegen der junge Bambus. Man unterscheidet zwischen Sommer- und Winterbambus. Der zweitgenannte ist härter, etwas kleiner, bitterer im Geschmack und an der Außenseite leicht behaart. Er kommt nicht so häufig vor und ist dementsprechend teuer. Sommerbambus ist größer, saftiger und wird für viele verschiedene Speisen benutzt. Für die Zubereitung der Gerichte spielt dieser Unterschied keine Rolle: Man kann die beiden Bambussorten genau gleich verwenden. Nur für die kalten Platten eignet sich Sommerbambus besser.

Bambus wird geschmort, gebraten und gekocht. Zudem wird aus Bambus ein Schnaps mit 55 % Alkoholgehalt gebrannt.

Dieses Gemüse wird bei starker Sonneneinstrahlung hart und bitter. Deshalb schützen die Bauern die jungen Sprossen mit Hilfe von Stroh. Das macht den Bambus besonders zart, saftig und wesentlich dicker. Geerntet wird sehr früh morgens, damit die Sonne das Wasser nicht aus dem Bambus herausziehen kann, was ihn bitter werden läßt. Ein chinesisches Sprichwort sagt in diesem Zusammenhang: *Yu-Hou-Chun-Sun* («Bambus soll man am besten nach dem Regen ernten»).

Bambuspilz

Dieses Gemüse wächst in den Bambuswäldern und gedeiht besonders gut, wenn der Boden mit Kuhmist gedüngt ist. Um den Bambuswald errichten die Pilzzüchter einen dichten Zaun, um den Wind von den Kulturen abzuhalten.

Unterhalb des Pilzkopfes sondert die Pflanze eine Art Schleim ab, der sich wie ein großes Netz über den ganzen Stiel ausbreitet. Bambuspilze müssen etwa zwei Jahre wachsen, bevor man sie ernten kann. Dabei faßt man den Kopf an und zieht so den ganzen Pilz heraus. In roher Form wird er nie gegessen, sondern immer zuerst an der Sonne getrocknet und dann weiterverarbeitet. Getrockneter Bambuspilz verändert seine Farbe von Weiß zu Hellbraun. Wegen der langen Wachstumszeit sind diese Pilze recht teuer: 1 kg kostet etwa 200 DM oder Franken.

Getrocknete Bambuspilze werden vor der Zubereitung zunächst eingeweicht und dann weiterverwendet, meist als Suppeneinlage.

Bambusspitzen

Diese sind klein, schmal und werden etwa 16 cm lang. Bambusspitzen haben eine gesprenkelte Haut und relativ wenig Fruchtfleisch. Sie werden oft als kalte Platte gegessen, meist jedoch getrocknet weiterverwendet. Im Sommer sind Bambusspitzen eine beliebte Suppeneinlage.

Betelnussstamm

Das Fleisch des Betelnußstammes wird ähnlich wie Bambus verwendet. Auf chinesisch heißt dieses Gemüse denn auch «Halber-Himmel»-Bambus. Als Gemüse genutzt wird nur das oberste, jüngste Stück des Betelnußstammes, natürlich erst dann, wenn die Pflanze keine Früchte mehr trägt, was nach etwa zehn Jahren der Fall ist. Aufgrund dieser langen Wachstumszeit und der geringen Größe der etwa 50 × 6 cm langen Stiele ist dieses Gemüse mit dem bambusähnlichen Geschmack recht teuer. Gegessen wird es nur als Suppeneinlage.

Bittermelone

Neben den grünen gibt es auch weiße Bittermelonen. Vom Geschmack her ist die erstere intensiver, doch schmecken beide leicht bitter. Aus der weißen Bittermelone wird am häufigsten Suppe hergestellt, während man die grüne am liebsten brät. Diese Früchte werden oft für Sommergerichte gebraucht, da ihr Genuß eine beruhigende Wirkung hat, den Durst löscht und erfrischt.

Blumenkohl

Neben dem bekannten weißen Blumenkohl gibt es auch noch eine grüne Art. Gegessen wird dieses Gemüse gebraten oder als Suppeneinlage. Auch das Einlegen von Blumenkohl ist verbreitet. Das Gemüse findet dann als kalte Platte Verwendung.

Brunnenkresse

Sie wächst nur in sehr sauberen Gewässern. Bereits 20 bis 30 Tage nach der Saat kann mit der Ernte begonnen werden. Die Blätter der Brunnenkresse sind ziemlich klein und die Stiele innen hohl. Das Gemüse wird hauptsächlich als Salat und als Suppeneinlage verwendet, aber auch gebraten.

Buddha-Handgemüse

Hierbei handelt es sich um eine Kürbisart, die ihren Namen dem Aussehen verdankt, denn dieses Gemüse erinnert stark an zwei zum Gebet gefaltete Hände. Jede Frucht ist etwa 10 cm lang, grün oder weiß gefärbt und 400 bis 500 g schwer. Im Inneren des Kürbis befindet sich ein Kern, aus dem sich – wenn man die Frucht nicht weiterverarbeitet – in ein bis zwei Monaten ein junger Sproß entwickelt. Das Fleisch des Buddha-Handgemüses wird meist gebraten oder als Suppeneinlage gegessen. Die Keimlinge können ebenfalls verspeist werden. Meist wartet man jedoch ab, bis sie etwa eine Höhe von 30 cm erreicht haben, bevor die Pflanzen geerntet werden. Das Gericht ist auch als «Drachenbarthaargemüse» bekannt.

Champignon

Die vielen unterschiedlichen Champignonarten werden in besonderen Treibhäusern bei Dunkelheit gezüchtet. Es dauert 60 bis 70 Tage, bis man die Pilze ernten kann. Champignons werden gekocht, fritiert, geschmort und als Suppeneinlage gegessen. Diese Pilze sollte man möglichst schnell verwerten, da sie nach kurzer Zeit giftig werden. Man erkennt dies an der dunkler werdenden Farbe.

Chicorée (Zichorie)

In China wird daraus entweder ein Salat oder eine Suppeneinlage bereitet. Man kann Chicorée natürlich auch gebraten essen. Im Gegensatz zu europäischen Sorten ist der chinesische Chicorée wesentlich länger und schmaler. Auch vom Geschmack her gibt es kleine Unterschiede: Er ist wesentlich süßlicher. Manchmal wird er auch als Gemüse zum chinesischen Feuertopf gegessen.

Chinakohl

Dies ist eine eigene Kohlart, von der es wiederum viele verschiedene Sorten gibt. Chinakohl kann sehr klein und nur zwischen 100 und 200 g schwer sein; manchmal jedoch wiegt er bis zu 3 kg. Auch in der Form unterscheiden sich die einzelnen Arten: Manche sind eher rund, andere hoch und zugespitzt.

Die verschiedenen Chinakohlsorten werden allerdings meist auf die gleiche Art zubereitet. Häufig werden sie als kalte Platte, kurz gebraten, geschmort oder als Suppeneinlage gegessen.
Die chinesischen Maultaschen sind wohl das bekannteste Gericht mit Chinakohl.

Chinesischer Schnittlauch

Es gibt zwei Arten des chinesischen Schnittlauchs: die eine wird auf dem Feld, die andere nur im Treibhaus gezogen. Der Feldschnittlauch sieht sehr grasähnlich aus, hat aber einen scharfen Geschmack. Treibhausschnittlauch wiederum ist wesentlich heller in seiner Farbe, sehr zart und auch im Geschmack deutlich milder.
Gegessen wird Schnittlauch zu Suppen, als Gemüse für kalte Platten oder gebraten. Außerdem gehört Schnittlauch in chinesische Pfannkuchen, Maultaschen und Nudelgerichte. Beim Genuß von Schnittlauch ist der starke, knoblauchähnliche Nachgeschmack zu berücksichtigen. Auf leeren Magen sollte man ihn besser meiden.

Chinesisches Schneegemüse

Dieses Gemüse sieht dem Pak-Choi sehr ähnlich, ist jedoch länger und fester. Chinesisches Schneegemüse wird nie frisch gegessen, da es zu bitter und zu scharf schmeckt. Es wird direkt nach der Ernte in einen großen Bottich mit Salz eingelegt, dann gründlich durchgewalzt, in Portionen aufgeteilt und schließlich in Töpfen aufbewahrt. Vor der Weiterverwendung muß man das Schneegemüse gründlich mit Wasser waschen und kleinschneiden. Meist wird es mit Chili zusammen zum Anbraten oder wie junge Sommerrettichblätter verwendet.

Chinesisches Senfgemüse

Frisches Senfgemüse sieht wie Kopfsalat aus, hat jedoch wesentlich kräftigere, meist handgroße Stiele. Ein solcher Gemüsekopf kann bis 2 kg schwer werden. Der Geschmack des Senfgemüses ist leicht bitter. Um an den Stiel zu kommen, schneidet man die oberen Blätter ab, bis nur noch der etwa kohlkopfgroße Strunk übrigbleibt. Die Blätter werden an Tiere verfüttert, während der Strunk hauptsächlich geschmort, als Suppeneinlage oder als kalte Platte bereitet wird.

Chinesischer Blumenpilz

Es gibt viele verschiedene Arten von chinesischen Blumenpilzen. Der Name rührt daher, daß sie nur auf bestimmten Blumen wachsen.

Heutzutage werden sie meist in Treibhäusern, die meist in 2000 m Höhe und weit darüber liegen, gezüchtet. Zur Zucht werden mit Hämmern Löcher in Holzstümpfe geschlagen, damit sich dort der Blumenpilz entfalten kann. Es dauert zwischen 6 und 12 Monaten bis zum Beginn der Ernte. Die chinesischen Blumenpilze können auch in Tüten gezogen werden, die mit Mais und Reiskörnern gefüllt sind. Die Wachstumszeit der Pilze verkürzt sich dabei auf etwa drei Monate. Je nach Zuchtform und -ort unterscheiden sich die Pilze auch in der Qualität. Die beste Qualität erkennt man an der Dicke und an der leicht brüchig wirkenden Oberfläche. Meist werden die Pilze zur besseren Haltbarkeit getrocknet und zu Konserven verarbeitet. In dieser Form sind sie auch in Europa leicht erhältlich.

Blumenpilze werden in der chinesischen Gastronomie geschmort, gebraten oder auch als Suppeneinlage gegessen.

Eingelegter Senfkohl

Hierbei handelt es sich um eingelegtes chinesisches Senfgemüse. Nach der Ernte wird der Senfkohlkopf in eine Salzlösung eingelegt und ziehen gelassen. Nach einiger Zeit verfärbt sich das ursprünglich grüne Gemüse darin und nimmt eine gelbliche Farbe an. Zudem bekommt es durch diese Behandlung einen leicht säuerlichen Geschmack und gehört somit zu den Sauergemüsen. Man findet eingelegten Senfkohl von verschiedenartigem Aussehen, aber geschmacklich gibt es kaum Unterschiede. Gegessen wird der eingelegte Senfkohl gebraten, als kalte Platte, als Suppe oder als Salat.

Eisbergsalat

Die Blätter dieses knackigen Salats liegen sehr eng übereinander und bilden eine Art festen Ball. In China wird Eisbergsalat auch als Suppeneinlage verwendet und als eigenständiges Gemüsegericht gebraten.

Erbsenkeime

Die Erbsen brauchen 45 bis 50 Tage, bis sie keimen. In China werden die Erbsensprossen geerntet, sobald sie etwa 30 cm hoch sind. Gegessen werden die Erbsenkeime meist gebraten. Sie schmecken ähnlich wie Brunnenkresse. Die Sprossen muß man schnell verwerten, da sie nicht lange haltbar sind: Schon nach ein paar Tagen verfärben sich ihre Blätter braun.

Farnkraut

Das beste Farnkraut wächst auf den Hochebenen, da das Klima dort besonders gut ist und das Aroma des Farnkrauts besonders intensiv werden läßt. In China gehört Farnkraut zu den teureren Gemüsesorten. Die jungen, 15 bis 20 cm langen Sprossen werden, meist kurz gebraten, als Gemüse gegessen. Die Pflanze stärkt die Abwehrkräfte des Körpers und fördert die Blutzirkulation.

Fenchel

Die Fenchelknolle wird wie Gemüse benutzt: gebraten, gekocht, als Suppeneinlage oder als kalte Platte gegessen. Häufig wird sie jedoch auch als Gewürz gebraucht, so z. B. als Bestandteil in Gewürztütenmischungen.

Flaschenkürbis

Dies ist eine in China weit verbreitete Gemüseart, von der es verschiedene Formen gibt, darunter lange, stockartige, aber auch dickbäuchige oder vasenförmige. Letztere wird erst im Alter geerntet und getrocknet. Wenn das Fruchtfleich eingetrocknet ist, werden solche Flaschenkürbisse halbiert und die Hälften als Schaufeln benutzt. Kleinere Früchte dieser Kürbisart werden teilweise ebenfalls getrocknet und dann als eine Art «Flachmann» verwendet. Die jungen Kürbisfrüchte jeder Sorte können sehr gut gegessen werden. In China werden sie oft wie Zucchini in Europa verwendet.

Grüne Bohnen

Grüne Bohnen, egal ob Busch- oder Stangenbohnen, werden am liebsten gebraten oder als kaltes Plattengericht gegessen. Vor dem Braten werden diese Bohnen kurz blanchiert. Auch die grünen Bohnen werden in China oft eingelegt und später dann ebenfalls gebraten, bevor sie verspeist werden.

Grüner und roter Rettich

Zur Familie des Rettichs gehören auch der grüne und der rote Rettich. Diese Sorten sind seltener (deshalb auch teurer) und etwas härter als weiße Rettiche. Im Gegensatz zum weißem Rettich wachsen sie über der Erde und benötigen eine längere Wachstumszeit.

Roter und grüner Rettich sind etwas schärfer und intensiver im Geschmack. Sie wirken gegen Ödeme, Beriberi, Hals- und Lungenentzündung sowie gegen Absonderungen aus den Luftwegen, Diabetes und Blutdruckprobleme.

Meist werden diese Gemüse als Salat bzw. auf kalten Platten angerichtet. Zur Zubereitung gehört das vorgängige Einlegen in Salz, Sojasauce, Zucker und Sesamöl. Genossen werden diese Rettiche meist zum Frühstück.

Gurken

Neben den vielen verschiedenen Gurkensorten unterscheidet man sie auch nach ihrem Alter: Babygurken, junge sowie ausgewachsene Gurken. Gegessen werden sie gebraten, als Salat, zur kalten Platte oder als Suppeneinlage. Außerdem sind sie ein beliebtes Dekorationsobjekt für Könner in der Technik des chinesischen Gemüseschneidens. Babygurken werden meist eingelegt, im Gegensatz zur europäischen Tradition allerdings nicht in Essig, sondern in Sojasauce.

Holzohrenpilze

Auch bei diesen Pilzen leitet sich der Name vom Aussehen ab. Die Mu-Err (*Mu* bedeutet «Holz», *Err* «Ohr») wachsen auf toten Baumstämmen und weisen eine ohrähnliche Form auf. Ihre Wachstumszeit beträgt rund 90 Tage. Holzohrenpilze werden meist erst nach dem Trocknen weiterverkauft, doch kann man in den spezialisierten Geschäften vereinzelt auch frische Holzohrenpilze erwerben. Die häufigste Verwendung der Mu-Err ist das Braten mit Schweinefleisch und Tofu. Daneben trifft man sie aber auch immer öfter als Suppeneinlage an.

Kartoffeln

Natürlich gibt es in der chinesischen Landwirtschaft ebenfalls viele unterschiedliche Kartoffelarten. Sie spielen aber in der chinesischen Küche nur eine untergeordnete Rolle. Meist werden Kartoffeln zum Schmoren, Fritieren oder Braten verwendet. Vorsicht ist geboten, wenn die Kartoffeln noch grün sind oder schon keimen. Solche Exemplare oder mindestens Teile davon müssen vor dem Küchengebrauch unbedingt entfernt werden.

Kleiner chinesischer Kohl

Diese besondere Kohlart kann man am ehesten mit europäischem Pflücksalat vergleichen. Er wird das ganze Jahr über angebaut und geerntet, und seine Wachstumszeit beträgt nur etwa 28 Tage. Der kleine chinesische Kohl wird in China meist gebraten, als Suppeneinlage oder auch als Maultaschenfüllung verwendet.

Kohl

Zur Familie dieses Gemüses gehören Spitz-, Rot-, Weiß- und Rosenkohl, aber auch der gewöhnliche Salat. Am verbreitetsten und beliebtesten in China ist der Spitzkohl, da er besonders süß und saftig ist. Eingelegt kann man ihn später auch als Wintergemüse benutzen. Darüber hinaus wird Spitzkohl auch gebraten, als Suppeneinlage oder kalte Platte gegessen.

Kohlrabi

Es gibt grüne und rote Sorten von Kohlrabi. Geschmacklich sind sie allerdings kaum voneinander zu unterscheiden. Gegessen wird Kohlrabi meist als kalte Platte, aber auch geschmort, gebraten oder als Suppeneinlage.

Langstieliges Senfgemüse

Hierbei handelt es sich um eine entfernte Art der Senfstaude, die als Gemüse gegessen wird. Ihre Stiele werden etwa 1 m hoch. Während der Wachstumszeit entfernt man die Blätter am Rande der Stiele immer sorgfältig und verwendet sie als Tierfutter.

Gegessen wird nur der Stiel der Pflanze. Die starke Haut um den Stiel muß vor der Zubereitung entfernt werden. Meist wird das langstielige Senfgemüse fermentiert; es kann aber auch als Suppeneinlage oder gebraten gegessen werden.

Lilienblumenpilz

Mit ihren schmalen Stengeln und kleinen Köpfen erinnern die Lilienblumenpilze an große Stecknadeln. Sie wachsen nicht einzeln, sondern ähnlich dem Stangensellerie als Büsche. Diese Pilze sind von gelblicher Farbe. Gezüchtet werden sie in Steingutgefäßen mit langem und sehr engem Hals, in denen sich die Pflanzen ihren Weg nach oben zum Licht suchen. Nach 50 bis 60 Tagen sind die Lilienblumenpilze bereit zur Ernte. Sie schmecken ganz ähnlich wie Sojabohnenkeime und sind sehr zart. In China werden sie am liebsten zum Feuertopf gegessen.

Lotus

Von dieser berühmten Pflanze werden in China sowohl die Blätter als auch die Samenkörner verwendet. Lotusblätter dienen dabei meist zum Verpacken von Füllungen; man spricht dann auch von «gefüllten Lotusblättern». Allerdings werden hierfür nur getrocknete Blätter genommen.

Lotusblätter gehören auch zu den traditionellen chinesischen Heilkräutern (siehe S. 65). Lotussamen anderseits werden meist für Kuchen oder zur Herstellung von Süßigkeiten verwendet. Man kann die Samen aber auch mitschmoren oder kochen.

Lotusgewürz

Unter «Lotusgewürz» versteht man die etwa 60 cm lange Wurzel der Lotuspflanze. Eine solche Wurzel kann bis zu 5 oder 6 solche Lotusgewürzstangen ergeben. Das Fleisch des Lotusgewürzes ist weiß und durchlöchert. Es wird meist gebraten oder geschmort zubereitet. Daneben kann man es auch einfach roh als kleine Zwischenmahlzeit essen. Das Lotusgewürz wird manchmal auch zu Pulver verarbeitet, aus dem dann puddingähnliche Süßspeisen bereitet werden. Vom Geschmack her ist es der Wasserkastanie nicht unähnlich.

Lotusgewürz kann man außer in China auch in andern Ländern erhalten, allerdings nur konserviert oder getrocknet. Die Farbe ist dann nicht mehr weiß, sondern holzfarben.

Mais

Man unterteilt den Mais in jungen, sogenannten «Babymais» und den normalen Mais. Letzterer kommt in der chinesischen Küche am häufigsten gebacken oder gedämpft vor. Junger Mais dagegen wird am liebsten geschmort, als Suppeneinlage oder als Gericht für kalte Platten zubereitet. Darüber hinaus werden in China auch die jungen Maishaare als Gemüse verwendet; aus ihnen wird jedoch nur Salat zubereitet.

Mangold

Auch vom Mangold gibt es einige unterschiedliche Arten. In China werden zum einen die Stiele, zum andern aber auch die Blätter gegessen.

Mangoldstiele schmecken etwa wie Chinakohl. Die Blätter hingegen erinnern eher an Spinat. Das Essen von Mangold ist noch nicht allzu lange verbreitet. Früher diente er nämlich ausschließlich als Schweinefutter.

Mittlerweile hat man auch die gesundheitsfördernde Wirkung der Pflanze erkannt. Sie ist nicht nur gut für die Haut, die Fingernägel und das Wachstum der Haare, sondern stärkt auch das Zahnwachstum bei Kindern.

Möhren (Karotten, «Rüebli»)
Auch bei diesem Gemüse gibt es Unterschiede zwischen den in Europa und den in Asien wachsenden Sorten. Letztere sind etwa doppelt so groß. Dickere, ältere Möhren enthalten sehr viel mehr Vitamine und Nährstoffe als kleine, junge.

Aus den älteren Exemplaren wird vor allen Dingen Möhrensaft und -öl hergestellt. Möhren werden als Suppeneinlage, aber auch zum Kochen oder Schmoren verwendet. Gesundheitlich betrachtet wirken sie unterstützend in bezug auf Leber- und Nierenfunktion, verbessern aber auch die Sehfähigkeit. Wegen ihres hohen Vitamingehalts werden sie auch schwangeren Frauen besonders empfohlen.

Pak-Choi
Dieses Gemüse ähnelt stark dem herkömmlichen europäischen Feldsalat. Die Wachstumszeit ist ebenfalls ziemlich kurz: Nach 30 bis 40 Tagen kann bereits mit der Ernte begonnen werden. Gegessen wird es meist als Suppeneinlage oder kurz gebraten. Vom Geschmack her kommt der kleine Pak-Choi dem Chinakohl recht nahe.

Paprika
Diese Gemüse gibt es in roter, grüner und gelber Farbe. In China wird Paprika meist als Salat, kalte Platte oder fritiert gegessen. Manchmal werden Paprikas auch eingelegt. Die bekannteste Zubereitung ist aber das Braten von Paprika mit Rindfleisch zusammen.

Pfeilkraut
Dieses Kraut ähnelt den Wasserkastanien ein wenig. Ihre sehr zarte und saftige Knolle besitzt eine 1 cm lange, kleine Spitze und eine zwiebelartige Haut. Verwendung findet sie vor allem bei Schmorgerichten und Suppen. Pfeilkraut wird auch fritiert.

Porree
In China wird der Porree sowohl als Gemüse wie auch als Gewürz benutzt. Die Mittelstiele des Porrees, die aus den Pflanzen herausgezogen werden, sind besonders zart und vermitteln einen spargelähnlichen Geschmack. Diese werden nur als Gemüse benutzt und sind relativ teuer. Junger Porree wird gebraten und als Suppeneinlage genossen oder nur zum Würzen benutzt. Alten Porree verwendet man wie Knoblauch.

Porree ist appetitanregend und wirkt gegen Mundgeruch.

Radieschen
Die weißen und die roten Radieschen werden meist roh oder als Salat gegessen. Sie dienen aber auch oft dekorativen Zwecken; dazu nimmt man am besten die etwas größeren Stücke, aus denen man auch problemlos ganze Blumen schnitzen kann.

Rettich
Es gibt viele Retticharten. Die in Europa vorkommende Art ist länglich, von weißer Farbe und eher schlank. Asiatische Rettiche hingegen sind häufig kleiner, aber wesentlich dicker.

In China wird Rettich meist zum Suppenkochen und Schmoren verwendet. Eingelegter und getrockneter Rettich ist weit verbreitet. In roher Form wird dieses Gemüse ebenfalls gerne gegessen.

Chinesischer Rettich ist auch unter dem Namen «Ginseng-Gemüse» bekannt, da er gegen viele Krankheiten wirkt.

Römischer Salatstiel
In China läßt man im Gegensatz zu Europa den Römischen Salat auswachsen und verwendet dann nur die Stiele. Früher wurden die Blätter nur an Tiere verfüttert; heute werden sie auch vereinzelt als Gemüse gegessen. Dennoch wird meist nur der Stiel, der etwa 60 × 5 cm groß ist, verwendet, so z. B. als kalte Platte zum Frühstück. In Suppe geschmort werden die Stiele aber auch als

Mittagsgericht geschätzt. Der milchartige Saft der jungen Stiele ist zudem ein gutes Mittel gegen Juckreiz.

Saubohnen

In China sind Saubohnen sehr teuer. Gebraten, geschmort oder auch als eingelegtes Gemüse werden sie sehr gerne gegessen. Viele Gewürzsaucen, besonders in der Tradition der Sichuan-Küche, werden ebenfalls mit Saubohnen hergestellt. So sind sie z. B. in Sambal Olek enthalten. Getrocknet und fritiert werden sie besonders gerne als Snack gereicht.

Schlangenbohnen

Der Name dieses Gemüses bezieht sich auf seine besondere Länge, die 40 bis 50 cm betragen kann. Die Bohnen kommen in drei verschiedenen Farben vor: rot, weiß und gelb. Die rote Schlangenbohne wird meist gebraten. Alle Sorten werden jedoch auch gerne eingelegt. Sie haben einen typischen Bohnengeschmack.

Schwarzwurzel

Asiatische Schwarzwurzeln können erheblich größer als die europäischen Arten werden; sie können eine Länge von 150 bis 170 cm und einen Durchmesser von 3 bis 4 cm erreichen.

Verwendung finden sie vor allem als Gemüse für kalte Platten. Dafür müssen sie vorher eingelegt werden. Man kann sie auch panieren und fritieren, als Beilage zu Rindfleischsuppe geben oder einfach den Saft auskochen und diesen als Getränk geben. Der Saft der Schwarzwurzel hat ein Aroma, das dem des Ginseng ähnelt.

Schwarzwurzeln fördern die Muskelkraft und sind auch für Diabetiker ein sehr bekömmliches Gemüse.

Sichuan-Senfgemüse

Es ist mit dem normalen chinesischen Senfgemüse verwandt, wird jedoch anders benutzt. Die Blätter und Stiele des Sichuan-Senfgemüses ähneln dem

Stangensellerie. Gegessen wird hierbei nur der faustgroße, knorpelartige, 300 bis 500 g schwere Strunk. Nach der Ernte werden die Strünke von den Blättern und übrigen Stielen befreit und in der Sonne getrocknet. Danach legt man sie mit Salz, Chilipulver und anderem Gewürz in einen großen Tontopf ein und läßt sie 4 bis 10 Monate in dieser Lake ziehen. So wird aus dem Senfgemüse das typische fermentierte Sichuan-Gemüse. Vor der Weiterverwertung wird das Gemüse zuerst gewaschen, kleingeschnitten und mit Fleisch gebraten. Möglich ist auch die Verwendung als Suppeneinlage.

Sojabohnen

Aus den grünen Sojabohnen werden Sirups oder andere Süßigkeiten hergestellt. Rote Sojabohnen hingegen verwendet man meist für süße Pasten. Für die Sojabohnenkeimzucht nimmt man die gelben Samen, die mehrere Tage in Wasser ziehen und anschließend in Tontöpfen keimen. Diese Töpfe werden dabei stets gut verschlossen; zwischendurch werden die Bohnen jedoch immer mit Wasser begossen. Neuerdings ist man dazu übergegangen, sie mit einer Wasser-Alkohol-Mischung zu wässern, da die Bohnenkeimlinge so wesentlich dicker werden. Die Keimlinge werden als Suppeneinlage oder als Salat gereicht oder kommen auch gebraten auf den Tisch.

Spargel

Dieses Gemüse kommt als weiße und als grüne Sorte vor. Erstere wächst unter der Erdoberfläche, letztere darüber.

Geschmacklich ist der grüne Spargel stärker als der weiße. In China wird Spargel gebraten sowie als kalte Platte gegessen. Auch wird Saft aus ihm gewonnen. Dieser ist vor allem im Sommer ein beliebtes Erfrischungsgetränk.

Spinat

Am häufigsten wird der Spinat in China als Suppeneinlage oder gebraten gegessen.

Chinesischer Spinat unterscheidet sich von europäischem hinsichtlich Größe und Konsistenz: Er ist länger, saftiger und ein klein wenig zarter. Seine Kochzeit ist dementsprechend kürzer. Besonders die Stiele enthalten viele Vitamine, daher werden sie von Gesundheitsbewußten besonders gerne gegessen.

Stangensellerie

Bei diesem Gemüse kann man zwischen zwei ziemlich unterschiedlichen Sorten unterscheiden: dem «europäischen» und dem «chinesischen» Stangensellerie. Ersterer hat einen relativ dicken Stiel, ist größer und besonders knackig; letzterer ist wesentlich kleiner, seine Stiele ähneln der Frühlingszwiebel, und der Geschmack erinnert ein wenig an jungen Spitzkohl. In China wird Stangensellerie meist als kalte Platte, gebraten oder als Suppeneinlage gegessen.

Strohpilz

Strohpilze sind etwa so groß wie Taubeneier. Ihr Kopf ist an der Oberseite schwarz gefärbt. Die kultivierten Pilze wachsen auf einem Stroh-Erde-Gemisch und benötigen für ihr Wachstum 30 bis 40 Tage. Hierzulande kann man Strohpilze zwar nicht frisch, aber immerhin getrocknet oder in Dosen bekommen. Gegessen werden sie meist gekocht, geschmort oder fritiert.

Süsskartoffeln

In China gibt es neben den «normalen» Kartoffeln auch verschiedene weiße, rote und gelbe Süßkartoffelarten. Früher gebrauchte man die Süßkartoffeln hauptsächlich als Tierfutter. Heute werden sie auch gebacken, fritiert, gekocht oder zu Kuchen verarbeitet.

Am verbreitetsten ist allerdings das Süßkartoffelmehl, das zum Andicken der Gerichte dient. Wie Gemüse werden in letzter Zeit auch die Süßkartoffelblätter verwendet.

Taro

Beim Taro handelt es sich um eine Kartoffelart, die in feuchtem Boden wächst. Die einzelnen Arten lassen sich durch ihre Größe gut voneinander unterscheiden. Von einigen kann man neben der Knolle auch die Stengel und die Blätter benutzen. Letztere wurden früher vor allem zum Einpacken von Lebensmitteln gebraucht.

Große Taros werden geschmort, gedämpft, gebraten oder als Suppeneinlage verwendet. Zudem wird aus Taro eine Art Speiseeis hergestellt. Natürlich gibt es auch Taro-Kartoffelmehl, doch ist sein Gebrauch nicht so stark verbreitet. Ein großer Taro kann 500 bis 1000 g wiegen.

Tomaten

Sie werden in China meist zum Kochen (insbesondere auch von Suppen) oder für die kalte Platte verwendet. Mit Salz bestreute Tomaten sind auch zum Nachtisch beliebt. Außerdem werden in China die Tomaten zur Herstellung von Saucen und von Ketchup benutzt.

Wasserbambus

Diese Bambusart wächst – wie der Name schon sagt – im Wasser und erreicht etwa die Höhe von Schwarzwurzeln. Ihre Blätter sind grasartig.

Das weißliche Bambusfleisch wird aus dem unteren Ende der Stengel herausgezogen; es ist etwa 30 × 5 cm groß. Älter gewordenes Fleisch weist viele Pickel in der Mitte auf und zeigt damit an, daß es sich nicht mehr für den Genuß eignet.

Gegessen wird Wasserbambus meist gebraten oder als Bestandteil von Suppen. Er ist noch wesentlich zarter als junger Bambus.

Wasserkastanien

Die Wasserkastanien wachsen in feuchter Erde. Ihre Blätter und Stiele sehen den Frühlingszwiebeln ähnlich. Die Früchte wachsen unter der Erde und besitzen eine hell- bis dunkelbraune Schale.

Gegessen werden diese Kastanien häufig gebraten, als Suppenbeilage oder in Kuchenform.

Oder sie werden zu Pulver zermahlen und bei der Herstellung von Süßigkeiten verwendet. Wenn man beispielsweise zur Wandan-Füllung einige kleingehackte Wasserkastanien hinzufügt, schmeckt diese besonders zart.

Weisse Holzohrenpilze

Diese sehr spezielle Holzohrenpilzart ist hell gefärbt. Die einzelnen Pilze sind relativ klein und haben eine Wachstumszeit von 20 bis 30 Tagen. In den Asiengeschäften sind in den allermeisten Fällen nur getrocknete Weißholzohrenpilze erhältlich. Vor der Zubereitung werden sie eingeweicht. Gegessen werden sie am liebsten geschmort oder als Suppeneinlage; zudem werden sie auch als Zutat für Süßspeisen verwendet.

Weiße Holzohrenpilze stärken die Lungenfähigkeit und die Geschmeidigkeit der Haut und helfen gegen Arterienverkalkung.

Weisskartoffeln

Diese Kartoffelart ist von sehr heller Farbe, etwa drei- bis viermal so groß wie eine normale Kartoffel, aber wesentlich flacher. Die Schale kann man wie jene einer Banane abziehen, da sie mit Fäden durchsetzt ist. Das Fruchtfleisch der Weißkartoffel ist von weißer, milchartiger Färbung.

Man benutzt dieses Gemüse hauptsächlich in roher Form als Nachtisch. Aber man kann sie auch braten, schmoren, als Suppeneinlage benutzen oder als Klößchen zubereiten. Aus dem Weißkartoffelmehl werden zahlreiche Süßigkeiten hergestellt.

Wintermelone

Die Wintermelone ist entfernt mit dem Kürbis verwandt. Sie kann über 1 m groß und 10 bis 15 kg schwer werden. Ihre Schale ist sehr fest, an der Oberfläche mit feinen Härchen bedeckt und von grüner Farbe, das Fleisch hingegen weiß. Gegessen wird die Wintermelone meist als Suppeneinlage oder als Schmorgemüse. Darüber hinaus werden aus der getrockneten Wintermelone

Süßigkeiten hergestellt. Eine weitere Verwendung der Wintermelone ist ihre Saftgewinnung. Mit heißem Wasser übergossener Wintermelonenextrakt ist ein köstliches, erfrischendes Getränk.

Wojun (Eichblattsalat)

Der Eichblattsalat ist in China nicht besonders stark verbreitet. Man ißt ihn höchstens als kalte Platte. In der Regel wird er nur zur Dekoration verwendet.

Yamswurzel

Die Yamswurzel ist eine kartoffelähnliche Wurzelknollenart, die 1 bis 2 kg schwer wird. Die Knolle wird von einer dunklen, dicken und behaarten Haut umgeben. Das Fleisch ist hingegen weiß.

Gegessen wird die Yamswurzel am häufigsten als Bestandteil von Schmorgerichten, fritiert oder auch als Suppeneinlage. Kühl gelagert ist sie lange, d. h. problemlos 4 bis 5 Monate und länger haltbar.

Zucchini

Dieses Gemüse gehört zur Familie der Kürbisgewächse. Es gibt davon ganz unterschiedliche Sorten, die sich jedoch geschmacklich nicht besonders stark voneinander unterscheiden. In China können manche Zucchini-Arten bis 10 kg schwer werden. Sie unterscheiden sich dann auch farblich, nämlich durch ihre gelbliche Färbung.

Aus dem Fleisch werden Gemüsekuchen hergestellt, oder es wird geschmort gegessen. Getrocknete und eingelegte Zucchini bzw. Kürbiskerne werden in China gerne geknabbert.

Zuckererbsen

In China ißt man nicht nur die Zuckererbsenfrucht, sondern auch ihre jungen Stiele. Letztere werden meist gebraten oder als Salat gegessen. Vom Geschmack her ähneln sie dem Spinat. Zuckererbsenfrüchte werden oft auch gebraten oder als Salat gereicht. Manchmal benutzt man sie zu Dekorationszwecken. Alte Zuckererbsen sind zäh und schmecken nach Gras. Daher sollte man immer darauf achten, junge Schoten zu kaufen. Man erkennt dies vor allem an ihrer Farbe: Alte Zuckerschoten sind gelblich.

Zuckerrohr

Auch dies ist eine besondere Bambusart. Aus dem langen Stiel der Pflanze wird Zucker gewonnen, während die Spitze als Gemüse gegessen wird. Häufig wird Zuckerrohr zusammen mit Fleisch gebraten oder geschmort. Es ähnelt im Geschmack dem jungen Bambus.

Zwiebel

In China werden Zwiebeln meist als Suppengemüse verspeist, in gebratener oder roher Form. Sie unterstützen die Magenfunktion und führen dem Körper wieder Energie zu.

Fleisch

Ente

Entenfleisch ist blutreinigend und stärkt die körpereigenen Yin-Kräfte.

Getrocknete Haifischlippe

Zu Gelee gekocht wird nur das Fleisch des männlichen Tieres. Davon wird eine Stärkung der Milz und der Nierenfunktion erhofft.

Huhn

Hühnerfleisch stärkt das warme Element Yang und unterstützt die allgemeine Vitalität.

Ochsenpenis

Der Genuß des Ochsenpenis stärkt nach chinesischer Tradition die Nieren.

Ochsenschwanz

Verbessert wie der Ochsenpenis die Nierenfunktion.

Reh

Rehfleisch stärkt die Nierenfunktion. Der Rehschwanz kräftigt das Yang-Element des Körpers und unterstützt ebenfalls die Funktion der Nieren.

Schildkröte

Der Genuß von Schildkrötenfleisch soll die Yin-Kräfte des Körpers stärken und die Nierenfunktion unterstützen.

Schlange

Schlangenfleisch wirkt blutreinigend.

Schwalbennester

Schwalbennester gelten als ein Jugendelixier und sollen dem Körper Feuchtigkeit zuführen.

Seidenhuhn

Das Fleisch des Seidenhuhns verbessert die Lungenfunktion und die allgemeine Vitalität.

Spatz

Dem Spatzenfleisch wird eine die Niere stärkende Funktion zugeschrieben.

TAUBE
Taubenfleisch stärkt die Vitalität und unterstützt Leber- und Nierenfunktion.

WACHTEL
Auch Wachtelfleisch unterstützt das warme Element Yang und die allgemeine Vitalität.

WILDSCHWEIN
Auch dem Fleisch des Wildschweins wird eine stärkende Wirkung des warmen Elements Yang nachgesagt.

Getrocknete Gewürze

CHILISCHOTEN
Es gibt sie in zwei Farben: gelbschwarz oder rot. Im Gegensatz zu frischem Chili sind sie nicht besonders scharf. Sie geben der Speise lediglich Aroma und werden somit nur mitgekocht, nicht aber gegessen! Bekannt und beliebt sind die Chilischoten vor allem in der Provinz Sichuan.

CHINESISCHE GEWÜRZMISCHUNG
Von der Zusammensetzung her erinnert diese Gewürzmischung dem Fünfgewürzpulver, doch werden hier die Gewürze nicht zerkleinert bzw. gemahlen gebraucht, sondern ganz belassen. Sie wird vor allem zum Gewürzkochen benutzt.

Ihre Zutaten setzen sich u. a. aus Sternanis, Kardamon und Mandarinenschale zusammen. Man kann die chinesische Gewürzmischung bereits fertig kaufen oder auch gut selbst zusammenstellen.

CURRY
Dies ist ursprünglich eine indische Gewürzmischung. Das Curry hat sich aber auch in der chinesischen Küche einen festen Platz erobert. In den südchinesischen Provinzen ist es besonders beliebt und wird häufig verwendet.

Der Geschmack und die Schärfe der Gewürzmischung variiert entsprechend dem

Mischungsverhältnis ihrer Zutaten, die meist folgende Gewürze umfassen: Ingwer, Kardamon, Koriander, Kümmel, Muskatblüte, Nelke, Pfeffer und Zimt. Dazu wird der Mischung ein Farbzusatz beigefügt.

Verwendung findet Curry am häufigsten bei Schmorgerichten.

Fermentierte schwarze Bohnen

Sie finden vor allem in der südchinesischen Küche Verwendung. Bei der Herstellung wird den schwarzen Bohnen Salz, Wasser, Reiswein sowie Öl beigegeben, dann läßt man sie gären.

Fünfgewürzpulver

Diese Gewürzmischung ist eine der wichtigsten in der chinesischen Küche. Sie besteht meist aus Sternanis, Anispfeffer, Sichuan-Pfeffer, Nelken, Zimt und Süßholzwurzel.

Fünfgewürzpulver ist von brauner Färbung und verströmt ein süßliches, scharfes Aroma. Allerdings variiert dieses je nach Mischverhältnis und Hersteller. Man kann sich natürlich seine eigene Mischung zubereiten.

Glutamat

Dieses Gewürz wirkt als Geschmacksverstärker. Man kann dabei zwischen natürlichem und künstlich hergestelltem Glutamat unterscheiden. Das natürliche wird aus Mais gewonnen.

Sichuan-Pfefferkörner

Diese braunen Pfefferkörner sind innen meist hohl. Häufig werden sie zu Pulver weiterverarbeitet, manchmal auch fritiert und dann ähnlich wie Ingwer benutzt.

Sternanis

Auch dieses Gewürz gibt es schwarzgelb oder rot. Sternanis findet beim Schmoren und Gewürzkochen Verwendung. Am häufigsten wird er zusammen mit Sichuan-Pfeffer, mit Sichuan-Pfefferkörnern (immer bei abgehangenem Fleisch),

Sichuan-Pfeffer und Salz sowie im Fünfgewürzpulver (zusammen mit Sichuan-Pfeffer, Cassia-Rinde, Nelke und Süßholz) gebraucht.

SÜSSHOLZWURZEL
Die Süßholzwurzel, auch Lakritzgewürz genannt, wird meist zum Würzen von Süßigkeiten gebraucht, zusammen mit Obst oder Obstsäften aber auch zum Würzen von eingelegtem Gemüse.

ZIMT UND CASSIA
Cassia wird aus dem inneren Teil der chinesischen Zimtbaumrinde gewonnen. Es gibt Hunderte von Zimtgewächsarten. Als Gewürz bedeutsam ist jedoch hauptsächlich der ostindische Zimt.

Bei Cassia-Arten ist der Gehalt an ätherischen Ölen geringer und ihr süßliches Aroma etwas stärker. Zimt gehört zu den ältesten Gewürzen der Welt und wird in China bereits um 2800 v. Chr. zum ersten Mal schriftlich in einem Kräuterbuch erwähnt.

Frische Gewürze

BASILIKUM
Chinesisches Basilikum ist vom Aroma her etwas stärker als europäisches. Sowohl die jungen Blätter als auch die Stiele finden in der chinesischen Küche Verwendung, haben aber auch ihren Platz in der Naturheilkunde. Basilikumblätter werden häufig gebraten oder zusammen mit Eiern verwendet. Zum Abschmecken wird das Kraut vor allem bei Suppen oder kalten Platten verwendet. Nach der chinesischen Heilkunde hilft Basilikum gegen Husten, Lebensmittelvergiftungen, bei leichteren Prellungen und Zahnschmerzen und fördert die Blutzirkulation.

CHILI
Chili gilt als besonders appetitanregendes Gewürz. Neben getrocknetem Chili werden häufig Chilipaste und -sauce benutzt. Frischer Chili wird

auch gerne roh gegessen. Auch hier sollte man vorsichtig sein: zuviel davon schadet dem Magen, greift die Geschmacksnerven an und kann sogar auf die Augen schlagen.

Allerdings läßt sich dem Chili sehr leicht etwas von seiner Schärfe nehmen, indem man ihn der Länge nach halbiert und die Körner entfernt.

Zerkleinern kann man ihn auf vier verschiedene Arten: zerschlagen (zum Schmoren), in Streifen schneiden (für kalte Platten oder zum Braten), in Würfel schneiden (zum Kochen oder Braten) und schließlich fein hacken (zum Kochen, Braten und Fritieren sowie für kalte Platten).

Chinesische Schalotte

Die Schalottenart erreicht etwa die Größe von Knoblauch. Verwendet werden sie nur kleingeschnitten oder gehackt zum Anbraten oder Fritieren. Fritierte Schalotten mit Schweinemett werden zur Verfeinerung von allerlei Speisen, hauptsächlich von Suppen, gebraucht.

Frühlingszwiebel

Die Frühlingszwiebeln werden nicht nur als Gemüse, sondern auch als Gewürz häufig verwendet. Hierbei gilt es zwischen dem Weiß und dem Grün der Frühlingszwiebel zu unterscheiden. Zur Verfeinerung von Speisen nimmt man das Weiß und brät es meist mit Knoblauch und Ingwer zusammen an.

Mit dem Grün der Frühlingszwiebel zusammen dient es auch der Verfeinerung sowie der Dekoration von kalten Platten und anderen Gerichten. Viele Speisen werden vor dem Servieren noch mit feingehackten Frühlingszwiebeln überstreut.

Auch hier gibt es verschiedene Möglichkeiten, dieses Gewürz zu zerkleinern: halbieren und zerschlagen (für Brühe), der Länge nach zerkleinern (zum Braten), in Streifen schneiden (für kalte Platten oder zum Braten), diagonal in Streifen schneiden (für Suppe oder zum Überstreuen) sowie fein hacken.

Ingwer

Ingwer ist ein in China sehr bekanntes und weit verbreitetes Gewürz, das in vielen Gerichten Verwendung findet. Es gibt zwei Kategorien: jungen und alten Ingwer. Junger eingelegter Ingwer gilt als typische Beilage für ein chinesisches Reissuppenfrühstück. Er ist leicht scharf, saftig und knackig. Nach dem Einmachen verliert er jedoch an Schärfe und hat dann einen eher süß-säuerlichen Geschmack.

Alter Ingwer wird insbesondere als Gewürz für eingemachtes Gemüse gebraucht. Er dient aber auch als Gewürzbeigabe für Chili- und Bohnensauce oder für Sambal Olek. Gerade geschmorte und gebratene, aber auch gedämpfte Speisen werden fast immer mit Ingwer gewürzt.

Frischen Ingwer bewahrt man am besten im Kühlschrank auf, eingeschlagen in ein Stück Papier. Man kann ihn auch einfach in trockener Erde vergraben oder in ungekochtem Reis aufheben.

Ingwer wird immer zerkleinert benutzt, man kann ihn zerschlagen, in Scheiben und in kleine Seidenfäden schneiden oder einfach fein hacken. Kleingehackten Ingwer kann man wie Knoblauch in ½ bis 1 RS Salatöl kochfertig aufbewahren. Bei Bedarf braucht man nur etwas Ingwer herausnehmen, um ihn dann wie gewohnt weiterzuverwenden.

Darüber hinaus ist Ingwer in der traditionellen chinesischen Heilkunde als Heilmittel gegen Grippe und Erkältung bekannt. Folgender Ingwersud hilft gegen entsprechende Beschwerden: 1½ RS Wasser, 2 EL feingehackten, frischen Ingwer sowie 3 EL Zucker verrühren und zusammen 2 bis 3 Min. schmoren lassen. Den Sud so heiß wie möglich trinken und sich anschließend sofort hinlegen.

Knoblauch

In der chinesischen Küche wird Knoblauch mindestens ebenso häufig verwendet wie Ingwer. Oft wird er – ähnlich wie Chili oder Frühlingszwiebeln – auch einfach roh gegessen, was der Gesundheit dienen und den Appetit anregen soll. Trotzdem sollte man damit vorsichtig sein, da abgesehen vom unangenehmen Mundgeruch auf dieses Weise auch der Magen in Mitleidenschaft gezogen werden kann.

Aufbewahrt wird Knoblauch meist zusammen mit anderen Gewürzen in Wein. Konserviert wird er häufig in Zhejiang-Sojasauce.

Man verarbeitet Knoblauch ähnlich wie Ingwer: zerschlagen, pressen, in Scheiben schneiden oder zerhacken. Kleingehackten Knoblauch kann man in ½ bis 1 RS Salatöl gut eine Woche aufbewahren. Bei Bedarf nimmt man dann einen Löffel Knoblauch heraus, um ihn wie gewohnt weiterzuverwenden.

Koriander

In China wird Koriander am häufigsten zum Abschmecken von Suppen sowie zum Überstreuen von kalten Platten und von Salat verwendet. Dem Aussehen nach ähnelt der Koriander stark der Blattpetersilie; er ist jedoch wesentlich intensiver im Geschmack.

Auch in der Naturheilkunde hat Koriander seinen Platz gefunden: Er wird mit anderen Kräutern zu einer Art Mus verarbeitet und dient so als Wundheilkraut.

Petersilie

Am häufigsten wird Petersilie zum Würzen von kalten Platten, Salaten oder Suppen verwendet. Nicht selten dient sie auch zur Dekoration.

Rötlicher Ingwer

Dieses Gewürz, auf chinesisch auch Südlicher Ingwer genannt, ist dem normalen Ingwer sehr ähnlich. Die Blätter dieser Pflanze lassen an kleine Bananenblätter mit schmalen Stielen denken. Anwendung findet dieser Ingwer vor allem beim Schmoren, als Suppeneinlage oder zu Salat. Rötlicher Ingwer ist vom Aroma her sehr viel intensiver als normaler.

Wasabi

Dieses Gewürz ist eine Senfart. In China wächst Senf der besten Qualität nur in Höhenlagen zwischen 2000 und 3000 m. Die Wasabipflanze ist sehr klein, die Wurzel erinnert an eine Miniatur-Schwarzwurzel.

Benutzt wird neben der frischen Wurzelknolle auch das aus getrockneten Knollen gewonnene grünliche Pulver. Wasabi wird am häufigsten zum Würzen von Fisch sowie für kalte Platten oder für Salat benutzt. Aus naturheilkundlicher Sicht hilft Wasabi gegen Erkältung, besonders gegen Schnupfen.

Gewürzsaucen

Bohnenpaste

Bei dieser Paste handelt es sich um ein hochkonzentriertes, scharfes, püreeartiges Gärungsprodukt aus gelben Bohnen, Weizenmehl, Salz, Wasser, Hefe und speziellen Gewürzen.

Auch bei der Bohnenpaste kann man verschiedene Sorten aufgrund der unterschiedlich intensiven Färbung unterscheiden. Es gibt drei Hauptvariationen: normale Bohnenpaste, die, mit Gemüsebrühe und Wasser angerührt, hauptsächlich zu Nudelgerichten gereicht wird, dann

Chili-Sojabohnen-Paste, die besonders in Sichuan sehr beliebt ist, und schließlich die süße Sojabohnenpaste.

Chiligewürzsauce

Der hier gebräuchliche Oberbegriff für die Chiligewürzsauce ist Sambal. Es handelt sich um eine sehr scharfe, dickflüssige Würzsauce aus Chilikernen und Schoten sowie Gewürzen, Salz und Reiswein. Eine dünnflüssige Variante ist die Chilisauce. Der Sichuan-Chilisauce werden außerdem gelbe Bohnen beigemischt.

Chiliöl

Es handelt sich hier um ein mit Chili und andern Gewürzen aromatisiertes Öl, das man kaufen, aber auch leicht selbst herstellen kann. Dafür benötigt man 50 g Chilipulver, 1½ EL Sichuan-Pfefferkörner, 50 g Ingwer, 30 g Frühlingszwiebel sowie 30 g Stangensellerie (eventuell auch einige in Streifen geschnittene Möhren). Die Zutaten werden zusammen in einen Topf gegeben und mit ½ l heißem Speiseöl übergossen. Das Ganze läßt man 2 bis 3 Std. ziehen und siebt es dann ab.

Erdnussöl

Dieses in China übliche Brat- und Fritierfett läßt sich sehr hoch erhitzen, wodurch das Anbacken oder Zusammenkleben der Speisen verhindert wird.

Erdnußöl ist in Europa ziemlich teuer; man kann es durch normales Speiseöl ersetzen.

Essig

In der chinesischen Küche sind vor allem relativ neutral schmeckende Essigarten bekannt, die man anhand ihres Säuregrades unterscheidet. Hergestellt wird der chinesische Essig aus Reiswein. Man benutzt 5- und auch 25%igen Essig. Von beiden gibt es eine helle und eine dunkle Variante.

Hoi-Sin-Sauce

Diese etwas dickflüssige, süßliche und recht scharfe Sauce wird gerne zum Dippen (kurzes Eintauchen) verwendet. Hoi-Sin-Sauce wird aus Sojabohnen, Weizenmehl, Zucker, Salz, Essig, Knoblauch, Chili und Sesamöl hergestellt.

Möhrenöl

Auch dies ist ein Öl, das nur zum Würzen benutzt wird. Möhrenöl kann man allerdings nicht kaufen, sondern muß es selbst herstellen. Man nimmt dazu etwa 600 g große, dicke Möhren, von denen man mit der Kante des viereckigen Teils eines Eßstäbchens etwa 300 g Möhrenfleisch abschabt. Daraufhin erhitzt man 1 RS Öl und fritiert die Masse bei mittlerer Hitze etwa 3 Min. darin, um sie dann abzusieben. Das zurückbleibende Öl ist von gelblicher Farbe, die Möhrenmasse dunkelgelb.

Reiswein

Diese älteste Spirituose Chinas wird aus Klebreis, Hefe und Wasser zubereitet. Im Handel ist Reiswein vor allem unter dem Namen *Shao-Xing* bekannt. Hat man keinen Reiswein zur Hand, so kann man statt dessen Sherry verwenden.

Sa-Cha-Chiang-Sauce

Dies ist eine Gewürzsauce aus Nußöl, Wasser, Knoblauch, Schalotten, Salz, Zucker und Chili. Man verwendet sie zu Suppen, Salaten und zum Braten. Besonders gerne wird sie zum mongolischen Feuertopf gegeben.

Sesamöl

Das goldbraune Sesamöl wird aus gepreßten Sesamkernen hergestellt. Es hat ein sehr stark duftendes Aroma. Verwendet wird es vor allem zur Geschmacksverfeinerung: Schon mit wenigen Tropfen kann man den Geschmack der Speisen aufwerten.

Sesampaste

Sie wird aus sehr fein gemahlenen Sesamsamen hergestellt und ähnelt Erdnußbutter. Sesampaste paßt vor allem zu Salaten und Nudelgerichten, muß vor Gebrauch aber verdünnt werden.

Sojasauce

Sie gehört zu den wichtigsten Würzmitteln für die chinesische Küche, ja sie ist fast unentbehrlich. Hergestellt wird Sojasauce durch langsames Fermentieren einer Mischung aus gelben Bohnen, Weizen, Gerste, Salz, Zucker, Hefe und anderen Gewürzen. In China gibt es viele in ihrer Zusammensetzung unterschiedliche Sojasaucen. Die sieben Hauptsorten sind: helle, dunkle, normale, scharfe, süße, saure Sojasauce sowie Pilzsojasauce.

Scharfe Sojasauce wird gerne zum Würzen von Salaten oder Braten von Tofu genommen. Helle Sojasauce dient in der Regel zum Kochen oder Nachwürzen. Dunkle wird eher zum Schmoren benutzt. Neben der Färbung unterscheiden sich die beiden letztgenannten Sojasaucenarten auch durch Intensität ihres Geschmacks. Bei Speisen mit wenig Eigengeschmack wird am häufigsten süße Sojasauce zum Würzen verwendet. Besonders beliebt ist die süße Saucenart auch in der indonesischen Küche. Saure Sojasauce hingegen findet ihre Verwendung bei der Zubereitung von süßsauren Gemüse. Die Pilzsojasauce schließlich unterscheidet sich von den anderen Arten dadurch, daß sie aus Strohpilzen und nicht aus Bohnen hergestellt wird. Sie ist wesentlich feiner und aromatischer als normale Sojasauce, wird aber auch zum individuellen Würzen der Speisen benutzt.

Getrocknete Lebensmittel

Abalone

Das Meer- oder Seeohr, wie die Abalone auch heißt, ist von Natur aus steinhart und ähnelt dem Jakobsmuschelfleisch, ist jedoch wesentlich größer. Die gute Qualität der getrockneten Abalone erkennt man an der einheitlichen, hellbraunen Farbe sowie daran, daß sie ganz trocken und schimmelfrei ist.

Für die Zubereitung der Abalone braucht man viel Geduld. Nachdem man sie zuerst einen Tag in kaltes Wasser eingeweicht hat, muß sie bei kleiner Hitze mehrere Stunden schmoren und anschließend langsam im Topf abkühlen. Nun wird sie gewaschen, der Magen entfernt und erneut bei kleiner Hitze 2 bis 3 Stunden geschmort. In dieser Zeit kann man Ingwer, Reiswein und Frühlingszwiebeln hinzufügen und mitschmoren lassen.

Erst nach dieser zweiten Schmorzeit wird die Abalone gemäß Rezept weiterverwendet, am häufigsten zu Schmorgerichten, kalten Platten und als Suppeneinlage. Abalonen sind im Handel auch in Dosen erhältlich, diese kann man ohne Vorbereitung sogleich in der Küche verwenden.

Blumenpilze

Siehe S. 26

Chinesische Salami

Es gibt verschiedene Arten chinesischer Salami. Sie unterscheiden sich vor allem im Geschmack, je nach der Provinz, aus der sie stammen. In der Herstellung gibt es jedoch kaum Unterschiede. *Jing-Hua-Huo-Tui* ist die wohl bekannteste chinesische Salami (übersetzt bedeutet das «Jing-Hua-Feuerbein»).

Chinesische Salami wird häufig auf kalten Platten gereicht, mit Gemüse gebraten oder auch als Suppeneinlage verwendet.

Glasnudeln
Man stellt sie aus den Hülsen von Mungobohnen her. Durch Wässern gewinnen sie enorm an Gewicht: 40 g Trockenmasse eingeweicht ergeben etwa 180 g. Neben den herkömmlichen Glasnudeln gibt es auch Glasnudelpapier; es wird vor allem für kalte Platten verwendet.

Haifischflossen
Auch davon gibt es eine Vielzahl unterschiedlicher Arten und Qualitäten auf dem Markt. Insgesamt existieren gegen 20 verschiedene Sorten aus verschiedenen Ländern, so aus Japan, China und den Philippinen, aber auch aus Amerika. Nicht nur im Geschmack, sondern auch im Preis können erhebliche Unterschiede bestehen.

Haifischflossen werden vor der Verwendung zunächst etwa 30 Min. in heißem Wasser eingeweicht, danach kalt ausgewaschen, in einen Dampftopf gegeben und anschließend 3 Std. darin gekocht. Nach dem Herausnehmen wäscht man sie erneut mit kaltem Wasser und läßt sie nochmals 3 Std. garen. Zum Schluß muß man die Haifischflossen mindestens 10 Std. unter fließendes Wasser stellen. Dann erst ist eine Weiterverwendung möglich. Meist werden die Haifischflossen als Suppeneinlage benutzt oder geschmort.

Jakobsmuscheln
Neben Ginseng und Haifischflossen gehören die Jakobsmuscheln zu den teuersten Eßzutaten in China. Vor dem Verwenden muß man das getrocknete Muskelfleisch längere Zeit einweichen, da es sehr hart ist. Jakobsmuscheln besitzen ein starkes Fischaroma. Sie werden geschmort oder in Suppen, speziell als Reissuppeneinlage, verwendet.

Jelly-Fisch
Dieser Fisch erinnert in seiner Gestalt an einen Regenschirm. Getrockneter Jelly-Fisch sieht plastikartig aus, ist leicht klebrig und gelbbraun in der Farbe. Getrockneter Jelly-Fisch wird zum Haltbarmachen in eine stark salzhaltige Lake

eingelegt. Seine Qualität hängt stark von seiner Dicke ab: je dicker, desto besser. Vor dem Gebrauch muß man den Jelly-Fisch 1 bis 2 Std. einweichen, um seinen scharfen, salzigen Geschmack zu mildern. Danach stellt man ihn über Nacht unter fließendes Wasser, wodurch er an Gewicht und Volumen gewinnt. Am nächsten Tag kann er in die gewünschte Form geschnitten werden. Jelly-Fisch wird zu Salat oder kalter Platte verwendet. Neben seinem zarten Geschmack hilft er gegen Erkältungen und niedrigen Blutdruck und unterstützt Lungen- und Darmtätigkeit.

Krabben

Dieses Lebensmittel hat seinen Platz vor allem in der südchinesischen Küche. Man trocknet sie direkt nach dem Fang und vermischt sie anschließend mit verschiedenen Gewürzen. Für die meisten Gerichte muß man die Krabben vor dem Benutzen einweichen, außer bei Suppen oder gebratenem Reis. Früher waren die getrockneten Krabben ein typisches Gastgeschenk.

Mien-Jing (Mehlklößchen)

Diese besondere Mehlklößchenart wird aus einer Mischung von Gao-Jing-Mehl, Backpulver und Wasser hergestellt, die zu einem glatten Teig verarbeitet wird. Die Teigmasse wird anschließend in ein Tuch gewickelt, unter fließendem Wasser ausgewrungen, zu Klößchen geformt und bei mittlerer Hitze in Öl fritiert. Danach werden die Bällchen in der Sonne getrocknet und dadurch für 6 bis 12 Monate haltbar gemacht.

Vor dem Verwenden muß man diese Klößchen – wie fast alle getrockneten Lebensmittel – zunächst in Wasser einweichen. Die Mien-Jing bilden eines der Hauptnahrungsmittel der Buddhisten, sind aber auch in der südchinesischen Küche stark vertreten.

Reisnudeln

Für die Herstellung der Reisnudeln werden Langkornreis, Wasser und Salz gebraucht. Das

Verfahren ist aber sehr kompliziert und umfaßt mehrere Arbeitsgänge: Zuerst wird der Reis gegart, dann gemahlen, zu Nudeln gepreßt und getrocknet. Eine Eigenherstellung ist schon deshalb kaum ratsam, da zum Trocknen der Nudeln extrem viel Platz benötigt wird.

Im Handel erhältliche Reisnudeln sind von unterschiedlicher Qualität. Billige Sorten sind mit Weizenmehl gestreckt. Von der Form her ähneln die Reisnudeln Spaghetti; sie werden in unterschiedlicher Stärke angeboten, wobei die dickeren zum Braten und die dünnen als Suppeneinlage dienen.

SCHWALBENNESTER

Siehe S. 42 und S. 528.

SEEGURKE

Diese Meeresfrüchte sind in ganz Asien verbreitet. Die Seegurke wird in verschiedenen Formen und Größen sowie zu unterschiedlichsten Preisen angeboten. Auch bei ihr erfordert die Vorbereitung einen ziemlich großen Aufwand. Zunächst wird sie kurz in Wasser gekocht und dann geschält. Anschließend weicht man die Seegurke einen Tag in Wasser ein. Am nächsten Tag wäscht man sie erneut und kocht sie nochmals 40 Min. in Wasser. Erst jetzt öffnet sich die Seegurke, so daß man sie ausnehmen kann. Nun kocht man sie erneut etwa 1 Std., bevor man sie nach Rezept weiterverwendet. Gegessen werden Seegurken meist geschmort, gebraten oder als Suppeneinlage.

Die Seegurke ist auch ein wichtiges Naturheilmittel: sie hilft gegen Kropf, unterstützt die Nieren- und die Lungenfunktion und sorgt für eine gute Durchblutung. Allerdings ist Vorsicht am Platz, denn eine zu starke Anregung der Speichelproduktion kann negative Auswirkungen auf die Nierenfunktion haben.

SEETANG

Beim Seetang unterscheidet man zwischen großen, alten und jungen Formen. Junger Seetang wiederum läßt sich weiter in rosa- und gelbfarbene unterteilen, während alter immer von grüner Farbe ist.

Zur Zubereitung muß man den getrockneten Seetang zunächst in Wasser einweichen. Junger Seetang benötigt dazu mindestens 20 Min., alten sollte man sogar 1 bis 2 Std. ziehen lassen. Erst nach gründlichem Waschen kann man Seetang dann weiterverwenden.

Junger Seetang eignet sich besonders gut für Suppe; alter wird für Schmorgerichte, zum Kochen, Fritieren und Gewürzkochen sowie für kalte Platten gebraucht.

Alter Seetang ist darüber hinaus als Heilmittel gegen Halsbeschwerden und Herpes bekannt.

Teighüllen

Die für Frühlingsrollen benutzten Teighüllen bestehen aus einer Masse aus Weizenmehl, Wasser, Öl und Salz. Bei der Wan-Tan-Herstellung ist der Anteil der Kartoffeln größer. Teighüllen kann man selbst herstellen oder als rechteckige bzw. runde Teigblätter tiefgekühlt im Handel erhalten.

Tintenfisch

Diese Tintenfischart ist sehr hart, eher dünn und von hellbrauner Farbe. Es gibt ganz unterschiedliche Qualitäten von getrocknetem Tintenfisch, doch auch hier gilt: je dicker, desto besser.

In China ist getrockneter und gewürzter Tintenfisch auch als Snack sehr beliebt. Häufig wird er auch zum Kochen verwendet. Dazu muß man ihn zuerst in etwa der doppelten Menge Wasser zum Kochen bringen und etwa 1 Std. ziehen lassen. Anschließend läßt man den Tintenfisch über Nacht in kaltem Wasser, das mit 2 EL Soda versetzt ist, weiterziehen. Anderntags wird er gewaschen und eine weitere Stunde in Wasser eingeweicht, bevor er weiterverwendet werden kann.

Neben seiner Verwendung als Suppeneinlage wird der Tintenfisch auch gerne gebraten gegessen und für kalte Platten verwendet.

Tofu

Siehe S. 218.

Tofublätter

Hierbei handelt es sich um nichts anderes als um den getrockneten Rahm der Tofumilch. Tofublätter kann man getrocknet und frisch erhalten. Letztere sind mit Frühlingsrollenteig vergleichbar. Weitaus häufiger jedoch werden die getrockneten Tofublätter verwendet, insbesondere für Schmorgerichte oder Suppen.

Chinesische Naturheilkunde

Nahrhafte Leckerbissen

Ein chinesisches Sprichwort weist darauf hin, daß Medizin und Ernährung denselben Ursprung haben. Viele Menschen teilen heute die Ansicht, daß es für die Gesundheit besser ist, auf nahrhaftes Essen zu achten, statt den Körper mit Medikamenten zu traktieren. Die traditionelle chinesische Heilkunde beruht auf der Einsicht, daß man schmackhafte Gerichte zubereiten kann, die gleichzeitig heilend wirken, also den Gaumen verwöhnen und gleichzeitig der Gesundheit dienen.

Der Ursprung der gesunden Ernährung

Forscher haben nachgewiesen, daß die Höhlenmenschen in China bereits wußten, daß der Verzehr mancher Pflanzen und Tiere nicht nur ihren Hunger stillte, sondern auch ihre Beschwerden linderte. So wurden im Laufe von Jahrtausenden wertvolle Erfahrungen und Entdeckungen zusammengetragen, auf denen allmählich das Konzept einer gesunden Ernährung aufgebaut wurde. Die chinesische Ernährungsmedizin beschäftigt sich neben der allgemeinen Ernährung auch stark mit Fragen der Diätetik und der Hygiene.

Chinesische Kaiser hatten immer wieder den Wunsch, das Geheimnis des ewigen Lebens zu ergründen. Sie beauftragten zu diesem Zwecke kaiserliche Physiker und Alchimisten, nach entsprechenden Medizinen zu forschen und eine spezielle Ernährungsweise zu entwerfen, um Unsterblichkeit erzielen zu können. Auch wenn dieses Ziel nicht erreichbar war, förderten sie durch diese Anstrengungen indirekt die Verfeinerung des

Konzepts der gesunden Ernährung. Im Laufe der Jahrhunderte wurde die gesunde Ernährung immer selbstverständlicher und das Wissen darüber immer größer.

Die Gelehrten der Yuan-, der Ming- und der Qing-Dynastie faßten die Studien und Erfahrungen ihrer Vorgänger zusammen. So wurden in der chinesischen Geschichte zahlreiche medizinische Fachbücher und solche, die die gesunde Ernährung betreffen, verfaßt. In ihnen wurden förderliche und schädigende Zusammenhänge im Bereich von Medizin und Ernährung festgehalten.

Heilkräuter

ANGELIKAWURZEL

Man empfiehlt die chinesische Angelikawurzel (Dhong Gue) vor allem gegen gelblich-fahle Gesichtsfarbe, Schwindelanfälle und Unterleibsschmerzen, aber auch bei Hautgeschwüren.

Astragalus-Wurzel

Gegen Kraftlosigkeit, verminderten Appetit, Durchfall, bei Schweißausbrüchen oder Gedunsenheit hilft die Astragalus-Wurzel. Weiter wirkt sie als Heilmittel bei schwer abheilenden Geschwüren und fahler Gesichtsfarbe.

Bambuskiesel

Beim Bambuskiesel handelt es sich um das getrocknete Stengelinnere des Bambus. Sein Anwendungsbereich sind Bewußtseinstrübungen, Ohnmacht und epileptische Krämpfe.

Becherglockenwurzel

Diese Wurzel findet Verwendung bei trockenem Husten, unangenehmem Wärmeempfinden und trockenem Mund.

Besenbeifusskraut

Dieses Kraut wird verwendet bei verminderter Harnausscheidung, nässenden Geschwüren sowie bei Gelbsucht.

Cassia-Zimtzweige

Diese besondere Zimtart findet Verwendung vor allem bei Erkältungskrankheiten und rheumatischen Gelenkschmerzen.

Chinesische Ackerminze

Diese Minzenart wird als Tee getrunken. Sie wird besonders gerne bei Erkältungskrankheiten verwendet, wirkt aber auch gegen Kopfschmerzen und Rachenerkrankungen und hilft bei geröteten Augen und bei Völlegefühl. Von Nutzen ist die chinesische Ackerminze auch bei Röteln und Masern.

Chinesische Enzianwurzel

Gegen Juckreiz, Schwellungen und Juckreiz im Schambereich, aber auch gegen Seitenstechen und bitteren Geschmack im Mund ist die chinesische Enzianwurzel besonders wirksam.

Chinesische Quittenfrüchte
Verwendet werden diese Früchte bei Einschränkungen in der Beweglichkeit sowie bei Krämpfen und Gelenkschmerzen. Auch gegen Erbrechen, Durchfälle, Beriberi und Gedunsenheit ist ihre Verwendung zu empfehlen.

Chinesische Spargelwurzel
Dieses Heilkraut lindert trockenen Husten, nervöse Unruhe und Schlaflosigkeit.

Chinesischer Raupenpilz
Dieser Pilz – halb Pflanze, halb Tier – gedeiht besonders üppig in der Provinz Sichuan und ist in der chinesischen Heilkunde von ganz besonderer Bedeutung. Er findet Anwendung zur Stärkung der Manneskraft und wird meist als Suppeneinlage gegessen.

Chinesisches Mutterkraut
Ein den Blutkreislauf anregendes und entwässerndes Heilmittel. Gebraucht wird es in der chinesischen Medizin bei Regelstörungen, lange anhaltendem Wochenfluß, verminderter Harnausscheidung und bei Ödemen. Schwangeren Frauen wird empfohlen, das chinesische Mutterkraut unbedingt zu meiden.

Chrysanthemenblüten
Ein bewährtes chinesisches Heilmittel bei Erkältungskrankheiten, Kopfschmerzen, Drehschwindel sowie bei Sehstörungen und Flimmern vor den Augen.

Drachenaugenfrüchte (Longan-Früchte)
Sie sind hilfreich bei Schreck- und Angstzuständen, bei Vergeßlichkeit und Schlaflosigkeit.

Ephedra-Kraut
Dieses Kraut bewährt sich bei Erkältungskrankheiten, Husten und Bronchialasthma.

Fiederweissdornbeeren
Die Beeren des Fiederweißdorns kräftigen insbesondere den Magen. Verwendet werden sie bei Verdauungsstillstand, Spannungs- und Völlegefühl im Bauchbereich sowie bei Diarrhöe und Ruhr.

Gastrodien-Wurzelstock
Die Gastrodienwurzel wirkt krampflösend und hilft bei Kopfschmerzen, Drehschwindel und Krämpfen.

Gilbweiderich
Er hilft gegen Schmerzen beim Harnlassen, bei Furunkeln und anderen Hautgeschwüren sowie bei Gallensteinen. Man kann auch Giftschlangenbisse mit Hilfe des Gilbweiderichs behandeln.

Ginseng
Diesem Kraut wird eine enorme Stärkungswirkung zugeschrieben. Verwendet wird es vor allem bei allgemeiner Körperschwäche und drohendem Kollaps. Dieses sehr bekannte Heilmittel wirkt stabilisierend und führt dem Organismus neue Energie zu. Auch gegen Appetitlosigkeit, Keuchhusten, Husten, allgemeine Körperschwäche nach längerer Krankheit, Schlaflosigkeit und Angstzustände hilft Ginseng. Eine heilende Wirkung wird ihm zudem bei Impotenz des Mannes und bei Unfruchtbarkeit der Frau nachgesagt.

Glockenwindwurzel
Diese etwas süßlich schmeckende Wurzel wird gegen Kurzatmigkeit, bei Angstzuständen und Appetitlosigkeit verwendet.

Grüne Mandarinenschale
Dieses spannungslösende Heilmittel wird bei Spannungsgefühlen und Schmerzen im Brust- und Bauchraum eingesetzt, insbesondere auch bei Verdauungsbeschwerden.

Helmkrautwurzel

Bei plötzlich auftretender Übelkeit, Völlegefühl, Diarrhöe oder Ruhr sowie bei Nasenbluten kann die Helmkrautwurzel Abhilfe schaffen.

Himalajaschartenwurzel

Eine Pflanze mit darmberuhigender Wirkung. Sie wird deshalb auch vor allem bei Durchfällen, Unterleibsschmerzen und Ruhr verwendet. Darüber hinaus lindert sie auch Spannungsgefühle im Magenbereich und Appetitlosigkeit.

Ingwerwurzelstock

Der Geschmack des Ingwerwurzelstocks ist eher scharf. Verwendung findet er vor allem bei Kältegefühl und Magenschmerzen, Erbrechen, Durchfall sowie bei Unterleibsschmerzen.

Japan-Aprikosenfrüchte

Diese Früchte werden bei langanhaltendem Husten, hartnäckigem Durchfall, Erbrechen und Bauchschmerzen sowie bei Spulwurmbefall verwendet.

Jujubenfrüchte

Sie helfen bei vermindertem Appetit, Hysterie und allgemeiner Kraftlosigkeit.

Kardamon

Ein hilfreiches Heilkraut gegen Appetitlosigkeit, Erbrechen und Aufstoßen. Zudem unterstützt es die Verdauungstätigkeit und vermindert Spannungsgefühl und Schmerzen im Unterleib.

Klettenfrüchte

Ein desinfizierendes Naturheilmittel, das Erkrankungen im Rachenraum günstig beeinflussen kann. Verwendet werden die Klettenfrüchte dementsprechend hauptsächlich bei Erkältungskrankheiten, schmerzendem und geschwollenem Rachen, aber auch bei Masern, Röteln sowie Mumps.

Knöterichstengel
Wirksam bei Schlaflosigkeit, überstarker Traumaktivität und rheumatischen Schmerzen. Knöterichstengel können auch äußerlich angewendet werden. Besonders wirksam sind sie bei der Behandlung von Hautjucken.

Knöterichwurzel
Sie wirkt laxierend und wird gegen Krätze, Hautgeschwüre und Röteln als Heilmittel eingesetzt.

Kokospilz
Er wirkt entwässernd und findet Verwendung vor allem bei Gedunsenheit, verminderter Harnausscheidung, bei Appetitlosigkeit und Schlaflosigkeit.

Libotium-Wurzelstock
Bei allgemeiner Kraftlosigkeit, Lendenschmerzen und rheumatischen Schmerzen, insbesondere der unteren Extremitäten, kann dieser Wurzelstock hilfreich sein.

Ligusterfrüchte
Sie wirken schmerzlindernd, helfen bei Schwächegefühl in den Lenden und Kniegelenken und beugen frühem Ergrauen der Kopfhaare vor.

Lotussamen
Sie helfen vor allem bei Schlaflosigkeit und langanhaltendem Durchfall, gelten aber auch als wirksames Mittel bei vorzeitigem Samenverlust des Mannes sowie Scheidenfluß der Frau.

Lotuswurzelstock
Verwendung findet der Lotuswurzelstock traditionell bei blutigem Erbrechen, Bluthusten, blutigem Harn sowie bei übermäßigen Blutungen im gynäkologischen Bereich.

Mandarinenschale
Getrocknete, geriebene Mandarinenschale hilft bei Spannungs- oder Völlegefühl des Magens, vermindertem Appetit, Erbrechen und Durchfall.

Maulbeerzweig
Dieser Pflanzenteil lindert Gelenkschmerzen und wird besonders bei Schmerzen und Taubheitsgefühl in den Schulter- und Armgelenken verwendet.

Mineralischer Gips
Dieses Naturheilmittel kann innerlich und äußerlich angewendet werden. Innerlich eingesetzt hilft mineralischer Gips bei hohem Fieber, Kopf- und Zahnschmerzen und zur heilenden Unterstützung bei Geschwüren. Auf den Körper aufgetragen wirkt er vor allem bei Geschwüren, Verbrennungen und Verbrühungen sowie bei anderen äußerlichen Verletzungen.

Ningpo-Braunwurzwurzel
Dieser Pflanzenteil wirkt desinfizierend und senkt zu hohen Blutdruck. Verwendet wird die Ningpo-Braunwurzwurzel auch bei Erschöpfungszuständen, geröteten Augen, Rachenschmerzen und Diphtherie, gegen Furunkel und andere Hautgeschwüre.

Notopterygium-Wurzel
Bekannt ist die schmerzstillende Wirkung der Notopterygium-Wurzel. Verwendet wird sie vor allem bei Erkältungskrankheiten, Kopfschmerzen sowie rheumatischen Schmerzen.

Polypor
Hilft bei Aufgedunsenheit, Durchfällen, trübem Urin und Scheidenfluß.

Purpurkrautwurzel
Die Einnahme der Purpurkrautwurzel regt den Blutkreislauf an und wirkt desinfizierend. Sie wird insbesondere verwendet bei Geschwüren, nässenden Ekzemen sowie Verbrühungen und Verbrennungen.

Rhemannia-Wurzel
Diese Wurzel hilft bei exzessivem Durst und durch Erschöpfung bedingtem Fieber, bei Nasenbluten und Erbrechen.

Sanchi-Wurzel
Das schmerz- und blutstillende Heilmittel wird in der chinesischen Heilkunde vor allem bei Bluthusten, Nasenbluten, blutigem Stuhl sowie äußerlichen Verletzungen empfohlen.

Schilfrohrwurzelstock
Ein traditionelles Heilmittel bei exzessivem Durst und brennenden Schmerzen beim Harnlassen.

Schlangenkürbiswurzel
Die Wurzel des Schlangenkürbis hat eine abschwellende und eiterausscheidende Wirkung. Verwendung findet sie vor allem gegen Furunkel, Karbunkel und Schwellungen.

Sibirische Kreuzblumenwurzel
Dieses Naturheilmittel wirkt schmerzlindernd und löst Schwellungen auf. Auch wirkt es bei Schlaflosigkeit und Vergeßlichkeit. Man verwendet es auch zur Bekämpfung von Schleim, Husten, Furunkeln, Karbunkeln und Schwellungen.

Sichuan-Liebstöckelwurzel
Die Liebstöckelwurzel hat heilende Wirkung bei Störungen der Monatsblutung, bei Unterleibs- und Kopfschmerzen sowie bei Rheumatismus.

Sichuan-Schachblumenzwiebel
Diese Blumenzwiebel wird in Pulverform als Arzneimittel verwendet. Sie hilft vor allem gegen trockenen Husten, aber auch gegen Schleimhusten.

Sicklepod-Samen
Diese Samen sind wirksam vor allem gegen Augenbeschwerden, insbesondere bei übermäßiger Lichtempfindlichkeit, tränenden Augen, Sehschwäche oder Augenflimmern.

Stacheljujubensamen
Diese Samen wirken schweißhemmend und helfen bei nervöser Unruhe, Schlaflosigkeit sowie bei Schweißausbrüchen bei allgemeiner Körperschwäche.

Stachelpanaxwurzelrinde
Die heilsame Rinde kräftigt Muskeln, Sehnen und Knochen und wirkt stärkend bei allgemeiner Schwäche und Kraftlosigkeit.

Trichterwindensamen
Heilsam bei Gedunsenheit, Spannungs- und Völlegefühl. Zudem helfen Trichterwindensamen gegen Unterleibsschmerzen, Parasitenbefall und Erkrankungen, die durch Spul- oder Bandwürmer ausgelöst worden sind.

Ural-Süssholzwurzel
Bei Ermattung, allgemeiner Kraftlosigkeit sowie Angstzuständen findet die Ural-Süßholzwurzel ihre heilkundliche Anwendung. Zudem wirkt sie auch gegen Schmerzen im Magen und Unterleib, die mit Krämpfen verbunden auftreten. Wenn man diese Wurzel mit andern Arzneimitteln vermischt, wird ihre Giftigkeit herab- und ihre Wirksamkeit heraufgesetzt.

Wegerichsamen
Sie sind leicht süßlich im Geschmack und werden bei Völlegefühl, Schmerzen beim Harnlassen, geröteten und schmerzenden Augen sowie bei Husten verwendet.

Yamswurzelknollen
Der wichtigste medizinische Anwendungsbereich der Yamswurzelknollen sind verminderter Appetit, Durchfallerkrankungen sowie Husten.

Zur chinesischen Heilkunde siehe a. S. 490f.

Grundrezepte

Austernsauce

Zubereitung Die Knoblauchzehe zerhacken. Alle Zutaten gut miteinander vermischen.
Austernsaucen werden für kalte Platten und für Salat verwendet.

Zutaten
1 Knoblauchzehe
1 EL Austernsauce
1 Prise Glutamat
einige Zweige Petersilie
5 EL Reiswein
2 EL Sesamöl
1½ EL Zucker

Braten von Maronen

Zubereitung Die Maronen mit einem Messer einschneiden.
In einer heißen Pfanne das Salz leicht braten (nicht zu heiß, damit es nicht anbrennt).
Wenn das Salz heiß ist, die Maronen und den Sternanis hineingeben. Unter Rühren etwa 10 Min. braten und danach den Deckel schließen. 2 Min. später alles nochmals gut durchrühren. Insgesamt 25 bis 30 Min. braten, bis die Maronen schön hellbraun sind und schließlich aufplatzen.

Zutaten
550 g Maronen
½ RS grobes Salz
5 St. Sternanis
1 TL Sichuan-Pfefferkörner

Brühe

Hühner- und Gemüsebrühen werden neben ihrer Verwendung als Suppe in China auch sehr häufig zur Zubereitung von Gerichten verwendet, um diese schmackhafter zu machen. Weil man Brühen häufig, aber jeweils in relativ geringen Mengen verwendet, empfiehlt es sich, sie auf Vorrat zu kochen und portionenweise einzufrieren.
Natürlich kann man auch jederzeit auf gekörnte Brühe zurückgreifen. Dabei empfiehlt sich jedoch Vorsicht, da diese meist sehr salzig ist.

Hühnerbrühe
Zutaten
50 g Ingwer
50 g Frühlingszwiebeln
1 Suppenhuhn
100 g Rindfleisch
5 g Sternanis

Zubereitung Den Ingwer schälen und in Scheiben schneiden, die Frühlingszwiebeln putzen und in 3 bis 5 cm lange Streifen schneiden.

Falls man das Huhn anschließend brät, beläßt man es am besten ganz. Andernfalls teilt man es in etwa 6 Stücke.

Das Rindfleisch (es muß kein besonders gutes Stück sein) nur waschen, aber nicht zerteilen.

Das Hühner- und das Rindfleisch in 1 l kochendes Wasser geben und darin blanchieren, bis das Wasser erneut aufkocht. Das Fleisch wieder herausnehmen und das Wasser wegschütten.

2 l Wasser zum Kochen bringen, alle Zutaten – auch das Fleisch – hineingeben und aufkochen lassen.

Nun die Hitzezufuhr etwas verringern und die Brühe etwa 60 Min. leicht kochen lassen.

Wenn das Hühnerfleisch zum Braten verwendet werden soll, muß man es nach etwa 30 Min. herausnehmen und das Fleisch von den Knochen ablösen. Die Knochen werden anschließend zum Auskochen wieder in die Suppe zurückgegeben.

Tip Die Brühe wird noch feiner im Aroma, wenn man sie über Nacht stehen läßt und am nächsten Tag nochmals zusammen mit den Knochen erhitzt.

Gemüsebrühe

Zutaten
- 20 g Frühlingszwiebeln
- 200 g Möhren
- 500 g Rettich
- 10 g Sternanis
- 10 g chinesischer Blumenpilz
- 10 g alter Seetang

Zubereitung Das Gemüse waschen und zerkleinern. Den chinesischen Blumenpilz und den Seetang einweichen.

In einem Suppentopf 3 l Wasser zum Kochen bringen, das Gemüse hinzufügen, kurz aufkochen lassen und anschließend bei kleiner Hitze so lange leicht kochen lassen, bis sich die Flüssigkeit etwa auf die Hälfte reduziert hat. Die Brühe ist jetzt trüb geworden.

Dampfbrot

Zutaten
- ½ Hefewürfel (etwa 20 g)
- 450 g Weizenmehl

Zubereitung Aus den beiden Zutaten stellt man einen Hefeteig her, indem man zuerst die Hefe in ½ RS lauwarmen Wasser zerbröckelt, dann das Mehl und ½ l lauwarmes Wasser hinzufügt und das Ganze zu einem glatten Teig verknetet.

Dann deckt man den Teig mit einem Tuch ab und läßt ihn 2 bis 3 Std. gehen. Nun knetet man den Teig erneut durch und läßt ihn weitere 30 Min. ruhen.
Damit hat man den Grundteig für chinesisches Dampfbrot hergestellt, das ganz unterschiedlich gefüllt werden kann.

Einweichen von chinesischen Holzohrenpilzen

Die eingeweichten Mu-Err zunächst gründlich waschen und von den Stielen befreien. Dann erneut waschen und und in etwa 1 l Wasser etwa 30 Min. einweichen.
20 g getrocknete weiße Mu-Err ergeben nach dem Einweichen (in etwa 1 l Wasser) etwa 180 g. Die Holzohrenpilze nehmen also sehr stark an Gewicht und Volumen zu. Weiße Mu-Err werden als Nachtisch oder auch zum Schmoren weiterverwendet.
Dunkle Mu-Err werden gleich vorbereitet; allerdings steigen bei ihnen Gewicht und Volumen weniger stark an: 20 g getrocknete schwarze Mu-Err ergeben nach dem Einweichen etwa 160 g.

Getrockneter kleiner Fisch

Es gibt unterschiedliche Arten dieser getrockneten Fischchen. Gemeinsam ist ihnen allen die silbrig schimmernde Färbung.

Zubereitung 100 g getrocknete kleine Fische in 2 RS Reiswein einweichen. Nach etwa 20 Min. herausnehmen, abtropfen lassen und je nach Rezept weiterverarbeiten.
Meist werden die kleinen Fische fritiert oder auch mit Sauergemüse gebraten.

Tip Statt sie einzuweichen, kann man sie auch direkt braten oder als Suppeneinlage benutzen.

Glasnudeln

Sie werden aus gemahlenen Mango-Bohnenkeimen hergestellt. Durch das Mahlen der Bohnen entsteht eine Art Bohnenteig, aus dem dann die Nudeln gemacht werden.

Auch bei den Glasnudeln gibt es unterschiedliche Qualitäten: dicke und dünne, kurze und lange, und schließlich auch Glasnudelblätter.

Am häufigsten werden Glasnudeln als Suppeneinlage oder gebraten gegessen. Sie sind auch oft ein Bestandteil von kalten Platten. Glasnudeln müssen vor dem Verwenden immer eingeweicht werden. Dabei gewinnen sie an Volumen und Gewicht. Aus 30 g getrocketen Glasnudeln werden nach dem Einweichen etwa 150 g.

Ingwerwein

Zutaten
150 g frischer, alter Ingwer
3/4 l Reiswein
1/2 l Kao-Liang-Schnaps

Zubereitung Den Ingwer schälen und in kleine Stücke hacken. Die Ingwerstücke mit dem Gemisch aus Reiswein und Kao-Liang-Schnaps in einen Behälter geben und diesen sorgfältig verschließen. Das Ganze 3 Tage lang gären lassen, dann ist der Ingwerwein gebrauchsfertig.

Karamelisierter Zucker

Zutaten
3/4 RS Zucker
1/2 RS Wasser
2 EL Öl

Zubereitung Den Zucker in eine mittelstark erhitzte Pfanne geben und rühren. Nach kurzer Zeit das Öl hinzufügen und beides unter ständigem Rühren bei mittlerer Hitze so lange kochen, bis der Zucker hellbraun und leicht schaumig geworden ist.

Dies ist genau der richtige Zeitpunkt, das Wasser unterzurühren. Der karamelisierte Zucker ist fertig, wenn die Masse zähflüssg ist und in etwa die Farbe der hellen Sojasauce angenommen hat.

Verwendung findet dieser Zucker in vielerlei Gerichten; ganz besonders gut schmeckt geschmortes Schweinefleisch in karamelisierter Zuckersauce.

Klebreissatz (Reisweinsatz)

Klebreis- bzw. Reisweinsatz wird bei der Reisweinherstellung gewonnen. Dabei weicht man zunächst etwa 2 kg Klebreis einen Tag lang in Wasser ein, gießt dieses dann ab und dämpft den Reis 25 bis 30 Min. Danach wird er unter fließend kaltem Wasser unter ständigem Umrühren sorgfältig gewaschen und dann erneut etwa 20 Min. in Wasser eingeweicht. Danach wird der Klebreis auf ein Sieb zum Abtropfen gegeben.
In der Zwischenzeit werden drei verschiedene Pilzkulturen gemahlen. Der trockene Reis wird in einen Tontopf geschüttet, wobei man in der Mitte der Reismasse eine kleine Kuhle formt. In diese füllt man anschließend sorgfältig die gemahlenen Pilzkulturen.
Wie bei einem Knetteig wird nun alles gut vermengt, der Tontopf anschließend gut verschlossen und an einen möglichst dunklen und warmem Platz gestellt. Der nun einsetzende Gärungsprozeß dauert im Sommer rund zwei Wochen, im Winter etwa einen Monat.
Die Rückstände des Reisweines bilden den Reisweinsatz, der zum Kochen zuerst mit etwas Flüssigkeit verrührt wird. Er findet Verwendung beim Kochen, beim Schmoren sowie zur Verfeinerung von Süßspeisen und Getränken.

Knusprige Gemüseblätter

Diese dienen als Gemüsebett für fritierte Speisen, etwa für Frühlingsrollen oder für Wan-Tan (siehe S. 57). Das Gemüsebett verhindert inbesondere, daß durch das Abkühlen die fritierten Speisen verwässert werden.

Zutaten
200 Gemüseblätter (z. B. Kohlrabiblätter)
½ l Öl
einige Sesamkörner

Zubereitung Die Gemüseblätter in feine Streifen schneiden. Das Öl erhitzen und die Gemüseblätter darin langsam fritieren, bis sie schön dunkel sind. Mit einem Sieb herausnehmen und abtropfen lassen. Auf einem Teller anrichten und mit Sesamkör-

nern bestreuen. Die fritierten Gerichte auf dem Gemüsebett anrichten.
Statt Gemüseblätter kann man auch Glasnudeln benutzen. Diese werden allerdings zuvor nicht eingeweicht, sondern direkt fritiert.

Krebsmasse

Zutaten
560 g Möhren
1½ RS Salatöl
1 Dose Krabben (200 bis 220 g)
2 Prisen Salz
3 EL Kao-Liang-Schnaps

Zubereitung Die Möhren waschen und schälen. Anschließend mit einem Messer 200 g Möhrenmasse abschaben.
In einer Pfanne das Salatöl erhitzen und die Möhrenmasse darin anbraten, bis das Öl eine gelbrote Färbung angenommen hat.
Nun die Krabben aus der Dose nehmen, abtropfen lassen und dazugeben. Alles 3 bis 4 Min. unter Rühren kochen, die Gewürze hinzufügen, herausnehmen und abkühlen lassen.
Die Krebsmasse wird sehr oft beim Schmoren (z. B. von Haifischflossen) verwendet. Manchmal dient sie auch zur Verfeinerung des chinesischen Dampfbrotes (siehe S. 70).

Tip Man bewahrt die Krebsmasse am besten im Kühlschrank oder in einem Gefrierfach auf.

Marinieren

Zutaten
½ TL Backpulver
½ geschlagenes Ei
1½ EL Kartoffelmehl
2 Prisen Pfeffer
2 Prisen Salz
2 EL Sojasauce
½ RS Wasser
½ TL Zucker
½ RS Öl

A. Marinieren von Fleisch
Diese Kochtechnik hat in der chinesischen Küche eine große Bedeutung. Bei den meisten Gerichten wird das Fleisch zunächst mariniert, da es so besonders zart und schmackhaft wird.
Meist wird für Schweine- und für Rindfleisch sowie für Hähnchen die gleiche Marinade verwendet.

Für 300 bis 400 g in Streifen oder dünne Scheiben geschnittenes Fleisch

Zubereitung Alle Zutaten mit Ausnahme des Öls gut miteinander verrühren. Das Fleisch darin einlegen und etwa 20 Min. ziehen lassen. Nun das Öl hinzufügen, alles erneut gut vermischen und weitere 10 Min. ziehen lassen. Damit ist das Fleisch für die Weiterverarbeitung fertig.

B. Marinieren von Garnelen bzw. Krabben

ZUBEREITUNG Die Zutaten miteinander mischen. Die Schalen der Garnelen bzw. Krabben entfernen. Die Garnelen oder Krabben ausnehmen und säubern. Vom Rücken her halbieren und marinieren. Die Garnelen oder Krabben ebenso wie das Fleisch etwa 20 Min. ziehen lassen, bevor man sie weiterverwendet.

ZUTATEN
1 EL Eiweiß
3 EL Kartoffelmehl
4 EL Öl
1 Prise Pfeffer
2 TL Reiswein
2 Prisen Salz
2 EL Wasser
400 bis 600 g Garnelen oder Krabben

PANADE

ZUBEREITUNG Alle Zutaten mit Ausnahme des Öls zu einem glatten Teig verrühren. Das Öl am Schluß zufügen und ebenfalls gut verrühren.
Vor dem Gebrauch die Panade etwa 30 Min. ruhen lassen. Sie geht so etwas auf.
Die angegebene Menge reicht aus bei Gerichten für etwa vier Personen. Wenn jemand weniger Panade benötigt, kann er einfach die Menge der Zutaten halbieren.
Diese Art von Panade wird zum Fritieren von Fleisch wie auch von Obst verwendet.

ZUTATEN
2 TL Backpulver
1/2 Ei
10 g Kartoffelmehl
3/4 RS Wasser
160 g Weizenmehl
1 TL Salz
5 EL Öl (oder Schweineschmalz)

SALZEIER

ZUBEREITUNG Alle Zutaten – mit Ausnahme der Eier – in einem Topf mit 2 l abgekochtem kaltem Wasser (am besten in einem Porzellantopf) vermischen und über Nacht (oder noch länger) ziehen lassen.
Anderntags die Eier vorsichtig waschen und dann in das Salzwassergemisch geben. Den Topf gut verschließen und die Eier mindestens 3 bis 4 Wochen darin ziehen lassen.
Nach dem Herausnehmen die Eier etwa 30 Min. dämpfen, bevor man sie weiterverwendet.

ZUTATEN
1/2 RS Kao-Liang-Schnaps
2/3 RS Salz
20 g Sternanis
7 Eier (am besten Enteneier)

Besonders gut ist die Qualität der Salzeier, wenn sich um das leicht gelbliche Eiweiß ein öliger Film gebildet hat. Das Eigelb hat dann eine dunkle, goldene Farbe angenommen.
In China gehören die Salzeier zum Frühstück und zu Dämpfgerichten, aber auch zu Kuchen (z. B. zu Mondkuchen, siehe S. 404)

Schweinemett

Mett I

Zutaten
- 400 g Schweinefleisch
- 5 g Ingwer
- 2 EL Reiswein
- ½ TL Salz

Zubereitung In einem Topf ⅔ l Wasser zum Kochen bringen und das Schweinefleisch sowie die Gewürze hinzufügen. Alles unter Rühren etwa 10 Min. kochen.
Mit einem Sieb herausnehmen und abtropfen lassen. Das Wasser weggießen und den Ingwer sowie den Sternanis entfernen.
Nun ist das Schweinemett fertig zur Weiterverarbeitung.
Häufig wird das Mett für Frühlingsrollen oder mit geschmortem Tofu gebraucht. Bei einer weiteren Zubereitungsart von Mett werden die Zutaten vorher nicht gekocht.

Mett II

Zutaten
- 2 EL Frühlingszwiebeln
- 1 TL Ingwer
- 2 Prisen Pfeffer
- ½ TL Salz
- 300 g Schweinefleisch
- 2 EL Sesamöl
- ½ TL Zucker

Zubereitung Die Frühlingszwiebeln und den Ingwer fein hacken und anschließend mit den anderen Zutaten mischen.
Dieses Mett wird meist zur Zubereitung von Maultaschen (siehe S. 107) verwendet.

Schweineschmalz

Zubereitung Hergestellt wird das Schweineschmalz aus dem Fett der Schwarte. Man löst die Fettschicht ab und schneidet sie in kleine Würfel. Diese Fettwürfel werden bei mittlerer Hitze so lange ausgelassen, bis das ganze Fett flüssig geworden ist. Dabei ist zu beachten, daß dies nicht bei zu großer Hitze geschieht. Auch muß man ständig umrühren, damit das gewonnene Schmalz nicht dunkel wird. Mit einem Sieb werden anschließend die Grieben vom Schmalz getrennt und das Schweineschmalz in Gefäße zum Abkühlen gegossen. Es ist gekühlt praktisch unbegrenzt haltbar.
In China wird das Schweineschmalz ähnlich wie bei uns als Salatöl verwendet. Die Grieben werden meist zum Schmoren, für Suppe oder für Frühlingsrollen benutzt, besonders gerne aber auch mit Sauergemüse und Bambus gegessen.

Sichuan-Pfeffermischung

Zubereitung Die Sichuan-Pfefferkörner in einer Pfanne kurz anbraten, abkühlen lassen und dann mahlen. Mit dem Salz, dem Zucker, dem Pfeffer und dem Glutamat vermengen.
Diese Pfeffermischung wird meist zum abschließenden Würzen verwendet.

Zutaten
1 EL Sichuan-Pfefferkörner
1 TL Salz
1 TL Zucker
1 TL Pfeffer
2 Prisen Glutamat

Süssfritieren von Pinienkernen und andern Nüssen

Zubereitung 1 RS Wasser zum Kochen bringen. Den Zucker hineingeben und so lange kochen, bis er flüssig ist.
Die Pinienkerne und das süße Wasser in eine Schale geben und über Nacht ziehen lassen.
Anderntags herausnehmen und so lange trocknen lassen, bis kein Wasser mehr austritt. 1 l kaltes Öl in eine Pfanne geben, die trockenen Kerne hinein-

Zutaten
10 EL Zucker
150 g Pinienkerne
(oder andere Nüsse)
1 l kaltes Öl

geben und auf kleiner Hitze fritieren. Dabei langsam rühren und nach 2 bis 3 Min. die Hitze allmählich stärker stellen.
Wenn sich die Farbe der Körner ändert, die Hitze groß stellen und so lange fertigfritieren, bis die Kerne leicht hellbraun sind.
Die Pinienkerne werden am besten kalt gegessen. Sie sind dann auch schön knusprig.

Süss-saure Sauce

Zutaten
- 5½ EL Essig (5 %)
- 2 EL Öl
- 4 EL Tomatenketchup
- 8 EL Wasser
- 3 EL Zucker
- 1½ TL Kartoffelmehl

Zubereitung Alle Zutaten bis auf das Kartoffelmehl unter Rühren zum Kochen bringen.
Etwa 3 Min. leicht kochen lassen, dann das Kartoffelmehl mit 3 EL Wasser vermischen, unterrühren und alles erneut aufkochen lassen.
Die fertige Sauce je nach Rezept weiterverarbeiten. Häufig wird die süßsaure Sauce zu Frühlingsrollen (siehe S. 144) gereicht. Am bekanntesten ist in China allerdings Schweinefleisch mit süßsaurer Sauce.

Kochtechniken der chinesischen Küche

Vorwort

In der chinesischen Küche gibt es überaus zahlreiche verschiedene Kochmethoden. Sie können auch nicht wirklich in einem Buch gelehrt, sondern nur annäherungsweise erklärt werden. Es braucht sicher langjährige Erfahrung, um diese Methoden richtig anzuwenden. Dennoch lassen sich ein paar grundsätzliche Regeln aufstellen, die es auf jeden Fall zu beachten gilt.

Die Grundregeln

Die Vorbereitung des Woks oder der Pfanne vor dem Bratvorgang

In den allermeisten Rezepten ist der Hinweis auf das zweimalige Ausschwenken einer stark erhitzten Pfanne mit Öl gegeben. Dies ist besonders wichtig, um beim späteren Braten oder Fritieren dem Anbacken und Zusammenkleben der Speisen vorzubeugen.

Bei diesem Vorgang erhitzt man die leere Pfanne so stark, bis leichter Rauch aufsteigt. Nun gibt man etwas Öl (rund $1/5$ des Pfannenvolumens) hinein und schwenkt die Pfanne damit aus. Das Öl wird zunächst wieder in ein verschließbares Vorratsgefäß zurückgegossen, die Pfanne wieder auf die Hitzequelle gesetzt und der Vorgang wiederholt.

Beim Kochen von Gemüse ist es wichtig, daß die Pfanne besonders heiß ist und nur kurz gebraten wird. Das gewährleistet, daß das Gemüse knackig bleibt und nicht die Vitamine verliert.

Nach dem Anbraten des Fleisches ist die Temperatur beim anschließenden Schmoren für den Geschmack sehr wichtig. Bei richtiger Temperaturregelung kann man ein individuelles Resultat erzielen. Bedeutsam ist die Regelung der Temperatur auch beim Dämpfen, da manche

Speisen bei zu großer Hitze und dadurch bedingter hoher Dampfzufuhr auseinanderfallen können.

Auch beim Fritieren muß die Hitzezufuhr kontrolliert werden, damit das Fleisch gleichmäßig gar wird.

Fisch, Meeresfrüchte und Innereien dürfen nur kurz braten, da sonst die Vitamine und der Eigengeschmack verlorengehen.

Im folgenden beschreibe ich kurz 14 der allgemein üblichen chinesischen Kochtechniken:

Blanchieren

Es soll hier noch einmal erwähnt werden, weil es in der chinesischen Küche sehr wichtig ist, die Kochzeit klein zu halten, um die Vitamine und Nährstoffe in den Lebensmitteln zu erhalten, ähnlich wie beim kurzen Anbraten oder Fritieren.

Gemüse wird 1 Min. und Fleisch 2 bis 15 Min. in siedend heißem Wasser gekocht. Danach verwendet man es je nach Rezept weiter.

Braten

Vorab möchte ich nochmals die Bedeutung des zweimaligen Ausschwenkens der heißen Pfanne mit Öl betonen (siehe S. 79). Dieser Vorgang gehört zum Braten unbedingt hinzu!

Gebraten wird in der Regel bei mittlerer Hitze, bis das Fleisch auf beiden Seiten schön hellbraun ist – eine Ausnahme bildet das scharfe Anbraten bei großer Hitze. Bei diesem Bratvorgang bleiben der Eigengeschmack des Fleisches sowie dessen Nährstoffe erhalten.

Dämpfen

In der chinesischen Küche werden zum Dämpfen spezielle Dampftöpfe verwendet. Diese sind aus Metall, Holz oder Bambus gefertigt, und sie sind alle mit kleinen Öffnungen im Topfboden versehen.

Für den Dämpfvorgang selbst wird zuerst Wasser in der Pfanne erhitzt. Dabei richtet sich die Menge des Wassers nach der Höhe der Pfanne: Sie sollte etwa 1/7 von deren Gesamthöhe betragen.

Dann wird der Dampftopf in die Pfanne gestellt und mit einem Deckel verschlossen. Nach 2 Min. gibt man die Speisen in den Topf und dämpft rund 5 Min. bei großer Hitze. Sollte man keinen Dampftopf zur Verfügung haben, verwendet man eine Reisschale, die man mit einem Teller bedeckt und in das kochende Wasser stellt. Da man während des Dämpfens den Deckel nicht öffnen sollte, kann man von Zeit zu Zeit mit einem Löffel gegen die Pfanne klopfen, um zu hören, ob noch genügend Wasser vorhanden ist.

Dämpfen im Porzellantopf

Dazu benötigt man außer dem Porzellantopf einen Dampftopf sowie etwas Alufolie zum Abdecken. In China wird das Dämpfen im Porzellantopf vor allem für «Wintergerichte» oder bei der Verwendung von Heilkräutern als Gewürze eingesetzt.

Alle Zutaten, und das können Fleisch, Gewürze, Brühe, Reiswein und Heilkräuter sein, werden in den Porzellantopf gegeben. Nun deckt man den Topf mit Alufolie ab, verschließt ihn mit einem Deckel und dämpft den Inhalt während 3 bis 4 Std. in einem Dampftopf. Manche Rezepte erfordern auch erheblich längeres Dämpfen. Am besten schmecken gedämpfte Gerichte, wenn der Porzellantopf randvoll gefüllt ist.

Sollte kein Dampftopf zur Verfügung stehen, kann man den Dämpfvorgang auch in einem großen Kochtopf mit etwas Wasser durchführen.

Fritieren

Auch hier gilt: immer die heiße Pfanne zuerst zweimal mit Öl ausschwenken! Sodann gibt man etwa das Doppelte des Volumens der zu fritierenden Speisen an Öl in die Pfanne. Zwei Arten des Fritierens gilt es zu unterscheiden:

A. Kaltfritieren

Dabei gibt man die zu fritierende Speise in das kalte Öl und erhitzt dieses langsam und vorsichtig. Nicht rühren! Bei mittlerer Hitze wird die Speise zunächst 2 Min. fritiert. Nun kann man mit einem

Stäbchen vorsichtig umrühren. Die Hitzezufuhr wird langsam verstärkt. Je nach Lebensmittel wird jetzt so stark erhitzt, bis das Fritiergut schön hellbraun wird.

B. «Normales» fritieren

Hierbei wird das Öl zunächst stark erhitzt. Dann gibt man die Speise hinein, fritiert etwa 2 Min. bei mittlerer Hitze, nimmt sie wieder heraus und läßt sie etwa 5 Min. ruhen, bevor sie erneut bei starker Hitze 1½ bis 2 Min. fritiert wird.

Der Grund für das Fritieren in zwei Phasen liegt darin, daß so nach dem ersten Fritieren noch etwas von der Feuchtigkeit der Speise verdampfen kann. Mit dem zweiten Fritiervorgang wird alles auch innen knusprig.

Gewürzkochen

In einen Kochtopf werden Wein, Sojasauce sowie eine Gewürzmischung gegeben. Nun wird Fleisch hinzugefügt, das man vorher in Wasser gekocht hat. Das Ganze läßt man ungefähr 30 Min. bei geschlossenem Deckel kochen. Dann nimmt man den Topf vom Herd und läßt ihn rund 20 Min. abkühlen.

Gewürzkochen steht immer im Zusammenhang mit der Zubereitung für kalte Platten.

Grillieren

Ente, Spanferkel, Fasan, Schweinenacken u.a. legt man zunächst über Nacht in Gewürzen ein. Danach wird das Fleisch je nach Rezept zwischen einer Stunde bis einem Tag abgehangen.

Der anschließende Grilliervorgang dauert 15 bis 50 Min., abhängig vom Fleisch. In China zieht man beim Grillieren große Holzkohleöfen gegenüber Elektroherden vor.

Kurzbraten

Die heiße Pfanne wird bei dieser Kochmethode zweimal mit Öl ausgeschwenkt. Zum Braten wird Öl von etwa dem doppelten Volumen des benutzten Gemüses oder Fleisches in der Pfanne erhitzt. Wenn es heiß ist, gibt man das Gemüse bzw. Fleisch hinein und brät es kurz. Gemüse benötigt zum Garwerden etwa 1½ Min. (je nach Menge auch kürzer). Fleisch wird so lange gebraten, bis sich die Farbe verändert. Mit Hilfe eines Siebes nimmt man das Gemüse bzw. Fleisch anschließend heraus und läßt es abtropfen.

Parallelkochen

In einer Pfanne wird bei dieser Kochmethode das Fleisch fritiert oder gebraten, während man in der zweiten Pfanne eine Sauce zubereitet. Das fritierte bzw. gebratene Fleisch kann nun direkt in die Pfanne mit der Sauce gegeben werden. Dadurch verbindet sich das heiße Fleisch besonders gut mit der Sauce, und deren Geschmack kann das Fleisch so durchdringen.

Pfannenrühren

Damit wird ein Kochvorgang beschrieben, mit dem man direkt oder nach dem Anbraten zunächst Gewürze in der Pfanne fritiert, um danach das angebratene oder rohe Fleisch bei großer Hitze beizufügen. Dabei werden 5 bis 10 EL Öl verwendet. Während der ein- bis zweiminütigen Bratzeit wird unter Rühren eine Sauce zugegeben. Kurz vor Abschluß übergießt man das Fleisch mit 1 bis 2 EL Öl und nimmt es anschließend heraus.

Räuchern

Das Fleisch, häufig Hähnchen, wird vor dem Räuchern in Gewürzen gekocht. Zum eigentlichen Räuchern werden eine Pfanne sowie ein Metallteller, der am Boden mit kleinen Öffnungen versehen ist, benötigt. Zuerst gibt man Reis, Mehl, Tee und Zucker in die Pfanne und erhitzt das Ganze bei geschlossenem Deckel sehr stark. Auf den Teller legt man nun 3 bis 4 Chinakohlblätter und träufelt etwas Öl darüber. Das zu räuchernde Fleisch wird nun auf diese Blätter gegeben und der Teller in die Pfanne gestellt. Bei geschlossenem Deckel läßt man alles 5 bis 10 Min. räuchern.

Dann sind der Reis, das Mehl, der Tee und Zucker verbrannt, und es entwickelt sich starker Rauch. Es empfiehlt sich daher, bei offenem Fenster zu arbeiten und gegebenenfalls auch einen Mundschutz zu tragen.

Schmoren

Dem Schmoren geht entweder ein kurzes Fritieren, Kochen in Wasser oder Anbraten voraus. Auch hierbei wird die heiße Pfanne zunächst zweimal mit Öl ausgeschwenkt. Gewürze und Fleisch werden anschließend in etwas heißem Öl kurz angebraten und mit Brühe abgelöscht. Dann gibt man Zucker, Pfeffer, Sojasauce und Reiswein bei. Das Ganze kocht man anschließend 3 bis 5 Min. bei sehr starker Hitze und läßt es anschließend bei verminderter Hitzezufuhr weitere 3 Min. schmoren. Dann wird die Hitze erneut reduziert und so lange schmoren gelassen, bis die Sauce dickflüssig wird. In der Zwischenzeit rührt man um, damit das Fleisch nicht anklebt.

Suppe kochen

Für Suppe gibt es in der chinesischen Küche drei grundverschiedene Kochweisen: Es wird einfach gekocht, durch langes Kochen eingekocht oder mit Stärke gebunden. Letzteres ist die üblichere, den Europäern vertrauteste Variante (z. B. bei der Wantan-Suppe).

Zubereitung von kalten Platten

Ihr können verschiedene Kochvorgänge vorausgehen: das Gewürzkochen von Fleisch, das Blanchieren und anschließendes Abkühlen unter kaltem Wasser, das Fritieren und anschließendes Abkühlen von Fleisch oder das Fritieren von Nüssen. Die Zusammenstellung und Dekoration der kalten Platten wird in China vom Kochmeister selbst vorgenommen.

Chinesische Schneidetechnik

Vorwort

Der Umgang mit dem Messer zählt in der chinesischen Küche zu den wichtigsten Künsten. Erfahrene Köche können bereits an der Farbe des Essens und an der Form des zugeschnittenen Fleisches den guten Kollegen erkennen.

Ein guter Koch weiß nicht nur die Zutaten und Zubereitungen von verschiedenen Gerichten sinnvoll zu kombinieren, sondern kann außerdem geschickt mit dem Messer umgehen. Das Schneiden von Fleisch, Gemüse und anderen Zutaten ist genauso wichtig wie der gekonnte Umgang mit dem Feuer. Je nach der gewünschten Dicke von Scheiben, Würfeln oder Stücken von bestimmten Lebensmitteln wird unterschiedlich gekocht, gegart, grilliert, geschmort oder gedämpft.

Zu den Grundtechniken des Schneidens ist folgendes von Bedeutung: zäheres Fleisch, z. B. vom Rind, wird quer zu den Muskelfasern geschnitten, weicheres Fleisch, z. B. vom Hähnchen, parallel zu den Muskelfasern.

Ein guter Schnitt ist nicht nur wichtig für das Aussehen eines Gerichts, sondern bestimmt auch dessen Geschmack, denn der Schnitt verändert auch die Art und Weise, wie und in welchem Maße Gewürze und Saucen in das Fleisch eindringen bzw. einziehen können. Bei Innereien, getrocknetem Tintenfisch sowie Bambus wird dies besonders deutlich.

Nun zu den besonderen Schneidetechniken, von denen die chinesische Küche noch einige mehr als die nachfolgend aufgeführten kennt: Schneiden in dünne, dicke, quadratische, rechteckige oder runde Scheiben, in kleine oder große Würfel, in breite, schmale oder spaghettiförmige Streifen, Bündeln und Feinschneiden und schließlich Einschneiden.

Fleisch

In dünne Scheiben schneiden

Das Fleisch mit den gekrümmten Fingerspitzen der linken Hand durch Druck auf den Schneidetisch halten und das Messer (Beil) an den Knöcheln eng vorbeiführen. Will man große, dünne Scheiben bekommen, drückt man mit der ganzen linken Hand, mit ausgestreckten Fingern und durchgebogenem Handrücken auf das Fleisch und führt das Messer an der Längsseite der Handballen unterhalb der ausgestreckten Finger entlang.

Der durchgebogene Handrücken zeigt an, wie das Messer zu führen ist, ob man die Scheibe noch dünner bzw. dicker zu schneiden hat. Der Druck auf das Fleisch läßt spüren, wo die Klinge genau schneidet.

In Würfel schneiden

Dabei muß das Fleisch unter Umständen vorher eingeschnitten werden.

In Streifen schneiden

Dabei muß gute Vorarbeit geleistet werden. Die erste Scheibe wird noch abgeschnitten, alle weiteren Scheiben nur tief ein-, jedoch nicht durchgeschnitten. Die Scheiben werden anschließend umgeklappt und mit den Fingern der linken Hand zusammengedrückt, so daß sich die umgeklappten Scheibenrücken etwas wölben. Jetzt wird die Klinge zum Streifenschneiden angesetzt.

Einschneiden

Wenn das Fleisch richtig ein- und auf die richtige Größe durchgeschnitten ist, geht es beim Kochen wie eine Blume auf.

Hacken

Auch hier ist die Vorarbeit sehr wichtig. Nachdem das Fleisch in Scheiben geschnitten ist, schlägt man mit der flachen Seite der Klinge kräftig darauf. Dann werden die Sehnen aus dem Fleisch entfernt. Nun wird Scheibe für Scheibe zusammengeklappt und erneut mit der flachen Klingenseite gehackt. Zum Schluß schlägt man mit dem Messerrücken kräftig auf das zusammengeklappte Fleischstück, bis es zu Mus wird. In das Gehackte werden ein Eiweiß, etwas Pfeffer, Mehl, Backpulver und Schweineschmalz eingerührt.

Die Masse verknetet man gut durch das Pressen in einer Hand. Nun kann man sie mit einem Löffel abstechen, zu Klößchen formen und kochen oder fritieren. Auf gleiche Weise stellt man auch Garnelenklößchen her.

Kleinhacken

Hierbei wird das Fleisch ähnlich wie Ingwer oder Frühlingszwiebeln gehackt. Die eher grob gehackte Masse verwendet man häufig als Füllung.

Das Schneiden von Geflügel

Zunächst wird im Rücken und entlang der Brust längsseits ein Einschnitt gemacht.

Nun schneidet man die Flügel im oberen Gelenk ein, drückt mit der Messerspitze auf den Knochen und trennt mit der anderen Hand das Fleisch vom Flügel.

Das Brustfleisch wird zum Schenkel hin gelockert, aber noch nicht abgezogen. Zuerst trennt man nämlich die Hähnchenschenkel ab, indem die Gelenke so tief wie möglich eingeschnitten und dann durch das seitliche Umklappen nach außen gebrochen werden.

Jetzt kann man das Brustfleisch zusammen mit den Schenkeln abnehmen. Jetzt zieht man das Fleisch der Hühnerbrust ab.

Um das Fleisch von den Schenkeln abzuziehen, legt man diese mit der Innenseite nach oben und fährt mit der Messerspitze von unten her den Knochen entlang nach oben. Nun schneidet man das mittlere Gelenk des Schenkels durch, drückt mit dem Messer auf die hervorstehenden Knochen des Mittelgelenkes und zieht mit der anderen Hand das Fleisch beider Teile nacheinander ab.

Das Hühnerfleisch kann man nun je nach Rezept in Streifen oder in Würfel schneiden. Die

Knochen werden für Hühnerbrühe verwendet. Eine in China sehr verbreitete Methode besteht darin, das Fleisch kleinzuschneiden, ohne es vom Knochen zu lösen.

Fisch

Der Kopf des Fisches wird abgetrennt, und von unten und vom Schwanzende her schneidet man dem Rücken entlang ein.

Dann schneidet man vom Kopfende her die beiden Filetstücke heraus, indem man mit der linken Hand bei ausgestreckten Fingern und durchgebogenem Handrücken auf den Fisch drückt und unterhalb der Hand das Messer den Gräten entlang führt. Die Gräten lassen sich nun bequem entfernen.

In die Innenseite der Filets werden anschließend Rhombenmuster eingeschnitten. Dann verwendet man den Fisch dem Rezept entsprechend weiter.

Küchengeräte

Der Wok

Der Auffassung, daß die Unterschiede zwischen nur «gut» und «köstlich» schmeckenden Gerichten vor allem im Gebrauch der Gewürze liegt, stimme ich nicht zu. Denn auch die Qualität von Kochgeschirr und Kochstelle trägt Entscheidendes zum Geschmack der Gerichte bei.

In Europa kann man viele verschiedene Wok-Arten erstehen, die sich zumindest vom Material her voneinander unterscheiden. Es ist jedoch nicht einfach, aus der Vielzahl der angebotenen Geräte den richtigen herauszufinden.

Der originale Wok hat einenDurchmesser von 30 bis 35 cm, ist etwa 10 cm tief und aus 1 bis 2 mm dünnem Gußeisen gefertigt. Meist ist er mit zwei Griffen oder einem dünnen Stiel an den Seiten versehen und wiegt etwa 740 g.

Die Verwendung schwerer Woks ist nicht besonders zu empfehlen, da man sie nur mit Mühe stark bewegen kann, was für die chinesische Küche enorm wichtig ist. Dabei hält man mit der linken Hand den Wok in Bewegung und rührt gleichzeitig mit einer großen chinesischen Kochkelle in der rechten Hand die Speisen im Wok um.

Die benötigte Kochkelle ist meist aus Metall mit einem Holzgriff gefertigt und hat Ähnlichkeit mit einer traditionellen abgeflachten Kelle. In einem Restaurant benutzt ein einziger Koch den Wok und die dazugehörige Kelle an einem Abend 100- bis 150mal.

Auch das Feuer ist sehr wichtig für die chinesische Küche. Gekocht wird meist bei enormer Hitze auf speziellen Gasbrennern, aus denen die Flammen recht hoch schlagen. In Restaurants in China selbst wird der Kochstelle neben Gas über eine weitere Leitung auch immer Luft zugeführt, was das Ausschlagen der Flammen begünstigt. Nun kann man sich vorstellen, wie wichtig bei der enormen Hitze die schnelle Bewegung des Woks ist, damit nichts anbrennt. Die Lebensmittel behalten durch die extrem kurze Zubereitungszeit ihren typischen Geschmack, und auch ihre Vitamine und Nährstoffe gehen nicht verloren.

Die durchschnittliche Kochzeit für ein Gericht beträgt nur wenige Minuten. Damit ist die chinesische Küche mit Abstand schneller als jeder Mikrowellenherd. Feingeschnittene, frische Lebensmittel unter starker Bewegung kurz und scharf braten – das ist eines der Geheimnisse der chinesischen Küche.

Was tun, wenn man keinen Wok besitzt?
Um gutes chinesisches Essen zu kochen, benötigt man keinen Wok. In diesem Fall verwendet man einfach die Kochtechnik mit den zwei Pfannen. Es spielt dabei keine Rolle, ob mit Gas oder elektrisch gekocht wird. Und so wird es gemacht:

Beide Pfannen auf die Platten stellen, zunächst aber nur die eine erhitzen.

Nun die heiße Pfanne zweimal mit Öl ausschwenken, je nach der Menge der verwendeten

Lebensmittel Öl darin erhitzen und das Kochgut kurz fritieren, herausnehmen und abtropfen lassen.

In der Zwischenzeit die andere Pfanne erhitzen und ebenfalls zweimal mit Öl ausschwenken. Die abgetropften Lebensmittel hineingeben und unter ständiger Bewegung etwa 1 Min. darin braten.

Unterdessen die erste Pfanne etwas säubern und wieder erhitzen, zweimal mit Öl ausschwenken und erneut die Pfannen tauschen. Nun werden die Lebensmittel wieder etwa 1 Min. unter ständiger Bewegung gebraten.

Die zweite Pfanne säubern, erhitzen, zweimal mit Öl ausschwenken und einen letzten Pfannentausch vornehmen. Die Lebensmittel eine weitere Minute braten, dann die Sauce hinzugeben und alles noch einmal gut verrühren – fertig!

Der beschriebene Pfannentausch wird je nach der Menge des Kochgutes zwei- bis dreimal durchgeführt. Die große Hitze beim Braten der Speisen ist unbedingt erforderlich, damit das Aroma nach innen ziehen kann. Die mit der Methode des Pfannentausches erzielte Energie kann allerdings nicht im gleichen Maße gehalten werden wie in einem Wok. Aber mit zwei Pfannen kann man dennoch die gleiche Qualität der Speisen erzielen.

Chinesisches Geschirr

Wenn Sie chinesisches Kochgeschirr zu Hause haben, ist das ideal. Aber auch mit europäischem Geschirr können Sie chinesisch kochen. Folgende Geräte sind dafür unbedingt erforderlich: ein Wender, ein kleiner Topf, ein großer Topf (etwa 23 cm hoch, etwa 26 cm im Durchmesser), ein Sieb, eine Pfanne, ein Elektro-, Gas- oder Kohleherd, ein normales Messer, ein kleines Messer zum Garnieren, ein Schneidebrett. Ist all dies vorhanden, erweist sich das Zubereiten chinesischer Gerichte als nicht schwierig.

Gewichtseinheiten

Das Gewicht von Lebensmitteln können Sie mit einer Küchenwaage feststellen, während Sie das

Volumen mit einem Standardbehälter messen. Um den Leserinnen und Lesern dieses Kulturkreises entgegenzukommen, verwende ich in diesem Buch einige ihnen vertraute Maße wie Eß- oder Teelöffel. Damit können Sie beim Kochen sowohl die Gesamtmenge als auch die Menge einzelner Bestandteile bestimmen. Das erleichtert die Zubereitung der delikaten, leckeren chinesischen Gerichte. Zum Umrechnen sind folgende Entsprechungen hilfreich:

1 chinesische Reisschale entspricht etwa 240 cm^3 (etwa ½ Liter), 1 chinesische Reisschale etwa 30 Eßlöffeln, 1 chinesischer Eßlöffel etwa 2 Eßlöffeln bzw. 4 Teelöffeln.

1 europäischer Eßlöffel entspricht etwa 2 Teelöffeln.

Weitere Küchengeräte

Ob man ein chinesisches oder ein großes europäisches Messer, eine chinesische oder europäische Kochkelle, ein rundes oder ein rechteckiges Schneidebrett benutzt, ob man auf einem chinesischen Gaskocher, einem Elektro- oder Gasherd kocht, ja sogar, ob man (bis auf wenige Ausnahmen) einen chinesischen Dampfkochtopf oder einfach einen großen traditionellen Kochtopf verwendet – all das ist nicht wirklich entscheidend für das gute Gelingen eines Gerichtes.

Europäische Pfannen müssen allerdings hitzebeständig sein und einen Durchmesser von etwa 28 cm haben. Für die Zubereitung von Schmorgerichten empfiehlt sich eine Pfanne mit Deckel. Möchte jemand seine Küche chinesisch einrichten, so kann er entsprechende Geräte in Asiengeschäften und teilweise auch in großen Kaufhäusern und bei Versandfirmen erstehen.

Chinesische Tischsitten und -regeln

Verhaltensregeln und Anstandssitten haben in China eine lange Tradition. Ihr Sinn wird oft erst aus ihrem Zusammenhang mit der chinesischen Auffassung von sozialen Kontakten überhaupt verständlich.

Der junge Mensch erhält seine Erziehung im schulischen Bereich; er wird dort ausgebildet, auch im Umgang mit den Mitmenschen. In der chinesischen Tradition galt aber nicht die Schule als die wichtigste pädagogische Institution, sondern die Familie, wo das soziale Lernen eine viel grundsätzlichere und prägendere Wirkung für das weitere Leben hatte. Dies gilt in manchen Familien heute noch, wenn sich die Schwerpunkte in den letzten Jahrzehnten auch stärker in Richtung Schule verlagert haben. Der dritte Lern- und Erfahrungsbereich ist schließlich die Gesellschaft, in der Umgangssprache «die Welt» genannt.

Tischregeln sind im Zusammenhang mit dem sozialen Lernen in der Familie zu sehen. Respekt und Anstand wird der heranwachsenden Generation vor allem beigebracht. Im modernen China taucht allerdings von Zeit zu Zeit ein gewisser Generationenkonflikt auf, der wohl daher rührt, daß sich die jüngere Generation nicht allen traditionellen, teilweise auch unverständlichen Bräuchen fügen will. Auch darüber wird wohl beim Essen, wo auch die traditionellen Tischregeln gepflegt werden, gesprochen.

Ist zum Essen gerufen worden, gebietet eine alte Sitte, daß zuerst der Großvater als Familienoberhaupt Platz nimmt. Eines der Kinder wird zu ihm geschickt, damit es ihn zu Tisch ruft und ihn auch dorthin geleitet, eventuell auch beim Gehen stützt. Erst wenn dieser seinen Platz eingenommen hat, darf sich der Rest der Familie setzen.

Meistens erzählt der Großvater am Tisch etwas über dieses oder jenes Ereignis und leitet dann zu dem jeweils schön angerichteten Essen über, verbunden mit einem kleinen Lob für die Hausfrau. Erst wenn das Oberhaupt die Stäbchen aufnimmt und zu essen anfängt, folgen ihm die übrigen Familienmitglieder. Dabei wird nicht mit dem Fleisch, sondern mit dem Gemüse begonnen. Dies soll symbolisch darstellen, daß das Leben am Anfang schwer ist und die besonderen Freuden erst später erreichbar sind.

Vor dem Essen richtet die Hausfrau den Tisch sorgfältig her. Rechts neben der Reisschale liegen parallel zueinander die Eßstäbchen, links der Suppenlöffel. Ein kleiner Teller für Knochen und Gewürze, die nicht gegessen werden, steht ebenfalls bereit. Fast immer nimmt die Suppenschüssel die Mitte des Tisches ein, um die herum Gerichte angeordnet sind. Die Suppe geht aber nicht immer, wie in Europa, den andern Gerichten voran, sondern wird nach Belieben jederzeit genommen.

Schmatzen und Schlürfen sind beim Essen verpönt. Nimmt man sich ein Stück Gemüse oder Fleisch, beugt man sich auch nicht über den ganzen Tisch, sondern tut dies so dezent wie möglich. Es zeugt auch von schlechtem Anstand, wenn jemand in den aufgetischten Speisen herumwühlt, um sich die besten Stücke zu ergattern. Wer beim Essen husten oder niesen muß, steht auf und verläßt dazu das Eßzimmer.

Niemand braucht im hohlen Kreuz am Tisch zu sitzen, aber bei aller Bequemheit wird doch eine anständige Körperhaltung erwartet. Von Frauen wird diesbezüglich etwas mehr verlangt. Wer als Frau eine Eßpause einlegt, legt die Hände auf den Schoß und schließt die Knie. Völlig undenkbar wäre ein breitbeiniges Sitzen am Tisch.

Den Zeitpunkt des Aufstehens vom Eßtisch bestimmt wiederum der Großvater. Erst nach ihm dürfen die anderen Familienmitglieder sich ebenfalls vom Tisch erheben. Muß jemand wegen eines dringenden Termins unbedingt vorher gehen, so erwartet das Familienoberhaupt eine Erklärung.

Es ist auch möglich, dem Großvater die Gründe für das ungewöhnliche, verfrühte Aufstehen für später in Aussicht zu stellen. (Den Platz des Großvaters nimmt in der chinesischen Tradition nach dessen Tod der erstgeborene Sohn ein.)

Wenn Gäste zum Essen geladen sind, müssen Hausfrau und Kinder nach alter chinesischer Sitte mit dem Essen warten, bis zuerst der Großvater, der Herr des Hauses und eventuell sein herangewachsener Sohn mit dem Gast gegessen haben. Während dieser Zeit halten sich die Kinder im Garten auf oder spielen in anderen Räumen. Die Hausfrau muß für das Servieren der Speisen zur Verfügung stehen. Nach dem Essen begeben sich die Herrschaften zur Unterhaltung in ein anderes Zimmer, und nun kann die Ehefrau mit ihren Kindern essen.

Kommen unverhofft mehrere Gäste und drohen die Speisen auszugehen, ißt der Gastgeber so wenig wie möglich und entschuldigt sich bei seinen Gästen für seinen momentan schlechten Appetit.

Vor dem Essen wäscht man sich Gesicht und Hände. Das gleiche wird den Gästen angeboten, eventuell auch nach dem Essen. Das Säubern der Zähne wird mit einem Zahnstocher hinter vorgehaltener Hand vorgenommen. Beim Essen in der Gesellschaft, bei Hochzeiten oder Einladungen von Freunden, Bekannten und Verwandten ist die Sitzordnung von besonderer Bedeutung. Bei verheirateten Gastgebern sitzt der Mann rechts, seine Frau zu seiner Linken. Daneben werden wenn möglich Paare plaziert. Unverheiratete Gastgeber plazieren links und rechts neben sich gute Freunde oder Bekannte. Im übrigen wird darauf geachtet, daß Paare nebeneinander Platz finden. Gegessen wird möglichst an runden Tischen. Für das Servieren bei offiziellen Anlässen wird eine Serviererin engagiert. Diese bringt die einzelnen Gänge auf den Tisch, wobei sie sich entschuldigt, daß sie um etwas Aufmerksamkeit bitten muß. Sie verteilt auch mit Hilfe von Eßstäbchen die Speisen auf die Teller der Gäste.

Unmittelbar vor jedem Gast steht der Teller mit kunstvoll eingewickelter Serviette, die man sich auf den Schoß legt. Links neben dem Teller liegt zusätzlich noch ein feuchtes, angewärmtes und aufgerolltes Handtuch, mit dem man sich – auch beim Essen – Mund und Hände abwaschen kann. Rechts neben dem Teller sind die Eßbestecke angeordnet: zunächst der Löffel (ein Porzellan- oder ein Silberlöffel), daneben die Eßstäbchen, die auf einer kleinen flachen Figur liegen. Es gibt Eßstäbchen aus Plastik, Bambus, Holz, sogar aus Metall und Elfenbein. Mit Eßstäbchen aus letzterem testeten früher der Kaiser und andere Herrscher, ob ihr Essen vergiftet war. Sie tauchten dabei ein Stäbchen in die Speise: Verfärbte es sich schwarz, galt das Essen als vergiftet.

Hinter dem Teller links neben den Gläsern werden ein weiterer kleiner Teller und eine Reisschale bereitgestellt. Der kleine Teller dient zum Ablegen von Knochenabfällen oder für Saucen. Die Reisschale dahinter ist als Suppen- oder als Anreichschale bestimmt. Wenn nämlich ein Gang aus mehreren Gerichten besteht, befinden sich die Speisen oft außer Reichweite der einzelnen Gäste. Dann reicht man diese Reisschale einem Tischgenossen, der näher an dem gewünschten Gericht sitzt, um sie von ihm füllen zu lassen.

Grundsätzlich wird bei Essen in großer Gesellschaft kein Reis aufgetragen. Solche Menüs sind reich an Fleisch und bestehen aus 13 bis 15 Gängen. Es dauert mehrere Stunden, bis alles bewältigt ist. Es ist ein chinesischer Brauch, daß der Gastgeber die Geladenen ständig ermuntert, sich reichlich zu bedienen, und sich auch nach dem Essen bei seinen Gästen für die nicht optimale Qualität der Speisen entschuldigt, selbst wenn die feinsten Gerichte aufgetragen wurden. Die Gäste erwidern dann oft traditionsgemäß, daß alles hervorragend schmeckte und wunderbar angerichtet war, es ihnen aber ausgerechnet heute an Appetit mangele. Diese Art von Konversation ist natürlich vor allem als ein Zeremoniell zu verstehen.

Heutzutage gibt es runde Tische mit einem drehbaren Innenteil, was das Servieren natürlich erleichtert. Wünscht jemand eine Speise, an die er mit dem Arm nicht heranreicht, so entschuldigt er sich bei seinen Tischgenossen mit der Bitte, diesen inneren Tischteil, auf dem die Gerichte angeordnet sind, drehen zu dürfen.

Dies sind die wichtigsten chinesischen Tisch- und Eßsitten, die von Generation zu Generation überliefert werden und den Kindern als Teil ihrer Erziehung vermittelt werden, damit sie in der Familie Respekt und Anstand am Tisch für ihr weiteres Leben lernen.

Januar

一月

Neujahrsfeste
in Vergangenheit und Gegenwart

Das ursprüngliche chinesische Neujahr

In der 5000 Jahre alten Kulturgeschichte Chinas gibt es nach dem chinesischen Mondkalender 25 verschiedene Festtage im Jahr. Die wichtigsten davon sind das chinesische Neujahr (auch Frühlingsfest genannt), das Drachenbootfest, das Mondfest und das Chung-Yang-Fest.

Alle Festtage haben eine lange Tradition. Unter ihnen stellt das chinesische Neujahr wiederum einen Höhepunkt dar. Jede Familie bereitet für diesen Anlaß zahlreiche besondere Gerichte vor, die meist recht schwierig zuzubereiten sind und lange Zeit der Fertigstellung erfordern. Vom 8. bis zum 12. Tag des 12. Monats nach dem Mondkalender wird traditionellerweise Reisporridge mit Trockenobst gegessen. Der 16. des Monats ist ein Tag, an dem man sich etwas Besonderes gönnen soll. Viele Chefs laden an diesem Tag ihre Angestellten zu einem Festessen ein. Der 24. ist der Tag der Anbetung und der Opfergaben für den Schildkrötengott. Dabei wird für das kommende Jahr um Harmonie in der Familie gebetet.

Schon einen Tag später beginnen die Vorbereitungen für das neue Jahr. Man führt einen gründlichen *Neujahrsputz* durch, und glückbringende Spruchbänder werden über den Haustüren angebracht.

Der 30. Tag des 12. Mondmonats ist der Vorabend des Neujahres. Dieser Abend gehört ganz der Familie. Alle Angehörigen verbringen den Tag zu Hause, wo gemeinsam gegessen und gefeiert wird. Besondere Verehrung erfahren auch die Ahnen, die man anbetet, um Unheil von der Familie abzuwenden.

Am Neujahrstag machen die Chinesen Neujahrsbesuche, wünschen ihren Familienangehörigen, Freunden und Nachbarn ein frohes Neues Jahr und bringen Geschenke mit – Fleisch, Reiskuchen oder andere Köstlichkeiten.

Vom 1. bis zum 5. Tag des ersten Mondmonats im neuen Jahr sind die Geschäfte geschlossen. Das Neujahr geht allerdings erst mit dem 15. Tag des Festes zu Ende. Jeder der chinesischen Festtage ist mit einer besonderen Geschichte verbunden.

Das neuere chinesische Neujahrsfest (Frühlingsfest)

Dieser Festtag ist seit der Shang-Dynastie (16. bis 11. Jh. v. Chr.) überliefert. Die ursprüngliche Bezeichnung *Yuan-Dan* bedeutet «ein neues Jahr beginnen». *Yuan* bedeutet allein genommen «rund» und «anfangen», *Dan* «der Morgen».

Vor dieser Zeit gab es nur einen Bauernkalender, und die Spanne für eine Jahreszeit war in China bis zur Einführung des Mondkalenderjahres unbekannt. Durch Astrologen wurden die Mondphasen in Niederschriften genau festgehalten: Wenn der Mond zwölfmal ab- und wieder zugenommen hat, ist ein Jahr vergangen; dabei variiert der Mondzyklus in jedem Monat leicht.

Seit der Shang-Dynastie ist den Chinesen der Mondkalender überliefert; seither wird das Jahr in 12 Mondmonate unterteilt.

Für die Bauern der damaligen Zeit war der Neujahrstag das wichtigste Ereignis im ganzen Jahr, zeigte er doch nicht zuletzt den Beginn einer neuen Arbeitsperiode an. Die Idee, diesen Tag als Festtag zu begehen, stammt von den Bauernfamilien, die das neue Jahr gewissermaßen als Geburtstag der Natur begingen.

Die Feier diente auch dazu, von den Göttern für das kommende Jahr eine reiche Ernte zu erbitten; zu diesem Zweck wurde ihnen ein Tier geopfert.

Noch waren die Feierlichkeiten jedoch nicht sehr aufwendig – man beließ es meist bei einem Umtrunk. Die Menschen versuchten an diesem Tag, die Zukunft positiv zu beeinflussen und die Geister für das kommende Jahr gütig zu stimmen.

Auch während der Shang- und Xia-Dynastie wurden die Naturereignisse noch auf den Einfluß der bösen Geister zurückgeführt: Diese lenken die Geschicke des Menschen, doch eine direkte Verbindung zu ihnen kann nicht hergestellt werden. Mit Opfergaben, Anbetungen und Festtagszeremonien versuchten die Menschen damals, die Geister für sich einzunehmen.

Die Bezeichnung für das Jahr *Nian* nimmt hier seinen Anfang. In diesem Zusammenhang ist eine Legende überliefert:

Es lebte einmal ein kleines, sehr böses und mächtiges Tier, das sich von Menschen ernährte, die es jagte und nach dem Zerreißen verschlang. Zum Jahresende begab sich das Tier jeweils zu den Menschen, um sich ein neues Opfer zu suchen. Diese versteckten sich während dieser Zeit angsterfüllt. Nachdem sie entdeckt hatten, daß sich das Ungeheuer mit Opfergaben besänftigen ließ, verlor sich der Schrecken nach einigen Jahren etwas: Jede Familie stellte nun Gaben vor die Tür, zog sich ins Haus zurück und wartete auf das Tier, dem man den Namen *Nian* gegeben hatte. Nian labte sich an den Opfergaben und griff keinen Menschen mehr an.

Wenn nun jemand feststellte, daß Nian vorbeigezogen war, sagte er zu den Nachbarn *Guo-Nian* – «Nian war schon da». Man gratulierte einander dazu, dem Untier einmal mehr entgangen zu sein. Dies ist der Ursprung der Neujahrsgratulation.

Die Tradition setzte sich immer weiter fort. Aus dem Umtrunk wurde nach und nach eine Feier und aus *Nian* die Bezeichnung für «Jahr».

Es rankt sich eine weitere Legende um *Guo-Nian*, nämlich die Unterwerfung von Nian durch eine Gottheit: Nian besaß magische Kräfte; wenn es tief einatmete, saugte es die Menschen wie ein Staubsauger in seinen Schlund. Jedes Jahr am letzten Tag des letzten Monats kam Nian zu den Menschen, die sich ihm nicht zu erwehren wußten.

Zu jener Zeit lebte ein alter Mann namens Hong-Jun, der sich eine List gegen das Ungeheuer ausdachte. Er sprach das böse Tier mit seinem Namen an und gab vor, dessen Fähigkeiten zu bewundern. Einmal sagte Hong-Jun zu Nian: «Wenn du auf den Berg gehst und die Bienen dort verschlingst, bist du für mich der größte aller Meister». Da das Tier nicht nur schlecht, sondern auch dumm war, ging es auf den Vorschlag ein. Als Nian vollgefressen zurückgekehrt war und das Bienengift langsam zu wirken begann, verwickelte Hong-Jun das schreckliche Tier in einen Kampf und besiegte es.

Den Menschen hatte Hong-Jun empfohlen: «Klebt rotes Papier an eure Türen – das wird Nian an Blut erinnern. Weil es sich insgeheim davor fürchtet, wird es euch dann nicht belästigen». Von daher stammt die Sitte, zum Jahresende rotes Papier an die Türen zu kleben, damit Nian nicht wieder zurückkommt.

Heute schreibt man auf das Festpapier mit dem Namen *Chun-Lian* auch viele gute Wünsche, Zitate oder Gedichte.

Chinesischer Silvester

Zusammen mit der ganzen Familie wird traditionell das Ende des alten Jahres erwartet. Dieser letzte Tag des letzten Mondmonats ist der *Zu-Xi-Jie*, der große Neujahrsabend. Er hat für die Familie eine besondere Bedeutung. Nachdem man das ganze Jahr hindurch gearbeitet und gespart hat, wird am Neujahrsabend zusammen gefeiert.

An diesem Abend sind alle Geschäfte, Büros und Schulen geschlossen. Die einzelnen Familienmitglieder eilen schnell nach Hause. Auf den Straßen begegnet man dann nur wenigen Leuten. Alle verbringen die festlichen Stunden im Familienkreis, um dort zu feiern, zu essen und das Neue Jahr zu begrüßen.

Dieses gemeinsame Essen heißt *Thuan-Yuan-Fan*. Vor dem Essen müssen alle Teilnehmer ein Bad nehmen und festliche Kleider anziehen. Der Alten wird in Anbetungen gedacht. Normalerweise wird täglich nur ein Räucherstäbchen angezündet, an diesem besonderen Festtag müssen es jedoch drei sein.

Beim Vorsprechen der Gebete geht die Reihe vom ältesten und würdigsten Familienmitglied bis zum jüngsten.

Außerdem wird zu Ehren der Ahnen ein dreifaches Sichverbeugen (*Ko-tou*) durchgeführt; dazu muß sich jeder hinknien und mit der Stirn die Erde berühren. Während des Kniens darf man sich etwas für das neue Jahr wünschen. Die Wünsche dürfen aber nicht laut ausgesprochen werden.

Für die Gottheiten und Ahnen werden Fleisch, Obst und andere gute Sachen auf einem speziellen Tisch als Opfergaben angerichtet. Dann wird in einem Topf zu ihren Ehren falsches Papiergeld verbrannt; man glaubt, die Ahnen so mit dem im Jenseits benötigten Geld versorgen zu können. Die Gebete werden unter dem Abbrennen von Böllern und Knallern beendet.

Nun beginnt das gemeinsame Mahl. In die Mitte des Tisches wird ein chinesischer Feuertopf gestellt, der unbedingt zum Neujahrsessen gehört.

An diesem Tag werden auch den jugendlichen Festteilnehmern alkoholische Getränke angeboten. Vor dem Essen wird ein Toast auf jedes Familienmitglied ausgesprochen. Das Familienoberhaupt legt dabei ein Stück Fleisch – meist Hühnerbeine – in die Reisschale des Angesprochenen und wünscht ihm gleichzeitig alles Gute. Damit gilt das Essen als eröffnet.

Meistens werden verschiedene Gänge serviert. Jeder muß von den Gerichten kosten; ein Verzicht darauf wird als Beleidigung für die Eltern betrachtet.

Auch wenn viele Menschen das ganze Jahr über keinen Alkohol trinken, gehört zum gegenseitigen Zuprosten unbedingt etwas Wein.

Der Feuertopf beim Neujahrsessen gilt als Symbol, daß die betreffende Familie dankbar ist, im verflossenen Jahr immer genügend Lebensmittel und Holzkohle zum Kochen gehabt zu haben, und bringt die Hoffnung zum Ausdruck, daß sie auch in Zukunft nicht hungern wird.

Die Idee des Feuertopfes geht auf eine Zeit zurück, als sich die Familien noch um ein Feuer setzten und in einem gemeinsamen Topf das Essen zubereiteten. Auch die Beilagen haben symbolischen Charakter: Das Gemüse steht für die Jugend, die Fischklößchen und Bohnenkeime für das kommende Glück, der Bambus für den Erfolg und die Glasnudeln für guten Verdienst.

Bei den Gängen muß unbedingt ein Fischgericht dabei sein. Fisch bedeutet Reichtum und ist in der Aussprache *Yu* identisch mit der

Artikulation des Wortes «Überfluß». Ein weiteres Muß ist chinesischer Schnittlauch, der – als Gemüse zubereitet – ein langes Leben verheißt.

In ganz China ist dieses Neujahrsessen sehr wichtig. Wenn jemand nicht daran teilnehmen kann, wird trotzdem für ihn gedeckt, und der entsprechende Platz bleibt für ihn reserviert.

Zwischen den einzelnen Gängen darf keine Suppe gegessen werden; man fürchtet, dies könne Regenschauer auslösen. Verboten ist auch die Benutzung von schlechten Wörtern bei Tisch. Um die kleineren Kinder in ihrer Unwissenheit vor den bösen Geistern zu schützen, werden ihnen Sprüche wie «Ein Kind ist ein Kind» auf rotem Papier auf den Rücken geklebt.

Erst wenn das Familienoberhaupt mit dem Essen fertig ist, darf die übrige Familie der Hierarchie folgend sich erheben.

Nach dem Essen wird der Tisch abgeräumt, und das Familienoberhaupt begibt sich kurz ins Nebenzimmer. Jetzt ist die Zeit des «roten Geldtütchens» gekommen. Dabei wird in kleine rote Tüten Geld gelegt, die dann von den älteren Familienmitgliedern an die Kinder verteilt werden. Diese *Ya-Sui-Chien* drücken den Wunsch aus, immer jung zu bleiben, immer einen vollen Geldbeutel zu haben und jedes Jahr eine reiche Ernte einzubringen.

Danach entzünden die Kinder in den Straßen Feuerwerk. In dieser Nacht wird nicht geschlafen, sondern auf das Neue Jahr gewartet. Die jungen Leute genießen in dieser Nacht praktisch Narrenfreiheit. Sie können ein Spielkasino besuchen, einen Kneipenbummel unternehmen oder mit Bekannten auf der Straße feiern.

Am nächsten Morgen wird erneut zu den Vorfahren gebetet, und man bringt ihnen als Opfergaben Obst und Klebreiskuchen dar.

Schließlich wird nochmals durch das Zünden von Böllern das Neue Jahr willkommen geheißen.

Gedämpfte Maultaschen
Zheng Jiao

Zutaten
400 g Weizenmehl
400 g Tiefseekrabben
220 g Salatgurken

Für die Füllung:
10 g Ingwer
15 g Frühlingszwiebeln
2 Prisen weißer Pfeffer
2 TL Reiswein
1½ TL Salz
2 TL Sesamöl
2 TL Zucker

Sauce zum Tunken:
½ RS helle Sojasauce (zum Eintauchen der Taschen)
2 EL brauner Essig (5 %)

Benötigt wird ein chinesischer Dampfkochtopf (oder ein breiter hoher Topf)

Vorbereitung In den Dampfkochtopf (bzw. breiten hohen Topf) einen Becher stellen. Darauf wird ein Teller gelegt, der nur so groß sein darf, daß zum Topfrand hin noch 2 cm Platz bleiben.

Das Mehl auf einer Tischplatte zu einem Häufchen sieben und eine kleine Mulde in die Mitte drücken. In diese Vertiefung langsam 1 RS handwarmes Wasser gießen und von der Mitte zum Rand hin mit dem Mehl verrühren und anschließend gut durchkneten. Diesen Teig zugedeckt in einer Schüssel 30 Min. bei Raumtemperatur ruhen lassen.

In der Zwischenzeit die Tiefseekrabben schälen und das Krabbenfleisch pürieren.

Die Gurken schälen, entkernen, in streichholzfeine Streifen schneiden und in einem Handtuch abtrocknen.

Den Ingwer schälen und fein hacken; die Frühlingszwiebeln fein schneiden.

Die Krabbenmasse, die entwässerten Gurkenstreifen und alle Gewürze als Maultaschenfüllung miteinander vermischen.

Die helle Sojasauce mit dem Essig mischen.

Zubereitung Aus dem Teig 2 cm dicke Rollenformen, die man in insgesamt 16 Stücke teilt. Jedes Stück wird mit dem Nudelholz auf bemehlter Fläche zu einem runden Plätzchen von 7 bis 8 cm Durchmesser ausgerollt. Auf jedes Plätzchen setzt man in die Mitte etwa 10 g der Füllung.

Die Plätzchen zur Hälfte übereinanderschlagen und die Teigränder gut festdrücken.

Den Topf 4 cm hoch mit Wasser füllen, das nasse Handtuch auf den Lochboden des chinesischen Dampkochtopfes oder auf den Teller legen.

Das Wasser zum Kochen bringen und die Maultaschen nebeneinander so auf den vorbereiteten Locheinsatz bzw. auf den Teller auslegen, daß sie nicht zusammenkleben. Den Topf schließen und die Maultaschen 15 bis 20 Min. im Dampf garen.

Man ißt die in Sauce getauchten Maultaschen warm.

ANMERKUNGEN Diese Maultaschen eignen sich als Dim-Sum-Gericht (kleine Mahlzeit aus süßen Kuchen), weil sie in individuellen kleinen Bambuskörbchen zubereitet und serviert werden können. Sollte man kein Handtuch zur Hand haben, genügt es, wenn man den Teller mit Öl bestreicht, damit die Maultaschen während des Dämpfens nicht ankleben.

Maultaschen

In Nordchina wird das Neujahrsessen etwas anders bereitet. Statt Klebreiskuchen werden dort *Yuan Bao*, chinesische Maultaschen, gegessen. Das Verspeisen der Maultaschen verspricht Glück und Reichtum für das kommende Jahr. Je mehr man ißt, desto größer soll der ersehnte Reichtum sein.

In den Maultaschen werden manchmal auch Münzen versteckt. Wer sie findet, hat besonders viel Reichtum zu erwarten. Anstelle von Münzen wird auch getrocknetes Obst versteckt, das Gesundheit symbolisiert. Beim Essen dürfen die Maultaschen nicht gezählt werden, sonst wird der Betreffende von Armut und Geiz befallen.

Bei der Vorbereitung hilft die ganze Familie mit, und es entstehen Unmengen von Maultaschen. Gelagert werden diese bis zur Kochzeit meist in großen Tontöpfen, die man zu einer Art Mauer aufstapelt.

Eine Neujahrsspezialität des Nordens ist auch gedämpfter Hefekuchen *(Mantou)*. Das Verspeisen dieser Kuchen bringt Glück und verspricht ein langes, gutes Leben.

Eine weitere Neujahrsspezialität ist gepökeltes, geräuchertes Fleisch *(La Wei)*. Dazu bedarf es einer langen Vorbereitungszeit.

Die Bedeutung der Neujahrsspezialitäten unterscheidet sich in Nord- und Südchina nicht. Sie werden immer mit Glück, Reichtum und langem Leben in Verbindung gebracht.

Früher war es für die Landbevölkerung nicht einfach, im Winter ausreichend Lebensmittel zu beschaffen. Im Sommer erlaubte ihnen die harte Landarbeit kaum, sich auf den Winter vorzubereiten, und im Winter kamen weitere Probleme, etwa die Überfälle wilder Tiere, dazu.

Man kannte damals auch noch kein feines Salz, sondern nur Salzbrocken, die zum Würzen kurz in Wasser getaucht wurden. Man hängte das Fleisch zum Räuchern über einen mit Salzwasser gefüllten Topf, den man dann zum Kochen brachte. Dadurch und durch das Abhängen erhielt das Fleisch seinen besonderen Geschmack.

Beim Pökeln wurde ursprünglich ebenfalls nur Salz verwendet. Heute werden jedoch auch andere Gewürze, Kao-Liang-Schnaps und in Südchina auch Sojasauce hinzugefügt.

Gepökelt werden auf diese Weise neben Fleisch auch Fisch und Tofu.

Es gibt große Unterschiede in der Zubereitungsart, je nach der Provinz und dem Angebot an Gewürzen.

Ente auf der kalten Platte
Leng Pan Ya

Vorbereitung Die Ente waschen und trocknen, danach mit einem Messer (bzw. Fleischklopfer) etwas flach klopfen. Die Frühlingszwiebeln in Streifen, die Petersilie ganz klein schneiden.
Den Ingwer hacken. Die Gewürze zum Dämpfen mischen und über die Ente geben; diese über Nacht darin ziehen lassen.

Zubereitung Am nächsten Tag die Ente auf einem Teller im Dampfkochtopf 1½ Std. dämpfen. Die Ente herausnehmen, abkühlen lassen und in etwa 1 l heißem Öl fritieren, bis sie schön goldbraun und knusprig ist.
Die Ente zerkleinern, die Knochen entfernen und in eine große Schüssel legen. Mit den Frühlingszwiebeln und der Petersilie mischen.
Zum Schluß die Zutaten zum Würzen hinzufügen und die Ente auf der kalten Platte servieren.

Zutaten
1 Ente (etwa 1800 g)
1 l Öl zum Fritieren
50 g Frühlingszwiebeln
10 g Petersilie

Zum Dämpfen:
10 g Ingwer
10 g Frühlingszwiebeln
4 EL Kao-Liang-Schnaps
1 TL Pfeffer
1 EL Sichuan-Pfefferkörner
3 St. Sternanis

Zum Würzen:
½ TL Pfeffer
1 TL Salz
½ TL Sichuan-Pfefferpulver
1 EL Zucker

Lange Vorbereitungszeit!

Der erste Tag des neuen Jahrs

Während der ersten fünf Tagen des neuen Jahres werden ebenfalls besondere Spezialitäten bereitet. Der erste Tag heißt *Da-Nian-Chu-Yi* («erster großer Tag des neuen Jahres»). Es gilt als Pflicht, die Verwandten und Bekannten zu besuchen, um ihnen ein frohes Neues Jahr zu wünschen.
Die Zimmer sind mit roten Spruchbänder verziert, die mit Glückwünschen beschriftet sind.
Die zu Besuch kommenden Kinder werden mit den obligaten roten Geldtütchen beschenkt. Überall sieht man sie Feuerwerkskörper abbrennen. Viele Geschäftsinhaber widmen sich dem Glücksspiel, z.B. «Mah-Jang». Glücksspiele sind in China zwar offiziell verboten, doch in den Neujahrstagen wird es von den Behörden geduldet. Außerdem werden Drachen- und Löwentänze auf den Straßen aufgeführt. Innerhalb des Hauses bietet man den Gästen viele Köstlichkeiten, meist Süßigkeiten, an.

Auch diese Süßigkeiten haben ihre besondere Bedeutung. So sollen die Melonenkerne Kinderreichtum verheißen. Viele Familien nehmen an diesem Tag kein Fleisch zu sich und beten ihre Götter an. Damit drücken sie ihre Dankbarkeit aus, im letzten Jahr genug zu essen gehabt zu haben, verbunden mit dem Wunsch, daß es im kommenden Jahr genauso sein wird.

Schmorente
Hong Shao Ya

Zutaten
1 Ente (1800 bis 2000 g)
3 Chilischoten
100 g Knoblauch
5 EL Öl
5 EL Zucker
2 l Ching-Dao-Bier
3 St. Sternanis
3 EL Sojasauce
etwas Salz (nach Belieben)
½ RS Reiswein
2 Prisen Glutamat
5 EL süße Sojasauce

Vorbereitung Die Ente waschen und in mundstückgroße Stücke schneiden.
Die Chilischoten in etwa 3 cm dicke Scheiben schneiden und den Knoblauch schälen.

Zubereitung 1½ l Wasser zum Kochen bringen, die Ente hineingeben und 3 Min. kochen.
Die Ente mit einem Sieb herausnehmen und trocknen lassen, das Wasser wegschütten.
Eine heiße Pfanne zweimal mit Öl ausschwenken.
5 EL Öl in die Pfanne geben und 3 EL Zucker beifügen. Braten, bis der Zucker sich aufgelöst hat und hellgelb geworden ist.
Das Ching-Dao-Bier dazugießen und aufkochen lassen; die Ente, den Sternanis und die Chilischoten hineingeben. Die Pfanne mit einem Deckel verschließen und etwa 10 Min. schmoren.
Die Sojasauce hinzugeben und weitere 10 Min. schmoren lassen.
Anschließend den Knoblauch, den restlichen Zucker und etwas Salz hinzufügen und auf kleiner Hitze etwa 1 Std. schmoren lassen, bis die Sauce leicht klebrig ist.
Nun den Reiswein, das Glutamat und die süße Sojasauce zugeben und weitere 10 Min. schmoren.
Die Schmorente servieren.

Tip Man kann alles in einen Steinguttopf umfüllen und weiterschmoren lassen. Den Steinguttopf vorher in warmen Wasser 1 Std. ziehen lassen, damit er nicht platzt. Wenn Resten aufgewärmt werden, diese nicht aufkochen, sondern dämpfen.

Der zweite Tag des neuen Jahrs

Dies ist der Tag, an dem der Ehemann seine Frau zu ihrer Familie begleitet. Dabei muß das Ehepaar unbedingt ein Geschenk sowie Maultaschen mitbringen.

Der Mann bedankt sich bei seinem Schwiegervater dafür, daß er dessen Tochter zur Frau nehmen durfte.

Das Essen der Maultaschen soll der Familie eine gute Zukunft bringen.

Knusprige Tauben
Zha Ge Zi

Vorbereitung Die Tauben waschen, ausnehmen und trocknen lassen.
Die Frühlingszwiebeln sowie den Ingwer fein hacken.
In einer großen Schüssel die Tauben mit den Frühlingszwiebeln, dem Ingwer, dem Salz, dem Fünfgewürzpulver und der halben Schale Reiswein einlegen und mindestens 3 Std. ziehen lassen, am besten über Nacht.

Zubereitung Die Tauben aus dem Sud nehmen und 3 bis 4 Std. an der Luft trocknen.
In einer Schale den Honig, den Essig und 2 RS Wasser zu einer Sauce verrühren.
Mit der Sauce die Tauben übergießen, indem man mit einer Hand die Taube über die Pfanne hält und diese mit einer Kelle immer wieder mit der Sauce übergießt.
Die Tauben erneut an der Luft 3 bis 4 Std. trocknen lassen.
Das Fritieröl erhitzen, aber nicht zu heiß werden lassen; die Tauben jeweils mit einer Fleischgabel

Zutaten
4 Tauben
2 Frühlingszwiebeln
40 g Ingwer
1 TL Salz
½ TL Fünfgewürzpulver
½ RS Reiswein
1 EL Honig
1 EL Essig (25 %)
1 l Öl zum Fritieren

Zum Bestreuen:
½ TL Fünfgewürzpulver
½ TL Pfeffer
½ TL Salz
½ TL Sichuan-Pfeffer
½ TL Zucker

Lange Vor- und Zubereitungszeit!

über die Pfanne halten und mit einer Kelle etwa 5 bis 10 Min. mit dem heißen Öl übergießen, bis sie schön goldbraun sind.
Anschließend die Tauben halbieren, mit der Pfeffer-Gewürz-Mischung bestreuen und servieren.

GESCHICHTLICHES Dieses Gericht ist seit der Zeit der Wei-Dynastie (220 bis 265 n. Chr.) überliefert. Damals lebte ein Kaiser namens Tai-Wu-Di, der sich auf feines Essen verstand. Eines Tages ließ er für seine Minister ein großes Essen ausrichten. Für die Köche war die Zubereitung der Speisen gar nicht einfach, da Tai-Wu-Di weder heißes noch kaltes Essen vertrug.
Zum Geburtstag des Kaisers war der ganze Kaiserpalast renoviert und festlich geschmückt worden. Viele hohe Beamte und Würdenträger des Reiches wurden zu dem Festessen erwartet. Die Gäste wollten sich beim Kaiser beliebt machen, indem sie Gastgeschenke brachten, darunter viele verschiedene Gerichte. Der Kaiser befahl seinen Eunuchen, einiges davon aufzutragen. Alles war kunstvoll dekoriert, doch nicht von außergewöhnlichem Geschmack. Und da Tai-Wu-Di täglich ähnliche Gerichte vorgesetzt bekam, hielt sich seine Begeisterung in Grenzen.

Zahlreiche Speisen gab er den Eunuchen wieder zurück, da sie ihm überhaupt nicht schmeckten. Von vielem kostete der Kaiser nicht einmal, sondern ließ das Essen gleich in die Küche zurückgehen.
So ging es weiter, bis ihm ein unbekanntes Gericht serviert wurde, das ein Kapitän mitgebracht hatte. Auf dem Teller lag zwar nur eine kleine Portion; sie war aber so appetitlich anzusehen, daß der Kaiser erfreut auflachte. Nachdem er davon gekostet hatte, war er begeistert: das Gericht war weder zu heiß noch zu kalt und schmeckte ihm ganz außerordentlich. Schon immer hatte Tai-Wu-Di eine besondere Vorliebe für Geflügel gehabt, und mit diesen knusprigen Tauben hatte der Kapitän genau seinen Geschmack getroffen.
Den Eunuchen wurde befohlen, den Kapitän sofort zu ihm zu führen. Als dieser vor den Kaiser trat, wurde er gelobt und erhielt als Gegengeschenk von Tai-Wu-Di viele Silberschiffchen (die damalige Silberwährung) unter der Bedingung, daß er am nächsten Tag seinen Koch in die Palastküche schickte. Da aber nicht ein Koch, sondern die Mutter des Kapitäns die Tauben zubereitet hatte, wurde diese zur ersten Köchin am kaiserlichen Hof. Das Gericht kam auf die kaiserliche Speisekarte und hat sich so bis jetzt erhalten.

Der dritte Tag des neuen Jahrs

An diesem Tag werden traditionell *Wun-Tang* gegessen. Sie stehen für künftigen Erfolg und Reichtum.

Traditionelle gegenseitige Geschenke in den ersten Neujahrstagen sind u.a. Süßigkeiten, Klebreiskuchen, Tee und Zucker. Damit wünscht man sich ein gutes Neues Jahr und drückt gleichzeitig die Hoffnung aus, sich im nächsten Jahr erneut zu treffen.

Geschmorter Tofu mit Schweinefleisch
Zhu Rou Hong Shao Doufu

Zutaten
350 g Schweine-nacken
200 g Tofu
½ l Öl zum Fritieren
20 g Ingwer
5 EL Öl zum Braten
5 EL Sojasauce
½ RS Pflaumenwein
40 g brauner Kandiszucker
3½ EL Essig (5 %)
1 TL Salz

Vorbereitung Den Schweinenacken zuerst etwa 10 Min. in Wasser kochen, abtrocknen und in Würfel schneiden.
Anschließend den Tofu ebenfalls in Würfel schneiden und kurz in ½ l Öl fritieren. Den Ingwer in Scheiben schneiden.

Zubereitung Eine heiße Pfanne zweimal mit Öl ausschwenken. Danach das Öl zum Braten in die Pfanne geben und darin den Ingwer anbraten, bis der Ingwer hellbraun ist.
Das Schweinefleisch beifügen und unter Rühren kurz anbraten. Mit der Sojasauce und dem Pflaumenwein ablöschen.
Alles zusammen kurz schmoren lassen, dann 3 RS Wasser hinzufügen.
Kurz aufkochen lassen, den Tofu und Kandiszucker hineingeben.
Mit einem Deckel verschließen und weiter schmoren lassen, bis etwa zwei Drittel der Flüssigkeit verdampft sind (etwa 1 Std.).
Mit dem Essig und dem Salz würzen.
Das Gericht servieren.

Anmerkungen In China gibt es recht viele solche Rezepte. Die Speisen werden gewöhnlich am Wochenende in größerer Menge vorbereitet und für die Woche als Mittagsmahlzeit mit zur Arbeit genommen.
Wenn man Resten wieder aufwärmt, empfiehlt es sich, sie mit Chinakohl und Brühe zusammen erhitzen.

Der vierte Tag des neuen Jahrs

Das ist der Tag, an denen lange schmale Nudeln gegessen werden – Symbol für ein langes Leben.

Schweinerippchen
Xiao Pai Gu

Vorbereitung Die Schweinerippchen in mundstückgroße Stücke schneiden, mit dem Weizenmehl und der Sojasauce marinieren und anschließend in ½ l Öl fritieren.
Den Rettich schälen und in ½ l Wasser etwa 10 Min. kochen, herausnehmen und in mundstückgroße Stücke schneiden.
Den Sternanis zerkleinern.

Zubereitung In eine heiße Pfanne 3 EL Öl hineingeben und den Sternanis darin fritieren.
Nach 1 Min. die Schweinerippchen hinzufügen, die süße Sojasauce und das Tomatenketchup hineingeben und verrühren.
Das Ganze mit 2 RS Wasser ablöschen, dann zum Kochen bringen.
Nach etwa 5 Min. den Zucker, den Essig, das Salz und den Rettich hinzugeben und langsam kochen lassen.
Eine halbe Stunde später mit dem schwarzen Pfeffer würzen.
Die Scheinerippchen heiß servieren.

Zutaten
500 g Schweinerippchen
4 EL Weizenmehl
2 TL Sojasauce
½ l Öl zum Fritieren
300 g Rettich
2 St. Sternanis
3 EL Öl
5 EL süße Sojasauce
2 EL Tomatenketchup
2½ EL Zucker
3 EL dunkler Essig (5 %)
etwas Salz (nach Belieben)
½ TL schwarzer Pfeffer

Der fünfte Tag des neuen Jahrs

Jetzt kehrt der normale Alltag zurück.
Die Leute kochen wieder Reis, und auch die Buddhisten dürfen wieder Fleisch zu sich nehmen.
Geschäfte und Büros öffnen wieder, das Leben normalisiert sich.

Schweinerolle
Zhu Rou Juan

Zutaten
350 g Schweinefilet
3 bis 4 chinesische Blumenpilze
80 g Bambusstücke
50 g weiße Frühlingszwiebeln (etwa 4 cm lang)
1 RS Kartoffelmehl
2 Knoblauchzehen
1 l Öl zum Fritieren

Für die Sauce:
6 EL Öl
3 EL Reiswein oder Pflaumenwein
½ RS Brühe (siehe S. 69)
1½ TL Essig (25 %)
1 Prise Glutamat
1 EL Sesamöl
2 EL Sojasauce
4 EL süße Sojasauce
3 bis 4 EL Zucker

Zum Binden:
½ TL Kartoffelmehl
1 TL Sesamöl

Vorbereitung Die Schweinefilets in etwa 8 × 5 × ½ cm große Scheiben schneiden.
Die chinesischen Blumenpilze etwa 30 Min. in Wasser einweichen, danach die Stiele entfernen und die Pilze in Streifen schneiden.
Den Bambus in etwa 4 × ½ cm große Streifen schneiden.
Jeweils ein Stück des Blumenpilzes, des Bambus und der Frühlingszwiebeln auf eine der dünnen Schweinefleischscheiben legen und einrollen.
Die Schweinefleischrollen im Kartoffelmehl wenden und fest andrücken, da die Rollen sonst beim Fritieren auseinanderfallen.
Die Knoblauchzehen hacken.

Zubereitung Eine heiße Pfanne zweimal mit Öl ausschwenken und anschließend das Fritieröl darin erhitzen.
Wenn das Öl heiß ist, die Schweinefleischrollen etwas abklopfen, stückweise hineingeben und etwa 3 Min. fritieren, bis sie leicht goldfarben sind, herausnehmen und abtropfen lassen.
In einer separaten Pfanne die Sauce zubereiten. Die heiße Pfanne zweimal mit Öl ausschwenken. 6 EL Öl darin heiß werden lassen.
Zuerst den Knoblauch darin anbraten und mit dem Reiswein und der Brühe ablöschen. Die restlichen Gewürze hinzufügen, alles verrühren und bei großer Hitze kochen, bis die Sauce zur Hälfte eingekocht ist.
Das Schweinefleisch erneut etwa 1 bis 2 Min. fritieren, mit einem Sieb herausnehmen, kurz abtropfen lassen und in die kochende Sauce geben. Dabei die Pfanne stark bewegen, damit nichts anklebt.
Das Kartoffelmehl mit 3 EL Wasser vermischen und damit die Sauce andicken.
Zum Schluß mit dem Sesamöl übergießen und die Schweinerollen servieren.

Gebratene Entenleber
Chao Ya Gan

Vorbereitung Die Entenleber in Scheiben schneiden und mit dem Kartoffelmehl, der Sojasauce, dem Kao-Liang-Schnaps, 1 EL Wasser und dem Salatöl marinieren.
Die Mu-Err 30 Min. in heißem Wasser einweichen, waschen und in mundstückgroße Scheiben schneiden; dabei den Stielansatz abtrennen.
Von den Zuckerschoten die Enden abschneiden, den Faden abziehen und die Zuckerschoten in ½ l kaltem Wasser ziehen lassen.
Die Möhren etwa 10 Min. kochen, herausnehmen und in Scheiben schneiden.
Den Ingwer in feine Scheiben schneiden.

Zubereitung Eine heiße Pfanne zweimal mit Öl ausschwenken, dann das Fritieröl erhitzen, die Entenleber hineingeben und 2 Min. fritieren.
Mit einem Sieb herausnehmen und abtropfen lassen; das Öl erneut erhitzen.
Die Mu-Err, den Bambus und die Möhren etwa 1 Min. im heißen Öl kurz fritieren. Die Zuckerschoten ganz kurz hineingeben, sofort mit einem Sieb herausnehmen und abtropfen lassen.
In einer Pfanne 5 EL Öl erhitzen und den Ingwer darin anbraten. Anschließend bei großer Hitze die vorfritierte Leber und das Gemüse hineingeben.
Mit dem Zucker, dem Salz und der Sojasauce würzen und mit der Brühe ablöschen.
Das Kartoffelmehl mit 1 EL Wasser verrühren. Nach etwa 2 Min. hinzufügen und weiter kochen, bis die Sauce leicht angedickt ist.
Zum Schluß mit dem Sesamöl übergießen, herausnehmen und servieren.

Anmerkungen In chinesischen Restaurants wird die Leber nur *medium* gebraten. So wird das Aroma besonders gut und die Leber schön zart.
In den Innereien sind mehr Vitamine als im Fleisch enthalten.

Zutaten
400 g Entenleber
10 g getrocknete Mu-Err (Holzohrenpilze)
50 g Zuckerschoten
50 g Möhren
15 g Ingwer
½ l Öl zum Fritieren
30 g Bambussprossen

Für die Marinade:
2 TL Kartoffelmehl
1 EL Sojasauce
1 EL Kao-Liang-Schnaps
3 EL Salatöl

Für die Entenleber:
5 EL Öl
1 EL Zucker
1 TL Salz
2 EL Sojasauce
½ RS Brühe
(siehe S. 69)
1 TL Kartoffelmehl
2 EL Sesamöl

Sojabohnenkeimsalat
Ya Cai Sha La

Zutaten
300 g Sojabohnenkeime
150 g Sichuan-Gemüse
4 bis 5 Tofublätter
4 chinesische Blumenpilze
5 g Frühlingszwiebeln
50 g Möhren
6 EL Öl zum Braten

Zum Würzen:
2 TL Chiliöl (siehe S. 50)
1 TL Essig (25 %)
2 g Frühlingszwiebeln
3 EL Reiswein
2 EL Öl
1 Prise Salz
2 EL Sesamöl
1½ EL Sesampaste
2 EL Sojasauce
1 EL Zucker
½ TL Sichuan-Pfeffer (zum Überstreuen)

Vorbereitung Die Sojabohnenkeime kurz in kochendem Wasser blanchieren. Das Sichuan-Gemüse in Scheiben schneiden und anschließend in Wasser ziehen lassen.
Die Tofublätter in 1 l Wasser etwa 1 Std., die chinesischen Blumenpilze ebenfalls etwa 30 Min. einweichen.
Das eingelegte Gemüse auf einem Sieb abtropfen lassen.
Die Frühlingszwiebeln in Scheiben schneiden.
Die Möhren waschen, putzen und ebenfalls in Scheiben schneiden.

Zubereitung Die Tofublätter herausnehmen und in 25 × 25 cm große Vierecke schneiden. Etwa 100 bis 150 g Gemüse jeweils auf die Tofublätter geben und diese einrollen.
Eine heiße Pfanne zweimal mit Öl ausschwenken. 6 EL Öl erhitzen und die Gemüserollen darin von beiden Seiten anbraten, herausnehmen, in etwa 6 cm große Stücke schneiden und auf einem Teller anrichten.
Für die Sauce alle Zutaten zum Würzen außer dem Sichuan-Pfefferpulver in einer Schale mischen, gut verrühren und über die gebratenen Tofublätterrollen geben.
Zum Schluß den Pfeffer darüberstreuen und den Salat servieren.

Anmerkung Dieses Gericht ist eine Spezialität aus Sichuan und nennt sich *Malasuan*. Die Provinz Sichuan liegt in der Mitte Chinas. Am bekanntesten ist sie durch den Gewürzanbau, der bereits vor über 1000 Jahren dort im Terassenanbau entwickelt wurde.

Karpfen in süss-saurer Sauce
Tang Cu Da Tou Yu

Zutaten
1 Karpfen (800 g)
3 EL Kartoffelmehl
30 g Frühlingszwiebeln
30 g Chilischoten
30 g Ingwer
etwas Petersilie (nach Belieben)
1 l Öl zum Fritieren

Für die Sauce:
4 EL Tomatenketchup
5½ EL Essig (5 %)
etwas Salz
(nach Belieben)
3 EL Zucker
1½ TL Kartoffelmehl
3 EL Sesamöl

Vorbereitung Den Karpfen waschen und in die Schwanzflosse ein Dreieck schneiden; die anderen Flossen abschneiden.
Den Fisch mit dem Kartoffelmehl bestäuben.
Die Frühlingszwiebeln, den Chili und den Ingwer in Streifen schneiden und dann in Wasser ziehen lassen; die Petersilie zerkleinern.
Das Tomatenketchup, den Essig, das Salz, den Zucker und ½ RS Wasser in einer Schale für die Sauce mischen.

Zubereitung Eine heiße Pfanne zweimal mit Öl ausschwenken. Das Fritieröl erhitzen und den Fisch darin vorerst 5 bis 10 Min. fritieren.
Herausnehmen und kurz ruhen lassen.
In einer anderen Pfanne die Sauce zubereiten. Dafür die Saucenmischung in einer Pfanne aufkochen.
Das Kartoffelmehl mit 3 EL Wasser verrühren, unter die Sauce geben und aufkochen lassen.
Jetzt den Fisch ein zweites Mal etwa 3 Min. fritieren, herausnehmen und auf einem Teller anrichten.
Die Frühlingszwiebeln, die Chilischote, die Petersilie und den Ingwer aus dem Wasser nehmen, abtropfen lassen und über den Fisch geben.
Zu der kochenden Sauce das Sesamöl geben, eine weitere Minute kochen und danach sofort über den Fisch geben.
Das Gericht servieren.

Anmerkung Da in China zu großen Festlichkeiten oft 500 bis 1000 Gäste geladen wurden, hatte der Kochmeister nicht selten Probleme mit der Zubereitung des Essens. So wurden Gerichte bevorzugt, die man vorbereiten konnte. Dazu gehörte eine Vielzahl von kalten Platten als Vorspeise. Aber auch vorstehendes Karpfengericht läßt sich als warmer Gang vorbereiten, da der Fisch vorfritiert und die Sauce vorgekocht werden kann.

Kurzgebratener Lachs
Jian Hong Yu

Zutaten
320 g Lachs
2 bis 3 chinesische Blumenpilze
30 g grüner Porree
50 g Möhren
30 g Bambus
10 g Ingwer
10 g Frühlingszwiebeln
½ TL Salz (für die Möhren)
½ RS Brühe (siehe S. 69)
½ l Öl zum Fritieren
5 EL Öl zum Anbraten
2 EL Möhrenöl

Für die Marinade:
2 TL Kartoffelmehl
1 EL Sojasauce
1 EL Öl

Für die Sauce:
2 EL Reisweinsatz (oder 4 EL Reiswein)
1½ TL Kartoffelmehl
1 EL Zucker
1 TL Salz
½ TL Pfeffer

Vorbereitung Den Lachs waschen und in 3 × 5 × ½ cm Stücke Scheiben schneiden. Mit dem Kartoffelmehl, der Sojasauce, 3 EL Wasser sowie 1 EL Öl während 20 Min. marinieren.
Die chinesischen Blumenpilze mindestens ½ Std. einweichen, waschen, trocknen, die Stiele abtrennen und in mundstückgroße Stücke schneiden.
Den Porree und die Möhren waschen und beides in Scheiben schneiden.
Über die Möhren das Salz geben und 20 Min. stehenlassen, dann waschen und trockentupfen.
Den Bambus ebenfalls in Scheiben schneiden.
Den Ingwer in kleine Scheiben, die Frühlingszwiebeln in etwa 3 cm große Stücke schneiden.

Zubereitung In einer kleinen Schale den Reisweinsatz, das Kartoffelmehl, 5 EL Wasser, den Zucker, das Salz, den Pfeffer und die Brühe für die Sauce mischen.
Eine heiße Pfanne zweimal mit Öl ausschwenken. Dann das Fritieröl heiß werden lassen und den Fisch darin kurz fritieren. Nach etwa 1 Min. auf einem Sieb herausnehmen.
Die Blumenpilze und den Bambus kurz fritieren und auf einem Sieb abtropfen. das Fritieröl in das Vorratsgefäß zurückgießen.
In der heißen Pfanne das Öl zum Anbraten erhitzen und darin die Frühlingszwiebeln und den Ingwer kurz anbraten. Den Porree, den Bambus, die Möhren und die Blumenpilze unter Rühren dazugeben und etwa 1 Min. braten.
Den Lachs hineingeben und unter Rühren erhitzen.
Zum Schluß das Saucengemisch langsam darübergießen, aufkochen und mit dem Möhrenöl übergießen.
Auf einem Teller anrichten und servieren.

Geräucherter Fisch
Xun Yu

Vorbereitung Den Lachs waschen und auf beiden Seiten drei- bis viermal einschneiden.

Die Frühlingszwiebeln und den Ingwer fein hacken, mit dem Kao-Liang-Schnaps und dem Salz vermischen.

Darin den Lachs einlegen und abdecken, etwa 1 Std. ziehen lassen.

Das Sternanispulver, das Salz und den Sichuan-Pfeffer in einer kleinen Schale mischen.

Zubereitung Eine heiße Pfanne zweimal mit Öl ausschwenken. Darin das Fritieröl erhitzen und im heißen Öl den marinierten Fisch etwa 3 bis 5 Min. fritieren.

Die Räuchergewürze in eine trockene Pfanne geben. Einen Locheinsatz in die Pfanne stellen, darauf die Chinakohlblätter und dann den Fisch legen.

Die Pfanne mit einem Deckel verschließen. 3 Min. bei großer und anschließend 15 bis 20 Min. bei milder Hitze räuchern lassen.

Zutaten

1000 bis 1200 g Lachs
2 Frühlingszwiebeln
10 g Ingwer
5 EL Kao-Liang-Schnaps
½ TL Salz
½ TL Sternanispulver
½ TL Salz
½ TL Sichuan-Pfefferpulver
1 l Öl zum Fritieren
3 EL Sojasauce
5 g Frühlingszwiebeln
5 EL Sesamöl

Zum Räuchern:

3 Chinakohlblätter
½ RS Reiskörner
3 EL Tee
2 EL Weizenmehl
3 EL Zucker

Den Fisch vorsichtig herausnehmen, auf einem Teller anrichten und mit der Sojasauce übergießen.
5 g kleingeschnittene Frühlingszwiebeln über den Fisch verteilen und das Ganze dann mit dem vermischten Gewürzpulver bestreuen.
Das Sesamöl erhitzen über den Fisch gießen und servieren.

TIP Dieses Gericht wird am besten im Garten zubereitet, da beim Räuchern sehr viel Rauch entsteht. Am geeignetsten ist dafür ein Wok.

Knusprige Garnelen
Zha Da Xia

ZUTATEN
12 (etwa 10 cm) große Garnelen
20 g Ingwer
20 g Frühlingszwiebeln
20 g Chilischoten
10 g frische Korianderblätter
8 EL Öl zum Braten

VORBEREITUNG Die Köpfe der Garnelen abtrennen, am Rücken einschneiden, den Darm entfernen und die Garnelen schmetterlingsförmig aufklappen.
In das Salz, den Pfeffer und den Kao-Liang-Schnaps einlegen und 20 Min. ziehen lassen.
Den Ingwer, die Frühlingszwiebeln und die Chilischoten in Streifen schneiden und mit den Korianderblättern in Wasser ziehen lassen.

Die Zutaten für die Panade verrühren und etwa ½ Std. ruhen lassen.
Das Tomatenketchup, den Zucker, den Essig und 3 EL Wasser für die Sauce verrühren.

Zubereitung Die Garnelen panieren.
Eine heiße Pfanne zweimal mit Öl ausschwenken, 6 EL Öl beifügen und erhitzen.
Die Garnelen – mit dem Schwanz nach oben zum Rand weisend – in der Pfanne anordnen. Das Fleisch soll hierbei nach unten, die Schale nach oben zeigen.
Einen großen Teller auf die Garnelen legen, um sie herunterzudrücken.
Die Pfanne langsam schwenken und dabei langsam von der Seite etwa 2 EL Öl hinzufügen. 5 Min. braten lassen.
Die Garnelen umdrehen und von der anderen Seite weitere 3 bis 5 Min. braten lassen. Anschließend herausnehmen und auf einen Teller geben.
Die Saucenmischung zum Kochen bringen und mit dem in Reiswein und Sesamöl angerührten Kartoffelmehl dicken.
Die Garnelen mit den abgetropften Kräutern überstreuen und mit der Sauce übergießen.

Anmerkung Wenn die Garnelen außen schön knusprig und innen schön zart sind, die Sauce eine schöne Farbe aufweist und die Kräuter frisch sind, wird das Gericht bestimmt ein Erfolg.

Für die Marinade:
2 Prisen Salz
2 Prisen Pfeffer
2 EL Kao-Liang-Schnaps

Zum Panieren:
½ TL Backpulver
1 Eigelb
2 EL Öl
½ RS Wasser
6 EL Weizenmehl

Für die Sauce:
4 EL Tomatenketchup
3 EL Zucker
½ EL Essig (5 %)
8 EL Reiswein
1½ TL Kartoffelmehl
3 EL Sesamöl

Fritierte Shrimps
Zha Xiao Xia

Zutaten
350 g geschälte Shrimps
10 g Frühlingszwiebeln
3 Knoblauchzehen
1 Chilischote
½ l Öl zum Fritieren
3 EL Öl zum Anbraten
2 EL Sesamöl

Für die Marinade:
2 Prisen Salz
2 Prisen Zucker
1 Prise Pfeffer
2 EL Kao-Liang-Schnaps

Zum Panieren:
½ TL Backpulver
1 Eigelb
2 EL Öl
½ RS Wasser
8 EL Weizenmehl

Für die Gewürzpulvermischung:
½ TL Salz
½ TL Sichuan-Pfefferpulver
1½ TL Zucker
½ TL Pfeffer

Vorbereitung Die Shrimps waschen und abtrocknen. Anschließend in das Salz, den Zucker, den Pfeffer und den Kao-Liang-Schnaps einlegen; zugedeckt etwa 30 Min. ziehen lassen.
In der Zwischenzeit alle Zutaten für die Panade miteinander verrühren und 30 Min. ruhen lassen.
Die Frühlingszwiebeln, die Knoblauchzehen und die entkernte Chilischote zerkleinern.
In einer kleinen Schale das Salz, das Sichuan-Pfefferpulver, den Zucker und den Pfeffer mischen.

Zubereitung Eine heiße Pfanne zweimal mit Öl ausschwenken, dann das Fritieröl darin erhitzen.
Die Shrimps in die Panade geben und gut vermengen, dann stückweise im heißen Öl zuerst 2 bis 3 Min. fritieren, herausnehmen und ruhen lassen.
Danach erneut etwa 1 bis 1½ Min. fritieren.
In der Zwischenzeit in einer weiteren Pfanne in 3 EL heißem Öl den Knoblauch und die Chilischote anbraten. Die frisch fritierten Shrimps hinzufügen und unter Rühren das Gewürzpulvergemisch darüberstreuen.
Zum Schluß die Frühlingszwiebeln dazugeben und mit dem Sesamöl übergießen.
Die fritierten Shrimps heiß servieren.

Tip Am besten richtet man die Shrimps auf fritierten Glasnudeln an. Dazu benötigt man etwa 10 g Glasnudeln (Trockengewicht).

Klebreissuppe
Tang Yuan

Zutaten

A. Süss

150 g rohe Erdnüsse (ohne Schale)
420 g Klebreismehl
1½ RS Zucker

B. Salzig

420 g Klebreismehl
250 g gehacktes Schweinefleisch
2 l Hühnerbrühe
120 g Frühlingszwiebeln in Stücken (etwa 4 cm)
20 g Röstzwiebeln

Für das gehackte Schweinefleisch:

1 EL Kartoffelmehl
½ TL Pfeffer
½ TL Salz

Für die Suppe:

2 TL Salz
½ TL Pfeffer

Vorbereitung A. Süß: Die Erdnüsse in 1½ l Wasser 1 Std. einweichen.
Im Einweichwasser 45 Min. auf kleiner Flamme kochen, dann auf einem Sieb abtropfen lassen.
In einer Schüssel das Klebreismehl mit 1½ RS Wasser mischen, gut durchkneten und zu kastaniengroßen Bällchen formen.

Zubereitung In einem großen Topf 2 l Wasser zum Kochen bringen. Den Zucker und die abgetropften Erdnüsse zufügen und 10 Min. kochen.
Die Klebreiskugeln vorsichtig einzeln zugeben und 20 Min. bei kleiner Flamme quellen lassen.
Die Klebreissuppe heiß servieren.

Vorbereitung B. Salzig: In einer Schüssel 1½ RS Wasser mit dem Klebreismehl gut mischen und durchkneten.
Das gehackte Schweinefleisch mit dem Kartoffelmehl, dem Pfeffer und dem Salz mischen und 1 Std. im Kühlschrank durchziehen lassen.
Aus der Klebreismehlmasse 5 cm große und 3 mm dünne Plätzchen formen.
Auf jedes Plätzchen eine kleine haselnußgroße Kugel aus gehacktem Schweinefleisch legen und zu einem gefüllten Klößchen drehen.

Zubereitung In einem großen Topf die Hühnerbrühe zum Kochen bringen und die Klößchen vorsichtig einzeln hineingeben. Langsam 15 Min. bei kleiner Flamme ziehen lassen.
Mit dem Salz und dem Pfeffer abschmecken, die Frühlingszwiebeln und die Röstzwiebeln beifügen und die Suppe heiß servieren.

Das Lampionfest

Dieses Fest findet am 15. Tag nach Neujahr statt und ist der letzte Festtag, bevor nach allen

Neujahrsfeierlichkeiten wieder der Alltag beginnt. Die Menschen bringen zum Ausdruck, daß das neue Jahr gut angefangen hat, und man wünscht sich gleichzeitig eine reiche Ernte für das Jahr.

Das Lampionfest wird auch «kleines Neues Jahr» genannt. Dazu gehört natürlich auch wieder eine besondere Spezialität. An diesem Tag sind Klebreisklößchen traditionell vorgeschrieben, um alle Festlichkeiten auch sinnbildlich abzurunden.

Die Klebreisklößchen werden ähnlich wie die Klebreiskuchen zubereitet; es gibt auch hier verschiedene Zubereitungsarten – süß und salzig.

Hergestellt werden sie aus Klebreismehl und Wasser; dann werden sie in Wasser oder Brühe gekocht. Oft werden die Klößchen mit Fleisch gefüllt, und die Brühe wird mit Gemüse angereichert.

Eine weitere Möglichkeit besteht darin, die Klebreisklößchen mit Zucker, Sesamkörnern, Erdnüssen und Sojabohnenkörnern zuzubereiten.

Am Abend des Lampionfestes gehen die Chinesen mit den brennenden Lampions in verschiedenen Größen und Formen auf den Straßen spazieren. Die ganze Familie nimmt am Laternenumzug teil.

Die Tradition des Lampionfestes läßt sich auf die Tang-Dynastie (618 bis 907 n. Chr.) zurückführen. Damals war der 15. Tag des 1. Monats nach dem Mondkalender ein Fest für alle Bürger des Landes. Er bildete den Abschluß der «Drei fünftägigen Feste» und wurde noch mehr als das neue Jahr gefeiert.

In der Ming-Dynastie (1368 bis 1644 n. Chr.) kam dann die Tradition auf, kleine Laternen in den Fluß zu stellen.

Damals entzündete man auch Feuerwerk und führte Drachen- und Löwentänze auf. Außerdem wurden in den Straßen Spiele veranstaltet, wobei sich besonders das Rätselraten großer Beliebtheit erfreute. So wurde z.B. nur die Hälfte eines bekannten Spruches aufgeschrieben, und die Teilnehmer mußten den fehlenden Teil ergänzen.

Gedämpfter Aal
Zheng Man Yu

Zutaten
600 g frischer Aal
50 g getrockneter Tintenfisch
1 EL Bocksdorn
20 g Engelwurz
1 Frühlingszwiebel
2 St. Sternanis
3 Scheiben Ingwer
½ RS Reiswein
2 TL Salz
2 EL Zucker
1 l Brühe
(siehe S. 69)
4 EL Sesamöl

Benötigt werden ein chinesischer Steinguttopf und etwas Reispapier.

Vorbereitung Den Aal waschen und ausnehmen, die Flossen wegschneiden. Anschließend den Fisch in etwa 5 cm lange Stücke schneiden.
Den getrockneten Tintenfisch waschen und in mundstückgroße Stücke schneiden.
Den Bocksdorn in Wasser einweichen.
Die Engelwurz in Scheiben schneiden und in 2 RS Wasser einweichen (vom Bocksdorn getrennt) und etwa 1 Std. ziehen lassen.
Die Frühlingszwiebel zweimal durchschneiden.
Den Sternanis zerkleinern.

Zubereitung Den Aal, den Tintenfisch und den abgetrockneten Bocksdorn in einen chinesischen Steinguttopf geben.
Dic Engelwurz zusammen mit dem Wasser hinzufügen.
Den Sternanis, den Ingwer, die Frühlingszwiebeln, den Reiswein, das Salz, den Zucker und die Brühe beifügen. Am Schluß das Sesamöl darübergießen.
Den Topf mit Reispapier abdecken und mit dem Deckel verschließen.
In einen großen Topf eine kleine Schale stellen. Den Topf etwa zu einem Drittel mit Wasser füllen. Den chinesischen Steinguttopf auf die Schale stellen.
Das Wasser darf die Höhe des Steinguttopfes nicht erreichen.

Den Topf mit einem Deckel gut verschließen. Zunächst bei großer Hitze zum Kochen bringen. Sobald das Wasser kocht, auf mittlerer oder kleiner Hitze 2 bis 2½ Std. dämpfen.

ANMERKUNG Dieses Gericht wird in China für viele Personen zubereitet. Beliebt ist es besonders im Winter.

TIP Der Geschmack ist am besten, wenn es zwei Tage vorher vorbereitet und am zweiten Tag im Dampf aufgewärmt wird.

ZUCKERSCHOTEN
CHAO BIAN DOU

ZUTATEN
500 g Zuckerschoten
20 g getrocknete Tofublätter
2 Knoblauchzehen
5 EL Öl zum Anbraten
3 EL Austernsauce
1 EL Zucker
½ TL Salz
1 TL Kartoffelmehl
5 EL Reiswein

VORBEREITUNG Von den Zuckerschoten die Enden entfernen, die Fäden abziehen und etwa 30 Min. in kaltem Wasser ziehen lassen.
Die Tofublätter etwa 1 Std. in Wasser einweichen. Anschließend herausnehmen und in schotengroße Stücke schneiden.
Den Knoblauch in Scheiben schneiden.

ZUBEREITUNG Die Zuckerschoten in 1 l kochendem Wasser etwa 1 Min. blanchieren.
In einer Pfanne 5 EL Öl heiß werden lassen und den Knoblauch darin anbraten. Anschließend die blanchierten Zuckerschoten dazugeben und umrühren.
Die Austernsauce hinzufügen.
Mit dem Zucker und dem Salz würzen und etwa 1 Min. kochen.
Die Tofublätter unterrühren, mit ½ RS Wasser ablöschen und etwa 30 Sek. kochen.
Das Kartoffelmehl mit dem Reiswein verrühren, langsam zum Gemüse dazugeben und kochen, bis die Sauce eingedickt ist.
Die Zuckerschoten heiß servieren.

Rindernacken Kantoneser Art
Guang Dong Xiao Niu Pai

Vorbereitung Das Rindfleisch in mundstückgroße Stücke schneiden und anschließend in kochendem Wasser 5 Min. blanchieren.
Den Rettich schälen und in mundstückgroße Dreiecke schneiden, die Süßkartoffel schälen und etwa gleich groß schneiden.
Die Knoblauchzehen schälen, aber nicht zerkleinern.
In einer kleinen Schale die süße Bohnenpaste mit 3 EL Reiswein mischen.
Den chinesischen Tontopf 1 Std. in heißem Wasser ziehen lassen.

Zubereitung In einer Pfanne das Öl zum Braten erhitzen und darin das süße Bohnenpastengemisch ganz kurz anbraten.
Jetzt das Rindfleisch dazugeben und anbraten. Mit der Sojasauce und dem restlichen Reiswein ablöschen.
Die Pfanne mit einem Deckel verschließen und etwa 3 Min. kochen lassen. 1½ l Wasser zugeben, aufkochen und etwa weitere 10 Min. kochen.
Nun den Rettich hineingeben und kochen, bis noch ungefähr drei ¾ l Flüssigkeit übrig sind.
Die Süßkartoffel dazu geben und etwa 10 Min. kochen lassen.
Den Knoblauch, den Zucker und das Salz hinzufügen.
Alles in den chinesischen Steinguttopf umfüllen, gut verrühren und auf kleiner Hitze 20 bis 30 Min. schmoren lassen, bis die Sauce leicht klebrig ist.
Zum Schluß mit dem Pfeffer überstreuen und das Gericht servieren.

Tip Bei diesem Gericht ist es vorteilhaft, wenn das Fleisch etwas Fett hat und mit Sehnen durchsetzt ist; das macht das Fleisch besonders schmackhaft.

Zutaten
500 g Rindernacken
300 g Rettich
150 g Süßkartoffel
8 Knoblauchzehen
8 EL süße Bohnenpaste
1 RS Reiswein
½ RS Öl zum Braten
3 EL Sojasauce
2½ EL Zucker
1 TL Salz
½ TL Pfeffer

Benötigt werden ein chinesischer Tontopf sowie ein Steinguttopf zum Schmoren.

Kulturelles Chinesisches Steingut gibt es in verschiedenen Arten, unterschiedlicher Dicke und Verarbeitung.

Für bestimmte Fleischsorten wird jeweils ein bestimmter Topf verwendet. Der Gebrauch des Steinguttopfes hat seinen Ursprung in Kanton, einer großen Provinz mit vielen Häfen. Dort vermischte sich die chinesische Eßkultur auch mit ausländischen Eßgewohnheiten und entwickelte sich so weiter. Eine Kantoneser Spezialität ist z.B. *Dim-Sum*, ein Gericht, das in ganz China bekannt ist.

Rindfleisch nach Sichuan-Art
Si Chuan Niu Rou

Zutaten
350 g Filet
80 g Möhren
100 g junger Stangensellerie
10 g rote Chilischoten
15 g Ingwer
15 g Frühlingszwiebeln
½ l Öl zum Fritieren
4 EL Öl zum Anbraten
½ TL Sichuan-Pfefferkörner
1 EL Sambal Olek
3 EL Möhrenöl (oder Sesamöl)

Für die Sauce:
1½ EL Essig (25 %)
1½ EL Zucker
3 EL Reiswein
1 TL Kartoffelmehl
1 TL Salz

Vorbereitung Das Filet in Streifen schneiden.
Die Möhren waschen und in Streifen schneiden, danach in kaltem Wasser ziehen lassen.
Den jungen Stangensellerie in Streifen schneiden.
Die Chilischoten entkernen und in Streifen schneiden.
Den Ingwer und die Frühlingszwiebeln ebenfalls in Streifen schneiden.
Das Fritieröl in einer Pfanne erhitzen und das Rindfleisch darin 3 bis 4 Min. fritieren. Herausnehmen und auf einem Sieb abtropfen lassen.
In einer Schale den Essig, den Zucker, den Reiswein, das Kartoffelmehl, 4 EL Wasser und das Salz für die Sauce verrühren.

Zubereitung Das Fritieröl erneut erhitzen und das Rindfleisch nochmals etwa 2 Min. fritieren, mit einem Sieb herausnehmen und abtropfen lassen.
Eine heiße Pfanne zweimal mit Öl ausschwenken und darin 4 EL Öl heiß werden lassen. Die Sichuan-Pfefferkörner anbraten, das Rindfleisch hinzugeben, verrühren und das Sambal Olek unterrühren.
Die Möhren, den Sellerie, den Ingwer, die Frühlingszwiebeln und den Chili dazugeben und bei großer Hitze unter Rühren braten.
Die Saucenmischung darübergeben und aufkochen lassen.
Zum Schluß mit dem Möhren- oder Sesamöl übergießen und servieren.

Auberginen mit Schweinemett
Yu Xiang Qie Zi

Zutaten
250 g Auberginen
80 g Schweinemett
30 g Wasserkastanien
30 g getrocknete Krabben
5 g Ingwer
10 g Frühlingszwiebeln
5 EL Öl zum Anbraten
1 EL Sambal Olek
2 RS Brühe (siehe S. 69)
1½ EL Zucker
3 EL Reisweinsatz (siehe S. 73)
2 EL Sesamöl
½ TL Salz

Vorbereitung Die Auberginen in Streifen schneiden und in kochendem Wasser 10 Min. blanchieren.
Das Schweinemett in etwa ½ l Wasser 10 Min. kochen, dann mit einem Sieb herausnehmen und abtropfen lassen.
Die Wasserkastanien fein hacken und die getrockneten Krabben zerkleinern.
Die einzelnen Zutaten in jeweils eine kleine Schüssel geben.
Den Ingwer und die Frühlingszwiebeln klein schneiden.

Zubereitung In einer Pfanne das Öl zum Anbraten erhitzen, darin den Ingwer und das Sambal Olek anbraten.
Nun mit der Brühe ablöschen und aufkochen lassen.
Die blanchierten Auberginen beifügen.
Das Schweinefleisch und die Krabben hinzufügen und etwa 15 Min. kochen, bis die Flüssigkeit etwas eingedickt ist.

1½ EL Essig (25 %)
1½ TL Essig (5 %)
1 TL Kartoffelmehl

Jetzt den Zucker, den Reisweinsatz, das Sesamöl, das Salz und die beiden Essigzutaten beifügen und schmoren lassen, bis die Flüssigkeit etwas eingekocht und leicht klebrig ist.
Mit dem in 4 EL Wasser angerührten Kartoffelmehl andicken; die Frühlingszwiebeln dazugeben. Nochmals kurz aufkochen und heiß servieren.

Anmerkung Die Originalbezeichnung dieses Gerichtes lautet *Yu-Xiang*, was etwa soviel bedeutet wie «es paßt gut zu Reis» – auf die Sauce bezogen. Man kann viele verschiedene Lebensmittel damit zubereiten, u.a. Schweinefleisch, Hähnchen oder Ente.

Familienfeuertopf
Jia Ting Huo Guo

Zutaten
etwas Sojasauce und Essig
300 g Schweinefilet
300 g Rinderfilet
400 g Fischfilet
400 g große Garnelen
50 g Glasnudeln
200 g Spinat
250 g Tofu
4 l Brühe (siehe S. 69)
300 g Fischklößchen
250 g Sojabohnenkeime
Salz, Pfeffer, Chili- und Sesamöl (nach Belieben)

Vorbereitung In eine Schale für jede Person etwas Sojasauce und Essig geben.
Das Schweinefilet in feine dünne Scheiben schneiden. Mit dem Kartoffelmehl, der Sojasauce und dem Salatöl marinieren und auf einen Teller legen.
Mit dem Rindfleisch genauso verfahren.
Das Fischfilet ebenfalls in feine dünne Scheiben schneiden und auf einen Teller legen.
Die Garnelen längs durchschneiden und den Darm entfernen.
Fischfilet und Garnelen mit dem Eiweiß, dem Kartoffelmehl und dem Öl marinieren, danach auf einen Teller legen.
Die Glasnudeln in Wasser einweichen und mindesten 20 Min. ziehen lassen.
Den Spinat waschen und zwei- bis dreimal durchschneiden.
Den Tofu in mundstückgroße Stücke schneiden.

Zubereitung Den Feuertopf auf den Tisch stellen. Die Brühe hineingeben, bis der Topf etwa zu zwei Dritteln damit gefüllt ist.

Die Brühe zum Kochen bringen. In der Zwischenzeit die verschiedenen Fleisch- und Fischsorten sowie das Gemüse (mit den Sojabohnenkeimen) um den Topf herum arrangieren.
Jetzt die Brühe mit dem Salz, dem Pfeffer, dem Chili- und dem Sesamöl nach persönlichem Geschmack würzen.
Für jede Person eine große und kleine Schale sowie ein kleines Sieb auf den Tisch stellen. Jede Person kann sich jetzt selbst aussuchen, was sie essen will. Traditionell wird zuerst das Gemüse hineingeben und nur kurz in der Brühe gekocht. Mit dem kleinen Sieb kann man dann Fleisch, Fisch oder Gemüse herausnehmen und in sein Schälchen legen.
Von der restlichen Brühe etwas hinzufügen, ev. Holzkohle nachlegen und weiterkochen.
Am Ende des Gerichtes wird die Brühe als Suppe gegessen.

Anmerkung Wenn Sie einen chinesischen Feuertopf besitzen, der mit Holzkohle betrieben wird, benötigen Sie etwa 2 kg Holzkohle. Sollte kein Feuertopf vorhanden sein, kann man auch einen Fondue-Topf verwenden.

Geschichtliches Zur Zeit der Tang- und Song-Dynastie (420 bis 479 n. Chr.) erlebte China eine kulturelle Blüte. Auch die Kunst des Essens war damals auf dem Höhepunkt.
Ein Grund dafür ist die relativ ruhige politische Lage, die damals im Lande herrschte, das Ausbleiben von Bauernaufständen und Naturkatastrophen. Die Landwege und die Schiffskanäle wurden ausgebaut und erweitert, was zur Folge hatte, daß im ganzen Land Gemüsesorten aus allen Teilen Chinas zum Austausch gelangten. Der Handel nahm in dieser Zeit seinen ersten großen Aufschwung, und erste größere Städte bildeten sich. In den Städten öffneten neben Restaurants und Läden auch Bier- und Teehäuser sowie Hotels ihre Pforten. Es entstanden elegante geschmackvolle Läden, und viele Chinesen verfeinerten ihren Lebensstil.

Für die Schweinefleischmarinade:
1 EL Kartoffelmehl
2 TL Sojasauce
2 EL Salatöl

Für die Rindfleischmarinade:
1 EL Kartoffelmehl
2 TL Sojasauce
2 EL Salatöl

Für die Garnelenmarinade:
1 Eiweiß
1 EL Kartoffelmehl
1½ EL Öl

Benötigt wird ein chinesischer Feuertopf oder ein Fondue-Topf.

Tofusalat mit Hoa-Goa-Gurken
Doufu Sha La

Zutaten
30 g Erdnüsse
80 g Hoa-Goa-Gurken (in Dosen erhältlich) oder Sichuan-Gemüse
10 g Frühlingszwiebeln
10 g Ingwer
15 g Knoblauch
350 g Tofu
3 EL Gurkenmarinade von den Hoa-Goa-Gurken
½ EL Salz
4 EL Sesamöl
2 EL Sojasauce
½ EL Zucker

Vorbereitung Die Erdnüsse hacken.

Zubereitung Die Hoa-Goa-Gurken, die Frühlingszwiebeln, den Ingwer und den Knoblauch fein hacken.
Den Tofu mit Stäbchen oder mit einer Gabel zerdrücken und verrühren.
Mit allen übrigen Zutaten vermischen und auf Salatblättern angehäuft auf einer Platte servieren.

Anmerkung Die Hoa-Goa-Gurken ähneln den eingelegten Gurken in Westeuropa, haben aber einen leichten Sojageschmack. Sie sind sehr klein und dunkelbraun.

Pekingsuppe
Bei Jing Tang

Vorbereitung Die Seegurken in ½ l kochendes Wasser geben und über Nacht ziehen lassen. Am nächsten Tag waschen, nochmals einweichen und wieder über Nacht ziehen lassen.
Die Seegurken halbieren, ausnehmen und in Streifen schneiden.
Das Schweinefleisch in Streifen schneiden und mit den angegebenen Zutaten marinieren.
Den Tofu und den Bambus ebenfalls in Streifen schneiden und die Eier verquirlen.
Die Frühlingszwiebeln fein schneiden.

Zubereitung Die Mu-Err einweichen.
In einem großem Topf die Brühe zum Kochen bringen. Sobald sie kocht, den Bambus, die Mu-Err und die Seegurken hineingeben.
Das Kartoffelmehl mit ½ RS Wasser verrühren.
Alle anderen Zutaten zum Würzen außer dem Sesamöl in die Brühe geben.
Die Suppe weitere 2 bis 5 Min. kochen lassen.
Das marinierte Schweinefleisch stückweise nach und nach in die Brühe geben und die Kartoffelmehl-Wasser-Mischung langsam unter die Suppe rühren.
Anschließend die verquirlten Eier unterrühren und den Tofu dazugeben.
Zum Schluß mit dem Sesamöl übergießen und weitere 5 Min. kochen lassen.
In jedes Schälchen etwas von den Frühlingszwiebeln beifügen, mit Suppe füllen und servieren.

Geschichtliches Diese Suppe war früher eine ganz alltägliche Familienmahlzeit. Da sie von vielen Leuten sehr geschätzt wird, hat die Pekingsuppe ihren Platz auf den Speisekarten der Restaurants gefunden. Die Zutaten variieren von Küche zu Küche und von Provinz zu Provinz.

Zutaten
50 g getrocknete Seegurken
80 g Schweinefleisch
80 g Tofu
40 g Bambus
2 Eier
10 g Frühlingszwiebeln
10 g Mu-Err (chinesische Holzohrenpilze)
1½ l Brühe (siehe S. 69)

Für die Marinade:
1 TL Kartoffelmehl
1 EL Sojasauce
1 EL Öl
2 EL Wasser

Zum Würzen:
3 EL Kartoffelmehl
4 EL Essig (25 %)
3 EL Reiswein
4 EL Salatöl
2 TL Salz
1½ EL Sambal Olek
3 EL Sojasauce
5 EL süße Sojasauce
4 EL Zucker
3 EL Sesamöl

Sehr lange Vorbereitungs- und extrem lange Zubereitungszeit (3 Tage)!

Hähnchen aus Bambusbechern
Zheng Ji Jie

Zutaten
650 g Hühnerbrust
150 g Schweine-nacken
150 g Wasser-kastanien
50 g getrocknete Jakobsmuscheln
1 l Brühe (siehe S. 69)

Zum Würzen
1 Eiweiß
1 EL Kartoffelmehl
1½ TL Pfeffer
5 EL Reiswein
½ TL Salz
3 EL Sojasauce
1½ EL Zucker
1 TL Ingwerwein (siehe S. 72)

Benötigt werden 16 tassengroße Bambusbecher sowie etwas Reispapier.

Lange Vorbereitungszeit

Vorbereitung Die Bambusbecher in heißem Wasser einweichen und etwa 1 Std. ziehen lassen.
Das Hühner- und dann das Schweinefleisch in einem Mixer ganz fein zerkleinern.
Nun die Wasserkastanien fein hacken.
Die getrockneten Jakobsmuscheln etwa 1 Std. einweichen, dann 30 bis 45 Min. dämpfen und schließlich zerkleinern.
Das Hühner- und das Schweinefleisch sowie die Jakobsmuscheln in einer Schüssel vermischen und erneut im Mixer pürieren.
Alle Zutaten zum Würzen bis auf den Ingwersaft dazugeben und verrühren. Die Wasserkastanien ebenfalls beifügen und mit der Hand verrühren.

Zubereitung Die Bambusbecher aus dem Wasser nehmen und die Fleischmasse darin verteilen.
Jeden Becher zur Hälfte mit Fleisch füllen, die Brühe darübergießen, bis sie zu drei Vierteln voll sind.
Die Bambusbecher in einen großen Dampfkochtopf stellen und mit Reispapier abdecken.
Den Dampfkochtopf (bzw. normalen Topf) etwa zur Hälfte mit Wasser füllen.
Die Bambusbecher etwa 45 Min. dämpfen.

Herausnehmen, jeden von ihnen mit Salz bestreuen und den Ingwersaft darübergeben.
Das Gericht heiß servieren.

TIP Wenn man keinen Dampfkochtopf hat, kann man einen großen normalen Topf mit Dampfeinsatz benutzen.

KULTURELLES Dieses Gericht ist besonders typisch für Taiwan. Dort gibt es viele mit Bambus bewachsene Berge. Bambus wird auch für Möbel und Geräte gebraucht. Küchengeräte aus Bambusholz sind besonders beliebt.
Sehr bekannt sind die zum Dämpfen verwendeten Bambuskörbchen. Auch aus jungem Bambus und aus den Bambuswurzeln werden wohlschmeckende Speisen bereitet.

GEDÄMPFTE ENTE IM PORZELLANTOPF ZHENG YA ZI

VORBEREITUNG Die Ente waschen, vom Fett befreien und in 4 × 4 cm große Stücke schneiden.
Den Ingwer zerkleinern.
Den chinesischen Porzellantopf in Wasser einweichen und etwa 1 Std. ziehen lassen.

ZUBEREITUNG 1½ l Wasser zum Kochen bringen und die Ente 3 bis 4 Min. darin blanchieren.
Herausnehmen und abtropfen lassen. Die Ente zusammen mit den Gurken in den Porzellantopf geben und mit dem Salz, dem Schnaps und dem Pfeffer würzen.
Die Brühe darübergeben.
Das Ganze mit Reispapier abdecken, mit dem Porzellandeckel verschließen und in einen Dampfkochtopf geben. (Falls kein solcher vorhanden ist: einen normalen Topf mit Dampfeinsatz benutzen).
Den Dampfkochtopf etwa zur Hälfte mit Wasser

ZUTATEN
½ Ente (etwa 1000 g)
20 g Ingwer
110 g Hoa-Goa-Gurken (in Dosen erhältlich)
1½ TL Salz
3 EL Kao-Liang-Schnaps
½ TL Pfeffer
1 l Brühe
(siehe S. 69)

Benötigt werden ein chinesischer Porzellantopf sowie etwas Reispapier.

füllen, den Porzellantopf hineinstellen und die Ente im Porzellantopf zugedeckt etwa 2 Std. dämpfen.
Die Ente im Porzellantopf zu Tisch bringen.

Gedämpfter Fischkopf
Zheng Yu Tou

Zutaten
500 g Fischkopf (Karpfen)
½ l Öl zum Fritieren
15 Muscheln (Miesmuscheln)
50 g chinesisches Lilienblütengemüse
3 bis 4 chinesische Blumenpilze
100 g junger Bambus
2 TL Salz
½ TL Pfeffer
½ RS Reiswein
1½ l Brühe (siehe S. 69)
3 EL Sesamöl

Benötigt wird ein chinesischer Porzellantopf.

Vorbereitung Den Fischkopf waschen und 3 bis 4 Min. im heißen Öl kurz fritieren.
Die Muscheln waschen, das Fleisch herauslösen und auf einen Teller legen.
Das Lilienblütengemüse und die Blumenpilze etwa 30 Min. in Wasser einweichen.
Die Blumenpilzstiele entfernen und die Blumenpilze kleinschneiden.
Den Bambus in Streifen schneiden.

Zubereitung In einen großen Porzellantopf zunächst den Fischkopf geben; dann das Muschelfleisch, das Lilienblütengemüse, die Blumenpilze und den Bambus hinzufügen.
Mit dem Salz, dem Pfeffer und dem Reiswein würzen. Die Brühe darübergießen, das Ganze mit dem Deckel verschließen und in einen Dampfkochtopf geben.
Den Dampfkochtopf zur Hälfte mit Wasser füllen. Alles 60 bis 90 Min. dämpfen.
Den Topf herausnehmen, mit dem Sesamöl übergießen und servieren.

Tip Wenn man keinen Dampfkochtopf besitzt, kann man auch einen normalen Topf benutzen. In diesem Fall darf man aber den Porzellantopf nicht direkt auf den Boden stellen, da dieser sonst Risse bekommt. Am besten stellt man alles auf einen Metalleinsatz.

Geschichtliches Dieses Gericht stammt aus Zen-Jiang. Früher lebte dort ein reicher Mann namens Zhu, der wegen seines Geizes nicht sehr beliebt

war. Eines Tages plante er, in seinem Garten ein mehrstöckiges Gebäude zu bauen, aber er konnte wegen seines schlechten Rufes keine Arbeiter bekommen.
Als sich nach einiger Zeit noch immer kein Handwerker gemeldet hatte, gab er bekannt, daß jeder Arbeitswillige bei ihm täglich drei freie Mahlzeiten erhielte. Endlich meldete sich Cao bei ihm, ein etwa 30jähriger Mann, der für seinen Fleiß und seine Intelligenz in der Stadt bekannt war.
Die beiden verhandelten nun über den Arbeitslohn und einigten sich. Am ersten Tag fing Cao schon sehr früh zu arbeiten an. Zhu hingegen war ein Spätaufsteher und brachte ihm daher sein Frühstück erst spät. Es bestand nur aus Reissuppe mit Salzgemüse. Als Mittagessen gab es Naturreis und Gemüse, als Abendessen erneut Reissuppe mit Salzgurken. Dieser Menüplan wiederholte sich einige Tage, bis Zhu realisierte, daß Caos Arbeit immer langsamer voranging.
In dieser Zeit lud Zhu seine Mutter zum Geburtstag ein. Fünf Kochmeister bereiteten ein Festmahl für sie. Sie hatten zu diesem Anlaß sehr viel Fisch eingekauft, die Fischköpfe jedoch abgetrennt und nicht mitgekocht. Zhu reute es, diese Fischköpfe einfach wegzuwerfen. Vielmehr wollte er sie dämpfen und als Mittagessen für Cao zubereiten.
Als dieser das neue Essen sah, packte er gleich seine Sachen zusammen, um nach Hause zu gehen. Zhu fragte ihn unter der Türe: «Warum gehst du nach Hause? Bist du krank?» Cao antwortete: «Warum hast du mir heute Mittag Fischkopf angeboten? Das ist eine Beleidigung für mich!» Der Gastgeber erklärte Cao jedoch, daß dieses Gericht von einem Meisterkoch speziell für ihn zubereitet worden sei, anläßlich des Geburtstages seiner Mutter. Dieser Fischkopf basiere auf einem ganz besonderen Rezept.
Cao ließ sich umstimmen, kostete von dem Fischkopf und fand ihn geradezu köstlich. Am Abend ließ er sich das Rezept aushändigen, um es zu Hause nachzukochen ...

Gemischte kalte Platte
Mei Hua Ping Pan

Zutaten
350 g Entenmagen
500 g Schweineherz
450 g Hähnchenbeine
1 RS Cashew-Kerne
5 tausendjährige Eier
150 g Jelly-Fisch (Qualle)
150 g junge Gurken
150 g Abalone (aus der Dose)
einige große, runde Salatblätter

Gewürzsauce für Schweineherz und Entenmagen (I):
1 Tüte Gewürzmischung (etwa 180 bis 220 g; enthält Nelken, Ingwer, Orangenschalen, Fenchel, Pfeffer, Anis, Zimt und Süßholz)
6 Chilischoten
100 g frischer Ingwer
3 EL Pfeffer
1 RS Reiswein
½ RS Salz
8 EL Sesamöl
1½ RS helle Sojasauce
8 EL Zucker

Hähnchenbeine (II)
Für die Sauce:
2 Knoblauchzehen

Vorbereitung Den Entenmagen und das Schweineherz waschen.

1 l Wasser zum Kochen bringen, das Fleisch darin etwa 5 Min. blanchieren und dann herausnehmen.

Für die Gewürzsauce I:

3 l Wasser in einem großen Topf zum Kochen bringen.

Die Gewürzmischung in ein kleines Leinensäckchen geben, dieses gut verschließen und etwas zerklopfen.

Das Säckchen ins kochende Wasser geben. Jetzt können auch die restlichen Zutaten für Sauce I hinzugefügt werden.

Das Ganze etwa 5 weitere Min. kochen lassen; den Entenmagen und das Schweineherz hinzufügen. 30 bis 50 Min. kochen, dann herausnehmen und abkühlen lassen. Die Flüssigkeit nicht weggießen!

In ½ l Wasser eine Frühlingszwiebel, den Ingwer und ein Stück Sternanis hineingeben.

Die Hähnchenbeine darin zum Kochen bringen. 15 bis 25 Min. kochen lassen, dann die Hähnchenbeine 20 bis 30 Min. unter fließendes Wasser stellen.

Die Hähnchenbeine in mundgerechte Stücke schneiden.

Für die Sauce II:

Den Knoblauch, den Chili und den Ingwer ganz fein schneiden. 30 g Ingwer hacken. Alles mit den restlichen Zutaten mischen.

Für die Sauce III:

1 RS Wasser zum Kochen bringen und darin den Zucker auflösen.

Alles in eine große Schale geben und die Caschew-Kerne darin über Nacht ziehen lassen.

Am nächsten Tag die Kerne herausnehmen und trocknen lassen.

Das Fritieröl in eine Pfanne geben und die Kerne hineingeben. Alles langsam erhitzen, die Hitze während 3 bis 4 Min. nach und nach größer stellen.

Die Kerne herausnehmen, sobald sie hellbraun sind, und abtropfen lassen.
Für die Sauce IV:
Die Knoblauchzehe fein hacken und mit den anderen Zutaten mischen.
Die tausendjährigen Eier schälen und mit einem Messer in vier Teile schneiden.
Für die Sauce V:
Den Jelly-Fisch in größere Streifen schneiden.
½ l Wasser zum Kochen bringen; den Fisch etwa 2 Min. kochen, dann herausnehmen und unter fließendes Wasser stellen (am besten über Nacht).
Die Gurken in Streifen schneiden und den Jelly-Fisch dazugeben.
Den Ingwer, den Knoblauch und die Frühlingszwiebel fein hacken und mit den restlichen Gewürzen für die Sauce vermengen. Jetzt die Sauce über die Gurken und den Fisch geben, anschließend 1 Std. in den Kühlschrank stellen.
Die Abalone aus der Dose herausnehmen und in Scheiben schneiden.

ZUBEREITUNG Auf einer etwa 40 bis 50 cm große Platte große, runde Salatblätter anordnen.
Die Hähnchenbeinstücke auf einem Salatblatt anordnen. Entweder mit der Sauce I übergießen oder diese in eine spezielle kleine Schale geben.
Den Entenmagen und das Schweineherz in Scheiben schneiden und ebenfalls (jeweils zur Hälfte) auf einem Salatblatt anrichten.
Auf einem weiteren Salatblatt die tausendjährigen Eier anrichten und mit der Sauce IV übergießen.
Die abgekühlten Caschew-Kerne ebenfalls auf ein Blatt legen.
Den Jelly-Fisch aus dem Kühlschrank nehmen und auf einem weiteren Salatblatt anrichten.
Zum Schluß die in Scheiben geschnittene Abalone auf einem Salatblatt anrichten.

ANMERKUNG Die beschriebene Art von Gericht wird als Vorspeise gegessen. Dieses spezielle Rezept wird meist zu besonderen Anlässen, etwa zu einer Hochzeit, ausgeführt.

1 Chilischote
15 g Ingwer
1 TL Essig (5 %)
1 TL Sesamöl
6 EL helle Sojasauce

Kochgewürz für die Hähnchen:
30 g Ingwer
50 g Frühlingszwiebeln
2 St. Sternanis

Sauce für die Caschew-Kerne (III):
½ RS Zucker
½ l Öl zum Fritieren

Sauce für die tausendjährigen Eier (IV):
1 Knoblauchzehe
3 EL Austernsauce
1 EL Chiliöl
3 TL Zucker

Sauce für den Jelly-Fisch (V):
10 g Ingwer
2 Knoblauchzehen
10 g Frühlingszwiebeln
1 EL Essig (25 %)
2 Prisen Pfeffer
5 EL Reiswein
2 EL Sesamöl
1½ EL Zucker
2 EL Sesampaste

Benötigt wird ein Leinensäckchen.

Lange Vorbereitungszeit!

Die kalten Platten sind dabei meist sehr kunstvoll dekoriert und z.B. in Form von Tieren oder Pflanzen angerichtet.

Die chinesische Damenkochschule

Während der Song-Dynastie war in China noch das Matriarchat vorherrschend. Damals wurde es – ganz im Gegensatz zu heute – in einer Familie besonders begrüßt, wenn ein Mädchen geboren wurde. Den Mädchen wurde eine besonders gute Ausbildung zuteil. War ein Töchterchen besonders hübsch, wurde es in Tanz, Musik und Kunst ausgebildet. Zur weiteren Erziehung gehörte das Sticken, Nähen und Kochen. Auf diese Weise wurden die jungen Frauen darauf vorbereitet, als Hausmädchen oder Erzieherinen in feinen Familien zu arbeiten.

Die Idee der Kochschule wurde damals geboren. Hier sollten die Mädchen vor allen Dingen in der Kochkunst ausgebildet werden, um später in reichen Familien als Köchinnen viel Geld zu verdienen. Die gute Ausbildung an der Damenkochschule sprach sich schnell herum, so daß die Nachfrage nach den Absolventinnen stieg. Besonders geschätzt wurden die neuen Köchinnen von Ministerfamilien. Sie genossen einen so guten Ruf, daß sie nur für bestimmte festliche Essen das Kochen übernehmen mußten und verdienten dabei das Drei- bis Vierfache dessen, was für einen Mann damals möglich war.

In dieser Zeit lebte ein hoher Beamte, der sich nach seiner Pensionierung ganz auf das Land zurückzog. Er stellte eine Köchin aus der chinesischen Damenkochschule ein, die noch sehr jung, schön und elegant war. Schon bald beauftragte er sie, ein besonders exklusives Essen für 5 Personen zuzubereiten. Sogleich übergab sie ihm einen Einkaufszettel, Er wunderte sich nicht schlecht, als er sah, daß die neue Köchin unter anderem 10 verschiedene lebendige Tiere anforderte. Da der Beamte aber noch nie etwas mit Kochen zu tun gehabt hatte, glaubte er, all dies sei nötig, um 4 bis 5 Personen zu bewirten. So fragte er auch nicht weiter nach, sondern schickte gleich seinen Diener zum Einkaufen los.

Nach zwei Tagen begann die Köchin, ihr persönliches Bündel auszupacken; es enthielt viele Kochgeräte aus reinem Silber. Als sie anfing, mit dem Silbermesser zu schneiden, staunten alle Küchengehilfen über die Eleganz ihrer Bewegungen.

Das Resultat ihrer Arbeit sah jedoch nicht nur gut aus, sondern alles war auch gut durchdacht. Der Grund für die lange Einkaufsliste lag darin, daß sie von jedem Tier nur die besten Fleischstücke und auch vom Gemüse nur das Beste zum Kochen verwendete: vom Lamm das Wangenfleisch, vom

Karpfen den Kopf, von der Frühlingszwiebel nur das Weiße usw.

Bei der Zubereitung von Spezialitäten ging man damals verschwenderisch mit den Lebensmitteln um. Die erzählte Anekdote spiegelt den Luxus wieder, den sich einzelne Personen damals leisten konnten. Für den Normalbürger jedoch war solcher Aufwand völlig unerschwinglich. Heute ließe er sich vergleichen mit dem *Ma-Han-Quan-Xi* (ein Spitzenessen), bei dem 3 Tage lang jeweils 15 bis 20 Gänge gereicht werden (siehe S. 308).

Frühlingsrolle in zwei Variationen
Zha Chun Juan

Zutaten

- 1 Taube (etwa 100 g)
- 100 g Hähnchenleber
- 200 g Schweinemett
- 120 g Gemüsezwiebeln
- 120 g Wasserkastanien
- 50 g eingeweichte chinesische Blumenpilze
- 20 g Frühlingszwiebeln
- 10 Kopfsalatblätter
- 30 g junge Erbsen
- 350 g Sojabohnenkeimlinge
- 1 Eiweiß zum Verkleben
- 8 EL Öl zum Braten
- 1 l Öl zum Fritieren
- 50 g Glasnudeln

Vorbereitung Die Taube als Ganze zerhacken; das Fleisch von den Knochen lösen (falls die Knochen nicht erwünscht sind, noch eine zweite Taube dazunehmen).
Die Hähnchenleber ebenfalls zerkleinern.
Die zerkleinerte Taube und die Hähnchenleber mit dem Schweinemett gut vermischen.
Alles mit der Marinade vermengen.
Die Masse in einer Schüssel etwas ruhen lassen.
Die Gemüsezwiebeln, die Wasserkastanien und die chinesischen Blumenpilze in kleine Stücke hacken und in eine Schale geben.
Die Frühlingszwiebeln ebenfalls hacken, aber separat ablegen. Den Kopfsalat in Streifen schneiden und auch in eine Schale geben.

Zubereitung Eine heiße Pfanne zweimal mit Öl ausschwenken.
In die heiße Pfanne 1 RS Öl geben. Sobald dieses heiß ist, die Fleischmasse dazugeben, kurz fritieren und alles gut in der Pfanne bewegen.
Nach etwa 1 Min. die Gemüsezwiebeln, die Wasserkastanien und die chinesischen Blumenpilze hinzufügen und alles wieder gut verrühren.

Nach etwa 1 Min. alles herausnehmen und auf einem Sieb gut abtropfen lassen.
Die Pfanne wieder erhitzen und 8 EL Öl hineingeben; die geschnittenen Frühlingszwiebeln hinzufügen und braten, bis sie goldbraun sind.
Die fritierte und abgetropfte Masse wieder zurück in die Pfanne zu den goldbraunen Frühlingszwiebeln geben und alles gut verrühren.
Zum Schluß die Gewürze für die Sauce in die Pfanne geben. Wieder kurz umrühren und alles mit einem Sieb herausnehmen.
Mit einem großen flachen Kochlöffel die gebratene Masse gut ausdrücken, damit die Flüssigkeit entweichen kann. Die trockene Masse mit den jungen Erbsen vermischen.

Herstellung der Frühlingsrollen
A. Mit der fertigen, gefrorenen Teigplatte:
Die Füllung einer Teigplatte muß etwa 80 bis 100 g betragen. Sie besteht aus zwei Dritteln gebratener Masse und einem Drittel Sojabohnenkeimlingen.
Die Füllung auf die Teigplatte geben. Die Enden der Teigtasche gut mit dem Eiweiß bestreichen.
Alles aufrollen und verkleben.
Zum Schluß werden die Frühlingsrollen fritiert. Im gleichen Vorgang müssen die Glasnudeln fritiert werden.
Danach werden die Glasnudeln auf einem Teller angerichtet. Sie müssen auf dem Teller etwas flachgedrückt werden.
Anschließend gibt man die fritierten Frühlingsrollen auf das Glasnudelbett.
B. Selbsthergestellter Frühlingsrollenteig:
Die Füllung ist die gleiche. Allerdings fügt man ihr für die frischhergestellten Frühlingsrollen noch kleingeschnittenen Kopfsalat, Erdnußpulver und Sesamkörner hinzu. Man rollt sie ganz einfach auf.
Frischbereitete Frühlingsrollen werden *nicht* fritiert, sondern frisch serviert.
Die meisten Chinesen lieben die nichtfritierten Frühlingsrollen.

1 RS Öl
(zum Fritieren der Fleischmasse)

Für die Marinade:
1 Eigelb
2 TL Kartoffelmehl
½ TL Salz
1 EL Sojasauce
1 EL Zucker

Für die Sauce:
1 TL Chili (oder Sambal Olek)
½ TL Pfeffer
1 TL Salz
1 TL Sesamöl
1 EL Sojasauce
5 EL Wasser

Teig für die Frühlingsrollen:
A. Fertiger eingefrorener Teig
Etwa 10 Blätter (250 × 250 mm) für die großen, 30 Blätter (125 × 125 mm) für die kleinen.
B. Selbsthergestellter Teig (siehe unten).
Kopfsalat
1 EL Erdnußpulver
½ TL Sesamkörner

Lachkuchen
Kai Kou Xiao

Zutaten
3 Eier
140 g Zucker
½ RS Öl
2 EL Backpulver
550 g Weizenmehl
⅔ RS schwarze Sesamkörner
1 l Öl zum Fritieren

Vorbereitung In einer großen Schüssel die Eier und den Zucker schaumig schlagen, das Öl hinzufügen; langsam das zusammen mit dem Backpulver gesiebte Mehl hineingeben und anschließend den Teig durchkneten.
Den Teig in der Schüssel mit einem Handtuch 1 Std. abgedeckt und bei Raumtemperatur ruhen lassen.

Zubereitung Die Teigmasse in etwa 16 gleiche Stücke teilen.
Aus jedem Stück einen kleinen Ball formen und in den Sesamkörnern wälzen.
Das Öl zum Fritieren kalt in einen Wok oder in eine große Pfanne einfüllen.
In dieses kalte Öl die Teigbällchen so einlegen, daß sie zur Hälfte von Öl bedeckt sind; ev. noch etwas mehr Öl zufügen.
Auf kleiner Flamme langsam das Öl mit den Bällchen erhitzen. Nach ungefähr 5 Min. sollte das Öl so heiß sein, daß die Bällchen aufgegangen sind und zu schwimmen anfangen.
Die Bällchen vorsichtig mit einer Schaumkelle wenden, die Wärmezufuhr weiter steigern, bis sie gebräunt sind und nach etwa weiteren 10 Min. aufplatzen.
Die fertigen Lachkuchen in einem Sieb über einem Topf abtropfen lassen.
Diese Kuchen werden kalt serviert und halten sich 2 bis 3 Tage frisch. Am besten bewahrt man sie in einem Bambuskorb oder in einem Tontopf auf.

Hähnchen Kantoneser Art
Guang Dong Ji

Zutaten
- 1 Hähnchen (1400 g)
- 1 l Öl zum Fritieren
- 200 g Gurken
- 10 g Ingwer
- 3 Knoblauchzehen
- 10 g Frühlingszwiebeln
- 7 EL Austernsauce
- 1½ EL Essig (25 %)
- 3 EL Zucker
- 8 EL Erdnußöl

Vorbereitung Das Hähnchen 30 Min. in 2 l Wasser kochen, herausnehmen und trocknen lassen.
In einer Pfanne das Fritieröl heiß werden lassen und das Hähnchen darin 5 Min. fritieren.
Herausnehmen und abkühlen lassen, die Knochen entfernen und zerkleinern.
Die Gurken in Streifen schneiden.

Zubereitung Das Hähnchen und die Gurken in eine große Schüssel geben.
Den Ingwer, den Knoblauch und die Frühlingszwiebeln fein zerhacken und zu dem Hähnchen geben.
Die Austernsauce, den Essig, den Zucker und das Erdnußöl verrühren, dazugeben und untermengen.
Das Ganze 30 Min. in den Kühlschrank stellen und dann servieren.

Anmerkung Wenn keine Austernsauce vorhanden ist, kann auch süße Sojasauce benutzt werden.

Blättrige Eierstangen
Chung Bing

Zutaten
360 g Weizenmehl
1 EL Backpulver
2 RS Salatöl (zum Einlegen und Bestreichen)
etwas Salz und Pfeffer (nach Belieben)
10 g Frühlingszwiebeln
8 Eier
5 EL Öl zum Braten

Sehr lange Vorbereitungszeit!

Vorbereitung Das Mehl mit dem Backpulver auf eine Tischplatte sieben.
In die Mitte eine Mulde eindrücken. 2/3 RS lauwarmes Wasser in die Vertiefung gießen, von der Mitte her zu einem Teig verrühren und anschließend gut durchkneten.
Den Teig mit dem Salatöl begießen, in einer tiefen Schüssel einlegen und bei Raumtemperatur 2 Tage ruhen lassen.
Danach den Teig aus dem Öl nehmen, etwas abtropfen lassen und in 4 Stücke teilen.
Jedes Stück zu einer runden Teigplatte von etwa 18 cm Durchmesser (runde Platte) ausrollen. Mit je 2 EL Öl je Platte bestreichen.
Die Frühlingszwiebeln hacken.
Jede Teigplatte mit Salz, Pfeffer und den Frühlingszwiebeln bestreuen und vom Rand her aufrollen. Diese Rolle zu einer Schnecke wickeln, die wiederum zu einer Teigplatte von 18 cm Durchmesser ausgerollt wird. (Das Öl zwischen den Teigschichten soll eine blättrige Konsistenz ergeben).
Die Eier in einer Schüssel mit einer Prise Salz verrühren.

Zubereitung Eine heiße Pfanne zweimal mit Öl ausschwenken und das Öl zum Braten in die heiße Pfanne geben.
Jeweils eine Teigplatte von beiden Seiten etwa 2 Min. auf jeder Seite hellgelb mit braunen Flecken in dem Öl braten, auf einem Sieb abtropfen lassen und ein Viertel der Eimasse in der Pfanne so braten, daß die Oberfläche noch weich ist.
Auf diese weiche Eiseite die abgetropfte Teigplatte stürzen, aus der Pfanne heben und zu einer Stange aufrollen.
Die Eierstangen werden warm serviert.

FEBRUAR

二月
[illegible]

Stärkung durch gesunde Ernährung

Essen und Trinken sind wichtige Bestandteile im Leben der Chinesen. Sie legen großen Wert auf eine ausgewogene, gesundheitsfördernde Ernährung. Bei Schwangerschaft oder im Krankheitsfall werden dem Körper durch bewußte Ernährung zusätzliche Nährstoffe und Vitamine zugeführt. Bei Müdigkeit und Erschöpfung kann nach chinesischen Erkenntnissen die sorgfältige Wahl der Speisen Abhilfe schaffen.

Auch in der chinesischen Heilkunde hat die Ernährung einen hohen Stellenwert und ist in der Tradition fest verankert. Heutzutage kann man in China viele verschiedene Variationen dieser besonders gesundheitsfördernden Gerichte schon fertig in den Geschäften kaufen.

Im Winter wird auf eine spezielle, kräftigende Ernährung Wert gelegt. Ihr Ursprung ist bei den Bauern zu suchen. Der Winter war für die Bauern die einzige Jahreszeit, in der sie nicht so viel arbeiten mußten. Nach der Aussaat im Frühjahr, der Pflege der Pflanzen im Sommer und der Ernte im Herbst war die meiste Arbeit des Jahres getan.

Im Winter mußte die im Laufe des Jahres verbrauchte Energie wieder aufgetankt und gleichzeitig neue Kraft für das kommende Jahr geschöpft werden.

In der Gegenwart wird in China fast jeden Tag gut und reichlich gegessen; dennoch wird die Vorstellung bewahrt, daß man sich im Winter noch gesünder ernähren sollte.

In der Winterzeit wird dem vermehrten Auskochen von Heilkräutern große Bedeutung zugemessen. Wichtig dabei ist das psychologische Element, das Bewußtsein, Heilkräuter zu sich genommen zu haben.

Die am häufigsten benutzten Gewürze sind solche, denen eine heilende Wirkung nachgesagt wird, darunter Ginseng, Da Cao (ein Kreuzdorngewächs), Nashornpulver und

Bocksdorn. Jedes dieser Heilkräuter hat eine besondere Wirkung und hilft bei unterschiedlichen Beschwerden.

Bei der Verwendung der Heilkräuter als Gewürze ist besonders stark auf die korrekte Zusammenstellung zu achten. Stellt man die Kräutermischung nämlich aus falschen Mengenanteilen zusammen, kann dies erst recht zu einer Krankheit führen.

Wie viele andere Lebensbereiche der chinesischen Kultur wird auch die Ernährung nach dem Yin-Yang-Prinzip unterteilt.

Die Kräfte «Yin» und «Yang» sind voneinander abhängig; der ideale Zustand der Gesundheit ist dann gegeben, wenn die beiden Elemente sich in einem harmonischen Gleichgewicht befinden.

Yang als der männliche Teil verkörpert die positive und aktive Kraft. Yin als der weibliche Teil fördert die Lebensenergie.

Nach dieser Betrachtungsweise entstehen Krankheiten durch das Ungleichgewicht zwischen Yin und Yang. Mit Heilkräutern und ausgewogenem Essen werden die kosmischen Kräfte wieder ins Gleichgewicht gebracht und die Organfunktionen unterstützt.

Bu bedeutet kräftigende Ernährung; man kann vier verschiedene Arten davon unterscheiden:

Die Lufternährung

Angezeigt bei Müdigkeit und Erschöpfung, bei Lungenproblemen oder auch Atembeschwerden.

Die Bluternährung

Bei schlechter Durchblutung von Lippen und Fingern, blasser Gesichtsfarbe oder bei Schwindelanfällen. Zudem unterstützende Wirkung in der Zeit der Menstruation.

Die Yin-Ernährung

Bei geschwächten Abwehrkräften oder zu trockener Haut. Weiter bei starker nervlicher Anspannung und schlechtem Schlaf. Beim Husten von Blut, bei Schweißausbrüchen und frühzeitiger Ejakulation.

Die Yang-Ernährung

Bei häufigem Frieren, bei Rücken- und Gelenkschmerzen oder bei Verdauungsproblemen.

Wenn man einer dieser Krankheiten oder Störungen durch kräftigende Ernährung begegnen will, sollte man mit Sorgfalt die geeignete auswählen.

Leute mit schwacher Konstitution müssen hierbei besonders aufpassen, daß sie nicht zu viele oder ihrem Leiden nicht angemessene Heilkräuter einnehmen, da es sonst leicht passieren kann, daß sie daraufhin erkranken. Bei Menschen mit schwachem Immunsystem können die Organe unter Umständen die Medizin nicht verkraften. Auch sexuell sehr aktiven Männern ist bei diesen Ernährungsformen besondere Vorsicht geboten.

Hat man einmal zum falschen Mittel gegriffen, sollte man durch die Einnahme von möglichst viel Flüssigkeit die Medizin verdünnen, so daß sie rasch wieder ausgeschieden wird. Am wirkungsvollsten sind in einem solchen Fall Wintermelonensuppe sowie Möhren- und Gemüsesaft.

Hähnchen mit Zitronensauce
Ning Meng Ji

Zutaten
440 g Hühnerbrust
1 Prise Zucker
2 EL Reiswein
1 Eigelb
½ TL Backpulver
2½ EL Kartoffelmehl
1 l Öl zum Fritieren
etwas Petersilie (oder einige Salatblätter)

Für die Sauce:
2 Zitronen
3 EL Zucker
3 EL Öl
1½ TL Kartoffelmehl

Vorbereitung Die Hühnerbrust in Scheiben von etwa 6 × 4 × 1,5 cm schneiden (so ergeben sich rund 15 Stück).
In einer großen Schüssel den Zucker, den Wein, das Eigelb, das Backpulver und das Kartoffelmehl verrühren. Die Hühnerbrust darin einlegen.

Zubereitung Die Zitronen auspressen, den Saft in eine Schüssel geben und mit dem Zucker verrühren.
Eine Pfanne erhitzen und zweimal mit Öl ausschwenken (siehe S. 79). In der Pfanne das Fritieröl erhitzen.
Die Hühnerbruststückchen nacheinander einzeln hineingeben.
Zuerst 3 bis 4 Min. fritieren, wieder herausnehmen, etwa 5 Min. ruhen lassen und erneut etwa 2 Min. fritieren, bis sie schön goldbraun und knusprig sind. Mit einem Sieb herausnehmen und abtropfen lassen.
Das Öl in einer Pfanne erhitzen, den gezuckerten Zitronensaft hineingeben und aufkochen lassen.
Das Kartoffelmehl mit 2½ EL Wasser vermischen und langsam unter ständigem Rühren in die Sauce geben (ev. noch 1 EL Öl darübergießen).

Zum Schluß die fritierten Hühnchenscheiben auf einen Teller legen und mit der Sauce übergießen. Alles nach Belieben mit Petersilie oder Salatblättern garnieren und auftragen.

Anmerkung Dieses Gericht wird in China besonders von schwangeren Frauen geschätzt.

Geräuchertes Hähnchen
Chao Ji

Zubereitung 2 l Wasser zum Kochen bringen. Das Hähnchen in das kochende Wasser geben und 5 Min. kochen lassen.
Herausnehmen und in einem anderen Topf zusammen mit der Gewürzsauce und der Gewürzmischung 20 bis 25 Min. kochen.
Nun die Räuchermischung in die Pfanne geben. Einen Locheinsatz in die Pfanne stellen und darauf zuerst den Chinakohl, dann das Hähnchen legen. Mit einem Deckel verschließen und 5 bis 6 Min. bei mittlerer Hitze räuchern lassen.
Anschließend das Hähnchen herausnehmen, abkühlen lassen und in Stücke schneiden.
Zum Schluß mit dem Sesamöl und 5 EL gekochter Gewürzsauce übergießen und servieren.

Anmerkung Dieses sehr alte Rezept entstand, als eine Hausfrau ein Hähnchen schmoren wollte, aber die Küche dann verließ. Bei ihrer Rückkehr war die Sauce zwar verkocht, das Hähnchen hingegen nicht verbrannt, sondern schön knusprig und sehr aromatisch.

Zutaten
1 Hähnchen (1300 g)
1 EL Sesamöl

Zum Würzen:
Gewürzsauce
(siehe S. 49)
1 Tüte Fünfgewürzpulver (siehe S. 44)

Zum Räuchern:
3 Blätter Chinakohl
3 EL Reis
3 EL schwarzer Tee
2 EL Weizenmehl
1½ EL Zucker

Hähnchen mit Sesampastensauce Zhi Ma Jiang Ji

Zutaten
20 g weiße Frühlingszwiebeln
10 g Ingwer
2 St. Sternanis
1 Poularde (etwa 1000 bis 1300 g)

Für die Sauce:
20 g Frühlingszwiebeln
5 EL Brühe (siehe S. 69) oder Wasser
2 EL Chiliöl
3 TL Essig (25 %)
6 EL Reiswein
1½ TL Salz
3 EL Sesampaste
5 EL Sojasauce
1½ EL Zucker

Zubereitung Die Frühlingszwiebeln halbieren und mit dem Ingwer und dem Sternanis in einem Topf mit 1½ l Wasser zum Kochen bringen.
Die Poularde hineingeben, 20 bis 30 Min. kochen lassen, dann herausnehmen.
Die Frühlingszwiebeln für die Sauce schneiden. Mit den übrigen Zutaten für die Sauce in einer Schüssel verrühren.
Die Poularde 1 Std. lang in einer großen Schüssel unter fließendem Wasser abkühlen. Zwischendurch einmal kurz herausnehmen und wenden.
Auf Küchenpapier trocknen lassen, in Stücke schneiden, mit der Sauce übergießen und servieren.

Anmerkungen Das Hühnchenfleisch wird durch das Abkühlen unter fließendkaltem Wasser besonders zart, es saugt dann die Sauce besonders gut auf und wird sehr aromatisch.
Das Originalrezept heißt *Guai Wei Ji,* d. h. «einzigartiges Aroma-Hähnchen». Es stammt aus Sichuan.

Geschichtliches Es lebten einmal drei alte Frauen in Dongan, die eine kleine Garküche betrieben. Das Geschäft ging nicht besonders gut, und so hatten sie nie viele Lebensmittel auf Vorrat. Eines

Abends betraten kurz vor Feierabend mehrere Beamte das Restaurant, um zu essen. Die Frauen hatten nichts mehr in der Küche, was sie den Beamten hätten vorsetzen konnten. So schlachteten sie kurzentschlossen ein Huhn.
Um das gekochte Huhn abzukühlen, legten sie es einfach in einem Topf in den Fluß und bereiteten in der Zwischenzeit die Sauce zu. Das Fleisch wurde durch diese Methode besonders zart, und die Beamten waren mit dem Essen außerordentlich zufrieden. Da ihnen die Zusammenstellung der Gewürze unbekannt war, gaben die Männer dem Gericht einfach den Namen «Einzigartiges Aroma-Hähnchen».

Gebratenes Hähnchenfleisch
Chao Zi Ji

Vorbereitung Das Hähnchenfleisch, die Frühlingszwiebeln, die Chilischoten und den Ingwer in Streifen schneiden.

Zubereitung Eine heiße Pfanne zweimal mit Öl ausschwenken (siehe S. 79).
5 EL Öl erhitzen, den Ingwer und das Hähnchenfleisch darin anbraten.
Die Zutaten für die Sauce dazugeben und verrühren. Den Deckel schließen und das Ganze so lange kochen, bis sich die Flüssigkeit stark reduziert hat.
Die Frühlingszwiebeln, die Chilischoten und das Erdnußpulver hinzufügen, kurz verrühren, herausnehmen und heiß servieren.

Tip Die Frühlingszwiebeln, den Ingwer und den Chili nach dem Schneiden in Wasser ziehen lassen, damit sie schön knackig werden.

Zutaten
550 g Hähnchenkeulen (ohne Knochen)
20 g Frühlingszwiebeln
30 g Chilischote
30 g frischer Ingwer
5 EL Öl
2 EL Erdnußpulver

Für die Sauce:
2 RS Brühe (siehe S. 69)
2 EL Erdnußpulver
1½ EL Essig (25 %)
1 Prise Glutamat
3 EL Reiswein
1 TL Salz
1 EL Sesamöl
2 EL Sojasauce

Schweinefleisch mit süsser Bohnensauce
Tian Mian Jiang Chao Zhu Rou

Zutaten
350 g Schweinefilet
120 g Frühlingszwiebeln
½ l Öl zum Fritieren

Für die Marinade:
1 EL Eiweiß
3 TL Kartoffelmehl
4 EL Öl
1 Prise Pfeffer
2 TL Reiswein
½ TL Salz
2 EL Wasser

Für die Sauce:
⅓ RS Brühe
(siehe S. 69)
1 TL Kartoffelmehl
2 EL Reiswein
1½ EL Sojasauce
2 EL süße Sojabohnenpaste
1½ EL Tomatenketchup

Zum Anbraten:
1 EL Knoblauch
5 EL Öl

Vorbereitung Das Schweinefleisch in Streifen schneiden und in den vermischten Zutaten marinieren.
Die Frühlingszwiebeln nun ebenfalls in Streifen schneiden und dann in etwa ½ l kaltem Wasser ziehen lassen.
Die Zutaten für die Sauce in einer Schüssel verrühren.
Den Knoblauch fein hacken.

Zubereitung Eine heiße Pfanne zweimal mit Öl ausschwenken (siehe S. 79).
Das Fritieröl in die Pfanne geben, heiß werden lassen und das marinierte Schweinefleisch etwa 1 Min. kurz darin unter ständigem Rühren fritieren.
Das Schweinefleisch herausnehmen und auf einem Sieb abtropfen lassen.
Nun die Pfanne erneut erhitzen und den feingehackten Knoblauch in 5 EL heißem Öl anbraten.
Das Schweinefleisch unter ständigem Rühren in die Pfanne geben.
Jetzt die Saucenmischung zufügen, alles verrühren und etwa 2 Min. kochen lassen. Die Frühlingszwiebeln abtropfen und auf einen Teller als Bett anrichten.
Das Schweinefleisch darübergeben und dann sofort servieren.

Tips In China wird dieses Gericht häufig mit Pfannkuchen gegessen, wobei man das Fleisch in die kleinen Pfannkuchen einrollt.
Für die Pfannkuchen braucht man 1 RS warmes Wasser und 2 RS Weizenmehl. Das Weizenmehl in eine Schale geben und unter Zugabe des warmen Wassers langsam verrühren, anschließend zu einem Teig verkneten.

Den Teig zu einer langen Rolle formen, in 50 bis 60 g große Stücke schneiden und diese mit Öl bepinseln.
Zwei Stücke zusammenkleben und mit dem Nudelholz ausrollen, bis sie einen Durchmesser von etwa 5 cm haben.
Eine heiße Pfanne zweimal mit Öl ausschwenken, mit Küchenpapier trocknen und auf kleine Hitze stellen.
Die chinesischen Pfannkuchen nacheinander in die Pfanne geben, auf jeder Seite unter Schwenken der Pfanne etwa 2 Min. backen, bis sie Blasen schlagen.
Nun die Pfannkuchen herausnehmen und wieder trennen. Schweinefleisch und Frühlingszwiebeln darauflegen, einrollen und servieren.

Schweinefleischklösschen mit saurer Sauce
Tang Cu Wan

Vorbereitung Das Schweinemett mit den Klößchengewürzen mischen.
Die Wasserkastanien fein hacken und dazugeben.
Aus der Masse wallnußgroße Klößchen formen.
Das Fritieröl in eine Pfanne geben und erhitzen.
Die Klößchen darin 3 Min. fritieren.

Zutaten
580 g Schweinemett
80 g Wasserkastanien
1 l Öl zum Fritieren
30 g Frühlingszwiebeln

Für die Klößchen:
1 TL Backpulver
2 TL Eiweiß
4 EL Kartoffelmehl
½ TL Pfeffer
8 EL Salatöl
1 TL Salz
2 EL Weizenmehl
4 EL Wasser
1½ TL Zucker

Für die Sauce:
5½ EL Essig (5 %)
1½ TL Kartoffelmehl
3 EL Sesamöl
4 EL Sojasauce
3 EL süße Sojasauce
11 EL Wasser
3 EL Zucker

Mit einem Sieb herausnehmen und etwa 5 Min. abkühlen lassen. Dann nochmals etwa 2 Min. fritieren.
Die Klößchen wieder herausnehmen und auf einem Sieb abtropfen lassen.
Die Frühlingszwiebeln in etwa 3 cm lange Stücke schneiden.

ZUBEREITUNG Die Saucenmischung in einer Pfanne unter Rühren zum Kochen bringen.
Die Klößchen und Frühlingszwiebeln hineingeben, verrühren und 1 bis 2 Min. leicht kochen lassen.
Das Gericht heiß servieren.

TIPS Die Klößchen müssen zweimal fritiert werden, da sie nach dem ersten Mal außen zwar schön knusprig, aber innen noch roh sind.
Durch das Abkühlen wird das Wasser aus dem Inneren herausgezogen, so daß durch erneutes Fritieren auch das Innere der Klößchen gar wird.

GESCHMORTER SCHWEINEBAUCH
SU DONG PO ROU

ZUTATEN
580 g Schweinebauch
20 g Ingwer
2 bis 3 St. Sternanis
½ l Öl zum Fritieren
3 EL Salatöl
½ RS Reiswein
3 EL Sojasauce
5 EL süße Sojasauce
½ TL Salz
40 g brauner Kandiszucker
etwas (Sesam-, Chili- oder Möhren-) Öl (zum Beträufeln)

VORBEREITUNG Die Schweineschwarte über einer Spiritus- oder Gasflamme absengen.
Das Fleisch mit einer Bürste gründlich säubern und in mundstückgroße Stücke schneiden.
Den Ingwer und den Sternanis zerkleinern.

ZUBEREITUNG Eine heiße Pfanne zweimal mit Öl ausschwenken (siehe S. 79).
Das Fritieröl heiß werden lassen und den Schweinebauch etwa 1 bis 2 Min. darin fritieren.
Herausnehmen, das zurückbleibende Öl in eine Schüssel sieben und die leere Pfanne wieder auf die Platte stellen.
Das Salatöl heiß werden lassen und darin den Sternanis und den Ingwer schön hellbraun braten.
Den fritierten Schweinebauch dazugeben und 1 bis 2 Min. unter Rühren anbraten.

Mit dem Reiswein ablöschen. Die Sojasauce, die süße Sojasauce, das Salz und den Kandiszucker dazugeben und etwa 5 Min. leicht kochen lassen.
3 RS Wasser zugeben, zum Kochen bringen und bei kleiner Flamme so lange weiterschmoren lassen, bis die Sauce etwas klebrig ist.
Zum Schluß kann man alles noch mit etwas Öl (Sesam-, Chili- oder Möhrenöl) beträufeln und dann servieren.

TIPS In China wird dieses Gericht oft vorgekocht, da es nach dem Aufwärmen ganz besonders gut schmeckt. Man kann es sehr gut zusammen mit Tofu oder Chinakohl schmoren.
Es gibt für dieses Gericht viele verschiedene Kombinationsmöglichkeiten. Mit gekochten Eiern, Reis und Sauergemüse ergibt sich eine beliebte Mittagsmahlzeit. In China wird geschmorter Schweinebauch von vielen Garküchen angeboten.

GESCHICHTLICHES Es lebte einst ein beim Volk sehr beliebter Dichter namens Su Dongpo. Da er den Leuten immer freundlich begegnete und auch viel für seine Mitmenschen getan hatte, pflegten sie ihn zu den Festtagen reichlich zu beschenken.
Besonders beliebt war damals als Geschenk an einem Haken befestigtes Schweinefleisch mit einem großen Topf voll Reiswein. Su Dongpo besaß daher so viel Fleisch und Reiswein, daß er es allein gar nicht aufbrauchen konnte. Um nichts verderben zu lassen, ließ er alles Fleisch zusammen kochen, in große Stücke schneiden und anschließend in Reiswein schmoren. Als es fertig war, verteilte er das Ganze auf die Reisweintöpfe und ließ es als Gegengeschenk an die Spender zurücktragen.
Seine Freunde waren von dem Rezept begeistert. Auch heute noch erfreut es sich großer Beliebtheit. Der chinesische Name des Gerichts lautet im Gedenken an seinen Erfinder denn auch «Su-Dongpo-Fleisch».

Fritierte Schweinerippchen
Zha Zhu Pai

Zutaten
800 g Schälrippchen
1½ l Öl zum Fritieren
2 EL Sesamöl
1 TL Kartoffelmehl

Gewürze zum Marinieren:
1 TL Backpulver
2 TL Currypulver
1 Eigelb
2 EL Kao-Liang-Schnaps
3 EL Kartoffel- oder Süßkartoffelmehl
2 EL Salatöl
½ TL Salz
2 EL Wasser

Für die Sauce:
½ TL Salz
½ TL Sambal Olek
1 EL Sojasauce
2 EL Tomatenketchup
1 RS Wasser
2 EL Zitronensaft
2 EL Zucker

Vorbereitung Die Schweinerippchen in etwa 6 bis 9 cm lange und 3 bis 4 cm breite Stücke hacken. In einer Schüssel mit allen Gewürzen zum Marinieren vermischen und 30 Min. ziehen lassen.

Zubereitung Eine heiße Pfanne zweimal mit Öl ausschwenken (siehe S. 79).
Das Fritieröl erhitzen, die Schweinerippchen nacheinander hineingeben und 3 bis 4 Min. fritieren.
Wieder herausnehmen und kurz ruhen lassen.
Erneut etwa 5 bis 10 Min. zunächst bei kleiner, zum Schluß bei großer Hitze fritieren, bis sie schön goldbraun sind.
In der Zwischenzeit alle Gewürze für die Sauce bis auf das Sesamöl in einer Schale vermischen.
In einer heißen Pfanne das Sesamöl erhitzen, die Saucenmischung hinzufügen und aufkochen lassen, bis sie Blasen schlägt.
Nun das mit 3 EL Wasser verrührte Kartoffelmehl unterrühren.
Die noch heißen fritierten Rippchen sofort hineingeben und rühren, bis die Sauce am Fleisch kleben bleibt.
Das Gericht heiß servieren.

Tips Bei diesem Gericht ist es ratsam, das Fleisch und die Sauce gleichzeitig zuzubereiten, da die heiße Sauce am besten am Fleisch haften bleibt.
Beim Wiederaufwärmen von Resten ergibt sich ein besonders guter Geschmack, wenn man sie in einer Brühe mit etwas Rettich solange kocht, bis dieser schön weich ist.

Gedämpfte Lotusblattrollen
Zheng He Ye Rou

Vorbereitung Die Schweinerippe in etwa 3 cm große Würfel schneiden.
Den Taro in gleichgroße Würfel schneiden.
Die Lotusblätter waschen und in kaltem Wasser einweichen.

Zubereitung In einer großen Schüssel die Schweinerippenwürfel und den Taro mit der Marinadengewürzmischung vermengen und etwa 20 Min. ziehen lassen.
Die Gewürzmischung für das Dämpfen hinzufügen und weitere 10 Min. ziehen lassen.
Nun die Lotusblätter aus dem Wasser nehmen und abtrocknen.
Das Fleisch und den Taro in die Lotusblätter einrollen. Dabei die Blätter von der unteren Ecke her aufrollen, die seitlichen Ecken einklappen, miteinrollen und fest andrücken.
Einen Bambusdämpfeinsatz in eine Pfanne oder einen Topf stellen und die Lotusblattrollen 3 bis 3½ Stunden zugedeckt darin dämpfen.

Zutaten
600 g dicke Rippe
150 g Taro
15 Lotusblätter (etwa 20 cm im Quadrat)

Für die Marinade:
2 EL Bambus- oder Kao-Liang-Schnaps
2 EL süße Bohnenpaste
2 EL Ingwerwein (siehe S. 72)
½ TL Pfeffer
1 TL Salz
3 EL Sojasauce
½ RS Wasser
1½ EL Zucker
3 EL karamelisierter Zucker (siehe S. 72)

Gewürzmischung für das Dämpfen:
1 TL Fünfgewürzpulver (siehe S. 44)
⅓ TL Pfeffer
5 EL Reisschrot
½ TL Sternanispulver
2 EL Weizenmehl

Benötigt wird ein Bambusdämpfeinsatz.

Lange Zubereitungszeit!

Tips Dieses Gericht kann gut einen Tag vor dem Verzehr vorbereitet werden. Dabei dämpft man es 30 Min. vor und läßt es anschließend ruhen. Vor dem Anrichten wird es dann noch einmal 1 bis 1½ Std. gedämpft.

In der chinesischen Heilkunde wird der Bambuseinsatz bevorzugt, da er aus natürlichem Material besteht und das Gericht so sein besonderes, natürliches Aroma entfalten kann.

Fritierte Karpfenröllchen
Zha Yu Juan

Zutaten
20 bis 30 Tofublätter (etwa 10 cm lang)
450 g Karpfenfleisch (ohne Gräten)
10 g frischer Ingwer
100 g Wasserkastanien
1 RS Kartoffelmehl
1 l Öl zum Fritieren

Für die Füllung:
½ TL Pfeffer
2 EL Schweineschmalz
1 TL Salz
1 EL Zucker

Zum Würzen
1 TL Knoblauchpulver
½ TL Pfeffer
½ TL Salz
½ TL Sichuan-Pfeffer
2 Prisen Zucker

Vorbereitung Die Tofublätter 10 bis 15 Min. in Wasser einweichen.
Das Karpfenfleisch mit dem Ingwer im Mixer pürieren.
Die Wasserkastanien mit einem Messer zerhacken.
Die Gewürze für die Füllung und die Wasserkastanien mit der Karpfenmasse gut vermengen.

Zubereitung Die Masse in die Tofublätter einrollen. Dabei etwas davon auf ein Blatt geben, von der unteren Ecke her aufrollen, die seitlichen Ecken einklappen, miteinrollen und dabei fest andrücken.
Die einzelnen Karpfenröllchen im Kartoffelmehl wenden.
Zum Fritieren das Fritieröl in einer Pfanne erhitzen und die Röllchen 2 bis 3 Min. darin fritieren.
Etwa 5 Min. ruhen lassen, dann erneut etwa 2 Min. fritieren.
Die Fischrollen auf einem Teller anrichten. Die Zutaten zum Würzen miteinander vermischen und über die Fischröllchen streuen.
Die Karpfenröllchen servieren.

Eingelegter Karpfen
Yan Yu

Vorbereitung Den Karpfen auf beiden Seiten je vier- bis fünfmal bis zu den Gräten einschneiden. Die Frühlingszwiebeln klein schneiden, den Ingwer hacken und mit der Sojasauce, dem Reiswein und dem Wasser vermischen.
Den Fisch in die Marinade geben und etwa 1 Std. ziehen lassen.

Zubereitung Den Fisch im heißem Fritieröl zuerst 5 bis 6 Min. fritieren und dann 20 Min. ruhen lassen.
Erneut fritieren, bis der Fisch ganz knusprig ist. Auf einem Sieb abtropfen lassen.
Alle Zutaten für die Sauce vermischen und 5 Min. kochen.
Den fertigfritierten Fisch in einen Topf geben und mit der Sauce übergießen.
Mit einem Deckel verschließen und über Nacht in den Kühlschrank stellen.
Das Gericht anderntags kalt servieren.

Anmerkungen Wenn der Fisch richtig zubereitet ist, bleibt er außen schön knusprig und innen schön saftig.
In China wird dieses Gericht meist als Vorspeise gereicht.

Geschichtliches In Sichuan erhielt eine Bauernfamilie einst überraschend großen Besuch. So wurden für die vielen Gäste zehn verschiedene Gänge zubereitet. Doch als sie beim letzten Gang angekommen waren, ging die Holzkohle aus. Die Vorbereitungen waren alle getroffen, doch konnten sie den vorgesehenen Fisch nicht mehr braten. So ließen sie ihn einfach mit der Sauce im Wok liegen und hofften, daß die Gäste auch ohne den Schlußgang satt würden. Und so geschah es auch.
Als die Familie zwei Wochen später den Wok wieder gebrauchen wollten, fand sie den liegengebliebe-

Zutaten
1 Karpfen (etwa 800 g)
1½ l Öl zum Fritieren

Für die Marinade:
2 Frühlingszwiebeln
50 g frischer Ingwer
1½ EL helle Sojasauce
½ RS Reiswein
1 RS Wasser

Für die Sauce:
1½ TL Fünfgewürzpulver (siehe S. 44)
2 EL Kao-Liang-Schnaps
½ TL Pfeffer
1 Prise Salz
1½ EL Sesamöl
2 EL Sojasauce
2 EL süße Sojasauce
1 RS Wasser
2 EL Zucker

Sehr lange Zubereitungszeit!

nen Fisch darin. Sie probierten davon und stellten zu ihrer Überraschung fest, daß der Fisch besonders wohlschmeckend war.
So kam das vorstehende Rezept zustande, das sich auch heute noch großer Beliebtheit erfreut.

Panierter Lachs mit Sichuan-Pfeffer
Zha Hong Yu

Zutaten
700 g Lachsfilet
1 l Öl zum Fritieren
2 Prisen Zucker

Für die Panade:
160 g Weizenmehl
10 g Kartoffelmehl
1 bis 2 EL Backpulver
1 Eigelb
½ TL Salz
¾ RS Wasser
5 EL Öl

Zum Würzen:
1 EL schwarze Sesamkörner
1 TL Pfeffer
½ TL Salz
½ TL Sichuan-Pfefferpulver

Vorbereitung Den Lachs in 5 cm lange, fingerdicke Stücke schneiden
Für die Panade das Weizen- und das Kartoffelmehl, das Backpulver, das Eigelb, das Salz und das Wasser miteinander vermengen.
Das Öl unterrühren und den Teig 30 Min. ruhen lassen.

Zubereitung Eine heiße Pfanne zweimal mit Öl ausschwenken (siehe S. 79) und bei mittlerer Hitze das Fritieröl erhitzen.
Die Fischstücke einzeln mit einem Stäbchen durch die Panade ziehen und fritieren, bis sie goldbraun sind.
Die Sesamkörner zerdrücken und mit den anderen Gewürzen in einer Pfanne bei kleiner Hitze kurz rösten.
Das Gewürzgemisch und den Zucker über den Fisch geben und den Lachs servieren.

Anmerkung In China richten die Fischer Kormorane zum Lachsfang ab.

Lachsfilet mit getrockneten Krabben
Gan Xia He Hong Yu

Zutaten
450 g Lachsfilet
40 g Frühlingszwiebeln
15 g frischer Ingwer
150 g Tofu
5 EL Schweineschmalz (oder normales Salatöl)
30 g getrocknete Krabben
4 RS Brühe (siehe S. 69)
150 g eingeweichte Glasnudeln oder 30 g getrocknete Glasnudeln (siehe S. 54)
1 TL Kartoffelmehl
1½ TL Sesamöl

Zum Würzen:
3 EL chinesischer Essig (5 %) oder normaler Essig
1½ TL Salz
1½ EL Sojasauce
1½ EL Zucker

Vorbereitung Das Fischfilet zunächst in 2 Stücke schneiden und kurz blanchieren.
Die Frühlingszwiebeln in etwa 3 cm lange Stücke schneiden, nach weißer und grüner Farbe trennen.
Den Ingwer in Scheiben, den Tofu in 2 cm große Würfel schneiden.

Zubereitung Das Schweineschmalz in einer Pfanne zerlassen.
Den Ingwer, die Krabben und das Weiße der Frühlingszwiebeln darin kurz anbraten.
Alles mit der Brühe ablöschen und zum Kochen bringen.
Die Brühe anschließend in einen Steinguttopf (falls nicht vorhanden, in einen normalen Topf) geben und auf kleiner Hitze leicht kochen lassen.
Die Glasnudeln und den blanchierten Fisch hineingeben.
Den Tofu 20 Min. später beifügen und die Zutaten zum Würzen hinzufügen. Alles auf kleiner Hitze weitere 10 Min. kochen lassen.
Das Kartoffelmehl mit 4 EL Wasser mischen, unterrühren und weitere 5 Min. kochen.
Mit dem Sesamöl abschmecken. Den Topf auf einen Spiritusbrenner (z.B. einen Fondue-Untersatz) stellen. Die Frühlingszwiebeln hinzufügen und servieren.

Tip Wenn ein Steinguttopf verwendet wird ist es ratsam, ihn etwa 1 Std. in warmen Wasser ziehen zu lassen, damit er nicht zerspringt.

SALZEIER MIT TIEFSEEGARNELEN
JIAO YAN XIA

ZUTATEN
12 große Tiefseegarnelen
6 Toastbrotscheiben
6 Salzeigelb (siehe «Anmerkung»)
12 junge Seetangblätter (2 cm breit, 10 cm lang)
3 EL helle Sesamkörner
1 bis 1½ l Öl zum Fritieren
einige Salatblätter (zum Garnieren)
evtl. etwas Salz (nach Belieben)

Für die Marinade:
2 EL Ingwerwein (siehe S. 72)
2 EL Reiswein
½ TL Salz

Für die Panade:
1 Prise Backpulver
1 Ei
2 EL Kartoffelmehl
3 EL Wasser
4 EL Weizenmehl

VORBEREITUNG Die Schale bis auf den Schwanz von den Garnelen entfernen, den Rücken einschneiden und den schwarzen Darm entfernen.
Die Garnelen etwa 30 Min. in den vermischten Zutaten marinieren.
Das Toastbrot halbieren und die Kruste entfernen.
Das Salzeigelb halbieren und mit einem Messer etwas glätten.
In einer Schüssel die Panade zubereiten.

ZUBEREITUNG Auf jedes Stück Toastbrot mit einem Pinsel etwas Panade verteilen, ein halbes Salzeigelb und eine Garnele – mit dem Schwanz nach oben – darauflegen.
Das Ganze erneut mit etwas Panade bestreichen und mit den Seetangblättern festwickeln. Über den Seetang jeweils einige Sesamkörner streuen.
Eine heiße Pfanne zweimal mit Öl ausschwenken (siehe S. 79) und das Fritieröl darin erhitzen.
Die einzelnen Schnitten jeweils etwa 2 Min. fritieren, dann herausnehmen und ungefähr 10 Min. ruhen lassen.
Erneut 1 Min. fritieren, dann herausnehmen und auf einem Teller anrichten. Dabei die einzelnen Schnitten so am Rand des Tellers anordnen, daß die Garnelenschwänze nach hinten weisen.
Die Mitte des Tellers mit den Salatblättern garnieren, ev. mit etwas Salz würzen und servieren.

ANMERKUNG Ein Salzeigelb besteht aus 1 TL Salz, ½ TL Sichuan-Pfeffer und ½ TL Fünfgewürzpulver.

Knusprige Tiefseegarnelen
Su Xiao Xia

Vorbereitung Den schwarzen Darm aus den Tiefseegarnelen entfernen und die Garnelen mit dem Ingwerwein, dem Kartoffel- sowie dem Weizenmehl marinieren.
Die Frühlingszwiebel fein hacken.

Zubereitung Eine heiße Pfanne zweimal mit Öl ausschwenken (siehe S. 79).
Das Fritieröl erhitzen und die Garnelen darin langsam Stück für Stück 2 bis 4 Min. fritieren.
Nach dem Herausnehmen kurz ruhen lassen und erneut etwa 1 Min. fritieren.
Auf einem Sieb etwas abtropfen lassen und dann zurück in die mit 2 EL Öl erhitzte Pfanne geben.
In einer kleinen Schale die Zutaten zum Würzen mischen und über die Garnelen streuen. Dabei die Pfanne unter ständigem Rühren stark bewegen, damit nichts anklebt.
Zum Schluß die Frühlingszwiebeln darübersteuen.
Die Tiefseegarnelen herausnehmen und servieren.

Tips Bei diesem Gericht wendet man am besten die Technik des Parallelkochens an. Dabei wird neben der Fritierpfanne eine weitere Pfanne benötigt. Diese wird auf einer Platte erhitzt, so daß die Garnelen direkt nach dem Fritieren wieder in eine heiße Pfanne kommen. So können sich die Gewürze besser auflösen, die Garnelen bekommen eine knusprigere Haut und einen intensiveren Geschmack.
Vom Gasherd schmeckt dieses Rezept besser als von einer Elektroplatte.

Zutaten
650 g frische Tiefseegarnelen (ohne Schale)
3 EL Ingwerwein (siehe Grundrezept S. 72)
2 EL Kartoffelmehl
2 EL Weizenmehl
1 l Öl zum Fritieren
10 g Frühlingszwiebel
2 EL Öl

Zum Würzen:
½ TL Fünfgewürzpulver (siehe Grundrezept S. 44)
½ TL Salz
½ TL Sichuan-Pfeffer
2 TL Zucker

Fritierte Riesengarnelenklösschen Zha Da Xia Wan

Zutaten
600 g Riesengarnelenfleisch
150 g Wasserkastnien
1 bis 1½ l Öl zum Fritieren
1 RS weiße und schwarze Sesamköner (je zur Hälfte)
100 g Kohlrabiblätter
evtl. etwas Salz (nach Belieben)

Für die Marinade:
2 Prisen Backpulver
1 Eiweiß
2 EL Ingwerwein (siehe Grundrezept S. 72)
1½ EL Kao-Liang-Schnaps
½ TL Pfeffer
1 TL Salz

Vorbereitung Die Garnelen waschen, dann den Schwanz entfernen und das Fleisch im Mixer pürieren.
Die Wasserkastanien klein hacken und mit dem Garnelenfleisch vermischen.
Die Gewürze für die Marinade hinzufügen, die Masse in eine Schüssel geben und in den Kühlschrank stellen.
Die Kohlrabiblätter in feine, dünne Streifen schneiden.

Zubereitung In einer Pfanne das Fritieröl heiß werden lassen, die Kohlrabiblätter hineingeben und etwa 1 Min. unter Rühren fritieren.
Die Blätter mit einem sehr feinen Sieb herausnehmen, kurz ruhen lassen und dann erneut fritieren, bis sie schön hellbraun sind.
Wiederum herausnehmen, abtropfen lassen und auf einen Teller geben.
Die Garnelenmasse aus dem Kühlschrank holen und daraus kastaniengroße Bällchen formen. Die Bällchen in der Sesamkörnermischung wenden und auf einen Teller legen.
In eine kalte Pfanne erneut das Fritieröl (oder neues Öl) gießen und die Garnelenklößchen hineingeben.
Das Ganze langsam heiß werden lassen (nicht umrühren!).
Nach etwa 1 Min. mit einem Stäbchen vorsichtig durch das Öl fahren.
Jetzt die Hitze langsam stärker werden lassen und die Klößchen vorsichtig berühren, so daß sie sich drehen.
Zum Schluß bei starker Hitze fritieren, bis die Klößchen schön goldbraun sind. Ev. mit einem Zahnstocher prüfen, ob sie auch innen gar sind.
Die Klößchen in ein Sieb geben, abtropfen lassen und auf den fritierten Kohlrabiblättern anrichten.

Tips Dieses Gericht wird nach dem Fritieren sofort serviert. Zuvor können die Klößchen auch noch mit etwas Salz bestreut werden.
Die Kohlrabiblätter werden mitgegessen; sie ergeben ein sehr gutes Aroma.
Die Klößchen nicht zu lange fritieren, da sie sonst austrocknen und ihren ursprünglichen Geschmack verlieren.

Geschichtliches Dieses Rezept stammt aus der Zeit der westlichen Han-Dynastie (206 v. Chr. bis 25 n. Chr.). Damals lebte ein berühmter Kung-Fu-Meister namens Liu Bang, der auch Kaiser wurde. Seine Frau liebte ganz besonders rote Stoffe. Er versprach ihr als Geschenk rote Baumwolle, und so erließ Liu Bang ein Edikt, in dem er demjenigen, der das Gesuchte verschaffen würde, eine hohe Belohnung versprach.
In jener Zeit entdeckte ein Geschäftsmann in einem Dorf zufällig einen roten Baumwollstock. Sofort erkannte er dessen hohen Wert, und er kaufte dem Bauern das Stück Land ab. Dann begann er sofort, in größerem Umfang solche rote Baumwolle zu züchten. Im darauffolgenden Jahr brachte er seine erste Ernte zum Kaiser und sicherte sich so die ausgesetzte Belohnung.
Liu Bang ließ für seine Frau aus der Baumwolle sofort ein neues Kleid anfertigen und benannte das Dorf, aus dem der Geschäftsmann gekommen war, in «Rotes Baumwolldorf» um. Zur Feier des Tages wurde ein Festmahl zubereitet. Der Koch erhielt den Auftrag, etwas Rotes, Rundes zuzubereiten. Er kochte damals zum ersten Mal die fritierten Garnelenklößchen, welche die rote Farbe annahmen.
Das Rezept hat sich bis zum heutigen Tage erhalten und wurde nur geringfügig abgeändert.

Süsswassergarnelen mit Eiern
Dan Chao Xia Ren

Zutaten
350 g Süßwasser-
garnelen
(ohne Schalen)
10 g Frühlings-
zwiebeln
4 Eier
½ l Öl zum Fritieren
5 EL Öl zum Braten
1½ TL Zucker
½ TL Salz

Für die Marinade:
1 TL Ingwer
3 TL Kartoffelmehl
3 EL Öl
½ TL Salz

Sehr lange
Vorbereitungszeit!

Vorbereitung Die Süßwassergarnelen halbieren und säubern.
1 Std. unter fließendem Wasser ziehen lassen, herausnehmen und mit Küchenpapier abtrocknen.
Den Ingwer ganz fein zu einer Masse hacken.
In einer Schüssel die Garnelenhälften mit der Marinade mischen und etwa 30 Min. ziehen lassen.
In der Zwischenzeit die Eier verquirlen. Die Frühlingszwiebeln klein schneiden.

Zubereitung Eine heiße Pfanne zweimal mit etwas Öl ausschwenken (siehe S. 79), dann das Fritieröl erhitzen.
Sobald das Öl heiß ist, die Garnelen hineingeben, 1 Min. fritieren, mit einem Sieb herausnehmen und abtropfen lassen.
In einer leeren Pfanne das Öl zum Braten erhitzen.
Die Eier beifügen und unter Rühren 1 Min. braten.
Die Garnelen und die Frühlingszwiebeln hinzufügen und etwa 1 Min. weiterbraten.
Zum Schluß mit dem Zucker und dem Salz würzen und verrühren. Herausnehmen und servieren.

Anmerkungen Da die Garnelen nach dem Schneiden nicht sofort weiterverarbeitet werden, legt man sie unter fließendes Wasser, damit sie saftig bleiben.
Dadurch saugen sie sich nicht einfach voll, sondern nehmen nur wenig Flüssigkeit auf und bleiben schön zart und saftig.
Die Vitamine und Mineralstoffe bleiben durch die kurze Kochzeit fast völlig erhalten.

Gedämpfte Schweineklösschen
Zheng Rou Wan Zi

Vorbereitung Den Klebreis in 1 l Wasser 2 Std. einweichen und dann auf einem feinen Sieb abtropfen lassen.
Die Wasserkastanien fein hacken.
Die getrockneten Krabben in etwa 2 RS kaltem Wasser 1 Std. einweichen, abtropfen und in feine Stücke schneiden.
Den Schweinenacken und die Schwarte im Mixer pürieren. Die zerkleinerten Wasserkastanien sowie die Krabben hinzufügen und die Masse in einer Schüssel gut vermengen.
Die Frühlingszwiebeln sowie den Ingwer fein hacken.
Die restlichen Zutaten zum Würzen unterrühren und alles 30 Min. in den Kühlschrank stellen.

Zubereitung Die Masse aus dem Kühlschrank nehmen, 15 bis 20 g große Kugeln daraus formen und im Klebreis wenden.
Die Chinakohlblätter kurz blanchieren.
Einen Topf zu einem Drittel mit Wasser füllen und zum Kochen bringen.
Einen Dämpfeinsatz in den Topf stellen und die Chinakohlblätter auf den Boden des Einsatzes legen.
Auf den Blättern die Klößchen verteilen; dabei etwas Abstand lassen, da sie sich ausdehnen.
Die Schweineklößchen 25 bis 30 Min. dünsten lassen.
Herausnehmen und die Schweineklößchen mit den Chinakohlbättern heiß servieren.

Anmerkungen Zu diesem Gericht wird meist eine süße Chilisauce gereicht, in die man die Klößchen dippt.
Das Fett der Schweineschwarte läßt die Klößchen schön saftig werden. Die Wasserkastanien machen die Klößchen besonders zart und saugen gleichzeitig das überschüssige Fett auf.

Zutaten
1 RS Klebreis
80 g Wasserkastanien
40 g getrocknete Krabben
400 g Schweinenacken
100 g Schweineschwarte
5 Blatt Chinakohl

Zum Würzen:
10 g weiße Frühlingszwiebeln
1 EL Ingwer
1 Prise Glutamat
1 EL Kartoffelmehl
2 Prisen Pfeffer
1½ TL Salz
2½ TL Zucker

Lange Vorbereitungszeit!

Rindfleisch mit Sa-Cha-Chiang-Sauce
Sha Cha Niu Rou

Zutaten
270 g Rindfleisch (Hüfte oder Filet)
150 g Zuckerschoten
½ l Öl zum Braten

Für die Marinade:
1 EL Eiweiß
1½ EL Kartoffelmehl
2 EL Öl
2 Prisen Pfeffer
1 EL Sojasauce
4 EL Wasser

Für die Sauce:
1 EL Knoblauch
2 bis 3 EL Öl
2 EL Sojasauce
1 EL Zucker
½ TL Salz
2 EL Sa-Cha-Chiang-Sauce
½ RS Brühe (siehe S. 69)
1 TL Kartoffelmehl
1 EL Sesamöl
2 EL Kao-Liang-Schnaps

Vorbereitung Das Rindfleisch in kleine und dünne Scheiben schneiden und mit den vermischten Zutaten marinieren.
Die Enden der Zuckerschoten abtrennen, die Fäden abziehen und 20 bis 30 Min. Wasser ziehen lassen. Die Zuckerschoten ganz kurz (höchstens 1 Min.) blanchieren.
Den Knoblauch fein hacken.

Zubereitung Eine heiße Pfanne zweimal mit Öl ausschwenken (siehe S. 79), danach das Öl zum Braten heiß werden lassen.
Das Rindfleisch hineingeben und unter Rühren etwa 1 Min. anbraten.
Das Fleisch herausnehmen und auf einem Sieb abtropfen lassen.
Das Öl aus der Pfanne in eine Schüssel gießen. Die Pfanne wieder auf den Herd stellen und das Öl für die Sauce erhitzen.
Den Knoblauch anbraten, danach zuerst das Rindfleisch, etwa 1 Min. später die Zuckerschoten hinzufügen und unter Rühren nochmals rund 1 Min. braten.
Die Sojasauce, den Zucker, das Salz sowie die Sa-Cha-Chiang-Sauce unterrühren. Mit der Brühe ablöschen.
Das Kartoffelmehl mit 3 EL Wasser und dem Sesamöl verrühren und danach unter die Sauce geben.
Wenn die Sauce dickflüssig geworden ist, den Kao-Liang-Schnaps hinzufügen und kurz verrühren. Auf eine Platte geben und servieren.

Gebratenes Schweinekotelett
Chao Zhu Rou

Vorbereitung Die Schweinekoteletts in 8 cm lange, 4 cm breite und ½ cm dünne Stücke schneiden und zerklopfen.
Das Fleisch mit der feingehackten Frühlingszwiebeln und dem feingehackten Ingwer in die Marinade einlegen und 2 Std. darin ziehen lassen.
Das Fleisch danach herausnehmen und etwas ausdrücken.

Zubereitung Eine heiße Pfanne zweimal mit Öl ausschwenken (siehe S. 79) und danach das Öl zum Braten heiß werden lassen.
Das Fleisch hineingeben und von beiden Seiten etwa 2 Min. anbraten.
Herausnehmen und ruhen lassen. In der Zwischenzeit die Sauce zubereiten: Alle Zutaten miteinander verrühren und in die Pfanne geben.
Die Sauce so lange kochen lassen, bis etwa ein Drittel der Flüssigkcit vcrdampft ist.
Danach die Kotelettstücke hinzugeben, mit einem Deckel verschließen und kurz schmoren.
Nach etwa 3 Min. herausnehmen und ruhen lassen.
Von den grünen Bohnen die Enden abtrennen, die Fäden abziehen, die Bohnen halbieren, mit 1 Prise Salz bestreuen und anschließend etwa 2 Min. mit den angegebenen Zutaten in ½ l Wasser blanchieren.
Das Fleisch und die Bohnen auf einem Teller anrichten und servieren.

Zutaten
600 g Schweinekotelett
2 Frühlingszwiebeln
40 g frischer Ingwer
½ RS Öl zum Braten
200 g grüne Bohnen
1 Prise Salz

Für die Marinade:
½ TL Backpulver
2 EL Kartoffelmehl
⅓ TL Sichuan-Pfeffer
1½ TL Sojasauce
1 RS Wasser

Für die Sauce:
3 EL süße Bohnenpastensauce oder
5 EL süße Sojasauce
1 EL Chiliöl oder
1 EL Sambal Olek
1 RS Hühnerbrühe
3 EL Kao-Liang-Schnaps
½ TL Pfeffer
⅓ TL Salz
2 EL Sojasauce
1½ EL Zucker

Zum Blanchieren:
2 EL Öl
1 TL Salz

Lange Vorbereitungszeit!

Tofu nach Hausmannsart
Jia Chang Doufu

Zutaten
450 g Tofu
150 g Schweinemett
½ l Öl zum Fritieren

Für die Sauce:
1 EL Knoblauch
1 EL Ingwer
10 g Frühlingszwiebeln
5 EL Öl zum Braten
1 EL Sambal Olek
1½ RS Brühe (siehe S. 69)
1½ EL Zucker
½ TL Salz
1 EL Essig (25 %)
2 EL Li-Ji-Schnaps
1½ TL Kartoffelmehl
2 EL Sesamöl

Vorbereitung Den Tofu in 6 × 3 × ½ cm große Stücke schneiden.
Den Knoblauch und den Ingwer fein hacken.
Das gehackte Schweinefleisch in 2 RS Wasser 3 bis 5 Min. kochen. Das Fleisch auf ein Sieb geben und abtropfen lassen, das Wasser wegschütten.
Eine heiße Pfanne zweimal mit Öl ausschwenken (siehe S. 79), dann das Fritieröl darin erhitzen und den Tofu unter Rühren 2 bis 3 Min. fritieren, bis er schön hell-goldbraun ist.
Den Tofu etwa 30 Min. in Wasser ziehen lassen, so daß er schön weich wird. Die Frühlingszwiebeln inzwischen klein schneiden.

Zubereitung Eine heiße Pfanne zweimal mit Öl ausschwenken.
Das Öl zum Braten heiß werden lassen und den Knoblauch, den Ingwer und das Sambal Olek darin anbraten.
Mit der Brühe ablöschen. Sobald diese wieder heiß ist, das gekochte Schweinemett sowie den Tofu hinzufügen und auf kleiner Flamme garen lassen.
Den Zucker, das Salz, den Essig und den Li-Ji-Schnaps dazugeben und alles leicht kochen lassen, bis sich die Flüssigkeit etwas reduziert hat.
Das Kartoffelmehl mit 3 EL Wasser und dem Sesamöl verrühren und beifügen. Dabei alles unter Rühren zum Kochen bringen.
Die Frühlingszwiebeln unterrühren, alles anrichten und servieren.

Geschichtliches Während der Qing-Ding-Dynastie (1644 bis 1911 n. Chr.) lebte ein Kaiser namens Qian Lung, dessen besondere Leidenschaft das Reisen war. Eines Tages kam er nach Hangzhou. Von dort aus unternahm er Tagestouren in die Berge. Dabei geriet der Kaiser in ein plötzliches Gewitter. Durch den starken Regen wurde er mit seinem Gefolge durch und durch naß. Schließlich fanden sie bei einer Bauernfamilie an einer Wegkreuzung Unterschlupf. Dort wurde dem hohen Besuch auch das vorstehende Gericht vorgesetzt, das dem Kaiser sehr gut schmeckte. Später entsandte Qian Lung Beamte, die das Rezept aufschreiben mußten, und so wurde es bis heute überliefert.

Dreifarbige Kugeln mit Meeresfrüchten
Luo Han San Se

Vorbereitung Die getrockneten Jakobsmuscheln über Nacht in 2 bis 3 RS Wasser einweichen.
Am nächsten Tag herausnehmen und nun 30 bis 60 Min. dämpfen.
Herausnehmen und in kleine Stücke rupfen.
Von dem Rettich, den Möhren und den Gurken jeweils kleine Kugeln ausstechen. Es werden pro Gemüsesorte 150 bis 200 g dieser Kugeln benötigt.

Zubereitung Die Möhren und die Rettichkugeln 30 Min. in 1½ l Wasser kochen.
In einer Pfanne das Öl zum Kochen erhitzen und die Ingwerscheiben darin anbraten.
Mit der Gemüsebrühe ablöschen und dann zum Kochen bringen. Den Ingwer anschließend wieder herausnehmen.
In die kochende Brühe die zerkleinerten Jakobsmuscheln mit dem Zucker, dem Salz, den Möhren und dem Rettich geben.
Das Ganze mit einem Deckel verschließen und kochen lassen, bis sich die Flüssigkeit etwas reduziert hat.
Die Gurkenkugeln hinzufügen und 2 bis 3 Min. weiterkochen lassen.
Das Kartoffelmehl mit 4 EL Wasser mischen, hineingeben, aufkochen und leicht kochen lassen, bis die Sauce etwas dickflüssig ist.
Alles auf einem Teller anrichten, mit dem Möhrenöl überträufeln und servieren.

Zutaten
60 g getrocknete Jakobsmuscheln
300 g Rettich
300 g Möhren
300 g Gurken
5 EL Öl zum Kochen
3 Scheiben Ingwer
2 RS Brühe (siehe S. 69) oder Gemüsebrühe
1½ EL Zucker
1 TL Salz
1 TL Kartoffelmehl
3 EL Möhrenöl (siehe S. 51)

Sehr lange Vorbereitungszeit!

Junger Brokkoli mit Meeresfrüchten
Xie Huang Jie Cai

Zutaten
50 g Jakobsmuscheln
400 g frischer junger Brokkoli
1½ EL Knoblauch
3 EL Öl zum Braten
½ RS Krebsfleisch (aus der Dose)
1½ RS Brühe (siehe S. 69)
3 Prisen Zucker
½ TL Salz
1½ TL Kartoffelmehl
1 Prise Pfeffer
1 EL Sesamöl

Sehr lange Vorbereitungszeit!

Vorbereitung Die getrockneten Jakobsmuscheln über Nacht in 2 bis 3 RS Wasser einweichen.
Am nächsten Tag die Muscheln 30 bis 60 Min. dämpfen, herausnehmen, abtropfen lassen und in kleine Stücke zerpflücken.
Den Brokkoli von unten her von den Fasern befreien. Dabei zuerst die Blätter abtrennen und ev. zerkleinern.
Die Blumen und Stiele in mundstückgroße Stücke schneiden.
Den Brokkoli ungefähr 30 Min. in kaltem Wasser ziehen lassen.
Das Krebsfleisch aus der Dose nehmen und ausdrücken.
Den Knoblauch hacken.

Zubereitung Den Brokkoli 2 Min. blanchieren und abtropfen lassen.
In einer Pfanne das Öl zum Braten heiß werden lassen und den Knoblauch darin anbraten.
Mit der Brühe ablöschen und aufkochen lassen.
Den Zucker, das Salz, die Jakobsmuscheln und das Krebsfleisch hinzufügen und weiter kochen lassen.
Das Kartoffelmehl mit 3 EL Wasser und dem Pfeffer mischen, unterrühren und solange kochen, bis die Sauce etwas dickflüssig ist.
Den Brokkoli auf einen Teller geben und mit der Sauce übergießen, das Sesamöl darübergeben und servieren.

Tip Am besten verwendet man ganz junge Brokkoli mit kleinen Blättern; dieser ist am vitamin- und aromareichsten.

Zucchini und Gurken mit Glasnudeln
Fen Si Chao Qing Gua He Jing Gua

Vorbereitung Die Gurken und die Zucchini in Streifen schneiden.
Die Glasnudeln in Wasser einweichen und mindestens 20 Min. ziehen lassen.
Den Knoblauch fein hacken.

Zubereitung In eine Pfanne das Erdnußöl geben, erhitzen und den Knoblauch darin anbraten.
Die Zucchini- und die Gurkenstreifen hinzufügen und unter Rühren 1 Min. braten, dann die Platte auf kleine Flamme stellen.
Mit dem Salz, dem Zucker und dem Pfeffer würzen, mit der Gemüsebrühe ablöschen und das Ganze aufkochen lassen.
Wenn die Brühe kocht, die Glasnudeln hinzufügen.
Beim Weiterkochen darauf achten, daß das Gemüse nicht die Farbe verliert.
Mit etwas Möhrenöl übergießen, herausnehmen und servieren.

Tips Wenn Sie nicht genug Zeit haben, kann man die Sauce mit etwas Kartoffelmehl andicken, ansonsten weiterhin leicht kochen, bis die Sauce dickflüssig ist.
Wenn Sie keine Zucchini zur Verfügung haben, können Sie das Gericht auch mit Gurken allein zubereiten. Zudem läßt sich statt Glasnudeln auch Tofu verwenden; die Kochzeit beträgt dann 5 Min.

Zutaten
200 g Gurken
150 g Zucchini
15 getrocknete Glasnudeln
1 EL Knoblauch
3 EL Erdnußöl
1 TL Salz
1 EL Zucker
1 Prise Pfeffer
½ RS Gemüsebrühe (siehe Grundrezept S. 70)
2 EL Möhrenöl (siehe Grundrezept S. 51)

壬申年蔣平畫

Sojabohnenkeime und Eisbergsalat in Tofublättern
Dou Ya Chao Dan Si He Doufu Pi

Vorbereitung Den Eisbergsalat von Hand zerkleinern und waschen.
Von den Sojabohnenkeimen die Bohnen abtrennen.
Die Tofublätter zerkleinern und in Wasser einlegen. Nach 30 bis 60 Min. werden sie schön groß und weich.

Zubereitung Die Salatblätter und die Sojabohnenkeime kurz blanchieren.
Eine Pfanne über starker Flamme 30 Sek. erhitzen, das Salatöl hineingeben und noch 3 Sek. weiter erhitzen.
Die Sa-Cha-Chiang-Sauce darin anbraten.
Die Sojabohnenkeime, Salat- und Tofublätter hinzufügen und etwa 2 Min. unter Rühren kochen.
In der Zwischenzeit die Sojasauce, den Zucker, das Salz und 5 EL Wasser verrühren und dem Gericht beigeben, aufkochen und mit dem in Reiswein angerührten Kartoffelmehl binden.
Herausnehmen und heiß servieren.

Tips Wenn man nicht genug Zeit hat, kann man zum Einweichen auch heißes Wasser benutzen und etwas kürzer ziehen lassen (etwa 10 Min.).
Tofublätter haben einen hohen Eiweißgehalt. Wenn man keinen Eisbergsalat hat, lassen sich auch China- oder Spitzkohl verwenden.
Die Tofublätter kann man ruhig längere Zeit in Wasser einweichen lassen; dadurch verkürzt sich die Kochzeit, und sie bekommen einen guten Biß.
Getrocknete Tofublätter halten sich länger.
Sollten Sie keine Tofublätter zur Verfügung haben, können sie auch Tofu (50 bis 80 g) verwenden.

Zutaten
200 g Eisbergsalat
250 g frische Sojabohnenkeime
20 g Tofublätter
5 EL Salatöl
2 EL Sa-Cha-Chiang-Sauce
2 EL Sojasauce
1 EL Zucker
1 TL Salz
4 EL Reiswein
1 TL Kartoffelmehl

Schweinerücken mit Schwarzwurzeln und Lotusgewürz
Pai Gu Lian Zi Tang

Zutaten
350 g Schwarzwurzeln
60 g getrocknetes Lotusgewürz (oder 200 g Lotusgewürz aus der Dose)
300 g Schweinerücken oder dicke Rippe
1 Lotusblatt
1½ l Brühe (siehe S. 69)
2 TL Salz

Benötigt werden auch eine Porzellanschüssel und etwas Pergamentpapier.

Sehr lange Vorbereitungszeit!

Vorbereitung Die Schwarzwurzeln waschen, schälen, klein schneiden und in 1 l gesalzenem Wasser 30 Min. ziehen lassen.
Das Lotusgewürz 2 Std. in Wasser ziehen lassen.
Den Schweinerücken in mundstückgroße Stücke schneiden, 5 Min. in Wasser kochen, herausnehmen und abtropfen lassen.
Das Lotusblatt 1 Std. einweichen.

Zubereitung Eine große Porzellanschüssel in einen zur Hälfte mit heißem Wasser gefüllten Dampfkochtopf oder auf einen Dämpfeinsatz in einen anderen Topf stellen.
Die Brühe, das Fleisch, die Schwarzwurzeln und das Lotusgewürz in die Porzellanschüssel geben, mit einem Lotusblatt (oder mit Pergamentpapier) abdecken, den Deckel schließen und 2 Std. dämpfen.
Zum Schluß mit dem Salz abschmecken und servieren.

HEILKUNDLICHES Dieses Gericht fördert die Durchblutung und unterstützt das allgemeine körperliche Wohlbefinden.

SUPPE MIT WEISSEN MU-ERR
YIN ER TANG

VORBEREITUNG Die Mu-Err in 1 l heißem Wasser einweichen (am besten über Nacht).
Anschließend waschen, den Stiel entfernen, erneut waschen und in kleine Stücke schneiden.
Das Hühnerfleisch in kleine Scheiben schneiden und etwa 30 Min. in den vermischten Zutaten marinieren.

ZUBEREITUNG Die Porzellanschüssel in einem zur Hälfte mit heißem Wasser gefüllten Dampfkochtopf oder auf einen Dämpfeinsatz in einen Topf stellen.
Die Brühe, die Mu-Err und das Salz in die Porzellanschüssel geben und 1 Std. dämpfen.
Das Hühnerfleisch langsam stückweise hineingeben, alles mit einem Deckel verschließen und weitere 30 Min. dämpfen.
Den Porzellantopf aus dem Dampfkochtopf herausnehmen.
Mit einer Prise Pfeffer abschmecken und servieren.

HEILKUNDLICHES Dieses Gericht ist besonders bekömmlich für leidende Menschen, insbesondere bei Haut- und Lungenkrankheiten sowie bei Bluthochdruck.

ZUTATEN
15 g getrocknete weiße Mu-Err
200 g Hühnerfleisch
1 l Brühe
(siehe S. 69)
2 TL Salz
1 Prise Pfeffer

Für die Marinade:
3 TL Kartoffelmehl
2 EL Salatöl
1 Prise Salz
2 EL Wasser

Benötigt wird eine große Porzellanschüssel.

Sehr lange Vorbereitungszeit!

Garnelen mit jungen Erbsen
Da Xia He Xiao Qing Dou

Zutaten

250 g Garnelen, roh und geschält (oder Krabben)
100 g Möhren
½ l Öl zum Braten
100 g junge Erbsen

Zum Marinieren:
1½ EL Eiweiß
1 EL Kartoffelmehl
2 EL Reiswein
3 EL Salatöl

Zum Anbraten:
1 EL Ingwer
5 EL Öl

Für die Sauce:
1 TL Glutamat
½ RS Hühnerbrühe
1½ TL Kartoffelmehl
2 EL Reiswein
1 TL Salz
1 EL Sesamöl
1 EL Zucker

Vorbereitung Die Garnelen vom schwarzen Darm befreien.
Trockentupfen und mit allen Zutaten für die Marinade vermischen, dann 10 Min. ziehen lassen.
Die Möhren kochen und in Würfel schneiden, den Ingwer fein hacken.
Alle Gewürze für die Sauce in einer Schale vermischen.

Zubereitung Eine stark erhitzte Pfanne zweimal mit Öl ausschwenken. Das Öl zum Braten darin erhitzen.
Die marinierten Garnelen 1 Min. im Öl braten.
Die Möhren und die Erbsen zugeben, 1 Min. weiterbraten und auf einem Sieb abtropfen lassen.
Das Öl in das Vorratsgefäß zurückgießen. Die Pfanne erneut heiß werden lassen.
Das Öl zum Anbraten darin erhitzen. Den Ingwer braten, bis sich das volle Aroma entwickelt hat.
Mit der Saucenmischung ablöschen, die Garnelen und das Gemüse unterheben und heiß servieren.

Gebratene Krabben mit Tomatensauce
Fan Qie Jiang Chao Xia Ren

Vorbereitung Die Krabben waschen und trockentupfen.
Mit allen Zutaten für die Marinade in einer Schüssel vermischen und 20 Min. ziehen lassen.
Die Tomate schälen, entkernen und in Stücke schneiden.
Die Frühlingszwiebeln und den Ingwer hacken.
Alle Zutaten für die Sauce in einer Schüssel verrühren.

Zubereitung Die stark erhitzte Pfanne zweimal mit Öl ausschwenken, das Fritieröl darin erhitzen.
Die marinierten Krabben 1 Min. fritieren und auf einem Sieb abtropfen lassen. Das Öl in das Vorratsgefäß zurückgießen.
Die Pfanne erneut erhitzen. Das Öl zum Anbraten hineingeben und die Frühlingszwiebeln sowie den Ingwer darin braten, bis sich das volle Aroma entwickelt.
Die fritierten Krabben, die Erbsen und das Tomatenfleisch unter Rühren hinzugeben und erhitzen.
Mit der Saucenmischung ablöschen und kurz aufkochen. Das Kartoffelmehl mit 3 EL Wasser verrühren und damit das Ganze binden.
Das Gericht sofort heiß servieren.

Zutaten
300 g frische geschälte Krabben oder große Prawns, in 3 St. geteilt
1 Tomate
½ l Öl zum Fritieren
80 g junge Erbsen
1 TL Kartoffelmehl

Zum Marinieren:
1 EL Eiweiß
2 TL Kartoffelmehl
5 EL Öl
½ TL Salz
1 EL Wasser

Zum Anbraten:
2 EL Frühlingszwiebeln
1 EL Ingwer
6 EL Öl

Für die Sauce:
1 TL Glutamat
⅔ RS Hühnerbrühe
2 Prisen Pfeffer
1 TL Salz
1½ EL Tomatenketchup
1 EL Zucker

Chinesischer Tee

Ein chinesisches Sprichwort rät: «Nach dem Essen Tee trinken». Ob bei der Arbeit oder zu Hause, ob man gerade etwas zu tun hat oder ausruht – immer ist es Zeit für einen Tee.

Obwohl das Teetrinken in China so verbreitet ist, ist vielen Menschen der Ablauf der Teezeremonie gar nicht mehr bekannt. Am besten wissen jene darüber Bescheid, die sich auch für die heilende Wirkung des Tees interessieren.

Die meisten Menschen kennen zwar die unterschiedlichen Teesorten, so etwa Olong, Puercha, Tie-Guanyin, wissen aber wenig über den Ursprung der chinesischen Teekultur.

Diese ist etwa 4000 Jahre alt. Unter dem legendären ersten Kaiser erfuhr die chinesische Landwirtschaft einen ersten großen Aufschwung. Damals hatte der Tee noch rein medizinische Bedeutung, die erstmals vom Gelben Kaiser schriftlich erwähnt wurde.

Im folgenden gebe ich einem kurzen Überblick über die chinesischen Teesorten.

Xihu Longjin
Dieser Tee stammt aus der Umgebung von Hangzhou und ist unter dem Namen Longjin bekannt. Er weist ein besonderes Aroma auf, seine

Blätter sind flach, glänzend und leicht gelbstichig. Diese entfalten sich, wenn der Tee aufgegossen wird, und der Tee färbt sich dann hellgrün.

Es gibt drei grundsätzliche Arten, den Tee zu trocknen, wobei jede einen etwas anderen Geschmack zur Folge hat.

Die Xihu-Gegend bietet ein sehr gutes Klima für die Teekulturen. Die Qualität des Longjin-Tee ist dementsprechend gut. Bekannt ist er auch unter den Namen Löwen-, Drachen-, Himmel- und Tigertee.

Für guten Longjin-Tee besonders bekannt sind die Städte Wenjiashan, Longjin, Yangmei und Manyuesi.

Anxi Tie Guanyin

Dieser Tee gehört zur Familie des Olong-Tees, ist aber eine besondere Sorte. Er kommt aus Anxi in der Provinz Fujiau.

Zu diesem Tee erzählt man sich folgende Geschichte: In der frühen Kaiserzeit lebte ein buddhistischer Bauer, der jeden Tag etwas Tee opferte. Als er eines Tages zu seinem kleinen Tempel kam, um zu beten, erblickte er neben diesem ein kleines Pflänzchen. Da er es nicht kannte, grub er es aus und pflanzte es in seinen Garten. Es entpuppte sich als eine sehr gute Teepflanze, aus welcher der Guanyin-Tee gewonnen wurde.

Die Blätter dieses Tees sind schraubenähnlich geformt und von dunkler, lackartiger grüner Färbung.

Beim Aufgießen dieses Tees ist das Aroma bittersüß, und nach dem Trinken bleibt ein süßholzähnlicher Geschmack im Munde zurück.

Roter Tee (schwarzer Tee)

Der schwarze Tee ist weltweit bekannt. In China kommt der beste schwarze Tee aus Mimen in der Provinz Anhui.

Die Teeblätter sind klein und schmal und laufen nach vorne spitz zu. Ihre Färbung ist hellbraun, manchmal auch leicht rötlich.

Der Tee verleiht ein besonders intensives Frischegefühl.

Dongting Biluo Chun
Die Pflanze für diesen Tee aus der Dongting-Gebirgsregion in der Provinz Xiangsu besitzt sehr feine, reiskornähnliche Blätter. Der junge Tee hat einen kleinen Faden. Aufgegossen sieht er weißlich aus; wenn die Blätter absinken, entfaltet sich das Teearoma.

Mengshan Mengding
Die bekannteste Stadt für diesen Tee aus der Provinz Sichuan ist Yuanan. Es handelt sich um den ältesten Tee in China; nachweislich gibt es ihn seit über 2000 Jahren. Ein chinesisches Sprichwort besagt: «Jangtse-Flußwasser und Mengshan-Tee gehören zusammen.» Der Tee gehörte in früheren Zeiten zu den begehrtesten und bekanntesten Gebrauchsgütern.

Von der Färbung her sind die Blätter gelblich, die Spitze ziert ein gelber Keim. Die Blätter geben ein besonders intensives Teearoma ab.

Yunnan Puer
Dieser Tee kommt aus der Provinz Yunnan; es gibt viele verschiedene Sorten davon. Früher wurde er ausgekocht, der Extrakt in eine Holzkanne gegossen und dann mit Milch und Salz getrunken.

Diese Trinkgewohnheit hat sich teilweise bis heute gehalten. Sein Beinamen lautet «knusprig-öliger Tee».

Die Teezeremonie

Für die Teezeremonie benötigt man eine große Schale, für jede Person ein Teeschälchen, pro Teesorte eine kleine Teekanne, chinesisches Teebesteck, natürlich Tee und viel heißes Wasser.

Das aus Bambus gefertigte Teebesteck besteht aus einer kleinen Schaufel, einem Kratzer und einer Pinzette.

Zuerst werden die Teekannen und die -schälchen in die Schale gestellt und alles mit kochendem Wasser übergossen, ausgespült und dann 3 bis 4 Min. im heißen Wasser ziehen gelassen, damit das Teearoma sich später besser entfalten kann. Danach wird das Wasser weggegossen.

In China gehört zu einem Teeservice meist ein Untersatz, in den man das nicht benötigte Wasser ausgießt. Bei der benötigten Teemenge kommt es auf die Größe der Kanne an. Wünscht man starken Tee zu trinken, muß man die Teekanne bis zur Hälfte mit Teeblättern füllen.

Die Teeschaufel wird in die Kanne gestellt, und die Teeblätter werden langsam in die Kanne gegeben. Anschließend füllt man die Kanne mit heißem Wasser auf, läßt etwas ziehen und gießt es dann über den Teeschälchen in die Schale. Der erste Aufguß wird nicht getrunken, da sich das Aroma der Blätter noch nicht voll entfaltet hat. Die Blätter werden durch diesen ersten Aufguß zusätzlich gereinigt.

Alle Schälchen werden mit dem Teewasser ausgespült, damit das Teearoma besser zum Ausdruck kommt.

Nun wird erneut heißes Wasser in die Teekanne gegeben und 2 bis 3 Min. ziehen gelassen. Vor jede Person wird jetzt ein kleines Schälchen auf den Tisch gestellt. Man nimmt die Teekanne aus der

Schale heraus, streift sie am Rand ab und wischt die Unterseite mit einem Lappen ab.

Nun wird der Tee langsam und ohne zu tropfen von oben in die Schälchen gegossen.

Um das Aroma voll auszukosten, riecht der Teetrinker zuerst an dem Tee und trinkt ihn dann genüßlich in kleinen Schlucken. Damit der Tee durch zu langes Ziehen nicht bitter wird, kann man ihn auch in eine weitere Teekanne umgießen.

Insgesamt läßt sich der Tee zwei- bis dreimal aufgießen. Die Blätter werden dann mit Hilfe des Kratzers aus der Kanne entfernt.

Anschließend wird erneut heißes Wasser in die Schale über die leere Teekanne und die Schälchen gegeben und 3 Min. ziehen gelassen. So wird das Service wieder gesäubert und kann nun für eine nächste Teesorte benutzt werden. Dieses Vorgehen wird für jede weitere Teesorte wiederholt.

Zum Schluß werden die Teeblätter wie beschrieben herausgenommen, die Kanne und die Tassen werden mit heißem Wasser ausgespült und dann etwa 12 Min. in heißem Wasser ziehen gelassen.

Für uns Chinesen hat die Teezeremonie eine große Bedeutung. Man führt sie meist nur im Kreise guter Freunde oder in der Familie durch.

März

三月份

Hähnchen in Lotusblättern gedämpft
He Ye Zheng Ji

Vorbereitung Die Hähnchenbeine in kleine, mundstückgroße Stücke schneiden.
Den Taro schälen und in gleichgroße Stücke schneiden. Den Ingwer und die Frühlingszwiebeln fein hacken.
Die getrockneten Lotusblätter 2 Std. in Wasser einweichen, waschen und mit Küchenpapier trockentupfen.

Zubereitung In einer großen Schüssel die Hähnchenbeine und den Taro mit allen Zutaten zum Würzen mischen und etwa 20 Min. ziehen lassen.
Die Dämpfgewürzmischung hinzufügen und alles gut verrühren. Weitere 20 Min. ziehen lassen.
Die Hähnchenfüllung gleichmäßig auf die Lotusblätter verteilen. Jedes Blatt von einer Ecke her einklappen, dabei andrücken und ev. etwas zurückziehen, so daß die Spitze des Dreiecks auf die Mitte des Lotusblattes zeigt.
Nun von den anderen Seiten her ebenfalls einklappen; dabei darauf achten, daß sich die Ränder etwas überlappen. Zuerst die linke, dann die rechte Ecke zuklappen und von der unteren geraden Seite her bis zur Spitze einrollen.
Alles mit dem offenen Ende nach unten in einen mit Wasser gefüllten Dampfkochtopf (oder in

Zutaten
600 g Hähnchenbeine
250 g Taro
6 getrocknete Lotusblätter (Viereck von etwa 30 cm Seitenlänge)
1 RS gemischtes Dämpfgewürz (siehe Grundrezept S. 163)

Zum Würzen:
1 EL Ingwer
10 g weiße Frühlingszwiebeln
½ TL Pfeffer
½ RS Reiswein
1½ TL Salz
2 EL Sesamöl
3 EL Sojasauce
1 EL süße Sojasauce
8 EL Wasser
1½ EL Zucker
3 EL karamelisierter Zucker (siehe Grundrezept S. 72)

Lange Vor- und Zubereitungszeit!

einen normalen, mit Wasser gefüllten Topf auf einen Dämpfeinsatz) geben. Ev. die Menge teilen und nacheinander 1½ Std. dämpfen.
Das Hähnchen heiß servieren.

Tip Zum Essen entweder mit einem Messer das Lotusblatt von drei Seiten einschneiden oder mit den Stäbchen hochheben und schütteln. Die Lotusblätter werden nicht mitgegessen.

Anmerkung Vom Lotus werden in China die Blätter, Wurzeln und Samenkörner zum Kochen verwendet. Das Lotusgewürz wird meist getrocknet und gemahlen, die Körner werden für Kuchen und Süßigkeiten verwendet und die Blätter meist gedämpft.

Hähnchen in süsser Bohnenpastensauce Tian Mian Jiang Chao Ji

Zutaten
350 g Hühnerfilet
50 g grüne Paprika
60 g Bambus am Stück
10 g weiße Frühlingszwiebeln
10 g Ingwer
10 g Knoblauch
½ l Öl (zum Fritieren)
5 EL Öl zum Braten

Zum Marinieren:
1 EL Kartoffelmehl
3 EL Öl
2 TL Sojasauce
4 EL Wasser

Vorbereitung Das Hühnerfilet in kleine Stücke schneiden und mit allen Zutaten für die Marinade etwa 20 Min. ziehen lassen.
Die grüne Paprika und den Bambus in gleichgroße Stücke wie das Fleisch schneiden.
Die Frühlingszwiebeln, den Ingwer und den Knoblauch fein hacken.

Zubereitung Eine heiße Pfanne zweimal mit Öl ausschwenken. Das Fritieröl darin erhitzen und das Hähnchen unter Rühren etwa 1 bis 1½ Min. fritieren, dann herausnehmen und abtropfen lassen.
Die grüne Paprika und den Bambus ebenfalls kurz fritieren, mit einem Sieb herausnehmen und abtropfen lassen. Das Öl in das Vorratsgefäß zurückgießen.
Die Pfanne erneut erhitzen, wieder zweimal mit Öl ausschwenken. Das Öl zum Braten darin stark erhitzen.

Die Frühlingszwiebeln, den Ingwer und den Knoblauch darin anbraten, das fritierte Fleisch und das Gemüse zugeben und etwa 1 Min. braten.
Die Zutaten zum Würzen – mit Ausnahme des Kartoffelmehls – in einer kleinen Schale mischen und über Fleisch und Gemüse geben. Alles unter Rühren kurz weiterkochen.
Das Kartoffelmehl mit 4 EL Wasser mischen, beifügen, kurz aufkochen und heiß servieren.

Zum Würzen:
1½ EL süße Bohnenpastensauce
2 EL Pflaumenwein
2 EL Sesamöl
2 EL Sojasauce
1 EL Zucker
1 TL Kartoffelmehl

Chilihähnchen auf Salatblatt
Shu Cai Chao Ji

Vorbereitung Das Hähnchenfleisch in Streifen schneiden.
Die Chilischoten entkernen und ebenfalls in Streifen schneiden.
Den Ingwer und den Knoblauch hacken.

Zubereitung Eine heiße Pfanne zweimal mit Öl ausschwenken. Das Fritieröl in der Pfanne erhitzen.
Das Hähnchenfleisch hineingeben und kurz fritieren, sofort herausnehmen und auf einem Sieb abtropfen lassen. Das Öl in das Vorratsgefäß zurückgeben.
Die Pfanne wieder erhitzen. Das Salatöl beifügen und kurz erhitzen. Den Knoblauch, den Ingwer und das Sambal Olek etwa 30 Sek. anbraten.
Das fritierte Hähnchenfleisch hinzufügen.
Den in Streifen geschnittenen Chili zugeben, kurz verrühren und 2 bis 3 Min. braten.
Den Essig, den Zucker, das Salz und den Reiswein beifügen. Das Kartoffelmehl mit 5 EL Wasser vermischen und die Sauce damit andicken.
Das Hähnchenfleisch auf den Salatblättern anrichten und servieren.

Anmerkung Dieses Rezept basiert auf einem Originalrezept aus der Provinz Sichuan.

Zutaten
400 g Hähnchenfilet
30 g frische, rote Chilischoten (8 bis 10 cm lang)
1 l Öl zum Fritieren
3 bis 4 Salatblätter

Zum Würzen:
1 EL Ingwer
1 EL Knoblauch
6 EL Salatöl
1 EL Sambal Olek (oder Chilisauce)
2 EL Essig (5 %)
1½ EL Zucker
½ TL Salz
2 bis 3 EL Reiswein
1 TL Kartoffelmehl

Der Friedhofstag

Nach dem chinesischen Mondkalender fällt dieser Tag auf den dritten Tag des dritten Monats. Er ist auch als «Tag der kalten Speisen» bekannt. Zur Entstehung des Friedhofstages wird eine Sage aus der Zeit der Wei-Dynastie (265 bis 222 v. Chr.) erzählt.

In einem Provinzdorf war ein Mann namens Xie-Zehui vom Sohn eines Prinzen aufgefordert worden, die Beamtenlaufbahn einzuschlagen. Da er weder an Macht noch an Reichtum interessiert war, lehnte er dies ab. Der Prinzensohn gab sich aber nicht zufrieden und bedrängte Xie-Zehui immer weiter. Als dieser keinen Ausweg mehr sah, flüchtete er in die Berge, wo er endlich in Frieden zu leben hoffte.

Doch der Prinzensohn gab immer noch nicht auf. Da er Xie-Zehui nicht überreden konnte, versuchte er es mit Gewalt. Er steckte die Wälder am Berge in Brand, um Xie-Zehui aus seinem Versteck zu vertreiben. Der Verfolgte zog aber den Feuertod der Unterwerfung unter den Willen des Prinzensohnes vor.

Als der Vater des Prinzen von der tragischen Begebenheit erfuhr, ordnete er zu Ehren des im

Feuer zu Tode Gekommenen an, daß an diesem Tag des Jahres nur noch kalte Speisen gegessen werden durften. Mit der Zeit entwickelte sich dieser Erinnerungstag zum allgemeinen Ahnengedenktag, an dem jeder Chinese seiner toten Familienmitglieder gedenkt.

Am Friedhofstag werden traditionellerweise Enten-, Hähnchen- und Schweinefleisch sowie Obst vorbereitet. Zu den Opfergaben für die Ahnen gehören Lebensmittel, drei Räucherstäbchen, Papiergeld und sonstige Papiergegenstände.

Als Lebensmittel nimmt man meist ein Stück blanchierten Schweinebauch, etwas fritierten Fisch, ein gekochtes Hähnchen, Reiskuchen und Obst.

Diese Gerichte werden alle vorbereitet, eingepackt und zu den Gräbern mitgenommen. Es ist die Aufgabe der Kinder, die Gräber zu pflegen und zu reinigen.

Die Lebensmittel werden vor der Ahnentafel aufgebaut. Dabei muß das Fleisch in der Mitte auf einen Teller gelegt, das Obst rechts und Gemüse und Reiskuchen links davon aufgestellt werden.

Dann wird gebetet und der Ahnen gedacht. Das Papiergeld und die anderen Papiergegenstände werden verbrannt im Glauben, die Ahnen im Jenseits damit zu versorgen.

An einer Ecke des Grabmals befindet sich auch der Platz für eine Familiengottheit, die man anbeten und der man etwas opfern muß. Die Chinesen sind der Überzeugung, daß diese Gottheit die Grabstätte bewacht, wenn die Familie abwesend ist, und erweisen ihr so ihre Dankbarkeit.

Vor den Gräbern der Ahnen werden viele Tränen vergossen, bis man schließlich das Essen wieder einpackt und nach Hause zurückkehrt.

Das den Ahnen dargebotene Fleisch wird zuhause schnell weiterverwertet. Hähnchen werden meist für eine kalte Platte verwendet. Anderes Fleisch wird ein weiteres Mal gekocht oder gebraten. Es sind viele Rezepte so entstanden.

Traditionellerweise läßt man am Friedhofstag auch Drachen steigen, führt Bogenschießen durch oder unternimmt kleinere Wandertouren.

Ente mit Pflaumensauce gedämpft
Suan Mei Zheng Ya Zi

Zutaten

1 junge Ente (1800 g)
60 g getrocknete Pflaumen
60 g brauner Kandiszucker
3 EL Chilisauce (oder Sambal Olek)
2 EL Knoblauch
2 EL Ingwer
6 EL Salatöl
½ RS Reiswein
½ TL Pfeffer
etwas Salz (nach Belieben)

Lange Zubereitungszeit!

Vorbereitung Die Ente in 1½ l kochendes Wasser geben und 10 Min. kochen.
Das Wasser wegschütten; die Ente abkühlen lassen und dann auf einer großen Platte anrichten.
In einer großen Schale die Pflaumen, den kandierten Zucker und die Chilisauce zu einer Paste verarbeiten.
Den Knoblauch und den Ingwer hacken.

Zubereitung Das Salatöl in einer Pfanne erhitzen. Den Knoblauch und den Ingwer darin anbraten, mit Reiswein ablöschen und nun die Pflaumenpaste einrühren.
Die so entstandene heiße Sauce innen und außen über die Ente gießen.
Zum Schluß die Ente mit dem Pfeffer bestreuen und nach Bedarf etwas salzen. Die gewürzte Ente in einen Dampfkochtopf geben und etwa 2 Std. dämpfen.
Die Ente herausnehmen und lauwarm servieren.

Tip Die gekochte Ente mit einem trockenen Tuch abdecken und mit einem Hackbeil flachklopfen, damit die Sauce gut durchziehen kann.

Anmerkung Die Ente muß lauwarm gegessen werden, weil das Fleisch erst dann ein besonders feines Aroma bekommt, wenn die Pflaumensauce und der Entensaft alles gut durchdrungen haben.

Geschichtliches Die Pflaumen gehören in China zu den Frühlingsfrüchten. Die geernteten Pflaumen werden in einen großen Steinguttopf gegeben und mit einer Gewürzmischung vermengt. Man läßt sie so eine Zeit im Saft ziehen. Danach werden die Früchte herausgenommen und an der Luft getrocknet. Nach einiger Zeit füllt man die angetrockneten

Früchte wieder in den leeren Steinguttopf und vermischt sie erneut mit Gewürzen, z.B. mit Süßholzpulver und Zucker. Der Topf wird dabei mit einem Stein beschwert und kühl gelagert.
Die fertigen Pflaumen kann man vielseitig verwenden. Man macht aus ihnen z.B. Pflaumensaft, -wein oder -kuchen. Auch als gut bekömmliche Trockenfrüchte sind sie sehr beliebt.

Fünf-Farben-Eier

Es gibt zur Tradition der Fünf-Farben-Eier eine Legende aus der Shang-Dynastie:

Ein kleiner Junge spielte einst mit seiner Schwester am Flußufer. Plötzlich flog eine Schwalbe mit einem Ei im Schnabel herbei, das sie in den Fluß fallen ließ. Die beiden Kinder suchten dieses Ei und fanden es schließlich. Und obwohl es mit seinen fünf verschiedenen Farben besonders schön anzusehen war, aß das Mädchen das Ei auf.

Daraufhin wurde das Mädchen schwanger und gebar einen Sohn. Ihre Sippe wurde später sehr einflußreich, ja sie stellte sogar einen Kaiser. Aus dieser Legende entwickelte sich die Tradition, am Tag des dritten Mondmonats – dem «Picknicktag» – Eier zu färben, diese in den Fluß zu werfen und wieder herausfischen.

Beim Eieressen unterscheidet man zwischen Vergnügungsessen mit Fünfgewürz und Tee-Eiern einerseits und Festessen mit roten Eiern zu Hochzeiten und Geburten anderseits; bei letzteren werden die Eier durch das Kochen mit roten Datteln gefärbt.

Entenbrust mit Mandarinenschale
Chen Pi Hong Shao Ya

Zutaten
800 g Entenbrust
(ohne Knochen)
10 g Ingwer
2 Knoblauchzehen
15 g getrocknete
Mandarinenschale
5 g Süßholz
6 EL Öl zum Braten
3 EL Sojasauce
½ RS Reiswein
½ RS süße Sojasauce
3 EL Zucker
1 TL Salz
3 EL Möhrenöl
(siehe S. 51)
1 EL Sambal Olek

Vorbereitung Die Entenbrust in mundstückgroße Stücke schneiden und kurz blanchieren.
Den Ingwer und den Knoblauch zerkleinern.
Die getrocknete Mandarinenschale und das Süßholz in 1 RS Wasser 20 Min. einweichen und abtropfen.

Zubereitung Eine heiße Pfanne zweimal mit Öl ausschwenken.
Das Öl zum Braten in der Pfanne erhitzen. Die abgetropfte Mandarinenschale und das Süßholz darin kurz anbraten, bis es eine dunkelbraune Farbe bekommt. Den Ingwer und den Knoblauch dazugeben und anbraten.
Das Entenfleisch beifügen und umrühren. Die Sojasauce zugeben und kurz verrühren. Mit dem Reiswein ablöschen, erhitzen und mit einen Deckel schließen.
Nach 5 Min. die süße Sojasauce, den Zucker, das Salz und 4 RS Wasser zugeben. Das Ganze etwa 25 Min. schmoren lassen, bis die Sauce klebrig ist. Zum Schluß das Möhrenöl und das Sambal Olek dazugeben, langsam verrühren und heiß servieren.

Kulturelles Mandarinenschalen sind in China, insbesondere in Kanton, ein bekanntes Naturheilmittel und werden auch oft als Gewürz verwendet.

Schweinefilet mit Sesampastensauce
Zhi Ma Jiang Shao Zhu Rou

Vorbereitung Das Schweinefleisch in fünf gleichgroße Stücke schneiden, die Oberseite etwas weichklopfen.
Die Frühlingszwiebeln in kleine Stücke schneiden.
In einer Reisschale den Essig, das Tomatenketchup, die Sojasauce, den Zucker, das Salz, den Reiswein und die Sesampaste mit 5 EL Wasser zu einer Gewürzsauce mischen.

Zubereitung Eine heiße Pfanne zweimal mit Öl ausschwenken und das Bratöl darin erhitzen. Das Fleisch darin kurzbraten, jede Seite etwa 2 Min.
Herausnehmen, das Bratöl weggießen und die Pfanne nochmals mit dem Sesamöl erhitzen.
Die Frühlingszwiebeln anbraten, bis sie goldgelb ist. Die angerührte Gewürzsauce dazugeben und kurz kochen lassen, bis die Sauce auf etwa zwei Drittel reduziert ist.
Das gebratene Schweinefilet hineingeben, gut verrühren und zugedeckt. 1 Min. garen, bis die Sauce am Fleisch klebenbleibt.
Das Schweinefilet servieren.

Zutaten
400 g Schweinefilet
20 g weiße Frühlingszwiebeln
1 EL Essig (25 %)
3 EL Tomatenketchup
2 EL Sojasauce
1½ EL Zucker
etwas Salz (nach Belieben)
8 EL Reiswein
3 EL Sesampaste
½ RS Öl zum Braten
4 EL Sesamöl

Chinesische Strohpilze mit Schweinefleisch
Cao Gu Chao Rou

Zutaten
150 g Schweinenacken
100 g Champignons
100 g Strohpilze
50 g Möhren
50 g Bambusscheiben
½ l Öl zum Fritieren
1 EL Sesamöl (zum Abschmecken)

Für die Marinade:
1 TL Kartoffelmehl
3 EL Öl
1 EL Sojasauce
2 EL Wasser

Für die Sauce:
5 EL Öl
1 TL Salz
1 EL Zucker
½ RS Brühe (siehe S. 69)
1 TL Kartoffelmehl

Vorbereitung Den Schweinenacken in Scheiben schneiden, mit allen Gewürzen für die Marinade vermischen und etwa 20 Min. ziehen lassen.
Die Champignons und die Strohpilze waschen und in Stücke schneiden.
Die Möhren schälen, in Scheiben schneiden und 5 Min. blanchieren.

Zubereitung Eine stark erhitzte Pfanne zweimal mit Öl ausschwenken. Das Fritieröl in der Pfanne erhitzen.
Das Fleisch in die Pfanne geben und 1 Min. fritieren. Herausnehmen und in einem Sieb abtropfen lassen.
Die Pfanne wieder erhitzen und das Öl für die Sauce hineingeben. Wenn es heiß ist, das Salz hinzufügen und verrühren. Die Strohpilze, die Champignons, die Möhren und den Bambus beifügen und kurz braten.
Mit dem Zucker und der Brühe ablöschen. Aufkochen, das Schweinefleisch hinzufügen und etwa 1 Min. weiterkochen.
Das Kartoffelmehl mit 5 EL Wasser vermischen, das Ganze damit binden, mit dem Sesamöl abschmecken und sofort servieren.

Tip Wenn man getrocknete Strohpilze zur Verfügung hat, weicht man diese 30 Min. in der dreifachen Menge heißen Wassers ein.

Gekochte Schweinefüsse
Hong Shao Zhu Jiao

Vorbereitung Die Schweinefüße waschen, abtrocknen und in 4 cm große Stücke schneiden.
Den Chili und den Ingwer in Streifen schneiden.

Zubereitung 2 l Wasser in einem Topf zum Kochen bringen; die Schweinefüße 20 Min. darin kochen lassen und dann mit einem Sieb herausnehmen.
In einem großen Topf das Salatöl erhitzen.
Den Ingwer und den Chili beifügen und dunkelbraun anbraten. Mit 3½ l Wasser ablöschen.
Die Schweinefüße hineingeben. Den Topf mit dem Deckel verschließen und etwa 2 Std. kochen lassen, bis die Flüssigkeit auf etwa ½ l reduziert ist.
Das Salz, den schwarzen Pfeffer und die Austernsauce hinzufügen. Ungefähr 20 Min. auf kleiner Flamme schmoren lassen.
Zum Schluß mit dem Sichuan-Pfeffer überstreuen.

Anmerkung Bei diesem Rezept wird das Fleisch mild gewürzt.

Zutaten
1000 g Schweinefüße
15 g frische rote Chilischoten
20 g Ingwer
8 EL Salatöl
1½ TL Salz
½ TL schwarzer Pfeffer
½ RS Austernsauce
1 TL Sichuan-Pfeffer

Lange Zubereitungszeit!

Gedämpftes Eisbein
Zheng Zhu Jiao

Zutaten
1200 g Eisbein
1 l Öl zum Fritieren

Zum Dämpfen:
2 Frühlingszwiebeln
3 Scheiben Ingwer
1½ RS Reiswein
1 TL Salz
2 EL helle Sojasauce
1 TL Sternanispulver
1½ EL Zucker

Zum Panieren:
1 Ei
3 EL Kao-Liang-Schnaps
3 EL Kartoffelmehl
1 TL Salz
5 EL Sesamöl
5 EL Weizenmehl

Zum Überstreuen:
½ TL Sichuan-Pfefferpulver
etwas Salz (nach Belieben)
10 g frischer Koriander

Benötigt werden ein großer Edelstahltopf und eine Pozellanschüssel.

Sehr lange Vorbereitungs- und lange Zubereitungszeit!

Vorbereitung Das Eisbein waschen, abtrocknen und mit einer Nadel rundherum einstechen.
Das Eisbein in eine Porzellanschüssel geben. Die Gewürze zum Dämpfen vermischen und die Eisbeinstücke damit übergießen.
Bei geschlossenem Deckel eine Nacht ziehen lassen.
Anderntags die Frühlingszwiebeln in Stückchen schneiden und den Koriander hacken.

Zubereitung Einen großen Edelstahltopf zu einem Drittel mit Wasser füllen. Die Porzellanschüssel in den Topf stellen und den Deckel schließen.
Die Eisbeine 2 Std. dämpfen und dann 2 Std. abkühlen lassen.
In mundstückgroße Stücke schneiden. Die Zutaten für die Panade mischen.
Eine heiße Pfanne mit Öl ausschwenken und das Fritieröl erhitzen.
Die Eisbeinstücke durch die Panade ziehen und Stück für Stück 2 bis 3 Min. fritieren.
Das Fleisch herausnehmen, 10 Min. abkühlen lassen und den Vorgang wiederholen, bis alle Stücke goldbraun sind.
Das Fleisch auf einen Teller geben und mit dem Sichuan-Pfefferpulver, dem Salz und dem Koriander bestreuen.
Das Eisbein servieren.

Schinkenschnitzel mit Frühlingszwiebeln
Cong Chao Zhu Rou

Vorbereitung Die Schinkenschnitzel in Streifen schneiden, mit allen Zutaten für die Marinade verrühren und 20 Min. ziehen lassen.
Die Frühlingszwiebeln in Streifen schneiden.

Zubereitung Eine heiße Pfanne zweimal mit Öl ausschwenken. Das Fritieröl erhitzen.
Das marinierte Fleisch hineingeben und 1 bis 1½ Min. fritieren.
Das Fleisch mit einem Sieb herausnehmen und das Öl zur späteren Wiederverwendung in einen Topf geben.
Die Pfanne erneut erhitzen und das Sesamöl hineingießen. Das fritierte Fleisch darin anbraten.
Die übrigen Zutaten zum Braten beifügen und umrühren.
Solange braten, bis die Sauce fast eingekocht ist.
Die Frühlingszwiebeln hinzufügen. Noch einmal 30 Sek. braten und sofort servieren.

Zutaten
380 g Schinkenschnitzel
50 g Frühlingszwiebeln
1 l Öl zum Fritieren

Zum Marinieren:
½ TL Backpulver
1 EL Kartoffelmehl
1 TL Knoblauchpulver
2 EL Lidschi-Wein
5 EL Öl
2 EL Sojasauce
1½ Zucker

Zum Braten:
6 EL Sesamöl
3 EL Austernsauce
¼ RS Reiswein
½ TL Salz
4 EL helle Sojasauce
1½ TL Zucker

Bachforelle mit Seetang
Hai Dai Tang

Zutaten
5 Bachforellen (etwa 160 g/Stück)
100 g Sichuan-Gemüse
100 g Chinakohl
120 g Seetang (getrocknet etwa 30 g)
½ l Öl zum Fritieren

Für die Panade:
4 EL Reiswein
2 EL Sojasauce
1 TL Salz
4 EL Weizenmehl

Für die Sauce:
20 g Ingwer
2 Frühlingszwiebeln
8 EL Öl
3 EL Reiswein
4 EL süße Sojasauce
½ RS dunkler Essig (5 %)
1½ l Brühe (siehe S. 69) oder Wasser
3 EL Zucker
1 TL Salz
4 EL Sesamöl
1 EL Chiliöl

Lange Vorbereitungszeit!

Vorbereitung Die Bachforellen waschen und von beiden Seiten quer einschneiden. Kopf und Schwanz entfernen.
Die Fische panieren: Mit dem Reiswein und der Sojasauce übergießen, dann mit Salz bestreuen und von beiden Seiten mit dem Weizenmehl bestäuben. 30 Min. ziehen lassen.
Das Sichuan-Gemüse in Scheiben schneiden und 1 Std. in kaltem Wasser wässern. Nach 1 Std. gut abtropfen lassen.
Den Chinakohl waschen und in drei gleichgroße Stücke schneiden, etwa 10 Min. in Wasser kochen und abtropfen lassen.
Den Seetang waschen und abtropfen; größere Stücke teilen.
Den Ingwer in Scheiben und die Frühlingszwiebeln in Stücke schneiden.

Zubereitung Eine heiße Pfanne zweimal mit Öl ausschwenken. Das Fritieröl erhitzen.
Den Fisch Stück für Stück in das heiße Öl geben. In einem ersten Gang 2 bis 3 Min. fritieren.
5 Min. warten, dann nochmals fritieren, bis der Fisch knusprig ist.
Mit einem Sieb herausnehmen.
Eine neue Pfanne vorbereiten, auf großer Flamme 8 EL Öl erhitzen. Den Ingwer und die Frühlingszwiebeln braten, bis sie goldbraun sind.

Mit dem Reiswein ablöschen. Die Sojasauce und den Essig dazugeben und etwa 3 Sek. kochen lassen, die Brühe dazugeben, stark erhitzen und die fritierte Bachforelle beifügen.
Das Sichuan-Gemüse und den Seetang dazugeben, mit einem Deckel verschließen und auf kleiner Flamme etwa 20 bis 25 Min. leicht kochen lassen.
Den Zucker, das Salz, die süße Sojasauce und den Chinakohl dazugeben, wieder mit einem Deckel verschließen und die Flüssigkeit auf ½ l einkochen.
Das Sesam- und das Chiliöl beifügen und etwa 3 Min. auf großer Hitze nochmals kochen.
In einer Schüssel servieren.

Kulturelles Zu Zeit der Qing-Dynastie besaß der Kaiser um 1670 n. Chr. einen Palast in einer schönen Flußlandschaft. In der Umgebung gab es viele Teehäuser und Lebensmittelgeschäfte.
Eines Tages ging der Kaiser als einfacher Mann verkleidet in ein Teehaus und bestellte unerkannt etwas zum Essen. Als er mit dem Gebrachten fertig war, fragte er den Kellner nach dem Namen des köstlichen Fischgerichtes und nach dem Geheimnis des vorzüglichen Aromas. Der Bedienstete erklärte dem Unbekannten, es handle sich um einen chinesischen Grasfisch aus dem nahegelegenen Fluß, der sich ausschließlich von Lotusblättern und Gras ernähre. Der Kaiser lobte das Gericht nochmals und bat dann um Pinsel und Tusche. Für die gute Bewirtung stellte er dem Teehaus ein Dankschreiben aus. Das Schreiben wurde im Teehaus gut sichtbar aufgehängt.
Etwas später kam ein Soldat des Kaisers vorbei und erkannte die Handschrift seines Herrschers. Auf die Frage, woher dieses Dankschreiben denn stamme, antwortete der Kellner, ein junger Mann habe bei ihm gespeist und zum Dank dieses Schreiben angefertigt. Nun verriet der Soldat, daß es sich bei dem Unbekannten um den Kaiser selbst gehandelt habe...
Viele Leute besuchten seit dieser Zeit jenes Teehaus, das durch das Dokument des Kaisers berühmt geworden ist.

Lachs mit jungen grünen Erbsen
Sheng Yu Chao Qing Dou

Zutaten
450 g frisches Lachsfilet
50 g Gemüsezwiebeln
50 g chinesische Blumenpilze
½ l Öl zum Fritieren
60 g junge grüne Erbsen

Für die Panade:
1 Ei
4 EL Ingwerwein (siehe S. 72)
½ TL Salz
½ RS Weizenmehl

Für die Sauce:
3 EL Erdnußöl (oder normales Salatöl)
3 EL Tomatenketchup
ev. 1 TL Sambal Olek
1 RS Brühe (siehe S. 69)
1½ EL Zucker
½ TL Salz
1½ TL Kartoffelmehl

Vorbereitung Den Lachs waschen und die Schuppen entfernen. Abtrocknen und in 8 Stücke teilen. Die Panade herstellen. Den Lachs damit gut vermischen und etwa ½ Std. ziehen lassen.
Die Gemüsezwiebeln in mundgerechte Stücke schneiden. Die Blumenpilze einweichen und waschen, die Stiele entfernen und in Stücke schneiden.

Zubereitung Eine heiße Pfanne zweimal mit Öl ausschwenken. Das Fritieröl erhitzen und den Fisch Stück für Stück in der Pfanne fritieren. Nach 3 bis 5 Min. herausnehmen.
Die Gemüsezwiebeln und die Blumenpilze etwa 3 Min. in kochendem Wasser blanchieren, herausnehmen und abtropfen lassen.
Die heiße Pfanne zweimal mit Öl ausschwenken. Das Erdnußöl erhitzen, das Tomatenketchup und das Sambal Olek (falls verwendet) kurz anbraten und mit der Brühe ablöschen. Den Zucker und das Salz dazugeben und 1 Min. kochen lassen.
Das Kartoffelmehl mit 5 EL Wasser vermischen, dazugeben und kochen lassen, bis die Sauce sämig ist.
Nun die blanchierten Zwiebeln, die Pilze und die Erbsen unterheben, kurz erhitzen und den fritierten Lachs in die heiße Sauce geben.
Kurz erhitzen und sofort servieren.

Knuspriger Fisch
Zha Yu

Vorbereitung Den Karpfen waschen und in Stäbchen schneiden. Die Fischstücke in der Gewürztunke etwa 1 Std. einlegen.
Für die Panade das Weizen- und das Kartoffelmehl in eine Schale geben. 3/4 RS Wasser zufügen und langsam verrühren, bis ein flüssiger Teig entsteht.
Das Ei verschlagen und zu dem Teig geben. Das Salz und das Backpulver zufügen und den Teig 1/2 bis 1 Std. stehenlassen.
Das Salatöl zufügen. Den Seetang aufrollen, mit einer Schere in ganz dünne Streifen schneiden und über den Teig streuen.

Zubereitung Den eingelegten Karpfen herausnehmen und abtropfen lassen; den Karpfen etwas mit Weizenmehl bestäuben.
Eine Pfanne erhitzen, das Fritieröl beifügen, die Fischstücke in die Panade tauchen und zweimal in dem heißen Öl fritieren, bis sie eine goldbraune Farbe annehmen.
Die Glasnudeln ganz kurz fritieren, herausnehmen, abtropfen lassen und zerkleinern. Die fertigen Glasnudeln auf einen Teller geben.
Den fritierten Fisch über die Glasnudeln geben und sofort servieren.

Tips Die Fischstäbchen müssen nach dem Fritieren die Form einer kleinen Bockwurst erhalten und von einer knusprigen Hülle umgeben sein.
Die fritierten Glasnudeln werden zuerst auf den Teller gegeben, damit der fritierte Fisch innen und außen sehr heiß bleibt. Wenn man den Fisch ohne Glasnudeln auf den Teller legt, bildet sich nach kurzer Zeit zwischen Teller und fritiertem Fisch Schwitzwasser, wodurch der Fisch seine Knusprigheit vollkommen verliert. Zudem halten die Glasnudeln den Fisch eine Weile warm.

Zutaten
400 g Karpfenfilet
15 g Glasnudeln
1 bis 1 1/2 l Öl zum Fritieren

Für die Gewürztunke:
5 EL Ingwer- oder Reiswein
1/2 TL weißer Pfeffer
1 TL Salz
3 EL Sesamöl

Für die Panade:
160 g Weizenmehl
10 g Kartoffelmehl
1/2 Ei
1/2 TL Salz
1 EL Backpulver
5 EL Salatöl
10 g getrockneter junger Seetang

Lange Vorbereitungszeit!

Geschmorte Seegurken
Hong Shao Hai Shen

Zutaten
150 g getrocknete Seegurken
250 g Schweinenacken
100 g Bambusstücke
20 g Ingwer
2 frische Chilischoten
20 g Porree
5 EL Sesamöl
4 EL helle Sojasauce
4 EL karamelisierter Zucker
3 EL süße Sojasauce
1 TL Salz
½ RS Lychi- oder Reiswein
3 RS Brühe (siehe S. 69)
½ TL schwarzer Pfeffer
1 TL Chiliöl

Extrem lange Vorbereitungszeit!

Vorbereitung Die Seegurken in 1 l heißem Wasser 3 Tage bis 7 Tage einweichen, waschen und halbieren. Nochmals mit einer harten Bürste gut bearbeiten.
Nach zweimaligem Waschen die Seegurken wieder in klarem Wasser einweichen. Nach etwa 20 Min. herausnehmen und in schräge Scheiben schneiden.
Den Schweinenacken etwa 20 Min. in ½ l Wasser kochen. Danach das Fleisch etwa 20 Min. in kaltes Wasser geben.
Das Fleisch in gleichgroße Scheiben wie die Seegurken schneiden.
Die Bambusstücke und den Ingwer ebenfalls in Scheiben schneiden.
Die Chilischoten halbieren, den Porree in Stücke schneiden.

Zubereitung Eine heiße Pfanne zweimal mit Öl ausschwenken.
In die heiße Pfanne das Sesamöl gießen. Den Ingwer und den Chili darin anbraten, bis sie leicht hellbraun sind.
Das Schweinefleisch und die Seegurken zugeben und erhitzen.
Jetzt unter Rühren die Sojasauce, den karamelisierten Zucker, die süße Sojasauce und das Salz zugeben und weitere 3 Min. erhitzen.
Den Lychi- oder Reiswein beifügen, wieder kurz durchrühren und mit der Brühe ablöschen.
Mit einem Deckel verschließen, bei kleiner Flamme 25 bis 30 Min. schmoren lassen. Danach die Bambusscheiben und den schwarzen Pfeffer hinzufügen und weitere 2 Min. leicht kochen lassen.

Zum Schluß nochmals stark erhitzen und den geschnittenen Porree dazugeben. Einige Zeit einkochen lassen, bis die Sauce eingedickt ist.
Um den Geschmack zu verfeinern, das Chiliöl zufügen und das Gericht servieren.

Anmerkung Es gibt verschiedene Arten von Seegurken in Farbtönen von Schwarz bis Braun. Die schwarzen sind die qualitativ besten. Durch das Trocknen verlieren die Seegurken stark an Gewicht, während sie beim Einweichen um so mehr aufquellen. Schwarze Seegurken müssen vor dem Gebrauch eine Woche in kaltem Wasser eingeweicht werden, die helleren etwa 3 Tage. Seegurken können im Kühlschrank 2 bis 3 Monate im Einweichwasser aufbewahrt werden.

Tintenfisch mit Stangensellerie
Hua Zhi Chao Qing Cai

Vorbereitung Vom Tintenfisch die Haut entfernen, ihn gut waschen, bis er eine weiße Farbe hat. Dann in Streifen schneiden.
Den Stangensellerie waschen und dann in Streifen schneiden.
Den Chili entkernen und in Streifen schneiden.

Zubereitung Den Stangensellerie in ½ l kochendem Wasser 3 Min. blanchieren, herausnehmen und abkühlen lassen.
Eine heiße Pfanne zweimal mit Öl ausschwenken und das Fritieröl in die Pfanne geben. Wenn das Öl heiß ist, den Tintenfisch etwa 1 Min. fritieren und dann sofort mit einem Sieb herausnehmen.
Das gebrauchte Öl in einen separaten Topf geben.
Das Öl zum Braten in die Pfanne geben und den Chili kurz anbraten; den Tintenfisch und den Stangensellerie zugeben und etwa 1 Min. kurzbraten.
Mit dem Pfeffer, dem Ingwerwein und dem Salz würzen.
Das Gericht sofort servieren.

Zutaten
350 g frischer junger Tintenfisch
350 g Stangensellerie
1 Chilischote
1 l Öl zum Fritieren
6 EL Öl zum Braten
½ TL Pfeffer
5 EL Ingwerwein
1 TL Salz

Gebratene Tiefseekrabben mit Krebsen
Xia Ren Chao Pan Xie

Zutaten
200 g Tiefseekrabben (ohne Schalen)
4 Eier
150 g Krebsfleisch
½ l Öl zum Fritieren
6 EL (Erdnuß-) Öl (zum Anbraten)

Für die Panade:
1 EL Eiweiß
1½ EL Kartoffelmehl
1½ EL Öl
1 Prise Pfeffer
1 Prise Salz

Zum Würzen:
20 g Frühlingszwiebeln
1 TL Salz
½ TL Pfeffer
1 EL Zucker

Vorbereitung Die Krabben waschen und gut abtrocknen. Danach mit der Panade vermischen.
Die Eier in eine große Schüssel schlagen.
Das Krebsfleisch mit einem Handtuch gut auspressen; danach mit den verschlagenen Eiern vermischen.
Die Frühlingszwiebeln in kleine Stücke schneiden.

Zubereitung Eine heiße Pfanne zweimal mit Öl ausschwenken und das Fritieröl darin erhitzen.
Die panierten Krabben in die Pfanne geben, kurz fritieren, dann herausnehmen und auf einem Sieb abtropfen lassen. Das Öl in einen separaten Topf geben.
Eine zweite Pfanne zweimal mit Öl ausschwenken.
Das Öl zum Braten erhitzen, die Ei-Krebs-Mischung in die Pfanne geben und gut verrühren.
Das Ganze langsam 2 bis 3 Min. stocken lassen.
Die Frühlingszwiebeln, die fritierten Krabben, das Salz, den Pfeffer und den Zucker hineingeben und alles gut verrühren.
Das Gericht sofort servieren.

Anmerkung In Taiwan entstanden durch die Kreuzung von Salz- und Süßwasserkrabben die sogenannten «Graskrabben». Diese sind größer als ihre Vorgänger, ihre Schalen sind heller, und ihr Fleisch ist zarter und saftiger.

Eier mit gebratenen Makrelen
Dan Chao Yu Rou

Zutaten
350 g Markrelenfilets
4 Eier
40 g Frühlingszwiebeln
10 g Ingwer
6 EL Öl zum Anbraten
1 TL Salz
1 EL Zucker
2 EL Pflaumenwein
½ TL Süßholzpulver
2 EL Mandarinen- (oder Möhren-) Öl

Vorbereitung Die Markrelenfilets waschen und abtrocknen.
Die Filets auf einen geölten Teller legen und im Dampf 20 bis 30 Min. garen.
Nach dem Dämpfen den Fisch herausnehmen und mit den Fingern zerpflücken.
Die Eier verschlagen und den Fisch mit den Eiern vermischen.
Die Frühlingszwiebeln waschen, klein schneiden und fein hacken.
Den Ingwer hacken.

Zubereitung Eine heiße Pfanne zweimal mit Öl ausschwenken.
Das Öl zum Anbraten in die Pfanne geben; nach dem Erhitzen die Frühlingszwiebeln und den Ingwer etwa 30 Sek. kurz anbraten.
Das Salz dazugeben und kurz verrühren.
Die Eier-Markrelen-Mischung dazugeben und nun 2 bis 3 Min. unter Rühren braten.
Mit dem Zucker, dem Pflaumenwein und dem Süßholzpulver würzen und ganz am Schluß mit dem Mandarinenöl übergießen.
Das Gericht servieren.

Rindfleisch auf Gemüsebett
Niu Rou Chao Shi Cai

Zutaten
250 g Rindfleisch (falsches Filet)
10 g Knoblauch
120 g frischer Spinat
1 TL Salz
3 EL Öl zum Blanchieren
1 l Öl zum Fritieren
5 EL Öl zum Anbraten
2 EL Sesamöl

Marinade für das Rindfleisch:
½ TL Backpulver
3 TL Kartoffelmehl
3 EL Öl
2 EL Sojasauce
4 EL Wasser

Sauce für das Rindfleisch:
½ TL Salz
3 EL Sa-Cha-Sauce
3 EL Sojasauce
½ RS Reiswein
1 EL Zucker

Vorbereitung Das Rindfleisch in Scheiben schneiden: etwa 5 cm lang, 3 cm breit und ½ cm dick.
Das geschnittene Rindfleisch mit den Gewürzen marinieren und etwa 30 Min. ziehen lassen.
Den Knoblauch in feine Scheiben schneiden.
Den Spinat waschen, zerkleinern und in 1 l kochendem Wasser mit dem Salz und dem Öl ungefähr 1½ Min. blanchieren.
Mit einem Sieb herausnehmen, abtropfen lassen und auf einen Teller geben.

Zubereitung Eine heiße Pfanne zweimal mit Öl ausschwenken. Wenn die Pfanne heiß ist, das Fritieröl hineingießen.
Das marinierte Rindfleisch nochmals verrühren und in das heiße Öl geben. Etwa 2 Min. unter Rühren fritieren.
Mit einem Sieb das Fleisch herausnehmen und das Öl in das Vorratsgefäß zurückgießen.
Das Öl zum Anbraten in die Pfanne erhitzen, den Knoblauch, die Sa-Cha-Sauce und ½ TL Salz darin anbraten. Das kurz fritierte Rindfleisch hineingeben, die Flamme so groß wie möglich stellen und das Ganze 2 bis 3 Min. gut verrühren.
Die Sojasauce, den Reiswein und den Zucker dazugeben und 2 bis 3 Min. einkochen lassen.
Zum Schluß mit dem Sesamöl abschmecken. Das Rindfleisch auf dem Spinatbett anrichten.
Das Gericht servieren.

Kulturelles Die Sha-Cha-Sauce stammt eigentlich nicht aus China, sondern aus Malaysia. Chinesische Seeleute, welche nach Malaysia gekommen waren, entdeckten diese Sauce und brachten sie in ihre Heimat, wo sie geschmacklich noch verfeinert wurde.
In Malaysia wird sie noch immer nach alter Tradition zum Bestreichen des Fleisches verwendet.

Verfeinert wurde die Sha-Cha-Sauce mit Erdnüssen, Zucker, Sesamöl, Frühlingszwiebeln, Knoblauch, Chili, Fischsauce und getrocknetem Fisch. Besonders im Winter findet sie Verwendung bei der Zubereitung des Feuertopfes und von Suppen.

Rindfleischsuppe
Niu Rou Tang

Vorbereitung 1 l Wasser zum Kochen bringen. Die Rippe in das kochende Wasser geben und 40 Min. darin kochen lassen.
Herausnehmen und in mundstückgroße Stücke schneiden.
Die Frühlingszwiebeln und das Basilikum kleinschneiden, den Chili und den Ingwer fein hacken.

Zubereitung Einen Topf erhitzen und das Öl zum Braten hineingeben. Sobald dieses heiß ist, den Chili, den Ingwer und den Knoblauch kurz darin anbraten und dann mit 2 l Brühe ablöschen.
Die Brühe zum Kochen bringen und das gekochte Rindfleisch beifügen. 30 Min. kochen lassen, bis die Flüssigkeit zur Hälfte verdampft ist.
Das Salz, den Reiswein und den Sichuan-Pfeffer hinzugeben und 10 Min. kochen lassen.
Zum Schluß mit den Frühlingszwiebeln und dem Basilikum bestreuen.

Zutaten
550 g hohe Rippe
20 g Frühlingszwiebeln
2 g Basilikum
10 g frischer Chili
15 g Ingwer
5 EL Öl zum Anbraten
1 TL Knoblauchpulver
2 l Brühe (siehe S. 69)
2 TL Salz
1 RS Reiswein
½ TL Sichuan-Pfeffer

Rindfleischklösschensuppe
Niu Rou Wan Zi Tang

Zutaten
1 junger Stangensellerie (etwa 10 g)
500 g Hackfleisch vom Rind
80 g Hackfleisch vom Schwein
1½ l Brühe (siehe S. 69)

Zum Würzen:
A.
½ TL Backpulver
1 Ei
3 EL Ingwerwein
½ TL Pfeffer
3 EL Salatöl
1 TL Salz
1 EL Zucker
B.
1½ TL Salz
1 EL Glutamat
4 EL Reiswein
5 EL Möhrenöl

Vorbereitung Den Stangensellerie in Scheibchen schneiden.
Die Gewürze A mit dem Hackfleisch von Rind und Schwein vermischen.
1½ l Wasser zum Kochen bringen.
Aus dem durchmischten Fleisch Klößchen formen, ins Wasser geben und 5 bis 8 Min. kochen.
Mit einem Sieb herausnehmen und das Wasser abgießen.

Zubereitung Die Brühe in einen Topf geben und zum Kochen bringen. Das Salz, das Glutamat und den Reiswein hinzufügen.
Nochmals aufkochen lassen. Die Rindfleischklößchen hineingeben und 5 Min. ziehen lassen.
Den jungen Stangensellerie und das Möhrenöl als letztes hinzufügen.
Die Suppe servieren.

Gebratener Kugeltofu
Doufu Wan Zi

Vorbereitung Den Hummer, den Ingwer und das Schweinemett in einen Mixer geben und alles durchmischen.
Die vermischten Zutaten für die Marinade hinzufügen und nochmals alles mixen.
Den Tofu zerdrücken, der Mischung beifügen und leicht unterheben (nicht mehr mixen).

Zubereitung Das Öl zum Braten in der Pfanne leicht erhitzen. Mit einem in Öl eingetauchten Löffel (in der Reisschale) kleine Kugeln von der gemischten Masse abstechen. Diese Kugeln einzeln in das erhitzte Öl in der Pfanne geben. Die Pfanne dabei stets gut bewegen.
Wenn die Unterseite leicht braun geworden ist, alle Kugeln umdrehen und weiterbraten, bis sie rundherum gleichmäßig braun sind.
Die Kugeln auf ein Sieb schütten, damit sie gut abtropfen können. Auf einem Teller anrichten.
Die Pfanne erneut erhitzen und das Öl für die Sauce hineingeben. Die Brühe zufügen und beides erhitzen.
Die Gewürze für die Sauce hinzufügen und alles gut verrühren. Die Sauce bei kleiner Flamme zur Hälfte einkochen lassen.
Alles über die Kugeln gießen und servieren.

Geschichtliches Die Ursprungsprovinz der gebratenen Tofukugel ist Anhui. In dieser Provinz gab es ein kleines Dorf namens Fuyuan. Dort stand ein kleines Wirtshaus an einer stark frequentierten Straße, das von vielen Leuten besucht wurde. Der gebratene Kugeltofu wurde hier kreiert.
Zur Zeit der Ming-Dynastie (1368 bis 1644 n. Chr.) lebte ein Kaiser namens Zhu-Yuenzhang. Er war in dem erwähnten Dorf geboren und hatte dem Koch in diesem Restaurant als Kind oft über die Schulter geschaut. So holte er den Mann in seinen kaiserlichen Palast und beförderte ihn zum Leibkoch.

Zutaten
200 g Hummerfleisch
10 g Ingwer
50 g Schweinemett
350 g Tofu
6 EL Salatöl zum Braten
1½ RS Brühe (siehe S. 69)
½ RS Öl (zum Eintauchen des Löffels)

Für die Marinade:
½ TL Pfeffer
2 Prisen Salz
3 TL Sesamöl
1 TL Sojasauce

Für die Sauce:
1½ RS Brühe (siehe S. 69)
3 EL chinesischer Essig (5 %)
1 TL Kartoffelmehl
5 EL Öl
2 Prisen Salz
1 EL Sesamöl
2 TL Zucker

Knuspriger Tofu
Cui Doufu

Zutaten
500 g Tofu
½ l Öl zum Fritieren
2 Eier
½ RS Weizenmehl
½ RS weiße Sesamkörner
½ RS schwarze Sesamkörner

Für die Sauce:
5 g Frühlingszwiebeln
5 g Knoblauch
5 g Ingwer
2 EL Essig (5 %)
2 TL Sesamöl
8 EL normale Sojasauce
1½ EL Zucker

Vorbereitung Den Tofu in 1 cm dicke Dreiecke schneiden (mit etwa 8,5 × 4 cm langen Seiten).
Die Frühlingszwiebeln, den Knoblauch und den Ingwer fein hacken.
Die Eier verquirlen. Die Zutaten für die Sauce vermischen.

Zubereitung Das Fritieröl in einer Pfanne erhitzen.
Den Tofu im Weizenmehl wenden und in die Eier tauchen, in den Sesamkörnern wenden und dann im heißen Öl fritieren.
Der fritierte Tofu und die Sauce werden separat serviert.

Der Tofu

Der Tofu ist von der Konsistenz her weich und hat ein frisches Aroma. Er bietet viele Möglichkeiten der Zubereitung und der Kombination mit andern Speisen und erfreut sich deshalb großer Beliebtheit in aller Welt, besonders bei Vegetariern. Darüber hinaus ist er billig und mit seinem hohen Eiweißgehalt sehr gesund.

Tofu ist in ganz China und in Asien überhaupt bekannt. Bei den meisten Chinesen ist er Bestandteil einer der drei täglichen Mahlzeiten.

Liu-Anqi, der zur Zeit der Westlichen Han-Dynastie (224 bis 206 v. Chr.) lebte, wird die Entdeckung des Tofus zugeschrieben. Als traditioneller Arzt kam er durch Zufall beim Auskochen von Bohnen auf die Tofuherstellung.

Es gibt aber auch noch eine andere Entstehungsgeschichte zum Tofu. Zur Zeit der Südlichen und Nördlichen Dynastie (550 bis 420 v. Chr.) zogen viele nördliche Stämme in den Süden Chinas und siedelten sich dort an. Sie hatten die Gewohnheit, Käse zu essen. Doch im damaligen China gab es erst sehr wenige Kühe, und diese wurden nur als Lasttiere gebraucht. So kamen die Han-Chinesen auf die Idee, aus Bohnen Käse zu gewinnen.

Auch heute noch ist die Verwendung von Tofu aus verschiedenen Gründen weit verbreitet. Die gelbe Bohne wächst im nördlichen und westlichen China besonders üppig und wird deshalb häufig gebraucht. Hinzu kommt ihre positive Wirkung auf die Gesundheit. Im Winter greift man besonders oft auf den Tofu zurück.

Ein altes chinesisches Sprichwort besagt: «Iß lieber Tofu als Fleisch, denn es ist gesünder und billiger».

Die Herstellung von Tofu

Die Herstellung von Tofu ist mühsam und zeitraubend. Mit den Vorbereitungen wird immer abends begonnen, damit er am Morgen auch ganz frisch ist.

Zuerst werden die gelben Bohnen (Sojabohnen ohne Keime) 4 bis 5 Std. in Wasser eingeweicht, im Winter sogar 7 bis 8 Std.

Nachher werden sie ausgedrückt und mit Hilfe einer Mühle zerkleinert. Während des Mahlens wird in gewissen Abständen Wasser hinzugefügt, bis eine Art Tofumilch entsteht. Diese Milch wird in einen großen, mit Mull- oder feinem Leintuch als Sieb ausgelegten Holztopf geleitet, worin die Bohnenschalen hängen bleiben.

Nun wirft man die Bohnenschalen weg, und die Sojamilch läßt man etwas ziehen. Dann gibt man die Milch in einen Topf und läßt sie aufkochen. Der beim Kochen aufsteigende Dampf riecht übrigens nicht sehr stark nach Bohnen. Die Milch schäumt auf, und die dabei entstehende Haut bildet die Tofublätter, die in der chinesischen Küchen auch häufig Verwendung finden. Zur Gewinnung dieser Blätter wird die Haut abgeschöpft und getrocknet.

Die Milch wird erneut durch ein feines Leintuch gegeben, um den letzten Rest der Schalenrückstände herauszufiltern. Nun beginnt der Tofu langsam zu gerinnen. Dieser geronnene, weiche Tofu wird oft mit Zucker und Nüssen als Süßigkeit gegessen.

Die Tofuform wird erneut mit einem dünnen Leintuch ausgelegt und der leicht geronnene Tofu mit dem chinesischen Namen *Dou-Hoa* («Bohnenblume») hineingesiebt.

Nun wird ein Handtuch über dem Tofu ausgebreitet und alles mit einem Holzbrett abgedeckt. Das Brett beschwert man mit einen Stein. So läßt man den Tofu weiter austrocknen. Anschließend wird das Ganze in Wasser etwa ½ bis 1 Std. eingeweicht.

Schließlich wird der Tofu abgepackt und verkauft. Frischer Tofu hält sich nur wenige Tage, dann wird er sauer. Den leicht angesäuerten Tofu verwertet man allerdings weiter. Man legt ihn in Gewürzsauce ein, preßt ihn am nächsten Tag wieder aus und kocht ihn erneut mit verschiedenen Gewürzen. Auf diese Weise werden Tofu-Snacks hergestellt.

Eine weitere Möglichkeit besteht darin, ihn nach dem ersten Einlegen zu fritieren. Nach dem Fritieren kann man den Tofu mehrmals in Wasser einweichen, damit er schön weich wird.

Um den leicht angesäuerten Tofu einzulegen, wird er zunächst in kleine Stücke geschnitten und im Sonnenlicht getrocknet. Dann wird er – zumeist in Reisweinsatz – eingelegt. Klebreis und Sojabohnen werden zusammen gedämpft und anschließend in der Sonne getrocknet.

Das Ganze wird etwa eine Woche lang getrocknet und danach mit Gewürzen schichtweise in einen Steinguttopf gefüllt und mit Reiswein übergossen. Alles wird mit einem Tuch gut abgedeckt und verschlossen. Dieser Topf wird 2 bis 5 Tage kühl gelagert und anschließend für einige Tage in die Sonne gestellt. Dann wird er an einem kühlen Platz mindestens 8 Monate gelagert. Beim Herausnehmen muß man aufpassen, daß der im Topf verblieben Rest nicht mit Öl in Berührung kommt, da er sonst schlecht wird.

Eingelegter Tofu wird mit Reissuppe zum Frühstück gegessen oder als Gewürzzusatz gebraucht. Auch für das Einlegen von Tofu kennen die Chinesen zahlreiche verschiedene Rezepte.

Für den Verkauf von frischem Tofu wird mit der Tofuherstellung in der Regel am Abend begonnen. Würde man erst am Morgen mit der Zubereitung beginnen, könnte man den Tofu erst am folgenden Tag verkaufen, und er würde rasch seine ursprüngliche Frische verlieren.

In der Provinz Hubei gibt es ein Volkslied über den Tofu. Im Text heißt es u.a.: «Mit der kleinen Bohne läßt sich großes Geld verdienen.»

Fritiertes Hühnerfleisch in Sojasauce
Jiang You Zha Ji

Zutaten

Lauchstangen (etwa 40 g)
5 g junger Stangensellerie (oder etwas Petersilie)
1 Hähnchen (1200 bis 1400 g)
1½ l Öl zum Fritieren

Zum Würzen:

A.
10 g Ingwer
8 EL Reiswein
1 TL Sichuan-Pfefferkörner
3 St. Sternanis

B.
1½ EL helle Sojasauce
1 Eiweiß

C.
1 TL Weiß von Frühlingszwiebeln
4 Knoblauchzehen
3 EL Chiliöl
1 EL Essig (25 %)
1½ TL Glutamat
1 TL weißer Pfeffer
½ TL Salz
3 EL Sesamöl
4 EL helle Soja- (oder Austern-) Sauce
8 EL Wasser
1½ EL Zucker

Vorbereitung Die Lauchstangen der Länge nach halbieren. Den Stangensellerie ganz zerdrücken (oder die Petersilie hacken).
Das Hähnchen in 1½ l Wasser 20 bis 30 Min. lang mit den Gewürzen von A kochen, danach herausnehmen und abtropfen lassen.
In der Zwischenzeit das Weiß der Frühlingszwiebeln fein hacken und den Knoblauch pressen.

Zubereitung Das Hähnchen mit der Sojasauce (von B) überstreichen und mit dem Eiweiß einreiben, dann einen Bindfaden um dessen Hals befestigen und das Hähnchen 10 Min. frei hängen lassen.
Das Fritieröl erhitzen und das Hähnchen 3 bis 5 Min. fritieren; dabei mehrfach umdrehen.
In einer Reisschale eine Sauce aus den restlichen Gewürzen von C anrühren.
Das Hähnchen mit Haut und Knochen in etwa 5 x 3 cm große Stücke hacken. Die Hähnchenteile schön auf einen Teller anrichten und mit der Sauce übergießen.
Das Gericht servieren.

Kulturelles In der chinesischen Kultur gibt es viele Feiertage, wie etwa den bereits erwähnten Friedhofstag. An diesem Tag werden die Vorfahren mit Zeremonien geehrt. Dafür werden zahlreiche Speisen hergerichtet, darunter die obgenannte.
Während das Huhn auf dem Feuer gekocht wird, betet man und gedenkt mit Weihrauch und Räucherstäbchen der Toten. Auch das Huhn dient als Opfergabe. Das Rezept hat sich im Laufe der Zeit verändert und wurde verfeinert. Zu jedem Fest gehören besondere traditionelle Gerichte. Nach den vorgeschriebenen Zeremonien werden die überwiegend aus Fleisch bestehenden Speisen mit den Verwandten, Bekannten und Nachbarn gegessen.

Pilze mit grünen Bohnen gebraten
Si Ji Dou Chao Gu Lei

Vorbereitung Die Bohnenenden abschneiden und die Bohnen schräg in etwa 5 cm lang Stücke schneiden.
Die Champignons putzen. Die Bohnen und die Enoki-Pilze je 1 Min. blanchieren.
Die Frühlingszwiebeln fein hacken.

Zubereitung Eine heiße Pfanne zweimal mit Öl ausschwenken. Das Öl in der Pfanne erhitzen und die Frühlingszwiebeln anbräunen.
Das blanchierte Gemüse unter Rühren beifügen und etwa 1 Min. in der Pfanne weiterrühren.
Alle Gewürzzutaten bis auf das Kartoffelmehl unterrühren und 1 Min. weiterkochen.
Das Kartoffelmehl in 2 EL Wasser verrühren, die Sauce damit binden und 1 Min. weiterkochen.
Das Gericht sofort servieren.

Zutaten
150 g grüne Bohnen
150 g kleine Champignons
120 g Enoki-Pilze (Lilienblütenpilze, frisch oder aus der Konserve)
2 EL Frühlingszwiebeln
8 EL Öl
2 EL süße Sojasauce
½ RS Gemüsebrühe (siehe S. 70) oder Wasser
1 TL Glutamat
¼ TL Pfeffer
3 EL Reiswein
1 TL Salz
½ TL Kartoffelmehl

Tofu mit Sojasauce
Jiang You Doufu

Vorbereitung Den Tofu in Streifen schneiden und im Fritieröl hellgelb fritieren. Die Frühlingszwiebeln in Streifen schneiden.

Zubereitung In einer heißen Pfanne das Öl zum Anbraten erhitzen und die Frühlingszwiebeln 30 Sek. unter Rühren darin braten.
Nach 1 Min. die Sojasauce, den Zucker und den Pfeffer hineinrühren und abschmecken.
Das Gericht sofort servieren.

Zutaten
500 g Tofu
½ l Öl zum Fritieren
50 g Frühlingszwiebeln
5 EL Öl
2 EL Sojasauce
1½ TL Zucker
1 Prise Pfeffer

Kalte Chicoree-Platte
Leng Ku Cai

Zutaten
400 g Chicoree
1½ EL Erdnußpaste
3 TL Essig (25 %)
1 TL Glutamat
1 Prise Pfeffer
3 EL Salatöl
½ TL Salz
1½ EL Sojasauce
1½ EL Zucker

Zubereitung Den Chicoree in Streifen schneiden und in kochendem Wasser 1 Min. blanchieren. Sofort in kaltes Wasser geben und 5 Min. stehenlassen.
Anschließend gut abtropfen. Die übrigen Zutaten in einer Schale verrühren, mit den Chicoree-Streifen vermengen und die Platte sofort servieren.

Chinakohl mit Holzohrenpilzen gekocht
Da Bai Cai Zhu Mu Er

Zutaten
200 g Chinakohl
200 g eingeweichte Holzohrenpilze
40 g Sichuan-Gemüse
2 EL schwarze fermentierte Bohnen (siehe S. 44)
3 Knoblauchzehen
6 EL Erdnußöl
1 EL Zucker
½ TL Salz
½ RS Gemüsebrühe (siehe S. 70) oder Wasser
80 g Sojabohnenkeime

Vorbereitung Den Chinakohl waschen und die Blätter zerpflücken.
Besonders große Holzohrenpilze halbieren.
Das Sichuan-Gemüse in Scheiben schneiden, etwa 10 Min. im Wasser ziehen lassen.
Die schwarzen fermentierten Bohnen etwa 10 Min. in kaltem Wasser ziehen lassen.
Die Bohnen abtropfen lassen, mit den Knoblauchzehen in eine Reisschale geben und zu einer Paste zerdrücken.

Zubereitung Eine heiße Pfanne zweimal mit Öl ausschwenken, das Erdnußöl erhitzen und die Knoblauch-Bohnen-Paste anbraten.
Den Chinakohl und die Holzohrenpilze hinzufügen, kurz rühren und den Deckel schließen. 5 Min. kochen lassen.
Den Zucker, das Salz, das Sichuan-Gemüse und die Gemüsebrühe (oder das Wasser) hineinrühren und 5 Min. bei geschlossenem Deckel garen lassen.
Die Sojabohnenkeime beifügen und bei geschlossenem Deckel 2 bis 3 Min. zu Ende garen.
Das Gericht sofort servieren.

Yamswurzeln mit Maronen geschmort
Ban Li Hong Shao Shan Yao

Vorbereitung Die Yamswurzeln schälen und in maronengroße Würfel schneiden.
Mit dem Salz in 1 l Wasser ziehen und nach 1 Std. abtropfen lassen.
5 Min. blanchieren und abtropfen lassen.

Zubereitung Eine heiße Pfanne zweimal mit Öl ausschwenken und das Salatöl darin erhitzen.
Den Sternanis, die Sichuan-Pfefferkörner und den Zimt ins heiße Öl geben und etwa ½ Min. verrühren.
Die Yamswurzeln und die Maronen 1 Min. in der Pfanne umrühren.
Die Sojasauce, den karamelisierter Zucker, den Pflaumenwein, das Glutamat, das verbliebene Salz sowie das Tomatenketchup hineinrühren und 2 Min. unter Rühren weiterkochen.
Die Gemüsebrühe dazugießen und 30 Min. bei geschlossenem Deckel auf kleiner Flamme schmoren lassen.

Zutaten
450 g frische Yamswurzeln
1 TL Salz (zum Ziehenlassen)
200 g frische Maronen (ohne Schale)
4 EL Salatöl
10 g Sternanis
½ TL Sichuan-Pfefferkörner
10 g Stangenzimt
6 EL Sojasauce
4 EL karamelisierter Zucker (siehe S. 72)
5 EL Pflaumenwein
1 EL Glutamat
½ TL Salz
1½ EL Tomatenketchup
3 RS Gemüsebrühe (siehe S. 70) oder Wasser
2 Prisen weißer Pfeffer
3 EL Möhrenöl (siehe S. 51)

Zum Schluß auf großer Hitze die Flüssigkeit etwa 2 Min. einkochen und mit dem weißen Pfeffer überstreuen. Dabei die Pfanne bewegen, um ein Ansetzen zu verhindern.
Mit dem Möhrenöl abschmecken und servieren.

Glasnudeln mit Chinakohl gekocht
Da Ba Cai He Fen Si

Zutaten
2 TL Knoblauch
200 g Chinakohl oder römischer Salat (Romana)
100 g eingeweichte Holzohrenpilze
40 g Möhren
150 g eingeweichte Glasnudeln
5 EL Salatöl
1 RS Gemüsebrühe (siehe S. 70) oder Wasser
1 TL Salz
2 EL Sojasauce (oder süße Sojasauce)
1½ TL Zucker

Vorbereitung Den Knoblauch hacken und den Kohl (oder den Salat) zerkleinern.
Die Holzohrenpilze ein- bis zweimal zerschneiden, wenn sie besonders groß sind.
Die Möhren in Scheiben schneiden.
Die Glasnudeln mit einer Schere kleinschneiden.

Zubereitung Eine heiße Pfanne zweimal mit Öl ausschwenken.
Das Salatöl erhitzen und den Knoblauch anbräunen. Die Möhren hineingeben und unter Rühren braten.
Nach 1 Min. die Holzohrenpilze und 1 weitere Min. später den Chinakohl und die Gemüsebrühe (oder das Wasser) folgen lassen.
Bei geschlossenem Deckel etwa 10 Min. schmoren lassen und anschließend das Salz, die Sojasauce und den Zucker zugeben.
Zum Schluß die Glasnudeln beifügen, etwa 2 Min. kochen lassen und dann sofort servieren.

Tip Wenn man als Gemüse den römischen Salat (Romana) wählt, wird dieser erst mit den Glasnudeln zusammen in die Pfanne gegeben.

Gekochte Wintermelone
Zhu Dong Gua

Vorbereitung Die Wintermelone schälen, entkernen und in kleine Würfel schneiden.
Den Ingwer fein hacken.

Zubereitung Eine Pfanne erhitzen und das Erdnußöl hineingeben. Wenn es zu rauchen beginnt, den Ingwer anbräunen.
Die Wintermelonenstücke hineingeben und kurz braten, mit der Gemüsebrühe (oder dem Wasser) ablöschen und auf kleiner Flamme 20 bis 25 Min. weiterkochen.
Die übrigen Gewürze unterrühren und noch 5 Min. kochen lassen.
Die gekochten Wintermelonen sofort servieren.

Anmerkungen Wintermelonen wiegen in China mindestens 20 kg. In den Asiengeschäften Westeuropas werden sie in Größen von 2 bis 3 kg verkauft; diese Früchte werden in den Niederlanden angebaut.

Zutaten
500 g Wintermelone
20 g Ingwer
10 EL Erdnußöl
1 RS Gemüsebrühe (siehe S. 70) oder Wasser
1 TL Glutamat
5 EL Reiswein
1½ TL Salz

Wintermelonen werden vielfältig gebraucht. Das Fruchtfleisch kann zu Saft verarbeitet werden, die Kerne werden geröstet und aromatisiert, und aus der ganzen großen Melone werden zur Dekoration von Festessen sogar Statuen geschnitzt.

Stangensellerie mit fermentierten schwarzen Bohnen
Qing Cai Chao Dou Chi

Zutaten
400 g Stangensellerie
1½ EL fermentierte schwarze Bohnen
8 EL Öl
⅓ RS Gemüsebrühe (siehe S. 70) oder Wasser
1 EL Zucker
½ TL Salz
3 EL süße Sojasauce
1 TL Kartoffelmehl

Vorbereitung Die Fäden des Stangensellerie abziehen, den Sellerie in kleine Stücke brechen und 20 Min. in Wasser ziehen lassen.
Anschließend etwa 1 Min. blanchieren und dann abtropfen lassen.
Die schwarzen Bohnen 20 Min. in Wasser einweichen, abtropfen lassen und zerdrücken.

Zubereitung In einer heißen Pfanne 5 EL Öl erhitzen und die schwarzen Bohnen 1 Min. darin anbraten.
Den Stangensellerie in die Pfanne geben und unter Rühren 1 Min. braten, mit der Gemüsebrühe ablöschen, mit dem Zucker, dem Salz und der süßen Sojasauce würzen und noch 2 Min. zu Ende garen.
Das Kartoffelmehl mit den restlichen 3 EL Öl und 3 EL Wasser vermischen.
Das Gericht damit andicken und sofort servieren.

April

四月份

Hähnchen mit jungen Erbsen
Qing Dou Chao Ji

Vorbereitung Die Hähnchenfilets in Streifen schneiden und mit den angegebenen Zutaten marinieren.
Die Erbsen etwa 1 Min. kurz blanchieren.
Den Knoblauch hacken.

Zubereitung Eine heiße Pfanne zweimal mit Öl ausschwenken. Das Fritieröl in die heiße Pfanne geben.
Das Hähnchenfleisch nochmals in der Marinade umrühren, in das heiße Öl geben, kurz fritieren und etwa 2 Min. gut umrühren.
Das Hähnchenfleisch mit einem Sieb herausnehmen und gut abtropfen lassen. Das Öl in das Vorratsgefäß zurückgeben.
Die Pfanne wieder heiß werden lassen. Das Öl zum Braten in die Pfanne geben, den Knoblauch beifügen und kurz goldbraun braten.
Das fritierte Hähnchenfleisch dazugeben, kurz braten und immer gut umrühren.
Zum Schluß die blanchierten Erbsen, das Salz, den Pfeffer, das Sesamöl und die Brühe beifügen.
Das Ganze nochmals umrühren und servieren.

Zutaten
220 bis 280 g filetierte Hähnchenbrust
150 g junge frische Erbsen
1 EL Knoblauch
½ l Öl zum Fritieren
5 EL Öl zum Braten
1 TL Salz

Für die Marinade:
1 EL Kartoffelmehl
2 EL Öl
1 Prise Pfeffer
1½ EL Sojasauce
2 EL Wasser
2 Prisen Pfeffer
1 EL Sesamöl
½ RS Brühe
(siehe S. 69)

Schmorhähnchen mit Knoblauch
Da Suan Shao Ji

Zutaten
650 g Hühnerschenkel
2 Frühlingszwiebeln
150 g Knoblauchzehen
5 g frisches Basilikum
6 EL Sesamöl
½ RS Sojasauce
1 RS Reiswein
½ TL Salz
3 TL Zucker
1 TL Chiliöl

Vorbereitung Die Hühnerschenkel in mundgerechte Stücke, die Frühlingszwiebeln in 4 cm lange Stücke schneiden.
Den Knoblauch schälen und das Basilikum feinschneiden.

Zubereitung Eine heiße Pfanne zweimal mit Öl ausschwenken. Das Sesamöl hineingeben.
Die Frühlingszwiebeln und die Hühnerbeine dazugeben und das Ganze etwa 10 Min. braten lassen.
Die Sojasauce hineingeben, alles gut umrühren und etwa 2 Min. braten.
Den geschälten Knoblauch dazugeben. Mit einem Deckel schließen und etwa 10 Min. schmoren lassen.
Den Reiswein, das Salz und den Zucker beifügen, nochmals mit dem Deckel schließen und ungefähr 10 Min. einkochen lassen.
Zum Schluß mit dem Basilikum bestreuen und mit dem Chiliöl abschmecken.
Das Schmorhähnchen sofort heiß servieren.

Anmerkungen Knoblauch und Ingwer werden in der Küche normalerweise als Gewürz benutzt. Bei uns in China verwenden wir Knoblauch aber auch als Gemüse.
Beim Schmoren von Knoblauch entsteht ein anderes Aroma als jenes, das wir kennen, wenn Knoblauch fritiert oder als Gewürz gebraucht wird.

Fritierte Geflügelbällchen
Zha Ji Wan Zi

Vorbereitung Das Hähnchenfilet zu einer breiigen Masse schaben; alle Sehnen und Häutchen dabei entfernen.
Die zu Schnee geschlagenen Eiweiße mit der Geflügelmasse vermischen. Die Gewürze für die Marinade unterarbeiten und in einer Richtung durchheben, bis eine homogene Masse entstanden ist.

Zubereitung Das Fritieröl in eine Pfanne geben und *nicht erhitzen*. Mit einem in Öl getauchten Teelöffel Klößchen aus der Geflügelmasse abstecken und in das kalte Öl geben. Die Masse ergibt 10 bis 12 Klößchen.
Alles erhitzen und dabei die Bällchen mit dem heißen Öl so begießen, daß sie auf allen Seiten gleichmäßig braun werden. Mit einem Sieb herausheben und auf einen Teller legen.
Zur Herstellung der Sauce das Salatöl in die heiße Pfanne geben, mit der Hühnerbrühe ablöschen und zum Kochen bringen.
Den Zucker und die Austernsauce hinzufügen. Das Kartoffelmehl mit 3 EL Wasser anrühren und die Sauce damit binden.
Solange kochen, bis die Sauce auf eine halbe Reisschale reduziert ist. Sofort über die Geflügelbällchen gießen und mit dem Sesamöl beträufeln.
Das Gericht servieren.

Tip Die fritierten Geflügelbällchen können auch mit etwas gehackter Petersilie bestreut werden.

Zutaten
450 g Hähnchenfilets (Poulardenfilets)
2 Eiweiß
½ l Öl zum Fritieren
2 EL Sesamöl

Zum Marinieren:
1 Prise Backpulver
½ TL Kartoffelmehl
1 Prise Salz
½ TL Zucker

Für die Sauce:
2 EL Salatöl
⅔ RS Hühnerbrühe
1 TL Zucker
2 EL Austernsauce
½ TL Kartoffelmehl

Lilienblumenpilze mit Hähnchenfleisch (kalte Platte)
Gu Lei Ji Si Sha La

Zutaten
150 g Lilienblumenpilze
1 Hähnchen (etwa 850 g)
100 g Möhren
50 g Frühlingszwiebeln
3 EL Austernsauce
2 EL Chiliöl
2 Prisen Pfeffer
1 TL Salz
3 EL Sesamöl
1½ EL Zucker

Vorbereitung Die Lilienblumenpilze müssen – ob frisch oder aus der Konserve – 2 bis 3 Min. in heißem Wasser blanchiert werden.
Das Hähnchen etwa 30 Min. in Wasser kochen.
Herausnehmen und unter fließendem Wasser weitere 30 Min. abkühlen lassen.
Die Knochen und die Haut entfernen, das gegarte Fleisch zerpflücken.
Die Möhren und die Frühlingszwiebeln in gleichmäßige Streifen schneiden.
Die Lilienblumenpilze zerkleinern.

Zubereitung In einer großen Schüssel die Gewürze mit dem zerpflückten Geflügel und dem Gemüse gut vermischen.
Im Kühlschrank etwa 30 Min. durchziehen lassen.
Das Gericht kalt servieren.

Kulturelles Der Lilienblumenpilz heißt auch noch Enoki-Pilz, da er den Gewächsen aus der Familie der Champignons ähnlich ist.
Lilienblumenpilze werden etwa 15 cm lang und brauchen 2 Monate zum Wachsen. Sie sind sehr zart und erinnern auch an Sojabohnenkeimlinge. Am häufigsten werden sie als Zutat zum Feuertopf (siehe S. 563) verwendet.

Gebackenes Schweinefleisch
Kao Zhu Pai

Vorbereitung Den Schweinenacken waschen und in 20 cm lange, 5 cm breite und 1 cm dicke Streifen schneiden.
Mit einer Gabel Einstiche in das Fleisch machen und mit der Gewürzmischung A etwa 1 Std. marinieren.

Zubereitung Die Fleischstreifen aus der Marinade nehmen, gut abtropfen lassen und 1 weitere Std. an einem langen Spieß hängend bei Zimmertemperatur trocknen lassen.
Auf einem gefetteten Blech im elektrischen Herd bei 200 °C 45 bis 55 Min. backen.
Herausnehmen und die Fleischstreifen schräg in ½ cm breite Scheiben schneiden.
In einer Pfanne das Salatöl erhitzen und mit der Brühe ablöschen.
Zum Kochen bringen und alle Gewürzzutaten B für die Sauce zufügen.
Wieder aufkochen und solange weiterkochen, bis die Sauce etwas reduziert ist. Die fertigen Fleischscheiben hineingeben, gut vermischen und erhitzen, bis das Fleisch von allen Seiten glasiert ist.
Das Gericht servieren.

Zutaten
1000 g Schweinenacken
1 EL Salatöl
½ RS Brühe
(siehe S. 69)

Zum Würzen:
A.
1 TL Fünfgewürzpulver
½ RS Reiswein
3 EL Sojasauce
1 EL Tomatenketchup
2 EL Zucker
B.
3 EL Reiswein
1½ TL Sambal Olek
1½ EL helle Sojasauce
5 EL süße Sojasauce
1½ EL Zucker

Lange Zubereitungszeit!

Erdnusssuppe mit Schweinefüssen
Hua Sheng Zhu Jiao Tang

Vorbereitung Die Schweinefüße waschen und jeden Fuß in 6 Stücke hacken.
Die Erdnüsse in 2 l Wasser ½ Std. einweichen.

Zubereitung Die Schweinefüße mit 2 l Wasser in einem Topf aufsetzen und ½ Std. langsam kochen lassen.

Zutaten
650 g Schweinefüße
1 RS ungesalzene Erdnüsse
2½ l Hühnerbrühe

3 Knoblauchzehen
2½ TL Salz
½ RS helle Sojasauce
3 St. Sternanis

Lange Zubereitungszeit!

Das Kochwasser abgießen. Die Schweinefüße in 2½ l Hühnerbrühe – zusammen mit den eingeweichten, abgegossenen Erdnüssen und allen übrigen Zutaten – 2 Std. langsam schmoren lassen. Das Gericht heiß servieren.

ANMERKUNG Die Chinesen glauben, daß diese Suppe gegen kalte Füße hilft.

Gelbe Bohnensuppe mit Seetang
Huang Dou Hai Dai Tang

ZUTATEN
150 g gelbe Bohnen
50 g getrockneten Seetang
500 g Schälrippchen (vom Schwein)
150 g Möhren
20 g Ingwerwurzel
½ RS Reiswein
½ RS helle Sojasauce
2½ l Hühnerbrühe
3 EL Zucker
2 TL Salz

Sehr lange Vorbereitungszeit!

VORBEREITUNG Die gelben Bohnen in 1½ l Wasser über Nacht einweichen. Den Seetang in 2 bis 3 l heißem Wasser ebenfalls über Nacht einweichen.
Am nächsten Tag den Seetang mit frischem Wasser gut waschen. Mit dem Rücken eines Messers die feinen Steinchen ausstreichen.
Die Blätter von der Spitze her aufrollen, kreuz und quer in etwa 4 cm^2 große Stücke schneiden.
Die Schweinerippchen in mundgerechte Stücke hacken und 10 Min. in 1½ l Wasser blanchieren, dann das Wasser abgießen.
Die Möhren schälen und in Würfel schneiden.
Die Ingwerwurzel hacken.

Zubereitung Den Reiswein in einen erhitzten Topf gießen, die Sojasauce hinzufügen, wieder erhitzen und dann die Hühnerbrühe dazugießen.
Wenn die Brühe kocht, die Bohnen, den Seetang, die Schweinerippchen und die Möhrenwürfel zugeben.
Langsam kochen lassen. Nach 20 Min. den Ingwer und den Zucker der Suppe beifügen und das Ganze weitere 70 Min. simmern lassen.
Mit dem Salz abschmecken und heiß servieren.

Rindfleisch mit Tomate
Fan Qie Niu Rou

Vorbereitung Das Filet in dünne Scheiben schneiden.
Alle Zutaten zum Marinieren vermischen, die Fleischscheiben 1 Std. darin einlegen und ziehen lassen.
Die Tomaten häuten und entkernen; nur das in große Stücke geschnittene Fruchtfleisch weiterverwerten.
Die Frühlingszwiebel in Stücke schneiden (das Grüne und das Weiße trennen).

Zubereitung Eine heiße Pfanne zweimal mit Öl ausschwenken. Das Fritieröl darin erhitzen.
Das Fleisch mit der Marinade nochmals durchrühren und in das siedende Öl geben. Etwa 2 Min. fritieren. Dabei die Fleischstückchen separieren.
Mit einem Sieb das gegarte Fleisch aus dem Öl heben. Das Öl in das Vorratsgefäß zurückgießen.
Nun das Öl zum Braten in die Pfanne geben, erhitzen und die weiße Frühlingszwiebel goldgelb braten.
Das fritierte Fleisch zugeben und erhitzen.
Das Tomatenketchup, die Kokosmilch, den Zucker und das Salz miteinander vermischen und dem Fleisch zugeben. Alles 2 Min. durchkochen.
Zum Schluß das Tomatenfleisch und die grünen Frühlingszwiebeln beifügen, kurz erhitzen und heiß servieren.

Zutaten
200 g Rinderfilet
250 g Tomaten
½ l Öl zum Fritieren

Zum Marinieren:
½ TL Backpulver
2 EL Eiweiß
1 EL Kartoffelmehl
3 EL Salatöl
2 EL helle Sojasauce
5 EL Wasser

Für die Sauce:
1 Frühlingszwiebel
5 EL Öl zum Braten
2 EL Tomatenketchup
½ RS Kokosmilch
1 EL Zucker
½ TL Salz

China und das Tomatenketchup

«Kennt man in China auch Tomaten?» ist eine von Europäern oft gestellte Frage.

Die chinesische Bezeichnung für Tomaten ist *Xi-Hongshi* oder *Fan-Qie*. Ursprünglich gab es in China tatsächlich keine Tomaten. Doch bereits zu Beginn der Han-Dynastie (206 v. Chr. bis 220 n. Chr.) kamen diese Früchte über das westliche Grenzgebiet ins Reich der Mitte. Ein Beleg dafür sind Hinweise auf Tomaten in Lebensmittelbüchern der damaligen Zeit. Zuerst wurden sie jedoch nur als Tierfutter verwendet, da man glaubte, man könne sich an ihnen vergiften. Erst später kosteten die Chinesen selbst von dieser Frucht.

Da Tomaten relativ schnell und gut wachsen und ihre Ernten ziemlich ertragreich sind, wurden sie allmählich zu einem der Hauptnahrungsmittel der ärmeren Bevölkerungsschichten.

In den wohlhabenderen Kreisen wurde die Tomate besonders als Nachtisch geschätzt.

Bis zur letzten Dynastie hat sich die Zubereitungsart der Tomaten nicht zuletzt auch aufgrund europäischer Einflüsse gewandelt, besonders in Guangdong und in anderen Provinzen, die unter starkem ausländischem Einfluß standen.

Eine sehr verbreitete Zutat ist das Tomatenketchup, das in vielen Gerichten, z.B. im süßsauren Schweinefleisch Verwendung findet. Traditionell wird die Sauce jedoch nicht mit Tomatenketchup, sondern mit Essig und Zucker zubereitet.

Rindfleisch mit Ananas
Feng Li Niu Rou

Vorbereitung Das Rindfleisch in dünne, 5 × 3 cm große Scheiben schneiden.
Alle Zutaten für die Marinade in einer Schüssel vermischen, die Fleischscheiben unterrühren und etwa ½ Std. ziehen lassen.
Die Ananas in ½ cm dicke Scheibchen schneiden.
In einer Schale den Ananassaft, die Sojasauce, den Zucker und das Salz vermischen.

Zubereitung Eine heiße Pfanne zweimal mit Öl ausschwenken und das Fritieröl in der Pfanne erhitzen.
Das Fleisch noch einmal mit der Marinade durchrühren und in das siedende Öl geben, etwa 2 Min. fritieren und dabei die Fleischstückchen trennen.
Mit einem Sieb aus dem Öl heben und abtropfen lassen. Das Öl in das Vorratsgefäß zurückgeben.
Das Öl zum Braten in die Pfanne geben. Die Orangenschale kurz in dem Öl braten und herausnehmen.
Das Rindfleisch und die Ananas in die Pfanne geben und unter Rühren schnell erhitzen.
Den in der Schale mit der Sojasauce, dem Zucker und dem Salz gemischten Ananassaft hinzugeben, aufkochen und heiß servieren.

Zutaten
280 g Rindfleischfilet
250 g frische Ananas
½ l Öl zum Fritieren
6 EL Öl zum Braten
7 cm Orangenschale

Zum Marinieren:
½ TL Backpulver
2 EL Eiweiß
1 EL Kartoffelmehl
1 TL Maismehl
5 EL Öl
2 EL helle Sojasauce
4 EL Wasser

Für die Sauce:
½ RS Ananassaft
1 EL helle Sojasauce
1 EL Zucker
½ TL Salz

Rindfleisch auf Kräuterbett
Jin Jiang Niu Rou

Zutaten
250 g Roastbeef
20 g roter Chili
50 g Frühlingszwiebeln
40 g Petersilie
½ l Öl zum Fritieren

Zum Marinieren:
⅔ TL Backpulver
2 EL Eiweiß
1 EL Kartoffelmehl
3 EL Öl
2 EL helle Sojasauce
4 EL Wasser

Für die Sauce:
4 EL Öl
½ TL Kartoffelmehl
½ RS Hühnerbrühe
5 EL Reiswein
2 EL Sojapaste
2 EL helle Sojasauce
3 EL Tomatenketchup
1½ EL Zucker

Vorbereitung Das Roastbeef in Streifen schneiden.
Die Zutaten für die Marinade in einer Schüssel mischen, die Fleischstreifen unterheben und etwa ½ Std. ziehen lassen.
Den Chili entkernen und in feine Streifen schneiden. Die Frühlingszwiebeln ebenfalls in Streifchen schneiden und die Petersilie grob hacken.
Alles in eine Schüssel mit kaltem Wasser geben, damit es frisch und knackig wird.
Die Zutaten für die Sauce – mit Ausnahme von Kartoffelmehl und Öl – in einer Schale verrühren.
Das Kartoffelmehl mit 3 EL Wasser verrühren (zum Dicken der Sauce).

Zubereitung Eine heiße Pfanne zweimal mit Öl ausschwenken. Das Fritieröl in der Pfanne erhitzen.
Das Fleisch nochmals mit der Marinade verrühren und in einem Schwung in das siedende Öl geben.
Etwa 2 Min. fritieren und dabei die Fleischstreifen separieren. Mit einem Sieb das Fleisch aus dem Öl nehmen und abtropfen lassen. Das Öl in das Vorratsgefäß zurückgeben.
Das Wasser von den Frühlingszwiebeln, dem Chili und der Petersilie abgießen; die Gewürze auf einem Sieb abtropfen und auf einer Servierplatte anrichten.
In der heißen Pfanne das Öl für die Sauce erhitzen und das fritierte Fleisch zugeben.
Wenn das Fleisch heiß ist, die Saucenmischung darübergießen und umrühren. 1 Min. durchkochen, mit dem Kartoffelmehl binden und über den Chili und die Zwiebeln auf die Servierplatte geben.

Garküchen in Sichuan

In der Provinz Sichuan wird die Landwirtschaft besonders groß geschrieben. Produziert werden dort vor allem Reis, Mais, Sonnenblumen, Zuckerrohr sowie viele verschiedene Gewürze. Aufgrund der riesigen Zahl unterschiedlicher Gewürze und auch anderer Nahrungsmittel ist die Sichuan-Küche in ganz China bekannt und berühmt. An den Straßenrändern der zumeist noch sehr alten Straßen kann man an den Häusern häufig Hinweisschilder auf Garküchen sehen.

Diese Garküchen sind in Komfort und Einrichtung noch recht primitiv, ja man kann sich bei einem Besuch um Jahrzehnte zurückversetzt fühlen.

Der äußere Eindruck dieser Garküchen ist meist nicht der beste. Häufig wirken sie sehr schmutzig und heruntergekommen. An den Wänden kleben Zettel mit den angebotenen Tagesgerichten. Spezielle Vorsicht empfiehlt sich auch beim Benützen der Stühle: Diese sind nicht selten aus morschem Holz gefertigt. Die Tische bestehen häufig nur aus zusammengezimmerten Brettern von unterschiedlicher Qualität, mit einer dicken Ölschicht überzogen. Die Angestellten dieser Garküchen stehen im Ruf, ziemlich unhöflich zu sein; auch sind sie meist nicht sehr adrett gekleidet.

Die Gerichte werden auf altem, z. T. beschädigtem Porzellan serviert. Doch das Essen ist hervorragend, in Geschmack und Geruch vorzüglich, und entschädigt für die oft schäbige Atmosphäre.

Restaurants dieser Art gibt es in China allenorts. Als Europäer muß man sich auf diesen unterschiedlichen Standard einstellen, wenn man nicht immer in den typischen Touristenlokalen speisen möchte.

Krebssuppe
Xie Rou Tang

Zutaten
250 g Schweinenacken
200 g Bambussprossen
½ RS Krebsfleisch (aus der Dose)
1 Ei
2 EL Sesamöl

Zum Marinieren:
1 Eigelb
2 EL Kartoffelmehl
4 EL Salatöl
2 EL helle Sojasauce

Für die Suppe:
3 EL Kartoffelmehl
1½ l Hühnerbrühe
2 TL Salz
¼ TL Pfeffer

Vorbereitung Das Schweinefleisch in kleine Scheiben, den Bambus in Streifen schneiden.
Alle Zutaten für die Marinade in einer Schüssel mischen und mit dem Fleisch vermengen. 20 Min. marinieren.
Das Krebsfleisch aus der Dose nehmen und gut abtropfen.
Das Ei in einer Schale verquirlen.
Das Kartoffelmehl in ½ RS Wasser anrühren (zum Binden der Suppe).

Zubereitung Die Hühnerbrühe in einem großen Topf erhitzen, das Salz und den Pfeffer dazugeben.
Sobald die Brühe kocht, das marinierte Fleisch stückchenweise hineingeben.
Wenn das Fleisch an die Oberfläche kommt, gibt man das angerührte Kartoffelmehl zum Binden der Suppe unter Rühren bei.
Nun die Bambussprossen und das Krebsfleisch zugeben und etwa 3 Min. durchkochen.
Das geschlagene Ei langsam unter Rühren so lange in die Suppe einlaufen lassen, bis sich Eierflocken (Blumen) bilden.
Zum Schluß das Sesamöl zufügen und die Suppe servieren.

Pilz-Allerlei-Suppe
Gu Lei Tang

Vorbereitung Das Schweinefleisch in Streifen schneiden.
Alle Zutaten für die Marinade in einer Schüssel verrühren, das Fleisch untermischen und 20 bis 30 Min. ziehen lassen.
Die Muscheln gut bürsten, säubern und 1 Std. in Salzwasser einweichen. Danach gut abspülen.
Die Blumenpilze in heißem Wasser einweichen, bis sie gut aufgegangen sind. Dann den Stiel entfernen und den Hut in feine Streifen schneiden.
Die Austernpilze und die Champignons waschen und in Streifen bzw. in Scheiben schneiden.
Die Ingwerwurzel hacken.

Zubereitung Die Hühnerbrühe in einem Topf zum Kochen bringen. Die 3 Pilzzutaten und die übrigen Gewürze für die Suppe beifügen.
Kurz aufkochen und das Schweinefleisch stückweise hineingeben. 10 Min. simmern lassen.
Die Muscheln hinzugeben und weitere 10 Min. kochen.
Das Gericht heiß servieren.

Zutaten
80 g Schweinefleisch
6 Miesmuscheln
4 getrocknete Blumenpilze
100 g frische Austernpilze
150 g Champignons
½ l Salzwasser (1 EL Salz)

Zum Marinieren:
2 TL Kartoffelmehl
2 EL Salatöl
1 Prise Salz
1 EL Sojasauce
1 Prise Zucker

Für die Suppe:
10 g Ingwerwurzel
1 l Hühnerbrühe
½ TL Pfeffer
½ RS Pflaumenwein
1½ TL Salz

Pilz und Seetang

Schon vor 2000 Jahren, zur Zeit der Han-Dynastie, hatte man in China eine eigene Treibhauskultur entwickelt – gezüchtet wurden vor allem Pilze. Außerdem kultivierte man Seetang.

Bis zur Song-Dynastie (960 bis 1127 n. Chr.) wurden schon mehrere Untersuchungen über den Pilzanbau durchgeführt, doch erst dann wurde eine Studie der Pilzkultur erstellt. Noch in der Ming-Dynastie wurden Pilze und Seetang hauptsächlich als Nahrungsmittel verwendet. Zu Zeiten der Qing-Dynastie konnte man dann auch in vielen Naturheilkundebüchern Hinweise auf die gesundheitliche Wirkung von Pilzen und Seetang finden.

Bis heute haben sich zwei voneinander getrennte Zubereitungsarten für Pilze und Seetang erhalten: eine für den Bereich der Medizin und eine als Genußmittel. Aus gekochten und zermahlenen jungen Seetangblättern werden hauptsächlich Medikamente hergestellt.

Doch auch die naturheilkundliche Seite der Pilze wurde in der Qing-Dynastie weiterentwickelt. Man entdeckte damals neue Pilzarten, etwa den Mu-Err (Holzohrenpilz), den chinesischen Blumen- oder den Affenohrenpilz.

Beim Seetang wurden nun Feinhaarseetang, grüner sowie rosaroter Seetang gezüchtet. Aus den verschiedenen Sorten sind die zahlreichen Rezepte für Küche und Naturheilkunde entstanden.

Lachssuppe mit Spinat
Hong Yu He Bo Cai Tang

Zutaten
15 g Ingwerwurzel
200 g Lachsfilet
150 g Spinatblätter

Zum Marinieren:
1½ EL Kartoffelmehl
2 EL Reiswein
3 EL Salatöl
1 Prise Salz
1 Prise Pfeffer

Vorbereitung Die Ingwerwurzel in feine Streifen schneiden.
Den Lachs (wie Räucherlachs) schräg in Scheiben schneiden.
In einer Schüssel alle Zutaten für die Marinade miteinander verrühren. Die Lachsscheiben vorsichtig darin einlegen und 10 Min. ziehen lassen.
Den Spinat gründlich waschen, ausdrücken und mit der Hand zerpflücken.

ZUBEREITUNG In einem Topf die Hühnerbrühe zum Kochen bringen.
Das Salz, den Pfeffer und den Kao-Liang-Schnaps hinzufügen, wieder aufkochen und die marinierten Lachsscheiben vorsichtig in die Suppe gleiten lassen.
Sobald die Suppe wieder zu kochen beginnt, den Spinat und das Sesamöl dazugeben, 1 weitere Min. erhitzen und sofort servieren.

Für die Suppe:
1 l Hühnerbrühe
2 TL Salz
½ TL Pfeffer
5 EL Kao-Liang-Schnaps
2 EL Sesamöl

TIP Dies ist ein Beispiel für eine leichte Mahlzeit. Wer nicht besonders hungrig ist und trotzdem etwas Vernünftiges essen möchte, kann sich an eine solche Mahlzeit halten.

SPARGELSUPPE
LU SUN TANG

VORBEREITUNG Das Schweinefleisch im Stück in 1½ l Wasser ½ Std. kochen. Dann das Wasser wegschütten und das Fleisch in Streifen von 5 cm Länge schneiden.
Den Spargel waschen, schälen und ebenfalls in 5 cm lange Stücke schneiden.
Die Eier in einem Schälchen gut verquirlen.
Das Kartoffelmehl mit ⅔ RS Wasser vermengen.

ZUTATEN
500 g Schweinenacken
200 g grüner Spargel
2 Eier
3 EL Kartoffelmehl
1 l Gemüsebrühe (siehe S. 70) oder Hühnerbrühe
2 TL Salz
½ TL Pfeffer
3 EL Möhrenöl (siehe S. 51)

ZUBEREITUNG In einem Topf die Brühe zum Kochen bringen. Das Salz und den Pfeffer zufügen. Nun den Spargel in die Suppe geben und 5 Min. kochen.
Mit dem angerührten Kartoffelmehl die Suppe binden. Unter Rühren das zerschlagene Ei einlaufen lassen, so daß sich Eierflocken (Blumen) bilden.
Die Fleischstreifen und das Möhrenöl hinzufügen, nochmals aufkochen und die Suppe heiß servieren.

Getrocknete Jakobsmuscheln mit Longwity-Gemüse Gan Bei He Xi Yang Cai

Zutaten
100 g getrocknete Jakobsmuscheln
650 g Longwity-Gemüse (oder Spargel oder Chinakohl)
10 g weiße Frühlingszwiebeln
6 EL Öl
1½ RS Hühnerbrühe
1½ EL Zucker
1½ TL Salz
½ TL Pfeffer
1½ TL Kartoffelmehl
3 EL Möhrenöl

Sehr lange Vorbereitungszeit!

Vorbereitung Die Jakobsmuscheln in ½ l Wasser einweichen, über Nacht stehenlassen.
Anderntags das Longwity-Gemüse waschen und in mundgerechte Stücke zerpflücken. Etwa 3 Min. blanchieren, danach herausnehmen und unter fließendem Wasser rund ½ Std. abkühlen lassen.
Die Jakobsmuscheln etwa 1 Std. im Dampfkochtopf garen. In der Zwischenzeit die Frühlingszwiebeln zerkleinern.

Zubereitung In die heiße Pfanne das Öl geben und die Frühlingszwiebeln darin kurz anbraten.
Mit der Hühnerbrühe ablöschen, den Zucker, das Salz, den Pfeffer und das Longwity-Gemüse dazugeben und etwa 4 Min. kochen lassen.
Das Gemüse mit einem Sieb herausnehmen und auf einem Teller anrichten.
Die gedämpften Jakobsmuscheln zerpflücken, in die Brühe geben und auf kleiner Hitze etwa 2 Min. kochen lassen.
Das Kartoffelmehl mit 5 EL Wasser vermischen und damit die Brühe andicken.
Etwa 1 Min. gut durchkochen lassen, bis die Brühe leicht klebrig ist. Jetzt das auf dem Teller angerichtete Gemüse mit der Jakobsmuschelsauce übergießen.
Zum Schluß das Möhrenöl über das Gericht gießen und servieren.

Tips Wenn keine frischen oder getrockneten Jakobsmuscheln erhältlich sind, können Krebse aus der Konserve verwendet werden. Diese müssen gut abgetrocknet werden, bevor sie in der Gemüsebrühe gekocht werden. Sie kommen den Jakobsmuscheln im Geschmack gleich.
Bei der Verwendung von frischem Spargel diesen wie das Longwity-Gemüse blanchieren.

Eingelegtes Senfgemüse mit Schweinefleisch
Suan Cai Chao Zhu Rou

Vorbereitung Das Senfgemüse waschen und in Streifen schneiden. Wenn es zu sauer ist, etwa 20 Min. in kaltes Wasser legen, dann herausnehmen und gut auspressen.
Das Schweinefleisch in Streifen schneiden, mit den vermischten Zutaten marinieren und etwa 20 Min. ziehen lassen.
Den Chili und den Ingwer in Streifen schneiden.
Das Kartoffelmehl mit 3 EL Wasser vermischen.

Zubereitung Eine heiße Pfanne zweimal mit Öl ausschwenken. Wenn die Pfanne heiß ist, das Fritieröl in die Pfanne geben, das Filet beifügen und 1½ Min. fritieren. Dabei immer gut umrühren.
Das Schweinefleisch auf ein Sieb geben, das übrige Öl in einen separate Topf geben.
8 EL Öl in die Pfanne geben. Wenn das Öl heiß ist, den Chili und den Ingwer kurz braten, das Sambal Olek dazugeben. Alles gut verrühren.
Das Senfgemüse während etwa 2 Min. stark anbraten. Dann den Essig, das Salz, den Zucker und das Schweinefleisch zusammen braten.
Zum Schluß das Kartoffelmehl-Wasser-Gemisch und das Sesamöl hineingeben. Nochmals kurz erhitzen, herausnehmen und servieren.

Zutaten
300 g Senfgemüse
150 g Schweinefilet
15 g Chili
10 g Ingwer
½ TL Kartoffelmehl
½ l Öl zum Fritieren
8 EL Öl
1½ TL Sambal Olek
2 EL Essig (25 %)
½ TL Salz
2½ EL Zucker
3 EL Sesamöl

Für die Marinade:
1 EL Kartoffelmehl
2 EL Öl
2 TL Sojasauce
4 EL Wasser

Entensuppe mit Senfgemüse
Ya Si Suan Cai Tang

Zutaten
½ junge Ente (1200 g)
300 g Senfgemüse
5 EL Öl
30 g Ingwer
3 bis 4 TL Salz
1½ TL Pfeffer
300 g junger Bambus (oder Bambussprossen oder 180 g getrockneter junger Bambus)
½ RS Reiswein
3 St. Sternanis

Bei getrocknetem jungem Bambus sehr lange Vorbereitungszeit!

Vorbereitung Die Ente waschen und in mundgerechte Stücke schneiden.
In kochendem Wasser etwa 5 Min. blanchieren.
Die Ente herausnehmen und das Wasser weggießen.
Das Senfgemüse waschen und in mundgerechte Stücke schneiden.

Zubereitung Das Öl in einen Suppentopf geben, den Ingwer kurz anbraten und mit 2½ l Wasser ablöschen.
Aufkochen, die Ente hineingeben und etwa ½ Std. kochen.
Das Salz, den Pfeffer, den Bambus, das Senfgemüse, den Reiswein und den Sternanis beigeben und weitere 45 Min. kochen.
Die Suppe servieren.

Tip Wenn getrockneter junger Bambus verwendet wird, sollte er vor dem Gebrauch 1 Tag bis 2 Tage in 2 l warmem Wasser eingeweicht werden. Danach waschen und schneiden.

Schweinefleischsuppe mit Senfkohl und Rettich
Suan Cai Zhu Rou Tang

Zutaten
350 g Schweinenacken
150 g Senfgemüse
200 g Rettich
2½ l Brühe (siehe S. 69)
½ TL Pfeffer
1 EL Zucker
2 TL Salz
15 g Ingwer
2 St. Sternanis
2 EL Sesamöl

Vorbereitung 2½ l Wasser zum Kochen bringen. Den Schweinenacken 30 Min. darin kochen.
Das Kochwasser weggießen. Das Schweinefleisch in kaltes Wasser legen und etwa 20 Min. darin abkühlen lassen, dann in 4 cm lange, 2 cm breite und ½ cm dünne Streifen schneiden.
Das Senfgemüse in größere Stücke teilen, waschen und – falls es zu sauer ist – 20 Min. in kaltes Wasser einlegen.
Den Rettich in frischem Wasser 20 bis 30 Min. kochen, herausnehmen und anschließend in kaltem Wasser ziehen lassen.
Den Rettich in 3 cm große Würfel, den Ingwer in Scheiben schneiden.

Zubereitung Die Knochenbrühe zum Kochen bringen und abschäumen.
Den Pfeffer, den Zucker, das Salz, den Ingwer und den Sternanis zugeben.
Zuerst das Schweinefleisch und den Rettich 10 Min. in der Brühe kochen, danach das Senfgemüse zugeben und weitere 15 Min. kochen.
Mit dem Sesamöl abschmecken und die Suppe heiß servieren.

Senfkohlsuppe mit Lachs
Suan Cai Yu Tang

Zutaten
200 g eingelegter Senfkohl
350 g Lachsfilet
15 g weiße Frühlingszwiebeln

Vorbereitung Das Senfgemüse waschen und in Streifen schneiden.
Das Lachsfilet waschen, in Würfel schneiden und kurz blanchieren.
Nun die Frühlingszwiebeln in 5 cm lange Stücke schneiden.

5 EL Öl
15 g frische Ingwerscheiben
1½ l Hühnerbrühe
1 TL Salz
1 Prise Pfeffer
½ RS Ingwerwein
5 EL Möhrenöl

ZUBEREITUNG In einem großen Topf das Öl erhitzen. Den Ingwer und die Frühlingszwiebeln zugeben und hellbraun rösten.
Dann mit der Hühnerbrühe ablöschen. Das Ganze zum Kochen bringen, den Senfkohl zufügen und 10 Min. kochen.
Das Salz, den Pfeffer, die Lachswürfel und den Ingwerwein zugeben.
Kurz aufkochen und zum Schluß das Möhrenöl zugeben.
Das Gericht heiß servieren.

TIPS Sollte das Senfgemüse zu sauer sein, vorher 10 Min. wässern und gut ausdrücken.
Wenn kein eingelegtes Senfgemüse erhältlich ist, kann man auch Sichuan-Gemüse verwenden. In diesem Falle schneidet man das Gemüse vorher in Scheiben und wässert es gründlich, bevor man es weiterverwendet.

ENTENLEBERSUPPE
YA GAN TANG

ZUTATEN
200 g Entenmagen
200 g Entenleber
20 g grüne Frühlingszwiebeln
20 g junger Ingwer
150 g Senfkohl
1½ l Hühnerbrühe
1½ TL Salz
½ TL Pfeffer
1 EL Zucker
2 EL Sesamöl
½ RS Reiswein

VORBEREITUNG Den Entenmagen reinigen, von der harten Haut befreien und das Muskelfleisch in Scheiben schneiden.
Die Entenleber waschen. Die Galle vorsichtig entfernen und dann die Leber ebenfalls in Scheiben schneiden.
Die Frühlingszwiebeln in 3 cm lange Stücke schneiden. Den Ingwer in Streifen schneiden und bis zur Verwendung in Wasser legen, damit er knackig bleibt.
Die Magen- und Leberscheibchen kurz in kochendem Wasser blanchieren.
Den Senfkohl waschen und in Streifen schneiden.

ZUBEREITUNG In einem Topf die Hühnerbrühe mit dem Salz, dem Pfeffer und dem Zucker zum Kochen bringen.

Das Senfgemüse beifügen und 10 Min. kochen lassen.
Danach den Magen und die Leberscheiben hineingeben und kurz aufkochen.
In der Zwischenzeit den Ingwer, die Frühlingszwiebeln und das Sesamöl mit dem Reiswein mischen und der Suppe beifügen.
Nach weiteren 2 Min. Kochzeit ist die Suppe servierfertig.

TIPS Diese Suppe sollte nicht aufgewärmt werden, da der Entenmagen zäh und die Leber hart wird. Sollte man kein Senfgemüse bekommen, kann man statt dessen frische Gemüsegurken nehmen. Diese werden geschält, viergeteilt, entkernt und in 3 bis 4 cm lange Stücke geschnitten.

Der «Nachtmarkt» in Taiwan

In Taiwan gibt es ein ausgeprägtes Tages- und Nachtleben. Dies gilt auch für die Eßkultur. Das Nachtleben beginnt etwa um sechs Uhr abends und dauert bis in die frühen Morgenstunden.

In vielen Straßen kann man am Abend beobachten, wie die Geschäfte geöffnet und Verkaufsstände aufgebaut werden. Diese Geschäfte erstrecken sich meist über mehrere Straßenzüge. Man nennt sie zusammengefaßt den «Nachtmarkt». Vor den Läden kann man auch viele Verkäufer mit Hand- bzw. Fahrradkarren sehen, die ihre Waren anbieten. Quer über die Straßen führen Stromkabel von den einzelnen Karren zu den Häusern, auf die man beim Gehen achten muß.

Besonders bei den vielen kleinen fahrbaren Garküchen kann man beobachten, wie die Betreiber – oft sind es ganze Familien – nach und nach die Lebensmittel herbeischaffen und mit der Vorbereitung beginnen. Jede Hand wird gebraucht. Es herrscht große Betriebsamkeit, was Außenstehenden oft als ein ziemliches Durcheinander erscheint. Jedes Mitglied dieser Garküchen hat bei der Vorbereitung seine genau bestimmte Aufgabe, damit keine Zeit verloren geht.

Nach einer knappen Stunde ist alles bereit: jetzt können die Kunden kommen. Von diesen fahrbaren Garküchen werden viele verschiedene Gerichte zum Verkauf angeboten; man kann dort die ganze Vielfalt der chinesischen Eßkultur kennenlernen und genießen.

An den Ständen werden jedoch kaum mehrgängige Gerichte serviert. In der Regel handelt es sich nur um *ein* Gericht, nicht selten auf der Basis von Rezepten, die von den Vorfahren überliefert sind – Gerichte, die sonst niemand auf diese Weise zubereiten kann. Der Gast wird dadurch veranlaßt, sich von Stand zu Stand «durchzuessen» und sich so sein persönliches «Menü» zusammenzustellen.

Das Essen aus den fahrbaren Garküchen ist ziemlich preiswert und gut, die Sitzgelegenheiten aber eher unsicher, und um die Stände herum herrscht ein ziemliches Gedränge.

An manchen Ständen kann man sich auch unter einer Reihe von frischen Zutaten das Gewünschte heraussuchen und den Koch bei der Zubereitung eines Gerichtes beobachten.

Bis morgens fünf Uhr kann man auf dem Nachtmarkt einkaufen und essen; erst dann werden die Küchen langsam abgebaut. Zurück bleiben die Abfälle, und die Straßen wirken wie ausgestorben. Doch spätestens am Abend setzt die Betriebsamkeit wieder ein, tagein tagaus, das ganze Jahr über...

Chinesische Blumenpilzsuppe
Dong Gu Tang

Vorbereitung Das Schweinefleisch in Scheiben schneiden und mit den vermischten Gewürzen A 20 Min. marinieren.
Die Blumenpilze in 1 l kochendes Wasser geben und bei geschlossenem Deckel etwa 30 Min. quellen lassen.
Die Pilze waschen, die Stiele entfernen und nötigenfalls halbieren.
Die Hühnerbrühe erhitzen und den Knoblauch fein hacken.

Zubereitung In einem Topf das Sesamöl erhitzen und den Knoblauch goldgelb braten.
Mit dem Pflaumenwein ablöschen und sofort die heiße Hühnerbrühe zufügen. In die kochende Brühe die restlichen Gewürze für die Suppe geben, wieder aufwallen lassen und die vorbereiteten Pilze zufügen.
Zusätzliche 5 Min. kochen und das marinierte Schweinefleisch Stück für Stück in die Suppe gleiten lassen.
Vorsichtig umrühren und 2 bis 3 Min. sprudelnd kochen.
Das Gericht heiß servieren.

Zutaten
200 g Schweinenacken
20 bis 30 g getrocknete Blumenpilze
1 l Hühnerbrühe

A. Zum Marinieren
1½ EL Kartoffelmehl
3 EL Öl
1 Prise Salz
3 TL leichte Sojasauce
3 EL Wasser
1 Prise Zucker

B. Für die Suppe:
1 TL Knoblauch
6 EL Sesamöl
5 EL Pflaumenwein
1 TL Monosodiumglutamat
½ TL Pfeffer
1½ TL Salz

Drei-Köstlichkeiten-Suppe
Lu Sun San Se Tang

Vorbereitung Die Blumenpilze in kochendem Wasser einweichen und 30 Min. zugedeckt quellen lassen.
Danach waschen, die Stiele entfernen und in Streifen schneiden.
Die Bambusscheiben waschen und abtropfen.
Die Korianderblätter hacken.
Den Spargel waschen, schräg in Scheiben schneiden und kurz blanchieren.

Zutaten
25 g getrocknete chinesische Blumenpilze
100 g Bambusscheiben
1 EL frische Korianderblätter
100 g grüner Spargel

150 g Hähnchenbrustfilet
30 g getrocknete Krabben
1 l Hühnerbrühe

A. Zum Marinieren:
1 EL Kartoffelmehl
2 EL Öl
1 EL helle Sojasauce
3 EL Wasser

B. Für die Suppe:
5 EL Öl zum Braten
½ TL Essig (5 %)
1½ TL Glutamat
½ TL Pfeffer
2 TL Salz
1½ EL Zucker

Das Hähnchenbrustfilet in Scheiben schneiden und mit den vermischten Zutaten von A 20 Min. marinieren.
Die getrockneten Krabben 20 Min. in Wasser einweichen und dann abtropfen lassen. Die Hühnerbrühe erhitzen.

ZUBEREITUNG Das Öl zum Braten in einem Topf erhitzen und die vorbereiteten Krabben 2 Min. braten. Dann mit der heißen Hühnerbrühe ablöschen. Sobald die Brühe wieder kocht, den Bambus, den Spargel und die Pilze zugeben, wieder aufkochen und die restlichen Gewürze für die Suppe zugeben. Wieder aufkochen lassen, Stück für Stück die marinierten Hähnchenscheiben in die Suppe gleiten lassen und 2 bis 3 Min. sprudelnd kochen.
Vor dem Servieren die gehackten Korianderblätter über die Suppe streuen.

Jie-Cai (eingesalzene gelbe Kohlrübe, Senf- oder Sauergemüse)

Im Frühjahr ist es in Südchina in der Regel bereits ziemlich warm. Daher haben viele Leute in dieser Jahreszeit keine Lust auf heiße Gerichte. In den Restaurants werden vor allen Dingen kalte Platten angeboten. Auf diesen findet man häufig aus gelben Kohlrüben zubereitete Gerichte, z.B. die wohlschmeckende Entensuppe mit Sauergemüse oder die Schweinefleischsuppe mit Sauergemüse. Diese Gerichte haben ein eigenes feines Aroma, das nicht zuletzt auf das besonders zarte Gemüse zurückzuführen ist.

Es gibt in China fast 100 verschiedene Kohlrübenarten. Dieses Gemüse ist ein wichtiger Bestandteil der chinesischen Küche. Die Kohlrüben sind ausgesprochen gesund, sind sie doch sehr reich an Vitaminen, Eisen, Schwefel und Kalzium. Zudem enthalten sie Spurenelemente von Phospor.

Die gelben Kohlrüben haben eine lange Geschichte. Bereits im Spätneolithikum fand dieses Gemüse Verwendung. Vor dieser Zeit waren nur Rettich, Chinakohl, Sojabohnen und Kohlrübe als Gemüsesorten bekannt gewesen. In dieser Epoche begannen die Menschen, gelbe Kohlrüben anzubauen. Im Laufe der Zeit wurden viele neue Arten gezüchtet, und bis heute sind sie bei den Chinesen sehr beliebt.

So stammen aus der Familie der Kohlrübe u.a. das Sichuan-Gemüse, der Yunnan-Kopfsalat, das Zhejiang-Schneegemüse und das Guang-Dong-Sauergemüse.

Die Zubereitung des Jie-Cai

Die Kohlrübe kann auf verschiedenste Art und Weise zubereitet werden. Vom *Jie-Cai* kann man die Blätter, das Herz und die Wurzel zum Kochen und Würzen verwenden. In Salzwasser eingelegte junge Kohlrüben, mit Chili gekocht, ergeben ein sehr

schmackhaftes Gericht. Die Sammlung dieser Gerichte nennt man in China «gesammelte Erfahrung von 1000 Jahren».

Beim Einlegen von *Jie-Cai* wird nur das Herz verwendet, nicht aber die äußeren Blätter. Das Kohlrübeninnere wird dann in der Sonne getrocknet, zerkleinert und mit Salz vermischt. *Jie-Cai* ist besonders bei Bauernfamilien sehr beliebt: mindestens eine Mahlzeit pro Tag wird daraus zubereitet.

Im Herbst und Winter wird die Kohlrübe geerntet. Zum Trocknen wird sie auf großen Plätzen ausgelegt, wodurch sich ihre Farbe leicht ändert. Anschließend wird das Gemüse in einen großen Bottich gelegt, und die ganze Familie hilft tatkräftig dabei, die Kohlrübe zu zerstampfen. Zwischendurch wird Salz darübergestreut, so daß der Saft austritt. Schließlich werden die Kohlrüben ein letztes Mal gesalzen und in einem großen Steinguttopf sorgfältig verschlossen.

Nachdem der Topf drei Tage lang in der Kühle gestanden hat, wird er wieder an die Sonne geholt, damit die Gärung beginnen kann. Dies wiederholt sich zwei Monate lang; erst dann ist das Sauergemüse zum Kochen bereit. In der Kantoneser Küche gehört Sauergemüse als Beilage zu den meisten Gerichten.

Getrocknetes Wintergemüse

Das Wintergemüse ist dem Sauergemüse ähnlich. Allerdings wird es nicht eingelegt, sondern getrocknet. Ein weiterer Unterschied besteht darin, daß das Wintergemüse einen wesentlich intensiveren Eigengeschmack entwickelt. Vor der Zubereitung muß es eingeweicht werden. Gegessen wird es meist als Beilage zu Schmorfleisch, z.B. zu geschmortem Schweinefleisch. Auch beim Neujahrsessen darf das Wintergemüse nicht fehlen.

In China selbst hat das Gemüse den Namen *Fu-Cai* oder *Dong-Cai*.

Kalte Tofuplatte mit Hoa-Goa-Gurken
Doufu Hua Gua Sha La

Vorbereitung Den Ingwer, die Frühlingszwiebeln und den Knoblauch fein hacken.
Die Hoa-Goa-Gurken ebenfalls fein hacken.

Zubereitung Den Tofu mit einem Stäbchen oder einer Gabel zerdrücken und die Masse verrühren.
Die übrigen Zutaten verrühren.
Alles vermischen und die kalte Tofuplatte sofort servieren.

Anmerkung Hoa-Goa-Gurken sehen den in Westeuropa erhältlichen eingelegten Gurken ähnlich, haben aber einen leichten Sojageschmack. Sie sind sehr klein und schwarz. Darunter gibt es schärfere (mit Chili) und weniger scharfe Sorten.

Zutaten
- 10 g Ingwer
- 40 g Frühlingszwiebeln
- 30 g Knoblauch
- 80 g junge, eingelegte chinesische Gurken («Hoa-Goa-Gurken», in Dosen erhältlich) oder kleine Gurken aus dem Glas (Party-Gurken)
- 400 g Tofu
- 3 EL Gurkensauce (von den Hoa-Goa-Gurken)
- ½ TL Salz
- 4 EL Sesamöl
- 2 EL helle Sojasauce
- ½ EL Zucker

Buddhistische Eßkultur

Buddhismus und Taoismus haben in China eine große Bedeutung. Während der Tang-Dynastie fand der Buddhismus, aus Indien kommend, eine weite Verbreitung im Land der Mitte.

Damals war das vegetarische Essen noch nicht so eng mit dem Buddhismus verknüpft. Es gab damals zwei Hauptrichtungen der buddhistischen Eßkultur. Besonders die vegetarische breitete sich in China aus. Der damalige Kaiser Tang-Taizhong war dem Buddhismus besonders zugetan und förderte dessen Verbreitung.

Auf seine Veranlassung hin wurden überall in China Tempel gebaut. In dieser Zeit pilgerte Xuanzhuang als erster chinesischer Mönch nach Indien. Schon als 13Jähriger hatte er seine religiöse Berufung gefühlt. Von der 19 Jahre dauernden Reise brachte er 640 heilige buddhistische Schriften mit. Seine eigenen Erlebnisse und Erfahrungen in Indien hielt er in Reisetagebüchern fest. Damit

legte er den Grundstein für die buddhistischen Werke in China.

Der 8. April ist ein hoher Festtag für die Buddhisten, nämlich der Geburtstag von Sakyamuni, einer buddhistischen Gottheit. An diesem Tag wird traditionellerweise Reiskuchen *Mi-Mo* gegessen.

Mit dem Niedergang der Tang-Dynastie starb der Buddhismus jedoch nicht aus. Im Gegenteil, unter Dschingis-Khan (um 1155 bis 1227 n. Chr.) erlebte er eine neue Blütezeit. Während der Yuan (Mongolen)-Dynastie veränderten sich die Eßgewohnheiten der Chinesen aufgrund des nördlichen Einflusses leicht. So wurden am erwähnten Festtag anstelle des Reiskuchens schwarze Sesamkörnerkuchen gegessen.

Eine weitere Veränderung erfuhr die buddhistische Küche unter der Ming-Dynastie. Damals wurden an Festtagen *Bu-Luo-Jia* (gefüllte Lotusblätter) verspeist. Gefüllt waren die Blätter mit Klebreis, getrocknetem Obst und Zucker. Am 8. Tag des 4. Monats strömten die Menschen jeweils in die Städte, um am Festessen teilzunehmen.

Während der Song-Dynastie schufen Künstler die ersten goldenen Buddha-Statuen. Das Wasser, mit dem man die Kunstwerke an einem Festtag wusch, wurde von den Gläubigen getrunken. Dieser Tag heißt in China auch «Buddha-nimmt-ein-Bad».

In früheren Zeiten war dies der einzige Tag, an dem man mittels Lotusstäbchen sein persönliches Schicksal befragen konnte. Auch heute existiert dieser Brauch noch, aber er beschränkt sich nicht mehr auf diesen Tag. Dabei werden mehrere lange, schmale Stäbchen in einem Becher geschüttelt und dann ausgekippt. Man nimmt sich eines der Stäbchen, das in verschlüsselter Form Auskunft über die Zukunft gibt.

Zu Ehren der Götter wurden an diesem Tag auch Räucherstäbchen angezündet, deren Asche die Menschen einnahmen, da sie sich eine heilende Wirkung davon erhoften.

Am Geburtstag vom Sakyamuni werden in den Tempeln viele Opfergaben aufgestellt und von den Priestern dort gesegnet. Dann werden sie zu Hause bei einem großen Familienessen verzehrt.

Zur Zeit der Qing-Dynastie kam der Brauch auf, an diesem Festtag nur Gemüse zu essen. Die fleischlose Eßkultur verbreitete sich mit großem Erfolg weiter, und heutzutage sind nahezu die Hälfte der Chinesen Vegetarier.

Neben den religiösen Motiven der Buddhisten gibt es natürlich auch noch finanzielle und gesundheitliche Beweggründe, sich vegetarisch zu ernähren. Einige tun dies auch einfach deshalb, weil es als modern gilt.

Sauergemüsesalat
Suan Cai Sha La

Vorbereitung Vom Sauergemüse nur die Stiele verwenden.

Zubereitung Beide Gemüse in Streifen schneiden und 1 Std. in Wasser ziehen lassen.
Überschüssiges Wasser auspressen. Mit den restlichen Zutaten in einer größeren Reisschale vermischen.
Über Nacht ziehen lassen und dann servieren.

Zutaten
450 g chinesisches Sauergemüse
80 g junger weißer Porree
4 EL Chiliöl (siehe S. 50)
3 TL Essig (25 %)
1 TL Glutamat

2 EL Sesamöl
1½ EL Zucker

Sehr lange Zubereitungszeit!

Tip Das auch in Westeuropa erhältliche Sauergemüse ist von sehr unterschiedlicher Qualität. Am besten ist nach meiner Erfahrung das Sauergemüse aus Thailand: Es ist knackig und besitzt ein gutes Aroma.

Kalte Tofuplatte mit Erdnüssen
Doufu Hua Sheng Mi Leng Pan

Zutaten
480 g frischer Tofu
80 g Sichuan-Gemüse
15 g chinesische oder normale Petersilie
60 g bereits fertig-fritierte salzige Erdnüsse

Zum Würzen:
1 EL Knoblauch
1 EL Ingwer
1 EL Frühlingszwiebel
3 EL Chiliöl (siehe S. 50)
4 EL Essig (5 %)
⅓ TL Pfeffer
½ TL Salz
5 EL dunkles Sesamöl
1½ EL Sojasauce oder süße Sojasauce
1½ EL Zucker

Vorbereitung Den Tofu in ganzen Stücken blanchieren, in kaltes Wasser geben und etwa 20 Min. stehenlassen.
Anschließend herausnehmen und mit einer Gabel zerdrücken.
Das Sichuan-Gemüse 20 Min. in Wasser ziehen lassen, ausdrücken und fein hacken.
Die Petersilie fein hacken. Dann die Erdnüsse kleinhacken.
Den Knoblauch, den Ingwer und die Frühlingszwiebeln fein hacken.

Zubereitung In einer großen Reisschale den Tofu, das Sichuan- Gemüse, die Petersilie und die Erdnüsse vermengen.
Die Gewürzzutaten in einer kleinen Reisschale vermischen und über die andern Zutaten geben. Sofort servieren.

Zuckerschotensalat
Tian Bian Dou Sha La

Vorbereitung Den Ingwer mit einer Gabel zerdrücken und den Knoblauch fein hacken.

Zubereitung Die Spitzen der Zuckerschoten abbrechen und die Fäden abziehen.
Die Zuckerschoten in etwa 1 l Wasser 1½ Min. blanchieren, in kaltem Wasser abschrecken und abtropfen lassen.
In einer Reisschale alle Gewürzzutaten verrühren.
Die blanchierten Zuckerschoten mit der Sauce vermengen. 30 Min. im Kühlschrank ziehen lassen.
Den Salat servieren.

Zutaten
1½ EL Ingwer
2 EL Knoblauch
300 g Zuckerschoten
1½ EL süße Bohnenpaste (oder süße Sojasauce)
3 EL Chiliöl (siehe S. 50)
4 EL Essig (5 %)
1 TL Glutamat
2 EL Möhrenöl (siehe S. 51)
5 EL Sesamöl
3 EL Zenjiang-Essig (oder normaler Essig)
2 EL Zucker

Sojabohnenkeime mit Glasnudelsalat
Ya Cai Fen Si Sha La

Vorbereitung Die Sojabohnenkeime 3 Min. blanchieren, abschrecken und 10 Min. in kaltem Wasser stehenlassen.
Die Glasnudeln einweichen und mit einer Schere auf die Länge der Sojabohnenkeime schneiden.
Die Sojabohnenkeime und die Glasnudeln gründlich abtropfen lassen.
Die Frühlingszwiebeln, den Ingwer, den Knoblauch und die Petersilie fein hacken.

Zubereitung In einer Schale alle Gewürzzutaten vermischen.
In einer großen Reisschale die Salatzutaten vermengen, mit der Sauce übergießen und unterheben.
Im Kühlschrank 20 bis 30 Min. ziehen lassen und dann servieren.

Zutaten
450 g Sojabohnenkeime (Lunja)
120 g Glasnudeln

Zum Würzen:
2 EL Frühlingszwiebeln
20 g eingelegter oder frischer Ingwer
30 g eingelegter oder frischer Knoblauch
10 g chinesische Petersilie
3 EL Essig (5 %)
¼ RS Marinade aus eingelegtem Knoblauch (oder ¼ RS helle normale Soja-

sauce mit 2 EL süßer Sojasauce)
⅔ TL Salz
5 EL Sesamöl
1⅓ EL Zucker

Benötigt wird eine große Reisschale.

Anmerkungen *Zum Einlegen von Knoblauch:* Folgendes Rezept aus der Provinz Yunnan ist sehr beliebt:
300 g junger Knoblauch wird in einer Mischung aus 2 RS süßsaurem Zhejiang-Essig und ¼ RS Essig (5 %) eingelegt. In einem verschlossenem Tontopf oder Glasgefäß läßt man den Knoblauch mindestens einen Monat ziehen. Der eingelegte Knoblauch wird auch zu kalten Platten gereicht.
Zum Einlegen von Ingwer: 200 g jungen, frischen Ingwer 3 Tage an der Sonne trocknen lassen. In eine Mischung aus ½ bis 1 l Wasser, ½ RS weißem Essig (25 %), ⅔ RS braunem Zucker, 5 EL Kao-Liang-Schnaps und 2 TL Salz geben. In einem verschlossenen Tontopf oder Glasgefäß mindestens zwei Monate ziehen lassen. Der eingelegte Ingwer wird auf kalten Platten zum Frühstück serviert.
Mit altem Ingwer, dessen Geschmack ganz anders ist, läßt sich dieses Rezept nicht zubereiten. Junger Ingwer ist weiß (wie Spargel) und etwas hart, mit zarterem, jedoch auch schärferem Aroma als alter.

Zwiebelpfannkuchen mit Kokossauce
Yang Cong Bing Dai Ye Zi Zhi

Zutaten
350 g Zwiebeln
10 EL Öl (zum Braten in zwei Backgängen)
3 EL Klebreis
8 EL Weizenmehl
½ RS Wasser

Für den Teig:
1 Prise Glutamat
2 EL Öl
½ TL Salz
1 Prise Zucker

Vorbereitung Für den Teig: Die Zwiebeln in kleine Stücke schneiden, in eine große Reisschale geben und mit dem Klebreis, dem Weizenmehl, dem Wasser und den Gewürzen für den Teig vermischen.
Für die Sauce: Die Zwiebeln (oder Schalotten) in Streifen schneiden und in eine separate Reisschale geben.
Die Kokosmilch, das Tomatenketchup, das Sambal Olek, den Zucker, den Pfeffer, das Salz und das Glutamat in einer großen Reisschale vermischen.

Zubereitung Eine heiße Pfanne mit flachem Boden zweimal mit Öl ausschwenken. 5 EL Öl

erhitzen und die Hälfte der Zwiebelteigmasse in die Pfanne gießen, so daß der Boden gleichmäßig bedeckt ist.
Den Teig von beiden Seiten etwa 5 Min. backen und beiseite stellen. Den gleichen Vorgang mit der anderen Hälfte wiederholen.
Die Pfanne erneut mit Öl ausschwenken, die verbliebenen 5 EL Öl erhitzen und die Zwiebeln anbräunen.
Die vorbereitete Saucenmischung in die Pfanne gießen und unter Rühren aufkochen lassen. Dann auf kleiner Flamme etwa 3 Min. kochen.
Die Sauce wird zu den Pfannkuchen gereicht.

Tip Die Pfannkuchen kann man auf verschiedene Weise servieren: kleingeschnitten mit der Sauce als Beilage oder mit der Sauce übergossen; man kann sie auch ganz belassen und in die Sauce eintauchen.

Für die Sauce:
30 g Zwiebel (oder Schalotten)
1½ RS Kokosmilch
5 EL Öl
2 EL Tomatenketchup
1½ TL Sambal Olek
1½ EL Zucker
¼ TL Pfeffer
TL Salz
1 Prise Glutamat

Benötigt wird eine große Reisschale.

Nudeln in spezieller Sauce
Zha Jiang Mian Tiao

Vorbereitung Die Nudeln kochen und abtropfen lassen.
Die Sojabohnenkeimlinge (oder das Bok-Choy) etwa 2 Min. blanchieren.
Die Frühlingszwiebeln in Streifen schneiden.

Zubereitung Die Nudeln, die Sojabohnenkeimlinge und die Frühlingszwiebeln vermengen.
In einer großen Reisschale die übrigen Zutaten zu einer Sauce verrühren und dann unter die Nudel-Gemüse-Mischung heben.
Das Gericht sofort servieren.

Tip In chinesischen Haushalten wird die Sauce dieses Rezeptes stets fertig zubereitet in Steinguttöpfen aufbewahrt. Wenn Gäste kommen, werden die Nudeln gekocht und das Gemüse blanchiert. So ist ein Gastmahl immer schnell bereit.

Zutaten
100 g Nudeln
100 g Sojabohnenkeime (oder Bok-Choy)
25 g Frühlingszwiebeln
1 EL süße Bohnenpaste (siehe S. 49)
1½ EL Reiswein
½ TL Sambal Olek
3 EL Sesamöl
1 EL normale helle Sojasauce
1 EL Zen-Ziang-Essig oder normaler Essig
1½ EL Zucker

Benötigt wird eine große Reisschale.

Bambus mit Basilikum gebraten
Sun Chao Jiu Ceng Ta

Zutaten
20 g frisches Basilikum
2 TL Ingwer
450 g Bambus (Sommerbambus)
1 TL Kartoffelmehl
2 TL Wasabi-Pulver oder normaler Senf (siehe S. 49)
6 EL Erdnußöl
1¼ TL Salz
3 EL Kao-Liang-Schnaps
2 TL Zucker
1½ RS Gemüsebrühe (siehe S. 70) oder Wasser
2 EL Sesamöl

Vorbereitung Das Basilikum und den Ingwer fein hacken.
Nun den Bambus zu großen, länglichen Dreiecken schneiden.
Das Kartoffelmehl mit 3 EL Wasser, das Wasabi-Pulver mit 2 EL heißem Wasser verrühren.

Zubereitung Eine heiße Pfanne zweimal mit Öl ausschwenken.
Das Erdnußöl erhitzen und den Ingwer leicht anbräunen.
Den Bambus hinzufügen und unter Rühren etwa 1 Min. braten.
Das Salz, den Schnaps, den Zucker und das vermischte Wasabi-Pulver unterrühren. Dann den Deckel schließen und 1 Min. bei mittelstarker Hitze schmoren lassen.
Die Gemüsebrühe (oder das Wasser) beifügen und weiterkochen, bis die Flüssigkeit eingekocht ist.
Die Kartoffelmehl-Wasser-Mischung unterrühren, mit dem Basilikum überstreuen und verrühren.
Mit dem Sesamöl abschmecken und sofort servieren.

Tip Wenn man keinen Sommerbambus findet, kann man auch Winterbambus oder jungen Bambus benutzen.

Mai

五月份

Gedämpftes Hähnchenfleisch mit Blumenpilzen
Dong Gu Zheng Ji

Vorbereitung Die Hähnchenkeulen waschen, im Gelenk in 2 Stücke teilen und kurz blanchieren. Die Blumenpilze in kochendem Wasser zugedeckt 20 Min. quellen lassen, dann abtropfen und die Stiele entfernen.

Zubereitung Die vorbereiteten Keulen und Pilze mit allen vermischten Zutaten in einen Porzellantopf geben, mit Pergamentpapier abdecken und mit einen Porzellandeckel verschließen. Im Wasserbad zugedeckt 1½ Std. dämpfen.
Heiß in der Brühe servieren.

Tip Beim Essen kann man das Fleisch in Sojasauce tauchen.

Zutaten
400 g Hähnchenkeulen
5 bis 6 getrocknete chinesische Blumenpilze
1 l Gemüsebrühe (siehe S. 70)
1 RS Reiswein
1½ TL Salz
5 EL Sesamöl
1 EL Zucker

Benötigt werden auch ein Porzellantopf mit Deckel und etwas Pergamentpapier.

Lange Zubereitungszeit!

Ananasbecher
Feng Li Ji

Zutaten
1/2 Ananas (quer halbiert)
80 g Hähnchenherzen
150 g Hähnchenmagen
100 g Hähnchenleber
50 g Schweinefilet
2 Frühlingszwiebeln
5 bis 7 EL Salatöl
10 g frische Ingwerscheiben

Für die Sauce:
2 EL Chiliöl
1 EL Glutamat
1 1/2 TL Kartoffelmehl
6 EL Pflaumenwein
1 TL Salz

Vorbereitung Die Ananashälfte aushöhlen und 100 bis 120 g von dem Fruchtfleisch in Scheiben schneiden.
Die Herzen, Mägen und Lebern säubern und in gleichmäßige Scheiben schneiden. Das Filet ebenfalls in Scheiben schneiden.
Die Frühlingszwiebeln in 3 cm lange Stücke teilen.

Zubereitung Eine heiße Pfanne zweimal mit Öl ausschwenken.
Das Salatöl erhitzen und die Frühlingszwiebeln und Ingwerscheiben kurz anbraten. Die Herzen-, Magen-, Leber- und Filetscheiben zugeben und 3 bis 5 Min. unter Wenden bei starker Hitze braten.
Sämtliche Gewürze für die Sauce in einer Schale vermischen, zum Fleisch in die Pfanne geben und 2 Min. durchkochen.
Die Ananasscheiben unterheben. Das Ganze in die ausgehöhlte Ananashälfte einfüllen und so servieren.

Mit Frühlingszwiebeln gefüllte Schweinerippchen
Xiao Pai Gu Zha Cong

Zutaten
600 g Schälrippchen
3 bis 4 Frühlingszwiebeln
1 l Öl zum Fritieren
ev. 2 bis 3 EL Salatöl (zum Untermischen)

Für die Sauce:
1 1/2 TL Kartoffelmehl

Vorbereitung Die Rippchen waschen und an den Zwischenräumen so zerschneiden, daß Stücke mit einem Rippenknochen in der Mitte entstehen.
Diese Rippen in 1 1/2 l Wasser etwa 30 Min. kochen, bis sich die Rippenknochen vom Fleisch lösen.
Das Kochwasser abgießen und die Rippchen in kaltes Wasser legen.
Vorsichtig die Knochen aus dem Fleisch lösen. An die Stelle des Rippenknochens ein Stück Frühlingszwiebel in das Fleisch stecken und das so gefüllte Rippenfleisch in 4 bis 5 cm Stücke zerteilen.

Das Kartoffelmehl für die Sauce mit 5 EL Wasser vermischen.

ZUBEREITUNG Eine Pfanne zweimal heiß mit Öl ausschwenken, dann das Fritieröl in der Pfanne erhitzen.
Jedes Rippenstück in der Schale im Kartoffelmehl (zum Panieren) wälzen, das Mehl andrücken und die Stücke in dem heißen Öl fritieren, bis das Fleisch goldbraun ist.
Mit einem Sieb aus der Pfanne nehmen und abtropfen lassen.
Das Öl für die Sauce in der Pfanne erhitzen, alle Saucenzutaten – außer dem angerührten Kartoffelmehl – zufügen und zum Kochen bringen.
Langsam das Kartoffelmehl hinzufügen und kochen, bis die Sauce angedickt ist.
Die fritierten Fleischstückchen in die Sauce geben und gut durchmischen.

TIP Um das Gericht sämiger zu machen, kann man zum Schluß noch 2 bis 3 EL Salatöl zusätzlich untermischen.

3 EL Öl
1 TL Essig (25 %)
5 EL chinesischer Essig
3 EL Reiswein
3 EL Sojasauce
1½ RS Wasser
2 EL Zucker

Zum Panieren:
1 RS Kartoffelmehl

Gefüllte Gurken
Zheng Qing Gua

Zutaten
1½ Salatgurken
½ RS Kartoffelmehl
(zum Ausstäuben)

Für die Füllung:
100 g Wasserkastanien
1 EL Frühlingszwiebel
1 TL Ingwer
1 Eiweiß
½ TL Glutamat
1 EL Kartoffelmehl
½ TL Pfeffer
½ TL Salz
200 g Schweinemett
1 EL Sesamöl
1 TL Zucker

Für die Sauce:
1 TL Kartoffelmehl
½ RS Brühe
(zum Ergänzen der Flüssigkeit)
½ TL Salz
1 Prise Pfeffer
2 TL Sojasauce
2 EL Möhrenöl
(oder Sesamöl)

Vorbereitung Die Gurken waschen, schälen, die Enden abschneiden und die Gurken in 4 cm lange Stücke teilen (etwa 6 bis 7). Diese vorsichtig so aushöhlen, daß ein Rand von ½ cm stehenbleibt.

Die Wasserkastanien, die Frühlingszwiebel und den Ingwer fein hacken.

Alle Zutaten für die Füllung gut miteinander vermischen.

Die Gurkenbecher mit dem Kartoffelmehl ausstäuben und mit der fertigen Masse füllen (etwa 1 bis 1½ EL).

Das Kartoffelmehl für die Sauce mit 4 EL Wasser vermischen.

ZUBEREITUNG Die gefüllten Gurkenbecher auf einen geölten Teller setzen und im Wasserbad zugedeckt 30 Min. im Dampf garen.
Den dabei entstehenden Gurkensaft (etwa ½ RS) von dem Teller in eine Pfanne abgießen und mit der Brühe auf eine Reisschale Flüssigkeit auffüllen. Das Salz, den Pfeffer und die Sojasauce zugeben, aufkochen und dann unter Rühren mit dem Kartoffelmehl andicken.
Zum Schluß das Möhrenöl zufügen und über die Gurkenbecher gießen. Das Gericht heiß servieren.

ROTE BOHNENKEIME MIT KLEBREIS IN BAMBUSBLÄTTERN HONG DOU ZONG ZI

ZUTATEN
1 kg Klebreis
½ kg rote Sojabohnen
25 bis 30 Bambusblätter
200 g Schweineschmalz
1½ RS Zucker
25 bis 30 Fleischfäden (von 1 m Länge)

Sehr lange Vor- und lange Zubereitungszeit!

VORBEREITUNG Den Klebreis und die Sojabohnen in der doppelten Menge warmem Wasser getrennt über Nacht einweichen.
Anderntags mit frischem Wasser gut auswaschen und abtropfen; harte Bohnen dabei aussortieren.
Die Bambusblätter gründlich säubern, indem man mit einem Tuch beide Seiten gut abwischt. Die Blattspitzen zu beiden Seiten mit einer Schere abschneiden.

ZUBEREITUNG In einer großen Schüssel das erwärmte Schweineschmalz mit dem Zucker, dem eingeweichten Klebreis und den Sojabohnen gut vermischen.
Die Bambusblätter in Streifen von 10 bis 12 cm Breite und ungefähr 30 bis 40 cm Länge schneiden. Notfalls zwei Blätter nebeneinander legen, um die gewünschte Breite zu bekommen.
Das untere Ende des Blattes zu einer Tüte formen, in die man 3 bis 4 EL der Klebreismasse füllt. Das überstehende Ende des Blattes über die Tütenöffnung und die gefüllte Tüte legen und mit einem Fleischfaden umwickeln. Dabei 30 cm des Fadens hängen lassen.

Die gefüllten Bambusblätter nun an den Fäden gebündelt in einen Topf mit kochendem Wasser geben und bei geschlossenem Deckel 1 Std. kochen lassen.
Danach aus dem Topf nehmen und – an den Fäden aufgehängt – ½ Std. trocknen lassen.
Bevor die gefüllten Bambusblätter serviert werden, die Fäden entfernen.

ANMERKUNGEN Nur die Füllung wird gegessen. Wer es süßer mag, taucht jeden Bissen vorher in Zucker ein, den man auf einem kleinen Teller zu jedem Gedeck stellt.
Die gefüllten Bambusblätter sind bis zu einer Woche im Kühlschrank haltbar. Vor dem Verzehr wärmt man sie kurz im Dampf auf.

Das Drachenbootfest

Dieser große chinesische Festtag fällt auf den 5. Tag des 5. Monats nach dem Mondkalender. Gefüllte Bambusblätter sind die traditionelle Spezialität für diesen Tag. Getrocknete Gewürze wie z.B. Kalmus und Knoblauch werden am Drachenbootfest an die Haustüren gehängt, um böse Geister in der Umgebung abzuschrecken. Die feierliche Austragung der Drachenbootwettkämpfe bildet den Höhepunkt dieses Festes. Daher stammt auch der Name.

Früher wurde das Fest mit einem viel umfangreicheren Programm begangen, und die Wettkämpfe dauerten mehrere Tage. Dies hat sich im Laufe der Jahre jedoch geändert, und heutzutage beschränkt sich das Drachenbootfest auf einen einzigen Tag.

Der Ursprung des Drachenbootfest

Im Gegensatz zu anderen Festtagen ist die Herkunft dieses Feiertages noch fast jedem Chinesen bekannt.

In der Epoche der sich streitenden Reiche (475 bis 221 v. Chr.) kämpften sieben militärisch starke Provinzen um die Vormachtstellung in ganz China. Der größte dieser Staaten war damals Chu-Guo (ein Gebiet, das heute etwa von der Provinz Hebei bis nach Funan reicht). Qin-Guo (das heutige Yunnan) hingegen war zu jener Zeit der militärisch stärkste Staat in China. Um die Bewohner von Qin-Guo zu besiegen, verbündeten sich die anderen sechs Provinzen miteinander.

Der damalige Kanzler von Chu-Guo war ein Mann namens Qu Yuan. Er war für die militärische Strategie verantwortlich. Obwohl er erst knapp 30 Jahre alt war, hatte er schon sehr viele Erfahrungen gesammelt.

Der König von Chu-Guo hieß in jener Zeit Chu-Huaiwang. Er setzte großes Vertrauen in seinen jungen Kanzler. Qu Yuan seinerseits war seinem König völlig ergeben und führte dessen Befehle immer ordnungsgemäß und zu dessen vollster Zufriedenheit aus. Er stand auch im Ruf, ein besonders geschickter Politiker zu sein.

Es war Qu Yuans Ehrgeiz, sein Land an der Spitze der Provinzen zu sehen. Doch gerade die Loyalität seinem Land gegenüber und seine Beliebtheit beim König sollten ihm schließlich zum Verhängnis werden.

Natürlich beneideten ihn viele Politiker um seine Position und um seinen großen Einfluß am Hof. Sein größter Widersacher, Jin-Shang, versuchte ständig, ihn beim König in ein schlechtes Licht zu rücken. Schließlich begann der König den falschen, schmeichelnden Worten Jin-Shangs Glauben zu schenken, und er degradierte Qu Yuan. Der entmachtete Kanzler war über diese böse Wende in seinem Leben sehr enttäuscht und traurig. Er konnte den plötzlichen Sinneswandel seines Herrschers nicht verstehen.

Die instabile Situation am Königshof machten sich die Leute des Nachbarstaates Qin-Guo zunutze, die gegen ihr Land verbündeten Länder zu entzweien. Ein Agent namens Zhang Yi wurde ausgesandt, um bei den Nachbarn Unfrieden zu stiften. Diesem gelang es ohne große Mühe, den in Geldnöten steckenden Jin-Shang zu bestechen. Und

weil dieser nun seinen Einfluß geltend machen konnte, gelang es Jin-Shang, den König zu überreden, die Beziehungen mit den anderen Kleinstaaten abzubrechen.

Zu diesem Zeitpunkt wurde der nichtsahnende König zu einem Besuch nach Qin-Guo eingeladen. Ebenfalls auf Zuraten Jin-Shangs trat er die verhängnisvolle Reise an. So tappte der König blindlings in die ihm gestellte Falle. Gleich nach seiner Ankunft wurde er festgenommen und in den Kerker geworfen.

Da bereute es der König, nicht auf Qu Yuan gehört zu haben, der ihn vor dieser Reise eindringlich gewarnt hatte.

Qin-Guo war es nun ein leichtes, Qu-Guo anzugreifen und den endgültigen Sieg davonzutragen. Bei diesen Kämpfen kamen viele Soldaten auf beiden Seiten ums Leben, und der gefangene Chu-Huaiwang wurde hingerichtet.

Nach dem Tod des Königs übernahm sein Sohn Xiong Heng die Regierungsgeschäfte Qu-Guos. Doch auch er verließ sich auf die falschen Leute, ja er machte sogar einen Verräter mit Namen Zi-Lan zu seinem persönlichen Berater.

Als Qu Yuan davon erfuhr, war er noch besorgter und niedergeschlagener: Er sah die Errungenschaften seines Landes dahinschwinden, bis vom einstigen Reichtum und Ruhm nichts mehr übrig war.

Über den Verlust der Vormachtstellung seines Landes und den Niedergang der Regierung veröffentlichte Qu Yuan nun ein Gedicht. Als Zi-Lan dieses zu Gesicht bekam, versuchte er bei Xiong Heng sogleich die Verbannung Qu Yuans zu

erwirken. Er erreichte, daß der neue König die Versetzung Qu Yuans nach Chang Sha befahl, um ihn von der Politik seines Landes fernzuhalten.

Damals war Qu Yuan bereits 45 Jahre alt. Er verbrachte neun Jahre in der an einem Fluß gelegenen Stadt Chang Sha sehr zurückgezogen. Nur zu den Bauern und Fischern der Stadt stand er in gutem Kontakt. Doch er konnte die Gedanken an seine Heimat nicht vertreiben und grämte sich unentwegt über die Zustände, die unter der Regentschaft Xiong Hengs dort herrschten. Seine traurigen Gedanken schrieb er in weiteren Gedichten nieder.

Das Reich Qin-Guo besiegte in dieser Zeit auch die anderen Königreiche. Im Jahr 221 v. Chr. wurde das Land geeinigt und die Qin-Dynastie begründet. Die Königspaläste der anderen Provinzen wurden dem Erdboden gleichgemacht.

Qu Yuan traf diese Nachricht von der Reichseinigung durch die Qin so sehr, daß er sie nicht verkraften konnte.

In seinem letzten Gedicht «Huai Sha» schrieb er sinngemäß: «Ich kann meinem Vaterland nicht mehr helfen und möchte ihm nun mein Leben opfern. Ich habe keine Hoffnung mehr, ich muß sterben, ich kann so nicht länger leben. Mein Vaterland hat keine Zukunft mehr, ich selbst habe keine Zukunft mehr, so gebe ich mein Leben hin.»

Nach der Niederschrift dieses Poems beschwerte Qu Yuan seinen Körper mit großen Steinen und stürzte sich in den nahen Fluß.

Das geschah am 5. Tag des 5. Monats nach dem Mondkalender. Seitdem gedenken die Chinesen an diesem Tag Qu Yuans, den sie als großen Staatsmann verehren.

Der eigentliche Ursprung des berühmten Drachenbootrennens ist darauf zurückzuführen, daß viele Fischer mit ihren Booten schnell zur Unglücksstelle ruderten, um gefüllte Bambusbecher dort in den Fluß zu werfen, wo Qu Yuan in den Wogen versunken war. Die Speisen sollten die Fische sättigen und sie vom Körper Qu Yuans auf dem Grund des Flusses abhalten.

In Anlehnung an die gefüllten Bambusbecher werden heute die gefüllten Bambusblätter am Drachenbootfest gegessen. Der Brauch des Wettfahrens verbreitete sich immer mehr und war bald in der ganzen Gegend des Yang-Tze bekannt. Die Menschen an diesem Fluß lebten von der Landwirtschaft und vor allem von der Fischerei. Die Fischer waren damals oft tätowiert, da sie glaubten, sich so den Fischen ähnlicher zu machen und bessere Fänge erzielen zu können.

Einmal im Jahr pflegten sie ein großes Opferfest zu veranstalten, an dem sie um reichen Fang für die nächste Saison baten.

In der Tang-Dynastie verband sich nun die Feier zu Ehren Qu Yuans mit dem Feiertag der Fischer und schmolz zu einem einzigen Feiertag zusammen, der sich vom Yang-Tze aus weiter verbreitete.

Seit jener Zeit wird in China jedes Jahr ein Drachenbootrennen durchgeführt, und es werden gefüllte Bambusblätter zubereitet.

Mit der Zeit kamen andere Bräuche hinzu, z.B. das Behängen von Türen mit Kräutern und Bildern des Drachengottes zur Abschreckung böser Geister.

Zum Drachenbootfest schmücken die Frauen ihre Haare mit Blumen, die Männer trinken gelben Reiswein, und den Kindern hängt man zum Schutz vor bösen Geistern einen kleinen, mit duftenden Kräutern gefüllten Beutel um den Hals.

Pikante gefüllte Bambusblätter
Xian Zong Zi

Zutaten
2 kg Klebreis
100 g geschälte, getrocknete Wasserkastanien
200 g Lotussamen
640 g Schweinerippe (ohne Knochen)
40 g getrocknete Krabben
60 bis 70 Bambusblätter
50 Fleischfäden (je 1 m lang)
Sambal Olek oder Chilisauce (nach Belieben)

Für den Klebreis:
10 g Knoblauch
½ RS Öl
1½ TL Pfeffer
1½ EL Salz
3/4 RS Sojasauce
2 EL Zucker

Vorbereitung Den Klebreis über Nacht in der doppelten Menge Wasser einweichen.
Die Wasserkastanien und den Lotussamen ebenfalls getrennt in Wasser über Nacht einweichen.
Am nächsten Morgen alles gut mit Wasser auswaschen und abtropfen.
Von den Bambusblättern die Enden abschneiden.
Nun das Schweinefleisch in mundgerechte Würfel schneiden. Den Knoblauch und den Ingwer hacken.

Zubereitung des Klebreis
Den Klebreis in einer Schüssel in einem großen Dampfkochtopf oder Wasserbad 20 Min. dämpfen.
In einer Pfanne die ½ RS Öl erhitzen und den Knoblauch darin anbraten. Die restlichen Gewürze für den Klebreis zugeben, umrühren und alles in der Schüssel mit dem Reis vermengen.

Zubereitung des Schweinefleisches
Eine heiße Pfanne zweimal mit Öl ausschwenken und das Fritieröl darin erhitzen. Es empfiehlt sich, den Fritiervorgang jeweils mit der halben Menge der Zutaten zweimal durchzuführen.
Die Schweinefleischwürfel kurz fritieren, die Wasserkastanien und die Lotussamen dazugeben und noch 2 Min. weiterfritieren.
Alles mit einem Sieb aus der Pfanne heben, abtropfen lassen und das Öl in das Vorratsgefäß zurückgeben. Das Salatöl in der Pfanne erhitzen, den Ingwer kurz anbraten und die Krabben zufügen.
2 Min. braten und das vorfritierte Schweinefleisch mit den Kastanien und den Lotussamen in die Pfanne zurückgeben. Umrühren, die Sojasauce zugeben und erhitzen.
Sobald die Mischung heiß ist, das Salz, den Honig, den Pfeffer, den Reiswein und das Wasser dazugeben und alles bei geschlossenem Deckel 30 Min. auf kleiner Flamme schmoren lassen.
Mit dem Chiliöl würzen.

Endzubereitung
Die Bambusblätter wie im Rezept «Rote Bohnenkeime mit Klebreis in Bambusblättern» (siehe S. 271) beschrieben vorbereiten und zu Tüten formen. Diese mit 2 EL Klebreis, 1 EL Schweinefleisch und wiederum 1 EL Reis füllen und verschließen.
Die gefüllten Bambusblätter nun in Bündeln im Dampfkochtopf 2 Std. garen bzw. dämpfen. Von den Fäden befreien und sofort mit dem Sambal Olek oder der Chilisauce zum Dippen heiß servieren.

Für das Schweinefleisch:
3 EL Ingwer
1 l Öl zum Fritieren
1½ RS Salatöl
½ RS Sojasauce
1 EL Salz
½ RS Honig
1 EL Pfeffer
1½ RS Reiswein
3½ RS Wasser
4 EL Chiliöl

TIPS Man kann sowohl grüne als auch gelbe Bambusblätter verwenden. Die gelben sind dicker und stark wasserabweisend. Aus diesem Grunde benutzte man sie früher in China auch zum Einpacken von Pasten.
Die gefüllten Bambusblätter sind bis zu einer Woche im Kühlschrank haltbar. Vor dem Servieren erwärmt man sie wieder im Wasserbad oder im Dampfkochtopf.

Sehr lange Vor- und lange Zubereitungszeit!

GEBRATENER EIERSALAT
DAN PI SHA LA

VORBEREITUNG Die Eier mit dem Kartoffelmehl und einer Prise Salz in einer Schüssel durchschlagen.
Den Porree waschen, in 6 cm lange Stücke und diese längs in Streifen schneiden. In einer Schüssel mit kaltem Wasser ziehen lassen, damit die Porreestreifen ganz knackig werden.
Den Koriander waschen, die Blättchen abzupfen und grob hacken.
Die Chilischoten waschen, entkernen, in feine Streifen schneiden und zusammen mit dem Porree in kaltem Wasser ziehen lassen.
Alle Zutaten für die Sauce in einer Schale miteinander vermischen.

ZUTATEN
5 Eier
1½ EL Kartoffelmehl
1 Prise Salz
120 g weißer Porree (oder Frühlingszwiebeln)
30 g frischer Koriander (oder Petersilie)
30 g rote Chilischoten
½ RS Öl

Für die Sauce:
1 TL Salz
2½ EL chinesischer Essig (5 %)
3 EL Reiswein
½ RS Sa-Cha-Chiang-Sauce (chinesische Barbecue-Sauce) oder ⅓ RS süße Sojasauce
3 EL dunkles Sesamöl
1½ EL Sojasauce
1½ EL Zucker

ZUBEREITUNG Eine sehr heiße Pfanne zweimal mit Öl ausschwenken. Danach mit in ½ RS Öl getauchtem Küchenpapier gut auswischen.
Die Eiermasse nochmals durchschlagen und daraus papierdünne Eierkuchen in der Pfanne braten. Damit die Masse nicht an der Pfanne anklebt, kann man vom Rand aus etwas Öl zugeben.
Die Eierkuchen sollen nur auf einer Seite gebraten werden. Jeder von ihnen wird dann zum Auskühlen mit der ungebratenen Seite auf eine umgedrehte und von außen geölte Reisschale gestürzt. Die vorgesehene Eiermasse ergibt etwa 5 dünne Eierkuchen *(crêpes)* von 18 cm Durchmesser.
Zwischen jedem Eierkuchen die Pfanne erneut mit dem geölten Papier ausfetten. Die ausgekühlten Eierkuchen in dünne Streifen schneiden.
Den Porree und den Chili auf einem Sieb abtropfen und in einer Schüssel mit den Korianderblättchen, den Eierstreifen und der Sauce vermischen. Auf einer Platte anrichten und servieren.

KREBSE MIT TOFU
XIE ROU DOUFU

ZUTATEN
250 g Tofu
2 EL gehackte Salami
½ RS gekochtes Krebsfleisch (aus der Konserve)
1 l Gemüsebrühe
1 Eiweiß

Zum Braten:
10 g weiße Frühlingszwiebeln
5 EL Salatöl
10 g frische Ingwerscheiben

VORBEREITUNG Den Tofu in Würfel von etwa 2 × 2 cm schneiden, in kochendem Wasser 1 bis 2 Min. blanchieren und auf einem Sieb abtropfen lassen.
Die Frühlingszwiebeln breitklopfen und in 3 cm lange Stücke schneiden.
Die Salami in feine Scheiben schneiden.

Zubereitung Das Salatöl in einem Topf erhitzen und darin kurz die Frühlingszwiebeln und Ingwerscheiben zur Aromatisierung braten. Wieder aus der Pfanne nehmen.
Die Gemüsebrühe mit den Gewürzen für die Suppe zu dem Öl gießen und aufkochen.
Nun das Krebsfleisch und die Tofuwürfel in die kochende Brühe geben und beim erneuten Aufkochen mit dem in 6 EL Wasser angerührten Kartoffelmehl binden.
Das Eiweiß in einer Tasse schlagen und unter Rühren in die Suppe fließen lassen, dann nochmals 1 Min. kochen lassen.
In Schalen heiß servieren, mit dem Sesamöl würzen und mit der Salami bestreuen.

Für die Suppe:
1 EL Glutamat
½ TL Pfeffer
1½ TL Salz

Zum Binden:
1 EL Kartoffelmehl
2 EL Sesamöl

Tofu mit Frühlingszwiebeln und Schweinefleisch
Zhu Rou Doufu

Vorbereitung Den Tofu in Scheiben schneiden (etwa 6 cm lang, 3 cm breit und 1 cm dick).
Eine heiße Pfanne zweimal mit Öl ausschwenken und das Fritieröl erhitzen. Die Tofuscheiben kurz fritieren und dann mit einem Sieb aus der Pfanne nehmen.
Das Schweinefilet in Scheiben schneiden.
Die Gewürze für die Marinade in einer Schüssel mischen, die Fleischscheiben unterheben und etwa 10 Min. ziehen lassen.
Den Porree gut waschen, der Länge nach vierteilen und in 3 cm lange Stücke schneiden. Diese kurz in etwas kochendem Wasser blanchieren und abtropfen.
Den Chili aufschlitzen, entkernen und in 3 cm breite Stücke schneiden.
Den Knoblauch fein hacken.
In einer Schale alle Gewürze für die Sauce miteinander vermischen.

Zutaten
300 g Tofu
½ l Öl zum Fritieren
200 g Schweinefilet
80 g Porree
15 g frischer Chili

Zum Marinieren:
1½ TL Kartoffelmehl
2 EL Salatöl
1½ TL helle Sojasauce
2 EL Wasser

Zum Braten:
1 Knoblauchzehe
5 EL Öl

Für die Sauce:
2 EL Austernsauce
1 RS Hühnerbrühe
1 TL Kartoffelmehl
3 bis 4 EL Reiswein
3 EL helle Sojasauce
1 EL Zucker

ZUBEREITUNG Eine heiße Pfanne zweimal mit Öl ausschwenken. Das Öl zum Braten in der Pfanne erhitzen, den Knoblauch kurz darin anbraten.
Die marinierten Schweinefleischscheibchen ungefähr 2 Min. kurzbraten und dabei voneinander trennen.
Den Porree, den Chili und den Tofu zugeben und weitere 2 Min. braten.
Die Saucenmischung zugießen und unter Rühren kurz aufkochen.
Das Gericht heiß servieren.

KULINARISCHES Eine besondere Tofuspezialität bereitet man in China mit lebenden Fischen zu.
Im Januar eines jeden Jahres wird auf den Feldern der Reis angepflanzt. Etwa im Juni/Juli gelangt er dann zur Reife, und es kann mit der Ernte begonnen werden. In der Wachstumszeit ist das Bewässern besonders wichtig. Mit dem Wasser geraten aber auch die kleinen Eier der Schlammpeitzger (eine spargelgroße Fischart) in die Felder.
Nach der Reisernte trocknen die Felder aus, und im zurückbleibenden Schlamm sieht man nun die Schlammpeitzger wimmeln. Sie werden mit der Hand gefangen, was nicht gerade leicht ist, da sie an der Oberfläche sehr schlüpfrig sind.
Der Fang wird in einem großen Topf mit Wasser vom Schlamm gereinigt und dann drei Tage in klarem Wasser stehengelassen, damit die Fische so alle Erdreste ausscheiden. Während dieser Zeit füttert man sie mit zerlassenem Schweineschmalz.

In einem großen Suppentopf bereitet man unterdessen Tofu zu. Die lebenden Fische werden dazugegeben und der Topf langsam erhitzt. Durch die Hitze werden die Peitzger in den Tofu getrieben, da dieser noch schön kalt ist. Auf diese Weise füllt sich der Tofu mit dem Fisch, und dieser wird im Tofumantel gargekocht.
Diese Kochtechnik ist nicht gerade tierfreundlich, doch der Geschmack ist sehr gut. Vor allem unter den chinesischen Bauern ist dieses Rezept weitverbreitet.

Fritierter Gemüsetoast
Huang Jin Rou

Zutaten
10 g getrocknete chinesische Blumenpilze
10 g getrocknete Krabben
35 g Wasserkastanien
40 g Bambussprossen
30 g Sichuan-Gemüse
200 g Tofu
3 bis 4 Scheiben Toastbrot
etwas Kartoffelmehl (zum Bestäuben)
1 l Öl zum Fritieren

Zum Würzen:
½ Eiweiß
1 TL Glutamat
2 EL Kartoffelmehl
½ TL Salz
1 EL Sesamöl
1½ EL helle Sojasauce

Vorbereitung Die Blumenpilze zuerst 30 Min. in 1 l heißem Wasser einweichen, quellen und dann abtropfen lassen.
Die Krabben, die Wasserkastanien, die Bambussprossen, das Sichuan-Gemüse und die eingeweichten Pilze mit 2 Messern ganz fein zu einer breiigen Masse hacken oder im Mixer pürieren.
Nun den Tofu zerkrümeln, mit den Würzzutaten mischen und dann mit der pürierten Masse vermengen.
Die Rinde vom Toastbrot abschneiden und die Scheiben diagonal in 2 Dreiecke teilen.
Die Toastdreiecke mit etwas Wasser anfeuchten und mit wenig Kartoffelmehl bestäuben.
Auf jedes Dreieck 1 bis 2 EL der vorbereiteten Gemüsemasse aufhäufen und leicht andrücken.

Zubereitung Eine heiße Pfanne zweimal mit Öl ausschwenken. Das Fritieröl in der Pfanne mäßig erhitzen und die Gemüsetoaste vorsichtig von beiden Seiten fritieren, bis Brot und Masse goldbraun sind.

Anmerkungen Sollte etwas von der Masse übrigbleiben, kann man daraus kleine Plätzchen formen und diese ebenfalls im Öl fritieren.

In der chinesischen Küche arbeitet man gerne mit 2 Messern (also mit je einem Messer in jeder Hand), weil die Zubereitungsvorgänge dann schneller gehen und man mit den 2 Messern das Hackgut gleichzeitig auch zusammenschieben kann.

KULTURELLES Der erste Kaiser der Qing-Dynastie war vor seiner Ernennung oberster Koch am Hof und Oberaufseher der kaiserliche Palastküche.
Einmal mußte er wegen Krankheit ein paar Tage fehlen. In der Küche herrschte bald ein großes Durcheinander, da niemand da war, der die Arbeiten koordinierte. Eine kaiserliche Mahlzeit bestand damals aus acht Gängen, und für die Zusammenstellung der Speisefolge war eben der Oberhofkoch zuständig.
Schließlich ergriff eines der Hofmädchen die Initiative und überwachte die Essenszubereitung. Nach den ersten sieben Gängen machte sie sich an die Vorbereitungen des achten. Aus mangelnder Erfahrung mit dem Kochen mißlang ihr nun dieser abschließende Menuteil. Was konnte man dem Kaiser in dieser Situation vorsetzen?
Da kam sie auf die Idee, das vom Frühstück noch übriggebliebene Dampfbrot mit einer Gemüsepaste zu füllen und es anschließend zu fritieren. Das neue Gericht wurde dem nichtsahnenden Kaiser von einem Beamten als *Huang-Jin-Rou* («gelbes Fleisch») serviert. Und es schmeckte ihm so gut, daß er den Oberhofkoch ein paar Tage später danach fragte.
Dieser wunderte sich nicht schlecht, da er ja nicht wußte, wovon die Rede war. Er machte sich sofort auf die Suche nach dem Hofmädchen, um von ihr das genaue Rezept zu erfahren. Obwohl das Mädchen die eigentliche Erfinderin dieses Gerichtes war, steckte nun der Oberhofkoch das Lob dafür ein. Er änderte den Namen um in *Yu-Fan-Rou*, d. h. «gewendete Fleischscheiben».
Dampfbrot ist in China ein typischer Bestandteil des Frühstücks. Da es hier in Europa nicht verbreitet ist, verwende ich in diesem Zusammenhang den Begriff «Toast».

Garnelen mit Tofu
Da Xia Doufu

Vorbereitung Die Garnelen waschen, am Rücken einschneiden und den schwarzen Darm entfernen. In eine Schüssel legen und ½ Std. unter fließendem Wasser stehenlassen.
Auf einem Sieb abtropfen und mit Küchenpapier trockentupfen.
Die Gewürze für die Marinade vermischen und die Garnelen darin 20 Min. ziehen lassen.
Den Tofu in kleine Würfel schneiden und im heißen Öl 3 Min. fritieren, dann abtropfen lassen. 20 Min. unter fließendem Wasser ziehen lassen.
Das Ei in einer Tasse verquirlen. Alle Zutaten für die Sauce in einer Schale vermischen.

Zubereitung Das Fritieröl erneut erhitzen und die marinierten Garnelen darin kurz fritieren.
Mit einem Sieb herausnehmen und das Öl in das Vorratsgefäß zurückgießen.
Das Möhrenöl in der Pfanne stark erhitzen und das verquirlte Ei schnell unter Rühren darin braten.
Die fritierten Garnelen zufügen, kurz erhitzen, die Tofuwürfel zugeben und dann die Saucenmischung unterrühren.
Kurz aufkochen, mit Petersilie bestreuen und das Gericht servieren.

Zutaten
250 g geschälte rohe Garnelen
200 g Tofu
½ l Öl zum Fritieren
1 Ei
etwas gehackte Petersilie (zum Garnieren)
5 EL Möhrenöl

Zum Marinieren:
2 EL Eiweiß
3 TL Kartoffelmehl
½ TL Salz

Für die Sauce:
1 TL Glutamat
1 RS Hühnerbrühe
2 EL Ingwerwein
1 TL Kartoffelmehl
½ TL Salz
4 EL Wasser

Lange Vorbereitungszeit!

Chinesischer Lauch mit Glasnudeln
Jiu Cai Chao Fen Si

Zutaten
150 g chinesischer Lauch
200 g Schweineschulter
30 g Glasnudeln
1 TL Ingwer
1 TL Frühlingszwiebelweiß
6 EL Öl
1 TL Salz
½ TL Pfeffer
1 TL Glutamat
½ RS Gemüsebrühe

Vorbereitung Den chinesischen Lauch waschen und in 4 cm lange Stücke schneiden.
Das Schweinefleisch 20 Min. kochen, dann herausnehmen und abtropfen lassen. Dann in ½ cm dicke und 4 cm lange Streifen schneiden.
Die Glasnudeln in kochendem Wasser 15 Min. einweichen und danach abtropfen.
Den Ingwer hacken und das Frühlingszwiebelweiß fein schneiden.

Zubereitung Eine heiße Pfanne zweimal mit Öl ausschwenken. Das Öl zum Braten in der Pfanne erhitzen.
Den Ingwer und das Frühlingszwiebelweiß kurz anbraten. Das geschnittene Fleisch in die Pfanne geben und bei großer Hitze 2 Min. braten.
Den chinesischen Lauch zugeben und weitere 2 Min. unter Rühren braten.
Die abgetropften Glasnudeln in die Pfanne geben. Mit dem Salz, dem Pfeffer und dem Glutamat würzen und die Gemüsebrühe hineingeben.
Kurz aufkochen und das Gericht heiß servieren.

Schweinerippe mit Mais
Yu Mi Pai Gu

Zutaten
400 g dicke Rippe
1 Maiskolben
4 Stengel frischer Koriander
1½ l Hühnerbrühe

Vorbereitung Die Rippe quer in 4 cm lange Stücke hacken und nochmals so durchschneiden, daß ungefähr 4 × 4 cm große Quadrate entstehen.
Diese Stücke 5 Min. in 1 l kochendem Wasser blanchieren und danach abgießen.
Den Maiskolben quer in 4 cm lange Stück schneiden.
Den Koriander waschen; die Blättchen abzupfen und grob hacken.

ZUBEREITUNG In einem Topf die Brühe zum Kochen bringen. Sobald sie kocht, das blanchierte Fleisch und den Mais zugeben, aufkochen und 10 Min. leicht kochen lassen.
Alle Würzzutaten zufügen und weitere 40 Min. auf kleiner Flamme langsam garen.
Als heiße Suppe, mit frischem Koriander bestreut, servieren.

Zum Würzen:
1 Prise Glutamat
½ TL Pfeffer
1½ TL Salz
2 St. Sternanis

KULTURELLES Der chinesische Mais unterscheidet sich kaum vom europäischen. Nur die Zubereitung ist etwas anders.
Auch diese Pflanze veranschaulicht, wie sich im Laufe der Jahrhunderte die chinesische Eßkultur verändert hat: Als ursprünglich rein ländliches Lebensmittel hat der Mais später Eingang in die gesamte Küche Chinas gefunden. Eine Besonderheit ist der etwa 25%ige Maisschnaps.
In China gibt es viele kleine, fahrbare Maisgarküchen, besonders auf den Nachtmärkten. Den Mais kann man dort gekocht, gedämpft oder – nach einer besonders köstlichen Zubereitungsart – gegrillt erhalten.
Der Mais wird zuerst so lange am Kolben auf dem Grill gerollt, bis sich die Körner etwas hell verfärbt haben.

Aus Sojasauce, Zucker, Pfeffer sowie Knoblauchmasse wird eine Sauce zubereitet, mit der der Mais bestrichen wird. Danach läßt man ihn weitergrillen, wendet ihn und bestreicht ihn nochmals. So geht das immer weiter, bis die Maiskörner eine mittlere Färbung angenommen haben. Ganz zum Schluß wird alles noch mit dem Sambal Olek bestrichen.

Auf diese Art zubereiteter Mais wird als kleine Zwischenmahlzeit oder einfach zum Naschen gegessen. Eine wirkliche Besonderheit sind hingegen die jungen Maishaare; sie werden als Salat angerichtet und haben einen süßlichen Geschmack. Das Essen dieser Maishaare wird in der chinesischen Heilkunde besonders bei Diabetes oder Leberkrankheit empfohlen.

Karpfen mit Sojabohnenkeimen
Ya Cai Chao Yu Pian

Zutaten

180 g Karpfenfilet (oder frischer Lachs)
350 g Sojabohnenkeime
1 EL schwarzfermentierte Bohnen
10 g frischer Ingwer
10 g weiße Frühlingszwiebeln
6 EL Salatöl
½ l Öl zum Braten

Zum Marinieren:
1 EL Eiweiß
1½ TL Kartoffelmehl
2 EL Öl
1 Prise Pfeffer
2 EL Reiswein
1 TL Sojasauce

Vorbereitung Das Karpfenfilet entgräten und danach schräg von oben in dünne Scheiben schneiden.

Die Zutaten für die Marinade miteinander vermengen und die Karpfenscheiben rund 10 Min. darin einlegen.

Die Sojabohnenkeime an beiden Enden abknipsen und in kaltem Wasser ziehen lassen.

Die Bohnen in einer Reisschale 20 Min. wässern, abgießen und zu einer Paste zerquetschen.

Die Gewürze für die Sauce in einer Schale vermischen.

Den Ingwer und die Frühlingszwiebeln in Streifen schneiden.

Zubereitung Eine heiße Pfanne zweimal mit Öl ausschwenken. Das Öl zum Braten in der Pfanne erhitzen.

Die Karpfenscheiben nochmals mit der Marinade verrühren und mit einem Schwung in das heiße Öl geben. Vorsichtig separieren und 1 Min. braten.

Mit einem Sieb die Scheiben aus der Pfanne heben. Die Sojabohnenkeime in dem heißen Öl 1 Min. braten und ebenfalls aus der Pfanne heben.
Das verbliebene Öl in das Vorratsgefäß zurückgießen. Nun das Öl für die Sauce in der Pfanne erhitzen und die Ingwer- sowie Frühlingszwiebelstreifen kurz anbraten.
Die Bohnenpaste zugeben, kurz erhitzen und den Fisch sowie die Sojabohnenkeime in die Pfanne zurückgeben.
Unter Rühren erhitzen und dabei die Saucenmischung langsam dazugeben.
Das Gericht heiß servieren.

Für die Sauce:
½ TL Kartoffelmehl
1 Prise Pfeffer
5 EL Reiswein
etwas Salz (nach Belieben)
1 EL Zucker

Makrelen mit getrocknetem Chili
La Jiao He Yu Song

Vorbereitung Die Makrelenfilets waschen, entgräten und in Streifen (4 cm lang, 1 cm breit und 1 cm dick) schneiden.
Die Chilischoten der Länge nach halbieren. Den Ingwer und den Knoblauch fein hacken.
Die Gewürze für die Marinade in einer Schüssel vermischen und die Makrelenstreifen ½ Std. darin ziehen lassen.
Die Marinade von den Makrelenstreifen abgießen. In der Zwischenzeit alle Zutaten für die Panade in einer Schüssel zusammenrühren und ½ Std. quellen lassen.
Die Gewürze für die Sauce miteinander miteinander vermischen und dann stehenlassen.

Zubereitung Eine heiße Pfanne zweimal mit Öl ausschwenken und das Fritieröl in der vorbereiteten Pfanne erhitzen.
Die marinierten Makrelenstreifen einzeln mit einem Zahnstocher in den Fritierteig (die Panade) tauchen, kurz abtropfen lassen und hellgelb in dem Öl fritieren.

Zutaten
230 g Makrelenfilet (oder Lachsfilet)
5 g getrocknete Chilischoten
1 EL Knoblauch
1 l Öl zum Fritieren
6 EL Öl für die Sauce

Zum Marinieren:
1 EL Ingwer
2 Prisen Pfeffer
2 EL Reiswein
½ TL Salz
1 EL Sojasauce

Für die Panade:
1 EL Backpulver
1 Eigelb
10 g Kartoffelmehl
5 EL Öl
½ TL Salz
¾ RS Wasser
160 g Weizenmehl

Für die Sauce:
½ RS Hühnerbrühe (oder Wasser)
1 TL Kartoffelmehl
3 EL Reiswein (oder Pflaumenwein)
ev. 2 EL Reisweinsatz (siehe S. 73)
½ TL Salz
3 EL Sesamöl
2 EL Sojasauce
2 EL Tomatenketchup
1½ EL Zucker
2 EL karamelisierter Zucker (siehe S. 72) oder 4 EL süße Sojasauce

Lange Vor- und Zubereitungszeit!

Während man auf einer Seite die Fischstreifen in das Öl gibt, hebt man auf der anderen Seite die hellgelb vorfritierten Fischstreifen mit einem kleinen Sieb heraus und legt sie in ein großes Sieb zum Abtropfen.
Wenn alle Fischstäbchen vorfritiert sind, gibt man die halbierten Chilischoten in das heiße Öl und fritiert sie weiter, bis sich die Farbe leicht ändert.
Die vorfritierten Fischstäbchen nochmals dazugeben und kurz bei starker Hitze weiterfritieren, bis der Fisch goldbraun ist.
Mit einem Sieb den Fisch und die Chilischoten herausnehmen und abtropfen lassen. Das Öl in das Vorratsgefäß zurückgießen.
Die leere Pfanne wieder erhitzen und das Öl für die Sauce hineingeben. Sobald das Öl heiß ist, den Knoblauch kurz anbraten.
Den fritierten Fisch mit den Chilischoten in die Pfanne geben, umrühren, mit der Saucenmischung übergießen und bei starker Hitze zum Kochen bringen.
Das Gericht heiß servieren.

Gedämpftes Rindfleisch mit Chilisauce
Qing Zheng La Niu Rou

Vorbereitung Das Rindfleisch waschen. In einem Topf 1½ l Wasser zum Kochen bringen.
Die Frühlingszwiebeln zum Blanchieren durch den Schlag mit einem flachen Messer kurz anquetschen. Das Rindfleisch, die Ingwerscheiben und die angequetschte Frühlingszwiebel dazugeben und etwa 20 Min. blanchieren.
Das Fleisch herausnehmen und in 2 cm große Würfel schneiden.
In einer Schüssel die Gewürze zum Dämpfen mischen, die Fleischwürfel zugeben und zugedeckt im Wasserbad 1 Std. dämpfen.
In der Zwischenzeit 20 g Frühlingszwiebeln klein schneiden. Die Wasserkastanien, den Ingwer und den Knoblauch für die Sauce hacken.
Die Zutaten für die Sauce mit Ausnahme von Knoblauch, Ingwer, Öl und Sambal Olek in einer Schale mischen.

Zubereitung Eine heiße Pfanne zweimal mit Öl ausschwenken. Das Öl für die Sauce darin erhitzen und den Knoblauch, den Ingwer und das Sambal Olek kurz anbraten.
Die Saucenmischung zufügen, die Fleischwürfel mit der Dämpfflüssigkeit unter Rühren zugeben und erhitzen.
Das Ganze 5 bis 10 Min. auf kleiner Flamme leicht kochen lassen, dann die Wasserkastanien und die kleingeschnittenen Frühlingszwiebeln zugeben, mit der Kartoffelmehl-Wasser-Mischung andicken und mit dem Sesamöl abschmecken.

Zutaten
600 g Rindfleisch
20 g Frühlingszwiebeln
80 g Wasserkastanien (aus der Konserve)

Zum Blanchieren:
1 Frühlingszwiebel
3 Ingwerscheiben

Zum Dämpfen:
2 Prisen Pfeffer
1 RS Reiswein
½ TL Salz
2 EL Sojasauce
1 TL Zucker

Für die Sauce:
1 EL Knoblauch
1 EL Ingwer
5 EL Öl
2 EL Sambal Olek
1 EL Essig (25 %)
2 Prisen Pfeffer
3 EL Reisweinsatz (siehe S. 73) oder Reiswein
½ TL Salz
3 EL Tomatenketchup
2 EL Zucker

Zum Andicken:
1 TL Kartoffelmehl
4 EL Wasser
3 EL Sesamöl

Junger Bambus mit Sojabohnenpaste
Tian Mian Jiang Chao You Sun

Zutaten
650 g junger Bambus (oder Bambusstreifen aus der Dose)
5 EL Öl

Zum Würzen:
1 TL Glutamat
1 RS Hühnerbrühe
½ RS Reiswein
3 EL Sojabohnenpaste
2 EL Sojasauce
2 EL Zucker

Vorbereitung Den Bambus in 5 cm lange Streifen schneiden, waschen und 10 Min. in kochendem Wasser blanchieren, auf ein Sieb abgießen und abtropfen lassen.
Alle Würzzutaten in einer Schale miteinander vermischen.

Zubereitung In einer Pfanne das Öl erhitzen, die Gewürzmischung zugeben, kurz durchrühren, nun die abgetropften Bambussprossen zugeben und 10 Min. langsam kochen. Heiß servieren.

Tip Stehen keine frischen Bambusstangen zur Verfügung, kann man auch konservierte Bambusstreifen verwenden.

Kulturelles Die Gegend südlich des Yangze ist für ihre zahlreichen Bambusspezialitäten bekannt. In den Provinzen Anhui, Jiangsu und Zhejiang gibt es noch viele natürliche Bambuswälder, besonders in den Bergen, wo auch viel Tee angebaut wird, und entlang des Dong-Hai-Sees. Tee und Bambus benötigen in etwa die gleichen klimatischen Bedingungen für ein gutes Wachstum.
Fast jeder Tourist, der diese Provinzen besucht, kehrt mit mehreren Tüten voll Bambus zurück: mit eingelegtem, getrocknetem oder frischem Bambus. Der Bambus kann fast vollständig verwertet werden. So kann man den jungen Bambus essen, aus dem Bambusholz lassen sich Geschirr, Stäbchen sowie andere Geräte herstellen. Manchmal werden sogar ganze Häuser aus Bambus gebaut.
Bambus kann man auf viele verschiedene Arten zubereiten. Dabei ist die richtige Vorbereitung von Bedeutung; am besten weicht man den Bambus vorher in Wasser ein. Man kann ihn schmoren, braten oder für Suppe verwenden. Im Sommer

schmeckt der Bambus am besten in Form einer kalte Platte.
Beim Kauf von Bambus muß man besonders aufpassen. Nicht selten wird versucht, *gezüchteten* Bambus unter die Leuten zu bringen. Der Unterschied ist gar nicht so leicht zu erkennen: In der freien Natur gewachsener Bambus ist an der Außenseite mit einer sehr feinen Haarschicht überzogen. Im Geschmack unterscheidet sich der natürliche Bambus vom gezüchteten jedoch ganz erheblich. Der natürliche Bambus ist aber auch um einiges teuerer, so daß man beim Kauf ganz genau darauf achten sollte, nicht übervorteilt zu werden.

Süss-saurer Rettich
Tang Cu Luo Bo

Vorbereitung Den Rettich waschen, schälen und (auf einem Gurkenhobel) in Scheiben schneiden, mit dem Salz mischen und 15 Min. ziehen lassen. Mit Wasser auswaschen, abtropfen und die restliche Flüssigkeit gut ausdrücken.
Das Sichuan-Gemüse ebenfalls in Scheiben schneiden und in einer Schüssel 1 Std. wässern; dabei einmal das Wasser wechseln.
Das Gemüse abgießen und ausdrücken.
Den Chili fein hacken.

Zutaten
700 g großer weißer Rettich
100 g Sichuan-Gemüse
1 rote Chilischote

Zum Würzen:
2 TL Salz
2½ EL Essig (25 %)

1 Prise Pfeffer
½ RS Sichuan-Pfefferöl
4 EL Zucker

Lange Vor- und Zubereitungszeit!

ZUBEREITUNG Den Rettich, das Sichuan-Gemüse und den Chili in einer Schüssel mit den übrigen Würzzutaten gut durchmischen und zugedeckt im Kühlschrank 2 Std. durchziehen lassen.
Das Gericht auf einer Platte servieren.

LILIENBLUMENPILZSUPPE
JIN ZHENG DONG GU TANG

ZUTATEN
100 g Schweinefleisch
100 g Hähnchenschenkelfleisch
10 g Frühlingszwiebeln
150 g Lilienblumenpilze (aus der Dose)

Zum Marinieren:
2½ EL Kartoffelmehl
3 EL Öl
1½ EL Sojasauce

Für die Suppe:
1 l Hühnerbrühe
½ EL Essig (25 %)
1½ TL Salz
1½ EL Zucker

VORBEREITUNG Das Schweine- und das Hähnchenkeulenfleisch in Streifen schneiden.
Mit den Zutaten für die Marinade vermischen und 5 Min. ziehen lassen.
Die Frühlingszwiebeln in Stücke schneiden.

ZUBEREITUNG In einem Topf die Hühnerbrühe zum Kochen bringen und die Gewürze für die Suppe zufügen.
Die Lilienblumenpilze in die Suppe geben, wieder zum Kochen bringen und das marinierte Fleisch Stück für Stück in die Suppe gleiten lassen.
5 Min. kochen, danach umrühren und die Frühlingszwiebeln zugeben.
Das Ganze heiß servieren.

Gurkensuppe mit Blumenpilzen
Dong Gu He Qing Gu Tang

Zutaten
20 g getrocknete Blumenpilze
120 g Tofu
120 g Salatgurkenwürfel
1½ l Gemüsebrühe (siehe S. 70)

Zum Würzen:
1½ EL Glutamat
2 Prisen Pfeffer
1½ TL Salz
1 EL Zucker
2 EL Möhrenöl (siehe S. 51) oder Sesamöl

Vorbereitung Die Blumenpilze in 1½ l heißem Wasser einweichen.
Nach 20 Min. herausnehmen, die Stiele abschneiden und große Pilze halbieren.
Jetzt den Tofu und die Salatgurken in Würfel schneiden.

Zubereitung Die Gemüsebrühe zum Kochen bringen. Die halbierten Pilze zufügen und 5 bis 10 Min. kochen.
Die Würzzutaten mit Ausnahme des Möhrenöls zugeben und weitere 2 Min. kochen.
Jetzt die Tofu- und Gurkenwürfel beigeben, 3 bis 5 Min. kochen, mit dem Möhrenöl abschmecken und heiß servieren.

Tip Sollte kein frischer Tofu erhältlich sein, kann man auch getrocknete Tofuplatten verwenden, die man natürlich vorher einweichen muß.

Rindfleisch mit Tomate und Ananas
Fan Qie Feng Li Chao Niu Rou

Zutaten
200 g Rinderfilet
80 g Tomaten
80 g frische Ananas
½ l Öl zum Fritieren

Für die Marinade:
1 TL Backpulver
1 Eiweiß
1½ EL Kartoffelmehl
2 EL Öl

Vorbereitung Das Rindfleisch in dünne Scheiben schneiden.
Mit allen Zutaten für die Marinade vermischen und etwa 30 Min. ziehen lassen.
Die Frühlingszwiebel mit einem breiten Messerrücken zuerst flachklopfen und dann in 3 cm lange Stücke schneiden.
Die Tomaten häuten, entkernen und das Tomatenfleisch in Würfel schneiden. Die Ananas ebenfalls in Würfel schneiden.
In einer Schale alle Zutaten für die Sauce, außer dem Salatöl und der Frühlingszwiebel, mischen.

½ TL Salz
1 EL helle Sojasauce
2 EL Wasser

Für die Sauce:
1 Frühlingszwiebel
6 EL Salatöl
1 TL Glutamat
½ RS Hühnerbrühe
½ TL Salz
1 EL Sambal Olek
1½ EL Tomatenketchup
1 EL Zucker

ZUBEREITUNG Eine heiße Pfanne zweimal mit Öl ausschwenken und das Fritieröl darin erhitzen.
Das marinierte Fleisch noch einmal durchrühren und mit einem Mal in das heiße Fett geben. Gut umrühren, damit die Fleischscheiben nicht zusammenkleben.
Nach 1½ Min. mit einem Sieb aus dem Öl heben; das restliche Öl in das Vorratsgefäß zurückgeben.
Nun in die leere, noch heiße Pfanne das Öl für die Sauce geben, erhitzen und die Frühlingszwiebel kurz anbraten.
Die Ananas- und die Tomatenwürfel zugeben, erhitzen und 2 Min. braten.
Das Rindfleisch unterheben, 1 Min. erhitzen und die Saucenmischung dazugießen.
Unter Umrühren kurz aufkochen und heiß servieren.

TIPS Schwangere Frauen sollten sich dieses Rezept merken, besonders wenn sie an Appetitlosigkeit und Übelkeit leiden. Dieses Gericht fördert den Appetit und ist leicht verdaulich.
Wer kein so großes Gericht kochen möchte, kann auch chinesische Trockenpflaumen lutschen, um den gleichen Effekt zu erzielen.

Basilikum mit Eiern
Jiu Ceng Ta Chao Dan

Vorbereitung Das Basilikum waschen und die Blättchen abpflücken.
Die Eier in einer Schüssel mit dem Salz, dem Glutamat und der Sojasauce verschlagen.

Zubereitung Das Sesamöl in eine heiße Pfanne geben und erhitzen.
Die Basilikumblättchen in dem heißen Öl kurz anbraten, bis sie zusammenfallen.
Die Eiermischung angießen und vorsichtig unter gelegentlichem Rühren stocken lassen.
Heiß servieren.

Heilkundliches In der chinesischen Medizin wird dem Basilikum eine kreislaufstärkende Wirkung nachgesagt. Die Pflanze beruhigt auch den Magen, unterstützt die Verdauung und vertieft die Atmung. Da Basilikum außerdem das Wachstum fördert, ist die Verwendung für Kinder besonders ratsam.

Zutaten
80 g Basilikum
5 Eier
½ TL Salz
½ TL Glutamat
1½ EL helle Sojasauce
5 EL dunkles Sesamöl

Gefüllte Hefeteigtaschen
Su You Bing

Vorbereitung Das Mehl in eine Schüssel geben und eine Vertiefung formen.
Die Backhefe mit einer halben Reisschale lauwarmem Wasser anrühren und in die Vertiefung geben. 10 Min. gehenlassen.
Mit dem Mehl verrühren und unter Zugabe von ½ RS Wasser zu einem glatten Teig verkneten. Die Schüssel mit einem Tuch abdecken und den Teig ½ bis 1 Std. an einem warmen Platz gehenlassen.
Noch einmal durchkneten und ein weiteres Mal gehenlassen. Währendesssen die Füllung vorbereiten: Den Tofu zerdrücken, im heißen Öl 1 bis 2 Min. braten und abkühlen lassen.

Zutaten

Für den Teig:
600 g Weizenmehl
1 Würfel frische Backhefe
2 TL Weizenmehl
3 x 8 EL Öl

Für die Füllung:
200 g Tofu
3 EL Öl
280 g Chinakohl

40 g Champignons
180 g Glasnudeln
20 g Frühlingszwiebeln
10 g Ingwer
1½ EL süße Bohnenpaste (oder 2 EL süße Sojasauce)
1 EL Glutamat
½ TL Pfeffer
1 TL Salz
2 EL Sesamöl

Lange Vorbereitungszeit!

Den Chinakohl und die Champignons fein hacken und die Glasnudeln mit einer Schere zerkleinern.
Die Frühlingszwiebeln und auch den Ingwer fein hacken.
In einer großen Schale alle Zutaten für die Füllung vermischen.

Zubereitung Auf einer bemehlten Arbeitsplatte ein Drittel des Hefeteigs zu einem runden Teigblatt von etwa 25 cm Durchmesser ausrollen.
Eine halbe Reisschale Füllung auf die eine Hälfte des Teigblattes geben und gleichmäßig verteilen. Dabei einen etwa 1½ cm breiten Rand freilassen.
Die leere Hälfte auf die Füllung umschlagen und an den Rändern gut zusammendrücken.
2 weitere Teigtaschen nacheinander so zubereiten.
Die Teigtaschen bedeckt nochmals 10 bis 20 Min. gehenlassen.
Eine Pfanne mit flachem Boden zweimal mit Öl ausschwenken und eine Mischung aus dem Weizenmehl und dem Wasser vorbereiten.
5 EL Öl erhitzen. Eine Teigtasche vorsichtig in die Pfanne legen und unter Bewegung der Pfanne etwa 1 Min. bei großer Hitze braten.
Die Mehl-Wasser-Mischung dazugießen und bei geschlossenem Deckel und milder Hitze 15 Min. garen lassen. Die Teigtasche wenden und auf der anderen Seite 5 Min. mit Deckel garen lassen.
Vor dem Herausnehmen noch 3 EL Öl um die Teigtasche träufeln und auf großer Flamme solange braten, bis alle Flüssigkeit ganz verdampft ist. Die Teigtasche sollte an den Rändern goldgelb und in der Mitte goldbraun sein.
Die beiden anderen Teigtaschen nacheinander ebenfalls in der beschriebenen Art braten.

Tips Die großen Teigtaschen kann man auch dämpfen und anschließend fritieren (Dampfzeit 30 bis 35 Min.; fritieren, bis sie goldgelb sind).
Die Mehl-Wasser-Mischung, die nach dem Anbraten zugegeben wird, verhindert das Ankleben der Teigtasche, da sie die Feuchtigkeit bindet.

Kulturelles In der Vergangenheit waren es vor allem die armen Bevölkerungsschichten, die sich keinen Reis leisten konnten und auf Weizen angewiesen waren. Auch waren Tagelöhner und einfache Bauern gezwungen, ihren Lebensunterhalt außer Haus zu bestreiten und sich selbst zu verpflegen.

Aus dem verbreiteten Nahrungsmittel der armen Schichten, dem mit Füllung belegten Teigblatt aus Weizenmehl, hat sich die Teigtasche entwickelt. Auf diese Art zubereitet ist sie unterwegs und bei der Arbeit praktischer aufzubewahren.

Chinesischer Blumenpilzsalat
Dong Gu Sha La

Vorbereitung Die Pilze 30 Min. in heißem Wasser einweichen und dann 5 Min. in kochendem Wasser blanchieren. Auf einem Sieb abtropfen, die Stiele entfernen und den Hut in Streifen schneiden. Die Enden der Gurken entfernen und die Gurken in Streifen schneiden (bei älteren Gurken die Kernen entfernen).

Das Sichuan-Gemüse waschen, in Streifen schneiden und 30 Min. in Wasser ziehen lassen.

Das Wasabi-Pulver in einer Reisschale mit heißem Wasser vermischen, dann die Reisschale mit dem Ingwer auf einen Teller stürzen und 15 Min. so belassen, damit die Wasabi-Mischung ihr Aroma entfalten kann.

Zubereitung In einer großen Reisschale alle Würzzutaten mischen.

Das Sichuan-Gemüse ausdrücken und zusammen mit den Blumenpilzen und den Gurken hineingeben, gründlich vermengen und mit einem Deckel verschließen.

Nach 1 Std. Durchziehen den Salat servieren.

Zutaten
40 g getrocknete Blumenpilze
340 g junge Gurken
80 g Sichuan-Gemüse

Zum Würzen:
1½ EL Wasabi (chinesischer Senf)
3 EL Chiliöl
1½ EL Essig (25 %)
2 Prisen Salz
3 EL Sesamöl
4 EL Sesampaste
3 EL helle Sojasauce
2 EL Zucker

Lange Zubereitungszeit!

Rote und grüne Paprika
Hong Jiao He Qing Jiao

Zutaten
200 g grüne Paprika
200 g rote Paprika
1 St. junges Porree-grün (etwa 20 g)
1 TL Salz
2 getrocknete Peperoni
1 TL Kartoffelmehl
6 EL Salatöl
1 EL Sojasauce
3 TL Essig (25 %)
2 EL Zucker
1½ EL Sesamöl

Vorbereitung Die grüne und die rote Paprika waschen, vierteilen und die Kerne entfernen.
Die Viertel mit Schrägschnitten in 3 bis 4 Plättchen zerteilen.
Den Porree der Länge nach halbieren und in 3 cm lange Stücke zerschneiden.
Die Paprikaplättchen mit dem Salz vermengen und 20 Min. ziehen lassen.
Währendessen die beiden Peperoni in kleine Stücke brechen und das Kartoffelmehl mit 3 EL Wasser anrühren.
Die Paprikastückchen gründlich waschen und mit einem Küchentuch trockentupfen.

Zubereitung In einer heißen Pfanne das Salatöl erhitzen und die Peperoni anbraten, bis sie dunkelbraun sind.
Die Paprikaplättchen und den Porree in die Pfanne geben und 1 Min. unter Rühren braten.
Die Sojasauce, den Essig und den Zucker schnell hineinrühren und 1 Min. fertiggaren lassen.
Die Kartoffelmehl-Wasser-Mischung zugeben und andicken lassen.
Mit dem Sesamöl übergießen und sofort servieren.

Sojabohnenkeime mit Möhren
Dou Ya He Hong Luo Bo

Vorbereitung Die Möhren und die Schalotten in Streifen schneiden.
1 l Wasser zum Kochen bringen, die Sojabohnenkeime hineingeben, 2 Min. blanchieren und dann abtropfen lassen.
Das Kartoffelmehl mit 2 EL Wasser vermischen.

Zubereitung In einer heißen Pfanne das Salatöl erhitzen und die Schalotten darin anbräunen.
Die Möhrenstreifen dazugeben und 1½ Min. unter Rühren braten.
Die Sojabohnenkeime beifügen und 2 Min. weiterrühren.
Zum Schluß mit dem Zucker, dem Salz, der Sojasauce und dem Glutamat würzen. Dann 30 Sek. lang weiterrühren.
Mit der Kartoffelmehl-Wasser-Mischung übergießen, verrühren und andicken lassen.
Das Gericht sofort servieren.

Zutaten
80 g Möhren
50 g Schalotten
450 g Sojabohnenkeime
1 TL Kartoffelmehl
5 EL Salatöl
2 TL Zucker
½ TL Salz
2 EL normale helle Sojasauce
1 TL Glutamat

Fritierte Auberginen mit Sojabohnenkeimen
Zha Dou Ya He Qie Zi

Vorbereitung Die Auberginen in Streifen, die Frühlingszwiebeln in Scheiben schneiden.
Die Möhren in Streifen schneiden.

Zubereitung Das Kartoffel- und das Weizenmehl sowie das Backpulver mit 4 EL Wasser, dem Sesamöl, dem Salz und dem Zucker zu einem Teig verrühren und 5 Min. ziehen lassen.
Die Auberginen, die Frühlingszwiebeln, die Möhrenstreifen und die Sojabohnenkeime mit dem Teig vermischen.

Zutaten
200 g Auberginen
80 g Frühlingszwiebeln
50 g Möhren
1 l Öl zum Fritieren
300 g Sojabohnenkeime

Zum Würzen:
3 EL Kartoffelmehl
3 EL Weizenmehl

½ TL Backpulver
1½ EL Sesamöl
1 TL Salz
1½ TL Zucker
2 Prisen Pfeffer

Das Fritieröl erhitzen und die Gemüsemischung löffelweise ins Öl geben. In einem ersten Durchgang 3 bis 4 Min., nach einer Pause von 5 Min. nochmals 2 bis 3 Min. goldbraun fritieren.
Mit dem Pfeffer bestreuen und servieren.

Kalter Blumenkohl
Sha La Cai Hua

Zutaten
450 g Blumenkohlröschen
1½ EL Chiliöl
1 TL Essig (25 %)
1 TL Glutamat
1 Prise schwarzer Pfeffer
5 EL Salatöl
½ TL Salz
1½ EL Zucker
2 EL normale Sojasauce

Vorbereitung Die Blumenkohlröschen mundgerecht zerteilen.

Zubereitung Den Blumenkohl in 1 l siedendem Wasser 3 bis 5 Min. kochen. Das Wasser abgießen und 10 bis 15 Min. in kaltem Wasser stehenlassen. In einer Schüssel oder Schale anrichten.
Alle Würzzutaten gut verrühren, über den Blumenkohl geben und alles gründlich vermengen.
Vor dem Servieren mindestens 20 Min. im Kühlschrank ziehen lassen.

Grüne Erbsen mit Kokosmilch
Ye Liu Zhi Zhu Qing Dou

Zutaten
150 g Tomatenfleisch
1 EL Knoblauch
1 TL Kartoffelmehl
5 EL Öl (zum Braten)
300 g frische grüne Erbsen
1½ EL Tomatenketchup
1½ EL Zucker
½ TL Salz
½ RS Kokosmilch
2 EL Öl (zum Würzen)

Vorbereitung Das Tomatenfleisch in kleine Würfel schneiden und den Knoblauch fein hacken. Das Kartoffelmehl mit 2 EL Wasser vermischen.

Zubereitung In einer heißen Pfanne das Öl zum Braten erhitzen und den Knoblauch etwa 30 Sek. anbraten.
Die Erbsen und die Tomatenwürfel zugeben und unter Rühren etwa 1 Min. braten. Das Tomatenketchup, den Zucker, das Salz und die Kokosmilch hineinrühren und 1½ Min. weitergaren lassen.
Unter die Kartoffelmehl-Wasser-Mischung das Öl zum Würzen rühren und die Sauce so andicken.
Das Gericht sofort servieren.

Grüne Paprika mit scharfer Sichuan-Sauce
Su Hui Guo Cai

Vorbereitung Den Paprika in Dreiecke von etwa 4 cm Seitenlänge schneiden.
Das Frühlingszwiebelweiß in 3 cm lange Stücke schneiden und den Knoblauch hacken.
Das Kartoffelmehl mit 2 EL Wasser vermischen.
Alle Gewürzzutaten außer dem Öl und dem Knoblauch in einer Reisschale mischen.

Zubereitung Eine heiße Pfanne zweimal mit Öl ausschwenken. Das Fritieröl erhitzen und die Paprika etwa 30 Sek. kurzfritieren und das Gemüse abtropfen lassen.
Das übrige Öl in der Pfanne erhitzen und den Knoblauch anbräunen.
Unter Rühren die grüne Paprika und die Frühlingszwiebeln hineingeben und etwa 1 Min. garen lassen.
Die vorbereitete Sauce dazufügen, noch 1 Min. weiterkochen und sofort servieren.

Zutaten
420 g grüne Paprika
20 g Frühlingszwiebelweiß
1 l Öl zum Fritieren

Zum Würzen:
1 TL Knoblauch
1 TL Kartoffelmehl
6 EL Öl
½ RS Gemüsebrühe (siehe S. 70) oder Wasser
1 TL Glutamat
1 EL Sambal Olek
1½ EL Sichuan-Bohnenpaste (oder süße Bohnenpaste)
2 EL normale helle Sojasauce
1½ EL Zucker

Zuckerschoten mit Tofu
Tian Bian Dou Chao Doufu

Vorbereitung Die Spitzen der Zuckerschoten abschneiden.
Den Tofu in Form und Größe wie die Zuckerschoten schneiden und den Knoblauch hacken.
Das Kartoffelmehl mit 3 EL Wasser mischen.
Alle Gewürzzutaten außer dem Knoblauch und dem Öl verrühren.

Zubereitung Die Tofustreifen etwa 2 Min. lang in ½ l heißem Öl fritieren und dann abtropfen lassen.

Zutaten
220 g Zuckerschoten
300 g Tofu
1½TL Knoblauch
1 TL Kartoffelmehl
6 EL Öl

½ TL Salz
3 EL normale helle Sojasauce
1 EL Zucker
1 EL karamelisierter Zucker (siehe S. 72)
½ l Öl zum Fritieren

Die Zuckerschoten etwa 1 Min. in ½ l Wasser blanchieren und sofort herausnehmen.
Eine heiße Pfanne zweimal mit Öl ausschwenken und das restliche Öl erhitzen. Den Knoblauch darin anbräunen, die Tofustreifen und die Zuckerschoten hineingeben und unter Rühren 1 Min. braten.
Die Gewürzsauce hineingießen und verrühren.
Nach 1 Min. Garzeit das Gericht sofort servieren.

Tip Das Gemüse muß «al dente» gekocht sein, d.h. außen weich und innen knackig. Um die frische Farbe und den Biß zu behalten, darf das Gemüse nicht unter geschlossenem Deckel garen.

Juni

六月份

Gedämpfte Hähnchenkeulen
Qing Zheng Ji Tui

Vorbereitung Die Hähnchenkeulen waschen, abtrocknen und in grobe Stücke schneiden.
Den Ingwer hacken und die Frühlingszwiebeln schneiden.
Die Gewürze zum Marinieren in einer Schüssel vermischen und die Hähnchenstücke darin 20 Min. ziehen lassen.
Die Blumenpilze 30 Min. in heißem Wasser einweichen, waschen, die Stiele entfernen und große Pilze halbieren.
Den Taro waschen, schälen und in Würfel schneiden.
Die Korianderblätter hacken.

Zubereitung In eine Porzellanschüssel mit Deckel (ev. Suppenterrine) zuerst das marinierte Hähnchen, dann die eingeweichten Blumenpilze und Tarowürfel schichten, das Ganze mit der Hühnerbrühe übergießen und alles zugedeckt im Wasserbad oder im Dampfkochtopf 1½ Std. dämpfen.
Mit der Sojasauce abschmecken und mit den gehackten Korianderblättern bestreuen.
Die Hähnchenkeulen servieren.

Zutaten
700 g Hähnchenkeulen
20 g getrocknete Blumenpilze
250 g Taro (chinesische Kartoffel)
1½ l Hühnerbrühe

Zum Marinieren:
1 EL Ingwer
2 EL Frühlingszwiebeln
1 TL Glutamat
1½ TL Kartoffelmehl
1 EL Reiswein
1 TL Salz
2 EL Sesamöl
1 EL Zucker

Zum Fertigstellen:
1 EL Korianderblätter
1 EL Sojasauce

Benötigt wird eine Porzellanschüssel mit Deckel oder eine Suppenterrine.

Lange Zubereitungszeit!

Chinesisches Kaiseressen

Die Kaiser der Qing-Dynastie aus der Mandschurei, die 1644 auf die Ming-Dynastie folgten, übten eine Fremdherrschaft aus. Die Herrscherfamilie entstammte den nordwestlichen Provinzen Chinas. Auch wenn sie vieles von der chinesischen Regierungsform übernahmen, achteten sie doch darauf, die wirkliche Macht allein in ihren Händen zu halten. Um der Vermischung der beiden Völker vorzubeugen, wurden zahlreiche Gesetze erlassen, z. B. das Verbot der Ehe zwischen Han-Chinesen und Mandschu; es wurde erst kurz vor dem Untergang dieser letzten Kaiserdynastie Chinas aufgehoben.

Zur Zeit der Taiping-Aufstände (1850 bis 1864) erlebte die Mandschu-Dynastie ihre erste tiefe Krise. Sie ließ auf der anderen Seite die chinesischen Generalgouverneure der Provinzen zu mächtig werden.

Die Han-Chinesen drängten nun verstärkt in politische Ämter und gaben dem Kaiser zu verstehen, daß sie nicht mehr bedingungslos zu ihm standen.

Vom Beginn der Qing-Dynastie an bis zu ihrem Ende haben sich die Kulturen der Mandschu und der Han-Chinesen trotz entgegengesetzter Bestrebungen durch die Mandschu nach und nach vermischt. Die Besatzer wurden – wie andere Fremdherrscher vor ihnen – fast völlig in die sie umgebende Kultur eingegliedert.

Aus diesem Kulturgemisch entstand auch eine besondere Eßkultur, die *Ma-Han-Quan-Xi*, in der sich jeweils das Beste der Gastronomie beider Völker mischte. Das ursprüngliche *Ma-Han-Quan-Xi* ist ein drei Tage dauerndes

Festessen, zu dem alle möglichen Delikatessen gereicht werden. Auf jeden Tag entfallen sechs Mahlzeiten.

Hier einige Beispiele für die dabei gereichten Gerichte: geschmorte Bärenpfoten aus Dong-Bei, «Flugdrachen» aus Shan-Dong (das Leibgericht von Ci Xi, siehe a. S. 326) und «Affenkopfpilz» aus Dong-Bei (ein sehr zarter Pilz in der Form eines Affenkopfes).

Bei einem solchen Festessen muß natürlich auch der Rahmen stimmen. Die Tafel ist äußerst festlich und aufwendig gedeckt. Die Diener tragen die Kleidung der Qing-Dynastie, und in den Pausen zwischen den einzelnen Gängen werden Tänze zur Unterhaltung aufgeführt.

Die Gäste sitzen dabei an einem großen runden Tisch, in dessen Mitte eine Drehplatte installiert ist. Die Schalen, Schüsseln und Platten, auf denen die Gerichte präsentiert werden, bestehen aus reinem Silber.

Meist wird das Essen mit einer kalten Platte oder mit einer Suppe eröffnet. Alle Speisen sind dabei besonders kunstvoll dekoriert, damit sich auch das Auge daran erfreuen kann.

Jeder einzelne Gang läßt dem Gast die Wahl zwischen etwa zehn Gerichten. So könnte auf dem Speiseplan unter «Suppe» folgende Aufzählung stehen: Schwalbennestersuppe, Seegurkensuppe, Krebssuppe, Schweinemagensuppe mit Seetang, Abalonensuppe, Süßwasserkrabbensuppe mit Klößchen, Haifischflossensuppe, Affenkopfpilzsuppe und Reistopfsuppe.

Als zweiter Gang könnten folgende Gerichte angeboten werden: Geschmorte Bärenpfoten mit Grasfisch, Kamelhöcker, Hähnchen, Reh, Wildschwein, Kaninchen oder Frühlingsrolle in Schafmilch.

Möchte man ein Chinesisches Kaiseressen veranstalten, muß man in bestimmten Fünf-Sterne-Restaurants einen Monat bis zwei Monate im voraus bestellen oder rechtzeitig eine Brigade von Köchen und Kellnern zu sich nach Hause ordern.

Heute sind es kaum mehr Fürsten, die zu einem solchen Kaiseressen laden, sondern vielmehr reiche Geschäftsleute, die diesen gewiß angenehmen Rahmen nutzen, um gewinnbringende Geschäfte auszuhandeln.

Wildtaube in Reiswein gedämpft
Mi Jiu Zheng Ge Zi

Zutaten
2 kleine Tauben
(300 bis 400 g)
10 g chinesische Angelikawurzel
10 g Liebstöckel-wurzelstock
10 g Bocksdornrinde
3 Scheiben Ingwer
5 EL Öl zum Braten
3 RS Reiswein
10 g Sichuan-Pfeffer-körner
2 RS Hühnerbrühe
2 TL Salz
1 Prise Pfeffer

Benötigt wird eine Schüssel mit Deckel.

Lange Zubereitungszeit!

Vorbereitung Die Tauben waschen und in kochendem Wasser kurz blanchieren.
Die Angelikawurzel, den Liebstöckelwurzelstock und die Bocksdornrinde 20 Min. in Wasser einweichen und dann abtrocknen.

Zubereitung Das Öl in einer Pfanne erhitzen. Den Ingwer in 5 EL heißem Öl kurz anbraten und mit dem Reiswein ablöschen.
Die Tauben in die Pfanne geben und zugedeckt 3 Min. kochen lassen.
Nun die Tauben mit dem Reiswein in die Schüssel mit Deckel umfüllen, die Angelikawurzel, den Liebstöckelwurzelstock, die Bocksdornrinde und die Sichuan-Pefferkörner beigeben, mit der Hühnerbrühe auffüllen und bei geschlossenem Deckel im Wasserbad 1¼ Std. garen.
Mit Salz und Pfeffer abschmecken. Die Suppe heiß mit Stückchen von dem Taubenfleisch servieren.

Heilkundliches Im alten China wurde Liebstöckel vor allem gegen Kopfschmerzen eingenommen. Auch gegen Schnupfen zeigt die Pflanze ihre Wirkung. Allerdings ist bei ihrer Anwendung Vorsicht geboten; insbesondere Frauen mit starken Monatsblutungen sowie Bluter sollten dieses Gewürz meiden.
Liebstöckel wird vor dem Gebrauch meist in Reiswein eingelegt, dann gedämpft und in Scheiben geschnitten.

Hähnchen mit schwarzen fermentierten Bohnen
Dou Chi Chao Ji

Vorbereitung Die Hähnchenschenkel waschen, enthäuten, das Fleisch von den Knochen lösen und in Würfel schneiden.
Den Ingwer und den Knoblauch fein hacken.
Alle Zutaten für die Marinade vermischen und die Hähnchenwürfel darin 1 Std. ziehen lassen.
Die Chilischote hacken und die Frühlingszwiebeln fein schneiden.

Zubereitung Eine heiße Pfanne zweimal mit Öl ausschwenken, das Fritieröl darin erhitzen und die marinierten Hähnchenwürfel 5 Min. im heißen Öl fritieren.
Mit einem Sieb aus der Pfanne heben und in einen Porzellantopf geben. Das Öl in das Vorratsgefäß zurückgießen.
Nun das Öl zum Braten in der Pfanne erhitzen und die Frühlingszwiebeln darin anbraten. Mit der Brühe ablöschen. Alle übrigen Zutaten zum Kochen beigeben und die gesamte Würzflüssigkeit über das Hähnchen im Porzellantopf gießen.
Den Topf mit einem Deckel verschließen und im Wasserbad oder im Dampfkochtopf rund 1 Std. dämpfen.
Heiß in Reisschalen servieren.

Zutaten
1 kg Hähnchenschenkel (ohne Knochen, etwa 600 g)
1 l Öl zum Fritieren

Zum Marinieren:
3 EL Ingwer
2 EL Knoblauch
3 EL fermentierte schwarze Bohnen (feingequetscht)
1 EL rote Chilischote
2½ EL Kartoffelmehl
2 g pulverisierte Mandarinenschale

Zum Kochen:
2 TL weiße Frühlingszwiebeln
6 EL Öl zum Braten
1½ RS Hühnerbrühe
1 TL Glutamat
2 EL Kao-Liang-Schnaps
etwas Salz (nach Belieben)
8 EL Sojasauce
2 EL Zucker

Benötigt wird auch ein Porzellantopf mit Deckel.

Die fermentierten Bohnen

Im alten China wurden die höheren Beamtenprüfungen in den Provinzhauptstädten abgehalten. Die Prüfungskandidaten bereiteten sich zu Hause vor, packten dann ihre Sachen zusammen und machten sich rechtzeitig auf den Weg. Als Wegzehrung führten sie getrocknetes Gemüse oder Trockengewürze mit, die sie dann einfach unter den Reis mischten. Diese Art der Essenszubereitung ist besonders schnell und preiswert. Später benutzte

Lange Vor- und Zubereitungszeit!

man auch die früher nicht allzu beliebte Sojasauce als Würze.

In Xian-Xi und Sichuan wurden schon seit jeher schwarze Bohnen als Gewürz verwendet. In den Dörfern kann man heute noch in vielen Haushalten auf den Dachböden gelagerte große Tontöpfe finden, die mit eingelegten schwarzfermentierten Bohnen nach meist geheimen Familienrezepten gefüllt sind.

Zusammen mit Schweinefleisch und Fisch schmecken die schwarzen Bohnen besonders gut. Die Gerichte werden gekocht oder geschmort. Wird Tofu mitverwendet, empfiehlt sich besonders das Schmoren.

Entenfleisch mit jungem Ingwer
Zi Jiang Chao Ya

Zutaten
700 g Entenbrust
150 g junge Ingwerwurzel oder normaler Ingwer
6 EL Sesamöl
2 bis 3 EL Sojasauce

Vorbereitung In einem Topf 1 l Wasser zum Kochen bringen und die Entenbrust darin 30 bis 40 Min. kochen.
In einem Gefäß unter fließendem Wasser 30 Min. abkühlen lassen.
Das Entenfleisch und den Ingwer in feine Streifen schneiden.

ZUBEREITUNG Das Sesamöl in einer Pfanne erhitzen. Nun die Ingwerstreifchen kurz anbraten, bei starker Hitze das Entenfleisch zufügen und 2 Min. braten.
Unter Rühren die Sojasauce, das Salz, den Zucker und das Glutamat zugeben und das Gericht heiß servieren.

1 TL Salz
1½ TL Zucker
1 TL Glutamat

ENTE MIT BASILIKUM
JIU CENG TA CHAO YA

VORBEREITUNG Die Entenbrust in feine Streifen schneiden.
In einer Schüssel alle Zutaten für die Marinade vermischen und das Entenfleisch während 20 Min. marinieren.
Die Basilikumblätter waschen, abtropfen lassen und dann zerpflücken.
Die Chilischoten waschen, die Stiele entfernen, entkernen und schräg in feine Streifen schneiden.
Die Zutaten für die Sauce – mit Ausnahme von Öl und Kartoffelmehl – in einer Schale vermischen.
Das Kartoffelmehl mit 4 EL Wasser verrühren.

ZUBEREITUNG Eine heiße Pfanne zweimal mit Öl ausschwenken. Das Fritieröl erhitzen und das marinierte Entenfleisch 1 bis 2 Min. darin fritieren.
Während des Fritierens das Fleisch mit einem Küchenlöffel umrühren und bewegen.
Mit einem Sieb aus der Pfanne heben und das Öl in das Vorratsgefäß zurückgeben.
Jetzt das Öl für die Sauce in der Pfanne erhitzen, die Chilischoten kurz anbraten und das fritierte Entenfleisch zugeben.
Unter Rühren erhitzen, die Saucenmischung zugießen und mit dem angerührten Kartoffelmehl binden.
Zum Schluß die Basilkumblätter unterheben und die Ente heiß servieren.

ZUTATEN
380 g Entenbrust
30 g Basilikumblätter
50 g rote Chilischoten (etwa 10 cm lang)
½ l Öl zum Fritieren

Zum Marinieren:
1½ EL Kartoffelmehl
2 EL Öl
2 EL Sojasauce
3 EL Wasser

Für die Sauce:
½ TL Salz
2 TL Zucker
1½ EL Sojasauce
2 EL Reisweinsatz (siehe S. 73) oder Reiswein
1 TL Glutamat
1 TL Kartoffelmehl
6 EL Öl

Gebratene Ente mit Ananas und Mango
Feng Li Mang Guo Chao Ya

Zutaten
150 g Entenbrust
100 g frische Mango
100 g frische Ananas
100 g rote Paprika
½ l Öl zum Fritieren

Zum Marinieren:
1 EL Kartoffelmehl
2 EL Öl
1 Prise Pfeffer
½ EL Sojasauce
4 EL Wasser

Zum Anbraten:
1 EL Ingwer
6 EL Öl
1 EL Sambal Olek

Für die Sauce:
½ RS Hühnerbrühe
1 TL Salz
1 TL Glutamat
1½ EL Zucker
1 EL Kartoffelmehl
2 EL Öl

Vorbereitung Die Entenbrust in feine Scheiben schneiden.
Die Zutaten für die Marinade in einer Schüssel vermischen, die Entenfilets unterheben und rund 20 Min. ziehen lassen.
In der Zwischenzeit die Mango und die Ananas in Scheiben und danach in quadratische Stücke schneiden.
Die rote Paprika ebenfalls in quadratische Stücke schneiden.
Die Hühnerbrühe, das Salz, das Glutamat und den Zucker für die Sauce mischen.
Den Ingwer hacken. Das Kartoffelmehl mit 6 EL Wasser vermischen.

Zubereitung Eine heiße Pfanne zweimal mit Öl ausschwenken und das Fritieröl darin erhitzen.
Das marinierte Entenfilet kurz fritieren, die Paprikastückchen zufügen und 1 Min. fritieren. Mit einem Sieb herausnehmen und das Öl in das Vorratsgefäß zurückgeben.
Jetzt das Öl zum Anbraten in der Pfanne erhitzen und den Ingwer mit dem Sambal Olek kurz anbraten.
Das fritierte Entenfilet mit der Paprika in die Pfanne zurückgeben, erhitzen und die Mango- und Ananasstückchen zufügen.
Das Ganze unter Rühren erwärmen und die Saucenmischung zugeben. Sobald es kocht, mit dem angerührten Kartoffelmehl binden, mit 2 EL Öl übergießen und heiß servieren.

Taube und Kaninchen mit Wintergemüse
Dong Cai Shao Tu Rou He Ge Zi

Vorbereitung Die Tauben halbieren, das Kaninchenfleisch in kleine Würfel schneiden und beides im heißen Öl kurz fritieren.
Das Wintergemüse klein schneiden und in einem Haarsieb auswaschen (bzw. das getrocknete Gemüse 1 Std. in Wasser aufquellen lassen und dann klein schneiden).
Den Knoblauch und den Ingwer hacken.

Zubereitung In einer heißen Pfanne das Öl zum Anbraten erhitzen, das Sambal Olek, den Knoblauch und den Ingwer kurz anbraten.
Die Pflaumensauce unter Rühren zufügen und erhitzen. Den Kandiszucker zugeben.
In diese Mischung die vorfritierten Taubenhälften und das Kaninchenfleisch geben, umrühren und bei geschlossenem Deckel 5 Min. schmoren lassen.
Das vorbereitete Wintergemüse in eine Terrine oder Porzellanschüssel mit Deckel füllen und das geschmorte Fleisch darübergeben.
Nun die restlichen Zutaten verrühren und darübergießen.
Zugedeckt im Wasserbad 45 bis 60 Min. dämpfen und dann servieren.

Zutaten
3 Tauben (etwa 100 g pro St.)
300 g Kaninchenfleisch
1 l Öl zum Fritieren
50 g eingesalzenes Wintergemüse (Chou-Sale) oder
30 g getrocknetes Wintergemüse

Zum Anbraten:
1½ EL Knoblauch
1½ EL Ingwer
6 EL Öl
2 EL Sambal Olek
8 EL Pflaumensauce (oder 8 eingeweichte entkernte Backpflaumen)
10 g zerstoßener Kandiszucker

Zum Fertigstellen:
1 TL Glutamat
½ TL Pfeffer
1 RS Reiswein
1 TL Salz

Benötigt wird auch eine Porzellanschüssel mit Deckel oder eine Terrine.

Lange Vor- und Zubereitungszeit!

Eingesalzenes Wintergemüse (Mei-Cai)

Es gab einmal ein Dorf im Tal, dessen Bewohner hauptsächlich vom Ackerbau lebten. An den Berghängen bestellten sie ihre Gemüsefelder. Neben dem Ackerbau hatten sie als weitere Erwerbsquelle die Holzfällerei.

Eines Tages ging einer der Dorfbewohner in die Berge, um Holz zu sammeln. Dabei kam er an einen reißenden Bach. Am Ufer stand eine junge Frau, die unbedingt das Wasser überqueren wollte. Der Dorfbewohner bot sich nun an, der Frau über den Bach zu helfen, worüber sie sich sehr freute. Auf der andern Flußseite angekommen, bedankte sie sich herzlich. Aus ihrem Gepäck zog sie eine kleine Tüte mit Samenkörnern, die sie dem Mann schenkte. Sie wies darauf hin, daß dies ein ganz besonderes Gemüse sei, das man nach der Ernte mit Salz einlegen solle und dann im Winter essen könne. Sie lehrte ihn auch, wie man das Gemüse am besten zubereite: nach der Ernte zuerst waschen, dann mit Salz vermengen und so in einen Topf geben; den Topf gut verschließen und in die Erde eingraben. Zu verwenden sei dieses Gemüse vom Wintereinbruch an bis zum Sommer.

Bevor die Frau weiter ihrer Wege ging, fragte der Bauer sie noch nach ihrem Namen. «Ich heiße Ya-Mei», antwortete sie und verabschiedete sich.

Ein Jahr verging, und der Bauer, der den Anweisungen der jungen Frau genau Folge geleistet hatte, konnte das Gemüse ernten. Die Ernte war reichlich, und der Geschmack des eingelegten Gemüses war so gut, daß er sich entschloß, es auf dem Markt zu verkaufen.

Die Käufer erkundigten sich natürlich gleich nach dem Namen des neuen Gemüses. Nach kurzer Überlegung sagte der Bauer, in Erinnerung an Ya-Mei: «Das ist Mei-Cai». Unter diesem Namen wurde diese Kohlart schon bald bekannt und beliebt, nicht zuletzt deshalb, weil man sie so lange lagern kann.

Krebsfleisch und Shrimps mit Spargel
Xia Ren Xie Rou Chao Lu Sun

Vorbereitung Den Spargel schälen, in 5 cm lange Stücke und diese diagonal in dreieckige Hälften schneiden. In kaltem Wasser 10 Min. ziehen lassen. In der Zwischenzeit das Krebsfleisch mit den geschälten Shrimps pürieren oder fein hacken.
Die Frühlingszwiebel und den Ingwer hacken. Das Kartoffelmehl mit 6 EL Wasser vermischen.

Zubereitung In einem Topf 1 l Wasser mit dem Salz, dem Pfeffer und dem Öl zum Kochen bringen und den Spargel 2 Min. darin blanchieren.
Eine heiße Pfanne zweimal mit Öl ausschwenken. Das Öl zum Anbraten in der Pfanne erhitzen, den Ingwer und die Frühlingszwiebeln darin anbraten, die Gewürze zum Fertigstellen zugeben und das Ganze aufkochen.
Nun die Krebs-Shrimps-Masse einrühren, wieder aufkochen und den blanchierten Spargel zugeben.
Abermals das Ganze zum Kochen bringen und mit dem in 6 EL Wasser angerührten Kartoffelmehl binden.
Zum Schluß mit dem Möhrenöl übergießen und servieren.

Zutaten
500 g grüner Spargel
40 g Krebsfleisch (aus der Dose)
40 g Shrimps (ohne Schale)

Zum Blanchieren:
1 TL Salz
2 Prisen Pfeffer
2 EL Öl

Zum Anbraten:
1 EL weiße Frühlingszwiebel
1 EL Ingwer
5 EL Öl

Zum Fertigstellen:
1 RS Hühnerbrühe
2 EL Pflaumenwein
½ TL Salz
½ EL Zucker

Zum Binden der Sauce:
1 TL Kartoffelmehl
3 EL Möhrenöl

Krebsessen in China

In China gibt es neben den beiden großen Flüssen – dem Chang-Jiang (Jang-Tze) und dem Huang-He (dem Gelbem Fluß) noch viele kleine. Sie sind die Lebensräume der Flußkrebse und vieler anderer Süßwasserfischarten.

Das Krebsessen hat in den Flußregionen eine große Tradition, und so sind hier auch viele verschiedene Zubereitungsarten bekannt. Besonderer Beliebheit erfreuen sich dabei salzige oder in Kao-Liang-Schnaps eingelegte, aber auch rohe Flußkrebse.

Der in Schnaps eingelegte Krebs ist in China weit verbreitet und unter dem bildhaften Namen «Betrunkener Krebs» bekannt.

Die Zubereitung des Krebses ist nicht gerade einfach. Der fangfrische Krebs muß getötet, über Nacht eingelegt und am nächsten Tag sofort gegessen werden, da er sonst sein Aroma verliert.

Kaiser Shui-Yuan-Di schätzte Krebsfleisch ganz besonders. Eines Tages wollte er unbedingt miterleben, wie diese Tiere gefangen und zubereitet werden. So konnte man ihn mit seinem Gefolge auf einem Schiff beobachten, wo die frisch gefangenen Krebse vom Meisterkoch für die noble Gesellschaft zubereitet wurden.

Das Luxusgeschirr bei Hofe wurde nun auch durch Teller in Krebsform ergänzt, wobei jener des Kaisers selbstverständlich aus purem Gold gefertigt war. Shui-Yuan-Di konnte sich allerdings nicht sehr lange auf seinem Thron halten: Das luxuriöse, ausschweifende Leben wurde ihm zum Verhängnis.

Gedämpfter Lachs
Zheng Hong Yu

Vorbereitung Die zum Marinieren benötigte Frühlingszwiebel quetschen.
Das Lachsfilet waschen und mit der Gewürzmischung (von A) 20 Min. marinieren.
Die Frühlingszwiebeln und den Ingwer (von B) in Streifen schneiden. Den Chili entkernen und ebenfalls in Streifen schneiden.

Zubereitung Das Gemüse zum Garnieren in Wasser ziehen lassen, damit die Streifchen knackig werden.
Den Lachs mit der Marinade auf einem Teller zugedeckt im Dampfkochtopf oder Wasserbad 25 Min. dämpfen. Danach die Ingwerscheiben und Frühlingszwiebeln entfernen und mit den abgetropften Gewürzstreifen (von B) bestreuen.
In einer Pfanne das Salat- und das Sesamöl erhitzen und über den Fisch gießen.
Das Ganze mit der Sojasauce übergießen und mit dem Pfeffer bestreuen.

Zutaten
1 kg Lachsfilet

A. Zum Marinieren:
1 Frühlingszwiebel
2 Scheiben Ingwer
½ RS Reiswein
1 TL Salz

B. Zum Garnieren:
15 g Frühlingszwiebel
15 g junger Ingwer
15 g roter Chili

C. Zum Übergießen:
3 EL Salatöl
5 EL dunkles Sesamöl
3 EL Sojasauce
2 Prisen Pfeffer

Die Fischgerichte von Xinjiang

Die Provinz Xinjiang zählt zu den größten Provinzen Chinas. Die größte Fläche ist jedoch eine Wüste, in deren Mitte sich ein großer See namens Bashiten-Hu befindet.

Die Bewohner der nahegelegenen Oasendörfer sind größtenteils Selbstversorger. Sie leben quasi von diesem See, aus dem sie fast alle ihrer Hauptnahrungsmittel gewinnen. Im See gibt es viele verschiedene Arten von Fisch und Süßwassergemüse, darunter Lotusgewürz, -körner, -blätter und -blumen.

Durch die Abgeschiedenheit des Dorfes konnte sich auch eine eigene Küche herausbilden.

Mittlerweile reisen viele Touristen eigens mit der Eisenbahn an, um die schmackhaften Fischgerichte hier zu essen.

Karpfen mit Taro
Da Tou Yu Zhu Yu Tou

Zutaten
250 g Taro (oder Süßkartoffel)
3 EL Weizenmehl
500 g Karpfenfilet
1 l Öl zum Fritieren

Für die Panade:
1 EL Backpulver
½ Ei
10 g Kartoffelmehl
½ TL Salz
1 RS Wasser
160 g Weizenmehl
5 EL Öl

Zum Marinieren:
2 Prisen Fünfgewürzpulver
2 EL Kao-Liang-Schnaps
½ TL Pfeffer
1 TL Salz

Zum Bestreuen:
ev. Salz und Pfeffer (nach Belieben)

Vorbereitung Den Taro schälen und in 6 cm lange, 1 cm dicke Stifte schneiden.
5 Min. in Wasser kochen, auf einem Sieb abtropfen und mit dem Weizenmehl bestäuben.
Zum Herstellen der Panade alle Zutaten außer dem Öl zu einem glatten Teig verrühren, das Öl untermischen und 30 Min. quellen lassen.
Die Karpfenfilets waschen und ebenfalls in Stifte schneiden.
Alle Gewürze zum Marinieren vermischen und zum Karpfen geben. 15 Min. durchziehen lassen.

Zubereitung Eine heiße Pfanne zweimal mit Öl ausschwenken und das Fritieröl darin erhitzen. Die Karpfenfiletstifte einzeln in die Panade tauchen und im heißen Öl vorfritieren.
Die Tarostreifen durch die Panade ziehen und ebenfalls vorfritieren.
Zum Schluß Taro und Karpfen zusammen in das heiße Öl zurückgeben und unter Rühren bei starker Hitze fritieren, bis alles knusprig ist und eine goldbraune Farbe angenommen hat.
Auf einem Sieb abtropfen und ev. mit etwas Salz und Pfeffer bestreut servieren.

Lachsforellensuppe
Hong Yu Tang

Vorbereitung Die Lachsforellenfilets gut waschen und quer in 2 Stücke teilen.
Die Tauben waschen und halbieren.
Den Seetang 2 Std. in heißem Wasser einweichen, danach in 3 × 5 cm große Rechtecke schneiden.
Den Chinakohl waschen und dann längs in breite Streifen schneiden.
Die getrockneten Krabben 30 Min. in Wasser einweichen.

Zubereitung Eine heiße Pfanne zweimal mit Öl ausschwenken. Das Fritieröl in der Pfanne erhitzen und zuerst bei starker Hitze die halbierten Tauben, danach die beiden Lachsforellenstücke leicht fritieren.
Alles mit einem Sieb herausnehmen und abtropfen lassen. Das Öl in das Vorratsgefäß zurückgeben.
Das Salatöl in der Pfanne erhitzen, die vorgeweichten, abgetropften Krabben in dem heißen Fett anbraten und mit der Brühe ablöschen.
Den Chinakohl, den Seetang, die Tauben und die Lachsforellen dazugeben. Zugedeckt etwa 15 Min. langsam kochen lassen.
Danach die restlichen Zutaten – außer dem Sesamöl – zugeben und weitere 45 Min. leicht kochen lassen.
Zum Schluß mit dem Sesamöl abschmecken. Vor dem Servieren löst man das Fleisch der Täubchen von den Knochen und den Fisch von der Gräte und gibt Fisch und Fleisch in die Suppenschalen, die dann mit der Suppe aufgefüllt werden.

Tip Besonders köstlich schmeckt dieses Gericht aufgewärmt am nächsten Tag.

Zutaten
200 g Lachsforellenfilets
2 Tauben (etwa 100 g pro St.)
20 g getrockneter Seetang
200 g Chinakohl
50 g getrocknete Krabben
½ l Öl zum Fritieren
8 EL Salatöl
2 l Hühnerbrühe
5 EL chinesischer Essig (5 %)
½ RS Reiswein
1½ TL Salz
½ RS helle Sojasauce
2½ EL Zucker
5 EL Sesamöl

Lange Vorbereitungszeit!

Kalte Platte mit pikant gewürzter fritierter Makrele
Zha Yu Song

Zutaten
650 g frisches Makrelenfilet (oder Lachsfilet)
1 l Öl zum Fritieren
2 Eier
200 g Staudensellerie
10 g frische Korianderblätter
½ TL Salz
1½ EL Zucker
1½ EL Sojasauce
3 EL chinesischer Essig (5 %)
1 EL Chiliöl
2 EL Sesamöl
½ TL Pfeffer

Vorbereitung Das Makrelenfilet (oder das Lachsfilets) waschen und auf einem Teller zugedeckt im Dampfkochtopf oder Wasserbad 20 bis 30 Min. dämpfen.
Den Fisch abkühlen und dessen Fleisch fein zerkrümeln. Dabei alle Gräten entfernen.
Eine heiße Pfanne zweimal mit Öl ausschwenken und das Fritieröl darin erhitzen.
Das zerkrümelte Fischfleisch in 3 Portionen in dem heißen Öl schön knusprig fritieren, mit einem Sieb herausnehmen und abtropfen lassen.
Die Eier schaumig schlagen und durch ein Sieb in das heiße Fritieröl laufen lassen. Unter Rühren fritieren, bis die Makrelen knusprig und hellbraun sind.
Mit einem Sieb aus dem Öl nehmen und abtropfen lassen.
Den Staudensellerie waschen und die Stangen in feine Scheibchen schneiden. Den Koriander ebenfalls waschen und hacken.

Zubereitung In einer großen Schüssel die fritierte Makrele, die fritierten Eier, die Selleriescheibchen und den Koriander vermischen.
Unter Rühren mit dem Salz und dem Zucker bestreuen. Die Sojasauce, den Essig, das Chili- und das Sesamöl gut miteinander verrühren und das Gericht damit vermischen.
Zum Schluß etwas Pfeffer darüberstreuen und kalt servieren.

Gedämpfte Hummerbällchen in Eierstreifen
Ji Dan Si Zheng Xia Ren Wan

Vorbereitung Die Eier in einer Schüssel schaumig schlagen und mit den Gewürzen für die Eimasse mischen.
Eine heiße Pfanne zweimal mit Öl ausschwenken, danach mit einem ölgetränkten Papierbausch auswischen (wichtig, weil sonst die Eimasse an der Pfanne kleben bleibt!).
Die Eimasse in 4 Portionen aufteilen und aus jeder Portion papierdünne Eierkuchen einseitig unter Schwenken nacheinander braten, bis die Oberläche trocken ist.
Auf einem Teller auskühlen lassen und danach in fadenähnliche Streifen schneiden.
Die Blumenpilze 1 Std. in heißem Wasser einweichen. Danach waschen, die Stiele entfernen und fein hacken.
Von den Hummerkrabben auf der Rückenseite den schwarzen Darm entfernen, die Krabben waschen und trockentupfen.
Zusammen mit den Pilzen, den Schweineflomen und allen Zutaten für die Hummermasse im Mixer pürieren.
Die fertige Masse ½ Std. im Kühlschrank ruhen lassen.

Zubereitung Von der Hummermasse wallnußgroße Stückchen abstechen, zu Kugeln formen, diese in den Eierstreifen rollen und so drücken, daß sie mit einem Gittermuster umgeben sind.
Die fertigen Bällchen auf einen geölten Teller geben und im geschlossenen Dampfkochtopf 15 Min. garen.
Die gedämpften Hummerbällchen heiß mit der Austernsauce zum Eintunken servieren.

Anmerkung Dieses Rezept eignet sich als Dim-Sum (kleine Mahlzeit mit süßen Kuchen).

Zutaten
4 Eier
1 ölgetränkter Papierbausch (zum Ausfetten)
10 g getrocknete Blumenpilze
350 g rohe geschälte Hummerkrabben
150 g Schweineflomen
½ RS Austernsauce

Für die Eimasse:
1 EL Kartoffelmehl
½ TL Salz

Für die Hummermasse:
1½ TL Kartoffelmehl
¼ TL Pfeffer
3 EL Reiswein
1 TL Salz
3 EL Sesamöl
1 EL Zucker

Lange Vorbereitungszeit!

蔣平画

KULTURELLES Im alten China gab es eine besondere Heiratstradition: Wenn ein Mädchen verheiratet werden sollte, wurde dies im Dorf bekanntgegeben. An einem festgesetzten Tag versammelten sich alle Bewerber vor dem Elternhaus des Mädchens. Dieses mußte sich auf einen Tisch stellen, so daß es leicht erhöht und mit dem Rücken zu den heiratswilligen Männern stand.
In den Händen hielt das Mädchen einen aus Seidenstreifen geflochtenen Ball, den sie dann über die Schulter in die Menge warf. Wer den Ball auffing, war als ihr künftiger Ehemann auserkoren. Meist gelang es dem Mädchen, durch einen gezielten Wurf den Auserwählen selbst zu bestimmen. Es konnte aber auch passieren, daß der Wurf mißlang, und dann mußte es den Fänger zum Ehemann nehmen.
Das vorstehende Gericht heißt auf chinesisch *Jin-Xiu-Qiu*. *Xiu-Qiu* bedeutet in Anlehnung an den seidenen Ball «einen Heiratsantrag machen».

GEFÜLLTE SCHWEINEROLLE IM NETZ ZHA ZHU WANG

ZUTATEN
200 g Wasserkastanien
150 g frischer Shrimps
300 g Schweinebauch (ohne Schwarte)
8 gelöste Schweinerippenknochen (etwa 10 cm lang)
8 Netze für die Schweinerollen (etwa 20 × 20 cm)

VORBEREITUNG Die Wasserkastanien zerdrücken und den Shrimps zerpflücken.
Den Schweinebauch zerkleinern. Alles zusammen pürieren.
Den Ingwer und die Frühlingszwiebeln fein hacken. Den Rettich in Streifen schneiden.
Alle Gewürze zugeben und ½ Std. durchziehen lassen. Die ausgelösten Knochen waschen und gut trocknen lassen.

ZUBEREITUNG Die pürierte Masse in 8 Teile teilen und zu Kugeln formen, die Schweinerippen zwischen die Kugeln legen. Jeden Teil in ein Schweinenetz einwickeln und zu einer Rolle formen.

1 l Öl zum Fritieren
3 bis 4 Salatblätter (zum Garnieren)
150 g Rettich

Zum Würzen:
½ TL Ingwer
2 EL Frühlingszwiebeln
1 TL Glutamat
½ TL Pfeffer
2 EL Reiswein
1 TL Salz
2 EL Sesamöl
1 EL Sojasauce

Eine heiße Pfanne zweimal mit Öl ausschwenken.
Das Fritieröl erhitzen und die ersten 4 Schweinerollen etwa 2 Min. fritieren.
Daraufhin die nächsten Schweinerollen fritieren.
Nochmals je 2 bis 3 Min. fritieren, bis alle Rollen leicht braun sind.
Herausnehmen und abtropfen lassen.
Auf einem Teller die Salatblätter am Rand schön verteilen, den Rettich in die Mitte geben.
Die Schweinerollen in Sternform auf dem Teller anrichten und servieren.

GESCHICHTLICHES Ci Xi (1832 bis 1908) der Witwe eines Kaisers, wurden die Besuche in ihrer Heimatprovinz Shenyang zu beschwerlich. Auf ihren Wunsch hin wurde daher der Bau einer Eisenbahnlinie von Peking nach Liao-Ning in Angriff genommen, damit sie bequemer und schneller reisen konnte.
Der ebenfalls neugebaute Zug durfte nur von der Kaiserfamilie und ihrem Gefolge benutzt werden. Er war natürlich standesgemäß ausgestattet, und es gab darin sogar eine große Küche, wo allein 50 Meisterköche beschäftigt waren, sicher kein Zeichen besonderer Bescheidenheit.
Jeder dieser Köche durfte nur zwei Gänge zubereiten, damit alle Speisen gleichzeitig fertig wurden. Wenn der Zug einen längeren Halt machte, waren die Köche angewiesen, sich an der Station nach den regionalen Spezialitäten zu erkundigen und diese zu besorgen, damit sie später für die Kaiserfamilie gekocht werden konnten.
Alle Rezepte wurden in den kaiserlichen Annalen festgehalten. Die gefüllten Schweinerollen im Netz gehören auch zu ihnen.

Hähnchenleber mit Gewürzen
Lu Ji Gan

Vorbereitung Die Hähnchenleber gut waschen (die Galle entfernen) und etwa 2 Min. blanchieren. Herausnehmen und ruhen lassen.

Zubereitung 1 l Wasser zum Kochen bringen, die Gewürze A hineingeben und 5 Min. kochen lassen. Danach im Kühlschrank 1 Tag ruhen lassen.
Anderntags alles noch einmal 5 Min. aufkochen, die Hähnchenleber dazugeben und 10 Min. im geschlossenem Topf kochen. Nochmals eine Nacht stehenlassen.
Falls Frühlingszwiebeln oder Koriander verwendet werden, diese klein schneiden bzw. fein hacken.
Die Hähnchenleber herausnehmen, trocknen lassen, dann in Scheiben schneiden und auf einem Teller anrichten.
Die Gewürzmischung A mit der Austernsauce und dem Sesamöl vermischen und über die Hähnchenleber geben.
Ev. Frühlingszwiebeln oder Koriander darüberstreuen und servieren.

Zutaten
450 bis 500 g Hähnchenleber (oder Entenleber)

Gewürze A:
2 frischer Chili
2 EL Fünfgewürzpulver
20 g Ingwer
1/2 RS Reiswein
4 TL Salz
1/2 RS helle Sojasauce
1 l Wasser

Gewürze B:
5 EL Austernsauce
2 EL Sesamöl
ev. etwas Frühlingszwiebel oder Koriander (nach Belieben)

Sehr lange Zubereitungszeit!

Schweineleber mit Frühlingszwiebeln
Zhu Gan Chao Cong

Zutaten
250 g Schweineleber
100 g Gemüsezwiebeln
100 g Frühlingszwiebeln
½ l Öl zum Fritieren

Zum Marinieren:
2 TL Kartoffelmehl
3 EL Reiswein
3 EL Salatöl
2 EL Sojasauce

Für die Sauce:
6 EL Brühe
1 TL Glutamat
1 TL Kartoffelmehl
4 EL Pflaumenwein
1 TL Salz
1½ EL Soja- oder Austernsauce
1 EL Zucker
5 EL Öl zum Braten

Vorbereitung Die Schweineleber waschen und in 3 cm breite und ½ cm dünne Scheiben schneiden. Mit den vermischten Zutaten marinieren und etwa 10 Min. ziehen lassen.
Die Gemüse- und die Frühlingszwiebeln in 3 cm dicke Streifen schneiden.
Die Gewürze für die Sauce mit Ausnahme des Bratöls vermischen.

Zubereitung Eine heiße Pfanne zweimal mit Öl ausschwenken, das Fritieröl erhitzen und die Schweineleber unter Rühren etwa 1 Min. fritieren. Die Gemüsezwiebeln 2 bis 3 Min. dazugeben und ebenfalls fritieren.
Alles herausnehmen und auf einem Sieb abtropfen lassen. Das Öl in das Vorratsgefäß zurückgießen.
Eine heiße Pfanne zweimal mit Öl ausschwenken, das Öl zum Braten hineingeben und die Frühlingszwiebeln 1 Min. braten.
Die Schweineleber und die Gemüsezwiebeln dazugeben und 2 Min. braten.
Die Gewürze für die Sauce beifügen, alles gut verrühren und etwa 2 Min. einkochen lassen.
Das Gericht heiß servieren.

Tofu mit Frühlingszwiebeln
Doufu Chao Cong

Zutaten
150 g Schweinemett
50 g Frühlingszwiebeln
300 g Tofu
1 l Öl zum Fritieren

Vorbereitung Das Schweinemett in ½ l kaltem Wasser aufsetzen und etwa 5 Min. kochen. Mit einem Sieb herausnehmen und abtropfen lassen.
Die Frühlingszwiebeln in etwa 3 cm große Stücke schneiden.
Den Tofu in Scheiben von 2 cm Breite, 4 cm Länge und ½ cm Dicke schneiden.

Eine heiße Pfanne zweimal mit Öl ausschwenken und das Fritieröl darin erhitzen. Den Tofu in die Pfanne geben und etwa 2 Min. fritieren.
Herausnehmen und abtropfen lassen, das Öl in einen separaten Topf geben.
Die fermentierten Bohnen in einer Reisschale mit Wasser 5 Min. einweichen, dann abgießen und zerquetschen.
Die Gewürze für die Sauce gut vermischen.

3 EL schwarze fermentierte Bohnen
6 EL Öl (zum Anbraten der Bohnen)

Für die Sauce:
½ RS Brühe
1 TL Glutamat
3 EL Mandarinenschalen- oder Sesamöl
½ TL Pfeffer
2 Prisen Salz
2 EL Sojasauce
1 EL Zucker

Zum Binden:
1 TL Kartoffelmehl
5 EL Reiswein

ZUBEREITUNG Eine heiße Pfanne zweimal mit Öl ausschwenken. Das Öl zum Anbraten in die Pfanne erhitzen und die fermentierten Bohnen 1 Min. anbraten.
Den Tofu und das gekochte Schweinemett dazugeben, gut verrühren und etwa 2 Min. erhitzen.
Die Gewürze für die Sauce dazugeben, gut verrühren und mit einem Deckel verschließen. Etwa 2 Min. garen, danach die Frühlingszwiebeln dazugeben und etwa 1 Min. weiterkochen.
Das Kartoffelmehl mit dem Reiswein verrühren, zum Binden dazugeben und alles nochmals unter Rühren 1 Min. einkochen lassen. Dann servieren.

FRITIERTE TOFUROLLEN
ZHA DOUFU JUAN

VORBEREITUNG Die Tofublätter etwa 15 Min. einweichen. Die Blumenpilze etwa 30 Min. in heißem Wasser einweichen.
Das Sichuan-Gemüse in Wasser waschen.
Die Blumenpilze, das Sichuan-Gemüse und die Bambussprossen kleinschneiden.
Die Frühlingszwiebeln sowie den Ingwer klein hacken. Den Tofu zerquetschen.
In einer Schüssel das vorbereitete Gemüse, die Frühlingszwiebeln, den Ingwer, den Tofu, das Mehl, den Pfeffer, das Salz, die Sesamkörner, das Sesamöl und den Zucker verrühren und etwa 30 Min. bei Zimmertemperatur ziehen lassen.
Die Gewürze für die Sauce vermischen.

ZUTATEN
60 getrocknete Tofublätter
10 g getrocknete Blumenpilze
50 g Sichuan-Gemüse
80 g Bambussprossen
10 g Frühlingszwiebeln
5 g Ingwer

300 g Tofu
2 EL Weizenmehl
1 l Öl zum Fritieren
1 Eigelb (zum Festkleben der Tofublätter)

Zum Würzen:
½ TL Pfeffer
½ TL Salz
2 EL weiße oder schwarze Sesamkörner
2 EL Sesamöl
1 EL Zucker

Für die Sauce:
2 EL Frühlingszwiebeln
2 EL Knoblauch
1 TL Essig-Essenz (25 %)
2 EL Sesamöl
5 EL Sojasauce
1½ TL Zucker

Zubereitung Die eingeweichten Tofublätter mit einem Tuch gut abtrocknen und anschließend auf etwa 15 cm lange Vierecke schneiden. An einer Ecke 1 EL der vorbereiteten Gemüsemasse in die Tofublätter geben, die Seiten einschlagen und diese bis auf ein kleines Stück einrollen. Den Abschluß mit Eigelb bepinseln und den Rest ankleben.
Eine heiße Pfanne zweimal mit Öl ausschwenken und das Fritieröl erhitzen. Die Tofurollen 2 bis 3 Min. fritieren, dann herausnehmen, abtropfen lassen und schließlich nochmals 1 Min. fritieren.
Die Tofurollen herausnehmen und etwa 10 Min. abtropfen lassen. Alles auf einem Teller anrichten.
Die Gewürze für die Sauce in eine kleine Reisschale geben und die Tofurollen in die Sauce eintunken.
Die fritierten Tofurollen servieren.

Geschichtliches Eine hübsche junge Frau mußte sich einst auf Befehl ihres Vaters verheiraten. Als dieser kurz darauf starb, nahm sie die Gelegenheit wahr, ihren Ehemann zu verlassen, was diesen sehr betrübte.
Ein reicher Mann hatte damals ein Auge auf die Frau geworfen, und er ließ nichts unversucht, sie für sich zu gewinnen. Doch trotz aller Bemühungen war die Angebetete einfach nicht zufriedenzustellen. Eines Tages wollte dieser reiche Mann sie mit besonders gutem Essen verwöhnen. Er versprach demjenigen eine hohe Belohnung, der ein Gericht zubereiten könne, das seiner Auserwählten besonders gefalle.
Davon erfuhr nun auch ihr Ehemann. Er machte sich sofort daran, das Lieblingsgericht seiner Frau zu kochen, eben diese fritierten Tofurollen. Als diese nun alle Speisen begutachtete, entdeckte sie sofort ihr Leibgericht und erkannte, wie sehr ihr Gatte sie noch immer liebte. Sie brach in Tränen aus, ließ all das schöne Essen unberührt stehen und kehrte sogleich zu ihrem Mann zurück.

Buddhistische Sauergemüsesuppe Su Shi Tang

Vorbereitung Die Chilischoten, die Blumenpilze, die Möhren und das Sauergemüse in Streifen schneiden.
Die Enoki-Pilz zerpflücken.
Die Frühlingszwiebeln fein hacken und das Kartoffelmehl mit 6 EL Wasser vermischen.

Zubereitung In einem Topf die Gemüsebrühe (oder das Wasser) zum Kochen bringen. Alle Gemüsezutaten hineingeben, aufkochen lassen und etwa 5 Min. bei mittlerer Hitze kochen.
Danach alle Gewürzzutaten – bis auf das mit Wasser vermischte Kartoffelmehl und die Frühlingszwiebeln – hineingeben und etwa 10 Min. weiterkochen lassen.
Zum Schluß die Suppe mit der Kartoffelmehl-Wasser-Mischung binden.
Vor dem Servieren mit Frühlingszwiebeln überstreuen.

Tips Man kann die Schärfe des Chili mindern, wenn man die Kerne entfernt. Enoki-Pilze (Lilienblütenpilze) lassen sich gut durch Holzohrenpilze ersetzen.
Der Seetang kann auch vorher eingeweicht werden, wenn man genügend Zeit hat.

Zutaten
2 frische Chilischoten
6 eingeweichte chinesische Blumenpilze
85 g Möhren
100 g chinesisches Sauergemüse (siehe S. 254)
20 g Enoki-Pilze (Lilienblütenpilze), frisch oder konserviert
10 g Seetang (siehe S. 56)

Zum Würzen:
2 EL Frühlingszwiebeln
3½ EL Kartoffelmehl
6½ RS Gemüsebrühe (siehe S.70) oder Wasser
2 EL weißer Essig (25 %)
1 EL Glutamat
½ TL Pfeffer
2 EL Salatöl
2½ TL Salz
2 EL Sesamöl
5 EL Sojasauce
8 EL Zejiang-Essig

Der Geburtstag der Matzu

Matzu ist die buddhistische Göttin der Barmherzigkeit. Der 19. Tag des 6. Monats im Mondkalenders ist ihr Geburtstag. Auf chinesisch heißt sie *Guan-Shi-Yin-Pu-Sa*. Die Matzu ist eine bedeutende buddhistische Gottheit und wird von vielen Menschen verehrt.

Am Geburtstag dieser Göttin pilgern die Menschen in Scharen zu den Tempeln, um ihr dort

蔣平畫于德

Opfergaben darzubringen. Die sich durch Straßen und Gassen drängelnden Menschen verursachen ein regelrechtes Verkehrschaos.

In den Tempeln kniet man vor den Bildern und Statuen von Buddha nieder und erbittet im Gebet Glück, Erfolg und Reichtum für das nächste Jahr. Viele ziehen Lotusstäbchen, von denen sie sich Antworten auf bestimmte Lebensfragen erhoffen.

Eine weitere Tradition in China besteht darin, an diesem Tage das jüngste Kind symbolisch in die Obhut der Göttin zu geben. Zu diesem Zweck begibt sich die Mutter mit ihrem Kind in den Tempel und unterstellt dieses dem Schutz der Matzu, in der Hoffnung, daß diese es künftig vor bösen Schicksalsschlägen bewahre.

In den Tempeln werden am Geburtstag der Göttin große Lampen zum Schutz vor bösen Geistern aufgehängt. Wie an anderen Festtagen wird Totengeld zu Ehren der Ahnen und Gottheiten verbrannt.

Reichere Familien lassen auch Schiffe, Häuser und andere Gegenstände aus Papier nachbauen und verbrennen diese ebenfalls. Sie glauben, die verbrannten Gegenstände würden so ins Jenseits gelangen.

Abends werden auf den Straßen in der unmittelbaren Nähe der Tempel Theaterstücke und Opern aufgeführt. Unter den Zuschauern befinden sich überwiegend ältere Leute.

Dieser Festtag ist für die Familien mit recht großem Aufwand und mit Kosten verbunden. Alles, was zu Ehren der Göttin unternommen wird, drückt aber gerade auch die besondere Zuneigung aus, die die Bevölkerung dieser Göttin der Barmherzigkeit entgegenbringt.

Chinakohl mit Salami
Huo Tui Da Bai Cai

Zutaten
800 g Chinakohl
50 g Salami
1 EL Ingwer
1½ TL Kartoffelmehl
8 EL Salatöl
2 RS Brühe
3 EL Reiswein
1 TL Salz
2 TL Zucker
2 EL Möhrenöl

Vorbereitung Den Chinakohl sechsmal der Länge nach durchschneiden und 2 Min. in 2 l kochendem Wasser blanchieren, daraufhin herausnehmen und abtropfen lassen.
Die Salami ganz fein schneiden.
Den Ingwer hacken und das Kartoffelmehl mit 5 EL Wasser vermischen.

Zubereitung Das Salatöl in einer Pfanne erhitzen und den Ingwer anbraten.
Mit der Brühe auffüllen und erhitzen.
Den Chinakohl dazugeben, mit einem Deckel verschließen und 15 Min. auf kleiner Flamme leicht kochen lassen.
Den Reiswein, das Salz, den Zucker und die Kartoffelmehl-Wasser-Mischung dazugeben und dann nochmals 2 Min. durchkochen lassen.
Das Gemüse herausnehmen auf einem Teller anrichten, das Möhrenöl über den Kohl geben und ganz zum Schluß die geschnittene Salami darüberstreuen.
Das Gericht heiß servieren.

Kohlrabisalat
Da Tou Cai Sha La

Vorbereitung Den Kohlrabi schälen und in Scheiben von 4 cm Länge, 3 cm Breite und ½ cm Dicke schneiden.
Das Salz darübergeben und etwa 20 Min. ziehen lassen. Danach mit kaltem Wasser abspülen, abtropfen und gut ausdrücken.
Den frischen roten Chili der Länge nach halbieren, die Kerne entfernen und den Chili in 3 cm lange Streifen schneiden. In kaltem Wasser 5 Min. ziehen lassen und dann herausnehmen.
Den Knoblauch schälen und dann in feine Scheiben schneiden.

Zubereitung Den Kohlrabi, den Knoblauch und den Chili in eine große Schüssel geben.
Die restlichen Gewürze dazugeben, alles gut vermischen und eine Nacht in den Kühlschrank stellen. Am nächsten Tag servieren.

Tips Wenn man nur Nudeln ißt, bildet sich im Mund kein Speichel. Mit diesem Gemüse zusammen ergibt sich eine besonders gute Kombination. Als Beilage eignen sich am besten Bandnudeln.

Zutaten
650 g Kohlrabi
2 TL Salz
15 g frischer Chili
20 g Knoblauch
½ RS chinesischer Essig (5 %)
½ TL Pfeffer
½ RS Salatöl
2 EL Zucker

Sehr lange Zubereitungszeit!

Fritierte Süsskartoffelplätzchen
Zha Fan Shu Pian

Vorbereitung Die Süßkartoffeln 45 Min. dämpfen, danach schälen und in einer großen Schale zerdrücken.

Zubereitung Die entstandene Masse mit dem Reismehl, dem Klebreismehl, dem Salz, dem Zucker, dem Pfeffer sowie dem Kokospulver vermischen.

Zutaten
600 g Süßkartoffeln
6 EL Reismehl
6 EL Klebreismehl
1 TL Salz
½ RS Zucker
⅓ TL Pfeffer
3 EL Kokospulver

½ RS zerkleinerte Reisnudeln (oder Glasnudeln)
1½ l Öl (zum Fritieren)

Je 2 EL der Masse zu runden Plätzchen von etwa ½ cm Dicke formen. Beide Seiten der Plätzchen in den zerkleinerten Reisnudeln (oder den Glasnudeln) panieren.
Das Fritieröl erhitzen, die Plätzchen 3 bis 4 Min. fritieren und mit einem Sieb herausnehmen.
5 bis 6 Min. abkühlen lassen, dann etwa 2 Min. weiterfritieren, bis sie schön braun sind.

Klebreis in Lotusblättern gedämpft
He Ye Zheng Nuo Mi

Zutaten
700 g Klebreis
8 bis 10 St. getrocknete Lotusblätter
120 g Tofu
100 g Mehlklößchen (siehe S. 55)
120 g eingeweichte chinesische Blumenpilze («Tongu»)
50 g chinesische Schalotten
80 g Lotuswurzeln (konserviert oder getrocknet)
100 g eingeweichte schwarze Datteln
1½ RS Öl
1 EL Nelken
120 g eingeweichte Lotuskerne
8 EL karamelisierter Zucker (siehe S. 72)
½ RS Reiswein
8 EL Sojasauce
3 TL Salz

Vorbereitung Den Klebreis über Nacht in der doppelten Menge Wasser einweichen. Die Lotusblätter ebenfalls über Nacht einweichen.
Anderntags den Klebreis abtropfen lassen. Die Lotusblätter waschen und die Stiele entfernen.
Den Tofu und die Mehlklößchen in kleine Würfel schneiden und fritieren.
Die chinesische Blumenpilze nach dem Einweichen waschen, die Stiele entfernen und den Pilzhut zerkleinern. Die chinesischen Schalotten fein hacken.
Die Lotuswurzeln in kleine Würfel schneiden und die schwarzen Datteln halbieren.

Zubereitung Eine heiße Pfanne zweimal mit Öl ausschwenken und das Öl erhitzen.
Die Nelken und die chinesischen Schalotten anbraten, sodann die Lotuswurzeln, die Lotuskerne, die chinesischen Blumenpilze, den Tofu und die Mehlklößchen in die Pfanne geben und unter Rühren 2 Min. braten.
Den karamelisierten Zucker, den Reiswein, die Sojasauce, das Salz, den Pfeffer, den Zucker und die Gemüsebrühe hineinrühren und 20 Min. zugedeckt auf kleiner Flamme schmoren lassen.
In einem großen Topf den Klebreis mit dem geschmorten Gemüse vermengen und mit dem Sesamöl und ½ RS Salatöl abschmecken.

Die Füllung in 8 bis 10 gleiche Portionen teilen und jeweils in die Mitte eines Lotusblattes häufen. Die Ränder der Lotusblätter nacheinander so auf die Füllung schlagen, daß eine Art Briefform mit vier gleichen Seitenlängen entsteht.
Die gefüllten Blätter in einen Dampfkochtopf geben und 1½ bis 1 3/4 Std. dämpfen lassen
Das Gericht sofort servieren.

Tip Eine weitere Variante der Zubereitung ist die folgende: Den Klebreis nach dem Einweichen auf einem Tuch im Dampfkochtopf 15 bis 20 Min. dämpfen. Mit dem geschmorten Gemüse vermengen und weitere 5 Min. braten. Dabei langsam das restliche Salatöl und das Sesamöl zugeben. Dann wie beschrieben die Ränder einschlagen, dämpfen und das Gericht servieren.

1 TL Pfeffer
4 EL Zucker
2 RS Gemüsebrühe (siehe S. 70)
¼ RS Sesamöl
1 RS Salatöl

Sehr lange Vor- und lange Zubereitungszeit!

Chinesische kalte Nudeln
Leng Mian

Vorbereitung Die Gurken in Streifen schneiden. Den Knoblauch und den Ingwer fein hacken. Das Öl erhitzen und wieder abkühlen lassen.
Die Nudeln kochen, dann in kaltem Wasser abschrecken, abtropfen, mit 2 EL Öl vermischen und beiseitestellen.

Zubereitung In einer großen Schale alle Würzzutaten vermengen.
Die Nudeln hineingeben und verrühren, dann die Gurkenstreifen mit den Nudeln vermengen und sofort servieren.

Tip Nudelsalat ist ein typisches Sommeressen. Man kann dazu auch ganz normale Nudeln verwenden.

Zutaten
100 g junge Gurken
20 g Knoblauch
15 g Ingwer
2 EL Öl
150 g getrocknete chinesische Nudeln

Zum Würzen:
3 EL Essig (5 %)
½ RS Gemüsebrühe (siehe S. 70) oder Wasser
½ TL Salz
1 EL Sesamöl
2 EL Sesampaste
1½ EL Sojasauce
1½ EL Zucker

Gemüsesaft
Qing Cai Zhi

Zutaten
200 g Möhren (möglichst groß und dick)
250 g Rettich
30 g grüner Spargel
180 g Blätter von Staudensellerie (möglichst von grüner Farbe)
1 RS Mineralwasser
1½ EL Honig
2 EL Pflaumenpulver (oder 2 chinesische Pflaumen)

Zubereitung Alle Gemüse waschen, grob hacken und im Mixer mit dem Mineralwasser pürieren. Durch ein Haarsieb gießen und den Honig sowie das Pflaumenpulver in den Saft hineinrühren. Mindestens 1 Std. im Kühlschrank abkühlen lassen und dann servieren.

Anmerkungen Chinesisches Pflaumenpulver ist sauer und salzig.
Falls man chinesische Pflaumen nimmt, werden diese natürlich zusammen mit den anderen Gemüsen grob gehackt und dann mit Wasser püriert.

Kalte Kohlrabiplatte
Do Tou Cai Leng Pan

Zutaten
2 EL Knoblauch
450 g Kohlrabi
2 TL Salz
8 EL Öl
20 g getrocknete Peperoni (ganze Stücke)
1 EL Essig (25 %)
2 TL Glutamat
1 Prise Pfeffer
½ TL Salz
3 TL Zucker

Vorbereitung Den Knoblauch fein hacken.
Den Kohlrabi in bleistiftstarke Stäbchen schneiden, mit dem Salz vermengen und 20 Min. ziehen lassen, dann mit Wasser abspülen und gründlich trocknen.

Zubereitung In einer heißen Pfanne das Öl erhitzen und die getrockneten Peperoni dunkelbraun braten.
Alle übrigen Gewürze vermischen und zusammen mit dem Kohlrabi in die Pfanne geben. 1 Min. unter Rühren braten.
Die Gemüse in eine Schale geben und abkühlen lassen. Die Kohlrabiplatte kalt servieren.

Anmerkung Die Peperoni dienen nur zur Verfeinerung des Aromas. Sie sollen jedoch nicht gegessen werden.

Zuckerschoten mit Champignons gebraten
Yang Gu Chao Tian Bian Dou

Vorbereitung Den Ingwer fein hacken. Das Kartoffelmehl mit 3 EL Wasser vermischen.

Zubereitung Die Enden von den Zuckerschoten entfernen und etwa 15 Min. in kaltem Wasser ziehen lassen. Währenddessen die Champignons in Scheiben schneiden.
In 1 l kochendem Wasser die Champignons 5 Min. blanchieren.
Anschließend die Zuckerschoten 1 Min. blanchieren. Herausnehmen und abtropfen lassen.
In einer heißen Pfanne das Öl erhitzen und den Ingwer 30 Sek. anbraten. Das blanchierte Gemüse zugeben und unter Rühren 1 Min. braten.
Den Zucker, das Salz, den Pfeffer und die Sojasauce unterrühren und anschließend mit der Kartoffelmehl-Wasser-Mischung andicken.
Mit dem Sesamöl abschmecken und dann sofort servieren.

Zutaten
2 TL Ingwer
1½ TL Kartoffelmehl
100 g Zuckerschoten
100 g Champignons
5 EL Öl
1 EL Zucker
1 TL Salz
1 Prise Pfeffer
2 EL Sojasauce
3 EL Sesamöl

Geschmorter junger Taro
Hong Shao Yu Tou

Zutaten
420 g junger Taro
10 g Schalotten
10 EL Öl
5 EL Pflaumenwein
5 RS Gemüsebrühe (siehe S. 70) oder Wasser
1½ EL Zucker
1 TL Salz
2 Prisen Pfeffer
½ RS Kokosmilch
3 EL Möhrenöl (siehe S. 51)

Vorbereitung Den Taro schälen und in mundgerechte Stücke schneiden.
Die Schalotten in Scheiben schneiden.

Zubereitung Eine heiße Pfanne zweimal mit Öl ausschwenken. Das Öl darin erhitzen und die Schalotten anbräunen.
Den Taro in die Pfanne geben und unter Rühren 1 Min. braten.
Mit dem Pflaumenwein und der Gemüsebrühe (oder dem Wasser) ablöschen, den Zucker, das Salz und den Pfeffer zugeben.
Auf kleiner Flamme bei geschlossenem Deckel 30 bis 40 Min. schmoren lassen.
Zum Schluß die Kokosmilch beifügen und auf starker Flamme die Sauce etwa 5 Min. einkochen.
Mit dem Möhrenöl übergießen und servieren.

Kürbis mit Eiern
Zha Ji Dan He Da Nan Gua

Zutaten
450 g Kürbis
3 Eier
1 l Öl zum Fritieren
2 EL Knoblauchzehen

Vorbereitung Den Kürbis waschen, die Kerne entfernen, schälen und in Würfel schneiden.
Die Eier schaumigschlagen.
Eine heiße Pfanne zweimal mit Öl ausschwenken.
In der heißen Pfanne das Fritieröl erhitzen.

Die Hälfte der geschlagenen Eier etwa 3 Min. fritieren, bis sie ganz knusprig sind. Mit einem Sieb herausnehmen und abtropfen lassen.
Das Ganze mit dem Rest der Eimasse wiederholen.
Die Knoblauchzehen fein hacken.

Zubereitung Eine heiße Pfanne mit dem Öl zum Braten erhitzen und die Knoblauchzehen etwa 30 Sek. anbraten.
Den Kürbis zugeben, kurz braten, mit der Gemüsebrühe ablöschen und alles zugedeckt auf kleiner Flamme etwa 30 Min. schmoren lassen, bis der Kürbis weich ist.
Die fritierten Eier dazugeben, alles mit dem Pfeffer, dem Salz und dem Zucker vermischen, wieder mit einem Deckel verschließen und nochmals 10 Min. schmoren lassen.
Das Chiliöl (oder das Sesamöl) dazugeben und nochmals 2 Min. durchkochen lassen.
Das Gericht heiß servieren.

6 EL Öl zum Braten
2/3 l Gemüsebrühe (oder Wasser)
1/2 TL Pfeffer
1 TL Salz
1 1/2 EL Zucker
2 EL Chili- oder Sesamöl

Dhong-Gue mit Kokosfleisch
Dong Gu Zhu Ye Zi Rou

Vorbereitung Die Kokosnuß schälen und in mundgerechte Stücke schneiden.
Die Tofublätter zerkleinern.
Den Bambus gleich wie das Kokosfleisch oder aber in Scheiben schneiden.
Große Blumenpilze zu den anderen Gemüsen passend schneiden.
Die Bocksdornfrüchte und die roten Datteln etwa 1 Std. in Wasser ziehen lassen.
Die Dhong-Gue-Wurzeln zerkleinern.
Den Ingwer grob teilen und zerdrücken.

Zubereitung Die Gemüsebrühe oder Wasser in einem Suppentopf zum Kochen bringen.
Das Kokosfleisch, den Bambus, die Bocksdornfrüchte, die chinesischen Blumenpilze, die roten Datteln, die Dhong-Gue-Wurzeln und den Ingwer

Zutaten
1 Kokosnuß (mit 120 g Kokosfleisch)
80 g eingeweichte Tofublätter
120 g Bambus
6 eingeweichte chinesische Blumenpilze
20 g getrocknete Bocksdornfrüchte (Gozee)
20 g getrocknete rote Datteln
20 g Dhong-Gue-Wurzeln (siehe S. 60)
20 g Ingwer
2 1/2 l Gemüsebrühe

(siehe S. 70) oder
Wasser
1½ TL Salz
1 EL Glutamat
20 g Kandiszucker
⅓ TL Pfeffer
½ RS Reiswein
5 EL Möhrenöl
(siehe S. 51)

in die kochende Brühe geben und bei geschlossenem Deckel 30 Min. auf kleiner Flamme kochen.
Mit dem Salz, dem Glutamat, dem Kandiszucker, dem Pfeffer und dem Reiswein würzen und dann weitere 45 Min. kochen.
Mit dem Möhrenöl abschmecken und sofort servieren.

Juli

七月

Ente mit saurem Gemüse
Suan Cai Ya

Vorbereitung Die Ente waschen, das Bauchfett entfernen und mit den Knochen in 12 möglichst gleichmäßige Stücke zerteilen.
Die Entenstücke 10 Min. in kochendem Wasser blanchieren.
Das saure Senfgemüse abspülen und 1 Std. in frischem Wasser wässern.
Die Blätter vom Strunk lösen und quer in jeweils 3 Stücke teilen. Den jungen Ingwer in Streifen schneiden und in kaltem Wasser ziehen lassen.

Zubereitung In einem großen Topf das Öl erhitzen; nun die weißen Frühlingszwiebeln etwas quetschen, kurz anbraten und mit dem Reiswein ablöschen.
Nun die Brühe zufügen, zum Kochen bringen und die blanchierten Entenstücke hineingeben. Bei milder Hitze zugedeckt 1 Std. leicht kochen.
Mit dem Pfeffer, dem Salz und dem Zucker würzen, das geschnittene Senfgemüse dazugeben und weitere 10 Min. kochen.
Kurz vor dem Servieren die Ingwerstreifen und das Sesamöl in die Suppe geben.

Anmerkung Das Senfgemüse wird nicht in feine Streifen, sondern in Stücke geschnitten. So behält es seinen Biß. Beim Zerbeißen des Gemüses entfaltet sich das Aroma. Das regt den Speichelfluß an, der wieder den Appetit und die Verdauungstätigkeit fördert.

Zutaten
½ Ente (etwa 1 kg)
300 g saures Senfgemüse
20 g junger Ingwer
1½ l Hühnerbrühe
5 EL Öl
20 g weiße Frühlingszwiebeln
½ RS Reiswein
½ TL Pfeffer
1½ TL Salz
1 EL Zucker
3 EL Sesamöl

Lange Vor- und Zubereitungszeit!

Gans mit Glasnudeln
E Rou Fen Si

Zutaten
800 g Gänsebrustfilet
50 g getrocknete Glasnudeln
20 g frisches Basilikum
15 g Schalotten
5 EL Öl
1½ TL Salz
1 EL Zucker
1 TL Glutamat
3 EL dunkles Sesamöl
5 EL Ingwerwein (siehe S. 72)

Lange Vorbereitungszeit!

Vorbereitung Das Gänsebrustfilet waschen. In einem großen Topf 1½ l Wasser zum Kochen bringen und das Fleisch hineingeben.
Bei geringer Hitze 1 Std. leicht kochen.
Mit einem Löffel den Schaum abschöpfen. Das Filet aus der Brühe heben und unter fließendem Wasser ½ Std. abkühlen. Die Brühe aufheben.
Die Glasnudeln 20 Min. in Wasser einweichen und danach abtropfen.
Die Basilikumblättchen abzupfen, dann waschen, trockentupfen und in eine große Servierschüssel geben.
Die Schalotten in Scheiben schneiden.

Zubereitung In einer heißen Pfanne das Öl erhitzen, die Schalotten anbraten und mit der heißen Gänsebrühe übergießen. Aufkochen und mit dem Salz, dem Zucker und dem Glutamat würzen.
Die eingeweichten Glasnudeln hineingeben, 2 Min. kochen, mit einem Sieb herausheben und zu dem Basilikum in die Schüssel füllen.
Das Gänsebrustfilet trockentupfen, dann in feine Scheiben schneiden, fächerartig über den Nudeln anrichten und mit dem Sesamöl und dem Ingwerwein beträufeln.
Zum Schluß die Brühe nochmals aufkochen und über das angerichtete Fleisch in die Schüssel gießen. Das Gericht heiß servieren.

Anmerkung Das gekochte Brustfilet kühlt man unter fließendem kalten Wasser ab, damit sich die

Muskelspannung des Fleisches löst. So wird das Fleisch zart und kann sein Eigenaroma entfalten. Beim Essen erlebt man die ganze Köstlichkeit dieses Gerichtes durch das abwechselnde Kauen des zarten Fleisches und das Schlürfen der aromatischen Brühe.

Kulturelles Für die Zubereitung von Gänsen gibt es viele verschiedene Rezepte, von denen hier nur eines besondere Erwähnung finden soll – die gefüllten Gänsefüße.
In Peking gibt es ein bekanntes Shandong-Spezialitäten-Restaurant. Der erste Besitzer dieses schon sehr alten Lokals war ein Küchenmeister aus Shandong, der am Kaiserhof der Qing-Dynastie gearbeitet hatte. Mit anderen Kollegen und Beamten hatte er einst das Restaurant eröffnet. Da bekannt war, daß Köche vom Hof in diesem Restaurant arbeiteten, herrschte dort immer großer Andrang. Eine große Spezialität des Hauses war die «Kalte Gänsefußplatte».
Junge Gänse wurden dafür im Keller des Hauses gezüchtet und gemästet. Wenn sie fett genug waren, schlachtete man sie, schnitt ihnen die Füße ab und zog die harte Haut ab. Nun wusch man die Gänsefüße gründlich und trocknete sie bei Zimmertem-

peratur. Dann legte man sie solange in Reiswein ein, bis sie stark aufgequollen waren.
Nach dem Herausnehmen zog man die Knochen vorsichtig aus den Gänsefüßen und füllte die so entstandenen Hohlräume mit chinesischer Salami. Die gefüllten Gänsefüße wurden gedämpft, abgekühlt und mit verschiedenen Gewürzen eingelegt. Später verwendete man sie für kalte Platten.

Abalonen in Hühnerbrühe
Bao Yu Ji Tang

Zutaten
1 Dose Abalonen (etwa 425 g)
150 g Hähnchenbrustfilet
50 g frischer Spinat
1 l Hühnerbrühe

Zum Marinieren:
1 EL Kartoffelmehl
3 EL Salatöl
1 EL Sojasauce
2 EL Wasser

Zum Würzen der Suppe:
2 EL Austernsauce
3 Scheiben Ingwer
1 Prise Pfeffer
½ RS Reiswein
1½ TL Salz

Vorbereitung Die Abalonen auf einem Sieb abtropfen und in Scheiben schneiden. Die Flüssigkeit aufheben.
Das Hähnchenbrustfilet waschen, trockentupfen und ebenfalls in Scheiben schneiden.
Alle Zutaten für die Marinade mischen, die Fleischscheiben unterheben und 10 Min. ziehen lassen.
Den Spinat gut waschen, abtropfen, grob zerpflücken und in eine große Servierschüssel geben.

Zubereitung In einem großen Topf die Hühnerbrühe zum Kochen bringen, die marinierten Hühnerscheibchen einzeln hineingeben und aufkochen lassen.
Die geschnittenen Abalonen, den Abalonensaft und alle Gewürze für die Suppe beifügen.
Wieder aufkochen und sofort in die Servierschüssel über den Spinat füllen.
Das Gericht heiß servieren.

Fritierte Auberginen
Zha Qie Zi

Vorbereitung Die Auberginen der Länge nach halbieren, dann schräg in 1 cm breite Scheiben schneiden und diese nochmals tief als Tasche einschneiden.
Die Krabben hacken, die 20 g Frühlingszwiebeln feinschneiden und auch den EL Frühlingszwiebeln hacken.
Das gehackte Schweinefleisch mit den Gewürzen für das Hackfleisch mischen.
Jeweils einen Teelöffel dieser Masse in die Auberginentasche füllen.
Die Panade vorbereiten.
Den Knoblauch, den Ingwer und den Chili hacken.

Zubereitung Eine heiße Pfanne zweimal mit Öl ausschwenken, das Fritieröl erhitzen, die gefüllten Auberginen einzeln in der Panade wenden und 2 Min. hellgelb vorfritieren.
Mit einem Sieb herausnehmen, etwas abkühlen und im wiedererhitzten Öl etwa 2 Min. fertigfritieren (bis die Farbe dunkelbraun geworden ist).
Auf einem Sieb abtropfen und das Öl in das Vorratsgefäß zurückgießen.
Die Pfanne erneut erhitzen, das Öl zum Braten hineingeben und im heißen Fett den Knoblauch, den Ingwer und den Chili 30 Sek. anbraten.
Die fritierten Auberginen dazugeben, schwenken und unter ständiger Bewegung der Pfanne über dem Feuer nacheinander die Sojasauce, den Zucker, den Essig, den Pfeffer, den Sichuan-Pfeffer und das Sesamöl gut verteilt zugeben.
Zum Schluß die feingeschnittenen Frühlingszwiebeln darüberstreuen.

Zutaten
250 g Auberginen
20 g Frühlingszwiebeln
200 g gehacktes Schweinefleisch
Panade (siehe S. 75)
1 l Öl zum Fritieren

Für das Hackfleisch:
20 g getrocknete Krabben
1 EL Frühlingszwiebel
1 EL Ingwer
1 EL Sojasauce

Zum Braten:
1 EL Knoblauch
1 EL Ingwer
1 EL gehackte rote Chili
5 EL Öl
2 EL Sojasauce
1½ EL Zucker
½ EL Essig (25 %)
½ TL Pfeffer
2 Prisen Sichuan-Pfefferpulver
1 EL Sesamöl

SCHWEINEFLEISCH MIT SAUREN BOHNEN
SUAN DOU CHAO ROU

ZUTATEN
300 g (möglichst lange) grüne chinesische Bohnen
2 rote Chilischoten
120 g Schweinefilet
½ l Öl zum Fritieren

Zum Einlegen der Bohnen:
5 EL Essig (25 %)
2 EL Kao-Liang-Schnaps
5 EL Salz
2 St. Sternanis

Zum Marinieren:
1 EL Kartoffelmehl
1 EL Salatöl
1½ EL Sojasauce

Zum Braten:
1 EL Knoblauch
½ TL Kartoffelmehl
3 EL Reiswein
3 EL Salatöl
1 EL Sambal Olek
1½ EL Zucker
½ TL Salz
ev. 1 Spritzer Essig
3 EL Öl (zum Übergießen)

Benötigt wird auch eine Terrine mit Deckel.

VORBEREITUNG Die grünen Bohnen waschen, entfädeln und auf Küchenpapier ausgebreitet 1 Tag bei Zimmertemperatur trocknen lassen.
Die vorbereiteten Bohnen in einer Deckelterrine zusammen mit den Gewürzen in 2 l kaltem, abgekochtem Waser einlegen. Zugedeckt 3 Tage bis 1 Woche bei Zimmertemperatur stehenlassen.
Die Flüssigkeit abgießen (sie kann nochmals verwendet werden). Die Bohnen waschen und in ½ cm lange Stückchen schneiden.
Die Chilischoten entkernen und fein hacken, den Knoblauch hacken und das Kartoffelmehl mit dem Reiswein anrühren.
Das Schweinefleisch in kleine Würfelchen in der Größe der Bohnenstückchen schneiden, mit den Gewürzen für die Marinade mischen und 20 Min. ziehen lassen.

ZUBEREITUNG Eine heiße Pfanne zweimal mit Öl ausschwenken, das Fritieröl erhitzen und das marinierte Schweinefilet unter Rühren 2 Min. darin fritieren. Die Bohnen zugeben und weitere 2 Min. fritieren.
Mit einem Sieb herausnehmen, abtropfen lassen und das Öl in das Vorratsgefäß zurückgeben.
Das Öl zum Braten in der Pfanne erhitzen, den Knoblauch und das Sambal Olek kurz anbraten, das fritierte Fleisch mit den Bohnen zugeben unter Rühren erhitzen.
Mit dem Zucker, dem Salz und ev. mit Essig würzen und mit dem angerührten Kartoffelmehl binden.
Vor dem Servieren mit dem verbliebenen Öl übergießen und mit dem roten Chili bestreuen.

GESCHICHTLICHES In der Zhou-Dynastie waren die Zubereitungsarten für Gemüse noch nicht allzu

vielfältig. Die Haupttechniken waren das Kochen und das Einlegen. Eingelegtes Gemüse wurde wegen seiner Haltbarkeit und aus Kostengründen bald zum zentralen Element der chinesischen Küche.
Nicht nur für arme Leute, auch für wohlhabende Beamte und sogar am Kaiserhof gehörte eingelegtes Gemüse zum täglichen Speiseplan. Erst in der späten Qing-Dynastie kam die Zubereitung von Gemüse mit verschiedenen Pasten auf. Am Kaiserhof gab es damals sogar eine eigene Kochabteilung für eingelegtes Gemüse. Dieses mußte in fünf verschiedenen Gängen gereicht werden, wobei jeweils sieben unterschiedliche Gemüsesorten vorgeschrieben waren.
So entstanden verschiedene Arten der Zubereitung, darunter auch eingelegtes Gemüse als kalte Platte.

Extrem lange Vor- und lange Zubereitungszeit!

Entenbrustfilet mit Sauergemüse (Eingelegtes Senfgemüse) Ya Pian Chao Suan Cai

Zutaten
350 g Sauergemüse
300 g Entenfilet
(oder Hühnerbrust)

Zum Würzen:
20 g rote Chilischoten
3 Knoblauchzehen
5 EL Öl
2 EL Zucker
½ TL Salz
1½ EL Essig (25 %)

Lange Vorbereitungszeit!

Vorbereitung Die Chilischoten entkernen, halbieren und in Stücke schneiden. Den Knoblauch fein hacken, das Sauergemüse in Streifen schneiden und anschließend etwa 1 Std. in kaltem Wasser einweichen.
Das Sauergemüse gut abtropfen lassen und ausdrücken. 1½ l Wasser zum Kochen bringen, das Entenfilet etwa 20 Min. kochen, herausnehmen und etwa 10 Min. unter fließendem kalten Wasser abkühlen.
Das Entenfilet in Scheiben schneiden.

Zubereitung Eine heiße Pfanne zweimal mit Öl ausschwenken und das Öl zum Braten darin erhitzen. Sobald es heiß ist, den Knoblauch etwa 1 Min. anbraten.
Den Chili zugeben und etwa ½ Min. braten. Das Sauergemüse und die gekochten Entenscheiben beifügen und auf großer Hitze etwa 2 Min. braten.

Den Zucker, das Salz, den Essig sowie ½ RS Wasser zugeben und alles nochmals 3 bis 5 Min. erhitzen. Abkühlen und das Entenfilet kalt servieren.

TIP Dieses Gericht schmeckt am besten, wenn es erst am Tag danach gegessen wird. Als Beilage eignet sich heißer Reis besonders.

Gedämpfte Grashummerkrabben in Reiswein
Mi Jiu Zheng Xia

ZUTATEN
600 g frische Grashummerkrabben (mit Kopf und Schalen)
50 g Schweinenacken

Zum Würzen:
A.
10 g chinesische Angelikawurzel
10 g Bocksdornrinde
1½ l Reiswein
10 g Sichuan-Liebstöckelwurzelstock

B.
10 g Ingwer
2 Prisen Pfeffer
1 l Reiswein
1½ TL Salz
1 RS Wasser

Benötigt wird eine Terrine mit Deckel.

Lange Vorbereitungszeit!

VORBEREITUNG Die frischen Grashummerkrabben in Wasser waschen. Die Beine mit einer Küchenschere entfernen.
Die Gewürze A in einer großen Schale etwa ½ Std. einweichen. In der Zwischenzeit den Schweinenacken in Scheiben schneiden.
Die eingeweichten Würzzutaten in eine Suppenterrine geben, die Gewürze B vermischen und ebenfalls in die Suppenterrine geben. Mit dem Terrinendeckel verschließen.

ZUBEREITUNG Einen Damptopf vorbereiten, die Suppenterrine hineinstellen und ungefähr 45 Min. dämpfen.
Anschließend das Gericht servieren.

TIP Dieses Gericht wird Männern als Kräftigungsmittel empfohlen. Daher serviert man es am besten abends heiß.

Kalte Krabbenplatte
Leng Pan Xia Ren

Vorbereitung Die Krabben gut waschen.
1½ l Wasser mit den Zutaten A zum Kochen bringen und die Krabben etwa 3 Min. darin erhitzen, bis sie sich verfärbt haben.
Abgießen und unter fließendem Wasser ½ Std. abkühlen.
Schälen und den schwarzen Darm entfernen.
Den Ingwer und die Frühlingszwiebel fein hacken.

Zubereitung Alle Zutaten B in einer Schüssel miteinander verrühren, die geschälten Krabben unterheben und 20 Min. im Kühlschrank durchziehen lassen.
Auf einer Platte anrichten und kalt servieren.

Zutaten
700 g frische Krabben

A.
10 g Ingwer
3 EL Kao-Liang-Schnaps

B.
1 EL Ingwer
1 EL Frühlingszwiebel
1 EL Chiliöl
3 EL Erdnußpaste
1½ TL Essig (25 %)
½ RS Reiswein
2 EL Salatöl
½ TL Salz
2 EL Sojasauce
2 EL Zucker

Der Yang-Tze-Kiang-Fluß

Der Yang-Tze wird in China «Fluß der Fischschätze» genannt, weil in den unterschiedlichen Flußabschnitten verschiedene Fischarten heimisch sind.

Im Oberlauf ist das Wasser sehr kalt und seicht. Hier lebt u.a. die Forelle. Im mittleren Abschnitt wird der Fluß durch Uferschlamm etwas getrübt und bietet optimale Lebensbedingungen für den Flußbarsch.

Zur Meermündung hin wird das Wasser des Stroms erheblich wärmer, da dieser Teil in subtropischem Gebiet liegt. Diese Wassertemperatur bevorzugen der Grasfisch (Aristichthys nobilis), der chinesische Pangolin und der Silberkarpfen.

Hummerkrabben mit Chili
Xia Chao La Jiao

Zutaten
550 g frische Hummerkrabben (oder Graskrabben)
10 g getrockneter Chili
10 g Frühlingszwiebeln
10 g Ingwer
1½ l Öl zum Fritieren
8 EL Öl (zum Braten)
1 TL Sichuan-Pfefferkörner

Für die Marinade:
1 EL Kartoffelmehl
3 EL Reiswein
2 EL Salatöl
2 EL Sojasauce

Für die Sauce:
1 TL Glutamat
⅔ TL Kartoffelmehl
½ TL Pfeffer
2 EL Reisweinsatz (oder Reiswein)
½ TL Salz
2 EL Sesamöl
3 EL Sojasauce
2 EL Tomatenketchup
6 EL Wasser
1½ EL Zucker
2 EL karamelisierter Zucker (siehe S. 72)

Vorbereitung Die Hummerkrabben waschen, am Rücken aufschlitzen und den Darm entfernen.
Mit allen Zutaten für die Marinade vermischen und die Krabben etwa 20 Min. darin ziehen lassen.
In einer großen Schale alle Zutaten für die Sauce verrühren.
Den getrockneten Chili mit einer Schere in Stücke schneiden.
Die Frühlingszwiebeln in Stücke und den Ingwer in Scheiben schneiden.

Zubereitung Eine heiße Pfanne zweimal mit Öl ausschwenken und darin das Fritieröl erhitzen.
Sobald das Öl heiß ist, den Chili etwa 1 Min. fritieren und die marinierten Hummerkrabben dazugeben.
Alles gut verrühren und etwa 2 Min. fritieren.
Herausnehmen und auf einem Sieb abtropfen lassen. Das Öl in das Vorratsgefäß zurückgeben.
Jetzt das Öl zum Braten erhitzen und die Sichuan-Pfefferkörner etwa 20 Sek. anbraten. Den Ingwer und die Frühlingszwiebeln dazugeben und weitere 20 Sek. braten.
Die Hitze so groß wie möglich einstellen und die fritierten Hummerkrabben hineingeben. Nochmals 2 Min. braten.
Die vermischten Gewürze für die Sauce beifügen und etwa 2 Min. erhitzen.
Das Gericht heiß servieren.

Gedämpfter Aal mit Seetang
Zheng Man Yu He Hai Dai

Zutaten
850 g frischer Aal
15 bis 20 g getrockneter Seetang
250 g Schweinerippchen
1 l Öl zum Fritieren

Zum Würzen
2 EL Bocksdornrinde
1 TL Glutamat
5 Scheiben Ingwer
½ RS Reiswein
1½ TL Salz
6 EL Schweineschmalz
1½ l Wasser (oder Bruhe, siehe S. 69)

Benötigt wird zudem eine Suppenterrine mit Deckel.

Lange Vor- und Zubereitungszeit!

Vorbereitung Den Aal waschen, die Haut gut abkratzen und das Fleisch in mundgerechte Stücke schneiden.
Den Seetang in 1 l heißem Wasser 1 Std. einweichen.
Mit dem Messerrücken das Wasser abstreifen. Den Seetang in mundgerechte Stücke schneiden.
Die Schweinerippchen gut waschen und in gleichmäßige Stücke schneiden.
Eine heiße Pfanne zweimal mit Öl ausschwenken. Das Fritieröl in die Pfanne geben, den Aal und die Schweinerippchen etwa 2 Min. darin fritieren. Herausnehmen und gut abtropfen lassen. Das Öl wieder in das Vorratsgefäß zurückgeben.
Alle Zutaten zum Würzen vermischen und in eine Suppenterrine geben. Nun den fritierten Aal, die Schweinerippchen und den Seetang zugeben. Mit einem Deckel verschließen.

Zubereitung Die Suppenterrine in einen Dampfkochtopf hineinstellen und etwa 80 Min. dämpfen. Das Gericht heiß servieren.

Tip Sollte man im Geschäft keine Bocksdornrinde bekommen, kann man auch 15 bis 20 g Sellerieknolle nehmen.

Die Stadt Hangzhou

Hangzhou ist die Hauptstadt der Provinz Zhejiang. Die Stadt selbst ist über 2100 Jahre alt und hat mittlerweile über 800 000 Einwohner. Hangzhou war während der Wu-Dynastie und während der südlichen Song-Dynastie politisches Zentrum des Reiches.

In Hangzhou ist alles von Geschichte durchtränkt, vom Grashalm bis zu den Dachziegeln. Die Landschaft ist ganz besonders schön, und wenn man nach China reist, sollte man unbedingt einen Abstecher dorthin machen.

Inmitten von Hangzhou gibt es einen landschaftlich sehr schön eingerahmten See, den Westsee. Von diesen Hügelketten aus, den Vorläufern des Westgebirges, hat man einen herrlichen Blick auf die Stadt, den See und die Umgebung.

In diesem See liegt eine kleine Insel, ein beliebtes Ausflugsziel. Dort gibt es auch ein Restaurant namens «Lou Wai Lou». Es ist in einem zweistöckigen, sehr großen Haus aus der Zeit der Qing-Dynastie untergebracht.

Der Name des Restaurants bedeutet «Wohnung aus einer anderen Welt». Er geht zurück auf eine Gedichtzeile von Lian Shen aus der Zeit der südlichen Song-Dynastie. Dieser Dichter schrieb in einem seiner Werke: «Chu Wai Qin Shan, Lou Wai Lou». Das bedeutet etwa «Ins Freie zu den strahlenden Bergen wandern und dort eine schöne Bleibe finden». In diesem Poem bringt der Autor auch die für Hangzhou typische Fröhlichkeit zum Ausdruck und stellt die rhetorische Frage «Hört das Schöne hier nie auf?»

Das Restaurant auf der Insel im Westsee ist noch immer sehr bekannt und rangiert weiterhin unter den besten der Stadt.

Schälrippe mit Seetangsuppe
Pai Gu Hai Dai Tang

Vorbereitung Den Seetang ½ Std. in heißem Wasser einweichen.
Die Schälrippchen in mundgerechte Stücke schneiden und 2 Min. in kochendem Wasser blanchieren.
Die Möhren und den Rettich waschen, schälen und in gleichgroße Stücke wie die Rippchen schneiden.
Den Tintenfisch waschen und in Stückchen schneiden. Den abgetropften Seetang in mundgerechte Stücke schneiden.
Die Sojabohnenpaste mit ½ RS Wasser anrühren.
Die Frühlingszwiebeln fein schneiden.

Zubereitung In einem großen Topf das Öl erhitzen, den Ingwer anbraten und mit dem Reiswein ablöschen. Mit 2 l Wasser auffüllen und das Ganze zum Kochen bringen.
Die Schweinerippchen, den Seetang und den Tintenfisch zufügen und 20 bis 25 Min. bei kleiner Flamme kochen.
Die Möhren und den Rettich beifügen und weitere 20 Min. kochen. Nun alle Gewürze für die spätere Zugabe beifügen und 5 Min. leicht kochen.
Vor dem Servieren mit dem Sesamöl abschmecken und mit den Frühlingszwiebeln bestreuen.

Zutaten
10 g getrockneter Seetang
300 g Schälrippe
200 g Möhren
150 g Rettich
50 g getrockneter Tintenfisch

Für die Suppe:
5 EL Öl
10 g Ingwer
½ RS Reiswein

Für die spätere Zugabe:
2½ EL gelbe Sojabohnenpaste
1 TL Glutamat
½ TL Pfeffer
etwas Salz (nach Geschmack)
2 EL Zucker

Zum Abschmecken:
5 g feine Frühlingszwiebeln
2 EL Sesamöl

Seetang

Der Seetang ist eine Meerespflanze. Auf chinesisch heißt er *Hai-Dai*, d.h. «Seegras». Der Seetang ist 60 bis 180 cm lang und von grüner Farbe.
Er verströmt einen starken Meeresgeruch.
Ganz frischer Seetang ist glitschig, getrockneter muß eingeweicht werden. Vor dem Verarbeiten sollte man ihn wegen der Sandrückstände mehrmals waschen. Meist wird Seetang gekocht oder für eine kalte Platte zubereitet.
In der chinesischen Naturheilkunde wird dem Seetang eine heilende Wirkung bei Beriberi ober bei Schuppenflechte zugeschrieben.

Rindfleisch mit Chinakohl geschmort
Niu Rou Hong Shao Bai Cai

Zutaten
600 g Chinakohl
350 g falsches Rinderfilet

Zum Anbraten:
20 g Ingwer
20 g weiße Frühlingszwiebeln
7 EL Öl

Zum Schmoren:
1 TL Glutamat
½ RS Pflaumenwein
1½ TL Salz
2 EL Sojasauce
3 RS Wasser
1½ EL Zucker

Zum Abschmecken:
2 EL Mandarinenöl (oder Sesamöl)

Vorbereitung Den Chinakohl waschen und die Blätter grob zerpflücken.
Das Rindfleisch waschen, 30 Min. in Wasser kochen, abtropfen und in 2 cm^3 große Würfel schneiden.
Den Ingwer in Scheiben, die Frühlingszwiebeln in Stückchen schneiden.

Zubereitung Das Öl zum Anbraten in einer heißen Pfanne erhitzen, den Ingwer und die Frühlingszwiebeln anbraten, die Fleischwürfel zufügen und 3 bis 5 Min. anbraten.
Den Chinakohl zugeben, den Deckel schließen und den Kohl 2 Min. zusammenfallen lassen.
Jetzt alle Zutaten zum Schmoren zugeben und etwa 30 Min. leicht kochen lassen.
Vor dem Servieren noch mit dem Mandarinenöl abschmecken.

Vier-Farben-Allerlei
Niu Rou Mo Chao Shu Cai

Zutaten
150 g Hackfleisch vom Rind
100 g grüne Paprika
50 g rote Paprika
200 g Maiskörner (aus der Dose)

Zum Braten:
1½ EL Knoblauch
7 EL Erdnußöl

Vorbereitung Das Hackfleisch mit ½ l Wasser mischen und in einem Topf unter Rühren zum Kochen bringen.
3 Min. kochen und dann auf einem feinen Sieb abgießen, abtropfen lassen und gut rühren, damit das Fleisch nicht zusammenklebt. Das Abtropfwasser weggießen.
Die grünen und roten Paprikas in kleine Würfelchen von der Größe der Maiskörner schneiden.
Den Knoblauch hacken und das Kartoffelmehl mit 2 EL Wasser anrühren.
In einer Reisschale alle Gewürze für die Sauce vermischen.

ZUBEREITUNG Eine heiße Pfanne zweimal mit Öl ausschwenken, das Erdnußöl in der Pfanne erhitzen und den Knoblauch anbraten.
Den Mais und die Paprikawürfelchen zugeben und 2 Min. braten. Das vorbereitete Hackfleisch beifügen und unter Rühren ebenfalls 2 Min. braten.
Die Saucenmischung angießen, 2 Min. aufkochen, mit dem angerührten Kartoffelmehl binden und mit dem Möhrenöl abschmecken.

Für die Sauce:
2 bis 3 EL Austernsauce
5 EL Hühnerbrühe
½ TL Salz
1½ EL Sojasauce
1 EL Zucker

Zum Binden:
½ TL Kartoffelmehl
2 EL Möhrenöl (siehe S. 51)

KNUSPRIGES RINDFLEISCH
CUI NIU ROU

VORBEREITUNG Die Basilikumblätter grob, den Ingwer fein hacken.
Das Rindfleisch in 4 × 2 cm große, dünne Scheiben schneiden und mit den Zutaten für die Marinade mischen.
20 Min. bei Zimmertemperatur ziehen lassen, dann mit dem gehackten Basilikum mischen.
Die Zutaten für den Fritierteig in einer Schüssel gut durchschlagen und mindestens ½ Std. zugedeckt bei Zimmertemperatur stehenlassen.
In einer Reisschale die Gewürze zum Abschmecken mischen.

ZUBEREITUNG Eine heiße Pfanne zweimal mit Öl ausschwenken und das Fritieröl erhitzen.
Das marinierte Fleisch mit dem Fritierteig mischen und die Fleischscheibchen einzeln in das siedende Fett geben. Hellgelb vorfritieren, auf einem Sieb abtropfen und nach kurzem Abkühlen erneut im heißen Öl fritieren, bis das Fleisch goldbraun ist.
Herausnehmen, abtropfen und mit der Mischung zum Abschmecken überstreuen.
Das Gericht servieren.

ZUTATEN
20 g Basilikumblätter
300 g Rumpsteak
1 l Öl zum Fritieren

Zum Marinieren:
2 EL Ingwer
½ TL Backpulver
½ TL Pfeffer
4 EL Reiswein
½ TL Salz
1 TL Sojasauce
1 TL Zucker

Für den Fritierteig:
½ TL Backpulver
1 Eigelb
2 EL Salatöl
½ RS Wasser
8 EL Weizenmehl

Zum Abschmecken:
3 EL geriebene Erdnüsse
½ TL Salz
2 TL Sesamkörner

Hummerklösschen und Strohpilze in Hühnerbrühe
Xia Qiu Ji He Cao Gu Tang

Zutaten
20 g grüne Frühlingszwiebeln
400 g geschälte rohe Hummerkrabben
80 g Strohpilze aus der Dose (oder 15 g getrocknete Strohpilze)

Für die Hummerklößchen:
10 g Ingwer
1 EL Eiweiß
2 EL Öl
1 TL Salz
1½ TL Zucker

Für die Suppe:
1 l Hühnerbrühe
1 TL Glutamat
½ TL Pfeffer
1½ TL Salz
1 EL Sesamöl
1½ EL Zucker

Vorbereitung Die Frühlingszwiebeln in Stückchen schneiden und den Ingwer reiben.
Die Hummerkrabben am Rücken aufschlitzen und den schwarzen Darm entfernen.
Die Krabben waschen und trockentupfen. Im Mixer zusammen mit den Zutaten für die Klößchen pürieren.
In einem Topf 1½ l Wasser zum Kochen bringen. Sobald das Wasser kocht, den Topf vom Feuer nehmen, mit einem Teelöffel wallnußgroße Klößchen von der Hummermasse abstechen und vorsichtig in das heiße Wasser gleiten lassen.
Dann den Topf wieder erhitzen und 2 Min. sachte kochen lassen. Auf ein Sieb abgießen und das Kochwasser wegschütten.
Die Strohpilze abtropfen lassen. (Falls getrocknete Pilze verwendet werden, diese waschen, ½ Std. im ½ l heißem Wasser einweichen, nochmals waschen und dann abtropfen lassen).

Zubereitung In einem großen Topf die Hühnerbrühe zum Kochen bringen, die Strohpilze und alle Gewürze für die Suppe hineingeben.
2 Min. aufwallen lassen, die Hummerklößchen und die Frühlingszwiebelstückchen hineingeben, wieder zum Kochen bringen und heiß servieren.

Hummersuppe mit Gurke
Xia Ren Qing Gua Tang

Vorbereitung Die Krevetten am Rücken aufschlitzen und den schwarzen Darm entfernen.
In einer Schüssel 2 Std. unter fließendem Wasser stehen lassen. Dann abtropfen und mit einem Mulltuch gut trocknen.
Die Würzzutaten zum Marinieren in einer Schüssel mischen und die Krevetten in dieser Marinade 30 Min. ziehen lassen.
Die Gurke waschen, schälen, halbieren und die Kerne entfernen. Quer in ½ cm dicke Stücke schneiden.
Die Frühlingszwiebeln waschen und in 3 cm lange Stücke schneiden.

Zubereitung In einem großen Topf die Hühnerbrühe zum Kochen bringen. Die Gurkenstückchen 10 Min. bei kleiner Flamme in der Brühe kochen.
Die Krevetten einzeln aus der Marinade in die Suppe geben und 2 Min. bei großer Flamme kochen.
Während dieser Zeit die Zutaten für die Suppe sowie die Frühlingszwiebeln zugeben.
Das Gericht heiß servieren.

Heilkundliches Die vielen haardünnen Dornen an den Gurken zeigen an, daß sich dieses Gemüse gut als Heilmittel eignet, insbesondere zur Blutreinigung und zum Fiebersenken.
Vor dem Kochen der Gurken muß man die Enden abtrennen, damit der milchige Gemüsesaft austreten kann. Die chinesischen Gurken sind natürlich nicht mit herkömmlichen Salatgurken zu vergleichen.

Zutaten
300 g geschälte Krevetten
250 g Salatgurke
10 g Frühlingszwiebeln
1 l Hühnerbrühe

Zum Marinieren:
1½ EL Kartoffelmehl
1 Prise Pfeffer
1 EL Reiswein
2 EL Salatöl
1 EL Sojasauce

Für die Suppe:
2 Prisen Pfeffer
1½ TL Salz
2 EL Sesamöl
2 TL Zucker

Lange Vorbereitungszeit!

Bittermelonensuppe mit Schweinerippe
Ku Gua Pai Gu Tang

Zutaten
450 g Bittermelonen
500 g Schweinerippe
20 g getrocknete Babyfischchen
1 EL fermentierte schwarze Bohnen
2 l Hühnerbrühe

Zum Würzen:
20 g Ingwer
1½ TL Glutamat
½ TL Pfeffer
4 EL Reiswein
2 TL Salz

Vorbereitung Die Bittermelonen waschen, Blüte und Stielansatz entfernen. Die Früchte halbieren, entkernen und in 4 cm breite Stücke schneiden.
Die Schweinerippe waschen, in 3 cm große Würfel schneiden und 2 Min. in kochendem Wasser blanchieren.
Die Babyfischchen in 2 RS heißem Wasser 15 Min. einweichen und abgießen.
Die schwarzen Bohnen in ½ RS Wasser 10 Min. einweichen und danach abtropfen. Den Ingwer hacken.

Zubereitung In einem großen Topf die Hühnerbrühe zum Kochen bringen, die Fleischwürfel zugeben und ½ Std. bei kleiner Flamme kochen lassen.
Den Ingwer und die Melonenstücke zufügen und weitere 15 Min. sachte kochen. Die fermentierten Bohnen, die Babyfischchen und alle anderen Würzzutaten in die Suppe geben, nochmals 10 bis 15 Min. kochen und heiß servieren.

Der Bittermelonensaft in der chinesischen Heilkunde
Bittermelonensaft eignet sich gegen Durchfall und andere Darmprobleme. Die Einnahme einer halben Reisschale ein- bis zweimal täglich wirkt Darmbeschwerden entgegen. Bei Hautschürfungen hilft das Auftragen eines Bittermelonenblattes auf die Wunde.
Die gekochten, zerkleinerten Bittermelonensamen steigern zudem die Potenz. Dafür müssen die Bittermelonenkerne zuerst kurz ohne Fett angebraten und anschließend zu Pulver zermahlen werden. Sie können dann mit Reiswein eingenommen werden.

Gemischte Früchte eisgekühlt
Shi Jin Shui Guo Bing

Vorbereitung Die Pilze in 1 l Wasser 20 Min. einweichen. Danach waschen, die Stiele entfernen, nochmals in kaltem Wasser waschen und zerkleinern.

Zubereitung Die 3 Dosen öffnen und den gesamten Inhalt mit dem Saft in eine große Glasschüssel gießen.
Den Zitronensaft mit dem Honig mischen und über die Obstmischung geben. Die Holzohrenpilze untermischen.
Alles im Kühlschrank 1 Std. kühlen und vor dem Servieren mit dem zerstoßenen Eis vermischen.

Zutaten
20 g getrocknete weiße Holzohrenpilze
1 Dose Jackfruit
1 Dose Lychees
1 Dose Palmobst
Saft von 5 Zitronen
130 g Honig
2 RS zerstoßenes Eis

Die chinesische Eiskultur und ihre Ursprünge

Wenn man in Zusammenhang mit dem chinesischen Speiseplan das Wort «Eis» hört, so handelt es sich hierbei um Wassereis. Das benötigte Wasser wurde früher aus Flüssen, Bächen, Wassergräben und Wasserfällen geschöpft.

Wer weiter entfernt von den Wasserquellen lebte, mußte dieses eimerweise nach Hause tragen. Wasser ist lebensnotwendig – wie könnte man ohne Wasser leben? Aus diesem Grunde begannen die Menschen auch, Brunnen anzulegen. Mit dem Brunnenbau ist die Entwicklung der Eiskultur eng verbunden.

In der Provinz Shan-Xi haben Archäologen in der Stadt Fongxiang eine Art Eiskühltruhe aus der Zhou-Dynastie (770 bis 221 n. Chr.) entdeckt. Es handelte sich um einen in den Boden eingebauten Behälter von 3,5 m Breite, 6 m Länge und 2 m Tiefe, dessen Rand 10 cm dick war. Die Innenwände waren mit Porzellan ausgelegt, und den Deckel bildete ein Ziegeldach. Gefunden wurden darin außerdem kupferne Geräte zur

Eisherstellung, die höchstwahrscheinlich zum Zerstoßen des gefrorenen Wassers dienten.

An den Seitenwänden der Kühltruhe befanden sich zwei leicht versetzte Löcher. Von einem in der Nähe verlaufenden Graben aus führte eine Leitung aus Porzellan bis an den oberen Teil der Eistruhe. So konnte sauberes Wasser hinein und durch die tiefergelegene zweite Leitung das schmutzige Wasser wieder herausgespült werden.

In den Rand der Truhe wurden Holzspäne zur Wärme-Isoliereung gefüllt. Um eine solche Eiskuhle betreiben zu können, waren an die hundert Personen nötig, wobei jeder Beteiligte je nach seiner Aufgabe einen anderen Titel erhielt, etwa Obermeister oder Meister usw. Jeweils zehn Leute bildeten eine Arbeitsgruppe. Man kann sich gut vorstellen, daß eine gute Organisation hierbei von großer Bedeutung war.

Im Winter begann man mit der Vorbereitung für die Eisgewinnung, Besondere Festtage schränkten die Zeit der Herstellung und die Zeit des Verzehrs von Eis ein. So wurde mit der Eisvorbereitung im Dezember begonnen, und bis zum März war das Verspeisen des Eises nicht erlaubt. Die Wochen dazwischen, wenn das Eis noch nicht genießbar war, hießen in China auch «versteckte Eiszeit».

Bevor man mit dem Eisessen begann, mußte allerdings zuerst dem Wintergott mit Opfergaben für das Eis gedankt werden, z. B. mit einem schwarzen Lamm oder mit schwarzem Mais. Die schwarze Farbe war vorgeschrieben, da nach alter chinesischer Überlieferung die Gottheit, die mit dem kalten Winter aus dem Norden kommt, ebenfalls schwarz ist.

Bis zur Qing-Dynastie ist dieser Brauch überliefert. Später mußte man sich nicht mehr nur auf schwarze Opfergaben beschränken. Nun wurden dem Wintergott Lammfleisch und chinesischer Schnittlauch dargebracht. Die zum Opfern bestimmten Lebensmittel wurden vor die Eiskuhle gestellt, an deren Ablauf man Pfeil und Bogen aufstellte und eine Vorrichtung zum Wassertragen aus Bambus anbrachte. Dies sollte die bösen Geister von der Eistruhe fernhalten. Sobald die Eisherstellung beendet war, mußte der König benachrichtigt werden, dem das Öffnen der Kuhle sowie die Verteilung des Eises vorbehalten war.

In der Shang-Dynastie kam dann der Beruf des Eisherstellers auf. Er trug als Berufskleidung ein rüstungsähnliches Kupferhemd, das ihn beim Anfertigen und Transportieren von Eis schützte. Schon kurz nach dem Ende der Shang-Dynastie war das Eismachen weitverbreitet.

Die Verwendung von Eis

Das Eis, das man damals herstellte, bestand nur aus einem gefrorenen Wasserblock. Es fand ganz unterschiedliche Verwendung.

So gab es im Keller der Palastküche zum Beispiel fünf Brunnen und eine Tiefkühlvorrichtung, die für die Eiszubereitung genutzt wurden. Das Wasser aus den Brunnen des Palastes war besonders sauber. Auf der Kühlvorrichtung stand in großen Lettern *Gong-Chu*, was soviel wie «Palastküche» bedeutet. Das gewonnene Eis, aber auch Fleisch und andere Lebensmittel lagerte man hier.

Solche Einrichtungen gab es damals nicht nur im Gebiet des Gelben Flusses, sondern auch in anderen Provinzen Chinas. Aus der Qing-Dynastie haben sich ebenfalls zahlreiche Gegenstände erhalten, die auf eine Eiskultur hindeuten. Besonders interessant ist der Fund einer ummauerten Tiefkühleinrichtung, in deren Mitte eine sehr fein gearbeitete Teekanne stand – eine in China relativ weit verbreitete Art, Wein zu kühlen. Während der Qing-Dynastie kam auch die Mode des Eislaufens auf, das vorher in China nicht bekannt gewesen war.

Im Jahre 1295 waren die Stämme der herrschenden Mongolendynastie noch fast alle Nomaden. Sie lebten von Viehzucht, ernährten sich hauptsächlich von Rind- und Lammfleisch und tranken Milch. Diese Milch wurde zur Kühlung mit Eis gemischt.

Damals war normalen Bürgern der Genuß von Eis untersagt; dieser war allein den Beamten und Adligen vorbehalten. Die Technik, Eis mit Milch zu vermischen, breitete sich langsam von Norden nach Süden aus. Aus Mischungen von Eis, Zucker und Milch sowie getrocknetem Obst wurden verschiedene Eissorten bereitet. Erst jetzt verfeinerte sich die Eiskultur. Zuvor hatte man das Eis nur mit einem Messer zerkleinert, auf einem Teller mit getrockneten Obst angerichtet und mit Sirup übergossen.

Das Übergießen mit Milch fand nur in Nordchina Anklang, da dort – im Gegensatz zum Süden – sehr gerne Milch getrunken wird. Die Eiskultur hat sich im übrigen in China nur wenig weiterentwickelt. Mit Marco Polo, der 18 Jahre als Beamter in China lebte, gelangte 1295 erstmals das Speiseeis (neben den Nudeln) nach Europa. Die Eiskultur breitete sich dann besonders in Italien rasch aus und entwickelte sich weiter.

In China wurde Eis auch zur beliebten Tischdekoration. Zur Zeit der Tang-Dynastie gab es erstmals einen Eisdekorationsmeister *(Yang-Guo-Zhang)*, der eine besonders schöne Tischdekoration aus Eis für den Kaiser entwarf. Diese diente in den stets aufgeheizten Räumen des

Palastes zum Kühlen der Zimmer und zum Befeuchten der trockenen Luft.

Heute noch findet jedes Jahr in der Stadt Harbin (Provinz Hei-Long-Jiang) ein weltbekannter Wettbewerb im Eisfigurenhauen statt.

Abalonen in Sesampaste
Ma Jiang Bao Yu

Vorbereitung Die Abalonen abtropfen und in Streifen schneiden.
Den Spitzkohl waschen, den Strunk entfernen und den Kohl in Streifen schneiden.
Den Ingwer und den Knoblauch fein hacken.
In einer Schale die Zutaten für die Sauce mischen.

Zubereitung In einer heißen Pfanne 3 EL Öl erhitzen, den Spitzkohl zugeben, unter Wenden kurz anbraten und dabei die Gewürze für den Kohl zugeben.
2 Min. braten und auf eine Servierplatte geben.
Jetzt eine heiße Pfanne zweimal mit Öl ausschwenken, 5 EL Öl erhitzen, den Ingwer und den Knoblauch anbraten und mit der Saucenmischung ablöschen.
1 Min. durchkochen, dann die Abalonenstreifen unter Rühren erneut zum Kochen bringen.
Die Abalonen über den Kohl auf die Platte häufen und mit dem Möhrenöl beträufeln.
Das Gericht servieren.

Zutaten
1 Dose Abalonen (425 g)
350 g Spitzkohl

Für den Spitzkohl:
3 EL Öl
1 Prise Pfeffer
½ TL Salz
½ TL Zucker

Zum Anbraten der Abalonen:
1 EL Ingwer
1 TL Knoblauch
5 EL Öl

Für die Sauce:
1 TL Glutamat
½ RS Hühnerbrühe
½ TL Pfeffer
4 EL Sesampaste
1½ TL Zucker

Zum Abschmecken:
3 EL Möhrenöl

Vegetarisches Essen

Diese Ernährungsform spielt in China eine große Rolle. Dabei muß man für eine ausgewogene Ernährung über die Vitamine und den Nährwert des Gemüses genau Bescheid wissen.

Viele Leute wissen zwar, daß Gemüse gesund und preisgünstig ist, doch kommt es auch darauf an zu verstehen, wo im Gemüse sich die Vitamine und Mineralstoffe befinden und wie man es am besten zubereitet. Es ist zum Beispiel ein Fehler, Salat lange zu kochen, da er so sein Aroma, seinen Eigengeschmack und seine Vitamine verliert. Jedes Gemüse schmeckt je nach Jahreszeit unterschiedlich, so daß man es jeweils anders würzen und zubereiten muß.

Frisches, junges Gemüse wird am besten als Salat zubereitet. Das Aroma nennt man auf chinesisch «roten Geschmack». Anders ist das Aroma natürlich, wenn man das Gemüse brät oder in einer Brühe kocht. Eine weitere Variante besteht im Einlegen von Gemüse.

Vor dem Kochen muß man sich über die Konsistenz des Gemüses genau im klaren sein und wissen, ob es hart, zart, weich oder knusprig ist. Weiter kommt es sehr darauf an, welche Gemüse zusammenpassen.

Meist wird das Gemüse als Salat oder kalte Platte gegessen, aber solche Kombinationen sind nicht immer gut verträglich. Beim Kochen besteht die Gefahr, daß neben den Vitaminen auch der Geschmack verloren geht.

Das gesunde, vitaminreiche Gemüse ist preiswert, einfach und schnell zuzubereiten. Nach dem Waschen sollte es am besten nicht mit dem Messer, sondern mit der Hand zerkleinert und möglichst nicht mit Metall in Berührung gebracht werden. Dadurch geht nämlich das Naturaroma verloren.

Schnelle Zubereitung von Gemüse

Vom dem Zerkleinern das frische Gemüse etwa 30 Min. in Wasser ziehen lassen. Danach abtropfen lassen und zerkleinern. In einem Topf die doppelte Menge Wasser erhitzen. Sobald das Wasser heiß ist, das Gemüse hineingeben, kurz 1 bis 2 Min. kochen und mit einem Sieb herausnehmen.

In einer heißen Pfanne 5 bis 6 EL Öl erhitzen und das jeweilige Gewürz (Ingwer, Knoblauch usw.) kurz darin anbraten. Das blanchierte Gemüse hineingeben und das Ganze 2 bis 3 Min. unter Rühren braten. Mit Salz, Zucker und Pfeffer würzen, etwas Öl oder Brühe darübergeben und verrühren. Schließlich herausnehmen und servieren.

So behält das Gemüse seine Vitamine, seinen natürlichen Geschmack und sein frisches Aussehen. Es ist in kurzer Zeit zubereitet. Ausnahmen bilden Rosen-, Weiß- und Rotkohl sowie Wintermelonen, die eine längere Zubereitungszeit erfordern. Hier wird das Gemüse auch ausnahmsweise geschnitten. Anstatt das Gemüse zu blanchieren und dann zu braten, kann man es auch kurz in Öl fritieren.

Am besten ist es, wenn man zwei Kochplatten zur Verfügung hat. Zuerst auf beide Platten eine heiße Pfanne stellen. Eine davon zum Blanchieren des Gemüses verwenden. In der zweiten Pfanne einige Eßlöffel Öl erhitzen und das fertig blanchierte bzw. fritierte Gemüse nach dem Abtropfen sofort hineingeben. Nun die erste Pfanne waschen und erneut auf die heiße Platte stellen. Sobald die Pfanne heiß ist, das Gemüse wieder in diese Pfanne geben. Das Wechseln der Pfannen hat zur Wirkung, daß das Gemüse immer schön heiß gebraten wird und so besonders knackig wird. Die Hitze der Platten, auf denen die Pfannen stehen, möglichst groß stellen. Auf diese Weise dauert die Zubereitung 3 bis 5 Min.

Bei einem Gasherd genügt jedoch eine Pfanne – die Energie ist hier groß genug. Bei der Auswahl des Gemüses sollte man möglichst auf Treibhausprodukte verzichten.

Neben frischen, in Europa erhältlichen Gemüsen, kann man auch asiatisches Trockengemüse verwenden, dessen Geschmack überraschend gut ist. Besonders schmackhaft ist eine Kombination aus europäischem Frisch- und asiatischem Trockengemüse. So ergeben sich viele Möglichkeiten zum Kombinieren.

TIP Essen Sie einmal pro Woche ungewürztes Gemüse, damit sich die Geschmacksnerven etwas entspannen können.

JUNGER SPARGEL MIT HOLZOHRENPILZEN GEBRATEN
LU SUN CHAO MU ER

ZUTATEN
350 g junger Spargel, grün und weiß gemischt
20 g getrocknete Holzohrenpilze
20 g Ingwer
1½ TL Kartoffelmehl
8 EL Salatöl
1⅓ TL Salz
3 EL Sojasauce
1 TL Glutamat
½ RS Gemüsebrühe (siehe S. 70)
2 EL Sesamöl

VORBEREITUNG Den Spargel schälen, in Streifen schneiden und in Wasser ziehen lassen.
Die Holzohrenpilze 40 Min. in heißem Wasser einweichen, abtropfen, waschen und in Streifen schneiden.

ZUBEREITUNG Den Ingwer in Streifen schneiden. Das Kartoffelmehl mit 3 EL Wasser vermischen.

In einer Pfanne das Salatöl erhitzen. Das Salz im heißen Öl verrühren und die Ingwerstreifen unter Rühren kurz anbraten.
Die Holzohrenpilze dazugeben und 1 Min. in der Pfanne rühren. Nun die Spargelstreifen hineingeben und ebenfalls 1 Min. unter Rühren braten.
Die Sojasauce und das Glutamat unterrühren und 1 Min. garen.
Die Gemüsebrühe dazugießen und 3 bis 4 Min. kochen lassen.
Mit der Kartoffelmehl-Wasser-Mischung andicken und mit dem Sesamöl abschmecken.
Das Gericht sofort servieren.

Gefüllte Auberginen fritiert
Zha Qie Bing

Vorbereitung · Die Auberginen waschen und die Stielansätze abschneiden. Der Länge nach halbieren und schräg in ½ cm dicke Scheiben schneiden.
An der Schmalseite so einschneiden, daß man sie aufklappen kann. Es werden 16 Stücke benötigt (zur Schneidetechnik siehe S. 85).
Den Fritierteig zubereiten und 30 Min. quellen lassen.
Alle Zutaten für die Auberginenfüllung fein hacken und mit den Gewürzen für die Füllung vermischen.
Die Schalotten und den Knoblauch fein hacken.

Zubereitung In die Einschnitte der Auberginenscheiben je 1 EL der Füllung geben.
Eine heiße Pfanne zweimal mit Öl ausschwenken und das Fritieröl erhitzen.
Die gefüllten Auberginenstücke mit Hilfe eines Zahnstochers in den Fritierteig tauchen und sofort fritieren.
Im ersten Durchgang 2 Min. fritieren, dann abtropfen lassen.
Nach 5 Min. nochmals 2 Min. fritieren, bis der Teig goldbraun gefärbt ist. In einem Sieb abtropfen lassen.

Zutaten
250 g Auberginen (möglichst klein)
1 l Öl zum Fritieren

Fritierteig:
1 EL Backpulver
½ Ei
10 g Kartoffelmehl
160 g Weizenmehl
5 EL Öl
½ TL Salz
¾ RS Wasser

Auberginenfüllung:
2 g eingeweichte Blumenpilze
30 g Champingons
10 g Frühlingszwiebeln
80 g eingeweichte Holzohren
80 g Tofu
50 g Wasserkastanien

Für die Füllung:
1 TL Glutamat
2 EL Kartoffelmehl
3 EL Öl
½ TL Pfeffer
2 Prisen Salz
2 EL Sojasauce
1 TL süße Sojasauce
1 TL Zucker

Zum Anbraten:
2 EL Schalotten
1 EL Knoblauch
5 EL Öl

Für die Sauce:
3 EL Essig (5 %)
1 Prise Pfeffer
½ TL Salz
1½ EL Sojasauce
1½ EL Zucker

Eine weitere Pfanne zweimal mit Öl ausschwenken und das Öl zum Anbraten so stark wie möglich erhitzen. Den Knoblauch und die Schalotten anbräunen, dann die fritierten Auberginenscheiben hineingeben.
Die Gewürze für die Sauce über die fritierten Auberginen gleichmäßig verteilen.
Das Gericht sofort heiß servieren.

TIPS Für das gute Gelingen dieses Rezeptes sind vier Faktoren besonders wichtig: möglichst hohe Hitze, möglichst kurze Garzeit am Schluß, starke Bewegung der Kochmasse und die Verwendung von 2 Pfannen bei der Zubereitung.
Die bestmögliche Qualität hat man erreicht, wenn das Äußere der Auberginenstücke ein starkes Aroma hat, trocken und knusprig ist, während das Innere noch weich und zart ist.

GESCHMORTE AUBERGINEN
HONG SHAO QIE ZI

ZUTATEN
250 g (möglichst kleine) Auberginen
2 EL süße Sojabohnenpaste (oder 4 EL süße Sojasauce)
20 g Knoblauch
1 TL Kartoffelmehl
1 TL Petersilie
5 EL Öl zum Anbraten
5 RS Gemüsebrühe (siehe S. 70)
1 TL Salz
1 EL Sojasauce
2 EL Zucker

VORBEREITUNG Die Auberginen in große, längliche Dreiecke schneiden.
Die süße Sojabohnenpaste mit 3 EL Wasser vermischen. (Vorsicht: Falls Soja*sauce* verwendet wird, diese nicht verdünnen!)
Den Knoblauch und die Petersilie hacken. Das Kartoffelmehl mit 2 EL Wasser verrühren.

ZUBEREITUNG Eine heiße Pfanne zweimal mit Öl ausschwenken. Das Öl zum Anbraten erhitzen und den Knoblauch sowie die süße Sojabohnenpaste etwa 1 Min. unter Rühren anbraten.
Mit der Gemüsebrühe ablöschen, die Auberginen hineingeben und etwa 35 Min. bei mittlerer Hitze schmoren.
Mit den anderen Würzzutaten abschmecken. Zum Schluß noch die Kartoffelmehl-Wasser-Mischung einrühren.

Das Gemüse auf einem Teller anrichten und mit der Petersilie überstreuen. Sofort servieren.

TIPS Falls man süße Sojabohnenpaste nimmt, muß der angegebene Teelöffel Zucker hinzugefügt werden, weil die Paste dickflüssig und salzig ist und ein starkes Aroma hat.
Die Sauce schmeckt um so besser, je weniger Flüssigkeit sie enthält (evtl. einkochen).

GESCHMORTER RETTICH
HONG SHAO BAI LUO BO

ZUTATEN
500 g Rettich
10 g Ingwer
1 EL Wasabi-Pulver
10 EL Öl zum Fritieren
2 g Sternanis (1 St.)
5 g ungespritzte Mandarinenschale
5 g Zimt (etwa ½ Stange)
5 EL Reiswein
4 RS Gemüsebrühe (siehe S. 70)
1½ EL Zucker
5 EL helle Sojasauce
1 TL Salz
½ TL Pfeffer
3 EL Möhrenöl (siehe S. 51) oder Sesamöl

VORBEREITUNG Den Rettich in Würfel mit 3 cm Seitenlänge schneiden. Den Ingwer zerdrücken.
Das Wasabi-Pulver mit 2 TL lauwarmem Wasser mischen und 5 Min. bei geschlossenem Deckel beiseite stellen.

ZUBEREITUNG Eine Pfanne erhitzen und das Fritieröl hineingeben. In heißem Öl den Sternanis, den Ingwer, die Mandarinenschale und den Zimt 1 Min. unter Rühren fritieren.
Den Reiswein und kurz danach die Gemüsebrühe hineingeben.
Den Zucker, das verrührte Wasabi-Pulver, die helle Sojasauce, das Salz und den Pfeffer beifügen, den Rettich zugeben und bei geschlossenem Deckel 20 bis 30 Min. schmoren lassen.
Dann mit dem Möhrenöl (oder dem Sesamöl) übergießen und 2 Min. weiterschmoren.
Sofort servieren.

TIP Dieses Gericht soll man meiden, wenn man gleichzeitig Medikamente der chinesischen Naturheilkunde einnimmt.

Gemischter Gurkensalat
Qing Gua Sha La

Zutaten
50 g Chinesisches Sauergemüse (saurer Senfkohl)
30 g Frühlingszwiebel (weißer Teil)
300 g junge Gurken
150 g Sichuan-Gemüse
ev. 1 St. weißer fermentierter Tofu (10 bis 15 g)

Zum Würzen:
½ TL Pfeffer
⅓ TL Salz
4 EL Sesamkörner
5 EL Sesamöl
1½ EL Zucker

Vorbereitung Alle Gemüse in Streifen schneiden. Vom Chinesischen Sauergemüse nur die Stiele verwenden.
Das Sichuan-Gemüse und das Sauergemüse etwa 1 Std. in Wasser ziehen lassen.

Zubereitung Die eingelegten Gemüse gut ausdrücken. Alle Gemüsestreifen in einer größeren Reisschale miteinander vermischen.
Den fermentierten Tofu (falls verwendet) verrühren und unter die Gemüse mengen.
Alle Gewürze dazugeben und gut vermischen.
Etwa 30 Min. im Kühlschrank ziehen lassen und dann servieren.

Chinesischer Schnittlauchsalat
Jiu Cai Sha La

Zutaten
520 g Blätter vom chinesischen grünen Schnittlauch

Zum Würzen:
2 EL Knoblauch

Zubereitung Den Knoblauch fein hacken.
Die Schnittlauchblätter waschen, Spitzen und Blattansätze abschneiden.
1 bis 2 Min. blanchieren, kalt abschrecken und 10 bis 20 Min. im kalten Wasser stehen lassen.
Die Blätter vorsichtig auswringen, in 5 cm lange Stücke schneiden und auf einem Teller anrichten.

Die Würzzutaten zu einer Sauce vermischen und über die Schnittlauchblätter gießen.
Sofort servieren.

TIP Chinesischer Schnittlauch wird in Holland angebaut und von verschiedenen Asiengeschäften importiert. Es werden zwei Sorten angeboten: Grüner Schnittlauch ist zart, knackig und sehr aromatisch; er wird für Chinesische Maultaschen benutzt. Weißer oder Bleichschnittlauch wird ohne Licht gezogen und ist sehr zart, milder im Aroma, mit einem Blütentrieb zwischen den Blättern.

1 EL Essig (25 %)
½ TL Salz
4 EL Sesamöl
2 EL Sesampaste
⅓ TL gemahlener Sichuan-Pfeffer
3 EL helle Sojasauce
1 EL süße Sojasauce
5 EL Wasser
1½ EL Zucker

SEETANGSALAT
HAI DAI SHA LA

VORBEREITUNG Den Seetang über Nacht in 2 l warmem Wasser einweichen.
Am andern Tag sehr gründlich waschen und in Streifen schneiden.
Den Chili, den Ingwer und den Porree in Streifen schneiden.

ZUBEREITUNG Alle Zutaten in einer großen Reisschale verrühren. Die Seetangstreifen hineingeben und 1 Tag im Kühlschrank ziehen lassen.
Den Seetangsalat servieren.

ANMERKUNG Der Seetang muß nach dem Einweichen sehr gründlich gewaschen werden, damit alle kleinen Steine ausgespült werden. Ev. mit einem Messerrücken ausstreifen.

ZUTATEN
60 g getrockneter Seetang (eingeweicht etwa 400 g)
10 g frische Chilischoten
20 g Ingwer
20 g Porree
1 TL weißer Essig (25 %)
½ TL Pfeffer
1 TL Salz
2 EL Sesamöl
3 EL Sesampaste
5 EL Zejiang-Essig (5 %)

Sehr lange Vor- und Zubereitungszeit!

Junge Gurken mit Sichuan-Pfeffer
Zha Cai Qing Gua Sha La

Zutaten
650 g Gurken (jung oder normal)
2 TL Salz
40 g junger (oder normaler) Ingwer
30 g frischer Chili
1/3 RS Erdnußöl
1 TL Sichuan-Pfefferkörner
3 getrocknete Chilischoten
1/2 TL Salz
2 EL Zucker
2 EL Essig (25 %)
5 EL Sesamöl

Vorbereitung Die Gurken waschen, von den Enden befreien und mit Längsschnitten vierteln. Große Gurken in Streifen schneiden.
Die Schicht mit den Kernen abschneiden. In einer großen Reisschale mit 2 TL Salz vermischen und etwa 1 Std. ziehen lassen.

Zubereitung Den Ingwer und den Chili in Streifen schneiden. Die Chilischoten trocknen und halbieren.
Die Gurkenstreifen mit Wasser abspülen und vorsichtig ausdrücken.
Den Ingwer und den Chili in einer Reisschale mischen und zur Seite stellen.
In einer heißen Pfanne das Erdnußöl erhitzen. Sobald es zu rauchen beginnt, die Sichuan-Pfefferkörner und getrockneten Chilischoten hineingeben und fritieren, bis sie dunkelgefärbt sind.
Das heiße Öl und die fritierten Gewürze (diese werden nun nicht mehr benötigt) durch ein Sieb über die Ingwer-Chili-Mischung gießen.
Das heiße Öl mit den Gurkenstreifen vermengen. Mit dem restlichen Salz, dem Zucker, dem Essig und dem Sesamöl abschmecken und verrühren.
Vor dem Servieren mindestens 1 Std. im Kühlschrank abkühlen lassen.

Anmerkungen Ein typischer chinesischer Sommersalat, der oft als Gericht für unerwarteten Besuch vorbereitet wird. Dazu werden die Gurken nicht geschnitten, sondern zerdrückt und mit den genannten Gewürzen vermischt.
Man geht mit den Gästen ins Freie oder in den Garten und genießt den erfrischenden Salat als Beilage zu Wein. Dazu reicht man Nüsse und Erdnüsse und verbringt den Abend beim Würfelspiel.

Eingelegter Rettich
Pao Bai Luo Bo

Vorbereitung Den Rettich schälen, waschen und in längliche Dreiecke (etwa 6 cm lang) schneiden. Bei Zimmertemperatur 1 Tag bis 2 Tage trocknen lassen (am besten im Sommer).

Zubereitung In einem Porzellan-, Glas- oder Steinguttopf die Zutaten für die Marinade vermischen.
Die Rettichstücke hineingeben und 2 Tage zugedeckt ziehen lassen.
Vor dem Anrichten gut abtropfen lassen und mit dem Chili- und dem Sesamöl vermengen.

Tips Die Sauce, in der der Rettich gezogen hat, kann wiederverwendet werden, wenn man 2 EL Salz neu zugibt.
Wer das Gemüse lieber schärfer und aromatischer möchte, läßt es länger als 2 Tage ziehen, jedoch höchstens 1 Woche!

Zutaten
850 g Rettich

Für die Marinade:
2 St. frische Chilischoten
10 g Ingwer
½ RS Mei-Kuei-Lu- (oder normaler) Schnaps
4 EL Salz
5 g Sichuan-Pfefferkörner
½ RS Sojasauce
15 g Sternanis
1 l abgekochtes, kaltes Wasser
1½ RS Zejiang-Essig (5 %) oder normaler, heller Essig (5 %)
10 g Zimt (am Stück)

Zum Servieren:
5 EL Sesamöl
2 TL Chiliöl

Benötigt wird zudem ein Porzellan-, Glas- oder Steinguttopf.

Sehr lange Vor- und Zubereitungszeit!

Eingelegte Brokkoli-Blumenkohl-Stiele Yan Cai Hua Tou Xin

Zutaten
400 g Brokkoli- und Blumenkohlstiele (je zur Hälfte)
200 g Stangensellerie
200 g Möhren
2 EL frischer Chili
2 EL junger Ingwer
2 EL Knoblauch
3 EL Chiliöl
3 TL Essig (25 %)
1/3 RS Öl
1/2 TL Pfeffer
1/2 RS Reiswein
1 1/2 TL Salz
5 EL Sesamöl
1/2 RS Zejiang-Essig oder normaler, heller Essig (5 %)
1/2 RS Zucker

Sehr lange Vor- und extrem lange Zubereitungszeit!

Vorbereitung Die harte Haut an den Brokkoli- und Blumenkohlstielen abschälen. Dann die Stiele und den Stangensellerie der Länge nach halbieren. Die Möhren schälen und wie die Stiele schneiden. Alle Gemüse auf einem Teller einen Tag trocknen lassen.
Den frischen Chili, den Ingwer und den Knoblauch fein hacken.

Zubereitung In einer großen Reisschale die getrockneten Gemüse vermengen und mit allen Gewürzzutaten vermischen.
Die Salat-Gewürzmischung in ein Einmachglas füllen und mindestens 2 Tage durchziehen lassen. Danach 2 weitere Tage in den Kühlschrank stellen. Das Gericht servieren.

Tip Dieser Salat paßt am besten zu Reissuppe. Um ein stärkeres Aroma zu erzielen, muß der Salat noch länger aufbewahrt werden (höchstens aber 1 Woche).

一九九二年八月蔣平畫于德國

Eingelegtes Sichuan-Gemüse
Zha Cai Sha La

Zutaten
150 g junge Gurken
250 g weißer junger (oder normaler) Ingwer
100 g junger Knoblauch
300 g Rettich
120 g Stangensellerie

Für die Marinade:
½ RS Reiswein
⅓ RS Salz
10 g Sichuan-Pfefferkörner
10 g Sternanis

Zum Servieren:
½ RS Chiliöl
1½ TL gemahlener Sichuan-Pfeffer

Benötigt wird auch ein Steinguttopf oder ein Glasgefäß.

Sehr lange Vor- und Zubereitungszeit!

Vorbereitung Alle Gemüse waschen, putzen und in mittelgroße Stücke schneiden.
Die Gemüsestücke auf einem Tuch ausbreiten und 2 Tage zum Trocknen ins Freie stellen (oder bei Zimmertemperatur trocknen lassen).
In einem Steinguttopf oder Glasgefäß 2 l abgekochtes kaltes Wasser mit den Zutaten für die Marinade vermischen.

Zubereitung Die getrockneten Gemüse in die Marinade geben und dann 2 Tage abgedeckt ziehen lassen.
Zum Servieren das Gemüse aus dem Steinguttopf (bzw. Glasgefäß) nehmen und gut abtropfen lassen.
In einer Reisschale nach Geschmack mit dem Chiliöl und dem Sichuan-Pfefferpulver mischen und etwa 2 Std. im Kühlschrank ziehen lassen.
Das Gericht servieren.

Tips Die Gemüsestücke dürfen beim Trocknen nicht zu intensiver Sonnenbestrahlung ausgesetzt werden, da sie sonst schwarz und im Geschmack zu stark werden.
Wenn man ein kräftigeres Aroma wünscht, kann man beim Einlegen mehr Salz zugeben oder das Eingelegte länger ziehen lassen.
Die Marinade kann weiter benutzt werden, wenn man mit etwas Salz nachwürzt.
Beim Herausholen der Gemüsestücke aus dem Steingguttopf muß man darauf achten, daß kein Öl an Löffel, Sieb oder Stäbchen haftet, da es die Bildung von Schimmel verursacht.

Gurkensalat mit süsser Bohnensauce
Tian Mian Jiang Qing Gua Sha La

Vorbereitung Falls man Wasabi-Pulver statt süßer Bohnensauce verwendet, muß dieses mit 1 EL lauwarmem Wasser gemischt werden.

Zubereitung Die Babygurken (oder jungen Gurken) waschen und die Enden abschneiden.
Der Länge nach halbieren und mit Einschnitten versehen. Dazu legt man parallel zu der Gurkenhälfte 2 Eßstäbchen und bringt über die ganze Länge schräge Schnitte an; dann nimmt man die Stäbchen weg und zerteilt die Gurkenhälften mit Schrägschnitten in 3 cm lange Stücke.
Die Gurkenstücke mit dem Salz vorsichtig vermengen und 30 Min. ziehen lassen.
Mit Wasser abspülen; das überschüssige Wasser behutsam mit den Händen ausdrücken (ev. auch zwischen zwei Handtüchern).
In einer Reisschale die Gewürzzutaten zu einer Sauce verrühren, über die Gurkenstücke gießen und vorsichtig vermengen.
Vor dem Servieren mindestens 1 Std. (für milden Geschmack) oder über Nacht (für kräftigen Geschmack) im Kühlschrank ziehen lassen.

Anmerkung Die Verwendung von Stäbchen beim Einschneiden verhindert das Durchschneiden der Gurke und gewährleistet eine gleichmäßige Tiefe.

Zutaten
650 g Babygurken (oder junge Gurken)
1½ TL Salz
1½ EL süße Bohnensauce (oder 2 EL Wasabi-Pulver)
8 EL Chiliöl
1½ EL Essig (25 %)
1½ EL Knoblauch
etwas Salz (nach Belieben)
3 EL helle Sojasauce
2 EL Zucker

Lange bis sehr lange Zubereitungszeit!

Tips Süße Bohnensauce gibt es in vielen unterschiedlichen Qualitäten aus verschiedenen Ländern Asiens. Meistens ist sie bereits küchenfertig, manchmal enthält sie aber noch einige Bohnenkerne, die bei der Zubereitung von Salat stören. Man püriert diese Sauce mit dem Mixer oder zerdrückt sie mit einem Löffel.

Ist die Sauce zu dickflüssig oder gar zäh, verarbeitet man sie mit gleicher Menge Zucker, einem Drittel des Sesamöls und der halben Menge Reiswein.

Diese selbstzubereitete Bohnensauce ist die «süße Bohnensauce» oder «-paste», die man je nach dem Rezept für kalte Platten oder beim Kochen verwendet.

AUGUST

八月份

Poularde mit Sojabohnenkeimlingen (kalte Platte)
Ji Si Ya Cai

Vorbereitung Den Ingwer (zum Kochen) und die Frühlingszwiebeln hacken.
Den Ingwer und den Knoblauch für die Sauce reiben und den Pfeffer mahlen.
Die Poularde waschen. In einem großen Topf 1½ l Wasser mit den Gewürzen zum Kochen bringen, die Poularde hineingeben und 30 bis 40 Min. kochen.
Die Kochbrühe abgießen und die Poularde im Topf unter leicht fließendem, kaltem Wasser ½ Std. abkühlen.
Die Sojabohnenkeime waschen und 2 Min. blanchieren, dann abtropfen lassen. Alle Gewürze für die Sauce in einer Schale miteinander vermischen.

Zubereitung Die Poularde abtrocknen, das Fleisch von den Knochen lösen und die Haut abziehen.
Das Poulardenfleisch der Größe der Sojabohnenkeime angepaßt zerpflücken.
In einer großen Schüssel das Fleisch, die Sojabohnenkeime und die Gewürzsauce vermischen und mit dem gehackten Koriander bzw. Basilikum bestreuen.
Nach dem Würzen 1 Std. zugedeckt im Kühlschrank durchziehen lassen.

Mythologischer Hintergrund
Es war einmal ein Bettler, der sich in seinem Hunger nicht mehr anders zu helfen wußte, als einem Bauern ein Hähnchen zu stehlen. Nun stand er da mit dem getöteten Tier und wußte nicht, wie er es zubereiten sollte. Er überlegte lange, bis er einen guten Einfall hatte. Er rupfte das Hähnchen nicht, sondern entfernte nur dessen Innereien und umgab das ganze Huhn dann mit einer Erdschicht.

Zutaten
1 Poularde (1200 g)
100 g Sojabohnenkeime
2 EL Korianderblätter (oder Basilikum)

Zum Kochen:
10 g Ingwer
1 TL Salz
2 St. Sternanis

Für die Sauce:
10 g Frühlingszwiebeln
10 g Ingwer
10 g Knoblauch
1 TL Sichuan-Pfeffer
1½ TL Essig (25 %)
6 EL Salatöl
1 TL Salz
3 EL Sesamöl
4 EL Sojasauce
2 EL Zucker

Jetzt konnte man vom Hähnchen selbst nichts mehr erkennen – nur eine große Schlammkugel war noch zu sehen. Durch diese Kugel hindurch steckte er einen langen Stock, den er dann über ein Feuer hielt. So grillte er das Hähnchen. Der Bettler beließ es mehrere Stunden so über dem Feuer, bis die Erdkruste rund um das Geflügel Risse bekam. Jetzt befreite er das Hähnchen aus der Hülle, wobei die Federn automatisch abgelöst wurden. Danach röstete er das Fleisch erneut über dem Feuer, bis es schön knusprig war.

Nun konnte der Bettler das Hähnchen genießen. Der Rauch und der Grillduft lockten aber auch den bestohlenen Bauern herbei, der dem guten Geruch wie ein Spürhund gefolgt war und den Bettler beim Essen des Hähnchens überraschte.

Der Bettler befürchtete natürlich eine Anzeige des Bauern bei den Behörden. Sofort bot er ihm die noch übrige Hälfte des Hähnchens an, und beim Mahl versprach der Bauer, den Bettler ungeschoren davon kommen zu lassen, wenn er ihm das Rezept für das köstliche Mahl verraten würde. Der Bettler war froh, auf diese Weise seine Freiheit zu bewahren.

Der chinesische Name dieses Gerichtes lautet nach dieser Geschichte denn auch «Bettlerhähnchen». Bis heute ist dieses Rezept in Variationen immer noch sehr verbreitet und beliebt. So wird das Hähnchen zuerst gerupft, ausgenommen, gewaschen und mit getrockneten Krabben, Fleisch, Frühlingszwiebeln, Gewürzen, Wein und Sojasauce gefüllt. Dann wird es gut eingefettet, mit Lotusblättern umwickelt und dann in Erde eingepackt. Schließlich gart man alles während etwa sechs Stunden in schwacher Glut, bis die Erde rissig wird, worauf es serviert werden kann.

Kann man dieses Hähnchen nicht selbst zubereiten, muß man das Gericht eine Woche bis zwei Wochen im voraus im Restaurant bestellen.

Hähnchen auf Spargelbett
Lu Sun Ji

Vorbereitung Das Hähnchenfilet waschen und in Streifen schneiden.
Die Gewürze für die Marinade mischen, das Hähnchenfleisch unterheben und ½ Std. ziehen lassen.
Den Spargel waschen, schälen und diagonal in 4 cm lange Stücke schneiden.
Danach in 1 l Wasser mit den Gewürzen zum Blanchieren 3 Min. blanchieren, abtropfen und auf eine Servierplatte häufen.
Den Knoblauch und die weiße Frühlingszwiebel hacken.
Das Kartoffelmehl mit 5 EL Wasser vermischen.
Die Gewürze für die Sauce in einer Reisschale verrühren.

Zubereitung Eine heiße Pfanne zweimal mit Öl ausschwenken. Das Fritieröl in der Pfanne erhitzen.
Das Hähnchenfleisch nochmals gut mit der Marinade vermischen und unter ständigem Rühren 2 Min. im heißen Öl fritieren. Mit einem Sieb herausheben, abtropfen lassen und das Öl in das Vorratsgefäß zurückgießen.
Die Pfanne mit dem Salatöl erhitzen. Den Knoblauch und die Frühlingszwiebel anbraten.
Das fritierte Hähnchenfleisch zugeben, 1 Min. erhitzen und mit der Saucenmischung übergießen.

Zutaten
250 g Hähnchenbrustfilet
350 g Spargel
½ l Öl zum Fritieren

Zum Marinieren:
1½ EL Kartoffelmehl
2 Prisen Pfeffer
2 EL Salatöl
1½ EL Sojasauce
4 EL Wasser

Zum Blanchieren des Spargels:
2 EL Salatöl
1 TL Salz
½ EL Zucker

Zum Braten:
1 EL Knoblauch
1 EL weiße Frühlingszwiebel
5 EL Salatöl

Für die Sauce:
3 EL Austernsauce
3 EL Hühnerbrühe (oder Wasser)
2 EL Pflaumenwein
3 EL Sojasauce
4 EL süße Sojasauce

Zum Binden der Sauce:
1 TL Kartoffelmehl
1 EL Salatöl

Zum Kochen bringen und mit dem angerührten Kartoffelmehl binden. Danach über das Spargelbett auf der Servierplatte füllen.

ANMERKUNG Weshalb «auf dem Spargelbett»? Der Grund liegt nicht nur im Optischen («das Auge ißt mit»), sondern auch im Psychologischen: Nach dem Genuß von Hühnerbrust kann ein ungutes Gefühl im Mund zurückbleiben. Bei vielen Leuten entsteht bei der Sättigung sogar ein regelrechtes Ekelgefühl beim Anblick der noch übrigen Speisen. Wenn man zur Vorbeugung etwas frisches, zartes Gemüse zur Hühnerbrust ißt, entsteht ein Frischegefühl, und man fühlt sich nicht übersättigt.
Besonders bei geschmortem oder fritiertem Fleisch empfiehlt sich die Beigabe von leichtem Gemüse. Jeder Gastgeber, der auf die Zusammenstellung seiner Speisefolge achtet, verdient ein besonderes Lob.

GEBRATENE HÄHNCHENSCHENKEL
ZHA JI TUI

ZUTATEN
Etwa 500 g Hähnchenschenkel
3 getrocknete chinesische Blumenpilze (etwa 20 g)
20 g frische rote Chilischoten
1 l Öl zum Fritieren
80 g Bambussprossen

Zum Marinieren:
2 EL Ingwerwein
1½ EL Kartoffelmehl (oder Maismehl)
4 EL Salatöl
2 EL Sojasauce
2 EL Wasser

VORBEREITUNG Die Hähnchenschenkel waschen, enthäuten, vom Knochen lösen und das Fleisch in Scheiben schneiden.
In einer Schüssel die Zutaten für die Marinade vermischen, das Hähnchenfleisch unterheben und ½ Std. ziehen lassen.
Die Blumenpilze ½ Std. einweichen, waschen, vom Stiel befreien und den Hut vierteilen.
Die Chilischoten halbieren, entkernen und in Streifen (etwa 4 cm lang und 2 cm breit) schneiden. Die Chilistreifen in kaltem Wasser 20 Min. ziehen lassen und dann abtropfen.
Die Zutaten für die Sauce in einer Reisschale mischen.
Den Ingwer hacken und das Kartoffelmehl mit dem Reiswein verrühren.

ZUBEREITUNG Eine heiße Pfanne zweimal mit Öl ausschwenken und das Fritieröl erhitzen.

Das Hähnchenfleisch nochmals mit der Marinade vermengen und unter ständigem Rühren 2 Min. im heißen Öl fritieren.
Dann die Blumenpilze, die Bambussprossen und die abgetropften Chilischoten zugeben und alles zusammen 1 weitere Minute fritieren.
Mit einem Sieb aus der Pfanne heben, abtropfen lassen und das Öl in das Vorratsgefäß zurückgeben.
Die Pfanne erneut erhitzen, das Salatöl hineingeben und den gehackten Ingwer anbraten.
Die Fritiermischung zugeben, erhitzen, die Saucenmischung darübergießen und mit dem angerührten Kartoffelmehl binden.
Das Gericht heiß servieren.

Zum Anbraten:
1 EL Ingwer
7 EL Salatöl

Für die Sauce:
2 EL chinesischer Essig (5 %)
½ RS Hühnerbrühe
1 TL Salz
3 EL Sojasauce
1½ EL Zucker

Zum Binden der Sauce:
1½ TL Kartoffelmehl
6 EL Reiswein

Der Geburtstag des Küchengottes

In der Zeit der Qing- und der Han-Dynastie wurden fünf Hauptgötter verehrt, nämlich der Türgott, der Wassergott, der Toilettengott, der Küchengott und der Feuergott. Man glaubte damals, daß diese Götter das Leben der Menschen bestimmten. Noch immer wird jedes Jahr am 3. August der Geburtstag des Küchengottes gefeiert. An diesem Tag gibt man zu seinen Ehren ein großes Fest und bringt Opfergaben dar.
Der Küchengott wird besonders verehrt und respektiert, weil er großen Einfluß auf das Leben der Menschen hat. Einmal im Jahr, am 23. Dezember, begibt er sich ins Jenseits, um dort über die Menschen zu berichten. Der Küchengott spricht mit dem Hauptgott Yu-Huang-Ta-Ti über die Menschen, und dieser entscheidet daraufhin ihr Schicksal.
Um den Küchengott zu beeinflussen, werden ihm Bonbons, Reismehlklößchen und andere süße Sachen geopfert. Nachdem man den Küchengott angebetet hat, darf man an keiner Beerdigung teilnehmen, und am Mondfest ist es nur Frauen erlaubt, den Küchengott anzubeten.

Geschmorte Hähnchenschenkel mit Kastanien
Ban Li Hong Shao Ji Tui

Zutaten
500 g Hähnchenschenkel
3 bis 5 chinesische Blumenpilze
200 g Kastanien (frisch oder Dose)
1 l Öl zum Fritieren
3 EL Sesamöl

Zum Anbraten:
20 g Ingwer
8 EL Öl
½ RS Reiswein

Zum Schmoren:
3½ RS Hühnerbrühe (oder Wasser)
½ TL Pfeffer
½ TL Salz
2 bis 3 EL Sojabohnenpaste (süße Bohnenpaste)
3 EL Sojasauce
5 EL süße Sojasauce
2 EL Zucker

Vorbereitung Die Hähnchenschenkel waschen und mit Haut und Knochen vierteilen.
Die Blumenpilze 20 Min. in heißem Wasser einweichen und abtropfen. Die Stiele entfernen und die Pilze halbieren.
Jetzt die frischen Kastanien schälen (konservierte Kastanien abgießen).
Den Ingwer hacken.

Zubereitung Eine heiße Pfanne zweimal mit Öl ausschwenken, das Fritieröl in der vorbereiteten Pfanne erhitzen.
Die Hähnchenstücke 1 Min. im heißen Öl fritieren, mit einem Sieb herausnehmen, abtropfen lassen und das Öl in das Vorratsgefäß zurückgeben.
Die Pfanne erneut erhitzen, das Öl zum Anbraten hineingeben, den Ingwer anbraten und dann mit dem Reiswein ablöschen.
Die vorfritierten Hähnchenteile, die Blumenpilze und die Kastanien zugeben und 1 Min. bei starker Hitze umrühren.
Alle Gewürze zum Schmoren miteinander in einer Schale vermischen und über die Hähnchenteile und die Kastanien gießen.
Die Pfanne zudecken und bei kleiner Flamme ungefähr 1 Std. schmoren lassen. Die Flüssigkeit sollte zu einer sirupartigen Sauce reduziert sein.
Vor dem Servieren mit dem Sesamöl übergießen.

Schweinefleisch mit grünen Bohnen
Si Ji Dou Chao Rou

Zutaten
300 g Schweinebauch (oder Schweinekotelett)
200 g grüne Bohnen
20 g getrocknete Glasnudeln

Zum Anbraten:
2 EL Knoblauch
7 EL Erdnußöl
3 EL Sojasauce

Für die Sauce:
1½ RS Hühnerbrühe
½ TL Pfeffer
1 TL Salz
1½ EL Zucker

Vorbereitung In einem Topf 1½ l Wasser zum Kochen bringen und den gewaschenen Schweinebauch (oder die Koteletts) 20 bis 30 Min. darin kochen.
Herausnehmen, etwas abkühlen und in Streifen (in der Dicke der Bohnen) schneiden.
Die grünen Bohnen waschen, von Stielen und Blüten befreien und halbieren.
Die Glasnudeln 20 Min. in ½ l kaltem Wasser einweichen.
Während dieser Zeit den Knoblauch hacken und alle Zutaten für die Sauce in einer Schale mischen.

Zubereitung In einer Pfanne das Erdnußöl erhitzen, den Knoblauch anbraten, dann den geschnittenen Schweinebauch zugeben und 1 Min. braten. Mit der Sojasauce ablöschen und 1 weitere Min. erhitzen.
Die Saucenmischung zugießen, zum Kochen bringen und die eingeweichten Glasnudeln hineingeben. 5 Min. kochen, gelegentlich umrühren.
Die Bohnen zugeben und weitere 5 Min. kochen.
Das Gericht heiß servieren.

Kulturelles Dieses Rezeptes beruht – wie so viele Gerichte – auf der chinesischen Tradition der Opfergaben.
Es gibt über 40 traditionelle, oft für eine bestimmte Provinz spezifische Festtage in China, zu denen das Darbringen von Lebensmitteln als Opfergaben gehört.
Jeder Festtag endet mit einem guten Essen. Von den bereiteten Gerichten bleibt natürlich auch häufig etwas übrig. Meist werden die Reste am darauffolgenden Tag als eine Art Eintopf zubereitet. Manchmal sieht dies nicht gerade appetitanregend aus, schmeckt aber trotzdem sehr gut.

Geschmortes Schweinefleisch mit Ei
Hong Shao Dan He Zhu Rou

Zutaten
6 Eier
500 g Schweinenacken
1 l Öl zum Fritieren

Zum Braten:
2 Schalotten
5 EL Öl
½ RS Reiswein

Für die Sauce:
1 TL Glutamat
6 RS Hühnerbrühe
½ TL Salz
3 EL Sojabohnenpaste
5 EL Sojasauce
2 St. Sternanis
2 g Süßholz
2 g Zimtstange
2½ EL Zucker
3 EL karamelisierter Zucker (siehe S. 72)

Vorbereitung ½ l Wasser zum Kochen bringen und die Eier in der Schale 15 Min. hart kochen. Danach mit kaltem Wasser abschrecken und schälen.
Den Schweinenacken waschen und in Stücke (etwa 6 cm breit und 1 cm dick) schneiden.
Alle Zutaten für die Sauce in einer großen Schale mischen.
Die Schalotten in Scheiben schneiden.

Zubereitung Eine heiße Pfanne zweimal mit Öl ausschwenken, das Fritieröl erhitzen und das Schweinefleisch kurz darin fritieren.
Mit einem Sieb herausheben, abtropfen lassen und das Öl in das Vorratsgefäß zurückgießen.
Die Pfanne erneut erhitzen, das Öl zum Braten hineingeben, die Schalottenscheiben anbraten und mit dem Reiswein ablöschen.
Das vorfritierte Schweinefleisch zugeben und kurz durchbraten. Die Saucenmischung angießen, zum Kochen bringen und zugedeckt 30 Min. bei kleiner Flamme schmoren.
Zum Schluß die abgepellten Eier ganz hineingeben und weitere 20 Min. schmoren.

Anmerkung Dieses Gericht wird in China auf der Straße verkauft und als kräftigende Mahlzeit von den Arbeitern besonders geschätzt. In einer großen Schale mit viel Reis serviert man obenauf ein Stück Fleisch, 2 Eier, etwas Sauergemüse. Das Ganze übergießt man mit der Sauce.

Kulturelles Wenn man sich in China die unterschiedlichen Garküchen genau betrachtet, entdeckt man viele Dinge. In kleineren Orten z.B. findet man vor allem Eintopfgarküchen, meist etwas versteckt in kleinen Nebengassen. Man erkennt sie an den Tontöpfen vor den Türen, die über Öfen stehen, die mit Holzkohle oder Holz beheizt werden. Häufig sitzen ältere Leute daneben, die mit einem Fächer dem Feuer Luft zuführen. Ein köstlicher Geruch durchzieht die Straßen, so daß die Kunden sich eher an ihm orientieren als an den genauen Zutaten. Im Tontopf befinden sich Gemüse, gekochtes Fleisch, Eier und vielerlei Gewürze. Alles wird zusammen geschmort. Sobald die Speisen verkauft sind, füllt man nach. Die Sauce bleibt allerdings im Topf.

Es ist auch nicht üblich, diese Töpfe zu waschen, sondern immer weiter zu benutzen – manchmal über Jahrzehnte hinweg! Serviert wird der Eintopf in einer großen Reisschale mit Reis, der mit etwas Eintopfsauce übergossen wird. Dann werden die geschmorten Eier, etwas Gemüse und geschmortes Fleisch auf dem Reis angerichtet.

Diese Art von Essen ist besonders beliebt bei Arbeitern, da es sehr nahrhaft und schnell zubereitet ist. Tagsüber wird ohne Unterbrechung verkauft und wieder aufgefüllt, während der Topf über Nacht auf dem Feuer bleibt, wo er auf kleiner Flamme ruhig vor sich hinschmort. Am Morgen wird er dann wieder aufgefüllt, und das Essen wird wieder verkauft. Durch das ständige Kochen sieht der Topf von außen natürlich ölverschmiert und rußig aus. Doch gerade diese Kochtechnik verleiht dem Eintopf seinen besonderen Geschmack. Je älter und abgenutzter der Topf aussieht, desto besser schmeckt in der Regel das Essen. Wenn man Glück hat, kann man einen 100 Jahre in Gebrauch befindlichen Topf finden. In diesem Falle bitte nicht die Nase rümpfen, sondern einkehren und genießen!

Fritierte Jakobsmuscheln
Zha Gan Bei

Zutaten
8 frische Jakobsmuscheln
1 l Öl zum Fritieren

Zum Marinieren:
2 EL Ingwerwein
½ TL Salz
1 EL Sesamöl
1½ EL Sojasauce

Für den Fritierteig:
1 TL Backpulver
½ Ei
10 g Kartoffelmehl
5 EL Salatöl
½ TL Salz
¾ RS Wasser
160 g Weizenmehl

Vorbereitung Die Jakobsmuscheln gut waschen, öffnen und das Fleisch herauslösen.
Das Muschelfleisch säubern, quer halbieren und kurz klopfen.
In einer Schüssel alle Gewürze für die Marinade vermischen, das Muschelfleisch unterheben und 30 Min. ziehen lassen.
In der Zwischenzeit den Fritierteig bereiten und mindestens 30 Min. quellen lassen.

Zubereitung Eine Pfanne zweimal mit Öl ausschwenken und das Fritieröl darin erhitzen. Das Muschelfleisch nochmals mit der Marinade durchrühren, stückchenweise durch den Fritierteig ziehen, kurz abtropfen lassen und im heißen Öl hellgelb vorfritieren.
Herausnehmen, abtropfen und nochmals kurz im heißen Öl zu goldbrauner Farbe fritieren.
Vor dem Servieren mit etwas Salz bestreuen.

Hummerplätzchen
Zha Xia

Vorbereitung Die Salami fein hacken. Das Basilikum und den Ingwer ebenfalls hacken.
Das Garnelenfleisch im Mixer pürieren und mit allen Zutaten für die Teigmasse vermischen.
Das Toastbrot entrinden und vierteilen. Die Gewürze zum Bestreuen mischen.

Zubereitung Auf jedes Brotstückchen 1 EL der Teigmasse geben. Den Teig gleichmäßig bis an die Brotränder verstreichen.
Die Oberfläche mit Salami und Basilikum bestreuen und leicht andrücken.
Eine heiße Pfanne zweimal mit Öl ausschwenken, das Fritieröl darin mäßig erhitzen und vorsichtig die vorbereiteten Plätzchen einzeln in das Öl geben.
Von beiden Seiten zu schöner Farbe fritieren, herausnehmen und auf Küchenpapier abtropfen lassen.
Vor dem Servieren mit der Pfeffer-Salz-Mischung bestreuen.

Zutaten
2 EL chinesische Salami (oder europäische Salami)
1 EL Basilikum
300 g Garnelenfleisch (ohne Schale)
4 bis 5 Scheiben Toastbrot
1 l Öl zum Fritieren

Für die Teigmasse:
1½ TL Ingwer
½ Eiweiß
2 Prisen Pfeffer
1 EL Reiswein
½ TL Salz

Zum Bestreuen:
½ TL Pfeffer
½ TL Salz
½ TL Sichuan-Pfeffer

Fischreichtum

In Guangdong (Kanton), in unmittelbarer Nähe von Nanhai, gibt es einen berühmten Hafen namens Chao-Zhou. Dieser wird von den Fischern auch «Hafen der Schätze» genannt, da man hier viele verschiedene Fischarten kaufen kann.

Neben Chao-Zhou gibt es in der Region noch viele kleinere Fischereihäfen – dort wird ebenfalls eine breite Palette von Fischarten zum Verkauf angeboten. Natürlich gibt es auch viele Restaurants für Fischspezialitäten in dieser Gegend. Auf den Speisekarten stehen näheren Erläuterungen dazu, z.B. über den jeweiligen Geschmack einer Fischsorte.

Manche Gerichte werden auch geistreich mit Sprichwörtern oder Sprüchen kommentiert. So wird der Salzfisch als nicht allzu köstlicher, doch jederzeit erhältlicher eingelegter Fisch beschrieben. Kleine Silberfische indessen werden als wenig abwechslungsreich geschildert und mit belehrenden Großmüttern verglichen.

Hühnersuppe mit Hummerklösschen
Xia Ren Wan Ji Tang

Zutaten
400 g Garnelen (ohne Schale)
100 g Hähnchenbrustfilet
20 g Frühlingszwiebeln
2 EL Sesamöl

Für die Klößchenmasse:
5 g Frühlingszwiebelweiß
2 EL Salatöl
1 TL Salz
1½ TL Zucker

Zum Marinieren des Geflügels:
1½ EL Kartoffelmehl
2 Prisen Salz
1½ EL Salatöl
1 EL Sojasauce
2 EL Wasser

Für die Suppe:
1½ l Hühnerbrühe
1 TL Glutamat
½ TL Pfeffer
1½ TL Salz
1 EL Zucker

Vorbereitung Das Garnelenfleisch im Mixer pürieren und das Frühlingszwiebelweiß hacken.
Die Garnelen mit den Gewürzen für die Klößchenmasse mischen.
Das Hähnchenbrustfilet in Scheiben schneiden.
In einer Schüssel alle Zutaten für die Marinade vermischen, das Hähnchenfleisch unterheben und 10 Min. ziehen lassen.
Nun die Frühlingszwiebeln in 4 cm lange Stücke schneiden.

Zubereitung In einem großen Topf die Hühnerbrühe zum Kochen bringen, dann den Topf vom Herd nehmen.
Mit Hilfe eines Eßlöffels wallnußgroße Klößchen von der Garnelenmasse abstechen und vorsichtig in die Brühe gleiten lassen.
Den Topf wieder auf den Herd setzen und die Brühe mit den Klößchen bei starker Hitze zum Kochen bringen.
Das marinierte Hähnchenfleisch stückweise hineingeben und langsam 5 Min. kochen lassen.
Jetzt die Gewürze für die Suppe zufügen, die Frühlingszwiebeln zugeben, kurz aufkochen und vor dem Servieren mit dem Sesamöl abschmecken.

Geschmorte Abalonen mit Hähnchenflügeln
Bao Yu Hong Shao Ji Chi

Zutaten
8 Hähnchenflügel (etwa 500 bis 600 g)
1 Dose Abalonen (540 g)
1 l Öl zum Fritieren
3 EL Möhrenöl

Zum Anbraten:
10 g Ingwer
8 EL Öl
3 St. Sternanis
10 g Süßholz
1 RS Pflaumenwein

Zum Schmoren:
6 EL Austernsauce
4 EL chinesischer Essig (5 %)
3 RS Hühnerbrühe
½ TL Pfeffer
5 EL Sojasauce
2 EL Zucker
5 EL karamelisierter Zucker (siehe S. 72)

Vorbereitung Die Hähnchenflügel waschen und im Gelenk halbieren.
Die Abalonen abtropfen lassen (die Flüssigkeit aufbewahren!) und in große Scheiben schneiden.
Den Ingwer hacken. Die Zutaten zum Schmoren miteinander vermischen.

Zubereitung Eine heiße Pfanne zweimal mit Öl ausschwenken und das Fritieröl in der Pfanne erhitzen.
Die Flügelteile kurz fritieren, mit einem Sieb herausnehmen, abtropfen lassen und das Öl in das Vorratsgefäß zurückgießen.
Die Pfanne erneut erhitzen und das Öl zum Braten heiß werden lassen. Den Ingwer, den Sternanis und das Süßholz anbraten, dann mit dem Pflaumenwein und dem Abalonensaft ablöschen.
Die Abalonen und die fritierten Hühnerflügel zugeben, die Mischung zum Schmoren angießen und 20 bis 25 Min. bei kleiner Flamme schmoren.
Am Ende der Schmorzeit den Deckel öffnen und bei großer Flamme die Flüssigkeit völlig einkochen.
Mit dem Möhrenöl abschmecken und das Gericht heiß servieren.

Geschichtliches Von 618 bis 907 n. Chr. erlebte China nach Ansicht der Historiker eine Blütezeit. Die chinesische Kultur entwickelte sich damals, während der Tang-Dynastie, besonders stark.
Einer der damaligen Kaiser, Tang-Xuan-Zhang, besaß eine Nebenfrau namens Yang-Kui-Fei, von der das vorangegangene Rezept stammt.
Damals gab es einen besonderen Festtag, den *Dou-Hua*. An diesem Tag zeigten die Frauen die von ihnen gezüchteten Blumen und verglichen sie mit denen der anderen, wobei jede natürlich überzeugt war, die eigenen seien am schönsten.

Gekleidet war man damals in traditionelle chinesische Kleider, weit geschnitten, hochgeschlossen und bedeckt bis auf die Knöchel, an die man nun die schönsten Blüten steckte.
In der einen Hand trugen diese Frauen einen großen Bambuskorb, gefüllt mit allerlei Köstlichkeiten. Ganze Prozessionen bewegten sich in Richtung Park. An diesem ganz besonderen Tag putzen sich alle fein heraus und zeigten sich in ihrer ganzen Schönheit der Öffentlichkeit. Wie bei einem Picknick wurden im Park große Leintücher ausgebreitet, auf denen die Frauen ihre mitgebrachten Speisen ausbreiteten. Dieser Festtag der Tang-Dynastie heißt übersetzt etwa «Tag des Wetteiferns mit Blumen und des Sich-gegenseitig-Ausstechens». Die meisten Gerichte waren an diesem Feiertag mit viel Aufwand zuzubereiten und bedurften langer Vorbereitung. Das Mitbringen bezweckte allein, seine Fähigkeiten vor den anderen zur Schau zu stellen und zu zeigen, was man hatte und konnte. Es wurde auch gegenseitig gekostet, um festzustellen, wer welche Speisen von welcher Qualität und mit welchem Geschmack zubereitete.
Unter den Frauen jener Zeit befand sich natürlich auch die kaiserliche Nebenfrau Yang-Kui-Fei, deren köstliche Gerichte besondere Bewunderung fanden. Ihr Rezept mit dem Namen «Hähnchenflügel à la Yang-Kui-Fei» wurde von vielen Neugierigen probiert, gelobt und so besonders bekannt.

Fritierter Tintenfisch
Zha Hua Zhi

Zutaten
700 g Tintenfischfilet
2 Eier
1 l Öl zum Fritieren

Vorbereitung Den Tintenfisch waschen und ganz ausnehmen. In Stücke von 6 cm Länge und 4 cm Breite schneiden.
Die Mandeln hacken.
Das Weizenmehl, das Backpulver und die Mandeln mischen. Die Eier verquirlen.
Die Tintenfischstücke im Ei und dann in der Weizenmehl-Mandel-Mischung wenden.

ZUBEREITUNG Eine heiße Pfanne zweimal mit Öl ausschwenken und das Fritieröl in der Pfanne erhitzen. Die panierten Tintenfischstücke zweimal darin fritieren: zuerst etwa 4 Min., dann noch etwa 2 Min. Wenn sie goldbraun geworden sind, mit den angegebenen Gewürzen überstreuen.

Zum Marinieren:
1 RS Mandeln (oder weiße Sesamkörner)
1 RS Weizenmehl
½ TL Backpulver

Zum Überstreuen:
1 TL Fünfgewürzpulver
½ TL Pfeffer
1 TL Salz

GESCHICHTLICHES Chao-Zhou, ein ganz berühmter Hafen in Guangdong (Kanton) ist nicht weit vom Hang-Fluß entfernt. Dort werden neben den Meeresfrüchten wie etwa Abalonen, Langusten, Jakobsmuscheln und Seetang auch viele Arten von Süßwasserfischen gefangen und gehandelt.
Eine besondere Köstlichkeit wird von Mai bis August dort angeboten – roher Süßwasserfisch. So wird z.B. Grasfisch in feine Scheiben geschnitten, mit Zucker, Essig, Sesam- und Erdnußöl sowie mit Sojasauce gewürzt und mit Rettich und Koriander angerichtet. Das Verspeisen von rohem Fisch ist in China, im Gegensatz zu Japan und Korea, nur in wenigen Provinzen bekannt.

GETROCKNETE JAKOBSMUSCHELSUPPE GAN BEI TANG

VORBEREITUNG Die Jakobsmuscheln über Nacht in etwa 1½ RS Wasser einweichen.
Anderntags die Jakobsmuscheln etwa 30 Min. dämpfen und dann ganz fein zerpflücken.
In der Zwischenzeit den Ingwer hacken.
Die Möhren schälen und mit einem Löffel Kugeln aus ihnen herausstechen. Diese Möhrenkugeln anschließend 10 Min. blanchieren.
Herausnehmen und in kaltes Wasser tauchen.
Die Zucchini schälen und gleichgroße Kugeln herausstechen.

ZUTATEN
35 g getrocknete Jakobsmuscheln
20 g Ingwer
500 g Möhren
400 g Zucchini
1¼ l Brühe
1 TL Glutamat
¼ TL Pfeffer
1 TL Salz
¼ RS Reiswein

ZUBEREITUNG Die Brühe zum Kochen bringen. Den Ingwer und die gedämpften Jakobsmuscheln

Sehr lange Vorbereitungszeit!

hineingeben nach etwa 5 Min. die Möhrenkugeln zufügen.
Das Ganze bei kleiner Flamme 30 bis 40 Min. garen lassen, danach die restlichen Gewürze beifügen.
Alles nochmals 3 Min. ziehen lassen, dann die Zucchini-Kugeln zugeben (den Deckel aber nicht schließen!).
Alles bei kleiner Flamme 5 Min. weiterkochen lassen und dann heiß servieren.

ANMERKUNG Nach dem Formen von Kugeln sollten beide Gemüse zusammen etwa 500 g ergeben.
Der Deckel darf nicht geschlossen werden, sonst verlieren die Zucchini ihre frische Farbe.

GESCHICHTLICHES Es lebte einst ein Fischer in Hangzhou. Eines Tages brach auf hoher See ein heftiges Gewitter über ihn herein. Dabei erkältete er sich so stark, daß er das Bett hüten mußte. Seine Frau war sehr beunruhigt, als sich nach mehreren Tagen noch immer kein Anzeichen von Besserung zeigte und der Mann auch nichts zu sich nehmen wollte. Sie fragte Verwandte und Bekannte um Rat, doch als niemand weiter wußte, wurde ihr immer unbehaglicher zumute.
Da ihr Mann nicht arbeiten konnte, gingen die Vorräte rasch zur Neige. Im Hause gab es nur noch einige getrocknete Lebensmittel: einige Jakobsmuscheln, Möhren, Wintermelonen sowie etwas Ingwer, Sternanis und Reiswein. Daraus bereitete sie eine Suppe und gab sie ihrem Mann.
Schon nach ein paar Tage stellte sie fest, daß ihr Gatte sich langsam wieder besser fühlte. Als seine Gesundheit wieder völlig hergestellt war, fragten die Nachbarn neugierig nach, welche Medizin seine Frau ihm denn verabreicht hatte. Diese antwortete jedoch nur, sie habe Gemüsesuppe gekocht.
Als auch ein Nachbar krank wurde und Gemüsesuppe ihm nicht half, wurde die Frau des Fischers erneut nach ihrem Rezept befragt. Aber sie gab es noch immer nicht preis.

Eines Tages nun erschien der Bürgermeister in dem Dorf und erkundigte sich nach Neuigkeiten. So erfuhr er auch von der geheimnisvollen Gemüsesuppe der Fischersfrau, und er stattete ihr sogleich einen Besuch ab.
Auch dieser Mann war überaus neugierig zu erfahren, was diese Suppe alles enthielt. So versuchte er vergeblich, das Geheimnis zu lüften. Auf die Vorwürfe des Bürgermeisters, das Rezept nicht weiterzugeben, erwiderte die Frau, ihre Nachbarin habe ihr wohl nicht richtig zugehört, und nur deshalb sei deren Mann nicht sogleich genesen. In Wirklichkeit wollte sie aber das Rezept für sich behalten, weil der Fischer mit dieser Spezialität ein eigenes Restaurant eröffnen wollte.
Nach längerem Hin und Her mußte die Frau sich einverstanden erklären, die Suppe vor den Augen des Besuchers zu kochen. So bekam der Bürgermeister alles mit und schrieb das Rezept nieder.

Wintermelonensuppe *(Dong Gua Tang)*

Eine frische Wintermelone kann bis zu 1 m groß und an die 30 kg schwer werden. Diese werden im Winter geerntet und kühl gelagert. Sie sind bis zu 2 Jahre haltbar. Angeschnittene Früchte muß man jedoch möglichst schnell aufbrauchen.

In chinesischen Essenskategorien gehört die Wintermelone zum Hilfsgemüse, d.h. man kann sie immer dann essen, wenn nichts anderes zur Hand ist. Verwendet wird die Wintermelone meist als Suppengemüse oder entsaftet. Manchmal werden auch Süßigkeiten daraus hergestellt.

Jakobsmuscheln

Diese Muscheln sind getrocknet hart wie Holz, und vor der Weiterverarbeitung muß man sie unbedingt einweichen. In China sind Jakobsmuscheln zwar sehr teuer, aber auch lange haltbar, sofern man sie gut verschlossen aufbewahrt.

Zuckerschoten mit Hummerkrabben
Bian Dou Chao Xia Ren

Zutaten
250 g frische Zuckerschoten
80 g Hummerkrabbenfleisch
50 g Abalone
½ l Öl zum Fritieren
35 g Bambusscheiben
3 EL Möhrenöl (oder Speiseöl)

Zum Braten:
1 EL Knoblauch
7 EL Salatöl

Zum Kochen:
½ RS Brühe
1 Prise Pfeffer
1 TL Salz
1½ TL Zucker
1 TL Kartoffelmehl
6 EL Pflaumenwein

Vorbereitung Bei den Zuckerschoten die Blüten, Stiele und Fäden entfernen, danach in 1 l kaltes Wasser geben und etwas ziehen lassen.
Die Hummerkrabben waschen und den Darm entfernen. Größere Krabben der Länge nach halbieren.
Die Abalone in Scheiben schneiden und den Knoblauch hacken. Die Zuckerschoten etwa 1 Min. blanchieren und abtropfen lassen.

Zubereitung Eine heiße Pfanne zweimal mit Öl ausschwenken, das Fritieröl zugeben und erhitzen. Die Hummerkrabben und die Abalone etwa 1 Min. fritieren und dann herausnehmen. Das Öl wieder in das Vorratsgefäß zurückgießen.
Die Pfanne erneut erhitzen und zweimal mit Öl ausschwenken. Das Salatöl hineingeben und erhitzen. Den Knoblauch hinzufügen und anbraten. Die fritierte Abalone, die Hummerkrabben und die Zuckerschoten sowie die Bambusscheiben in die Pfanne geben und alles kurz braten.
Die Brühe, den Pfeffer, das Salz und den Zucker zufügen, alles gut verrühren und weiterbraten.

Das Kartoffelmehl mit dem Pflaumenwein vermischen und dann hineinrühren.
Zum Schluß mit dem Möhrenöl übergießen und servieren.

Tips Bei diesem Gericht braucht man nur wenig Zeit zum Braten, sonst wird das Fleisch zu hart, das Gemüse verliert an Farbe und Biß.
Es ist wichtig, das Gericht bei sehr starker Hitze zuzubereiten und ständig zu bewegen.

Heilkundliches In alten chinesischen Naturheilkundebüchern werden Blüten, Stiele und Früchte der Saubohnen als Heilkräuter erwähnt. Sie helfen z.B. gegen Schweißfüße, bei Verdauungsstörungen oder bei Darmblutungen; dazu werden die Saubohnenblätter mit Wasser und braunem Zucker zum Kochen gebracht und die Essenz anschließend getrunken.
An Leukorrhöe leidenden Frauen können getrocknete Saubohnenblüten helfen, die mit Zucker (etwa 5 g Blüten mit 2 EL braunem Zucker) in 2 RS Wasser gekocht werden. Dann wird alles so lange kochen gelassen, bis die Hälfte der Flüssigkeit verdampft ist, worauf die Blüten herausgenommen und die Essenz getrunken wird.

Glasnudeln mit Salatgurke
Fen Si Chao Qing Gua

Vorbereitung Die Glasnudeln etwa 20 Min. in 1 l Wasser einweichen, dann herausnehmen und abtropfen lassen.
Die Salatgurken und den Bambus in Streifen schneiden.
Das Schweinefleisch etwa 20 Min. in Wasser kochen. Herausnehmen, abkühlen lassen und ebenfalls in Streifen schneiden.
Die Würzzutaten – außer dem Knoblauch – in einer Schale anrichten.
Den Knoblauch hacken.

Zutaten
50 g getrocknete Glasnudeln
250 g frische Salatgurken
50 g Bambussprossen
50 g Schweinenacken (ohne Knochen)
6 EL Erdnußöl

Zum Würzen:
1½ TL Knoblauch
½ RS Brühe
½ TL Pfeffer
1 TL Salz
3 EL Sojasauce
1 EL Zucker

ZUBEREITUNG Eine heiße Pfanne zweimal mit Öl ausschwenken. Das Erdnußöl erhitzen, den Knoblauch darin anbraten.
Das Schweinefleisch und die Bambusstreifen zugeben und braten. Die Gewürzmischung zufügen, alles gut verrühren und etwa 1 Min. kochen lassen.
Die Glasnudeln und die Gurkenstreifen hineingeben und 2 bis 3 Min. kochen.
Sofort servieren.

MONDKUCHEN
YUE BING

ZUTATEN
Für den Teig 1:
1 Eigelb
1½ TL Pfeffer
½ RS Salatöl
1 RS Weizenmehl

Für den Teig 2:
½ RS Wasser
½ RS Zucker
3 EL Honig
½ RS Milch
2 RS Weizenmehl

Für die Füllung:
500 g Lotussamenpaste (aus der Konserve)

Zum Backen:
Öl zum Ausfetten

Zum Bestreichen:
Eigelb (nach Belieben)

VORBEREITUNG In einer Schüssel alle Zutaten für den Teig 1 vermischen und ½ Std. bei Zimmertemperatur zugedeckt ruhen lassen.
In den Zwischenzeit das Wasser für den Teig 2 in einem kleinen Topf zum Kochen bringen.
Den Zucker und den Honig zufügen und umrühren, bis sich alles gelöst hat und die Zuckerlösung etwas abgekühlt ist. Dann die Milch zufügen und das Mehl langsam zu einem Teig in Form eines Kloßes einarbeiten.

ZUBEREITUNG Auf einer leicht bemehlten Tischplatte die beiden vorbereiteten Teige (1 und 2) miteinander verkneten und zu einer 3 cm dicken Rolle formen. Diese in 2 cm dicke Scheiben schneiden, wobei jede Scheibe 30 bis 40 g wiegen sollte.
Aus der Lotussamenpaste mit geölten Händen kleine Kugeln von etwa 15 g formen.
Je ein Teigscheibchen leicht flach drücken, eine Kugel von der Lotussamenpaste als Füllung in die Mitte geben und das Ganze erneut zu einer Kugel rollen. Die so entstehenden Kugeln in die ausgeölte Mondkuchenform drücken und den geformten Mondkuchen auf die Tischplatte ausschlagen, die Oberfläche mit zerschlagenem Eigelb bepinseln und die Mondkuchen auf einem gefetteten Blech im Ofen auf mittlerer Schiene bei 220° C ungefähr 35 Min. goldbraun backen.

Anmerkungen Es gibt Mondkuchenformen in unterschiedlicher Größe. Besonders geeignet sind Holzformen für Mondkuchen mit Vertiefungen von rund 8 cm im Durchmesser und 3 mm Dicke. Anstelle der Lotussamenpaste werden in verschiedenen Provinzen Chinas auch andere Füllungen bereitet, z.B. mit Dörrobst oder mit Salzeiern.

Benötigt werden zudem Mondkuchenformen und 1 Pinsel.

Das ursprüngliche Mondfest

Dieses Fest wird seit etwa 2000 Jahren am 15. August jedes Jahres begangen. Neben dem Neujahr und dem Drachenbootfest ist dies der drittgrößte chinesische Feiertag. Das Mondfest findet zu Ehren der Mondgöttin statt. Von ihr sagt die Legende, daß sie heimlich vom Wein ihres Mannes getrunken habe und anschließend zum Mond gereist sei.

Eine weitere Überlieferung in diesem Zusammenhang handelt von Zhu-Yuan-Zhang, dem ersten Kaiser der Ming-Dynastie (1368 bis 1644 n. Chr.). Bevor er Kaiser wurde, hatte er unter dem Minister Guo-Zi-Xing gewirkt. Dort konnte er sich hocharbeiten. Nach 14 Jahren Dienst erhielt er den Oberbefehl über Tausende von Soldaten.

Eines Tages mußte Zhu-Yuan-Zhang in eine Ortschaft der Provinz An-Hui reisen, um dort gegen die Yuan-Soldaten vorzugehen. Der dortige Strategieminister Liu-Bo-Wen, zu dem sich Zhu-Yuan-Zhang begab, war gleichzeitig auch ein Wahrsager. Die Straßen der einzunehmenden Stadt wurden von vielen Soldaten des Kaiserhauses Yuan besetzt und bewacht. Die Stadtmauern waren sehr stabil und die Vorräte reichlich, so daß die Einnahme der Stadt als ein schwieriges Unterfangen erschien.

Daher wandte sich Zhu-Yuan-Zhang an einen Wahrsager. Er hoffte, von ihm einen guten strategischen Plan zu bekommen. Der Mann flüsterte ihm auch eine entsprechenden Rat ins Ohr, der Zhu gefiel, den er aber ganz für sich behielt, bis er ausgeführt wurde: Liu-Bo-Wen verkleidete sich als traditioneller Feng-Shui-Meister (Handleser) und ging in die Stadt. So konnte er ungestört Kontakt zu den Agenten Zhu-Yuan-Zhang aufnehmen. Er instruierte sie, in die Stadt zu gehen und das Gerücht zu verbreiten, daß die Götter den Bewohnern grollten und sie mit der Verbreitung einer Seuche bestrafen würden. Dennoch bräuchten sie sich nicht zu fürchten, da eine Gottheit zur Rettung ihrer Stadt nahe. Diese sei voll Mitleid und Barmherzigkeit für sie. Zwei Tage später verkleidete sich Liu-Bo-Wen dann als Gottheit und tat, als bete er ständig vor sich hin. Die folgenden drei Tage nutzte er in der erneuten Verkleidung dazu, die gesamte Stadt gründlich zu begutachten. Die Bewohner hielten ihn für eine echte Gottheit und gaben ihm bereitwillig Auskunft auf seine Fragen.

Schließlich berief Liu-Bo-Wen eine Versammlung ein, zu der alle Einwohner kamen. In einer Ansprache warnte er die Bewohner, daß es für sie kaum eine Rettung vor der Seuche gäbe, wenn sie ihm nicht bedingungslos gehorchten. Er verlangte von ihnen, um 3 Uhr in der Nacht des Mondfestes einen Lampion und eine Drachenlaterne aufzuhängen und gleichzeitig einen Gong zu betätigen. Nur so könne die drohende Seuche abgewehrt werden. Zum Abschluß der Rede schenkte Liu-Bo-Wen jedem Einwohner einen Mondkuchen, in dem jeweils eine Nachricht versteckt war. Er ermahnte sie, diese Kuchen erst nach der vorgeschriebenen Zeremonie aufzuessen.

Das Auftreten Liu-Bo-Wens wirkte so überzeugend, daß ihm alle glaubten. Am Abend des Mondfestes befolgten die Bürger seine Vorschriften. Um 3 Uhr in der Nacht schlugen sie die Gongs. Beim Öffnen der Mondkuchen fanden sie darin ein Papier, auf dem dazu aufgerufen wurde, die Mongolen aus der Stadt zu vertreiben und die Yuan-Dynastie zu stürzen. Darauf vertrieben die Bürger der Stadt mit Spaten, Hacken und Messern bewaffnet die Besatzer aus ihrer Stadt und leiteten auf diese Weise den Sturz der Yuan-Dynastie ein.

Zhu-Yuan-Zhang stand mit seinen Männern bereits vor den Stadttoren und empfing dort die flüchtenden Mongolensoldaten. Die Bedeutung der Mondkuchen verstärkte sich durch diese Ereignisse. Seit jener Zeit gehören sie unbedingt zu einem Mondfest.

Die Mondkuchen

Die Tradition, Mondkuchen herzustellen, geht bis auf die Zhou-Dynastie zurück. Vor der Zeit der Han-Dynastie wurde diesem Ritual aber noch nicht allzu große Bedeutung beigemessen.

Damals wurden die Kuchen nicht gebacken, sondern gedämpft. Man nannte die Mondkuchen damals *Hu-Bing* (das bedeutet «ohne Kultur») oder *Tang-Bing* (das heißt «Suppenkuchen»). Später erhielten sie auch die Namen Peking-, Suzhou- oder Guangzhou-Kuchen.

Dabei gibt es kleine Unterschiede in der Füllung. Pekingkuchen sind meist vegetarisch; ihre Füllung besteht aus süßer Bohnen- oder Lotusgewürzpaste. Der Teig ist rot oder weiß und knusprig, während die Füllung eher weich ist. Suzhou-Kuchen enthalten dagegen Öl und Zucker und werden aufgeschichtet. Sie haben sich im Aussehen im Laufe der Jahrhunderte wenig verändert und werden noch fast gleich wie früher zubereitet.

Guangzhou-Kuchen wiederum sind weniger ölig; dafür ist die Füllung massiger. Meist sind sie mit Obst, d.h. mit Kokosfleisch oder auch mit Salzeigelb, gefüllt. Der typisch südliche Geschmack dieser Kuchen ist besonders köstlich, wenn man die verschiedenen Füllungen mischt.

Der Mondfesttag ist heute in ganz Asien und auch bei Auslandasiaten weit verbreitet. An diesem Tag besucht man seine Verwandten und beschenkt sich gegenseitig mit Mondkuchen.

Kalte Tofucreme
Leng Pan Doufu

Zutaten

Für Rezept 1:
1 Solei (siehe «Anmerkungen»)
1 tausendjähriges Ei
350 g Tofu

Zum Würzen:
1 EL Ingwer
1 EL Frühlingszwiebel
1 Prise Pfeffer
1 Prise Salz
3 EL Sesamöl
2 EL Sojasauce

Für Rezept 2:
30 g getrocknete Krabben
40 g Sichuan-Gemüse
50 g frischer Koriander
450 g Tofu

Zum Würzen:
2 EL Austernsauce
3 EL Chiliöl
1 Prise Pfeffer
2 EL Sesampaste
1 EL Zucker

Zum Dekorieren der beiden Gerichte:
Zitronenscheiben (nach Belieben)

Rezept 1

Vorbereitung Die beiden Eier pellen und mit dem Tofu zusammen in einer Schüssel mit Stäbchen zerdrücken und mischen.
Den Ingwer und die Frühlingszwiebel hacken.

Zubereitung Alle Würzzutaten in einer Schale mischen, über die Tofu-Eier-Masse gießen und zugedeckt im Kühlschrank mindestens 30 Min. ziehen lassen.

Rezept 2

Vorbereitung Die getrockneten Krabben 30 Min. in heißem Wasser einweichen, abtropfen und zerhacken.
Das Sichuan-Gemüse waschen, zerhacken, in kaltem Wasser 20 Min. ziehen lassen und abtropfen.
Den Koriander waschen und hacken.

Zubereitung Alle Würzzutaten in einer Schale mischen. Den zerkrümelten Tofu, die Krabben, das Sichuan-Gemüse sowie den frischen Koriander unterheben.
Die Masse zugedeckt etwa 30 Min. im Kühlschrank ziehen lassen.

Tip Beide Gerichte durch Zitronenscheibchen getrennt auf einer länglichen Servierplatte anrichten.

Anmerkungen Diese Tofucreme wird in Europa mit Toast gereicht. In China wird allerdings dazu heißer Reis gegessen.
Ein Solei ist ein in Salzlake eingelegtes Ei, dessen Schale nach dem Kochen leicht aufgeklopft worden ist.

Geschichtliches Die Kaiserwitwe Ci Xi war eine Freundin guten Essens. Neben Hähnchen und Ente, für ihren Speiseplan recht gewöhnlichen Speisen, aß

sie am liebsten gegrilltes Ferkel. Dieses Gericht wurde daher jede Woche mindestens einmal für sie bereitet. Die Haut des Ferkels ist ja besonders knusprig, das Fleisch sehr zart, beides zusammen ergibt einen guten Geschmack und ein angenehmes Eßgefühl. All dies wußte Ci Xi sehr zu schätzen.
Im Sommer jedoch gehörte anstelle des gegrillten Ferkels eine kalte Tofuplatte zu ihrem Lieblingsgericht, eine typische Speise für reiche Leute, da die Zutaten dafür sehr kostspielig waren.
Der Kaiser Qian-Long hingegen aß am liebsten süßsaures Schweinefleisch *(Tian-Suan-Cu-Rou)*.
Übrigens bestand schon ein ganz alltägliches Mahl für den Herrscher aus mindestens 13 Gängen...

Gekochter Tofu
Zhu Doufu

Vorbereitung Die Blumenpilze in heißem Wasser 1/2 Std. einweichen, abtropfen, entstielen und in Streifen schneiden.
Die Möhren waschen, schälen und ebenfalls in Streifen schneiden.
Das Tomatenfleisch in Stücke, den Tofu in Streifen (in der Größe von Pommes Frites) schneiden.
Den Bambus ebenfalls in Streifen schneiden.
Die Gewürze für die Sauce in einer Schale mischen.
Den Ingwer und die Schalotten hacken. Die Frühlingszwiebeln in Stücke von etwa 3 cm Länge schneiden.
Das Kartoffelmehl mit 5 EL Wasser verrühren.

Zutaten
10 g chinesische Blumenpilze
50 g Möhren
5 g Tomatenfleisch
350 g Tofu
30 g Bambus
10 g grüne Frühlingszwiebeln
1/2 l Öl zum Fritieren
3 EL Mandarinenöl (oder Sesamöl)

Zum Braten:
1 EL Ingwer
1 EL Schalotten
5 EL Öl
1 RS Hühnerbrühe

Für die Sauce:
1 1/2 EL chinesischer Essig (5 %)
1 1/2 TL Salz

3 EL Sojasauce
1½ EL Zucker

Zum Binden:
1 TL Kartoffelmehl

ZUBEREITUNG Eine heiße Pfanne zweimal mit Öl ausschwenken. Das Fritieröl erhitzen, die Tofustreifen kurz fritieren, auf einem Sieb abtropfen und das Öl in das Vorratsgefäß zurückgießen.
Das Öl zum Braten in der Pfanne erhitzen. Die Schalotten und den Ingwer anbraten, die Möhren, den Bambus, die Blumenpilze und die Tomatenstücke zugeben und 1 Min. unter Rühren durchbraten.
Den fritierten Tofu zugeben und erhitzen. Alles mit der Hühnerbrühe ablöschen und die Saucenmischung beifügen.
Zugedeckt etwa 10 Min. leicht kochen lassen. Mit dem angerührten Kartoffelmehl binden, die Frühlingszwiebeln zugeben und kurz durchziehen lassen. Vor dem Servieren mit dem Mandarinenöl (oder Sesamöl) abschmecken.

SPITZKOHL MIT BLUMENPILZEN
GAO LI CAI ZHU DONG GU

ZUTATEN
300 g Spitzkohl
15 g getrocknete Blumenpilze
30 g getrocknete Krabben
50 g Bambus in Scheiben

Zum Anbraten:
1 TL Knoblauch
6 EL Öl
½ RS Hühnerbrühe

Zum Binden:
1 TL Kartoffelmehl
2 EL Salatöl
1 TL Salz
3 EL Wasser
1½ TL Zucker

VORBEREITUNG Den Spitzkohl waschen und mit den Händen in grobe Stücke teilen.
Die Blumenpilze ½ Std. in heißem Wasser einweichen, abtropfen, entstielen und halbieren.
Die Krabben ½ Std. einweichen und danach abtropfen.
Alle Zutaten zum Binden in einer Schale miteinander verrühren.
Den Knoblauch hacken.

ZUBEREITUNG In einer heißen Pfanne das Öl zum Anbraten erhitzen, die abgetropften Krabben

anbraten, den Knoblauch zugeben und kurz mit anbraten.
Den Spitzkohl und die Blumenpilze in die Pfanne geben, kurz rühren und bei geschlossenem Deckel in etwa 2 Min. zusammenfallen lassen.
Den Deckel öffnen, die Bambusscheiben zugeben, mit der Hühnerbrühe auffüllen und das Ganze zum Kochen bringen.
Die verrührten Zutaten zum Binden beigeben und noch 2 Min. unter Rühren leicht kochen lassen.

Schweineleber mit Basilikumsuppe
Zhu Gan Jiu Ceng Ta Tang

Vorbereitung Die Leber waschen und in dünne Scheibchen schneiden.
In einer Schale mit allen Gewürzen zum Marinieren vermischen und zugedeckt 10 Min. ziehen lassen.
Das Basilikum waschen und die Blättchen abzupfen. Den Ingwer in Streifen schneiden.
Alle Gewürze für die Suppe in einer Reisschale mischen.

Zubereitung In einem großen Topf die Hühnerbrühe zum Kochen bringen. Die Leber nochmals mit der Marinade durchmischen und scheibchenweise in die kochende Brühe geben.
Die Gewürzmischung zugeben und kurz aufkochen.
Den Ingwer und das Basilikum zugeben, nochmals aufkochen und mit dem Sesamöl abschmecken.
Das Gericht heiß servieren.

Anmerkung Statt die marinierte Leber in Hühnerbrühe zu kochen, kann man sie kurz in Öl fritieren und mit dem Ingwer, dem Basilikum und den anderen Gewürzen anbraten (statt Salz nimmt man in diesem Fall Sojasauce).

Zutaten
250 g Schweineleber
40 g Basilikum
20 g Ingwer
1¼ l Hühnerbrühe
2 EL Sesamöl
(zum Abschmecken)

Zum Marinieren:
2 EL Kartoffelmehl
2 TL Reiswein
2 EL Salatöl
1 Prise Salz
1½ EL Sojasauce

Für die Suppe:
1 TL Glutamat
¼ TL Pfeffer
½ RS Reiswein
1½ TL Salz
1 TL Zucker

Tintenfischsuppe
Hua Zhi Tang

Zutaten
200 g Tintenfischfilet
80 g Hühnerbrustfilet
50 g Schweinefilet
20 g Glasnudeln
15 g getrocknete Blumenpilze
1½ l Hühnerbrühe
50 g Bambusstreifen
10 g grüne Frühlingszwiebeln (zum Anrichten)

Zum Marinieren:
1½ EL Kartoffelmehl
2 EL Salatöl
2 EL Sojasauce

Für die Suppe:
5 EL Essig (5 %)
1 TL Glutamat
2 TL Salz
1 EL Sojasauce
2 EL süße Sojasauce
1½ EL Zucker

Vorbereitung Den Tintenfisch, das Hühner- und das Schweinefilet in dünne Scheibchen schneiden. Mit allen Gewürzen zum Marinieren in einer Schüssel vermischen und 10 Min. ziehen lassen.
Die Glasnudeln in ½ l Wasser 10 Min. einweichen und abtropfen.
Die Blumenpilze in heißem Wasser etwa ½ Std. einweichen, abtropfen, entstielen und halbieren.
Alle Gewürze für die Suppe in einer Schale miteinander vermischen.
Die grünen Frühlingszwiebeln in Stücke schneiden.

Zubereitung In einem großen Topf die Hühnerbrühe zum Kochen bringen. Die Blumenpilze, die Bambusstreifen und die abgetropften Glasnudeln hineingeben, umrühren und 3 Min. kochen.
Die Gewürzmischung in die Suppe rühren, wieder aufkochen und das marinierte Fleisch scheibchenweise in die Suppe geben. 3 bis 4 Min. im offenem Topf kochen.
Vor dem Servieren die Frühlingszwiebelstücke zugeben.

Tintenfisch

Im Norden Taiwans liegen zahlreiche kleine Inseln. In ihrer Nähe tauchen jedes Jahr im Juni, Juli und August viele kleine Tintenfische auf, die an ihren Geburtsort zurückkehren.

Dies wird von den Fischern natürlich ausgenutzt. Nach Einbruch der Abenddämmerung werden von den Booten aus Netze ausgelegt. Dann zünden die Fischer Lampen an. Die Tintenfische schwimmen immer auf Lichtquellen zu, und so gehen sie mit Sicherheit ins Netz. Die kleinen, etwa 15 cm langen Tintenfische verderben jedoch sehr leicht und werden deshalb gleich nach dem Fang in heißem Wasser gekocht. Nach dem Kochen haben sie einen leicht lachsfarbenen Ton angenommen. Nun werden sie tiefgekühlt, damit sie schön frisch bleiben. Im Hafen angekommen, werden die gefangenen Tiere sofort verkauft.

Tintenfisch kann man auf unterschiedliche Arten zubereiten. Im Norden Taiwans wird er am liebsten mit Basilikum, Ingwer, Chili und Sojasauce zusammen gebraten. Das Fleisch schmeckt ähnlich wie jenes der Krabben, ist aber leicht gummiartig und bißfester.

Reissuppe mit Allerlei
Shi Jin Zhou

Vorbereitung Die Blumenpilze 15 Min. lang in heißem Wasser einweichen, abtropfen, entstielen und in Streifen schneiden.
Die Krabben in 2 RS kaltem Wasser ½ Std. einweichen und abtropfen.
Das Schweinefilet in Streifen schneiden, in einer Schüssel mit allen Gewürzen zum Marinieren vermischen und 10 Min. ziehen lassen.
Den Reis kurz waschen und den Stangensellerie hacken.

Zubereitung In einem großen Topf die Hühnerbrühe zum Kochen bringen, den gewaschenen Reis hineingeben und ungefähr 30 Min. langsam kochen lassen.
Die abgetropften Krabben und die Pilze zugeben und 15 Min. weiterkochen.
Nun die Gewürze für die Suppe hinzufügen, das Fleisch nochmals mit der Marinade verrühren und stückweise in die Suppe geben. Weitere 5 Min. kochen lassen.
In jede Suppenschale etwas gehackte Sellerie streuen, mit der Suppe auffüllen und heiß servieren.

Zutaten
20 g getrocknete Blumenpilze
80 g getrocknete Krabben
120 g Schweinefilet
½ RS Rundkornreis
10 g Stangensellerie
2 l Hühnerbrühe

Zum Marinieren:
1½ TL Kartoffelmehl
1 EL Öl
2 EL Sojasauce

Für die Suppe:
½ TL Pfeffer
2 bis 3 TL Salz
2 EL Zucker

Daomi – Chinesischer Reis

Daomi ist das chinesische Wort für Reis, einen Hauptbestandteil vieler chinesischer Gerichte, besonders im Süden Chinas. Man findet ihn sogar in der chinesischen Heilkunde wieder. Der Reissamen sieht wie ein Stecknadelkopf aus, verströmt einen leicht bitteren Geruch und fühlt sich in der Hand warm an.

Vor allen Dingen in Südchina wird der Reis auf unzähligen Naßfeldern angebaut. Reis ist außerordentlich artenreich. Es gibt Sorten von ganz unterschiedlicher Form und Farbe. Die drei Hauptfarben sind weiß, gelb und rot. Bei den Formen herrschen Lang- und Rundkorn vor; daneben gibt es noch kurzen und sehr feinen Reis.

Eine besondere Sorte ist Klebreis, auf dem in China eine Vielzahl von Rezepten basieren – von Kuchen über Nachtisch bis zum Reisweinsatz. Klebreissuppe ist eine weitere, weit verbreitete und beliebte Zubereitungsart.

Auch normaler Reis eignet sich zur Herstellung von Kuchen oder von Reissuppe. Letztere ist besonders gut verträglich und wird daher oft für kleine Kinder oder für ältere Menschen mit Magenproblemen zubereitet. Häufig gehört Reissuppe bereits zum Frühstück, besonders wenn man noch ein Völlegefühl vom Vortag spürt.

Bei Durchfallerkrankungen hilft Reissuppe ebenfalls. Bei dieser Anwendung trinkt man sie als warme Brühe. Vorsicht, kalte Reisbrühe kann Durchfall verursachen!

Geschmorte Haifischflossen
Hong Shao Yu Chi

Vorbereitung Den Chinakohl in Streifen, den Ingwer und die Frühlingszwiebeln in Scheiben schneiden.
Die Hähnchenknochen zerkleinern und das Kartoffelmehl mit 3 EL Wasser vermischen.

Zubereitung Das Öl zum Anbraten in einer Pfanne rauchend erhitzen, die Frühlingszwiebeln und den Ingwer anbraten.
Mit der Hühnerbrühe ablöschen, dann die Chinakohlstreifen zugeben und 10 Min. zugedeckt kochen.
Die gekochte junge Haifischhaut zugeben und zugedeckt weitere 40 Min. leicht kochen lassen.
Alle Gewürze für die Suppe einrühren, weitere 5 Min. kochen, abkühlen und über Nacht im Kühlschrank durchziehen lassen.
Am nächsten Tag erwärmen, den Kohl und die Haifischhaut mit einem Sieb aus der Suppe nehmen und auf Teller verteilen.
Die übriggebliebene Brühe in einen Topf geben und die zerschlagenen Hähnchenknochen 30 Min. darin kochen. Daraufhin die Knochen absieben und wegwerfen.
Die verbliebene Brühe in einem Topf mit allen Gewürzen für die Sauce zum Kochen bringen, die gekochten Haifischflossen zugeben und 10 Min. leicht kochen lassen.
Mit dem angerührten Kartoffelmehl binden und mit dem Möhrenöl abschmecken.
Vor dem Anrichten die Haifischsauce über den Kohl verteilen.

Anmerkung Haifischhaut ist ein geschätzter Leckerbissen in Asien. Sie ist gut für den Knochenbau. Man ißt nur die Unterseite der Haifischhaut. Diese ist gegenüber der Oberseite weicher. Die getrocknete Haifischhaut muß vor ihrer Verwendung 5 Std. in Wasser gekocht werden. Danach wird sie

Zutaten
300 g Chinakohl
200 g gekochte Haifischhaut in Streifen
500 g gekochte Haifischflossen

Zum Anbraten:
20 g Ingwer
20 g Frühlingszwiebeln
10 EL Salatöl
1½ l Hühnerbrühe

Für die Suppe:
1 EL Glutamat
½ TL Pfefferpulver
1 TL Salz
1½ EL Zucker

Für die Sauce:
Knochen von 1 ganzen Hähnchen
1 EL Glutamat
½ TL Pfeffer
½ RS Reiswein
½ TL Salz
4 EL Sojasauce
1 EL Zucker
3 EL karamelisierter Zucker (siehe S. 72)

Zum Binden und Abschmecken:
1 EL Kartoffelmehl
3 EL Möhrenöl

Sehr lange Zubereitungszeit!

einen ganzen Tag gewässert, bis sie klebrig und geschmeidig ist. Getrocknete Haifischflossen bereitet man wie getrocknete -haut zu. Letztere ist auch in Dosen fertig zubereitet erhältlich.

Geschmorte Auberginen mit Schweinemett in Chilisauce
La Jiao Qie Zi Zhu Rou Mo

Zutaten
400 g Auberginen
150 g Schweinemett
1/2 l Öl zum Fritieren

Zum Anbraten:
5 EL Salatöl
1 EL Sambal Olek
1½ RS Hühnerbrühe

Zum Abschmecken:
2 EL süße Sojabohnenpaste
1½ EL Glutamat
2 EL Reiswein
2 EL Zucker

Zum Binden:
1½ TL Kartoffelmehl

Zum Anrichten:
50 g Frühlingszwiebeln
5 EL Sesamöl

Vorbereitung Die Auberginen waschen und in Scheiben, dann in Quadrate schneiden.
Das Schweinemett in einem Topf mit 1/2 l Wasser unter Rühren zum Kochen bringen, 5 Min. kochen lassen und auf einem Sieb abgießen.
Die süße Sojabohnenpaste mit 2 EL Wasser und das Kartoffelmehl mit 3 EL Wasser verrühren.
Alle Zutaten zum Abschmecken in einer Schale miteinander vermischen.
Die Frühlingszwiebeln fein schneiden.

Zubereitung Eine stark erhitzte Pfanne zweimal mit Öl ausschwenken, das Fritieröl in der Pfanne erhitzen und die geschnittenen Auberginen 1 bis 2 Min. darin fritieren.
Auf einem Sieb abtropfen lassen und das Öl in das Vorratsgefäß zurückgießen.
Die Pfanne erneut erhitzen und das Salatöl hineingeben. In dem heißen Öl zuerst das Sambal Olek anbraten, dann unter Rühren das vorgekochte Schweinemett und die fritierten Auberginen zugeben.

Erhitzen, mit der Hühnerbrühe ablöschen und bei geschlossenem Deckel 25 Min. langsam schmoren. Jetzt die Gewürzmischung zum Abschmecken einrühren und weitere 5 Min. schmoren. Zum Schluß mit dem angerührten Kartoffelmehl binden.
Vor dem Anrichten das Sesamöl unterrühren und das Gericht mit den Frühlingszwiebeln bestreuen.

ANMERKUNG Statt die Auberginen zu fritieren, kann man sie auch 10 Min. in Wasser blanchieren.

GEBRATENER SPITZKOHL
CHAO GAO LI CAI

ZUTATEN
400 g Spitzkohl
100 g Tomaten

Zum Würzen:
1½ EL Knoblauch
8 EL Öl
1 EL Tomatenketchup
⅓ TL Pfeffer
½ TL Salz
1 EL Zucker

VORBEREITUNG Den Spitzkohl waschen und zerpflücken. Die Tomaten in Scheiben schneiden. Den Knoblauch fein hacken.

ZUBEREITUNG In einer heißen Pfanne das Öl erhitzen und den Knoblauch anbräunen. Das Tomatenketchup in das Öl einrühren und den Spitzkohl hineingeben.
Den Spitzkohl etwa 1 Min. lang unter Rühren braten, dann den Deckel schließen und 1 bis 2 Min. weiterschmoren lassen.
Die Gewürze und die Tomaten hineingeben und bei geschlossenem Deckel etwa 3 Min. lang garen. Das Gericht sofort servieren.

TIP In diesem Rezept wird auf die Kartoffelmehl-Wasser-Mischung verzichtet, die das Aroma der Sauce besser an das Gemüse bände. Wenn man einem intensiveren Geschmack wünscht, kann auch hier die Sauce mit Kartoffelmehl gebunden werden.

Nudelsuppe mit Allerlei
Shi Jin Tang Mian

Zutaten
30 g eingeweichte Bambussprossen (oder getrocknet 5 g)
10 g Frühlingszwiebeln
80 g Chinakohl
10 g Schalotten
½ TL Pfeffer
2 TL Kartoffelmehl
110 g trockene chinesische (oder normale) Nudeln
80 g Sojabohnenkeime
½ l Öl zum Fritieren
20 g eingeweichtes Lilienblumengemüse (oder getrocknet 5 g)
20 g (oder getrocknet 5 g) eingeweichte chinesische Blumenpilze
3 EL Salatöl
2 RS Gemüsebrühe (siehe S. 70) oder Wasser
½ EL Sambal Olek
1 EL Zucker
3 EL karamelisierter Zucker (siehe S. 72)
2 EL Reiswein
1 EL Zen-Ziang-Essig (oder normaler Essig)
1 TL Salz
2 EL Sojasauce
2 EL Möhrenöl (siehe S. 51)

Vorbereitung Die Bambussprossen, die Frühlingszwiebeln und den Chinakohl in Streifen schneiden.
Nun die Schalotten fein hacken und den Pfeffer mahlen.
Das Kartoffelmehl mit 3 EL Wasser vermischen.

Zubereitung Den Chinakohl etwa 15 Min. lang kochen und dann abtropfen lassen.
Die Nudeln (getrennt) ebenfalls kochen und abtropfen lassen.
Die Sojabohnenkeimlinge blanchieren und abtropfen lassen.
In einer Pfanne das Fritieröl erhitzen und die Lilienblumenpilze, die Bambussprossen und die Blumenpilze etwa 1 Min. fritieren und dann abtropfen lassen.
Eine heiße Pfanne zweimal mit Öl ausschwenken.
Das Salatöl erhitzen und die Schalotten goldbraun anbraten.
Die Gemüsebrühe hineingeben und das Sambal Olek, den Zucker, den karamelisierten Zucker, den Reiswein, den Zen-Ziang-Essig, das Salz, den gemahlenen Pfeffer und die Sojasauce hineinrühren. Das Ganze zum Kochen bringen.
Das Lilienblumengemüse, die Bambussprossen, die Blumenpilze und den Chinakohl hineingeben und etwa 1 Min. garen.

Währenddessen in einer großen Reisschale die Nudeln, die Sojabohnenkeimlinge und die Frühlingszwiebeln vermengen.
Das gegarte Gemüse mit der Kartoffelmehl-Wasser-Mischung andicken und mit dem Möhrenöl abschmecken.
Die Gemüsesauce über die Nudeln geben und sofort servieren.

ANMERKUNG Dieses Nudelgericht war ursprünglich für arme Leute bestimmt. Heute ist es ein sehr populäres Schnellgericht.

SUPPE IM TONTOPF
SU SHI SHA GUO TANG

VORBEREITUNG Den Chinakohl längs vierteilen und 10 Min. in ½ l Wasser kochen lassen. Dann überschüssiges Wasser ausdrücken.
Den Tofu in Rechtecke von 5 × 3 × 2 cm schneiden und die Glasnudelblätter zerpflücken.
Den Topf mindestens 20 Min. in heißes Wasser stellen.
Die Frühlingszwiebeln in 3 cm lange Stücke, den Ingwer in Scheiben schneiden.

ZUBEREITUNG Eine heiße Pfanne zweimal mit Öl ausschwenken und das Öl zum Braten erhitzen.
Die Frühlingszwiebeln und den Ingwer anbräunen, dann die Gemüsebrühe hineingießen und alle übrigen Würzzutaten hineinrühren.
Den Chinakohl auf den Boden des Tontopfes geben, den Tofu daraufschichten und die zerkleinerten Glasnudelblätter darüberlegen.
Mit der Gemüsebrühe übergießen.
Auf die Spiritusflamme stellen und langsam erhitzen. Nach 15 bis 20 Min. ist die Suppe fertig.

ANMERKUNGEN Dieses Gericht ist ein typisches chinesisches Winteressen. Oft wird die Suppe mit 1½ EL Chiliöl pikanter gemacht.

ZUTATEN
300 g Chinakohl
400 g Tofu
100 g eingeweichte (oder 20 g getrocknete) Glasnudelblätter (Tian-Thing) oder 20 g getrocknete Glasnudeln
1 l Gemüsebrühe (siehe S. 70) oder Wasser

Zum Würzen:
20 g Frühlingszwiebeln
15 g Ingwer
8 EL Öl zum Braten
½ TL Pfeffer
5 EL Reiswein (oder normaler Wein)
2 TL Salz
3 EL Sojasauce
3 EL Zen-Ziang-Essig oder normaler Essig

2 EL Zucker
2 EL karamelisierter Zucker (siehe S. 72)

Benötigt wird bei diesem Rezept ein chinesischer Tontopf mit Spiritusflamme oder ein Römertopf.

Während des Essens kann man immer wieder neu Chinakohl und Tofu in die Brühe geben.
Der Tontopf muß vor der Benutzung in Wasser gestellt werden, damit er beim Erhitzen nicht zerspringt.
Die Stimmung beim Essen dieser Suppe ist vergleichbar mit der bei einem Fondue.

Stangenselleriesalat mit Sa-Cha-Chiang-Sauce Qing Cai Sha La

Zutaten
1/3 RS Erdnußöl
550 g junger Stangensellerie (oder junge Gurken)
1½ EL Essig (25 %)
2 EL Sa-Cha-Chiang-Sauce (siehe S. 51)
1 TL Salz
2 EL Zucker

Lange Zubereitungszeit!

Vorbereitung Das Erdnußöl rauchend erhitzen, abkühlen und dann erkalten lassen.

Zubereitung Den Stangensellerie waschen, in Stücke brechen und dabei die Hautfäden abziehen. 1 Std. in Wasser ziehen lassen.
1 l Wasser zum Kochen bringen und den Sellerie 3 Min. blanchieren. Unter fließendem Wasser abschrecken und wieder 20 Min. in kaltes Wasser geben.
Die Gewürzzutaten in einer Reisschale verrühren. Nach sorgfältigem Abtropfen die Selleriestücke mit den Gewürzzutaten vermischen.
Vor dem Servieren 2 bis 3 Std. ziehen lassen.

Anmerkungen Beim Gebrauch von Erdnußöl zum Salat ist zu beachten, daß es zuerst erhitzt werden muß, bis es zu rauchen beginnt; dann abkühlen und erst kalt weiterverwenden.
Das Gemüse muß nach dem Blanchieren unter fließendem Wasser abgeschreckt werden, damit es seine frische Farbe behält.

Zucchini mit Tomaten
Xiao Nan Gua Chao Fan Qie

Zutaten
500 g Zucchini
60 g Tomaten
5 g frischer Ingwer
1 TL Kartoffelmehl
5 EL Öl zum Braten
2 EL Tomatenketchup
1 EL Zucker
1 Prise Pfeffer
1 TL Salz
1 EL Öl zum Abschmecken

Vorbereitung Die Stielansätze und die Spitzen der Zucchini abschneiden und das Gemüse in dreieckige, mundgerechte Stücke schneiden.
Die Tomaten enthäuten und in dünne, den frischen Ingwer in streichholzdünne Streifen schneiden.
Das Kartoffelmehl mit 3 EL Wasser anrühren.

Zubereitung In einer heißen Pfanne das Öl zum Braten erhitzen und den Ingwer etwa ½ Min. anbräunen.
Das Tomatenketchup zugeben, das Ganze verrühren und ½ Min. lang erhitzen.
Die Zucchini-Streifen in die Pfanne geben und 4 Min. unter Rühren braten.
Anschließend das Tomatenfleisch zugeben und 1 Min. weiterbraten.
Mit dem Zucker, dem Pfeffer und dem Salz würzen und noch 1 Min. braten.
Die Kartoffelmehl-Wasser-Mischung zugießen, verrühren und andicken lassen.
Mit dem Öl zum Abschmecken übergießen und sofort servieren.

Gekochter roter Tofu
Hong Shao Doufu

Zutaten
500 g frischer Tofu
2 St. fermentierter roter Tofu oder 2 EL fermentierte schwarze Bohnen
10 g Frühlingszwiebeln
8 EL Salatöl
2 RS Gemüsebrühe (siehe S. 70) oder Wasser
1½ EL Zucker
1 TL Salz
2 EL Kao-Liang-Schnaps
½ TL Pfeffer
3 EL Sojasauce
2 EL Sesamöl

Vorbereitung Den Tofu in kleine Würfel schneiden und den fermentierten Tofu mahlen.
Die fermentierten Tofustücke 10 Min. in Wasser einweichen und dann abgießen.
Die Frühlingszwiebeln fein hacken.

Zubereitung Eine heiße Pfanne zweimal mit Öl ausschwenken. Das Salatöl in der Pfanne erhitzen und den roten Tofu etwa 1 Min. unter Rühren braten.
Die Gemüsebrühe und den Tofu hineingeben und weiterkochen.
Den Zucker, das Salz, den Schnaps, den Pfeffer und die Sojasauce hineinrühren und mit dem Sesamöl abschmecken.
Mit den Frühlingszwiebeln garnieren und servieren.

Feingeschnittener Tofu in Gemüse
Qing Cai Chao Doufu

Zutaten
10 g chinesische Blumenpilze «Dhong Gue»
30 g Tomaten
30 g Möhren
420 g Tofu
1 l Öl zum Fritieren
20 g möglichst frische Erbsen

Zum Würzen:
1 EL Ingwer
1 EL Knoblauch

Vorbereitung Die Blumenpilze 20 Min. einweichen.
Den Ingwer, den Knoblauch und das Frühlingszwiebelweiß fein hacken.
Die Tomaten, die Blumenpilze und die Möhren ebenfalls fein hacken.
Das Kartoffelmehl mit 3 EL Wasser vermischen.

Zubereitung Den Tofu in große Stücke von 5 × 3 × 1 cm Größe schneiden und 2 Min. im heißen Öl fritieren.
Eine heiße Pfanne zweimal mit Öl ausschwenken.
Das Salatöl erhitzen, den Ingwer, den Knoblauch und dann die Blumenpilze anbraten.

Nach 30 Sek. die Möhren dazugeben und ebenfalls kurz anbraten.
Die Gemüsebrühe dazugießen und zum Kochen bringen. Dabei den Zucker, das Salz und die Sojasauce hineinrühren.
Den Tofu in die kochende Brühe geben und bei geschlossenem Deckel garen, bis die Flüssigkeit stark eingekocht ist (etwa 10 Min. auf mittlerer Flamme).
Die Tomatenmasse, die Erbsen und die Frühlingszwiebeln unterrühren und bei offener Pfanne 1 Min. weiterkochen.
Mit dem Kartoffelmehl-Wasser-Mischung andicken und mit dem Möhrenöl abschmecken.
Das Gericht sofort servieren.

1 EL Frühlingszwiebelweiß
1½ TL Kartoffelmehl
10 EL Salatöl
1½ RS Gemüsebrühe (siehe S. 70) oder Wasser
1½ EL Zucker
1 TL Salz
2 EL Sojasauce
2 EL Möhrenöl (siehe S. 51)

Tofu mit Champignons auf Spinatbett
Shi Cai Chao Doufu

Vorbereitung Den Tofu in kleine Würfel von 2 cm Länge schneiden.
Große Champignons passend zu den Tofuwürfeln zerkleinern.
Den Spinat waschen, putzen und die Blätter zerpflücken. Anschließend etwa 2 Min. blanchieren und abtropfen lassen.
Das Kartoffelmehl mit 2 EL Wasser vermischen.

Zubereitung Eine heiße Pfanne zweimal mit Öl ausschwenken. 3 EL Öl auf größter Flamme erhitzen und den Spinat unter Rühren anbraten.
Mit je einer Prise Salz und Zucker würzen und 1 Min. lang garen. In einem Sieb abtropfen lassen und auf einem warmen Teller zur Seite stellen.
Eine heiße Pfanne zweimal mit Öl ausschwenken und die restlichen 5 EL Öl stark erhitzen. Die Sa-Cha-Chiang-Sauce (oder normale Sojasauce) in das heiße Öl geben und unter Rühren während 30 Sek. erhitzen.

Zutaten
180 g Tofu
120 g Champignons
120 g Spinat

Zum Würzen:
1 TL Kartoffelmehl
8 EL Salatöl (zum zweimaligen Anbraten)
1 Prise Salz
1 Prise Zucker
1½ EL Sa-Cha-Chiang-Sauce (oder normale Sojasauce)
1 RS Gemüsebrühe (siehe S. 70) oder Wasser
2 EL süße Sojasauce
½ TL Salz

1 EL Zucker
3 EL Sesamöl

Die Gemüsebrühe (oder Wasser) dazugießen und erhitzen, dann den Tofu und die Champignons hineingeben und 5 bis 6 Min. auf kleiner Flamme garen lassen.

Die süße Sojasauce, das Salz, den Zucker und die Kartoffelmehl-Wasser-Mischung zugeben und das Ganze binden.

Zum Schluß mit dem Sesamöl beträufeln und noch ½ Min. weitergaren.

Zum Servieren auf dem Spinat anrichten.

Anmerkungen Sa-Cha-Chiang-Sauce ist in zwei Varianten erhältlich: die eine wird mit Fleischextrakten hergestellt, die andere, «buddhistische», mit Gemüseextrakten.

In der chinesischen Küche wird die Sa-Cha-Chiang-Sauce zum Braten und für Suppen, meist in der Verbindung mit sogenannten «Wintergerichten» benutzt. Besonders gerne wird sie bei einer Variante des Feuertopfes, bei der ein Kochgefäß von einer Spiritusflamme beheizt wird, verwendet.

SEPTEMBER

九月份

Hähnchen mit verschiedenen Pilzen
Gu Lei He Ji Tui

Vorbereitung Die Blumenpilze in heißem Wasser 10 Min. einweichen, abtropfen, entstielen und hal-bieren.
Die Champignons waschen und in Scheiben schneiden.
Alle Pilze zusammen kurz blanchieren und abtropfen.
Das Hähnchen sowie das Schweinefleisch in Scheiben schneiden. In einer Schüssel mit allen Gewürzen für die Marinade vermischen und 10 Min. ziehen lassen.
Alle Zutaten für die Sauce in einer Schale mischen.
Den Knoblauch hacken und das Kartoffelmehl mit der Hühnerbrühe vermischen.

Zubereitung Eine heiße Pfanne zweimal mit Öl ausschwenken. Das Fritieröl in der vorbereiteten Pfanne erhitzen.
Das Fleisch nochmals mit der Marinade durchmischen und unter Rühren 1 bis 2 Min. fritieren, auf einem Sieb abtropfen und das Öl in das Vorratsgefäß zurückgießen.
In der heißen Pfanne das Öl zum Braten erhitzen.
Den Knoblauch kurz anbraten, die Pilze zugeben und 1 Min. braten.

Zutaten
25 g getrocknete Blumenpilze
150 g frische Champignons
120 g Hähnchenfleisch von der Keule
80 g Schweinenacken
1 l Öl zum Fritieren
15 g Porree in Stücken

Zum Marinieren:
1½ EL Eiweiß
2 TL Kartoffelmehl
1 EL Salatöl
1 EL Sojasauce

Zum Braten:
1 EL Knoblauch
5 EL Öl

Für die Sauce:
4 EL Austernsauce
1 TL Salz
1 EL Sambal Olek
1 EL Sojasauce

Zum Binden:
1 TL Kartoffelmehl
¼ RS Hühnerbrühe

Die Gewürzmischung für die Sauce einrühren, das Fleisch dazugeben, gut durchmischen und erhitzen. Mit der Kartoffelmehl-Brühe-Mischung binden. Kurz vor dem Servieren den Porree unterheben und nochmals erhitzen.

Hühnerfleisch mit Pinienkernen
Song Zi Chao Ji

Zutaten
100 g Pinienkerne
350 g Hähnchenbrustfilet
3 Salatblätter
1 l Öl zum Fritieren

Für die Pinienkerne:
6 EL Zucker

Zum Marinieren:
1½ EL Kartoffelmehl
2 EL Salatöl
2 TL Sojasauce

Zum Anbraten:
1 TL Chili
6 EL Salatöl

Für die Sauce:
1 TL Glutamat
1 TL Kartoffelmehl
2 Prisen Pfeffer
5 EL Reiswein
½ TL Salz
3 EL Wasser
1 TL Zucker

Sehr lange Vorbereitungszeit!

Vorbereitung In einem Topf 1 RS Wasser für die Pinienkerne zum Kochen bringen, den Zucker darin lösen, dann vom Feuer nehmen.
Die Pinienkerne in der Zuckerlösung über Nacht einweichen lassen.
Am nächsten Tag die Kerne abgießen und auf einem Sieb abtropfen.
Das Hähnchenbrustfilet in Streifen schneiden, in einer Schüssel mit allen Gewürzen für die Marinade mischen und 15 Min. ziehen lassen.
Alle Zutaten für die Sauce miteinander vermischen.
Die Salatblätter auf eine Servierplatte legen.
Den Chili hacken.

Zubereitung Das Fritieröl kalt in die kalte Pfanne geben, die abgetropften Pinienkerne darin langsam unter Rühren erhitzen, bis sie gelbbraun sind.
Mit einem Sieb herausnehmen und das marinierte Hähnchenfilet in dem heißen Öl kurz unter Rühren fritieren.
Ebenfalls mit einem Sieb herausnehmen, abtropfen lassen und das Öl in das Vorratsgefäß zurückgeben.
Nun das Salatöl zum Anbraten in der heißen Pfanne erhitzen, den Chili anbraten, das fritierte Hähnchenfleisch zugeben und weiter erhitzen.
Die Saucenmischung unter Rühren angießen und erhitzen, bis das Kartoffelmehl angedickt ist.
Heiß auf den Salatblättern anrichten und mit den Pinienkernen bestreuen.
Das Gericht servieren.

Spargel mit Hühnerfleisch
Lu Sun Chao Ji

Vorbereitung Den Spargel waschen und schälen. Schräg in 5 cm lange, entgegengesetzte Dreiecke schneiden und in Wasser ziehen lassen.
Jetzt das Hühnerbrustfilet in dünne Scheiben schneiden, mit den Zutaten für die Marinade mischen und 10 Min. ziehen lassen.
Den Staudensellerie waschen, entfädeln und in Scheiben schneiden.
Alle Zutaten für die Sauce in einer Schale vermischen.
Die Salami fein hacken.
Den chinesischen Blumenpilz 10 Min. in heißem Wasser einweichen und fein hacken.
Schliesslich den Ingwer und die weiße Frühlingszwiebel hacken.

Zubereitung 1 l Wasser im Topf zum Kochen bringen und den Spargel, den Bambus und den Staudensellerie 1½ Min. blanchieren und auf einem Sieb abtropfen.
Eine heiße Pfanne zweimal mit Öl ausschwenken und das Fritieröl darin erhitzen.
Das Hühnerfleisch nochmals mit der Marinade verrühren und 1 Min. im heißen Öl fritieren. Mit einem Sieb herausnehmen und abtropfen lassen. Das Öl in das Vorratsgefäß zurückgießen.
Nun das Öl zum Braten in der Pfanne erhitzen. Zuerst die Salami und die Pilze anbraten, danach den Ingwer und die Frühlingszwiebel zufügen und weiter anbraten, bis sich das volle Aroma entwickelt hat.
Das blanchierte Gemüse und das fritierte Fleisch zugeben.
Alles unter Rühren 2 Min. erhitzen, die Saucenmischung angießen und vor dem Servieren mit dem Salatöl verrühren.

Geschichtliches Die kaiserliche Eßkultur erfuhr während der Qing-Dynastie die größte Umwand-

Zutaten
150 g Spargel
120 g Hühnerbrustfilet
80 g Staudensellerie
80 g Bambusscheiben
½ l Öl zum Fritieren
1 EL Salatöl (zum Abschmecken)

Zum Marinieren:
1 EL Kartoffelmehl
2 EL Salatöl
1 EL Sojasauce

Zum Braten:
10 g chinesische Salami
1 chinesischer Blumenpilz
1 EL Ingwer
1 EL weiße Frühlingszwiebel
6 EL Öl

Für die Sauce:
½ RS Hühnerbrühe
2 Prisen Pfeffer
5 EL Reiswein
½ TL Kartoffelmehl
1 TL Salz
4 EL helle Sojasauce

lung durch die Einflüsse der verschiedenen Eßkulturen in den Provinzen.
Die Kaiserfamilie liebte es, im Land umherzureisen und sich nach den kulinarischen Spezialitäten in der Region zu erkundigen. Besonders die Provinzen Jiang-Su und Zhe-Jiang waren beliebte Reiseziele. Offiziell interessierte die kaiserliche Gesellschaft besonders die Landschaft, doch gilt es als sicher, daß sie nur wegen der guten Küche dorthin fuhr.
In den kaiserlichen Annalen ist vermerkt: Im 2. Monat des 30. Jahres der Regierungsperiode befand sich der Kaiser Qian-Long wieder einmal auf dem Weg in den Süden. Als er unterwegs erkrankte, wurde im Fischerdorf Nan-Cang ein ungeplanter Halt eingelegt. Als der Bürgermeister von dem überraschenden Besuch erfuhr, rief er eilends den besten Meisterkoch der Umgebung herbei, da er wußte, wie sehr der Herrscher gutes Essen schätzte. Der beste Koch der Gegend war ein Mann namens Zhang Dong-Guang. Er bereitete für den Kaiser Hähnchen mit jungem Bambus, ein besonders beliebtes Rezept seiner Provinz. Obwohl der hohe Besuch dieses Gericht nicht kannte, traf der Koch genau dessen Geschmack. Ja, das Gericht schmeckte dem Kaiser so gut, daß er Zhang Dong-Guang 200 Silberbarren als Belohnung übergeben ließ. Er ließ den Meisterkoch zu sich bringen und bat ihn, sein Palastkoch zu werden.
Zhang gab dem Wunsch des Kaisers nach und hielt bald in der kaiserlichen Palastküche Einzug. Da die meisten früheren Küchenmeister aus Shan-Dong gekommen waren, galten nördliche Gerichte bisher als typisch für die Palastküche. Nun aber setzte sich der Einfluß der südchinesischen Kochschulen zunehmend durch. In den kaiserlichen Annalen findet sich denn auch der Hinweis auf das Lieblingsgericht Qian-Longs – süßsaures Schweinefleisch.
Der Einfluß der südlichen Küche breitete sich vom Palast über die Beamtenhäuser bis in die Küche der einfachen Leute aus. Peking war somit nicht nur politisches, sondern auch kulinarisches Zentrum des Reiches, und so konnte sich dort die Kochkunst besonders gut weiterentwickeln.

Geschmorte Hühnerflügel
Hong Shao Ji Chi

Vorbereitung Den Seetang in 1 l heißem Wasser 1 Std. einweichen, danach waschen, mit einem Messer auskratzen und nochmals 1 Std. in frischem Wasser einweichen. Daraufhin in große Stücke schneiden.
Die Hühnerflügel waschen, die Flügelspitzen abschneiden und im Gelenk halbieren.
1 l Wasser zum Kochen bringen und die vorbereiteten Flügel 2 Min. darin blanchieren.
Den Ingwer in Scheiben schneiden.

Zubereitung Eine stark erhitzte Pfanne zweimal mit Öl ausschwenken, das Öl zum Anbraten darin erhitzen und den Sternanis sowie den Ingwer anbraten, bis sich das volle Aroma entwickelt hat.
Nun den vorbereiteten Seetang zugeben, kurz erhitzen, mit der Hühnerbrühe ablöschen und bei geschlossenem Deckel 30 Min. schmoren.
Die blanchierten Flügel sowie alle Zutaten für die Sauce zugeben und das Ganze weitere 15 bis 20 Min. schmoren, bis die Flüssigkeit zu einer dicklichen Sauce reduziert ist.
Vor dem Servieren mit dem Mandarinen- oder Sesamöl abschmecken.

Zutaten
50 g getrockneter Seetang
500 g Hühnerflügel
2 EL Mandarinen- oder Sesamöl

Zum Anbraten:
15 g Ingwer
8 EL Öl
3 St. Sternanis
1½ l Hühnerbrühe

Für die Sauce:
½ RS Reiswein
1 TL Salz
1 TL Sambal Olek
5 EL Sojasauce
2 EL Zucker
6 EL karamelisierter Zucker (siehe S. 72)

Lange Vorbereitungszeit!

Schweinefilet auf Spitzkohl mit schwarzer fermentierter Bohnensauce
Dou Chi Chao Zhu Rou

Zutaten
250 g Schweinefilet
150 g Spitzkohl
½ l Öl zum Fritieren

Zum Marinieren:
1½ EL Kartoffelmehl
1 EL Salatöl
2 EL Sojasauce
5 EL Wasser

Zum Anbraten des Kohls:
3 EL Öl
1 Prise Zucker
1 Prise Salz

Zum Braten des Filets:
20 g schwarze fermentierte Bohnen
10 g Knoblauch
1 EL Salatöl
1 EL Sambal Olek

Zum Ablöschen:
1 TL Kartoffelmehl
3 EL Pflaumenwein
2 Prisen Salz
2 EL Sesamöl
2 TL Sojasauce
1 TL süße Sojasauce
5 EL Wasser
1 EL Zucker

Vorbereitung Das Schweinefilet in dünne Scheiben schneiden, mit den Gewürzen zum Marinieren in einer Schüssel vermischen und 15 Min. ziehen lassen.
Den Spitzkohl waschen, in Streifen schneiden, 1 Min. in kochendem Wasser blanchieren und abtropfen.
Die fermentierten Bohnen zum Braten des Filets 5 Min. in einer Reisschale mit Wasser einweichen, abgießen und mit dem Knoblauch und dem Salatöl zu einer Paste verarbeiten.
In einer Schale alle Zutaten zum Ablöschen miteinander vermischen.

Zubereitung Eine stark erhitzte Pfanne zweimal mit Öl ausschwenken und das Fritieröl darin erhitzen.
Das Fleisch nochmals mit der Marinade durchmengen, 1 Min. im heißen Öl fritieren und auf einem Sieb abtropfen. Das Öl in das Vorratsgefäß zurückgießen.
Die Pfanne erneut erhitzen, das Öl zum Anbraten zugeben und den blanchierten Kohl kurz anbraten.

Mit dem Zucker und dem Salz würzen und als Bett für das Fleisch auf einer Servierplatte anrichten.
Nun das Salatöl zum Braten des Filets in der Pfanne erhitzen und die vorbereitete Bohnenpaste zusammen mit dem Sambal Olek unter Rühren bei starker Hitze anbraten.
Das vorfritierte Fleisch zufügen, 1 Min. durchbraten und unter Rühren mit der vorbereiteten Mischung zum Ablöschen übergießen.
Sofort auf dem Spitzkohl anrichten und servieren.

Kaltes Lammfleisch in pikanter Sauce
Yang Rou Leng Pan

Vorbereitung Das Lammfleisch waschen. In einem Topf 1½ l Wasser zum Kochen bringen und das gewaschene Fleisch 30 Min. darin kochen.
Das Lammfleisch herausnehmen und unter fließendem Wasser ½ Std. abkühlen. Nun in 6 cm lange Streifchen schneiden.
Die Gurke waschen, schälen, entkernen und ebenfalls in Streifen schneiden.
Die Frühlingszwiebel hacken und den Knoblauch fein hacken.
Alle Zutaten für die Sauce in einer Schüssel gut miteinander durchschlagen.

Zubereitung In einer großen Schüssel die Fleisch- und Gurkenstreifchen miteinander vermengen und dann mit der Sauce übergießen.
Gut durchmischen und vor dem Servieren zugedeckt ½ Std. im Kühlschrank durchziehen lassen.

Zutaten
700 g Lammfleisch aus der Keule
400 g Salatgurke

Für die Sauce:
1 EL Frühlingszwiebel
2 EL Knoblauch
5 EL Austernsauce
3 EL Chiliöl
3 EL chinesischer Essig (5 %)
½ TL schwarzer Pfeffer
5 EL Reiswein
½ TL Salz
6 EL Sesamöl
½ TL gemahlener Sichuan-Pfeffer
3 EL Sojasauce
2 EL Zucker

Lange Vorbereitungszeit!

Geschmortes Rindfleisch mit Kohlrabi
Hong Shao Niu Rou He Da Tou Cai

Zutaten
400 g hohe Rippe (ohne Knochen)
½ l Öl zum Fritieren
250 g Kohlrabi
¾ l Hühnerbrühe (zum Schmoren)

Zum Anbraten:
20 g Ingwer
2 weiße Frühlingszwiebeln
8 EL Öl

Für die Sauce:
½ RS Reiswein
1 TL Salz
5 EL Sojasauce
2 EL Tomatenketchup
1½ EL Zucker
½ RS karamelisierter Zucker (siehe S. 72)

Vorbereitung Das Fleisch waschen und in 4 cm lange Streifen schneiden.
Eine stark erhitzte Pfanne zweimal mit Öl ausschwenken, das Fritieröl darin erhitzen und die Fleischstreifen 1 Min. fritieren.
Auf einem Sieb abtropfen und das Öl in das Vorratsgefäß zurückgeben.
Den Kohlrabi schälen, halbieren und in mundgerechte dreieckige Stücke schneiden.
Alle Gewürze für die Sauce miteinander vermischen.
Den Ingwer und die Frühlingszwiebeln grob zerhacken.

Zubereitung In einer heißen Pfanne das Öl zum Anbraten erhitzen. Den Ingwer und die Frühlingszwiebeln anbraten, bis sich das volle Aroma entwickelt hat.
Das vorfritierte Fleisch zugeben und unter Rühren die Saucenmischung angießen.
Jetzt den Kohlrabi untermischen und bei geschlossenem Deckel das Ganze 10 bis 15 Min. schmoren.
Die Hühnerbrühe zugeben, zum Kochen bringen und bei geschlossenem Deckel weitere 40 Min. leicht kochen lassen.

Rindfleisch mit Tomate und Glasnudeln
Fan Qie Chao Niu Rou He Fen Si

Vorbereitung Das Rindfleisch in dünne Scheiben schneiden, mit allen Zutaten für die Marinade vermischen und 15 Min. ziehen lassen.
Die Glasnudeln in ½ l kaltem Wasser 15 Min. einweichen, dann abtropfen.
Alle Zutaten zum Abschmecken in einer Schale mischen.
Die Petersilie hacken. Die Tomaten häuten, entkernen und in Würfel schneiden.

Zubereitung Eine stark erhitzte Pfanne zweimal mit Öl ausschwenken. Das Fritieröl darin erhitzen. Das Fleisch nochmals mit der Marinade durchmischen, in dem heißen Öl 1 bis 2 Min. fritieren, auf einem Sieb abtropfen und das Öl in das Vorratsgefäß zurückgießen.
Das Öl zum Braten in der Pfanne erhitzen. Das Tomatenketchup anbraten, das vorfritierte Fleisch zugeben, unter Rühren erhitzen und mit der Gemüsebrühe ablöschen. Zum Kochen bringen und die eingeweichten Glasnudeln sowie die Tomatenwürfel unterheben.
Den Deckel schließen und zugedeckt 10 Min. leicht kochen lassen.
Die Gewürzmischung zum Abschmecken unterrühren, 3 bis 5 Min. kochen lassen und mit der Petersilie bestreut servieren.

Zutaten
200 g falsches Filet
20 g getrocknete Glasnudeln
5 g Petersilie
150 g Tomate
½ l Öl zum Fritieren

Zum Marinieren:
1 EL Kartoffelmehl
2 EL Öl
1½ EL Sojasauce
5 EL Wasser

Zum Braten:
3 EL Salatöl
2 EL Tomatenketchup
1 RS Gemüsebrühe
(siehe S. 70)

Zum Abschmecken:
1 EL Glutamat
½ TL Pfeffer
1 TL Salz
½ TL Sambal Olek
3 EL Sojasauce
1½ TL Zucker

Geschmortes Rindfleisch mit Jakobsmuscheln
Niu Rou Shao Gan Bei

Zutaten
150 g Jakobsmuscheln
550 g hohe Rippe (ohne Knochen)
1 l Hühnerbrühe (zum Schmoren)
2 bis 3 EL Möhrenöl (zum Abschmecken)

Zum Anbraten:
3 Schalotten
10 g Süßholz
10 EL Öl
3 St. Sternanis

Für die Sauce:
3 EL Sojabohnenpaste
2 EL Zucker
3 EL Reiswein
2 EL Sesamöl
1 TL Salz
4 EL Sojasauce
1½ EL Zucker
2 EL karamelisierter Zucker (siehe S. 72)

Sehr lange Vorbereitungszeit!

Vorbereitung Am Vorabend die Jakobsmuscheln in ½ l Wasser einweichen und über Nacht stehen lassen.
Am nächsten Morgen auf ein Sieb abgießen und abtropfen.
Das Rindfleisch in 3 cm große Würfel schneiden, 5 Min. in 1 l kochendem Wasser blanchieren und dann abtropfen lassen.
Die Sojabohnenpaste für die Sauce mit dem Zucker, dem Reiswein und dem Sesamöl vermischen. Alle übrigen Gewürze für die Sauce einrühren.
Nun die Schalotten hacken und das Süßholz in Scheibchen schneiden.

Zubereitung Eine stark erhitzte Pfanne zweimal mit Öl ausschwenken. Das Öl zum Anbraten darin erhitzen, die Schalotten, das Süßholz und den Sternanis anbraten, bis sich das volle Aroma entfaltet.
Die blanchierten Fleischwürfel zugeben und 2 Min. bei geschlossenem Deckel erhitzen.
Die Gewürzmischung für die Sauce einrühren, den Deckel wieder schließen und weitere 5 Min. leicht kochen.
Die abgetropften Jakobsmuscheln hineingeben und mit der Hühnerbrühe aufgießen.
35 bis 45 Min. zugedeckt schmoren lassen.
Danach 5 Min. bei starker Hitze offen kochen, damit die Flüssigkeit zu einer dickflüssigen Sauce reduziert wird.
Vor dem Servieren noch mit dem Möhrenöl abschmecken.

Anmerkung Sollte man frische Jakobsmuscheln verwenden, entfällt die Einweichzeit, und die Kochzeit für die Muscheln vermindert sich auf 10 Min.

Gebratene eingelegte Lammkoteletts
Jian Yang Rou

Zutaten
8 Lammkoteletts
(80 g/Stück)
½ l Öl zum Braten

Zum Einlegen:
1 EL Ingwer
1 TL Backpulver
1 TL Fünfgewürzpulver
5 EL frischer Orangensaft
½ RS Reiswein
2 EL Sojasauce

Zum Marinieren:
1 EL Ingwer
1 EL Knoblauch
1 Eiweiß
2 EL Kartoffelmehl
5 EL Salatöl

Für die Sauce:
2 EL Austernsauce
1 EL weißer Essig (5 %)
½ RS Gemüsebrühe (oder Wasser)
5 EL Öl
5 EL Reiswein
3 EL Sojasauce
5 EL süße Sojasauce
3 EL Tomatenketchup
2 EL Zucker

Sehr lange Vorbereitungszeit!

Vorbereitung Die Koteletts am Fettrand einschneiden, mit der flachen Hand breitdrücken und mit einer Gabel in dichtem Muster einstechen.
Den Ingwer zum Einlegen hacken.
Alle Zutaten zum Einlegen in einer flachen Schale mischen und die Koteletts hineingeben. Zugedeckt im Kühlschrank über Nacht stehen lassen.
Am nächsten Morgen herausnehmen und mit Küchenpapier trockentupfen.
Den Ingwer und den Knoblauch zum Marinieren hacken.
Alle Zutaten für die Marinade mischen und die Koteletts darin 30 Min. ziehen lassen.
Die Zutaten für die Sauce in einer Schale mischen.

Zubereitung Eine stark erhitzte Pfanne zweimal mit Öl ausschwenken. Das Öl zum Braten erhitzen, die Koteletts nochmals mit der Marinade vermischen und schnell im heißen Öl braun braten.
Auf einem Sieb abtropfen und das Öl in das Vorratsgefäß zurückgießen.
Die saubere Pfanne erneut erhitzen, die Saucenmischung hineingeben und unter Rühren zu dicklicher Konsistenz einkochen.
Die gebratenen Koteletts mit dieser Sauce vermischen und heiß servieren.

Tofusuppe im Sagur-Topf
Sha Guo Doufu

Zutaten
300 g Lachsfilet
250 g Tofu
20 g getrocknete Blumenpilze

Zum Anbraten:
15 g weiße Frühlingszwiebeln
15 g Ingwer
5 EL Öl
1 l Hühnerbrühe

Für die Suppe
½ TL Pfeffer
½ RS Reiswein
1½ TL Salz
1 EL Zucker

Zum Anrichten:
5 g grüne Frühlingszwiebel
2 EL Sesamöl

Benötigt wird ein chinesischer Sagur-Topf (oder ein feuerfester Porzellantopf mit Deckel).

Vorbereitung Den Lachs waschen und ebenso wie den Tofu in 2 cm große Würfel schneiden.
Die Blumenpilze in 1 l heißem Wasser 20 Min. einweichen. Danach waschen, entstielen und halbieren.
Die weißen und die grünen Frühlingszwiebeln in 3 cm lange Stücke, den Ingwer in Scheiben schneiden.

Zubereitung In einer stark erhitzten Pfanne das Öl zum Anbraten erhitzen und darin die Frühlingszwiebeln und den Ingwer anbraten, bis sich das volle Aroma entwickelt hat.
Mit der Hühnerbrühe ablöschen und dann zum Kochen bringen. Die kochende Brühe in den Sagur-Topf (oder den feuerfesten Porzellantopf) umfüllen, darin auf dem Herd wieder zum Kochen bringen und die vorbereiteten Pilze zufügen.
Das Ganze zugedeckt 15 Min. leicht kochen lassen. Die Lachswürfel in die Suppe geben, 2 Min. kochen lassen, alle Gewürze für die Suppe beifügen und umrühren.
Weitere 5 Min. leicht kochen lassen, die Tofuwürfel hineingeben und gut erhitzen.
Vor dem Servieren das Sesamöl und die grüne Frühlingszwiebel zugeben.

Chinesischer Hering

Die Heringe laichen zwar im Meer, aber ihr Lebensraum ist ansonsten der Fluß. Einmal im Jahr, in den Sommermonaten, kehren sie an ihren Laichplatz zurück, um ihre Eier abzulegen. Man kann Heringe deshalb an drei verschiedenen Orten fangen: in den Wintermonaten flußaufwärts, im Frühjahr nahe der Meeresmündung und schließlich im Sommer im offenen Meer. Die Fischer der an den Pazifik grenzenden Provinzen fangen so im Sommer sehr viele Heringe.

Entlang der Küste Zhe-Jiangs gibt es eine besondere Heringsart mit roten Bläschen an den Mäulern. Sie sind zudem etwas größer als die Vertreter anderer Arten und gelten als besonders wohlschmeckend.

In der Periode des größten Wohlstands während der Qing-Dynastie lebten in China viele Beamte im Luxus. Unter ihnen war ein hoher Beamte bei Hofe, der unbedingt diesen Hering essen wollte. Nun ist der Weg von Peking bis zum Yang-Tze ziemlich weit, und der Fisch muß frisch gegessen werden. Dies war dem Mann bewußt, und so veranlaßte er den Bau eines kleinen Kanals vom Gelben Fluß in Richtung Peking, um den traditionellen Weg des beliebten Fisches umzulenken.

Doch nicht allzu viele Fische gelangten nach der Fertigstellung in den Kanal, und von den wenigen, die ihn doch gewählt hatten, kamen die meisten nicht lebend in Peking an.

Li-Hong-Zhang, ein berühmter und versierter Beamte, hatte nun eine bessere Idee. Der Fisch sollte weiter im Yang-Tze gefangen werden, dann aber über den Seeweg nach Tianjin und von dort aus nach Peking gebracht werden. Auf diese Weise wäre er nicht allzu lange unterwegs und bei der Ankunft noch einigermaßen frisch. Doch die Entfernung von Peking bis zum Gelben Fluß beträgt 2500 km, eine lange Strecke, um bereits gefangene Fische ohne Schaden zu transportieren.

Dies führte zu der Idee, in nicht allzu großen Abständen Teiche anzulegen und die Fische lebend von Weiher zu Weiher bis nach Peking zu transportieren, indem man die Teiche mit kleinen künstlichen Gräben miteinander verband.

In diesem Zusammenhang wurden auch die Straßen weiter ausgebaut und Wachpersonal für die Weiher eingestellt. Das bedeutete viel Arbeit und einen hohen Personalaufwand – einzig zum Zweck, diese Heringsart frisch in der Hauptstadt essen zu können . . .

Gebratenes Thunfischfilet
Jian Yu

Zutaten
450 g Thunfischfilet
1 RS Öl zum Braten

Zum Marinieren:
1/2 TL Pfeffer
1 RS Reiswein
2 EL Sesamöl
3 EL süße Sojabohnenpaste
2 EL Zucker

Für die Sauce:
10 g Ingwer
6 EL Öl
5 EL Sojasauce
1 1/2 EL Zucker

Lange Vorbereitungszeit!

Vorbereitung Den Thunfisch waschen und in 4 Scheiben schneiden.
Alle Gewürze zum Marinieren vermischen. Den Thunfisch darin wenden und anschließend 2 Std. ziehen lassen.
Mit Küchenpapier die überschüssige Marinade abtupfen.
Den Ingwer in Streifen schneiden.

Zubereitung Eine stark erhitzte Pfanne zweimal mit Öl ausschwenken. Das Öl zum Braten in der Pfanne erhitzen und die Fischfilets nacheinander kurz von beiden Seiten scharf anbraten.
Das Bratöl in das Vorratsgefäß zurückgeben. Nun das Öl für die Sauce in der heißen Pfanne erhitzen und den Ingwer anbraten, bis sich das volle Aroma entwickelt.
Die Sojasauce und den Zucker zugeben und dampfend erhitzen. Die gebratenen Thunfischfilets in die Pfanne geben, vorsichtig in der Sauce wenden, den Deckel schließen und so lange erhitzen, bis alle Sauce in den Fisch eingezogen ist. Das Gericht heiß servieren.

Geschichtliches Ein weiterer, in ganz China sehr bekannter Fisch ist der Huanghua («Gelbe Blume»).

Er ist besonders entlang der östlichen Meeresküste verbreitet. Der starke Eigengeruch des Huanghua kann man in den Häfen, wo die Fischer ihren Fang anliefern, sehr intensiv riechen. Der für diesen Geruch bekannteste Hafen heißt bezeichnenderweise auch «Huanghua-Fischhafen».
Von diesem Fisch gibt es eine große und eine kleine Art. Die große ist auch unter dem Namen «Steinkopf» bekannt, die kleine heißt einfach «kleiner gelber Blumenfisch». Die Fangzeit dauert vom Frühjahr bis zum Herbst, aber die beste Zeit ist doch der Sommer. Die Fischer nehmen die Ankunft der Fische zuerst akustisch wahr, da die Gelben Blumenfische in großen Schwärmen vor den Küsten erscheinen und ihre Bewegungen im Wasser von weitem zu vernehmen sind.
Zubereiten kann man den Fisch auf unterschiedlichste Weise. Besonders gut und auch teuer ist der Magen; er wird getrocknet und gepökelt. Das Fleisch des Huanghua hingegen gehört zu den gewöhnlichen Nahrungsmitteln, da es preiswert und fast überall erhältlich ist.

Knusprige Sardinen auf Seetang
Yu Song Sha La

Zutaten
30 g getrockneter Seetang
8 mittelgroße Sardinen
½ l Öl zum Fritieren

Für den Seetang:
1 EL Knoblauch
1 EL Frühlingszwiebel
2 EL Essig (5 %)
2 EL Sesamöl
3 bis 4 EL Sojasauce
1½ EL Zucker

Vorbereitung Den Seetang über Nacht in 1 l heißem Wasser einweichen.
Am nächsten Morgen waschen, die Steinchen mit dem Messer auskratzen, nochmals waschen, auf Küchenpapier trockentupfen und in feine Streifen schneiden.
Den Knoblauch und den Ingwer hacken. Die Frühlingszwiebel fein schneiden.
Alle Gewürze für den Seetang in einer Schüssel mischen und den Seetang darin 1 Std. zugedeckt im Kühlschrank ziehen lassen.
Die Sardinen säubern und waschen.
Alle Zutaten zum Marinieren miteinander vermischen und die vorbereiteten Sardinen 1 Std. darin ziehen lassen.

Zum Marinieren:
2 EL Reiswein
1 TL Salz
1 EL Sojasauce
2 EL Weizenmehl

Für die Sauce:
1 EL Ingwer
4 EL Chiliöl
8 EL Sojasauce
1 Prise Pfeffer

Sehr lange Vorbereitungszeit!

Die überschüssige Marinade mit Küchenpapier abtupfen.

ZUBEREITUNG Eine stark erhitzte Pfanne zweimal mit Öl ausschwenken. Das Fritieröl erhitzen und die Sardinen in 2 Portionen darin fritieren, bis sie ganz knusprig sind. Dann auf einem Sieb abtropfen und das Öl in das Vorratsgefäß zurückgießen.
Die Pfanne erneut erhitzen, das Chiliöl für die Sauce hineingeben und den Ingwer im heißen Öl anbraten, bis sich das volle Aroma entfaltet hat.
Die abgetropften knusprigen Sardinen zugeben, unter Rütteln der Pfanne weiter erhitzen und gleichzeitig mit der Sojasauce beträufeln und mit dem Pfeffer bestreuen.
Den Seetang aus dem Kühlschrank nehmen, kurz auf einem Sieb abtropfen, auf eine Servierplatte häufen und die Sardinen darauf anrichten.

LACHS-KREBS-PFANNE
JIAN HONG YU HE XIE ROU

ZUTATEN
200 g Lachsfilet
30 g chinesische Salami
200 g Krebsfleisch (aus der Dose)
3 Eier

Zum Anbraten:
1 TL Knoblauch
1 TL Ingwer
4 EL Öl (oder Schweineschmalz)
2 EL Sesamöl

Zum Abschmecken:
1 EL Frühlingszwiebel

VORBEREITUNG Das Lachsfilet auf einem geölten Teller im Wasserbad zugedeckt 30 Min. garen. Abkühlen lassen, trockentupfen und zerpflücken.
Die Salami fein schneiden. Den Knoblauch und den Ingwer hacken, die Frühlingszwiebel fein hacken.
Das Krebsfleisch auf einem Sieb abtropfen, trockentupfen und ebenfalls zerpflücken, dann zusammen mit dem vorbereiteten Lachs in eine Schüssel geben.
Zu der Fischmischung die feingeschnittene Salami geben und das Ganze mit 3 geschlagenen Eiern vermischen.

ZUBEREITUNG Eine stark erhitzte Pfanne zweimal mit Öl ausschwenken, 4 EL Öl (oder Schmalz) hineingeben und den Knoblauch sowie den Ingwer darin hell anbraten.

Die Fisch-Ei-Mischung zugeben, unter gelegentlichem Rühren braten und dabei mit dem Sesamöl überträufeln.
Zum Schluß mit dem Salz, dem Zucker und dem Pfeffer würzen, mit der Frühlingszwiebel bestreuen und servieren.

1 TL Salz
1½ TL Zucker
½ TL Pfeffer

Flußkrebse

Der Herbst ist in China die traditionelle Urlaubszeit. Besonders beliebte Ferienziele waren und sind die Flußgegenden der Südprovinzen, der Yang-Tze sowie die Städte Hangzhou und Suzhou. Diese Orte sind nicht nur wegen ihrer Landschaft, sondern auch für ihre Küche berühmt.

Der Herbst ist auch die Zeit der Krebse. Flußkrebse werden reichlich, sehr preiswert und natürlich ganz frisch angeboten. In Hangzhou gibt es zum Beispiel ein Spezialitätenrestaurant, das nur gedämpften Krebs anbietet. Bei einem Besuch fällt einem zuerst der wahre Berg an lebendigen Krebsen auf, die dort gut sichtbar aufgestapelt sind. Dabei werden den Süßwasserkrebsen die Scheren mit Bindfäden zugebunden, damit sie niemanden verletzen können.

Daneben gibt es in dem Restaurant einen überdimensionalen Dampfkochtopf. An Geräten liegen Stäbchen, Holzhammer, Waage, Löffel, Schere und Messer sowie Teller auf einem Nebentisch bereit.

Wenn eine Bestellung vorliegt, wird ein Krebs aus der Menge herausgeholt, gewogen, gewaschen und dann gedämpft. Danach zerschlägt man ihn mit dem Hammer, richtet ihn auf einem Teller an und serviert den Krebs dem Gast mit Stäbchen und Messer. Dazu werden noch Sauce und Reiswein gereicht. Besonders alte Leute schätzen dieses Essen sehr.

Pikantes Schweinefleisch
Qing Gua Zhu Rou Zha Cai Sha La

Zutaten
450 g Schweinenacken (ohne Knochen)
150 g Salatgurke
50 g Sichuan-Gemüse (konserviert)

Zum Würzen:
2 EL Knoblauch
1 EL Essig (25 %)
½ TL Pfeffer
½ RS Reiswein
2 TL Sambal Olek
2 EL Sesamöl
5 EL Sojasauce
2 EL süße Sojasauce
1½ EL Zucker

Vorbereitung In einem Topf 1 l Wasser zum Kochen bringen und den Schweinenacken im Stück 30 Min. darin kochen.
Abgießen und dann unter leicht fließendem Wasser ½ Std. abkühlen. Das Fleisch in dünne Streifchen schneiden.
Die Gurke schälen, das Sichuan-Gemüse ebenfalls in Streifen schneiden und 10 Min. in kaltem Wasser einweichen. Danach abtropfen lassen.
Den Knoblauch fein hacken.

Zubereitung Alle Würzzutaten in einer Schüssel miteinander vermischen.
Die Fleisch-Gurken-Streifchen und das Sichuan-Gemüse unterheben und das Gericht sofort servieren.

Kulturelles Die Chinesen wissen genau, daß man das beste Essen nicht unbedingt in einem Restaurant, sondern eher bei einer der unzähligen kleinen Garküchen auf der Straße finden kann. Aber woher weiß man, welcher Garküchenmarkt der beste und welches Gericht am leckersten ist? Da lohnt es sich, einen Vertreter der älteren Generation zu fragen. Ältere Chinesen wissen meist ganz genau, wo feines Essen angeboten wird.
In den meisten Dörfern gibt es einen Tempel und unterhalb davon oft eine ganze Reihe traditioneller Garküchen, die dort schon seit Generation betrieben werden. Unter den verschiedenen angebotenen Gerichten findet sich auch in Wasser, aber ohne Gewürze gekochtes Schweinefleisch, was in Europa kaum serviert wird. Besonders typisch ist diese chinesische Spezialität für die Umgebung von Shanghai.
Die Köche fallen durch ihre ölige, verschmierte Schürze auf, und oft hängt an der Wand ein nicht mehr ganz frisch aussehender Wischlappen. Vor

dem Koch befindet sich ein Topf von der Größe einer Wäschewanne, und darin befinden sich Fleischstücke, gekochter Magen, Dickdarm und andere Organe von Tieren. Obwohl ohne Gewürze zubereitet, weist das Fleisch eine ganz weiße Farbe auf.

Die Gäste gehen zu dem Kochtopf und wählen ein Stück Fleisch oder Innerei aus. Der Koch holt das gewünschte Stück mit Stäbchen heraus, schneidet es klein und gießt die Sauce darüber. Solch einfache, aber wohlschmeckende Gerichte werden besonders von ärmeren Familien bevorzugt, kommen sie so doch zu sehr preiswerten Mahlzeiten mit Fleisch.

Diese Kochart ist schon sehr alt und beruht auf der bäuerlichen Küche. Das Leben der Bauern war das

ganze Jahr hindurch karg, abgesehen von den wenigen Feierlichkeiten anläßlich von Hochzeiten, Geburtstagen und Beerdigungen. An solchen Tagen wurde besonders gutes Essen zubereitet. Bei Trauerfeiern hängt es von der jeweiligen Provinztradition ab, ob Fleisch oder rein vegetarisches Essen gereicht wird. Wenn Fleisch gestattet ist, schlachtet der Gastgeber an diesen Festtagen häufig Schweine und bewirtet damit seine Gäste.

Natürlich hat sich die Zubereitung für das Fleisch verfeinert. Außerdem gibt es Unterschiede in der Zubereitung, sogar von Dorf zu Dorf. Man unterscheidet drei Zubereitungsarten: die Peking-, die Shanghai- und die Sichuan-Art, verbreitet somit im Nordosten, in der Mitte bzw. im Südwesten Chinas.

Wer im Reich der Mitte ein Restaurant besucht, findet auf jeder Speisekarte «weißes Fleisch», gewürzlos gekochtes Schweinefleisch (*Bai-Rou*). Wenn sich auch die Zubereitungen unterscheiden mögen, so ist die Bezeichnung meist die gleiche.

Grüner Bohnensalat
Si Ji Dou Sha La

Zutaten

450 g grüne Bohnen
50 g Spitzkohl
1 EL Knoblauch
1 EL Ingwer
1 EL Essig (25 %)
4 EL Pflaumenwein
6 EL Salatöl
1 TL Salz
1 TL Sambal Olek
2 EL Sesamöl
3 EL Sesampaste
5 EL Sojasauce
1½ EL Zucker

Vorbereitung Die Bohnen waschen, Blüten und Stiele entfernen, in 4 cm lange Stücke brechen und ½ Std. in kaltem Wasser ziehen lassen.

Den Spitzkohl waschen und in Streifen schneiden.

Den Knoblauch und den Ingwer hacken.

Zubereitung In einem Topf 1 l Wasser zum Kochen bringen und die Bohnen sowie den Spitzkohl 3 Min. darin blanchieren, abgießen, in kaltem Wasser 10 Min. abschrecken und auf einem Sieb abtropfen lassen.

In einer großen Schüssel alle Würzzutaten als Salatsauce gut miteinander verrühren.

Das abgetropfte Gemüse unterheben und vor dem Servieren 10 Min. im Kühlschrank durchziehen lassen.

Tofu mit Schweinemett
Ma Po Doufu

Vorbereitung Den Tofu in 1 cm große Würfel schneiden. Das Schweinemett in einem Topf mit ½ l kaltem Wasser mischen, erhitzen und 2 Min. kochen lassen. Dann auf einem Sieb abgießen.
Alle Gewürze für die Sauce in einer Schale miteinander vermischen.
Den Ingwer und den Knoblauch hacken. Die Frühlingszwiebel fein hacken und das Kartoffelmehl mit 5 EL Wasser vermischen.

Zubereitung Eine stark erhitzte Pfanne zweimal mit Öl ausschwenken, das Öl zum Anbraten in der Pfanne erhitzen.
Das Sambal Olek, den Knoblauch und den Ingwer im heißen Öl anbraten, bis sich das volle Aroma entwickelt hat. Mit der Saucenmischung ablöschen. Sobald die Sauce kocht, die Tofuwürfel und das vorgekochte Schweinemett unter Rühren zugeben, erhitzen und 15 Min. bei kleiner Flamme zugedeckt schmoren lassen.
Mit dem angerührten Kartoffelmehl binden, mit dem Salatöl vermischen, mit dem Sichuan-Pfeffer sowie den Frühlingszwiebeln abschmecken. Heiß servieren.

Geschichtliches Mapo-Tofu ist ein typisches Gericht nach Sichuan-Art. Die Vorgeschichte dieser Tofuform geht auf das Jahr 1875 zurück. Damals gab es in Cheng-Du, einer Stadt der Provinz Sichuan, eine Straße mit der Bezeichnung *Sunhe-jie*, wo sich fast nur Holzgeschäfte befanden.
Eine Ausnahme war ein Laden für *Jiang-Cai*, eingelegtes Gemüse. Die Tochter des Geschäftsinhabers war ganz in der chinesischen Tradition erzogen und außergewöhnlich schön, über und über mit Sommersprossen bedeckt, was ihr ein noch hübscheres Aussehen gab. Sie hieß Qiao-Qiao und war damals gerade 17 Jahre alt. Schon im Kindesalter war sie dem Nachbarssohn Zhi-Yuan als Ehe-

Zutaten
400 g Tofu
80 g Schweinemett

Zum Anbraten:
1 TL Ingwer
1 TL Knoblauch
8 EL Öl
1 EL Sambal Olek

Für die Sauce:
2 RS Brühe
(siehe S. 69)
1 EL Essig (25 %)
5 EL Reisweinsatz
(siehe S. 73) oder
Reiswein
1 TL Salz
3 TL Zucker

Zum Abschmecken und Binden:
5 g Frühlingszwiebel
1½ TL Kartoffelmehl
2 EL Salatöl
½ TL Sichuan-Pfeffer

frau versprochen worden. Die Hochzeit wurde feierlich begangen, und kurz nach der Hochzeit zogen die beiden in eine andere Straße.
Zhi-Yuan arbeitete in einer Erdnußmanufaktur, während Qiao-Qiao in Heimarbeit Kleider nähte und dann verkaufte. Jeden Tag ging der junge Mann früh aus dem Haus und kehrte erst spät abends heim. In seinem Eifer merkte er aber gar nicht, wie schnell die Zeit verging.
Eines Tages traf die jüngste Schwester Zhi-Yuans bei dem Paar ein, um ganz bei ihnen zu leben. Beide liebten dieses neunjährige Mädchen, und da sie selbst keine Kinder hatten, behandelten sie es wie ihr eigenes Kind, und sie wohnten in Harmonie zusammen.
Das Erdnußölgeschäft, in dem Zhi-Yuan arbeitete, lag ihrer Wohnung schräg gegenüber. Dies hatte zur Folge, daß in der Mittagszeit neben Zhi-Yuan auch andere Mitarbeiter in sein Haus kamen, um dort zu essen und ihre Mittagspause zu verbringen. Häufig brachten sie Qiao-Qiao und Zhi-Yuan auch kleine Geschenk mit.
Dieses schöne, wenn auch harte Leben brach 1901 jäh ab, als Zhi-Yuan bei einem Unfall getötet wurde. Qiao-Qiao erlitt einen Schock, von dem sie sich so schnell nicht erholte. Im gleichen Jahr sollte die Hochzeit von Zhi-Yuans kleiner Schwester stattfinden. Aber nach diesem Unglücksfall beschloß diese,

nicht zu heiraten, sondern bei ihrer Schwägerin zu bleiben.

Das weitere Leben der beiden Frauen verlief nun recht ärmlich. Sie verdienten sich ihren Lebensunterhalt eher schlecht als recht mit Näharbeiten. Alte Freunde von Zhi-Yuan bemühten sich, die beiden etwas zu unterstützen. Ein im Nachbarhaus lebender Fleischer schenkte Qiao-Qiao manchmal das nicht verkaufte Fleisch. Gleiches taten andere Nachbarn, die ein Tofugeschäft führten.

Als eine Art Gegenleistung für diese Unterstützung baten sie Qiao-Qiao, das Mittagessen für sie aufzuwärmen, oder sie brachten Lebensmittel mit und baten sie, diese für sie zuzubereiten. Es sprach sich bald herum, daß man die Mittagspausen wieder bei Qiao-Qiao verbringen konnte, und bald kamen alle Ernußölarbeiter zu ihr, um dort ihr Mahl einzunehmen und sich auszuruhen. Qiao-Qiao bereitete das ihr jeweils am Morgen übergebene rohe Fleisch und Gemüse zu. Auch mit dem geschenkten Lebensmitteln, die natürlich nicht mehr ganz frisch waren, kochte sie ein besonderes Gericht: Sie hackte das Fleisch und den Tofu klein, kochte es zusammen und reichte es dann den Kollegen ihres Mannes als Mittagessen.

Von der Straße her hielten viele ihr Haus für ein Restaurant, so daß auch Fremde kamen, um etwas bei Qiao-Qiao zu essen. Eine besondere Anziehung bildeten allerdings auch die beiden Frauen selbst, denn damals war Frauenarbeit in der Öffentlichkeit noch nicht üblich. Qiao-Qiao begann nun, ihr besonderes Tofugericht regelmäßig zu kochen. Immer mehr Leute strömten eigens dafür herbei. So kam es, daß das Haus von morgens bis abends voll von Leuten war.

Doch schon bald traf der nächste Schicksalsschlag das kleine Restaurant: Zhi-Yuans Schwester wurde schwer krank und starb. Der Tod ihrer Schwägerin traf Qiao-Qiao so tief, daß sie völlig verstört und hoffnungslos wurde. Dennoch führte sie ihr immer noch namenloses Restaurant weiter.

Das Problem, dem Restaurant einen Namen zu geben, beschäftigte sie nun in zunehmendem Maß.

«Qiao-Qiao-Restaurant», oder «Spezialitätenrestaurant Qiao-Qiao» – das gefiel ihr nicht besonders. Schließlich hatte einer ihrer Nachbarn eine Idee: *Mapo-Tofu*. Die Silbe *Ma* (das bedeutet «Sesamkörner»), spielt auf die Sommersprossen Qiao-Qiaos an, *po* bedeutet soviel wie «nach dem Tode des Mannes ein enthaltsames Leben führen und nicht wieder heiraten», aber auch «alte Dame». Unter diesem Namen wurde das Restaurant in der ganzen Gegend bekannt.

Heutzutage findet man auf vielen Speisekarten dieses Tofugericht wieder, besonders in China, aber auch in Restaurants in Übersee.

Fritierte grüne Bohnen
Zha Si Ji Dou

Zutaten
800 g grüne Bohnen
1½ l Öl zum Fritieren
30 g Sichuan-Gemüse
20 g Wintergemüse (siehe S. 256)
5 EL Öl zum Braten

Zum Würzen:
1 EL Ingwer
1 EL Knoblauch
10 g Frühlingszwiebeln
1 TL Sichuan-Pfefferkörner
3 EL Reiswein
⅔ TL Salz
2 EL Sesamöl
2 EL Sojasauce
2 EL Zejiang-Essig (oder normaler Essig)
1 EL Zucker

Vorbereitung Die Bohnen waschen und deren Enden abbrechen.

Eine Pfanne zum Fritieren vorbereiten, die Bohnen in 1½ l heißem Öl 3 Min. fritieren und dann abtropfen lassen. Das Fritieröl heiß halten.

Das Sichuan- und das Wintergemüse, den Ingwer und den Knoblauch fein hacken.

Die Frühlingszwiebeln in kleine Stücke schneiden.

Zubereitung Eine zweite Pfanne zweimal mit Öl ausschwenken und das Öl zum Braten erhitzen.

Die Sichuan-Pfefferkörner ½ Min. anbraten, dann den Ingwer und den Knoblauch anbräunen.

Die Bohnen nochmals 1 Min. fritieren (sie müssen ein wenig hart sein). Danach das Öl gründlich abtropfen lassen, indem man das Sieb schüttelt.

Die Bohnen sofort in die zweite Pfanne geben.

Unter schneller Bewegung der Pfanne (die Bohnen dürfen sich nicht ansetzen) mit dem Sichuan- und dem Wintergemüse überstreuen.

Nacheinander die Gewürze hinzufügen. Dabei die Pfanne weiter bewegen.

Vor dem Servieren mit den Frühlingszwiebeln überstreuen.

ANMERKUNGEN Dieses Gericht erhält seine beste Qualität nur, wenn die Hitze möglichst hoch ist und die Pfanne möglichst schnell bewegt wird.
Es ist sehr wichtig, daß die Bohnen nach dem zweiten Fritieren gründlich abtropfen und heiß bleiben, damit sie die Gewürzzutaten vollständig aufnehmen können. Es bildet sich keine Sauce, da die Feuchtigkeit der Gewürze von den Bohnen ganz aufgenommen werden.
Das Rezept hat eine lange Tradition in der Provinz Sichuan. Man verwendet in China eine Bohnensorte, deren Schoten so lang wie Nudeln sind.

SUPPE AUS VERSCHIEDENEN KÖSTLICHKEITEN
SHI JIN TANG

VORBEREITUNG Die Pilze zuerst in ½ l heißem Wasser ½ Std. einweichen, nun waschen, trockentupfen, entstielen und hacken.
Den Tofu, die Bambusstreifen und die Hähnchenleber getrennt ganz fein zerschneiden.
Das Krebsfleisch auf einem Sieb abtropfen und mit den Eiern schaumig schlagen.
Die Petersilie hacken und das Kartoffelmehl mit 5 EL Wasser anrühren.

ZUBEREITUNG In einem großen Topf die Hühnerbrühe zum Kochen bringen.
Die Blumenpilze, den Tofu und den Bambus zugeben und 2 Min. durchkochen.
Alle Gewürze für die Suppe einrühren und mit dem angerührten Kartoffelmehl binden, das Ganze wieder zum Kochen bringen und die mit dem Krebsfleisch verschlagenen Eier langsam unter Rühren einlaufen lassen.
Wieder aufkochen und vorsichtig die Lebermasse in der Suppe verteilen. Nochmals kurz aufkochen und vor dem Servieren mit der Petersilie bestreuen.

ZUTATEN
20 g getrocknete Blumenpilze
150 g Tofu
60 g Bambusstreifen
50 g Hähnchenleber
50 g Krebsfleisch (aus der Dose)
2 Eier
5 RS Hühnerbrühe

Für die Suppe:
½ TL Pfeffer
2 TL Salz
5 EL Sesamöl
2 EL Sojasauce

Zum Binden:
2 TL Kartoffelmehl

Zum Bestreuen:
1 EL Petersilie

Rettichsuppe
Bai Luo Bo Tang

Zutaten
250 g Schweinenacken (ohne Knochen)
20 g getrocknetes Lilienblumengemüse
300 g Rettich
5 g Ingwer
3 TL Kartoffelmehl
½ l Öl zum Fritieren
1½ l Hühnerbrühe

Zum Marinieren:
1½ EL Kartoffelmehl
½ TL Pfeffer
4 EL Wasser
2 EL Weizenmehl
2 TL Sojasauce

Für die Suppe:
½ TL Pfeffer
5 EL Pflaumenwein
2 TL Salz
1½ EL Zucker

Vorbereitung Den Schweinenacken waschen und in 2 cm große Würfel schneiden. Alle Zutaten zum Marinieren in einer Schüssel miteinander vermischen.
Das Fleisch unterheben und 20 Min. darin ziehen lassen. Das Lilienblumengemüse ½ Std. in heißem Wasser einweichen und danach abtropfen lassen.
Den Rettich schälen und in 3 cm große Würfel schneiden.
Den Ingwer hacken und das Kartoffelmehl mit 6 EL Wasser vermischen.
Eine stark erhitzte Pfanne zweimal mit Öl ausschwenken und das Fritieröl darin erhitzen.
Nun das Fleisch nochmals mit der Marinade vermischen und unter Rühren stückweise 3 Min. im heißen Öl fritieren, auf einem Sieb abtropfen und das Öl in das Vorratsgefäß zurückgießen.

Zubereitung In einem großen Topf die Hühnerbrühe zum Kochen bringen, den Ingwer, die Rettichwürfel und auch das Lilienblumengemüse zugeben. 20 Min. simmern lassen und dann noch 10 Min. kochen.
Das fritierte Fleisch in die Suppe geben und nochmals 10 Min. leicht kochen.
Die Gewürze für die Suppe zugeben und mit dem angerührten Kartoffelmehl binden.
Das Gericht heiß servieren.

Rindfleischsuppe mit Allerlei
Shi Jin Niu Rou Tang

Vorbereitung Das Rindfleisch in 3 cm große Würfel schneiden. In einem Topf 1 l Wasser zum Kochen bringen, die Fleischwürfel 3 Min. darin blanchieren und abgießen.
Den Rettich schälen und in 3 cm große Würfel schneiden.
Den Tintenfisch und die Jakobsmuscheln ½ Std. in 1 l heißem Wasser einweichen.
Den Tintenfisch in 3 cm große Würfel schneiden, die Jakobsmuscheln abtropfen lassen.
Nun die Frühlingszwiebel in 4 cm lange Stücke schneiden.

Zubereitung In einem großen Topf das Öl erhitzen. Den Sternanis und den Sichuan-Pfeffer darin anbraten, bis sich das volle Aroma entwickelt hat. Dann mit der Brühe ablöschen.
Zum Kochen bringen und dann den Rettich, das Rindfleisch, den Tintenfisch sowie die Jakobsmuscheln zugeben. Bei kleiner Flamme 1 Std. zugedeckt kochen.
Die Gewürze für die Suppe zugeben und weitere 10 Min. kochen. Vor dem Servieren die Frühlingszwiebelstücke zugeben.

Zutaten
300 g hohe Rippe (ohne Knochen)
400 g Rettich
100 g getrockneter Tintenfisch
100 g getrocknete Jakobsmuscheln
1 Frühlingszwiebel (zum Garnieren)
2½ l Brühe
(siehe S. 69)

Zum Anbraten:
5 EL Öl
3 St. Sternanis
1 TL Sichuan-Pfefferkörner

Für die Suppe:
1 TL Pfeffer
2½ TL Salz
2 EL Zucker

Chinesische Weinkultur

Während der Xia-Dynastie (21 bis 16 v. Chr.) hatte die chinesische Bevölkerung einen relativ hohen Lebensstandard. Es gab reichlich Nahrungsmittel, so daß auch die Vorratshaltung einen Höhepunkt erreichte. Mit ihren Lagerbeständen an Eßwaren wollten die Leute ihren Reichtum zeigen, gleichzeitig aber auch für schlechte Zeiten vorsorgen.

Aufbewahrt wurden die Lebensmittel in den Kellern der Häuser. Diese waren aber nicht sehr kühl, so daß es durch die relative Wärme und den zum Teil hohen Zuckergehalt oft zur Gärung kam.

So wurde aus vergorenem Saft der ursprüngliche Wein gewonnen.

Zur Zeit der Xia-Dynastie lebte ein Autor mit Namen Yi-Di, der viel über den Wein schrieb. In einer seiner in China sehr bekannten Geschichten berichtet er beispielsweise über einen Kaiser, der wegen seiner Trunksucht die Herrschaft über sein Volk verlor. Wenn der damalige Wein auch nicht besonders stark war, so reichte doch eine relativ geringe Menge, um diesen Kaiser betrunken zu machen.

Archäologen haben in Shandong und Hunan viele antike Weinkelche gefunden. Die meisten dieser Trinkgefäße waren aus schwarzem Porzellan gearbeitet, ein sicherer Hinweis auf die Kultur des schwarzen Porzellans der Xia-Zeit. Schon zur Shang-Zeit war das Weintrinken weit verbreitet. Nachweisbar ist dies auch durch Grabfunde der damaligen Zeit. Neben diversen anderen Gefäßen wurden auch antike Weinkrüge und -kelche entdeckt, in denen sich z.T. sogar noch Reste von Wein befanden. Diese Gefäße bestanden meist aus Metall, etwa aus Kupfer oder Bronze, und waren sehr fein gearbeitet.

Die Entwicklung des Zeichens für Wein aus der Shang-Zeit kann übrigens von den Orakelknocheninschriften (14. Jh. v. Chr.) bis heute lückenlos nachgewiesen werden.

Bis zur Shang-Dynastie war die Wissenschaft schon sehr weit fortgeschritten. In dieser Epoche wurde bereits den Gottheiten und Ahnen Wein als Opfer dargebracht. Die Weine jener Zeit bestanden aus Reis oder dunklem Mais.

Im Jahre 284 v. Chr. verlor der König des Reiches Chi in einem Krieg gegen das Nachbarreich siebzig Städte seines Landes, und es blieben nur noch zwei in seiner Hand. Um sein Volk schnell wieder groß und zahlreich werden zu lassen, ermunterte er seine Untertanen, möglichst viele Kinder zu zeugen. Als Belohnung für jedes Kind wurde den Eltern Wein geschenkt – zwei Kannen bei einem Jungen und eine Kanne bei einem Mädchen. Schon fünf Jahre später gelang es dem König, von den verbliebenen beiden Städten aus sein gesamtes Reich zurückzuerobern. Die Belohnung der Untertanen mit Wein führte dazu, daß dieser bald in jedem Haushalt bekannt, ja üblich war.

Während der Han-Dynastie entwickelte sich sowohl die Eßkultur als auch die Weinkultur weiter.

Als Gärungszeit für guten Wein rechnete man damals mit etwa 200 Tagen. Es entstanden diverse Sorten von Wein: neben leichterem Reiswein auch Frühlings- und Honigwein.

Zur Zeit der Han-Dynastie kam die Sitte auf, daß der Kaiser am ersten Neujahrstag für seinen ganzen Hofstaat eine Weinprobe veranstaltete. Sie artete nicht selten in ein Gelage aus. Als Kanne wurde eine Drachennachbildung aus Metall benutzt, deren Ausmaße mit 6 m ganz beträchtlich waren. Ebenfalls Konfuzius zu Ehren boten die Schüler ihren Lehrern in jedem Jahr am 3. Mai Wein an.

Damals gab es noch keine Alkoholsteuer. Erst der Han-Kaiser Wu-Di (117 v. Chr.) führte sie zusammen mit einer Abgabe für Salz und Eisen ein. Am Ende der Han-Dynastie mußte in fast allen chinesischen Provinzen diese Steuer entrichtet werden.

Traubenwein

Während der Tang-Dynastie (618 bis 907 n. Chr.) wurden die westlichen Gebiete um Yu-Meng-Guan und Xin-Jiang erobert. Dort erhielten die Soldaten des Tang-Kaisers erstmals Trauben, die sie mit nach Hause brachten. Damals machte man zum ersten Mal in China den Versuch, aus Trauben Wein zu gewinnen.

Nach der Tang-Dynastie, zur Zeit der Fünf Dynastien (907 bis 960 n. Chr.), lebte Tao-Hong-Jun, der mehrere Bücher über chinesische Heilkunde verfaßte. Seine Werke unterteilte er in drei Klassen. Die 120 Bücher der Klasse I behandelten nur medizinische und meist alkoholische Getränke, die zu einem langen Leben verhelfen sollten. Die Bücher der Klasse II hatten ausschließlich medizinische Getränke gegen alle möglichen Krankheiten zum Thema. Die Bücher der Klasse III schließlich befaßten sich vornehmlich mit stärkender Ernährung und mit Wein. Hier hat die chinesische Vorstellung ihren Ursprung, daß Wein etwas mit der Kräftigung des Organismus zu tun hat.

In der Ming-Dynastie wurden viele Bücher über die heilende Wirkung von Alkohol geschrieben. Einer der bekanntesten Autoren jener Zeit ist Li-Shi-Zhen. In seinem bekanntesten Buch *Ben-Cao-Gang-Mu* sind 70 Rezepte der Heilkunde aufgeführt, deren Zutaten hauptsächlich aus Alkohol bestehen, so Tigerknochenwein, Wu-Jiapi-Schnaps, Bocksdornschnaps, Dangui- und Ginsengschnaps, Hirschgeweihsprossen-Schnaps und anderes mehr.

Bis heute werden in der Volksrepublik China diese Alkoholika verkauft. Die Weinkultur hat sich dort erhalten, aber kaum weiterentwickelt. Durch die in Übersee lebenden Chinesen jedoch wurde und wird sie fortgeführt. Nachdem sich nach der Kulturrevolution in der Volksrepublik China die allgemeine wirtschaftliche Lage verbesserte, gab es auch dort wieder einen Anstoß, die Weinkultur fortzuentwickeln. Als Beleg dafür sei der Maotai-Schnaps genannt.

Grüne Bohnen mit Teigstreifen
Bing Chao Qing Dou

Vorbereitung Die Zutaten für den Teig vermischen und kneten. Den entstandenen Teig kreisförmig ausrollen.
Eine Pfanne (mit flachem Boden) erhitzen und zweimal mit Öl ausschwenken. Das Öl abgießen und die Pfanne mit einem Küchentuch auswischen.
Die Teigplatte in die Pfanne legen und auf kleiner Flamme etwa 2 Min. von beiden Seiten backen.
Die gebackene Teigplatte aus der Pfanne nehmen und in feine Streifen schneiden.
Die grünen Bohnen und die Holzohrenpilze in Streifen schneiden.

Zubereitung Eine heiße Pfanne zweimal mit Öl ausschwenken. Das Salatöl erhitzen und die Holzohrenpilze etwa 1 Min. unter Rühren braten.
Anschließend die grünen Bohnen und die Sojabohnenkeime etwa 1 Min. braten.
Unter Rühren die Teigstreifen und danach die Würzzutaten hinzugeben.
Nach 2 Min. die Gemüsebrühe angießen und weitere 2 Min. durchkochen.
Das Gericht heiß servieren.

Zutaten
5 EL Gemüsebrühe (siehe S. 70) oder Wasser

Für den Teig:
6 EL Wasser
2 EL Reismehl
12 EL Weizenmehl
1 EL Öl

Für das Gemüse:
100 g grüne Bohnen
50 g eingeweichte (oder 5 g getrocknete) Holzohrenpilze
5 EL Salatöl
200 g Sojabohnenkeime (Lunja)

Zum Würzen:
1 Prise Glutamat
½ TL Pfeffer
1 TL Salz
1 EL Sojasauce

Kalte Platte mit Jelly-Fisch und getrocknetem Tintenfisch
Hua Zhi Hai Zhi Pi Leng Pan

Zutaten
200 g getrockneter Tintenfisch
1½ EL Soda
150 g eingesalzener Jelly-Fisch
20 g Seetang
10 g Ingwer
10 g Frühlingszwiebeln
3 Knoblauchzehen
4 EL Austernsauce
2 EL Essig (5 %)
1 TL Essig (25 %)
2 EL Sojasauce
2 EL Sesamöl
3 EL Reiswein
½ TL Salz
2 EL Zucker

Sehr lange Vorbereitungszeit!

Vorbereitung 2 l Wasser zum Kochen bringen und den getrockneten Tintenfisch sowie das Soda hineingeben und über Nacht ziehen lassen.
Den Jelly-Fisch in Streifen schneiden und in 1 l heißem Wasser 2 Min. blanchieren, dann über Nacht unter fließendes kaltes Wasser stellen.
Den Tintenfisch waschen und über Nacht im Wasser ziehen lassen.
Den Seetang ebenfalls über Nacht einweichen.
Anderntags den Seetang waschen und erneut etwa 1 Std. in Wasser ziehen lassen.
Den Tintenfisch in Rauten schneiden und in diese wiederum etwa 6 cm große, quadratische Stücke einschneiden. Dabei das Messer etwas schräg ansetzen.
Den Seetang in Streifen schneiden und erneut in Wasser 20 Min. ziehen lassen.
Die Tintenfischstücke kurz blanchieren und anschließend 20 Min. unter fließendes Wasser stellen.
Den Ingwer, die Frühlingszwiebeln und den Knoblauch klein schneiden.

Zubereitung Den Tintenfisch und den Jelly-Fisch aus dem Wasser nehmen und abtropfen lassen. Beides in eine große Schale geben und alle Gewürze (auch den Ingwer, die Frühlingszwiebeln und den Knoblauch) darübergeben. Alles gut vermischen und etwa 1 Std. im Kühlschrank ziehen lassen.
Den Seetang abtropfen lassen, auf einem Teller anrichten, den Fisch darauf geben und servieren.

Anmerkung Unter fließendem kaltem Wasser verliert der Jelly-Fisch allmählich seinen salzigen Geschmack und wird schön zart.

Tips Von der Austernsauce kann je nach persönlichem Geschmack auch mehr genommen werden.

Ist keine solche Sauce vorhanden, verwendet man (süße) Sojasauce.
Seetang ist z.B. gut gegen Zahnfleischbluten oder bei Schilddrüsenerkrankungen. Es gibt junge, mittlere und alte Seetangarten.

Gefrorener Tofu mit Maronen geschmort
Lu Doufu Gan He Ban Li

Zutaten
80 g frischer Tofu
60 g eingeweichte (10 g getrocknete) chinesische Blumenpilze
165 g Möhren
200 g Bambus am Stück
100 g frische Maronen (ohne Schale)
80 g eingeweichte (10 g getrocknete) Holzohrenpilze
3 EL Möhrenöl zum Abschmecken (siehe S. 51)
11 EL Salatöl
3½ EL Sojasauce

Vorbereitung Den Tofu 2 Std. im Tiefkühlfach einfrieren. In kaltem Wasser 20 Min. auftauen, herausnehmen und das Wasser mit der Hand ausdrücken.
Nun in Würfel von 3 cm Seitenlänge schneiden. Große Blumenpilze halbieren. Die Möhren schälen und zusammen mit dem Bambus zu Dreiecken von etwa 4 cm Länge schneiden.
Die Möhren, den Bambus und die Maronen in 1 l in kochendem Wasser 5 Min. blanchieren, dann abtropfen lassen.
Die eingeweichten Holzohrenpilze waschen und die Stiele abschneiden. Wenn sie zu groß sind, halbieren.

Zubereitung Eine heiße Pfanne zweimal mit Öl ausschwenken. Das Salatöl erhitzen und die Maro-

3 EL karamelisierter Zucker (siehe S. 72)
1½ EL Zucker
3 EL Sesamöl
½ TL Pfeffer
⅔ TL Salz
3 RS Gemüsebrühe (siehe S. 70) oder Wasser

Lange Vorbereitungszeit!

nen, die Möhren und den Bambus unter Rühren anbraten.
Nach 1 Min. die Holzohren- und die Blumenpilze sowie den Tofu hinzufügen und ebenfalls anbraten.
Jetzt die Sojasauce hineingießen, verrühren und sofort bei geschlossenem Deckel 1½ Min. lang schmoren.
Den karamelisierten Zucker, den Zucker, das Sesamöl, den Pfeffer und das Salz unterrühren und ½ Min. weiterschmoren lassen.
Die Gemüsebrühe in die Pfanne gießen und bei geschlossenem Deckel schmoren, bis die Sauce eingedickt ist.
Mit dem Möhrenöl abschmecken und sofort servieren.

Anmerkung Den Tofu einzufrieren und dann auszudrücken ist eine Spezialität der chinesischen Küche. Durch diese Prozedur wird er besonders hart. Wer die etwas schwammige Konsistenz des Tofus bevorzugt, fritiert ihn kurz ohne Vorbehandlung.

Gefüllte und gedämpfte Tofustücke
Zheng Doufu

Zutaten
500 g Tofu
40 g gepreßter Fünfgewürztofu (siehe «Anmerkung») oder 40 g getrocknetes Sichuan-Gemüse
40 g eingeweichte (oder 5 g getrocknete) chinesische Blumenpilze
40 g Champignons
30 g eingeweichte

Vorbereitung Den Tofublock quer halbieren, die Hälften jeweils diagonal durchschneiden und die so erhaltenen Dreieckstücke in 2 Scheiben zerteilen (das ergibt 8 dreieckige Scheiben).
Auf der langen Seite der Dreieckstücke mit einem Eßlöffel je eine Tasche aushöhlen.
Den Fünfgewürztofu, die Blumenpilze, die Champignons, die Holzohrenpilze, die Wasserkastanien, die Frühlingszwiebeln und die Schalotten fein hacken.
Das Kartoffelmehl mit 3 EL Wasser vermischen.
Das feingehackte Gemüse mit den Gewürzen für die Füllung mischen.

ZUBEREITUNG Die Tofustücke mit der Gemüsemischung füllen. Durch vorsichtiges Klopfen mit der Taschenöffnung auf einer glatte Fläche die Füllung gut eindrücken.
Einen Teller mit Öl einpinseln und die Tofustücke darauf anrichten (mit der Taschenöffnung nach unten).
Den Teller in einen Dampftopf stellen und 25 Min. dämpfen.
Eine heiße Pfanne zweimal mit Öl ausschwenken. Das Salatöl für die Sauce erhitzen und die Schalotten anbräunen.
Die Gemüsebrühe, das Salz, den Zucker sowie den Pfeffer hineingeben und auf mittlerer Flamme erhitzen.
Die überschüssige Flüssigkeit der gedämpften Tofustücke vom Teller zu der Gemüsesauce gießen.
Die Kartoffelmehl-Wasser-Mischung in die Sauce einrühren und andicken lassen. Mit der süßen und der dunklen Sojasauce würzen. Jetzt nicht mehr umrühren!
Die Sauce über die Tofustücke gießen und mit dem Sesamöl beträufeln. Sofort servieren.

ANMERKUNG Anstelle des gepreßten Fünfgewürztofus kann man auch die gleiche Menge Sichuan-Gemüse verwenden. Dieses muß nach dem Feinhacken 30 Min. in Wasser ziehen, da es sonst zu salzig ist. Das Salz für die Füllung wird dann nicht mehr benötigt.

Zubereitung von Fünfgewürztofu:
1 St. Tofu (500 g) halbieren und mit 1½ EL Fünfgewürzpulver, 1 RS Sojasauce in 1 l Wasser 20 Min. auf mittlerer Flamme kochen. Jetzt die Hitze wegnehmen und das Ganze mindestens 1 Tag ziehen lassen.
Die Tofustücke aus dem Wasser nehmen, fest in ein Tuch einschlagen und mit einem Stein beschweren. Je schwerer der Stein (oder ein anderes Gewicht) ist, desto fester wird der Tofu. Nach 2 Tagen ist der Tofu fertig. Er hat dann die Beschaffenheit von Schnittkäse.

Holzohrenpilze (5 g getrocknet)
40 g Wasserkastanien
10 g Frühlingszwiebeln

Gewürze für die Füllung:
½ TL Fünfgewürzpulver
1 TL Glutamat
2 TL Kartoffelmehl
½ TL Pfeffer
½ TL Salz
2 EL Sojasauce

Gewürze für die Sauce:
1 EL Schalotten
1 TL Kartoffelmehl
3 EL Salatöl
1 RS Gemüsebrühe (siehe S. 70) oder Wasser
½ TL Salz
1½ TL Zucker
2 Prisen Pfeffer
2 EL süße Sojasauce
2 EL dunkle Sojasauce
2 EL Sesamöl

Kugelgemüse
San Se Su Cai

Zutaten
300 g Möhren
300 g Sommerrettich
200 g Kürbis
200 g Salatgurken
15 g Frühlingszwiebelweiß
8 EL Öl
zum Braten
2 EL Weizenmehl
2 RS Gemüsebrühe (siehe S. 70) oder Wasser
1 TL Salz
1 TL Glutamat
10 EL Milch
3 EL Möhrenöl (siehe S. 51) oder Sesamöl

Vorbereitung Das Gemüse putzen, mit einem speziellen Löffel Kugeln davon ausstechen und in Wasser ziehen lassen. Dabei wird gewichtsmäßig die Hälfte zu Abfall.
Das Frühlingszwiebelweiß in 3 cm lange Stücke schneiden.

Zubereitung 1 l Wasser zum Kochen bringen. Die Möhren-, Rettich- und Kürbiskugeln hineingeben und 20 bis 30 Min. bei mittlerer Hitze kochen lassen. Danach die Gurkenkugeln zugeben und noch einmal aufkochen.
Das Gemüse herausnehmen und 20 Min. in kaltem Wasser ziehen lassen.
Eine heiße Pfanne zweimal mit Öl ausschwenken, das Öl zum Braten erhitzen und das Frühlingszwiebelweiß kurz anbraten, dann sofort herausnehmen (es wird nur zum Aromatisieren benötigt).
Das Weizenmehl mit einem Schneebesen in dem aromatisierten Öl zu einer Schwitze verrühren. Die Gemüsebrühe unter Rühren dazugeben und andicken lassen.
Das Salz, das Glutamat, die Milch und die abgetropften Gemüse (außer den Gurken) dazugeben und 20 Min. auf schwacher Flamm schmorenlassen.
Ganz zum Schluß die Gurken dazugeben und 3 bis 5 Min. mitschmoren lassen. Mit dem Möhrenöl abschmecken und sofort servieren.

Anmerkung Dieses Gericht stammt ursprünglich aus der chinesischen Palastküche. Wenn man es in einem Privathaushalt Chinas zubereitet, wird das Gemüse gewürfelt. Dann wird allerdings nur die Hälfte der angegebenen Menge Gemüse verwendet, da kein Abfall anfällt.

Bambus im Teigmantel fritiert
Zha Sun Zi

Vorbereitung Sämtliche Zutaten für den Teig mit 3/4 RS Wasser vermengen. Den so entstandenen Teig 30 Min. stehen lassen.
Das Bambusstück in längliche Dreieckscheiben von 1,5 cm Dicke und 3 cm Länge schneiden und mit einem Küchentuch abtrocknen.
Die Gewürzpulver in einer Reisschale vermischen und beiseite stellen. Das Kartoffelmehl mit 3 EL Wasser vermischen. Den Ingwer und den Knoblauch fein hacken.
Die Zutaten für die Gewürzsauce in einer Schale verrühren und beiseite stellen.

Zubereitung Eine heiße Pfanne zweimal mit Öl ausschwenken. Das Fritieröl darin erhitzen.
Die Bambusdreiecke einzeln mit Hilfe eines Zahnstochers in den Teig tauchen und im heißem Öl zunächst 2 Min. fritieren, herausnehmen und 5 Min. abtropfen lassen.
Den Fritiervorgang 1½ Min. wiederholen und die Bambusstücke abtropfen lassen, das Öl weggießen und den Bambus zurück in die Pfanne geben.
Die Gewürzpulver bei starker Hitze und schneller Bewegung überstreuen.
Eine heiße Pfanne zweimal mit Öl ausschwenken. Auf mittlerer Hitze erwärmen und das Salatöl hineingeben.
Die vorbereitete Gewürzsauce dazugeben, kurz aufkochen lassen und zum Servieren in eine Reisschale gießen.
Die Bambusstücke bei Tisch in die heiße Gewürzsauce tunken, oder einfach mit der Sauce vermischen.

Anmerkung Eine andere Variante besteht darin, die fritierten Bambusstücke nur mit den Gewürzpulvern zu bestreuen oder nur mit der Gewürzsauce allein zu servieren.

Zutaten

Für den Teig:
1 EL Backpulver
½ Ei
10 g Kartoffelmehl
5 EL Öl
½ TL Salz
160 g Weizenmehl

Für das Gemüse:
550 g junger Bambus (am Stück)
1 l Öl zum Fritieren
3 EL Salatöl

Als Gewürzpulver:
1 TL Fünfgewürzpulver (siehe S. 44)
1 TL Glutamat
1 TL Knoblauchpulver
1 TL Salz
1 TL Sichuan-Pfefferpulver
2 TL Zucker

Für die Gewürzsauce:
½ TL Kartoffelmehl
1 TL Ingwer
1 TL Knoblauch
½ RS Gemüsebrühe (siehe S. 70) oder Wasser
1 TL Glutamat
3 EL Öl
½ TL Pfeffer
2 EL Reiswein
1 EL Sambal Olek
½ EL Tomatenketchup
1½ TL Zucker

Junger Bambus mit Sauergemüse gebraten
Suan Cai Chao You Sun

Zutaten
250 g Sauergemüse (chinesischer Senfkohl)
200 g Bambus
1½ EL Knoblauch
10 g Ingwer
9 EL Erdnußöl
1 EL Sambal Olek (oder 10 g frische Chilischoten)
3½ EL süße (oder normale) Sojasauce
½ TL Salz
1½ EL Zucker
1½ EL Essig (25 %)
2 EL dunkles Sesamöl

Vorbereitung Das Sauergemüse in Streifen schneiden und 20 Min. in Wasser ziehen lassen, danach abtropfen und ausdrücken.
Den Bambus schneiden und den Knoblauch fein hacken. Den Ingwer und – falls verwendet – die Chilischoten in Streifen schneiden.

Zubereitung Eine heiße Pfanne zweimal mit Öl ausschwenken und das Erdnußöl erhitzen. Das Sambal Olek, den Ingwer und den Knoblauch im heißen Öl ½ Min. anbraten.
Das Sauergemüse und den Bambus zugeben und 2 Min. unter Umrühren braten.
Die Sojasauce, das Salz, den Zucker und den Essig hineinrühren und 3 Min. weiterkochen.
Mit dem dunklen Sesamöl überträufeln und auf großer Flamme die Flüssigkeit reduzieren.
Auskühlen lassen und dann servieren.

Anmerkungen In China wird für dieses Rezept junger Bambus verwendet. Er darf nicht mit den Bambussprossen aus der Dose verwechselt werden. Geschmack und Aussehen sind ganz verschieden. Junger Bambus ist lang und röhrenförmig. Wenn er getrocknet ist: mit Wasser aufkochen, das heiße Wasser weggießen und über Nacht in kaltem Wasser ziehen lassen, bevor er weiterverarbeitet wird.
Junger Bambus ist auch in Dosen erhältlich und sofort verwendbar. Man kann aber auch zuvor eingeweichten getrockneten Bambus benützen.

Babymais mit verschiedenen Gemüsen
Xiao Yu Mi Chao Su Cai

Zutaten
80 g Spitzkohl
50 g Möhren
120 g Bambus
90 g eingeweichte (oder 15 g getrocknete) chinesische Blumenpilze
85 g Babymais (frisch oder aus der Konserve)
1 TL Maismehl (oder Kartoffelmehl)
8 EL Salatöl
½ TL schwarzer Pfeffer
3 EL Pflaumenwein
1 TL Salz
1 EL Zucker
1 RS Gemüsebrühe (siehe S. 70) oder Wasser

Vorbereitung Den Spitzkohl waschen und zerpflücken. Die Möhren schälen und in Scheiben schneiden.
Den Bambus ebenfalls in Scheiben schneiden.
Zu große Pilze halbieren. Den Mais der Länge nach halbieren.
Die Bambus- und die Möhrenscheiben etwa 5 Min. in kochendem Wasser blanchieren.
Das Maismehl (oder das Kartoffelmehl) mit 2 EL Wasser verrühren.

Zubereitung In einer heißen Pfanne das Salatöl erhitzen und den schwarzen Pfeffer beigeben.
Die Pfanne vom Feuer nehmen, um zu verhindern, daß der Pfeffer verbrennt. Wenn sich das Pfefferaroma entwickelt hat, alle Gemüse in die Pfanne geben.
Unter Rühren 2 Min. bei starker Hitze braten und dann den Pflaumenwein, das Salz, den Zucker und die Gemüsebrühe zugeben. Weitere 5 Min. garen lassen.
Mit der Maismehl-Wasser-Mischung andicken und sofort servieren.

Tips Um beim Kochen von Gemüse eine gute Qualität (frische Farbe, knackiges Äußeres und zartes Inneres bei möglichst hohem Erhalt der Vitamine) zu erreichen, muß man sehr kurz, aber mit sehr hoher Hitze und starker Bewegung kochen.
Falls man bei sich zuhause nicht die nötige Hitze erreicht, soll das Gemüse vorher blanchiert werden. Blanchieren ist auch bei harten Gemüsen erforderlich.

Brunnenkresse mit fermentiertem Tofu gebraten
Xi Yang Cai Chao Doufu

Zutaten
580 g Brunnenkresse
1½ EL Knoblauch
1 TL Kartoffelmehl
10 EL Öl zum Braten
1 TL frischer Chili
(ev. weglassen)
1 St. weißer
fermentierter Tofu
(oder 1 EL schwarze,
gequetschte Bohnen)
1 TL Glutamat
1 EL Zucker
½ TL Salz

Vorbereitung Die Brunnenkresse waschen, putzen und 1 Min. in kochendem Wasser blanchieren, dann gut abtropfen lassen.
Den Knoblauch fein hacken und das Kartoffelmehl mit 3 EL Wasser vermischen.

Zubereitung Eine heiße Pfanne zweimal mit Öl ausschwenken und das Öl zum Braten erhitzen. Den Knoblauch sowie den Chili anbraten und das Gemüse hineingeben.
Unter Rühren 1 Min. braten, dann die Tofu- (oder die Bohnen-) Masse hineinrühren.
Das Glutamat, den Zucker und das Salz beifügen, 1 Min. weitergaren und dann mit der Kartoffelmehl-Wasser-Mischung andicken.
Auf ein Sieb geben und überschüssige Flüssigkeit abtropfen lassen.
Das Gericht servieren.

Anmerkung Die Herstellung von weißem fermentiertem Tofu hat eine uralte Tradition. Es gibt viele verschiedene Tofu-Rezepte und unterschiedliche Qualitäten. Der fermentierte Tofu ist würzig, salzig, ein wenig klebrig, mit Reisweingeschmack. Er wird meistens in Reissuppe zum Frühstück gegessen.

Oktober

十月份

Chili-Hähnchen
La Jiao Ji

Vorbereitung Die Hühnerschenkel in 2 cm große Würfel schneiden.
Alle Zutaten für die Marinade miteinander vermischen und das Hühnerfleisch 20 Min. darin ziehen lassen.
Den Chili mit den Kernen in 3 cm lange Stücke schneiden. Den Porree waschen und schräg in 3 cm lange dünne Scheiben schneiden.
Den Knoblauch hacken und alle Gewürze für die Sauce in einer Schale miteinander vermischen.

Zubereitung Eine stark erhitzte Pfanne zweimal mit Öl ausschwenken und das Fritieröl darin erhitzen.
Das Hühnerfleisch nochmals mit der Marinade vermischen und unter Rühren 1½ Min. in dem heißen Öl fritieren.
Die Chilischoten zufügen und alles zusammen noch 1 Min. weiterfritieren. Dann auf ein Sieb abgießen und das Öl in das Vorratsgefäß zurückgeben.
Die Pfanne erneut erhitzen, das Salatöl hineingeben und den Knoblauch im heißen Öl anbraten, bis er sein volles Aroma entwickelt.
Das vorfritierte Hähnchen-Chili-Gemisch zugeben, unter Rühren 2 Min. erhitzen und die Saucenmischung angießen.
Unter Rühren 2 Min. kochen, die Porree-Scheiben untermischen, noch 1 Min. erhitzen und das Chili-Hähnchen heiß servieren.

Kulturelles Die Sichuan-Küche ist in ganz China berühmt und spätestens seit der frühen Qing-Zeit eine der fünf bekanntesten Kochrichtungen Chinas: Sichuan, Kanton, Zhejiang, Peking und Fujien (Fukkien).

Zutaten
450 g Hühnerschenkel (ohne Haut und Knochen)
3 bis 4 rote Chilischoten
80 g Porree
½ l Öl zum Fritieren

Zum Marinieren:
1½ EL Kartoffelmehl
2 EL Reiswein
5 EL Salatöl
2 EL Sojasauce

Zum Anbraten:
1 EL Knoblauch
5 EL Salatöl

Für die Sauce:
3 EL Essig (5 %)
1 TL Kartoffelmehl
5 EL Reiswein
3 EL Salatöl
3 EL Sojasauce
3 EL süße Sojasauce
5 EL Wasser

Gebratene Wachtel mit Sojabohnenkeimen
Ya Cai Chao Ye Ji

Zutaten
250 g Wachtelfleisch (ohne Knochen)
280 g Sojabohnenkeime
20 g frischer roter Chili
½ l Öl zum Fritieren

Zum Marinieren:
½ Eiweiß
1½ TL Kartoffelmehl
1 EL Reiswein
2 EL Salatöl
2 Prisen Salz
1 TL Sojasauce

Zum Anbraten:
10 g Ingwer
5 EL Sojaöl (oder Salatöl)

Für die Sauce:
5 EL Hühnerbrühe
1 TL Kartoffelmehl
½ TL Pfeffer
2 EL Reiswein
1 TL Salz
1 EL Sesamöl
2½ EL Sojasauce

Vorbereitung Das Wachtelfleisch in feine Streifen schneiden.

Alle Zutaten für die Marinade in einer Schüssel miteinander vermischen und die Fleischstreifchen unterheben, dann 10 Min. ziehen lassen.

Die Sojabohnenkeime an beiden Enden abknipsen und in kaltem Wasser ½ Std. ziehen lassen, dann auf einem Sieb abtropfen.

Alle Zutaten für die Sauce in einer Schale vermischen.

Den Chili entkernen und gleich wie den Ingwer in Streifen schneiden.

Zubereitung Eine stark erhitzte Pfanne zweimal mit Öl ausschwenken und das Fritieröl darin erhitzen.

Die Wachtelstreifchen nochmals mit der Marinade verrühren und unter ständigem Rühren 1 Min. im heißen Öl fritieren, auf einem Sieb abtropfen und das Öl in das Vorratsgefäß zurückgießen.

Nun das Sojaöl zum Anbraten in der Pfanne erhitzen. Die Ingwerstreifchen anbraten, bis sich das volle Aroma entwickelt, das vorfritierte Fleisch zugeben, kurz erhitzen, die abgetropften Bohnenkeime und die roten Chilistreifen zufügen, eine 1 Min. weiterbraten und dann die fertige Saucenmischung angießen.

Unter Rühren aufkochen und das Gericht heiß servieren.

Fritiertes Geflügel-Potpourri
Zha Ji, Ya, Ge

Vorbereitung Beide Geflügel waschen, in große Stücke zerteilen und trockentupfen.
Den Sternanis zerstoßen und die Frühlingszwiebeln quetschen.
Alle Gewürze zum Marinieren in einer trockenen Pfanne kurz unter Rühren erhitzen.
In einer Schüssel die Geflügelteile damit vermischen, danach zugedeckt im Kühlschrank 5 bis 6 Std. ziehen lassen.
In eine große Schüssel die Frühlingszwiebeln, die Ingwerscheiben und die marinierten Geflügelteile legen und zugedeckt im Wasserbad 1½ Std. dämpfen.
Auf einem Sieb die Geflügelteile abtropfen und abkühlen lassen.

Zubereitung In einer Schüssel alle Zutaten zum Fritieren nacheinander unter Rühren in die Geflügelteile einarbeiten.
Eine stark erhitzte Pfanne zweimal mit Öl ausschwenken und das Fritieröl darin erhitzen.
Die Geflügelteile Stück für Stück hineingeben. Sobald sie eine hellgelbe Farbe angenommen haben, mit einem Sieb herausnehmen, kurz abkühlen und danach nochmals fritieren, bis sie gut gebräunt sind.
Auf einer Platte mit den Salatblättern garniert anrichten.

Zutaten
½ Ente
3 Tauben
2 Hähnchenschenkel
1 l Öl zum Fritieren
Salatblätter (zum Garnieren)

Zum Marinieren:
5 St. Sternanis
1 TL Pfeffer
1½ TL Salz
1 EL Sichuan-Pfeffer

Zum Dämpfen:
2 Frühlingszwiebeln
3 Scheiben Ingwer

Zum Fritieren:
3 EL Reiswein
1 Prise Salz
2 EL schwarze Sesamkörner
1½ EL Sojasauce
½ RS Weizenmehl
1½ TL Zucker

Lange Vorbereitungszeit!

Geschmorte Ente mit Frühlingszwiebeln
Hong Shao Ya Dai Cong

Zutaten
1 Ente (etwa 1800 g)
250 g chinesisches Sauergemüse
1 l Öl zum Fritieren
1 l Hühnerbrühe

Zum Einlegen:
2 Prisen Pfeffer
2 EL Reiswein
3 EL Sojasauce

Zum Anbraten:
2 Chilischoten
30 g weiße Frühlingszwiebeln
8 EL Salatöl

Zum Schmoren:
1 TL Pfeffer
½ RS Reiswein
5 EL Sojasauce
2 EL Zucker
8 EL karamelisierter Zucker (siehe S. 72)

Vorbereitung Die Ente waschen, trockentupfen und in etwa 14 gleichgroße Stücke teilen.
Die Geflügelteile in einer Schüssel mit den Gewürzen zum Einlegen vermischen und ½ Std. ziehen lassen.
In der Zwischenzeit das Sauergemüse gut waschen, ½ Std. in frischem Wasser ziehen lassen, abtropfen und in mundgerechte Stücke schneiden.
Eine stark erhitzte Pfanne zweimal mit Öl ausschwenken und das Fritieröl darin erhitzen.
Die eingelegten Ententeile kurz hellbraun fritieren. Auf einem Sieb abtropfen lassen und das Öl in das Vorratsgefäß zurückgießen.
Die Chilischoten entkernen und hacken. Die weißen Frühlingszwiebeln in 4 cm lange Stücke schneiden.

Zubereitung In einer heißen Pfanne das Öl zum Anbraten erhitzen, die Chilischoten und die Frühlingszwiebeln kurz anbraten, daraufhin die vorfritierten Ententeile zugeben und 2 Min. braten.
Alle Gewürze zum Schmoren zugeben, gut umrühren und bei geschlossenem Deckel rund 5 Min. schmoren.
Die Hühnerbrühe zufügen, aufkochen und zugedeckt 30 Min. leicht kochen lassen.
Das abgetropfte Sauergemüse beifügen und dann zugedeckt ungefähr ½ Std. weiterkochen, bis die Flüssigkeit etwas eingedickt ist.
Das Gericht heiß servieren.

Gedämpfter Schweinebauch
Qing Zheng San Ceng Rou

Vorbereitung In einem Topf 1 l Wasser erhitzen und den Schweinebauch 20 Min. darin kochen. Herausnehmen und noch heiß mit der Sojasauce glasieren. Dann 10 Min. einziehen lassen.
In einer heißen Pfanne das Fritieröl erhitzen. Den Schweinebauch an einen Grillspieß stecken, über die Pfanne mit dem heißen Öl halten und unter ständigem Drehen von allen Seiten mit heißem Öl beschöpfen, bis er leicht gebräunt ist.
Unter fließendem Wasser den Schweinebauch 1 Std. abkühlen und das Öl in das Vorratsgefäß zurückgießen.
Das Fleisch in 1 cm dicke Scheiben schneiden und zusammengefaßt mit der Schwartenseite nach unten in die Porzellanschüssel legen. Das Wintergemüse darüberstreuen.
Alle Zutaten für die Sauce in einer Schale mischen.

Zubereitung In einer heißen Pfanne das Öl zum Anbraten erhitzen und den Sternanis sowie den Ingwer anbraten, bis sich das volle Aroma entwickelt hat.
Mit der Saucenmischung ablöschen und über den Schweinebauch in der Porzellanschüssel gießen.
Die Porzellanschüssel mit dem Deckel schließen und im Wasserbad 1½ Std. dämpfen.
So stürzen, daß die Hautseite nach oben zeigt, und das Gericht heiß servieren.

Zutaten
800 g Schweinebauch
½ l Öl zum Fritieren
50 g getrocknetes chinesisches Wintergemüse

Zum Glasieren:
2 EL Sojasauce

Zum Anbraten:
5 EL Öl
3 St. Sternanis
3 Scheiben Ingwer

Für die Sauce:
½ TL Pfeffer
½ RS Reiswein
1 TL Salz
8 EL Sojasauce
2 EL Zucker

Benötigt wird eine Prozellanschüssel mit Deckel und ein Grillspieß.

Lange Vor- und Zubereitungszeit!

Fritierte Auberginen mit Pikanter Sauce
Jiao Yan Qie Zi

Zutaten
200 g Auberginen
150 g Schweinemett
50 g Wasserkastanien
1 l Öl zum Fritieren

Für die Panade:
1 EL Backpulver
½ Ei
10 g Kartoffelmehl
5 EL Öl
½ TL Salz
¾ RS Wasser
160 g Weizenmehl

Für die Füllung:
1 EL Eiweiß
1 EL Kartoffelmehl
1 Prise Pfeffer
1 Prise Salz
1 TL Sesamöl
1 Prise Zucker

Zum Anbraten:
1 EL Ingwer
1 EL Knoblauch
5 EL Öl

Vorbereitung Die Auberginen waschen, danach halbieren und mit der Schnittseite nach unten legen.

Von oben her ½ cm dicke Scheiben abschneiden, wobei jede Scheibe nur zweimal ganz durchgeschnitten wird, so daß Taschen zum Füllen entstehen.

In einer Schüssel alle Gewürze für die Panade miteinander verrühren und den so entstandenen Teig ½ Std. quellen lassen.

In einer anderen Schüssel das Schweinemett mit allen Gewürzen für die Füllung mischen.

Die Wasserkastanien fein hacken und in einer Schale mit allen Gewürzen für die Sauce vermischen.

Jede der Auberginentaschen mit 1 EL der Schweinemettmasse füllen und leicht zusammendrücken.

Den Ingwer und den Knoblauch hacken. Die Frühlingszwiebeln fein schneiden.

Zubereitung Eine stark erhitzte Pfanne zweimal mit Öl ausschwenken und das Öl zum Fritieren darin erhitzen.

Die gefüllten Auberginentaschen mit einem Holzstäbchen in die Panade tauchen, leicht abtropfen lassen und im heißen Öl Stück für Stück hellgelb fritieren.

Mit einem Sieb herausnehmen, kurz abtropfen lassen und danach nochmals zu schöner brauner Farbe fertigfritieren. Das Öl in das Vorratsgefäß zurückgießen.

Die Pfanne nochmals erhitzen, das Öl zum Anbraten hineingeben und in dem heißen Öl den Knoblauch und den Ingwer anbraten.

Mit der Saucenmischung ablöschen, die Auberginen zugeben, erhitzen und mit Frühlingszwiebeln bestreut servieren.

GESCHICHTLICHES 1805 befand sich bei der Prüfung vor dem Kaiser unter den Examensbesten ein Mann namens Wang-Xue-Zhi. Der damalige Kaiser Huang Di war der Ansicht, daß Wang neben seinen akademischen auch besondere menschliche Qualitäten hatte und machte ihn bald darauf zu seinem persönlichen Begleiter und Berater in Ernährungsfragen.

Eines Tages gestand der Kaiser Wang, daß er in letzter Zeit an Appetitlosigkeit leide und daß ihm nichts mehr schmecke. Er hielt die Palastköche für die Schuldigen und wollte sie deswegen zum Tode verurteilen. Doch sein Berater widersprach heftig. Wenn der Kaiser das gesamte Küchenpersonal hinrichten ließ, wer würde dann für ihn kochen? Er schlug dem Kaiser statt dessen vor, einfach die Zahl seiner Mahlzeiten zu vergrößern und dic Menge der Speisen einzuschränken, damit er wieder zu Appetit käme.

Huang Di ließ sich von Wang überzeugen, täglich sechs Mahlzeiten einzunehmen, stellte jedoch die Bedingung, daß sich keine Speise wiederholen durfte.

Die abwechslungsreiche Speisenfolge verhalf dem Kaiser tatsächlich wieder zu einem gesunden Appetit. In der Palastküche wurden nun viele Kleinigkeiten zubereitet, und dem Sammeln von Rezepten wurde große Bedeutung beigemessen.

Für die Sauce:
1 EL Essig (25 %)
1½ TL Glutamat
1 TL Kartoffelmehl
2 Prisen Pfeffer
3 EL Reisweinsatz (siehe S. 73) oder Reiswein
½ TL Salz
1½ EL Sambal
1 EL Sesamöl
2½ EL Tomatenketchup
3 EL Wasser
1½ EL Zucker

Zum Bestreuen:
10 g Frühlingszwiebeln

Schweinerippe süss-sauer
Tang Cu Pai Gu

Zutaten
450 g Schälrippchen
1 l Öl zum Fritieren
3 EL Sesamöl (zum Abschmecken)

Zum Einlegen:
2 EL weiße Frühlingszwiebeln
1 Eiweiß
1 EL Essig (5 %)
3 EL Reiswein
2 EL Sojasauce

Für die Sauce:
1 TL Essig (25 %)
½ RS brauner Essig (5 %)
1½ TL Kartoffelmehl
2 EL Sojasauce
5 EL Wasser
2½ EL Zucker

Zum Panieren:
1 RS Kartoffelmehl
1 TL Pfeffer

Vorbereitung Die Rippchen waschen, trockentupfen, einzeln abteilen und halbieren, so daß man Stücke von ungefähr 2½ × 7 cm erhält.
Die weißen Frühlingszwiebeln fein hacken und das Kartoffelmehl mit dem Pfeffer vermischen.
Alle Gewürze zum Einlegen in einer Schüssel mischen, die Rippenstückchen darin wenden und ½ Std. ziehen lassen.
Alle Gewürze für die Sauce in einer Schale mischen.

Zubereitung Eine stark erhitzte Pfanne zweimal mit Öl ausschwenken und das Fritieröl darin erhitzen.
Die eingelegten Rippchen einzeln in der Kartoffelmehl-Pfeffer-Mischung wenden und dann etwas andrücken.
Im heißen Öl zweimal je 4 bis 5 Min. fritieren, auf einem Sieb abtropfen und das Öl ins Vorratsgefäß zurückgießen.
Die Saucenmischung in der Pfanne aufkochen, die fritierten Rippchen zugeben, mit der Sauce glasieren und mit dem Sesamöl abschmecken.

GESCHICHTLICHES Vor langer Zeit, während der Song-Dynastie, lebte ein sehr armer Bettler, der zerrissene, abgewetzte Kleidung trug und nur seinen Fächer in der Hand hatte.
Eines Tages wanderte er durch ein Dorf namens Wu-Yi. Es war gerade die Zeit des Neujahrsfestes, und starker Schneefall hatte eingesetzt. Während er bei seinem Gang durch die Straßen um Almosen bat, kam er an einem Fleischergeschäft vorbei. Dort gab man ihm zwar kein Geld, aber etwas Fleisch. Der Bettler bedankte sich artig, nahm das Essen entgegen und verschwand. Zwei Tage später kehrte er zum Erstaunen des Fleischers aber noch einmal zurück und bat erneut um Fleisch. Der wütende Fleischer fragte den Bittsteller: «Wenn ich mein Fleisch den Bettlern verschenke, was soll ich dann am nächsten Tag noch verkaufen?» – «Vielleicht die Knochen», antwortete der Bettler. Obwohl der Ladenbesitzer von dieser Idee nicht viel hielt, ging ihm immer wieder die Frage durch den Kopf, ob man in seinem Beruf nicht auch die Knochen irgendwie verwerten könne ...
Ein paar Tage später entschloß er sich, es einmal mit dem Kochen der Knochen zu versuchen, und dazu nahm er Schweinerippen. Seine Kochversuche scheiterten jedoch kläglich, da die gekochten Rippen einfach keinen Geschmack annahmen. Er ließ sich aber nicht entmutigen und versuchte es erneut, bis er schließlich eine Zubereitungsart entdeckte, die ihm köstlich mundete: Schweinerippe mit süßsaurer Sauce. Doch er wollte sich nicht nur auf seinen Geschmack verlassen und gab seiner Familie sowie den Nachbarn davon zu kosten. Als auch sie begeistert waren, wurde dem Mann bewußt, daß er mit diesem neuen Gericht viel Geld verdienen konnte.
Zuerst wollten jedoch nur wenige Kunden die süßsauren Schweinerippchen kaufen, doch mit der Zeit kamen mehr und mehr Leute nur wegen dieser Spezialität in seinen Laden. Schon nach einem halben Jahr war das Geschäft für seine Spezialität in der ganzen Umgebung bekannt. Über diesen Erfolg freute sich der Fleischer sehr. Er versuchte

sogar, den Bettler ausfindig zu machen, um ihm für diese Idee zu danken, aber vergeblich. Keiner hat den Bettler je wieder gesehen. So ging der Fleischer jeden Tag zum Tempel, um ihm dort zu danken. Schon bald war das Wu-Yi-Schweinefleisch in ganz China bekannt.

Lammkotelett mit Zwiebelgemüse
Yang Pai Chao Yang Cong

Zutaten
8 Lammkoteletts
100 g Zwiebeln
1 RS Salatöl zum Braten
1 EL Sesamöl

Zum Marinieren:
10 g Petersilie
½ RS Möhrensaft
½ TL Pfeffer
¼ RS Reiswein
1 TL Salz
½ RS Zwiebelsaft

Für die Sauce:
½ RS Hühnerbrühe
3 EL Reiswein
1½ EL Sambal Olek
3 EL Sojaöl
3 EL Sojasauce
½ RS süße Sojasauce
1½ EL Zucker

Zum Panieren:
1 RS Weizenmehl (oder Kartoffelmehl)

Vorbereitung Die Lammkoteletts klopfen und die Fettränder von außen einschneiden.
Die Petersilie hacken.
Alle Zutaten zum Marinieren in einer Schüssel mischen, die Koteletts darin einlegen und 20 Min. ziehen lassen.
Die Zwiebeln enthäuten, halbieren und in hauchdünne Streifen schneiden. Als Gemüsebett auf eine Servierplatte füllen.
Alle Gewürze für die Sauce in einer Schale vermischen.

Zubereitung Die Koteletts aus der Marinade nehmen, trockentupfen und zum Panieren in dem Weizenmehl (oder dem Kartoffelmehl) wenden.
In eine stark erhitzte Pfanne das Salatöl geben und jeweils 2 Koteletts im heißen Öl beidseitig etwa 3 Min. schön braun braten.
Auf einem Sieb abtropfen lassen und das überschüssige Öl weggießen.
Die Saucenmischung in die leere Pfanne geben und 3 bis 5 Min. sprudelnd unter Rühren kochen, bis die Sauce dickflüssig ist.
Die Koteletts in der Pfanne mit der Sauce glasieren, mit dem Sesamöl abschmecken und anschließend auf den Zwiebeln anrichten.

Fisch mit Porree
Suan Miao Chao Yu Kuai

Vorbereitung Das Fischfilet waschen, trockentupfen und in mundgerechte Stücke schneiden.
Alle Zutaten für den Ausbackteig in einer Schüssel verrühren und ½ Std. quellen lassen.
Die Zutaten für die Sauce in einer Schale vermischen. Den Porree waschen, zuerst in 3 cm lange Stücke und dann in Streifen schneiden.
Die fermentierten Bohnen in 1 RS Wasser einweichen. Dann abgießen und zerquetschen.
Den Knoblauch hacken.

Zubereitung Eine stark erhitzte Pfanne zweimal mit Öl ausschwenken und das Fritieröl darin erhitzen.
Die Fischstücke mit einem Stäbchen in den Ausbackteig tauchen und Stück für Stück hellgelb im heißen Öl fritieren.
Auf einem Sieb abtropfen und dann zusammen fertigfritieren, bis der Fisch goldbraun ist.
Wieder auf einem Sieb abtropfen und das Öl in das Vorratsgefäß zurückgießen.
Das Öl zum Anbraten in der Pfanne erhitzen, die fermentierten Bohnen mit dem Knoblauch darin anbraten, mit der Saucenmischung ablöschen und aufkochen.
Die Porree-Streifen und den fritierten Fisch zugeben, unter Rühren erhitzen und heiß servieren.

Kulturelles Im Jahre 221 v. Chr. wurde China unter der Qin-Dynastie wiedervereinigt. Vor der Reichseinigung waren die Provinzen und Städte wie Hainan, Guiliu oder Xiangyu eigenständige Feudalstaaten gewesen. Die Reichseinigung führte nicht nur zur Vereinheitlichung von Maßen, Währungen und Gewichten, sondern auch zu einer starken Verbreitung der Eßkultur. Besondere Bedeutung erlangte hierbei die Küche von Guangdong (Kanton). Unter dem Namen Guangdong-Küche verbergen sich allerdings viele verschiedene Kochrichtungen,

Zutaten
250 g Rotbarschfilet
100 g junger Porree
1 l Öl zum Fritieren

Für den Ausbackteig
1 TL Backpulver
½ Eigelb
10 g Kartoffelmehl
5 EL Öl
½ TL Salz
¾ RS Wasser
160 g Weizenmehl

Zum Anbraten:
2 EL fermentierte Bohnen
2 EL Knoblauch
5 EL Öl

Für die Sauce:
5 EL Austernsauce
2 EL Chiliöl
½ RS Hühnerbrühe
1 TL Kartoffelmehl
1 TL Sesamöl
1 EL Zucker

die sich innerhalb der Provinz im Laufe früherer Jahrhunderte herausgebildet hatten. Grob gesagt kann man in der Guangdong-Küche drei Ausrichtungen erkennen. Die Unterschiede zwischen ihnen sind erheblich, und doch sind sie alle Vertreter der Kantoneser Küche.

Gebratene Hummerkrabben auf Sojabohnenkeimen
Xia Ren Chao Dou Ya

Zutaten
300 g geschälte Hummerkrabben (oder Shrimps)
200 g Sojabohnenkeime
1 Prise Salz
½ l Öl zum Fritieren

Zum Marinieren:
3 TL Kartoffelmehl
1 Prise Pfeffer
2 bis 3 EL Salatöl
1 Prise Salz
2 EL Sojasauce

Für die Sauce:
1 TL Kartoffelmehl
½ TL Pfeffer
½ RS Reiswein
½ TL Salz
2 EL Sesamöl
1½ TL Zucker

Zum Anbraten:
1 EL Knoblauch
6 EL Öl

Vorbereitung Die Hummerkrabben waschen und den schwarzen Darm entfernen.
Alle Gewürze für die Marinade in einer Schüssel mischen, mit den Krabben vermengen und 20 Min. ziehen lassen.
Die Sojabohnenkeime an der Wurzelseite abknipsen und die Keime in kaltem Wasser 20 Min. ziehen lassen. Anschließend auf einem Sieb abtropfen lassen.
Alle Gewürze für die Sauce in einer Schale vermischen.
Den Knoblauch hacken.

Zubereitung In einem Topf 1 l Wasser zum Kochen bringen und die Sojabohnenkeime 1 Min. darin blanchieren.
Auf einem Sieb abgießen, mit der Prise Salz würzen und auf einer Servierplatte als Bett für die Krabben anrichten.
Eine stark erhitzte Pfanne zweimal mit Öl ausschwenken und das Fritieröl darin erhitzen. Die Krabben nochmals gründlich mit der Marinade vermischen und dann unter Rühren im heißen Öl kurz fritieren.
Auf einem Sieb abtropfen und das Öl in das Vorratsgefäß zurückgießen.
Das Öl zum Anbraten in der heißen Pfanne erhitzen, den Knoblauch kurz anbraten, die fritierten Krabben zugeben und anbraten.

Unter Rühren die Saucenmischung angießen, kurz aufkochen und heiß über den Sojabohnenkeimlingen anrichten.
Das Gericht heiß servieren.

ANMERKUNG Die Sojabohnenkeimlinge läßt man in kaltem Wasser ziehen, damit sie ganz knackig werden.

GEBRATENE TOMATEN MIT EI
DAN CHAO FEN QIE

ZUTATEN
4 Eier
150 g Tomaten
20 g Frühlingszwiebeln

Für die Sauce:
½ TL Kartoffelmehl
2 Prisen Pfeffer
3 EL Salatöl
½ TL Salz
1 TL Sambal Olek
1 TL Sesamöl
2 EL Tomatenketchup
3 EL Wasser
1½ EL Zucker

Zum Braten:
1 EL Knoblauch
7 EL Öl

VORBEREITUNG Die Eier in einer Schale schaumig schlagen.
Alle Gewürze für die Sauce in einer Schale gut miteinander vermischen.
Die Tomaten häuten, entkernen und in Würfel schneiden.
Den Knoblauch hacken und die Frühlingszwiebeln in 3 cm lange Stücke schneiden.

ZUBEREITUNG Das Öl zum Braten in einer heißen Pfanne erhitzen und den Knoblauch kurz darin anbraten.
Die geschlagenen Eier zugeben und unter gelegentlichem Rühren stocken lassen. Die Tomatenwürfel beifügen und leicht anbraten.
Die Frühlingszwiebelstücke zugeben und umrühren, die Saucenmischung angießen und weitere 2 Min. unter Rühren erhitzen.
Das Gericht heiß servieren.

Rebhuhn mit Ginsengbartwurzel Ren Shen He Shan Chun

Zutaten
1 Rebhuhn
80 g Ginsengbartwurzel
8 große eingeweichte chinesische Blumenpilze
1½ l Brühe (siehe S. 69) oder Wasser

Benötigt wird ein großer Porzellantopf mit Deckel zum Dämpfen.

Lange Zubereitungszeit!

Zubereitung Das Rebhuhn waschen und mit der Ginsengbartwurzel sowie den Blumenpilzen in den Porzellantopf geben.
Den Deckel schließen und im Wasserbad 2 Std. dämpfen.
Die Brühe erhitzen, über das gedämpfte Rebhuhn geben und heiß servieren.

Anmerkung Hier handelt es sich um ein Rezept, welches ohne jedes Gewürz zubereitet wird. Für ältere und kranke Leute, die auf Gewürze wie Salz verzichten müssen, ist es daher gut geeignet. Zudem führt es dem Körper Energie zu.

Die Tradition der Prozellanherstellung

Die Provinz Jiangxi ist für ihr hochwertiges Porzellan bekannt. Jenes aus der Stadt Jing-De-Zhen ist in ganz China berühmt, denn es hat die beste Qualität. Die Porzellanherstellung entstammt einer sehr alten Tradition. Damit verbunden ist der Gebrauch bestimmter Küchengeräte wie Töpfe, Pfannen oder Teller aus unterschiedlichen Materialien zum Zubereiten bestimmter Gerichte. Zu fast jeder Speise gehört in der chinesischen Tradition ein ganz bestimmtes Gefäß.

In Jiangxi gibt es beispielsweise ein Rezept, das mit einem groben Tontopf zusammenhängt. Dieser Topf ist etwa 15 cm hoch und besitzt einen Durchmesser von rund 30 cm. Er wird nur für ein ganz bestimmtes Rezept verwendet, nämlich für ein besonderes Hähnchen mit schwarzer Haut und weißen Flügeln. Bekannt ist dieses Hähnchen vor allem wegen seiner Bedeutung in der chinesischen Naturheilkunde. Meistens wird es mit Ginseng und anderen Heilkräutern und Gewürzen zubereitet.

Im Umgang mit Ginseng ist im übrigen große Vorsicht am Platz! Nicht jeder verträgt dieses Heilkraut. Das Alter sowie die körperliche Verfassung einer Person müssen berücksichtigt werden. Auch die Jahres- und die Tageszeit der Einnahme von Ginseng ist von Bedeutung (siehe a. S. 63).

Gedämpfte Jakobsmuscheln mit Ginseng
Ren Shen Zheng Gan Bei

Vorbereitung Die Jakobsmuscheln in ½ l heißem Wasser ½ Std. einweichen und dann abtropfen. Die Wachteln waschen und den Ginseng in Scheiben schneiden.

Zubereitung Die Wachteln, die Jakobsmuscheln, den Ginseng, den Reiswein, das Salz und die angegebene Menge Wasser zusammen in einen Porzellantopf geben, zudecken und im kochenden Wasserbad 2 Std. dämpfen.
In der Porzellanschüssel heiß servieren.

Kulturelles Schon seit langer Zeit ist in China die Kantoneser Küche als eine der besten bekannt. Auch viele der Rezepte, die im Winter den Körper stärken sollen, stammen aus dieser Provinz (siehe Seite 18). Diesen Gerichten liegt eine besondere Kochtechnik zugrunde. Auf chinesisch heißt sie *Dun*, was etwa so viel wie «Dampfbad» bedeutet. Bei der Anwendung dieser Technik gehen das Aroma, die Vitamine und die Mineralstoffe nicht verloren, sondern bleiben gut erhalten.
Damit auch wirklich nichts Gutes entweicht, wird zum Beispiel die Terrine in Kanton beim Kochen mit Reispapier abgedeckt und anschließend mit

Zutaten
100 g getrocknete Jakobsmuscheln
2 Wachteln
50 g getrockneter Ginseng
¾ l Reiswein
2 TL Salz
1 RS Wasser

Benötigt wird ein Porzellantopf zum Dämpfen.

Lange Zubereitungszeit!

einem Deckel verschlossen. Das Aroma, das sich durch das Dämpfen bildet, wird eingeschlossen, so daß das Essen sehr viel intensiver schmeckt und sich auch die Gewürze besser entfalten können.
Heutzutage gehört zu einer chinesischen Hochzeit immer mindestens eines dieser Kantoneser Gerichte. Dabei wird auf reichhaltiges, gutes Essen großer Wert gelegt. Dahinter steckt die auch in Europa verbreitete Idee, daß man nur einmal lebt und daß die Hochzeitsfeier einen guten Ausgangspunkt für das künftige Leben der Paare bilden soll.
Die mit der Dun-Technik zubereiteten Gerichte werden besonders gern auf den Speiseplan gesetzt, weil sie erstens teuer sind und zweitens gut vorbereitet werden können. Die Zubereitungsart des Dämpfens gehört in die Kategorie des Herbst- und Winteressens, durch die dem Körper Energie zugeführt wird. Für uns Chinesen gehört ja der gesundheitliche Aspekt auch immer zum Essen.

Gedämpfte Rippchen mit Angelikawurzel
Pai Gu Zheng Dang Gui

Zutaten
400 g Schälrippchen
2 Hühnerbeine
20 g Ingwer
50 g chinesische Angelikawurzel
2 RS Reiswein
1½ TL Salz
2 EL Sesamöl

Benötigt wird ein Porzellantopf zum Dämpfen.

Lange Zubereitungszeit!

Vorbereitung Die Rippchen waschen und dann in mundgerechte Stücke teilen.
Die Hühnerbeine ebenfalls waschen und dann zerkleinern.
In einem Topf 1 l Wasser zum Kochen bringen. Die Rippchen und die Hühnerbeine 3 Min. darin blanchieren.
Den Ingwer hacken oder in Scheiben schneiden.

Zubereitung Das blanchierte Fleisch, die Angelikawurzel, den Reiswein, den Ingwer, das Salz und das Sesamöl mit ½ l Wasser in einen Porzellantopf geben, zudecken und nun 1½ Std. im kochenden Wasserbad dämpfen.
Das Gericht heiß servieren.

Hähnchenlebersuppe
Ji Gan Tang

Vorbereitung Die Lebern säubern und dann in ½ l kochendem Wasser 1 Min. blanchieren.

Zubereitung Die Brühe in einem Topf zum Kochen bringen. Die Ingwerscheiben und den Bocksdorn 20 Min. darin simmern lassen, damit sich das volle Aroma entwickelt.
Die Hähnchenlebern, das Salz, den Pfeffer sowie das Sesamöl zugeben und noch weitere 10 Min. kochen.
Das Gericht heiß servieren.

Zutaten
450 g Hähnchenleber (oder Entenleber)
3 Scheiben Ingwer
1 l Hühnerbrühe
10 g Bocksdorn
1½ TL Salz
½ TL Pfeffer
2 EL Sesamöl

Lammfleisch mit Yamswurzel
Yang Rou He Shan Yao

Vorbereitung Das Lammfleisch waschen und in mundgerechte Würfel schneiden. Die Würfel in 1 l kochendem Wasser 2 Min. blanchieren und dann abgießen.
Die Yamswurzeln schälen und in 2 cm große Würfel schneiden.

Zubereitung Das blanchierte Fleisch, die Yamswurzeln, die Datteln, das Drachenaugenfleisch, den Bocksdorn, den Reiswein, die Hühnerbrühe und das Salz zusammen in einen Porzellantopf geben, zudecken und im kochenden Wasserbad 1½ Std. dämpfen.
Das Gericht heiß im Porzellantopf servieren.

Tip Da Lammfleisch einen starken Eigengeruch hat, kann man 5 g getrocknete Mandarinenschalen oder 3 getrocknete saure Pflaumen zugeben. Außerdem kann man Süßholz hinzufügen, damit das Fleisch den unangenehmen Geruch verliert.

Zutaten
600 g Lammfleisch von der Keule
120 g Yamswurzeln
20 g getrocknete Datteln (ohne Steine)
20 g getrocknete Drachenaugen
20 g Bocksdorn
1 RS Reiswein
1 l Hühnerbrühe
etwas Salz (nach Belieben)

Benötigt wird ein Porzellantopf zum Dämpfen.

Lange Zubereitungszeit!

Gedämpftes Rebhuhn
Zheng Shan Chun

Zutaten
1 Rebhuhn
100 g frische Yamswurzel
20 g Bocksdorn
15 g Ingwer am Stück
½ l Hühnerbrühe
2 RS Pflaumenwein
2 TL Salz
1 TL schwarze Pfefferkörner

Benötigt wird ein Porzellantopf zum Dämpfen.

Lange Zubereitungszeit!

Vorbereitung 1 l Wasser im Topf zum Kochen bringen und das Rebhuhn darin 2 bis 3 Min. blanchieren. Danach gut abtropfen.
Die Yamswurzel schälen und in 2 cm große Würfel schneiden.

Zubereitung Das blanchierte Rebhuhn, die Würfel von der Yamswurzel, den Bocksdorn, den Ingwer, die Brühe, den Pflaumenwein, das Salz und die Pfefferkörner zusammen in einen Porzellantopf geben, zudecken und im kochendem Wasserbad 1½ Std. dämpfen.
Heiß im Porzellantopf servieren.

Schweineniere mit Wasserkastanien und Babymais
Zhu Yao He Ma Ti

Zutaten
400 g Schweinenieren
200 g Schweinenacken
2 l Hühnerbrühe
1 TL Pfefferkörner

Vorbereitung Die Nieren quer aufschneiden und alle Gefäße entfernen, gut waschen und in mundgerechte Stücke schneiden.
Den Schweinenacken waschen und ebenfalls in mundgerechte Stücke schneiden.
1 l Wasser in einem Topf zum Kochen bringen und die Nieren sowie den Nacken getrennt je 1 Min. darin blanchieren.

Zubereitung In einem Topf die Hühnerbrühe zum Kochen bringen, den blanchierten Schweinenacken und die Pfefferkörner zugeben und bei kleiner Flamme 30 Min. kochen.
Die Wasserkastanien und den Babymais beigeben und weitere 10 Min. kochen lassen.
Die blanchierten Nieren und das Salz zugeben, nochmals 10 Min. kochen.
Das Gericht heiß servieren.

200 g Wasserkastanien
100 g frischer Babymais
2 TL Salz

Heilkundliches Dieses Rezept ist besonders wohltuend für jene Menschen, die an der Leber erkrankt sind oder an Diabetes leiden. Wasserkastanien entgiften und helfen die Darm- und Blasentätigkeit zu regulieren. Die Maishaare wiederum senken zu hohen Blutdruck.

Stärkende Ernährung im Winter

Zur traditionellen Winterernährung gehören *Hai Ma,* das Seepferdchen, junge Hähnchen, gedämpfter Ginseng mit Bärentatze, Bocksdorn mit Rinderniere, Ginseng mit Reh oder Bambushähnchen mit Raupenpilzen.

Einige in diesem Zusammenhang wichtige Gewürze sind: Fritillaria, Ginseng, Ginseng-Essenz, Knöterich, Bocksdorn, Fingerhut, Lilienknolle, Schildpatt, Zimtbaumrinde, Hirschgeweihsprossen, Horn vom Rhinozeros, Bergantilopenhorn, Cyperus, Pfeilkraut, Aralia-Rinde und Tigerknochenwein.

Die chinesische Heilkunde beruht auf der medizinischen Wirkung von Nahrungsmitteln. Eine besondere Rolle spielt dabei die stärkende Ernährung, die besonders im Winter wichtig ist; sie hat in der Bevölkerung eine große, allgemein verbreitete Tradition.

Neben der speziellen Winterernährung ist eine besonders kräftige Ernährung auch nach der Geburt eines Kindes oder zur Stärkung des Körpers und vor allem der Seele angebracht. In China sind

Tausende von Büchern überliefert, die diese «stärkende Ernährung» zum Thema haben.

Insgesamt umfaßt die stärkende Ernährung 6 verschiedene Abteilungen. Die erste nennt man *Shen-Bu*. Hier werden Rezepte gegen Schwäche und Kraftlosigkeit, gegen Atembeschwerden und Blutdruckschwankungen beschrieben. Die zweite Abteilung, *Tian-Bu*, beschäftigt sich vor allem mit Verdauungsproblemen. Die dritte wird *Qing-Bu* genannt. Sie umfaßt Rezepte gegen Grippe und Erkältungskrankheiten. Die vierte, *Wen-Bu*, beinhaltet allgemeine Organschwächen, besonders aber die Magen-, Milz- und Nierenfunktionen. Die fünfte Abteilung heißt *Ju-Bu*. Sie behandelt die Stärkung der sexuellen Energie und Störungen, die durch Streß und Müdigkeit entstanden sind. Die sechste und letzte Abteilung nennt sich *Shi-Bu* und kümmert sich um Formen der Fehlernährung.

Für alle vier Jahreszeiten gibt es eine unterschiedliche Ernährungsweise. Im Frühling braucht man *Tiau-Bu*, also die Nahrungsform, die den Körper reinigt und wieder in Ordnung bringt. Die Ernährung für den Sommer ist *Qing-Bu*; sie ist leicht bekömmlich und führt den Organen Energie zu, ohne Völlegefühle zu verursachen. Die Ernährung für den Herbst, *Shen-Bu*, führt dem Körper die Energie zu, welche ihm während des Sommers langsam verloren gegangen ist. *Wem-Bu* heißt schließlich die Ernährung für

den Winter. Sie soll dem Körper helfen, für das nächste Jahr Kraft zu speichern.

Unterschiede in der Ernährung gibt es auch bei Kindern und Erwachsenen, ja selbst bei ein und demselben Menschen, je nach seiner körperlichen Verfassung.

Bei Kindern kommen Magenstörungen recht oft vor, so daß kräftigende Ernährung eher schadet als hilft. Indisches Brot und Datteln sind hier am Platz, denn sie fördern die Verdauung, ebenso Yamsgewürz mit Honig, das die Niere stärkt und das Wachstum unterstützt.

Jüngere Erwachsene stehen öfter unter großem Leistungsdruck, fühlen sich schlaff, leiden an Schlaflosigkeit oder an Blutarmut. Ursachen für diese Krankheiten sind häufig Überbelastungen von Herz, Milz oder Niere. Hier helfen Lotus- und Yamsgewürz, Lilienblätter, Walnuß oder auch Bocksdorn, die diese Organe kräftigen.

Bei älteren Menschen wiederum sind meist Leber und Nieren in Mitleidenschaft gezogen, und die Kontrolle über die Blasenfunktion nimmt ab. Häufig leiden ältere Leute auch an Schlaflosigkeit, und ihr Kurzzeitgedächtnis, ihre Seh- und Hörfähigkeit nehmen ab. Gegen diesen Abbau helfen am besten Ginseng, Knöterich, Bocksdorn oder Raupenpilze, Honig und Walnuß, Vogelfleisch und Seegurken.

Bei Frauen ist der Körper während und nach der Schwangerschaft häufig geschwächt. Sie brauchen besonders viele Vitamine. Falsche Ernährung kann in dieser Zeit zu Blutarmut oder Knochenerweichung führen. Nach alten Überlieferungen sollten Schwangere Datteln, Yamsgewürz und Helmbohne zu sich nehmen, um ihren Körper zu kräftigen.

In der chinesischen Heilkunde gilt, daß der Körper im Winter mehr Vitamine und Nahrung benötigt als im übrigen Jahr. So sagt ein Sprichwort: «Wer sich im Winter kräftiger ernährt, kann im Frühjahr mit den Tigern kämpfen».

Chinesische Heilkunde

Im folgenden möchte ich einen kurzen Einblick in die chinesische Heilkunde anhand einiger Lebensmittel geben (siehe a. S. 59 bis 68).

Bocksdorn

Er unterstützt die Atemtätigkeit, denn nach seiner Einnahme kann die Lunge freier atmen. Zudem reguliert es die Leberfunktion, stärkt die Gelenke und Knochen und hilft gegen Kopfschmerzen. Bei Ohrensausen, verminderter Sehfähigkeit und Rückenschmerzen sowie bei Diabetes ist Bocksdorn ebenfalls hilfreich.

Drachenaugenfleisch

Es unterstützt die Herztätigkeit, die Milzfunktion, aber auch die Lunge und die Blutzirkulation. Drachenaugenfleisch wirkt beruhigend, senkt den Blutdruck und stärkt das Gedächtnis. Es wirkt auch gegen Schlaflosigkeit.

Lotuskörner

Sie stärken die Herzfunktion und festigen gleichzeitig den Kreislauf. Bei Problemen mit der Zeitumstellung, Blasenentzündung, Ausfluß der Frau, vorzeitiger Ejakulation des Mannes sind Lotuskörner hilfreich.

Wenn man nach Rezepten der chinesischen Heilkunde kocht, darf man nie Metalltöpfe benutzen, da dieses Material keine Poren hat und die Wirkkräfte der Heilmittel zerstören kann. Beim Kochen in Steingut- bzw. Tontöpfen hingegen können sich wegen der Porenatmung die heilenden Gewürze wesentlich besser entfalten.

Die chinesische Heilkunde ist ein weites Feld. In ihr ist ein enormes Wissen über die Behandlung von Krankheiten und Bekämpfung von Symptomen auf natürlicher Basis vereinigt. Ihre Anwendung hat sicherlich noch eine große Zukunft.

Rote Datteln
Sie stärken den Magen, die Milz und unterstützen die Lunge. Außerdem wird der Vitamin- und Mineralhaushalt des Körpers durch sie geordnet. Rote Datteln sind zudem appetitanregend und helfen gegen Blutarmut.

Yamsgewürz
Es hilft bei der Heilung der erkrankten Milz und unterstützt die Lungen- sowie die Nierenfunktion. Yamsgewürz stärkt die männliche Samenproduktion und hilft gegen ungewollte Ejakulation des Mannes sowie gegen Ausfluß bei der Frau. Es wird auch mit Erfolg eingesetzt bei Durchfall, Schnupfen und Verdauungsproblemen.

Die Pekingente *(Beijing-Kao-Ya)*

Sie ist wegen ihres vorzüglichen Geschmacks in der ganzen Welt bekannt. Wenn man Peking besucht, kommt man sicher nicht umhin, einmal eine Original-Pekingente zu probieren.

Welches Geheimnis steckt hinter dieser Delikatesse? Um es zu lüften, müssen wir bis ins Zeitalter der Ming-Dynastie zurückgehen. Im Jahre 1421 wurde mit dem Ausbau der großen Kaiserkanäle begonnen, um den Norden des Landes mit dem Süden zu verbinden und den

Binnenhandel zu verbessern. Der Transport von Lebensmitteln innerhalb des Landes wurde damals zusehends verbessert, und es war nun möglich, für den Transport direktere Wege zu benutzen. Beim Transportieren und besonders während des Abladens der Lebensmittel passierte es häufig, daß zum Beispiel Reis oder Getreide aus den Säcken rieselte. Dies lockte viele Enten an, die sich an dem Futter erfreuten.

Im Kanal-Hafen von Peking konnte man besonders viele Enten beobachten. So kam man auf die Idee, diese Vögel auf die Speisekarte zu setzen. Langsam entstanden in der Hauptstadt spezielle Entenrestaurants, und viele Leute kamen allein aus dem Grunde in die Region, um diese Delikatesse zu genießen. Schon bald wurde die Nachfrage nach Enten größer, als Tiere zur Verfügung standen. So wurden Enten in großem Stil gezüchtet und mit Maiskörnern und Sojabohnen gemästet, die mit Wasser und Wein vermengt und den Tieren in den Schlund gestopft wurden. Der Wein bewirkte, daß die Enten sich möglichst wenig bewegten.

Die Aufzucht einer 3 bis 4 kg schweren Ente betrug etwa 60 Tage. Es entwickelten sich in der Folge zwei verschiedene Arten, Pekingenten zuzubereiten. Für jede steht symbolisch ein besonders bekanntes Restaurant: das *Yi-Fang* und das *Main-Quan-Ju-De*.

Die Unterschiede bestehen in der Art des Bratens. Im *Yi-Fang*-Restaurant wird die Ente bei kleiner Hitze gebacken. Das Fleisch der Ente wird zusammen mit der Haut gegessen.

Im *Quan-Ju-De* hingegen wird die Ente in einem besonderen, direkt über dem Feuer hängenden Topf gegart. Die Haut wird vom Fleisch gelöst und separat gegessen. Das Fleisch rollt man in chinesische Pfannkuchen und würzt es mit Frühlingszwiebeln, jungen Gurken sowie Sesampastensauce. Die Knochen der Ente werden meist in Wasser als Suppe gekocht und verwertet.

Beim Besuch eines der beiden Restaurants kann man feststellen, daß dort meist nur Entengerichte angeboten werden. Zwei Tage, bevor man

Pekingente essen geht, sollte möglichst gutes Wetter herrschen. Nach dem Ausbluten wird die Ente nämlich mit Luft vollgepumpt, zugenäht und anschließend knapp zwei Tage zum Trocknen aufgehängt. Bei schönem Wetter ist sie dann trocken. Nach regnerischen, kalten Tagen empfiehlt es sich also nicht, Pekingente zu essen, da sie wahrscheinlich nicht völlig getrocknet und so weniger knusprig ist.

Weinhäuser in China

In Peking gibt es viele verschiedene Weinhäuser. Die bekannteste Kneipe ist das *Da-Jiu-Tan*, das bedeutet «Großes Reisweinfaß». Hier gibt es als große Besonderheit keine Tische. Was weiter ins Auge fällt, ist die relativ niedrige Decke der Räume. Tritt man über die Schwelle, erblickt man 70 bis 80 Reisweinfässer, die bis zur halben Höhe im Boden eingelassen sind. Diese Fässer bestehen aus Ton, sind mit einem roten Tuch zugedeckt und mit einem Holzdeckel verschlossen. Die Größe dieser Fässer entspricht etwa europäischen Weinfässern. Durch das Tuch und den Holzdeckel sind diese Fässer luftdicht verschlossen.

Die Gäste des Lokals nehmen auf niedrigen, langen Holzbänken Platz, die hinter den Fässern angebracht sind. Nur eines der Reisweinfässer ist geöffnet, während die übrigen als Tische dienen. Der Wein wird aus kleinen Porzellanbechern getrunken, die etwa so viel fassen wie kleine zeremonielle Teetassen oder Schnapsgläser.

Zum Servieren von Reiswein gehört auch eine kleine Reisweinkanne. Der Reiswein wird auf den Holzdeckeln der Fässer aufgetischt: in der Mitte die kleine Kanne, die Porzellanbecher am Rande. Sobald ein Reisweinfaß geleert ist, wird es wieder verschlossen, und man öffnet das nächste. Die leeren Fässer werden nach Geschäftsschluß durch volle ersetzt, die ihrerseits ungeöffnet bleiben, bis sie gebraucht werden.

In Kneipen dieser Art wird ausschließlich Kao-Liang-Schnaps ausgeschenkt, das ist eine besondere Art von Reiswein mit einem Alkoholgehalt von 48 %. In der Umgangssprache heißt der Kao-Liang-Schnaps *Baigan*, was etwa dem deutschen «Klaren» entspricht.

Beim Betreten einer Reisweinkneipe rufen Kenner «Lao-Ban, Lai-i-Ge!», was in der lokalen Umgangssprache «Chef, laß 'mal einen 'rüber wachsen!» bedeutet. Mit dem Reiswein bringt der Kellner auch immer eine Schale Erdnüsse, die geröstet, gebraten oder gekocht, jedoch immer ungesalzen sind. Das Knabbern der Nüsse bewirkt, daß man nicht so leicht betrunken wird und auch keinen säuerlichen Nachgeschmack vom Alkohol bekommt.

Meistens bringen die Gäste selbst kalte Fleischplatten mit. In China ist man gewohnt, zum Trinken auch immer etwas zu essen. In den Trinkpausen wird das mitgebrachte Fleisch verzehrt. Nicht ohne Grund findet man vor den Weinhäusern viele der kleinen Garküchen, die Kleinigkeiten aus Innereien oder Maultaschen anbieten. Der Kunde bestellt etwas bei diesen Küchen und begibt sich dann direkt in die Kneipe. Im Gegensatz zu Europa ist es in China üblich und in den meisten Fällen auch erlaubt, Lebensmittel in ein öffentliches Lokal mitzubringen. Die Gäste dieser Weinhäuser sind meistens ältere Menschen. Sie verbringen dort einen Teil ihrer Freizeit und treffen sich mit ihren Freunden. Überall in China kann man diese Weinhäuser finden.

Verträgt man Alkohol nicht besonders gut, sollte man den Besuch in solchen Kneipen meiden.

Entschließt man sich jedoch zu einem Besuch, sollte man – wie gesagt – nicht vergessen, etwas zum Essen einzupacken, da der Wein für sich allein genossen nicht gut schmeckt.

«Jadestein»-Gemüse – Gelbe Bohnenkeime mit gepresstem Tofu gebraten
Huang Dou Ya Chao Doufu

Vorbereitung Den gepreßten gelben Tofu und den Stangensellerie in Streifen schneiden.

Zubereitung Eine heiße Pfanne zweimal mit Öl ausschwenken. Das Salatöl erhitzen, die gelben (Soja-)Bohnenkeime hineingeben, verrühren und 8 Min. bei geschlossenem Deckel braten.
Die Tofu- und Stangenselleriestreifen unter Rühren hinzugeben und 1 Min. bei geschlossenem Deckel braten.
Die Würzzutaten zum Gemüse geben, verrühren und 2 Min. bei geschlossenem Deckel garen.
Das Gericht sofort servieren.

Zutaten
180 g gelber gepreßter (oder normaler) Tofu
50 g Stangensellerie
7 EL Salatöl
200 g gelbe Bohnenkeime (oder Sojabohnenkeime)

Zum Würzen:
½ RS Gemüsebrühe (siehe S. 70)
1 TL Glutamat
1½ TL Salz
ev. 3 EL Sojasauce
1½ EL Zucker

Gebratener Spinat
Chao Bo Cai

Zutaten
700 g Spinat

Zum Würzen:
1½ EL Knoblauch
1½ EL Kartoffelmehl
10 EL Öl
4 EL Austernsauce
1 TL Glutamat
½ TL Salz
1 EL Zucker

Vorbereitung Den Spinat waschen, die Blätter zerkleinern, in ein Sieb geben und abtropfen lassen. Den Knoblauch fein hacken und das Kartoffelmehl mit 3 EL Wasser vermischen.

Zubereitung 1½ l Wasser zum Kochen bringen und den Spinat 1 Min. blanchieren, dabei ab und zu umrühren.
Den Spinat durch ein Sieb schütten und abtropfen lassen.
In einer heißen Pfanne das Öl erhitzen und den Knoblauch darin anbraten.
Den Spinat zugeben und bei größtmöglicher Hitze unter starker und schneller Bewegung etwa 1 Min. braten und dann alle Würzzutaten – außer der Kartoffelmehl-Wasser-Mischung – beifügen.
Nach 2 Min. letztere hineinrühren und binden lassen. Das Gemüse in ein Sieb geben und die überschüsssige Flüssigkeit abtropfen lassen.
Das Gericht auf Tellern anrichten und servieren.

Gefrorener Tofu mit grünem Spargel geschmort
Dong Doufu Chao Lu Sun

Zutaten
250 g Tofu
½ l Öl zum Fritieren
65 g grüner Spargel
180 g Austernpilze
20 g Frühlingszwiebeln

Zum Würzen:
1½ TL Kartoffelmehl

Vorbereitung Den Tofu im Tiefkühlfach 2 bis 3 Std. gefrieren.
Herausnehmen und etwa 1 Std. in kaltem Wasser auftauen lassen.
Überschüssiges Wasser vorsichtig aus dem Tofustück pressen, bis es einem Schwamm ähnelt. Dann in Streifen schneiden, 1 bis 2 Min im heißen Öl fritieren und auf einem Sieb atropfen.
Den Spargel schälen und mit den Austernpilzen und den Frühlingszwiebeln in gleichgroße Streifen schneiden.

Das Kartoffelmehl mit 5 EL Wasser vermischen.

ZUBEREITUNG Eine heiße Pfanne zweimal mit Öl ausschwenken. 10 EL Öl erhitzen und das Salz darin verrühren.
Mit Gemüsebrühe ablöschen und alle Würzzutaten – außer der Kartoffelmehl-Wasser-Mischung und dem Möhrenöl – zugeben.
Die Austernpilze und die fritierten Tofustreifen hineingeben und bei geschlossenem Deckel so lange schmoren, bis etwa 1 RS Flüssigkeit übrigbleibt.
Die Spargelstreifen etwa 2 Min. mitschmoren, die Frühlingszwiebeln hineinrühren und 1 Min. weiterkochen.
Mit der Kartoffelmehl-Wasser-Mischung andicken und zum Schluß mit dem Möhrenöl überträufeln.
Das Gericht sofort servieren.

10 EL Öl
½ TL Salz
3 RS Gemüsebrühe (siehe S. 70) oder Wasser
1 EL Glutamat
½ TL schwarzer Pfeffer
2 EL Reiswein
5 EL helle Sojasauce
3 EL karamelisierter Zucker (siehe S. 72)
2 EL Möhrenöl (siehe S. 51)
Lange Vorbereitungszeit!

Geschmorter Kürbis mit Auberginen
Da Tou Cai Shao Qie Zi

Zutaten
200 g Auberginen
500 g Kürbis
10 g Knoblauch
11 EL Erdnußöl
2 RS Gemüsebrühe (siehe S. 70) oder Wasser
2½ EL Zucker
1½ TL Salz
3 EL Sesamöl

Vorbereitung Die Auberginen in längliche Dreiecke schneiden.
Den Kürbis schälen und in Würfel schneiden; die Kerne dabei entfernen.
Den Knoblauch hacken.

Zubereitung Das Erdnußöl in einer heißen Pfanne erhitzen und den Knoblauch darin goldbraun anbraten.
Die Auberginen hineingeben und unter Rühren 1 Min. braten.
Die Kürbiswürfel hinzufügen und 1 Min. weiterbraten.
Die Gemüsebrühe angießen, zum Kochen bringen und bei geschlossenem Deckel und milder Hitze 20 bis 30 Min. garen lassen.
Mit dem Zucker und dem Salz abschmecken und 3 Min. weiterkochen. Evtl. sprudelnd die Flüssigkeit reduzieren.
Zum Servieren mit dem Sesamöl überträufeln.

Anmerkung Dies ist wegen seiner Süße ein beliebtes Gericht für Kinder. Es wird mit Reis zu einem Brei vermischt.

Fritierte Nudeln
Zha Mian Tiao

Zutaten
100 g trockene Nudeln
3 EL Öl
20 g eingeweichte (oder 5 g getrocknete) Holzohrenpilze

Vorbereitung ¾ l Wasser zum Kochen bringen und die Nudeln «al dente» kochen, anschließend abtropfen lassen und mit 1 EL Öl vermischen.
Die Holzohrenpilze nach dem Einweichen waschen und halbieren.
Die Bambussprossen und die Champignons in Scheiben schneiden.

Das Bok-Choy-Gemüse (oder den Spitzkohl) zerpflücken und das Kartoffelmehl mit 5 EL Wasser vermischen.

ZUBEREITUNG Das Fritieröl in einer Pfanne erhitzen und die Nudeln fritieren. Dabei backen die Nudeln zu einem unregelmäßig geformten Kuchen zusammen. Diesen beidseitig fritieren.
Wenn die Nudeln goldbraun sind, auf einem Sieb abtropfen lassen und auf einem Teller zerkleinern.
Nun die Holzohrenpilze, die Champignons und den Bambus etwa 1 Min. kurzfritieren. Herausnehmen und abtropfen lassen. Das Öl in das Vorratsgefäß zurückgeben.
3 EL Öl in einer Pfanne erhitzen. Die Gemüsebrühe hineingießen, den Zucker, das Salz, den karamelisierten Zucker und die helle Sojasauce hineinrühren.
Die Sauce aufkochen lassen und mit der Kartoffelmehl-Wasser-Mischung andicken.
Die kurzfritierten Pilze, den Bambus und das Bok-Choy-Gemüse (oder den Spitzkohl) hineingeben und unter Rühren etwa 1½ Min. erhitzen.
Mit dem restlichen Öl abrunden.
Die Sauce über die Nudeln geben und das Gericht sofort servieren.

ANMERKUNG Fritierte Nudeln sind in Kanton, Taiwan und Hongkong sehr bekannt.

30 g Bambussprossen
20 g Champignons
80 g Bok-Choy-Gemüse (oder Spitzkohl)
2 TL Kartoffelmehl
1 l Öl zum Fritieren
1 RS Gemüsebrühe (siehe S. 70) oder Wasser
3 EL Öl (für die Sauce)
1 EL Zucker
½ TL Salz
3 EL karamelisierter Zucker (siehe S. 72)
2½ EL helle Sojasauce

Nudelspäne
Tang Mian

Zutaten
200 g Weizenmehl
120 g Chinakohl
5 g Frühlingszwiebeln
10 g Schalotten
4 EL Salatöl
5 RS Gemüsebrühe (siehe S. 70)
1 EL Zucker
1½ TL Salz
2 EL Reiswein
½ TL frisch gemahlener Pfeffer

Vorbereitung In einer großen Reisschale das Mehl mit ½ RS Wasser vermischen, sorgfältig zu einem Teig verkneten und mit einem Tuch bedeckt 20 Min. stehen lassen.
Den Kohl in 1 bis 2 cm breite Streifen schneiden. Nun die Frühlingszwiebeln in dünne Scheiben schneiden und die Schalotten fein hacken.
Eine heiße Pfanne zweimal mit Öl ausschwenken und das Salatöl darin erhitzen.
Die Schalotten goldbraun braten. Die Gemüsebrühe hineingießen und aufkochen lassen.
Den Nudelteig nochmals durchkneten und zu einer Kugel zusammendrücken. Mit einem scharfen Messer Späne direkt in die Gemüsebrühe schaben.
Den Chinakohl, den Zucker, das Salz, den Reiswein und den Pfeffer zugeben und bei milder Hitze 15 bis 18 Min. garen.
In eine Servierschüssel füllen und mit den Frühlingszwiebeln überstreuen.

Anmerkungen Bei der Zubereitung der frischen Nudeln ist das gründliche Kneten sehr wichtig. Der Nudelteig ist sonst nicht zart und klebt beim Abschaben. Auch muß das Messer sehr scharf sein.
In Restaurantküchen, wo oft große Mengen Nudeln herzustellen sind, schneidet der Koch von einer großen Teigkugel auf seinem Kopf mit zwei speziellen, rund geformten Messern in rhythmischen Bewegungen abwechselnd links und rechts die Späne in einen vor ihm stehenden Topf. Wenn der Teig zu Neige geht, setzt ein Gehilfe sofort eine neue Teigkugel auf seinen Kopf. Der Rest des alten Teigs wird nun mit dem frischen verknetet.
Der Nudelteig wird unter Bestäuben mit Mehl auseinandergezogen und auf die Arbeitsplatte geschlagen, zu einer Schlaufe gelegt und wieder auseinandergezogen usw., bis der gewünschte Durchmesser erreicht ist. Die Nudeln heißen in China «Tausend-Haare-Nudeln».

Fritierter Tofu mit Brokkoli
Zha Doufu He Jie Cai

Vorbereitung Den Tofu in Scheiben schneiden und im Fritieröl goldbraun fritieren.
Die Brokkoliröschen abschneiden und die Stiele in mundgerechte Stücke zerteilen. Das Ganze in kaltem Wasser 10 Min. ziehen lassen.
Das Kartoffelmehl mit der Brühe anrühren. Den Knoblauch feinhacken.
Das Gemüse in einem Sieb abtropfen lassen.

Zubereitung In einer heißen Pfanne das Öl zum Braten erhitzen und den Knoblauch goldbraun anbraten. Das abgetropfte Gemüse und den fritierten Tofu in die Pfanne geben und unter Rühren 1 Min. braten.
Mit dem Zucker, dem Salz und dem Pfeffer würzen und 3 Min. weiterbraten, dabei ab und zu umrühren. Die Kartoffelmehl-Brühe-Mischung zugießen, verrühren und andicken lassen.
Das Gericht sofort servieren.

Anmerkung Das Gemüse muß im Wasser ziehen, damit es nach der Kochzeit frisch und zart aussieht und auch saftig ist.

Zutaten
200 g Tofu
½ l Öl zum Fritieren
400 g Brokkoli
1 TL Kartoffelmehl
8 El Brühe
(siehe S. 69)
1 EL Knoblauch
6 EL Öl zum Braten
2 TL Zucker
1½ TL Salz
1 Prise frisch gemahlener schwarzer Pfeffer

«Grün» gebratener Reis
Su Shi Chao Fan

Vorbereitung Den Reis kochen. Das Sichuan-Gemüse fein schneiden.
Den Schittlauch und den Knoblauch fein hacken.

Zubereitung Eine heiße Pfanne zweimal mit Öl ausschwenken und das Salatöl erhitzen. Den Knoblauch unter Rühren anbraten und das Salz hineingeben.
Den gekochten Reis zum Knoblauch geben und unter Rühren 2 Min. braten, dann das Sichuan-

Zutaten
2 RS Reis
30 g Sichuan-Gemüse
150 g chinesischer Schnittlauch (oder Porree)
10 g Knoblauch
5 EL Salatöl
1½ TL Salz

1½ EL Zucker
½ TL Pfeffer
3 EL Sesamöl

Gemüse, den Zucker und den Pfeffer dazugeben und 1 Min. weiterbraten.
Den Schnittlauch unterrühren und 2 Min. zu Ende braten.
Zum Servieren mit dem Sesamöl abschmecken.

Anmerkung Um das Gericht reichhaltiger zu machen, kann man 2 Eier schaumig schlagen und unter Rühren von allen Seiten goldbraun braten. Das gebratene Ei sollte dann schwammartig aussehen. Es wird wie der Schnittlauch gehackt und bei der Zubereitung mit untergerührt.

Rindfleisch mit getrockneten Chilischoten
Gong Bao Niu Rou

Zutaten
300 g Rinderfilet (oder falsches Filet)
20 g Frühlingszwiebeln
15 g Ingwer
10 g getrocknete Chilischoten
½ l Öl zum Fritieren

Zum Marinieren:
1 Prise Backpulver
1 EL Eiweiß
2 TL Kartoffelmehl
8 EL Öl
1 EL Sojasauce
2 EL Wasser

Zum Anbraten:
1 EL Knoblauch
5 EL Öl
2 g Sichuan-Pfefferkörner

Vorbereitung Das Filet in 4 cm lange, 2 cm breite und ½ cm dicke Scheiben schneiden.
Alle Zutaten zum Marinieren in einer Schüssel mischen. Das Fleisch untermengen und 30 Min. darin ziehen lassen.
Alle Saucezutaten in einer Schüssel vermischen.
Nun die Frühlingszwiebeln in 4 cm große Stücke schneiden.
Den Ingwer in Streifen schneiden. Die Chilischoten halbieren und den Knoblauch hacken.

Zubereitung Eine stark erhitzte Pfanne zweimal mit Öl ausschwenken und das Fritieröl in der Pfanne erhitzen. Die Chilischoten darin fritieren, bis sie dunkelbraun sind.
Unter Rühren das marinierte Fleisch zugeben, 2 Min. fritieren, die Frühlingszwiebeln und den Ingwer zugeben und kurz weiterfritieren.
Alles auf ein Sieb zum Abtropfen geben und das Öl in das Vorratsgefäß zurückgießen.
Die Pfanne erneut erhitzen, das Öl zum Anbraten sehr heiß werden lassen und die Sichuan-Pfefferkörner ½ Min. darin braten.

Den Knoblauch zugeben, unter Rühren 10 Sek. braten, das vorfritierte Fleischgemisch aus dem Sieb zugeben und unter Rühren erhitzen.
Die Saucenmischung angießen und 1 weitere Min. erhitzen. Das Gericht heiß servieren.

Für die Sauce:
½ TL Kartoffelmehl
1½ EL Reiswein
½ TL Salz
1½ EL Sesamöl
2 EL Tomatenketchup
5 EL Wasser
1½ EL Zucker
2 EL karamelisierter Zucker (siehe S. 72)

Buddhistisches Pilzgericht
Su Shi Dong Gu

Vorbereitung Die abgetropften Blumenpilze in Streifen schneiden.
Die Lilienblütenpilze zerpflücken. Den Porree und den Ingwer in Streifen schneiden.
Das Kartoffelmehl mit 3 EL Wasser vermischen.

Zubereitung Eine heiße Pfanne zweimal mit Öl ausschwenken. Das Salatöl erhitzen und das Salz unter Rühren anbraten.
Die Ingwerstreifen hineingeben und anbräunen lassen. Mit Gemüsebrühe oder Wasser ablöschen.
Die Blumen- und die Lilienblütenpilze in der Pfanne unter Rühren etwa 1 Min. kochen, dazu den Zucker, die Sojasauce und das Glutamat geben und verrühren.
Den Deckel schließen und 4 bis 5 Min. schmoren lassen. Die Porree-Streifen beifügen und dann bei geschlossenem Deckel 1 Min. weiterschmoren.
Zum Schluß die Kartoffelmehl-Wasser-Mischung zugeben und andicken lassen.
Das Pilzgericht sofort servieren.

Zutaten
150 g eingeweichte chinesische Blumenpilze (oder 25 g getrocknete Dhong Gue)
350 g Lilienblütenpilze (Enoki)
10 g Ingwer
1 TL Kartoffelmehl
6 EL Salatöl
1 TL Salz
50 g grüner Porree
½ RS Gemüsebrühe (siehe S. 70) oder Wasser
1 EL Zucker
2 EL Sojasauce
1 TL Glutamat

Bok-Choy-Gemüse mit Eierblättern
Chao You Cai He Dan Pi

Zutaten

Für das Gemüse:

300 g Bok-Choy-Gemüse
60 g Strohpilze (aus der Konserve) oder Dhong Gue (Blumenpilze)

Für den Teig:

2 Eier
1½ EL Kartoffelmehl

Zum Würzen:

11 EL Salatöl
20 g Frühlingszwiebelweiß
1 TL Kartoffelmehl
1 TL Salz
½ RS Gemüsebrühe (siehe S. 70) oder Wasser
3 EL Sojasauce
3 EL Zejiang-Essig (5 %) oder normaler Essig
1½ EL Zucker
3 EL Reiswein
2 EL Sesamöl

Vorbereitung Das Bok-Choy-Gemüse in 6 cm lange Stücke schneiden und die Strohpilze halbieren.

In einer großen Reisschale die Eier mit dem Kartoffelmehl für den Teig kräftig verrühren.

Eine heiße Pfanne mit flachem Boden zweimal mit Öl ausschwenken. Das überschüssige Öl mit einem Küchentuch sorgfältig aufnehmen.

Bei mittlerer Hitze die Eier-Kartoffelmehl-Masse in die Mitte der Pfanne gießen und durch vorsichtiges Neigen der Pfanne gleichmäßig auf dem Pfannenboden verteilen. Die Pfanne solange bewegen, bis die Eiermasse vollständig gestockt ist.

Vorsichtig 2 bis 3 EL Salatöl am Pfannenrand rund um den Pfannkuchen träufeln.

Den Pfannkuchen auf einen Teller stürzen und in Streifen etwa von der Größe der Bok-Choy-Stücke schneiden.

Die Frühlingszwiebeln in 4 cm lange Stücke schneiden und das Kartoffelmehl mit 3 EL Wasser vermischen.

Zubereitung Eine heiße Pfanne zweimal mit Öl ausschwenken. Das restliche Salatöl erhitzen und das Salz darin verrühren.

Nun die Frühlingszwiebeln hineingeben und anbräunen. Die Bok-Choy- und die Strohpilze hinzufügen, unter Rühren anbraten, mit der Gemüsebrühe ablöschen und den Deckel schließen. Nun 2 Min. schmoren lassen.

Die Sojasauce, den Essig, den Zucker und den Reiswein hineinrühren und bei offener Pfanne 2 Min. weitergaren.

Die Pfannkuchenstreifen unterrühren und mit der Kartoffelmehl-Wasser-Mischung andicken.

Zum Schluß mit dem Sesamöl übergießen und das Gericht sofort servieren.

ANMERKUNG Durch das Beträufeln des Pfannenrandes mit Öl läßt sich der Pfannkuchen besser ablösen.

YAMSWURZELKOMPOTT
SHAN YAO TANG

VORBEREITUNG Die Yamswurzeln schälen und nach Belieben in mundgerechte Würfel schneiden. Etwa 1 Std. mit dem Salz in 1½ l Wasser ziehen und dann abtropfen lassen.
Falls Ingwer verwendet wird, diesen zerdrücken.

ZUBEREITUNG 8 RS Wasser zum Kochen bringen und die Yamswurzeln etwa 40 Min. kochen.
Ev. den Ingwersaft oder den zerdrückten Ingwer zugeben.
Kurz vor Ablauf der Kochzeit den Zucker hinzufügen. Das Kompott am besten warm servieren.

ANMERKUNG Dieses Gericht wirkt sehr wohltuend auf den Magen, besonders nach dem Essen. Der Geschmack wird durch Ingwersaft (oder zerdrücktem Ingwer) verfeinert.

ZUTATEN
650 g Yamswurzeln
2 EL Salz
ev. ½ RS Ingwersaft
(oder 15 g Ingwer)
⅔ RS chinesischer Würfelzucker («Ping-Thang») oder normaler Zucker

Bok-Choy mit verschiedenen Gemüsen geschmort
You Cai Chao Su Shi Jin

Zutaten
100 g schon eingeweichte chinesische Blumenpilze (oder 20 g getrocknete)
200 g Bok-Choy-Gemüse
120 g weißer Spargel (frisch oder aus der Konserve)
200 g Champignons (oder Chinakohl)
8 EL Öl zum Braten

Für das Gemüse:
½ TL Salz
2 EL Öl

Gewürze für die Sauce:
1 TL Kartoffelmehl
½ RS Gemüsebrühe (siehe S. 70) oder Wasser
1 TL Salz
4 EL Sojasauce

Vorbereitung Die Stiele der Blumenpilze abschneiden und wegwerfen. Größere Blätter des Bok-Choy-Gemüses in Längsstreifen schneiden.
Den frischen Spargel schälen und ganz im Wasser ziehen lassen.
Die Champignons putzen. Bei großen Stücken den Stiel abschneiden und die Champignons halbieren.
Das Kartoffelmehl mit 3 EL Wasser vermischen.

Zubereitung 1½ l Wasser mit dem Salz und dem Öl zum Kochen bringen.
Den Spargel, die Blumenpilze sowie die Champignons in das kochende Wasser geben und etwa 2 Min. blanchieren. Mit einem Sieb vorsichtig herausnehmen und warmstellen.
Das Öl zum Braten erhitzen. Das blanchierte Gemüse sowie das Bok-Choy-Gemüse hineingeben und 2 Min. braten.
Die Gemüsebrühe, das Salz und die Sojasauce hinzufügen und das Ganze 1 Min. auf großer Flamme kochen lassen.
Das mit Wasser vermischte Kartoffelmehl dazugeben und das Gericht servieren.

November

十一月

Gedämpfte Hähnchenflügel mit verschiedenen Pilzen
Qing Zheng Ji He Gu Lei

Vorbereitung Die Hähnchenflügel waschen, im Gelenk halbieren und 3 Min. in kochendem Wasser blanchieren.
Die Blumen- und die Raupenpilze (falls verwendet) in heißem Wasser ½ Std. einweichen, kurz waschen und die Stiele entfernen.
Die Blumenpilze ev. halbieren. Die Abalone abtropfen und in 5 cm lange, bleistiftdicke Stäbchen schneiden.

Zubereitung Die blanchierten Hähnchenflügel, die eingeweichten Pilze, die geschnittene Abalone, den Reiswein, die Hühnerbrühe und das Salz zusammen in einen Porzellantopf geben, zudecken und im kochenden Wasserbad 1 Std. dämpfen.
Heiß im Porzellantopf servieren.

Zutaten
540 g Hähnchenflügel
8 getrocknete Blumenpilze
ev. 5 g getrocknete Raupenpilze
1 Abalone (aus der Konserve)
1½ RS Reiswein
1½ l Hühnerbrühe
etwas Salz (nach Belieben)

Benötigt wird zudem ein Porzellantopf zum Dämpfen.

Chinesische Raupenpilze

Diese Tiere stammen aus dem 3000 bis 4000 m hohen Gebirge in Mittelchina. Dort lebt auch die Fledermaus. Nachts, wenn sie mit ihrer Beute zurückkehrt, haben diese Tiere meist mehr gefangen, als sie fressen können. Die Fledermäuse leben tagsüber in dunklen, feuchten Höhlen. Dort können sich in den organischen Überresten ihrer Beutetiere Pilze bilden. Diese ziehen wiederum Fliegen an, die dort auch ihre Eier ablegen.

Aus den Eiern entwickeln sich langsam Raupen, die von den Essensresten der Fledermäuse leben. In den Höhlen selbst ist es sehr dunkel, kein Tageslicht, ja nicht einmal ein Sonnenstrahl vermag dort einzudringen. Die Raupen nehmen mit ihrer Nahrung auch die Pilzsprossen zu sich. Sie fressen immer weiter, bis gar nichts mehr übrig ist. Aus Nahrungsmangel sterben die meisten dieser mittlerweile etwa 4 cm langen, gelben Tiere mit den roten Köpfen. Die überlebenden trocknen langsam aus, doch die Pilzsprossen im Magen der toten Raupen entwickeln sich weiter. Nach einiger Zeit sprießt aus dem Pilz ein Stiel, durchbohrt schwanzartig ein Ende der Raupe und bohrt sich in den Boden, um dort weitere Nahrung zu suchen.

Der Beginn der Pilzwachstumsperiode liegt im Winter. Gegen Ende Juni oder Anfang Juli kann man den Raupenpilz ernten. Nach der Ernte werden die Raupenpilze getrocknet und später in der chinesischen Naturheilkunde als Medizin verwendet. Neben Ginseng gehört der chinesische Raupenpilz zu den teuersten Gewürzen der traditionellen Heilkunde.

Wirkung und therapeutische Vorzüge
Raupenpilze unterstützen die Atemtätigkeit, stärken die Nierenfunktionen und helfen gegen Auswurf. Man verwendet sie bei chronischer Erkältung und bei Potenzschwierigkeiten. Auch gegen Muskelschmerzen, insbesondere bei Muskelkater, und sogar gegen Rheuma kann man die Raupenpilze anwenden.

Geschmortes Kaninchen mit Wachteleiern
Hong Shao Tu Rou

Vorbereitung Das Kaninchenfleisch waschen und in grobe Stücke teilen.
Die Tofublätter in ½ l heißem Wasser 15 Min. einweichen. Abtropfen und grob zerpflücken.
Die Wachteleier 15 Min. hartkochen und schälen.
Alle Zutaten für die Sauce in einer Schale mischen.

Zubereitung Eine stark erhitzte Pfanne zweimal mit Öl ausschwenken und das Fritieröl darin erhitzen. Die Kaninchenstücke 5 Min. fritieren, auf einem Sieb abtropfen und das Öl in das Vorratsgefäß zurückgießen.
Die Pfanne erneut erhitzen und das Öl zum Braten hineingeben. Den Ingwer und die Mandarinenschale im heißen Öl anbraten.
Das vorfritierte Kaninchen zugeben und weitere 2 bis 3 Min. braten. Die Tofublätter und die Saucenmischung zugeben, den Deckel schließen und 5 Min. bei kleiner Flamme schmoren.
Zum weiteren Schmoren 1 l Wasser zugeben und zugedeckt 1 Std. leicht kochen lassen.

Zutaten
600 g Kaninchenschenkel
30 g getrocknete Tofublätter
20 frische Wachteleier
½ l Öl zum Fritieren

Für die Sauce:
5 EL Austernsauce
3 EL chinesischer Essig (5 %)
5 EL Sojasauce
2 EL Zucker
4 EL karamelisierter Zucker (siehe S. 72)

Zum Braten:
8 EL Salatöl
4 Scheiben Ingwer
5 g Mandarinenschale

Zum Schmoren:
2 EL Sesamöl
etwas Salz (nach Belieben)

Die geschälten Wachteleier, das Sesamöl und das Salz zugeben und bei offener Pfanne und starker Flamme die Flüssigkeit etwas reduzieren, so daß die Sauce leicht sämig wird.
Das Gericht heiß servieren.

Schweinerippchen mit Chinakohl
Pai Gu Shao Da Bai Cai

Zutaten
500 g Schälrippchen
300 g Chinakohl
50 g Tomaten
30 g Zwiebeln

Zum Anbraten:
5 EL Salatöl
3 EL Tomatenketchup
1½ EL Sambal Olek
5 Zitronenblätter
2 bis 3 EL Zucker
1½ TL Salz
1 TL Glutamat
1 l Kokosmilch

Benötigt wird ein schwerer Suppentopf mit Deckel.

Vorbereitung Die Schälrippchen waschen und in 3 cm große Stücke schneiden, dann in 1 l kochendem Wasser 10 Min. blanchieren.
Den Chinakohl waschen und in große Stücke zerpflücken.
Die Tomaten häuten, entkernen und das Fleisch in Würfel, die Zwiebeln in Streifen schneiden.

Zubereitung In einem schweren Suppentopf das Salatöl erhitzen und die Zwiebeln in dem heißen Öl hellgelb braten.
Das Tomatenketchup, das Sambal Olek und die Zitronenblätter zugeben und ebenfalls leicht anbraten.
Die blanchierten Rippchen beifügen und zugedeckt 5 Min. schmoren.
Nun die Tomatenwürfel, den Zucker, das Salz, das Glutamat und die Kokosmilch zugeben, den Deckel schließen und 30 Min. bei kleiner Flamme leicht kochen lassen.
Den zerpflückten Kohl zugeben und nochmals 15 Min. bei kleiner Flamme kochen.
Das Gericht heiß servieren.

Gepresster Tofu mit Schweinefleisch
Doufu Gan Chao Zhu Rou

Vorbereitung Den Tofu in einer großen Schale mit der Sojasauce zum Einlegen übergießen und 1½ Std. darin ziehen lassen.
Den Tofu in ein Mulltuch rollen und mit einem Stein beschwert auf einem umgekehrten Suppenteller in einer Schüssel 1 bis 2 Std. völlig auspressen.
In ½ cm dicke Scheiben und diese wiederum in dünne Streifen schneiden.
Alle Gewürze für die Sauce in einer Schale vermischen.
Das Schweinefilet, die grünen Bohnen (oder den Porree) und den Ingwer in Streifen schneiden. Den Knoblauch hacken.

Zubereitung Eine stark erhitzte Pfanne zweimal mit Öl ausschwenken, das Öl zum Anbraten darin erhitzen und den Knoblauch anbraten.
Das in Streifen geschnittene Filet 2 Min. anbraten und den gepreßten Tofu dazugeben.
Die Saucenmischung unter Rühren zugießen und aufkochen. Nun die Bohnen- und Ingwerstreifchen zugeben, 3 bis 5 Min. erhitzen und heiß servieren.

Tip Man kann Tofu kaufen, aber natürlich auch selbst herstellen. Ersteres ist günstiger und bequemer, da die Eigenherstellung sehr arbeitsaufwendig ist. Frischen Tofu kann man mittlerweile in fast jedem Asiengeschäft finden. Nur gepreßter Tofu ist in Europa nicht leicht zu bekommen. Davon gibt es zwei verschiedene Arten: den «gewürzten» und den gepreßten Tofu «nature». Am liebsten wird in China der Gewürztofu genommen, auch wenn seine Herstellung um einiges schwieriger ist.

Die Herstellung von gewürztem, gepreßtem Tofu
Man kaufe ein Stück frischen Tofu und lege ihn so in Sojasauce ein, daß er ganz davon bedeckt ist.

Zutaten
500 g (oder 250 g gepreßter) Tofu
200 g Schweinefilet
80 g grüne Bohnen (oder Porree)
20 g Ingwer

Zum Einlegen des Tofus:
1 RS helle Sojasauce

Zum Anbraten:
1 EL Knoblauch
5 EL Öl

Für die Sauce:
½ TL Kartoffelmehl
4 EL Reiswein
½ TL Salz
4 EL Sojasauce
1 EL Zucker

Lange Vorbereitungszeit!

Wenn man genügend Zeit hat, sollte man den Tofu 3 Std. einlegen, er schmeckt dann etwas würziger. Danach hat der Tofu eine dunkelbraune Farbe angenommen. Jetzt wickelt man ihn in ein feines Leintuch oder in eine Mullwindel und legt einen schweren Stein darauf. Die Flüssigkeit wird langsam aus dem Tofu herausgepreßt, und nach etwa einem Tag ist er völlig trocken.
Wenn man den Tofu noch härter haben möchte, muß man ihn länger stehen lassen (oder ev. stärker beschweren). Nach dem Trocknen kann der Tofu dann zum Kochen weiterverwertet werden.
Die Idee, Tofu zu trocknen, beruht darauf, daß man die leicht wäßrige, schwammige Konsistenz vermeiden will, ohne auf den typischen Tofugeschmack zu verzichten.
Man kann den Tofu auch pressen, ohne ihn vorher in Sojasauce einzulegen. Gepreßter Tofu läßt sich lange aufbewahren, ganz im Gegensatz zu frischem Tofu, den man innerhalb von ein bis zwei Wochen verbrauchen muß. Für gepreßten Tofu gibt es die unterschiedlichsten Rezepte.

Gebratene Tofu-Kroquetten
Pi Pa Doufu

Vorbereitung In einem Mixer nacheinander die gewaschenen Shrimps, die Wasserkastanien, den Tofu, die Frühlingszwiebeln und alle Zutaten für die Kroquetten zu einer Masse pürieren.
Alle Gewürze für die Sauce sowie 5 EL Wasser in einer Schale mischen. Den Knoblauch hacken.

Zubereitung Eine stark erhitzte Pfanne zweimal mit Öl ausschwenken, das Öl zum Braten darin erhitzen.
Mit einem Eßlöffel kroquettengroße Stücke von der Tofumasse abstechen und nacheinander unter zweimaligem Wenden im heißen Öl schön braun braten. Auf Tellern anrichten.
Die Pfanne erhitzen, 5 EL Öl hineingeben und den Knoblauch anbraten.
Die Saucenmischung zugießen und unter Rühren aufkochen. Über die angerichteten Kroquetten verteilen und servieren.

Zutaten
150 g Shrimps
100 g Wasserkastanien
300 g Tofu
10 g Frühlingszwiebeln
1/2 RS Öl zum Braten

Für die Kroquetten-Masse:
1/2 Eiweiß
3 TL Kartoffelmehl
2 Prisen Pfeffer
1/2 TL Salz
1 1/2 EL Sesamöl
2 TL Zucker

Zum Anbraten:
1 EL Knoblauch
10 EL Öl

Für die Sauce:
1/2 RS Gemüsebrühe (oder Wasser)
1/2 TL Kartoffelmehl
2 EL Sesamöl
2 EL Sojasauce
5 EL Wasser

Chinesische Lebenswünsche

Die Chinesen haben traditionellerweise drei große Wünsche: Glück, ein langes Leben und Reichtum. Da diese so hoch gesteckt sind, wurde noch keinem alles im gewünschten Maß erfüllt.

Allerdings wurde den chinesischen Kaisern oft prophezeit, daß für sie diese drei Wünsche in Erfüllung gehen würden. Reichtum stellt für einen Kaiser kein besonderes Problem dar, auch war mancher vom Glück begünstigt, aber keiner hatte wirklichen Einfluß auf die Länge seines Lebens.

Wenn man die Kaiserdynastien von 220 v. Chr. bis zur Qing-Dynastie 1908 untersucht, stellt man fest, daß das Durchschnittsalter der Kaiser etwa 42 Jahre beträgt. Nur vier Kaiser sind wesentlich älter geworden: Liang-Wu-Di 86, Song-Gao-Zhu 81, Yuan-Shi-Zhu 80 und Qian-Long sogar 88 Jahre.

Qian-Long ist letztlich der einzige Kaiser, dem neben Glück und Reichtum auch ein relativ langes Leben beschert war. Warum gerade ihm? In den kaiserlichen Annalen finden sich Hinweise darauf, daß dieser Herrscher im Gegensatz zu seinen Vorgängern ziemlich viel reiste und sich auch körperlich in Form hielt. Außerdem ist er dafür bekannt, vieles ausprobiert zu haben, wobei vor allem das Essen damit gemeint ist.

Hummerklösschensuppe
Xia Wan Tang

Zutaten
400 g Krevetten
50 g Schweinefilet
5 g Petersilie
150 g Strohpilze (aus der Dose)
1½ l Hühnerbrühe

Für die Hummerklößchen:
1 EL Eiweiß
1 TL Kartoffelmehl
2 EL Salatöl
½ TL Salz

Zum Marinieren des Fleisches:
1 EL Kartoffelmehl
1 EL Salatöl
1½ EL Sojasauce

Für die Suppe:
1½ TL Glutamat
1 Prise Pfeffer
2 TL Salz
1 EL Sesamöl
1 TL Zucker

Vorbereitung Die Krevetten im Mixer pürieren, die Gewürze für die Hummerklößchen zufügen und gut durchmischen.
Das Schweinefilet in Scheiben schneiden und die Petersilie hacken.
Alle Gewürze zum Marinieren in einer Schüssel mischen, mit den Filetscheiben vermengen und 10 Min. ziehen lassen.
Die Strohpilze abtropfen und halbieren.

Zubereitung In einem Topf die Hühnerbrühe zum Kochen bringen. Die Strohpilze beifügen und aufkochen.
Die Gewürze für die Suppe beigeben. Von der Hummermasse wallnußgroße Klößchen abstechen und in die kochende Suppe geben. 5 Min. leicht kochen und dann unter Umrühren das marinierte Fleisch stückchenweise zugeben.
3 Min. leicht weiterkochen, mit der Petersilie bestreuen und heiß servieren.

Mit Hummer gefüllte Wan-Tan
Zheng Hun Tun

Vorbereitung Das Sichuan-Gemüse gründlich waschen, abtropfen und fein hacken. Den Knoblauch hacken.
Die Tiger-Prawns säubern, waschen und trockentupfen.
Das Sichuan-Gemüse, das Krabbenfleisch, das Schweinemett und die Zutaten für die Füllung im Mixer zu einer Masse pürieren.
Alle Gewürze für die Dippsauce in einer Schale verrühren und ein Wasserbad mit Dampfeinsatz vorbereiten.

Zubereitung Die Teighüllen auf einem Brett nebeneinander ausbreiten. In die Mitte jeweils 1 Tiger-Prawn legen und 1 bis 2 TL der Füllung darübergeben.
Von den Enden aus den Teig über der Füllung zusammendrücken und mit einer Drehung verschließen.
Die gefüllten Wan-Tan mit den Zipfeln nach oben auf den Dampfeinsatz geben und 20 Min. im heißen Dampf garen.
Auf jeden Wan-Tan ein Korianderblättchen legen und heiß mit der Dippsauce servieren.

Geschichtliches Zur Zeit der Ming-Dynastie lebte eine reiche Familie namens Ma-In-Lo-Yang. Schon allein die Küche dieser Familie war wegen ihrer Größe sehenswert: Hier wirkten mehrere Küchenmeister und eine Menge Küchenpersonal.
Gesellschaftlich gesehen war die Stellung der Familie nicht besonders hoch. Dennoch wurde sie später sehr bekannt, da Zhu-Yuan-Zhang, ein späterer Kaiser der Ming-Dynastie, eine Zeit lang hier als Küchenmeister arbeitete.
Während dieser Zeit lernte der künftige Herrscher viele verschiedene Gerichte kochen. Damals nahm Zhu auch eines der Küchenmädchen zur Frau, die ihn auf seinem steilen Weg nach oben begleitete.

Zutaten
30 g Sichuan-Gemüse
8 bis 10 Tiger-Prawns (200 bis 250 g)
150 g Krabbenfleisch
50 g Schweinemett
10 Wan-Tan-Teighüllen
10 frische Korianderblätter

Für die Füllung:
1 EL Eiweiß
1 TL Kartoffelmehl
1 EL Reiswein
1 Prise Salz

Für die Sauce zum Dippen:
1 TL Knoblauch
5 EL Austernsauce
1 EL Reiswein
1 EL Sesamöl
1½ TL Zucker

Benötigt wird ein Wasserbad mit Dampfeinsatz.

Schließlich erreichte Zhu die Spitze der Hierarchie und wurde Kaiser der Ming. Von da an bereitete ihm seine Frau jedesmal zu seinem Geburtstag das eben beschriebene Gericht, um ihn an seine einfache Herkunft zu erinnern.

Die Tradition der chinesischen Maultaschen

Schon auf alten Orakel-Inschriften sind Maultaschen erwähnt. Der ursprüngliche Name lautet *Lao-Wan* , also «Stahlkugel». Diese Maultaschen waren ursprünglich als Opfergabe gedacht. Kleingehackte Fleischreste wurden dabei zu kleinen Kugeln geformt.

Während der Han-Dynastie lebte ein Dichter namens Liu-Xi, der die Idee der Fleischklöße aufgriff und diese als eine Art Frikadellenmasse zubereitete. In Wasser gekocht, zerfielen diese jedoch langsam. So begann man, das Fleisch mit einem Teigmantel zu umhüllen. Diese Technik fand schnelle Verbreitung. Bis zur Tang-Dynastie entwickelten sich daraus zwei Zubereitungsarten: das Dämpfen und das Kochen der Maultaschen. Auch gab es viele verschiedene Massen für die Füllung dieser Maultaschen, neben solchen aus Fisch, Geflügel und anderen Tieren z.B. auch solche nur aus Gemüse.

Bis zur Epoche der Drei Streitenden Reiche (220 bis 400 v. Chr.) hatte sich die Bezeichnung der Maultaschen nochmals verändert. Statt *Jiang* nannte man sie *Wan-Tan,* d.h. «die Kugel wegwerfen» und bezog sich darauf, daß die fertigen Fleischbällchen einfach ins Wasser geworfen wurden. Nun wandelte sich der Name weiter zu *Han-Dun,* was sich mit «Gemischtes Gekochtes» übersetzen läßt.

Erst nachdem das Fleisch bereits mit einem Teigmantel umhüllt worden war, der nach dem Kochen auch an den gefüllten Klößchen kleben blieb, entstand der Name *Jiao-Zi,* also «Maultasche».

Unterdessen verbreitete sich in der Provinz Kanton ein Rezept, daß *Liang-Dou-Fu* hieß. Wie schon der Name besagt, handelt es sich hierbei um ein Tofurezept. Der Tofu wird hierbei in dreieckige Stücke geschnitten, die ausgehöhlt und mit Fleisch gefüllt werden. Diese Tofutaschen wurden ebenfalls zu Neujahr gegessen. In ihnen lebt die Tradition der Maultaschen fort, die von Chinesen aus den nordöstlichen Provinzen mit nach Guangdong gebracht worden war.

Neben den Neujahrsfeiern gehören Maultaschen auch zum Hochzeitsessen, stehen sie doch symbolisch für ein langes, glückliches Leben. Ebenso werden sie zum Abschluß einer guten Ernte gegessen, um zum Ausdruck zu bringen, wie froh man über den reichen Ertrag ist.

Wildschweinmaultaschen sind eine besondere Spezialität der Provinz Jilin. Bekannt sind außerdem die Fischmaultaschen der Provinz He-Long-Jiang. Auch in Sichuan gibt es eine besondere Art: hier werden die Maultaschen besonders scharf mit Sichuan-Pfeffer, Chiliöl und Sternanis zubereitet. Durch Reisweinessig gibt man ihnen noch einen leicht säuerlichen Geschmack.

Ein besonders gutes Restaurant mit 108 verschiedenen Maultaschen gibt es in Xi-An in der Provinz Shanxi.

FRITIERTE RINDFLEISCHKLÖSSCHEN
ZHA NIU ROU WAN

VORBEREITUNG Das falsche Filet, die Wasserkastanien, das Schweinemett und alle Zutaten für die Klößchenmasse im Mixer pürieren.
In einem Schälchen alle Gewürze zum Überstreuen vermischen.

ZUBEREITUNG Eine stark erhitzte Pfanne zweimal mit Öl ausschwenken, das Fritieröl in der Pfanne erhitzen und wallnußgroße Klößchen von der Klößchenmasse abstechen.

ZUTATEN
500 g falsches Filet
150 g Wasserkastanien (oder Bambussprossen)
100 g Schweinemett
1 l Öl zum Fritieren

Für die Klößchenmasse:
½ Ei
½ TL Pfeffer
4 EL Reiswein
1 TL Salz
2 EL schwarze Sesamkörner
2 EL Sojasauce
½ RS Wasser

Zum Überstreuen:
½ TL Fünfgewürzpulver
½ TL Knoblauchpulver
½ TL Pfeffer
½ TL Salz

Im heißen Öl vorfritieren, auf einem Sieb abtropfen und leicht abkühlen lassen. Danach zu brauner Farbe fertigfritieren.
Wieder auf einem Sieb gut abtropfen, mit der Gewürzmischung bestreuen und heiß zu Tisch bringen.

Gedämpftes Fischfilet
Qing Zheng Yu Rou

Zutaten
700 g frisches Fischfilet (Lachs, Rotbarsch oder Kabeljau)

Zum Würzen:
5 g Ingwer
5 g Frühlingszwiebeln
1 EL fermentierte Bohnen
½ TL Pfeffer
3 EL Reiswein
1 TL Salz
3 EL Sojasauce

Zum Garnieren:
1 EL Koriander
3 EL Sesamöl

Vorbereitung Zuerst das Fischfilet waschen und trockentupfen. Einen Teller zum Dämpfen einölen und ein passendes Wasserbad vorbereiten.
Den Ingwer und die Frühlingszwiebeln in Streifen schneiden. Den Koriander hacken.

Zubereitung Das Fischfilet auf den Dämpfteller legen und mit sämtlichen Zutaten zum Würzen bedecken, zudecken und im Wasserbad 30 Min. dämpfen.
Mit dem Sesamöl beträufeln, mit dem Koriander bestreuen und heiß servieren.

Curry-Allerlei
Jia Li Shi Jin

Vorbereitung Alle Fleischteile waschen, trockentupfen und in mundgerechte Würfel schneiden.
In einem Topf 1 l Wasser zum Kochen bringen. Zuerst die Rindfleischwürfel 10 Min. kochen, danach die übrigen Fleischwürfel zugeben und zusammen weitere 20 Min. kochen.
Auf ein Sieb abgießen und das Kochwasser weggießen. Den Chinakohl waschen und in grobe Stücke schneiden.
Die Schalotten hacken.

Zubereitung In einer heißen Pfanne das Öl zum Anbraten erhitzen. Nacheinander die Schalotten, das Sambal Olek und das Curry-Pulver kurz anbraten.
Unter Rühren das vorgekochte Fleisch zugeben und erhitzen. Alle Gewürze zum Schmoren nacheinander einrühren und alles zugedeckt 20 Min. bei kleiner Flamme schmoren lassen.
Den geschnittenen Chinakohl zugeben und alles zugedeckt nochmals 20 Min. schmoren.
Das Gericht heiß servieren.

Geschichtliches In der Epoche der Drei Streitende Reiche (220 bis 400 v. Chr.) machte sich der Strategieminister Zu-Ge-Liang eines Tages auf den Weg zum Kriegsminister Liu-Bei. Als er zu dessen Haus kam und an die Tür klopfte, öffnete jedoch nicht der Hausherr, sondern dessen Hausmeister. Dieser wies ihn an, leise zu sein, da sein Chef gerade schliefe. Obwohl er den Gesuchten nicht sofort sprechen konnte, war Zu-Ge-Liang dennoch erleichtert, daß er den Weg nicht vergebens unter die Füße genommen hatte.
Nach einer Weile erschienen auch zwei weitere Würdenträger jener Zeit, Zhang-Fei und Guan-Yi, überraschend im Hause des ruhenden Kriegsministers und schlugen heftig an die Tür. Durch diesen Lärm und das nachfolgende Stimmengewirr aufge-

Zutaten
200 g Rindfleisch (hohe Rippe)
200 g Schweinenacken (ohne Knochen)
200 g Entenbrust
200 g Hähnchenschenkel (entbeint)
300 g Chinakohl

Zum Anbraten:
5 g Schalotten
8 EL Öl
2 EL Sambal Olek
4 EL Curry-Pulver

Zum Schmoren:
3 EL Chiliöl
1 TL Glutamat
1 l Kokosnußmilch
1 RS Reiswein
1½ TL Salz
3 Zitronenblätter
2 EL Zucker

schreckt, erhob sich Liu-Bei schließlich von seinem Lager. Er entschuldigte sich bei Zu-Ge-Liang für dessen Wartezeit und lud zur Versöhnung alle drei zum Essen nach der dienstlichen Unterredung ein. Mitten im geschäftlichen Gespräch, fragte Liu-Bei beiläufig seine Besucher nach ihren Speisewünschen. Zu-Ge-Liang wünschte Rind, Zhang-Fei bevorzugte Schwein und Guan-Yi wollte lieber Ente essen. Der Gastgeber selbst hätte wiederum am liebsten Hähnchen auftragen lassen.

Für den Koch war es keine einfache Aufgabe, schnell eine gute Kombination zur Erfüllung dieser Wünsche zu finden. Doch plötzlich kam ihm der Einfall, aus all seinen Zutaten eine Art Allerlei in Form eines gemischten Eintopfs zuzubereiten. Er nannte sein Gericht *Bao-Luo-Wan-Xiang,* was «Geschmorter Eintopf» bedeutet. Die Wünsche all seiner Gäste waren hier in einem einzigen Topf vereint. Mit dem Resultat waren auch alle zufrieden, und besonders der hungrige Zu-Ge-Liang zeigte sich davon begeistert.

Hühnersuppe mit Lilienblumengemüse Jin Zhen Cai Ji Tang

Zutaten
- 1 Hähnchen
- 3 Scheiben Ingwer
- 30 g Lilienblumengemüse
- 3 bis 4 Blumenpilze
- 40 g Glasnudeln
- 1 EL Petersilie
- 1½ TL Salz
- ½ TL Pfeffer
- 3 EL Möhrenöl (siehe S. 51)
- 1 TL Zucker

Vorbereitung Das Hähnchen waschen. In einem Topf 2 l Wasser zum Kochen bringen.

Das Hähnchen und die Ingwerscheiben zugeben und 30 Min. kochen.

Danach das Hähnchen herausnehmen, abkühlen, das Fleisch ablösen und auf einen Teller legen.

Haut und Knochen in das Kochwasser zurückgeben und weitere 30 Min. bei kleiner Flamme zu einer kräftigen Brühe auskochen. Die Brühe in einen Topf abgießen und Haut und Knochen wegwerfen.

Das Liliengemüse, die Pilze und die getrockneten Glasnudeln getrennt jeweils 20 Min. mit heißem Wasser bedeckt einweichen.

Auf einem Sieb abtropfen, die Pilze entstielen und in Streifen schneiden. Die Wurzeln des Liliengemüses abknipsen und die Petersilie hacken.

Zubereitung Die Brühe im Topf erneut zum Kochen bringen. Das Liliengemüse, die Pilzstreifen und die Glasnudeln sowie das Salz, den Pfeffer, das Möhrenöl und den Zucker zugeben und 5 Min. kochen.
Jetzt das Hähnchenfleisch zerpflücken und in der Suppe erhitzen.
Mit der Petersilie bestreuen und heiß servieren.

Fischsuppe
Yu Tang

Zutaten
200 g Lachsfilet
3 EL Bocksdorn
10 g Basilikum
1 EL Ingwer
1 l Gemüsebrühe
(siehe S. 70)

Zum Marinieren:
2 EL Kartoffelmehl
2 EL Reiswein
1 EL Salatöl
1 TL Sojasauce

Vorbereitung Das Lachsfilet waschen und in Scheiben schneiden.
Alle Gewürze für die Marinade in einer Schüssel mischen, die Lachsscheiben damit vermengen und 10 Min. ziehen lassen.
Den Bocksdorn 10 Min. in einer Reisschale mit heißem Wasser einweichen.
Das Basilikum waschen und die Blättchen vom Stiel abzupfen.
Den Ingwer hacken.

Zubereitung In einem Topf die Gemüsebrühe zum Kochen bringen. Den Ingwer und den Bocksdorn zugeben und 5 Min. zugedeckt leicht kochen lassen.

Für die Suppe:
2 EL Reiswein
1½ TL Salz
1 TL Sesamöl
1 EL Zucker

Stückchenweise das marinierte Lachsfilet in die Brühe geben und 5 Min. sacht kochen.
Nun die Basilikumblättchen und alle Gewürze für die Suppe zugeben.
Weitere 2 Min. durchziehen lassen und heiß servieren.

TIPS Für die Zubereitung einer Brühe gibt es ebenfalls viele verschiedene Rezepte (siehe S. 69f.). Meist gehören dazu Hähnchen, Rindfleisch oder auch Schweinerippe, doch gibt es auch andere Möglichkeiten, z.B. eine Brühe aus Gemüse oder aus Süßwasserfischköpfen. Letztere eignen sich besonders gut zur Herstellung von Brühe, doch sollte man auch in diesem Fall als Basis Schweinerippe nehmen.
Diese Brühe ist in China sehr bekannt, vor allem wegen ihrer gesundheitlichen Komponente. Sie wirkt u.a. fiebersenkend und appetitanregend. In dieser Brühe wirken Speise und Medizin zusammen, was ganz der traditionellen chinesischen Heilmethode entspricht.

Lammfleischsuppe
Yang Rou Tang

Vorbereitung Das Lammfleisch waschen und in mundgerechte Würfel schneiden.
In einem Topf ½ l Wasser zum Kochen bringen und die Fleischwürfel 5 Min. darin blanchieren.
Die Angelikawurzel in Scheiben schneiden und die Frühlingszwiebel quetschen.

Zubereitung In einem Topf 1½ l Wasser für die Suppe zum Kochen bringen. Das Angelikagewürz, die Datteln, die Wallnüsse, das Drachenaugenfleisch sowie alle Würzzutaten hinzufügen und 10 Min. durchkochen.
Die blanchierten Lammfleischwürfel in die Suppe geben und 1 Std. leicht kochen lassen.
Das Gericht heiß servieren.

Zutaten
300 g Lammfleisch von der Keule
20 g chinesische Angelikawurzel
5 getrocknete rote Datteln
8 Wallnußkerne
10 g getrocknetes Drachenaugenfleisch

Zum Würzen:
1 Frühlingszwiebel
3 Scheiben Ingwer
1 EL Pfefferkörner
1 RS Reiswein
2 TL Salz
3 St. Sternanis

Chinesische Angelikawurzel

Die getrocknete Angelikawurzel wird im Herbst ausgegraben, gesäubert und trockengeräuchert. Sie hat einen kräftigen, charakteristischen Geruch und einen süßlich-scharfen, schwach-bitteren Geschmack.

Wirkung und therapeutische Vorzüge (siehe a. S. 60)
Die Angelikawurzel ist besonders hilfreich bei Menstruationsstörungen, Unterleibsschmerzen, Karbunkeln, Furunkeln und Hautgeschwüren. Außerdem wirkt sie laxierend.

Weisse Holzohrenpilzsuppe
Bai Mu Er Tang

Zutaten
20 g getrocknete weiße Holzohrenpilze (oder 60 g Lotusgewürz getrocknet oder 300 g Lotusgewürz aus der Dose)
1½ l Hühnerbrühe
½ TL Salz
½ TL Pfeffer

Vorbereitung Die Pilze ½ Std. in ½ l heißem Wasser einweichen. Danach abtropfen, die Stiele entfernen und grob zerpflücken.

Zubereitung In einem Topf die Hühnerbrühe zum Kochen bringen. Die Pilze zugeben und 1 Std. leicht kochen lassen.
Mit dem Salz und dem Pfeffer abschmecken und heiß servieren.

Anmerkung Wenn man beim Kochen Lotusgewürz verwendet, sollte man möglichst keinen Metalltopf, sondern einen Ton- oder Porzellantopf benutzen, vor allem bei Suppen. Auch während der Zubereitung sollte man das Lotusgewürz so wenig wie möglich mit Metall in Kontakt bringen, weil es sonst dunkel wird und auch das Gericht verfärbt.

Weiße Mu-Err

Holzohrenpilze sehen wie Plastik aus, fühlen sich wie Gummi an und sind fast ohne Aroma. Getrocknete Mu-Err muß man vor dem Gebrauch immer in Wasser einweichen.

Wirkung und therapeutische Vorzüge
Die Einnahme der Holzohrenpilze unterstützt die Bildung der Muskulatur und fördert besonders bei Frauen die Feuchtigkeitsbildung der Haut. Daneben sind die Pilze wirksam gegen Bluthochdruck und bringen Lungenkranken Linderung.

GEDÄMPFTE TAUBENESSENZ
ZHENG GE ZI

VORBEREITUNG Die Tauben säubern und waschen. Die Haubenpilze und den Bocksdorn in je ½ l heißem Wasser getrennt ½ Std. einweichen.
In einem Topf 1 l Wasser zum Kochen bringen. Die Tauben 5 Min. darin blanchieren.
Das Schweinefleisch in Scheiben schneiden.

ZUBEREITUNG Die Tauben, den Schweinenacken, den Reiswein, den Ingwer, die Haubenpilze, den Bocksdorn und das Salz in eine Porzellanschüssel geben.
Das Reispapier über die Schüssel spannen und mit einem Porzellandeckel schließen. Im heißen Wasserbad 1½ Std. dämpfen.
Auf einem Sieb abgießen und nur die Brühe heiß servieren.

ZUTATEN
3 bis 4 Tauben (150 bis 200 g/Stück)
3 g getrocknete Haubenpilze
3 g Bocksdorn
80 g Schweinenacken
1 l Reiswein
4 Scheiben Ingwer
1½ TL Salz

Benötigt werden zudem eine Porzellanschüssel mit Deckel sowie ein Blatt Reispapier.

Lange Zubereitungszeit!

SCHWALBENNESTERSUPPE
YAN WO TANG

VORBEREITUNG Die Schwalbennester in 1 l heißem Wasser 2 Std. einweichen. Mit einer Pinzette die kleinen Federn entfernen.
Nun das Hühnerfilet waschen und in Streifen schneiden.
Den Seetang ½ Std. in heißem Wasser einweichen und dann abtropfen lassen.

ZUTATEN
30 g getrocknete Schwalbennester
200 g Hühnerbrustfilet
10 g getrockneter Seetang

15 g getrocknete Blumenpilze
20 g Ingwer
1 l Hühnerbrühe
½ RS Reiswein

Benötigt wird außerdem eine Porzellanschüssel mit Deckel.

Lange Vorbereitungszeit!

Die Blumenpilze ½ Std. in heißem Wasser einweichen. Danach die Stiele entfernen und die Pilze halbieren.
Den Ingwer in Scheiben schneiden.

ZUBEREITUNG Die Schwalbennester und die Filetstreifen, den Seetang, die Pilze, die Hühnerbrühe, den Reiswein und den Ingwer zusammen in eine Porzellanschüssel geben.
Jetzt zugedeckt im kochenden Wasserbad 1½ Std. dämpfen und dann nach Geschmack salzen.
Die Suppe heiß servieren.

Schwalbennester

Hierbei handelt es sich nicht etwa um das Nest von Schwalben, sondern um deren Speichel. Schwalbennester gehören zur besten Klasse der «kräftigenden» Lebensmittel und sind sehr teuer.

In China kommen sie vor allem im Süden, in den Küstenprovinzen, vor. Die Schwalben leben dort auf den Klippen, wo sie auch ihre Nester bauen. Als Futter dient diesen Vögeln zumeist junger Seetang, der den Speichelfluß anregt. Dieser Speichel wird von den Schwalben zum Nestbau benutzt. Ein Schwalbennest besteht sozusagen aus zusammengesetzten Stücken getrockneten Speichels.

Zwischen alten und jungen Nestern besteht ein großer Unterschied, der sich auch im Preis niederschlägt. Zur bevorzugten Qualität gehören junge Nester. Sie sind von weißer Farbe und kaum mit Federn beschmutzt. Die zweite Kategorie umfaßt schon leicht verfärbte Nester, in denen sich auch einige Federn befinden.

Vor der Zubereitung wird das Nest in etwa 1 l lauwarmem Wasser eingeweicht. Dort verändert es seine Konsistenz und wird zur gelatineartigen Masse. Dann werden mit einem Zahnstocher die Federn und sonstigen Nestpartikel entfernt. Wenn alles gut gesäubert ist, wird das Schwalbennest zusammen mit anderen Beilagen gedämpft.

KULTURELLES Während der Kaiserzeit gehörte Schwalbennestersuppe häufig zum Frühstück des Herrschers und seiner hohen Beamten. Diese Suppe wurde aber auch als Nachttrunk geschätzt. Heutzutage werden Schwalbennester wegen ihrer stärkenden Wirkung in erster Linie älteren Menschen oder Kranken serviert.

HÄHNCHEN IN REISWEIN
MI JIU JI

ZUTATEN
1 Hähnchen (1000 bis 1200 g)
10 g Angelikagewürz in Scheiben
3 g Bocksdorn
5 g Süßholz
3 St. Sternanis
3 g Liebstöckelwurzel
1½ l Reiswein
ev. Salz (nach Belieben) zum Abschmecken

VORBEREITUNG Das Hähnchen waschen und in 8 Stücke teilen. In einem Topf 1 l Wasser zum Kochen bringen und die Hähnchenteile 5 Min. darin blanchieren.
Das Angelikagewürz in Scheiben schneiden.
Den Bocksdorn, die Angelikagewürzscheiben, das Süßholz, den Sternanis und die Liebstöckelwurzel in ½ l heißem Wasser ½ Std. einweichen und dann abtropfen.

ZUBEREITUNG In einem Topf den Reiswein zum Kochen bringen. Die eingeweichten und abgetropften Gewürze zugeben und 20 Min. leicht kochen lassen.
Das blanchierte Hähnchen zugeben und bei kleiner Flamme 50 Min. kochen lassen.
Vor dem Servieren ev. mit Salz abschmecken.

Sichuan-Liebstöckelwurzelstock

Im Sommer wird die Liebstöckelwurzel in China ausgegraben, gesäubert und anschließend an der Sonne oder im Ofen getrocknet. Die Wurzel ist knotig und besteht aus faustförmigen, 2 bis 7 cm großen Stücken. Sie verströmt einen aromatischen Geruch, schmeckt bitterscharf und hinterläßt auf der Zunge einen süßlichen Nachgeschmack.

Wirkung und therapeutische Vorzüge
Der Liebstöckelwurzelstock belebt nach der chinesischen Heilkunde die Blutzirkulation und wirkt schmerzstillend. Er findet Verwendung bei Störungen der Monatsregel, Unterleibs- und Kopfschmerzen sowie bei rheumatischen Beschwerden. Bei Erkältungen, Leberleiden oder Magenentzündungen sollte man hingegen auf Liebstöckelwurzel verzichten.

Yamswurzelsuppe mit Schweinerippe
Shan Yao Pai Gu Tang

Zutaten
550 g frische Yamswurzeln
300 g dicke Schweinerippe
½ Hähnchen (500 g)
etwas Salz
(nach Belieben)

Vorbereitung Die Yamswurzeln waschen, schälen und in kleine Würfel schneiden.
Die Schweinerippe und das halbe Hähnchen waschen und in mundgerechte Stücke schneiden.
In einem Topf 1 l Wasser zum Kochen bringen und die Schweinerippe mit dem Hähnchenfleisch 10 Min. darin blanchieren.

Zubereitung In einem Topf 2 l Wasser zum Kochen bringen. Die in Würfel geschnittenen Yamswurzeln hineingeben und 20 Min. kochen.
Das blanchierte Fleisch zugeben und noch 1 Std. leicht kochen lassen.
Zum Schluß mit Salz abschmecken und die Suppe heiß servieren.

Yamswurzelknollen

Die Wurzelknollen des Yams werden im Winter, wenn Stengel und Blätter verwelkt sind, vom Wurzelkopf befreit, gewaschen und dann getrocknet.

Wirkung und therapeutische Vorzüge (siehe a. S. 68)
Die Yamswurzelknollen werden bei vermindertem Appetit, Durchfallerkrankungen und Keuchhusten verwendet. Des weiteren helfen sie gegen vorzeitigen Samenverlust des Mannes oder Ausfluß der Frau. Sie unterstützen auch die Magentätigkeit.

Lotussuppe
Lian Zi Tang

Zutaten
600 g frische (oder 100 g getrocknete) Lotuswurzeln
500 g dicke Schweinerippe
1½ l Hühnerbrühe
etwas Salz (nach Belieben)

Benötigt wird auch eine Porzellanschüssel mit Deckel.

Lange Zubereitungszeit!

Vorbereitung Die Lotuswurzeln waschen und in kleine Würfel schneiden.
Die Schweinerippe ebenfalls waschen und in mundgerechte Stücke schneiden.

Zubereitung Die Lotuswürfel und die Schweinerippenstückchen mit der Hühnerbrühe zusammen in eine Porzellanschüssel geben, zudecken und im kochenden Wasserbad 1½ Std. dämpfen.
Die Suppe mit Salz abschmecken und servieren.

Seegrassuppe
Hai Cai Tang

Zutaten
5 g getrocknetes Seegras
100 g Affenkopfpilze (aus der Dose) oder 250 g frische Austernpilze
4 Blumenpilze
40 g grüner (oder weißer) Spargel
1 l Hühnerbrühe

Zum Würzen:
1 EL brauner Essig (25 %)
½ TL Pfeffer
1½ EL Zucker
1½ TL Salz

Vorbereitung Das Seegras in ½ l heißem Wasser ½ Std. einweichen.
Die Affenkopfpilze abtropfen und in Scheiben schneiden.
Die Blumenpilze ½ Std. in heißem Wasser einweichen, Stiele entfernen und die Pilze halbieren.
Den Spargel schälen und schräg in 3 cm dicke Scheiben schneiden.

Zubereitung In einem Topf die Hühnerbrühe zum Kochen bringen. Das Seegras, die Affen- und die Blumenpilze zugeben und 15 Min. kochen.
Alle Gewürze und den grünen Spargel zugeben. Weitere 10 Min. kochen und dann heiß servieren.

Bittermelonensuppe
Ku Gua Tang

Zutaten
300 g dicke Schweinerippe
500 g Wintermelone
10 g Ingwer
150 g Bittermelone
1 EL getrocknetes Wintergemüse
etwas Salz (nach Belieben)

Vorbereitung In einem Topf ½ l Wasser zum Kochen bringen und die Schweinerippe 5 Min. darin blanchieren.
Herausnehmen, etwas abkühlen und in mundgerechte Stücke schneiden.
Die Wintermelone schälen, entkernen und nun in 6 × 2 × 2 cm große Stücke schneiden. Den Ingwer in Streifen schneiden.
Die Bittermelone waschen, halbieren, entkernen und in gleichgroße Stücke wie die Wintermelone schneiden.

Zubereitung In einem Topf 1½ l Wasser zum Kochen bringen. Das blanchierte Fleisch und die Ingwerstreifen hineingeben und 10 Min. kochen.
Die Melonenscheiben und das Wintergemüse zugeben und 40 Min. kochen.
Vor dem Servieren mit Salz abschmecken.

Wintermelone

Es handelt sich hierbei um eine längliche große, kürbisartige Frucht mit glatter, harter, grüner Außenschale und weichem, weißem Fruchtfleisch. Die Wintermelone kann bis zu 30 kg schwer werden.

Wirkung und therapeutische Vorzüge (siehe a. S. 39)
Die Früchte wirken harnregulierend, stillen den Durst und können gegen Bettnässen helfen. Außerdem ist Wintermelone wirksam gegen Ödeme, besonders wenn diese an den Füßen oder Waden auftreten.

GETROCKNETE MEERESFRÜCHTESUPPE
HAI CHAN GAN PING TANG

ZUTATEN
80 g getrockneter Fisch (Stockfisch)
100 g getrockneter Tintenfisch
100 g getrocknete Jakobsmuscheln
100 g getrocknete Krabben
2 l Gemüsebrühe
20 g Bocksdorn
½ TL Pfeffer
½ RS Reiswein
2 Scheiben Ingwer
etwas Salz (nach Belieben)

Lange Zubereitungszeit!

VORBEREITUNG Den Fisch und den Tintenfisch in kleine Stücke schneiden und in 1 l heißem Wasser 20 Min. einweichen.
Die Jakobsmuscheln ebenfalls in heißem Wasser ½ Std. einweichen.

ZUBEREITUNG Den eingeweichten Fisch, den Tintenfisch, die Krabben, die Jakobsmuscheln, die Gemüsebrühe, den Bocksdorn, den Pfeffer, den Reiswein und den Ingwer in eine Porzellanschüssel geben, zudecken und im kochenden Wasserbad 2 Std. dämpfen.
Nach Belieben salzen und die Suppe dann heiß servieren.

Bocksdornrinde

Die Früchte des Bocksdorns werden im Sommer oder im Herbst, wenn sie eine orange-rote Farbe angenommen haben, geerntet und an der Luft getrocknet, bis die Haut hart und trocken ist – das Fruchtfleisch muß sich aber noch geschmeidig anfühlen. Die eher geruchlose Bocksdornrinde ist im Geschmack süß bis leicht säuerlich.

Wirkung und therapeutische Vorzüge
Der Bocksdorn wird bei Erschöpfung durch Überanstrengung, Schwäche und Schmerzen in den Gelenken sowie bei Schwindel verwendet.

Mongolische Spezialitäten

Die mongolische Küche hat eine große Besonderheit: Der Gast sucht sich unter vielen, zu einer Art Buffet aufgebauten Lebensmitteln das heraus, was er essen möchte und übergibt es dann dem Koch zur Zubereitung. Dann sucht er sich unter zahlreichen verschiedenen Saucen ebenfalls etwas nach seinem Geschmack aus.

Zur Auswahl stehen z. B. Hähnchen, Rind- oder Lammfleisch, alles sehr dünn geschnitten. Als Gemüse stehen Möhren, Koriander, Spitzkohl, Frühlingszwiebel, grüne Paprika, Zwiebeln, Sojabohnenkeime und Tomaten zur Auswahl. Das Gemüse ist ebenfalls in dünne Scheiben geschnitten.

Zum Würzen kann man zwischen vielen verschiedenen Zutaten in großen Schalen wählen, z.B. Sambal Olek, Knoblauchmasse, Chili- oder Sesamöl, Zitronensaft, Zuckerwasser, Ingwerwein, Hummeröl und Sojasauce.

Auch die zum Kochen verwendete Pfanne ist von besonderer Art: eine riesige, gewölbte Gußeisenpfanne, die auf einem mit Kohle beheizten Herd steht. Der Durchmesser der Pfanne beträgt über 1 m, so daß zwei Köche sie bequem zur gleichen Zeit benutzen können. Die Lebensmittel, die sich der Gast ausgesucht hat, werden von einem Koch in der Pfanne kurz unter ständigem Rühren mit Stäbchen gebraten.

Vergleichbar mit einem europäischen Buffet zahlt man einen Pauschalbetrag, ganz unabhängig davon, wie viel man von dem Angebotenen nimmt.

Ente mit verschiedenen Gemüsen
Shi Jin Cai Ya

Zutaten
1 Ente (1800 bis 2000 g)
10 getrocknete Blumenpilze
30 g Bambus
20 g roter Paprika
20 g grüner Paprika
50 g Blumenkohl
80 g Sojabohnenkeime
½ l Öl zum Fritieren
6 EL Öl (zum Anbraten)

Für die Sauce:
3 TL Glutamat
⅔ RS Hühnerbrühe
½ TL Pfeffer
1½ TL Salz
2 bis 3 EL Sojasauce
2 EL Zucker

Zum Andicken:
2 TL Kartoffelmehl

Zum Abschmecken:
30 g Frühlingszwiebeln
1 EL Sesamöl

Vorbereitung Die Ente säubern. In einem Topf 3 l Wasser zum Kochen bringen und die Ente 1½ Std. darin bei kleiner Flamme leicht kochen lassen.
Herausnehmen, abkühlen, das Fleisch ablösen und in 3 × 2½ cm große Scheiben oder in Streifen schneiden.
Die Blumenpilze 20 Min. in heißem Wasser einweichen, abtropfen und die Stiele entfernen.
Die Gemüse in dünne Scheiben schneiden. Alle Zutaten für die Sauce in einer Schale miteinander verrühren.
Das Kartoffelmehl mit 6 EL Wasser verrühren und die Frühlingszwiebeln grob hacken.

Zubereitung Eine stark erhitzte Pfanne zweimal mit Öl ausschwenken und das Fritieröl darin erhitzen. Die Blumenpilze, den Bambus, die Paprika, den Blumenkohl und die Sojabohnenkeime ½ Min. darin fritieren, auf einem Sieb abtropfen und das Öl in das Vorratsgefäß zurückgießen.
Die Pfanne erneut erhitzen und das Öl zum Anbraten hineingeben. In dem heißen Öl das vorgekochte Entenfleisch anbraten.
Die fritierten Gemüse unter Rühren zugeben und erhitzen. Dann mit der angerührten Saucenmischung übergießen und zum Kochen bringen.
Mit dem vermischten Kartoffelmehl andicken, mit dem Sesamöl abschmecken und mit den gehackten Frühlingszwiebeln bestreuen.

Hühnerfleisch süss-sauer
Tang Cu Ji

Vorbereitung Das Hühnerfleisch waschen und trockentupfen, dann in Würfel schneiden.
In einer Schüssel die Gewürze zum Marinieren vermengen, das Hühnerfleisch zugeben und 10 Min. ziehen lassen.
In der Zwischenzeit alle Gewürze für den Fritierteig miteinander verschlagen.
Die Möhren kochen und den Bambus in Scheiben schneiden.
Alle Gemüse und die Ananas in Würfel schneiden.
Alle Zutaten für die Sauce – außer dem Kartoffelmehl und dem Sesamöl – in einem Töpfchen 3 Min. durchkochen.
Das Kartoffelmehl mit 3 EL Wasser verrühren und dann die Sauce damit binden.

Zubereitung Die marinierten Hühnerfleischwürfel mit dem Fritierteig vermischen.
Eine stark erhitzte Pfanne zweimal mit Öl ausschwenken und das Fritieröl darin erhitzen.
Die mit Teig umhüllten Fleischwürfel stückweise in das heiße Öl geben und fritieren. Auf einem Sieb abtropfen und etwas abkühlen lassen.
Erneut in das heiße Öl geben und zu brauner Farbe fertigfritieren, dann auf einem Sieb abtropfen.
Nun die Ananas- und alle Gemüsewürfel 1 Min. fritieren und mit den Hühnchenwürfeln auf einer Platte anrichten.
Die Sauce nochmals kurz aufkochen, über das Fleisch und die Gemüse gießen und mit dem Sesamöl beträufeln.

Zutaten
300 g Hühnerfleisch (Brust oder Schenkel)
40 g Möhren
50 g Bambus
30 g grüner Paprika
30 g roter Paprika
40 g Ananas
1 l Öl zum Fritieren

Zum Marinieren:
1 Prise Pfeffer
1 Prise Salz
1 Prise Zucker

Für den Fritierteig:
½ TL Backpulver
1 Eigelb
2 EL Kartoffelmehl
4 EL Öl
6 EL Wasser
4 EL Weizenmehl

Für die süßsaure Sauce:
5½ EL Essig (5 %)
4 EL Tomatenketchup
8 EL Wasser
3 EL Zucker
1½ TL Kartoffelmehl
2 TL Sesamöl (zum Übergießen)

Gebratenes Hühnerfleisch mit 6 Kostbarkeiten
Liu Bao Jiang

Zutaten
5 g getrocknete chinesische Blumenpilze
250 g Hühnerbrustfilet
80 g Bambus
40 g roter Paprika
20 g Schinken
60 g Tofu
½ l Öl zum Fritieren
20 g Erbsen

Zum Marinieren:
3 TL Kartoffelmehl
2 EL Salatöl
1½ TL Sojasauce
3 EL Wasser

Für die Sauce:
2 TL Essig (25 %)
1 TL Glutamat
1 RS Hühnerbrühe
2 TL Kartoffelmehl
3 EL Kao-Liang-Schnaps
½ TL Pfeffer
2 EL Sojasauce
4 EL süße Sojasauce
1½ EL Zucker

Zum Anbraten:
4 TL Knoblauch
5 EL Öl
1 EL Sambal Olek

Vorbereitung Die getrockneten Blumenpilze in etwa ½ l heißem Wasser ½ Std. einweichen. Danach waschen, entstielen und den Pilzhut würfeln.
Das Hühnerbrustfilet waschen, trockentupfen und in 1 cm große Würfel schneiden.
Alle Zutaten zum Marinieren in einer Schüssel mit den Geflügelwürfeln mischen und 10 Min. ziehen lassen.
Alle Zutaten für die Sauce in einer Schüssel vermischen.
Den Bambus, die rote Paprika, den Schinken und den Tofu in Würfel schneiden.
Den Knoblauch (zum Anbraten) und die gerösteten Mandeln (zum Abschmecken) getrennt hacken.

Zubereitung Eine stark erhitzte Pfanne zweimal mit Öl ausschwenken und das Fritieröl darin erhitzen.
Zuerst das marinierte Hühnerfleisch 2 Min. darin fritieren, herausnehmen und auf einem Sieb abtropfen.
Danach die Tofu-, Paprika-, Bambus- und Schinkenwürfel, die Pilze und die Erbsen kurz fritieren und mit dem Huhn auf dem Sieb abtropfen.
Das Öl in das Vorratsgefäß zurückgeben. Die Pfanne erneut erhitzen, das Öl zum Anbraten erhitzen und den Knoblauch mit dem Sambal Olek anbraten, bis sich das volle Aroma entwickelt.

Nun das fritierte Fleisch, den Tofu und das Gemüse zugeben und erhitzen. Unter Rühren die Saucenmischung angießen.
Kurz aufkochen, mit dem Sesamöl abschmecken und mit den gerösteten Mandeln bestreuen.
Das Gericht heiß servieren.

Zum Abschmecken:
20 g geröstete Mandeln
2 EL dunkles Sesamöl

Entenklösschen süss-sauer
Tang Cu Ya Wan

Vorbereitung Das Entenfleisch waschen, trockentupfen und im Mixer pürieren.
Die Wasserkastanien hacken. Alle Zutaten für die Klößchenmasse vermischen.
Das Ananasstück sowie die grüne und die rote Paprika in Würfel schneiden. Die Gemüsezwiebeln in viereckige Stücke schneiden.
Das Kartoffelmehl mit 3 EL Wasser vermischen.

Zubereitung Eine stark erhitzte Pfanne zweimal mit Öl ausschwenken und das Fritieröl darin erhitzen. Von der Entenmasse wallnußgroße Klößchen abstechen und nacheinander im heißen Öl 2 Min. vorfritieren. Auf einem Sieb abtropfen lassen und etwas abkühlen.
Das Öl erneut erhitzen und nun die Klößchen zu brauner Farbe fertig fritieren. Mit einem Sieb herausnehmen und im gleichen Öl die Ananas- und Paprikawürfel sowie die Zwiebelstücke 3 Sek. kurzfritieren und zu den Klößchen geben. Das Öl in das Vorratsgefäß zurückgeben.
Alle Zutaten für die Sauce in der sauberen Pfanne erhitzen und 2 Min. durchkochen. Mit dem angerührten Kartoffelmehl binden.
Die fritierten Klößchen und das Gemüse in die Sauce geben. Kurz aufkochen, das Salatöl unterziehen und heiß servieren.

Anmerkung Die gehackten Wasserkastanien geben der weichen Klößchenmasse einen besonderen Biß und machen die Klößchen wohlschmeckender.

Zutaten
300 g Entenbrustfilet
50 g Ananas
20 g grüner Paprika
20 g roter Paprika
30 g Gemüsezwiebeln
1 l Öl zum Fritieren
2 EL Salatöl

Für die Klößchenmasse:
50 g Wasserkastanien
1 TL Backpulver
2 TL Eiweiß
4 TL Kartoffelmehl
½ TL Pfeffer
½ TL Salz
2 TL Sesamöl
2 EL Wasser
2 EL Weizenmehl
1½ TL Zucker

Für die Sauce:
5½ EL Essig (5 %)
4 EL Tomatenketchup
8 EL Wasser
3 EL Zucker

Zum Andicken:
1½ TL Kartoffelmehl

Gebratener Aal mit Sesam
Jian Man Yu

Zutaten
1 Aal (etwa 650 g)
1 RS Öl zum Braten

Zum Marinieren:
15 g Ingwer
20 g Frühlingszwiebeln
5 EL Kao-Liang-Schnaps
1 TL Pfeffer
1 Prise Salz
5 EL Sojasauce
2 EL dunkles Sesamöl
1 EL Zucker

Für die Sauce:
5 EL Öl
½ RS Sojasauce
1 EL Sesamöl
2 TL Chiliöl
1 EL süße Sojasauce
1½ EL karamelisierter Zucker (siehe S. 72)

Zum Bestreuen:
1 EL Sesamkörner

Benötigt wird auch ein Porzellantopf.

Lange Vorbereitungszeit!

Vorbereitung Den Aal waschen, mit einem Messer die Schleimschicht abschaben, den Kopf und die Schwanzspitze abschneiden.
Zum Schneiden den Aal in ein Tuch schlagen und dabei eine Seite offen lassen.
Mit der linken Hand auf Tuch und Aal drücken, mit der rechten Hand den Aal längs so aufschneiden, daß man ihn aufklappen und Eingeweide und Gräten herausnehmen kann.
Die Innenseite des Aales so einschneiden, daß sich Rhombenmuster ergeben. Zum Schluß den Aal in 3 gleichlange Stücke teilen.
Den Ingwer hacken. Die Frühlingszwiebeln in Stücke schneiden.
Alle Zutaten für die Marinade in einem Porzellantopf miteinander vermischen und die Aalstücke 1½ Std. darin ziehen lassen.

Zubereitung Eine stark erhitzte Pfanne zweimal mit Öl ausschwenken und das Öl zum Braten darin erhitzen.
Die Aalstücke 5 bis 8 Min. von jeder Seite mit einem Teller beschwert braten, bis sie schön braun sind. Die Gesamtbratzeit beträgt 10 bis 15 Min.
Die Aalstücke auf einem Sieb abtropfen und das Öl zum Braten weggießen. Die Pfanne erneut erhitzen, zweimal mit Öl ausschwenken und das Öl für die Sauce erhitzen.
Die Sojasauce, das Sesam- und das Chiliöl, die süße Sojasauce, den karamelisierten Zucker und 5 EL Wasser unter Rühren zugeben.
Die gebratenen Aalstücke in die Sauce geben und so lange erhitzen, bis die Sauce fast vollständig vom Aal aufgesaugt oder verdampft ist.
Auf einem Teller anrichten, mit den Sesamkörnern bestreuen und servieren.

Anmerkung Die Aalstücke werden mit einem Teller beschwert, um nicht zusammenzuklappen.

Fisch mit Tomate
Fan Qie Yu

Vorbereitung Alle Zutaten für den Ausbackteig außer dem Salatöl in einer Schüssel miteinander verrühren.
10 Min. stehen lassen, dann das Salatöl zufügen, nochmals gut durchrühren und weitere 20 Min. ruhen lassen.
Das Fischfilet waschen, trockentupfen und in 2 cm große Würfel schneiden.
Die Tomaten waschen, häuten, entkernen und in je 5 Stücke teilen. Die Frühlingszwiebeln in 2 cm lange Stücke schneiden.
Alle Zutaten für die Sauce in einer Schale miteinander verrühren.
Das Kartoffelmehl mit 5 EL Wasser vermischen.

Zubereitung Eine stark erhitzte Pfanne zweimal mit Öl ausschwenken und das Fritieröl erhitzen.
Die Fischwürfel mit dem Ausbackteig vermischen und einzeln ins heiße Öl geben.
2 Min. vorfritieren, auf einem Sieb abtropfen, das Öl erneut erhitzen und die etwas abgekühlten Fischwürfel zu goldbrauner Farbe fertigfritieren.
Auf einem Sieb abtropfen, das Öl in das Vorratsgefäß zurückgießen und die Pfanne säubern. Dann erneut zweimal mit Öl ausschwenken, die Saucenmischung darin zum Kochen bringen und mit dem angerührten Kartoffelmehl andicken.
Unter Rühren die Tomatenstücke und die Frühlingszwiebeln zugeben, die fritierten Fischwürfel unterheben, mit dem Sesamöl abschmecken und das Gericht heiß servieren.

Zutaten
250 g Schellfischfilet (oder Thunfischfilet)
120 g Tomaten
80 g Frühlingszwiebeln
1 l Öl zum Fritieren
2 TL Sesamöl

Für den Ausbackteig:
1 TL Backpulver
½ Eigelb
1 EL Kartoffelmehl
⅔ RS Wasser
160 g Weizenmehl
5 EL Salatöl

Für die Sauce:
1 TL Glutamat
1 RS Hühnerbrühe
6 EL Öl
½ TL Pfeffer
1 TL Salz
3 EL Tomatenketchup
2½ EL Zucker

Zum Andicken:
2 TL Kartoffelmehl

Stangensellerie mit Krebsfleisch
Qing Cai Xie Huang

Zutaten
400 g Stangensellerie

Zum Blanchieren:
3 Prisen Pfeffer
2 EL Salatöl
1 TL Salz

Für Sauce 1:
300 g sehr große Möhren
½ RS Salatöl
½ Dose Krebsfleisch
½ TL Salz
1½ EL Zucker
5 EL Reiswein

Zum Anbraten:
1 EL Knoblauch
3 EL Öl

Für Sauce 2:
1 TL Kartoffelmehl (zum Andicken beider Saucen)
etwas Salz (nach Belieben)
½ RS Hühnerbrühe

Vorbereitung Den Stangensellerie waschen, die Stangen entfädeln und in 3 cm lange Stücke brechen. In ½ l kaltem Wasser 20 Min. ziehen lassen.
Die Möhren für Sauce 1 waschen, schälen und mit einem Stäbchen fein schaben, bis alles Fruchtfleisch vom Möhrenkern abgeschabt ist. Das ergibt etwa 200 g Möhrenraspel.
Das Salatöl für Sauce 1 in einer Pfanne erhitzen und die Möhrenraspel 3 bis 5 Min. darin fritieren, bis das Öl orangefarben ist.
Das abgetropfte Krebsfleisch, das Salz, den Zucker und den Reiswein zugeben und noch 3 Min. auf kleiner Flamme leicht kochen lassen. Die Sauce in eine Schale geben und zur Seite stellen.
In einem Topf ½ l Wasser mit dem Pfeffer, dem Salatöl und dem Salz zum Kochen bringen. Die Selleriestücke 3 Min. darin blanchieren und auf einem Sieb abtropfen.
Den Knoblauch fein hacken und das Kartoffelmehl mit 3 EL Wasser mischen.

Zubereitung Eine stark erhitzte Pfanne zweimal mit Öl ausschwenken. Das Öl zum Anbraten darin erhitzen und den Knoblauch braten, bis sich das volle Aroma entwickelt hat.
Mit dem Salz und der Hühnerbrühe von Sauce 2 ablöschen und dann zum Kochen bringen.
Sauce 1 aus der Schale zugießen, wieder aufkochen und mit dem angerührten Kartoffelmehl binden.
Den blanchierten Sellerie zugeben, 1 Min. durchkochen und das Gericht heiß servieren.

Garnelen in Chilisauce
Yu Xiang Xia Ren

Zutaten
300 g rohe geschälte Garnelen
5 g getrocknete Holzohrenpilze
20 g grüne Paprika
20 g rote Paprika
40 g Bambus
40 g Ananas
½ l Öl zum Braten

Zum Marinieren:
1 EL Eiweiß
2 EL Kartoffelmehl
2 Prisen Pfeffer
2 EL Reiswein
2 EL Salatöl

Vorbereitung Die Garnelen waschen und den schwarzen Darm entfernen. ½ Std. unter fließendem Wasser ziehen lassen, abtropfen und mit einem Handtuch trockentupfen.
Alle Gewürze zum Marinieren in einer Schale vermischen, die Garnelen unterheben und 15 Min. durchziehen lassen.
Die Holzohrenpilze ½ Std. in 2 RS heißem Wasser einweichen. Danach waschen, entstielen und in mundgroße Stücke schneiden.
Alle Zutaten für die Sauce in einer Schale miteinander vermischen.
Die grüne und die rote Paprika sowie den Bambus in Scheiben, dann die Ananas in Stücke schneiden.
Das Kartoffelmehl mit 3 EL Wasser anrühren.

Zubereitung Eine stark erhitzte Pfanne zweimal mit Öl ausschwenken und das Öl zum Braten darin erhitzen. Die marinierten Garnelen darin braten.

Für die Sauce:
5½ EL Essig (5 %)
1 EL Sambal Olek
4 EL Tomaten-ketchup
8 EL Wasser
3 EL Zucker

Zum Binden:
1½ TL Kartoffel-mehl
1 EL Sesamöl

Nach 1 Min. alle Gemüse und die Ananasstücke zugeben und unter Rühren 1 Min. weiterbraten.
Auf ein Sieb zum Abtropfen geben und das Öl in das Vorratsgefäß zurückgießen.
Die saubere Pfanne erneut erhitzen. Die Saucenmischung hineingießen, aufkochen und mit dem angerührten Kartoffelmehl binden.
Die Garnelen, die Ananas und das Gemüse mit der Sauce vermischen und das Sesamöl unterziehen.
Das Gericht heiß servieren.

Dezember

十二月份

Salztrockenfleisch
La Rou

Zubereitung Die Schwarte des Schweinebauches mit einem Messer sauberkratzen. Danach den Schweinebauch in 5 cm breite Streifen schneiden.
Das Sternanispulver, die Sichuan-Pfefferkörner und das Salz miteinander vermischen und in das Fleisch einarbeiten.
Alles in einen Tontopf einlegen und mit dem Kao-Liang-Schnaps begießen. Bei geschlossenem Deckel im kühlen Keller 2 Wochen stehen lassen.
Die Fleischstreifen an Fäden aufgehängt in der Sonne in 2 Wochen trocknen.
Das Salztrockenfleisch wird meistens zum Dämpfen, aber auch als Geschmacksverstärker zum Braten benutzt.

Zutaten
9 kg Schweinebauch
40 g Sternanispulver (oder -körner)
40 g Sichuan-Pfefferkörner
500 g Salz
1 RS Kao-Liang-Schnaps

Benötigt wird zudem ein Tontopf mit Deckel.

Extrem lange Zubereitungszeit!

Der Beginn der Neujahrsvorbereitungen

In China wird der Dezember auch *La-Yue* genannt. Die Bezeichnung stützt sich auf eine alte Tradition:

Das Leben der chinesischen Bauern war früher äußerst hart. Ihre Existenz war zudem durch Naturkatastrophen und Aufstände ständig in Gefahr. Im Frühling wurde gepflügt und gesät, im

Sommer gejätet und im Herbst geerntet. Im Winter gab es auf dem Feld wenig zu tun, allerdings auch wenig zu essen. So mußte man bereits im Herbst Vorräte für den Winter anlegen. Im Dezember dankte man den Gottheiten für Gesundheit und reiche Ernte.

Seit der Xia-Dynastie (2200 v. Chr.) nennt man den Dezember *La-Yue* («Monat des gepökeltes Fleisches»). Ursprünglich bedeutet *La* «schießen». Früher wurden in der Zeit des winterlichen Nahrungsmittelmangels viele wilde Tiere geschossen, um sich mit Fleisch einzudecken. Doch leider ließ sich das Fleisch nicht lagern. Es verdarb schon nach wenigen Tagen und wurde ungenießbar. Dann entdeckte man die Möglichkeit, Fleisch haltbar zu machen, indem man es trocknete bzw. pökelte. Besonders das Pökeln erfreute sich schon bald großer Beliebtheit: Schinken, Salami, getrockneter Fisch, Räucherente, Salzhähnchen, Wurst sowie Bauch, Leber, Kopf und Haxen vom Schwein wurden so zubereitet.

Obiges Pökelrezept ist nur eines von vielen, denn in den verschiedenen Provinzen gibt es auch ganz unterschiedliche Zubereitungsarten. So wird in Kanton das Fleisch eher süßlich, in Sichuan scharf und in Yunnan mit schwarzen Bohnen zubereitet.

Geschmortes Kaninchen
Hong Shao Tu Zi

Zutaten
300 g Kohlrabi
300 g Möhren
150 g Bambusstücke
400 g Kaninchenfleisch (ohne Knochen)

Vorbereitung Den Kohlrabi, die Möhren und den Bambus in Würfel schneiden.
Das Kaninchenfleisch waschen, trockentupfen und in große Stücke schneiden.
In einem Topf 1½ l Wasser zum Kochen bringen und das Fleisch darin 10 Min. vorkochen.
Herausnehmen und nun die Möhren- und die Kohlrabiwürfel 15 Min. darin vorkochen.
Mit einem Sieb herausnehmen, abtropfen und das Kochwasser weggießen.

Das abgekühlte Fleisch in mundgerechte Würfel schneiden.
Die weißen Frühlingszwiebeln halbieren und in 5 cm lange Stücke schneiden.

Für die Sauce:
2 weiße Frühlingszwiebeln
5 EL Öl
½ RS Reiswein
½ RS Sojasauce
2½ EL Zucker

ZUBEREITUNG In einer heißen Pfanne das Öl für die Sauce erhitzen und die Frühlingszwiebeln darin anbraten.
Den Reiswein, ½ l Wasser, die Sojasauce und den Zucker zufügen, zum Kochen bringen und die vorgekochten Fleischwürfel zugeben.
Bei geschlossenem Deckel 15 Min. lang auf kleiner Flamme schmoren. Dann alle Gemüsewürfel zugeben und weitere 20 Min. schmoren.
Die Gewürze zum Abschmecken hinzufügen und nochmals 10 Min. schmoren, bis die Sauce dickflüssig wird.
Das geschmorte Kaninchen heiß servieren.

Zum Abschmecken:
2 EL Chiliöl
4 EL Sa-Cha-Chiang-Sauce
1 TL Salz
2 TL süße Sojasauce

GRILLIERTE DICKE SCHWEINERIPPE
KAO XIAO ZHU PAI

VORBEREITUNG Die Schweinerippe waschen und in 5 cm dicke Stücke schneiden. Den Knoblauch hacken.
Alle Gewürze für die Marinade vermischen und das Fleisch darin über Nacht im Kühlschrank ziehen lassen.
Anderntags die Frühlingszwiebeln fein hacken.

ZUTATEN
800 g dicke Schweinerippe

Für die Marinade:
2 EL Knoblauch
½ TL Backpulver
½ TL Pfeffer
½ RS Pflaumenwein
3 EL Salatöl
½ TL Salz
2 EL Sojasauce
2 TL Tomatenketchup
4 EL Zitronensaft

Für die Sauce:
2 EL Frühlingszwiebeln

5 EL Sesamöl
½ RS Brühe (siehe S. 69)
3 EL Chili-Soja-Sauce (oder süße Sojasauce)
3 EL chinesischer Essig (5 %)
etwas Salz (nach Belieben)
½ TL Sichuan-Pfeffer
4 EL Sojasauce
1½ EL Zucker

Sehr lange Vorbereitungszeit!

Zubereitung Das Fleisch aus der Marinade nehmen, abtupfen und dann von beiden Seiten langsam grillieren (25 bis 30 Min.).
In einer heißen Pfanne das Sesamöl erhitzen, das grillierte Fleisch beifügen und unter Schwenken der Pfanne alle Saucengewürze hinzufügen, so daß das Fleisch mit den Saucengewürzen glasiert wird.
Das Gericht heiß servieren.

Hähnchen in Kokosmilch
Ye Liu Zhi Ji Rou

Zutaten
½ Poularde (oder Hähnchen), etwa 650 g
300 g Chinakohl
10 g getrocknetes Lilienblumengemüse
½ l Öl zum Fritieren

Zum Marinieren:
1 EL Salatöl
2 EL Sojasauce
1½ EL Weizenmehl

Vorbereitung Die Poularde (oder das Hähnchen) waschen und in 4 Stücke teilen.
Alle Zutaten für die Marinade miteinander vermischen und das Fleisch 10 Min. darin ziehen lassen.
Den Chinakohl waschen und in grobe Streifen schneiden.
Das Lilienblumengemüse etwa ½ Std. in heißem Wasser einweichen, dann abtropfen und die Stiele entfernen.

Zubereitung Eine stark erhitzte Pfanne zweimal mit Öl ausschwenken, das Fritieröl darin erhitzen und die marinierten Poulardenteile 5 Min. darin fritieren. Das Fleisch auf einem Sieb abtropfen lassen und das Öl in das Vorratsgefäß zurückgeben.

Die Pfanne erneut erhitzen, das Erdnußöl hineingeben und erhitzen. Das Tomatenketchup und das Sambal Olek darin anbraten und mit der Kokosmilch ablöschen.
Das fritierte Fleisch zugeben und 10 Min. kochen.
Danach den Chinakohl und das Lilienblumengemüse beifügen und weitere 5 Min. bei geschlossenem Deckel kochen.
Den Zucker und das Salz zugeben und weitere 5 Min. kochen.
Abkühlen und zugedeckt im Kühlschrank über Nacht durchziehen lassen.
Am nächsten Tag aufwärmen und heiß servieren.

Zum Dünsten:
4 EL Erdnußöl
6 EL Tomatenketchup
1 TL Sambal Olek
$1\frac{1}{2}$ l Kokosmilch
2 EL Zucker
etwas Salz
(nach Belieben)

Sehr lange Zubereitungszeit!

TIP Wenn man dieses Gericht am gleichen Tag essen möchte, muß man die Poularde nach Zugabe sämtlicher Zutaten 1 Std. auf kleiner Flamme leicht kochen lassen. Aber es ist natürlich wesentlich schmackhafter, wenn man es in der gewürzten Kokosmilch ziehen läßt.

GEDÄMPFTES KNOBLAUCHHÄHNCHEN
QING ZHENG DA SUAN JI

ZUBEREITUNG Das Hähnchen waschen, die Leber und den Magen säubern.
Mit dem Knoblauch und 1 l Wasser in eine Porzellanschüssel mit Deckel geben.
Im kochendem Wasserbad $1\frac{1}{2}$ Std. dämpfen.
Mit Salz abschmecken und heiß in der Porzellanschüssel servieren.

ZUTATEN
1 Hähnchen mit Leber und Magen
(etwa 800 bis 1200 g)
30 g Knoblauchzehen
1 bis 2 TL Salz
(nach Belieben)

Benötigt wird auch eine Porzellanschüssel mit Deckel.

Knoblauch

Heilkundliche Anwendung
Knoblauch wird in China nicht nur als Gewürz, sondern auch als Medizin benutzt. Mit ihm kann man z. B. Lebensmittelvergiftungen vorbeugen, Dickdarmentzündungen lindern und

Appetitlosigkeit kurieren. Weiter wirkt Knoblauch verdauungsfördernd und stärkt die Abwehrkräfte des Körpers.

Was aber kann man gegen den penetranten Geruch des Knoblauchs tun? Trinken Sie Zitronensaft oder grünen Tee – beides neutralisiert die unangenehme Ausdünstung.

Blätterkaktussuppe
Tan Hua Tang

Zutaten
20 bis 50 g frische Blätterkaktusblüten (oder 20 g Basilikumblätter)
50 g Schweinefilet
120 g Fadennudeln
3 EL Sesamöl

Zum Marinieren:
1½ TL Kartoffelmehl
1½ TL Sojasauce

Für die Suppe:
3 Frühlingszwiebeln
5 EL Öl
½ TL Pfeffer
1½ TL Salz
1 EL Zucker

Vorbereitung Die Kaktusblüten waschen, halbieren und die inneren Samenfäden entfernen.
Das Schweinefilet in Scheiben schneiden, mit den Gewürzen für die Marinade vermischen und dann 5 bis 10 Min. ziehen lassen.
Die Frühlingszwiebeln in 3 cm lange Stücke schneiden.

Zubereitung In einem großen Topf das Öl für die Suppe erhitzen. Die Frühlingszwiebeln anbraten und mit 2 l Wasser ablöschen.
Das Wasser zum Kochen bringen und die Fadennudeln 15 Min. darin kochen.
Das marinierte Fleisch stückchenweise in die kochende Suppe geben und den Pfeffer, das Salz und den Zucker zugeben.
Weitere 5 Min. kochen, die Kaktusblüten zugeben und nochmals 5 Min. kochen.
Mit dem Sesamöl abschmecken und lauwarm servieren.

Blattkaktus

Wenn die Blüten des Tanhua-Blattkaktus verwelken, wirft man sie nicht weg, sondern hebt sie auf und läßt sie im Sonnenlicht trocknen. Anschließend kann man sie als Tee zubereiten.

Heilkundliche Anwendung
Dieser Tanhua-Tee senkt den Blutdruck und hilft bei Erkältungskrankheiten. Besonders lindernd wirkt er auch bei (Bronchial-) Asthma.

Bei starker Erkältung zum Lockern des Hustens:
4 getrocknete Kaktusblüten mit 120 g Kandiszucker in 1 l Wasser 20 Min. kochen und den Sud lauwarm trinken.

Bei Bronchitis
40 g getrocknete Kaktusblüten und 300 g Schweinerippe in einem Topf mit 1½ l leicht gesalzenem Wasser 1 Std. kochen. Die Brühe abgießen und warm trinken.

Drachenaugenreissuppe
Long Yan Zhou

Vorbereitung Den Klebreis in ½ l kaltem Wasser 20 Min. einweichen.

Zubereitung In einem großen Topf 2 l Wasser zum Kochen bringen. Das Drachenaugenfleisch und die Ginsengbartwurzel zugeben und ½ Std. bei kleiner Flamme kochen.
Den eingeweichten und abgetropften Klebreis zugeben und weitere 15 bis 20 Min. kochen.
Die Suppe lauwarm servieren.

Zutaten
½ RS Klebreis
10 g getrocknete Drachenaugen
5 g Ginsengbartwurzel

Drachenauge

Drachenaugenfrüchte sind eigentlich getrocknete Longanfrüchte. Im Sommer und Herbst werden diese reifen Früchte geerntet und an der Sonne getrocknet.

Heilkundliche Anwendung (siehe a. S. 62)
Die Drachenaugenfrüchte führen dem Körper Energie zu. Verwendet werden sie besonders bei Angstzuständen, Vergeßlichkeit und Schlaflosigkeit.

Ginseng

Es gibt den wilden und den kultivierten Ginseng. Die wilde Form heißt auch *Shanshen,* kultivierter Ginseng üblicherweise *Yuanshen.* Auch dessen Haare kommen in der chinesischen Medizin zur Anwendung.

Die Wurzeln des Ginsengs werden meist im Herbst ausgegraben und gewaschen. Die kultivierte Wurzel wird an der Sonne getrocknet oder erst gedämpft und dann getrocknet. Wildwachsenden Ginseng trocknet man hingegen immer direkt an der Sonne.

Ginseng hat einen charakteristischen Geruch und einen schwach bitteren, leicht säuerlichen Geschmack.

Heilkundliche Anwendung (siehe a. S. 63)
Man verwendet Ginseng bei allgemeiner Körperschwäche und drohendem Kollaps, bei kalten Gliedern oder vermindertem Appetit. Zudem hilft Ginseng gegen Husten und keuchende Atmung, bei andauerndem Durst sowie gegen Schwäche und Abmagerung nach langer Krankheit, gegen Herzklopfen und Schlaflosigkeit.

Als gutes Mittel gilt Ginseng auch bei Impotenz, Unfruchtbarkeit oder Herzversagen.

Hiobstränenreissuppe
Yi Yi Ren Zhou

Vorbereitung Den Reis in ½ l kaltem Wasser 20 Min. einweichen und dann abgießen.
Die Hiobstränensamen und die Lotuskörner etwa 1 Std. lang zusammen in ½ l kaltem Wasser einweichen und danach abgießen.

Zubereitung In einem großen Topf 2 l Wasser zum Kochen bringen. Den eingeweichten Reis, die Lotuskörner, die Hiobstränensamen und das Drachenaugenfleisch zugeben und weitere 30 Min. leicht kochen lassen.
Die Suppe heiß servieren.

Zutaten
½ RS Reis
10 g Hiobstränensamen
40 g Lotuskörner
10 g Drachenaugenfleisch

Hiobstränensamen

Zur Reifezeit der Früchte im Herbst wird die Pflanze geschnitten und an der Sonne getrocknet. Hiobstränensamen werden durch Dreschen gewonnen.

Heilkundliche Anwendung
Verwendet werden die Samen bei Aufgedunsenheit, Beriberi (Vitaminmangelkrankheit), Beschwerden beim Wasserlassen und bei Einschränkungen der Beweglichkeit. Die Hiobstränensamen sind auch ein wirksames Mittel gegen Durchfall.

Rettichreissuppe
Bai Luo Bo Zhou

Zutaten
120 g Rettich
20 g getrockneter Seetang
½ RS Reis
5 g Ingwer
10 g Frühlingszwiebeln
½ TL Pfeffer
1½ TL Salz

Vorbereitung Den Rettich schälen und in kleine Würfel schneiden.
Den Seetang 20 Min. in ½ l heißem Wasser einweichen, dann waschen und zerkleinern.
Den Reis in ½ l kaltem Wasser 20 Min. einweichen und danach abgießen.
Den Ingwer hacken und die Frühlingszwiebeln fein schneiden.

Zubereitung In einem großen Topf 2 l Wasser zum Kochen bringen. Den Rettich, den Seetang und den Ingwer zugeben und 15 Min. kochen.
Den eingeweichten Reis beifügen und weitere 30 Min. leicht kochen. Dann mit dem Pfeffer und dem Salz würzen und nochmals 5 Min. kochen.
Vor dem Servieren noch die Frühlingszwiebeln einstreuen und die Suppe warm servieren.

Heilkundliches
Die Reissuppe kräftigt die Organe, hilft gegen Beriberi, ist verdauungsfördernd und schweißtreibend. Sie ist zudem ein wohltuendes Gericht für gebärende Mütter.

Yamswurzelreissuppe
Shan Yao Zhou

Vorbereitung Die Yamswurzeln waschen, schälen, in Würfel schneiden und in 1 l Wasser 20 Min. vorkochen. Dann auf ein Sieb abgießen.
Den Reis in 1/2 l kaltem Wasser 1/2 Std. einweichen und abgießen.
Das Ei in einer kleinen Schale schaumig schlagen und die Petersilie hacken.

Zubereitung In einem großen Topf die Brühe zum Kochen bringen. Den Reis zugeben und 20 Min. sachte kochen.
Die vorgekochten Yamswurzelwürfel zugeben und weitere 20 Min. leicht kochen.
Mit dem Pfeffer und dem Salz würzen und unter Rühren das schaumig geschlagene Ei einlaufen lassen.
Mit der Petersilie bestreuen und heiß servieren.

Tip Bei Müdigkeit und Erschöpfung kann man durch diese Suppe wieder Energie und Kraft schöpfen. Auch Magenschwachen kann dieses Gericht helfen.

Zutaten
250 g frische Yamswurzeln
1/2 RS Reis
1 Ei
2 g Petersilie
2 l (Gemüse-) Brühe
(siehe S. 69)
1/2 TL Pfeffer
1 1/2 TL Salz

Reissuppe
Zhou

Zubereitung *Version A:*
In einem Topf 2 l Wasser zum Kochen bringen. Den Reis einstreuen und 25 bis 30 Min. leicht kochen lassen.

Version B:
In einem Topf die Hühnerbrühe zum Kochen bringen. Den Reis einstreuen und 25 Min. leicht kochen lassen.
Mit einem großen Kochlöffel 1 Std. ständig im Uhrzeigersinn langsam rühren und dabei weiter

Zutaten
1/2 RS Rundkornreis
2 l Wasser (Version A)
3 l Hühnerbrühe (Version B)

kochen, bis sich alle Reiskörner aufgelöst haben und die Suppe sämig ist.

ANMERKUNG Die Reissuppe, nach der Version B zubereitet, dient als Basis für verschiedene Reissuppen.

BOCKSDORNREISSUPPE
GOU QI ZI ZHOU

ZUTATEN
10 g Sommerwurz
4 g Wurzel des Salomonssiegels
4 g Bocksdorn
2½ l Hühnerbrühe
½ RS Reis
etwas Salz (nach Belieben)

Benötigt wird zudem ein kleines Mulltuch.

VORBEREITUNG Den Sommerwurz, die Salomonssiegelwurzel und den Bocksdorn in dem Mulltuch zu einem Gewürzsäckchen binden.

ZUBEREITUNG Dieses Säckchen solange in der Brühe kochen, bis diese auf die Hälfte reduziert ist. Das Gewürzsäckchen entfernen, den Reis einstreuen und 30 Min. zugedeckt leicht kochen lassen. Mit Salz abschmecken und die Suppe heiß servieren.

Reissuppe

Schon weit über 2000 Jahre wird der Reissuppe in China große Bedeutung beigemessen. Warum gibt es zu dieser Suppe eine so lange Tradition? Warum lieben die Chinesen sie so sehr?

Es gibt drei Hauptgründe dafür: Erstens die *Wirtschaftlichkeit*, denn Reissuppe ist preisgünstig. Zweitens die *Bequemlichkeit*, da die Zubereitung von Reissuppe wenig Zeit in Anspruch nimmt und auch keinen großen Aufwand erfordert, denn man kann ja nicht jeden Tag ein Festessen veranstalten. Und drittens ihr *hoher Nährwert*.

Diese Suppe ist Hauptbestandteil des chinesischen Frühstücks. Es gibt viele Frühstücksgarküchen, wo man Reissuppe bekommen kann. Die Reissuppenverkäufer tragen ihre Garküche sozusagen über der Schulter. An beiden Enden einer Tragstange ist je ein Gefäß mit Schubladen angebracht. Eines davon enthält den

Reissuppentopf, der durch ein Feuer warmgehalten wird. In dem andern Gefäß befinden sich neben diversen Schüsseln und Schalen eingelegtes Gemüse, getrocknetes Fleisch und andere Beilagen für die Reissuppe.

Die Reissuppenverkäufer stehen jeden Tag schon sehr früh auf und machen sich auf den Weg. Auf der Suche nach Kunden durchqueren sie dabei möglichst viele Gassen und rufen dabei die Reissuppe mit lauter Stimme aus oder klopfen einfach an die Türen. Meist dauert es nur kurze Zeit, bis sie von allen Seiten umringt werden. Die Reissuppe ist an der Oberfläche etwas wäßriger als am Boden. Aus diesem Grunde stellen sich einige Leute freiwillig ganz hinten in der Reihe an, um möglichst etwas vom dickflüssigeren Teil zu bekommen.

In China gibt es in vielen Provinzen eigene Reissuppenkulturen. Dazu gehören Guangdong (Kanton), Zhe-Jiang und Taiwan. Die Reissuppe im Norden Chinas unterscheidet sich z.B. dadurch, daß ihr Maiskörner, Kastanien und Sojabohnen beigegeben werden. Zur Reissuppe gehört auch immer eine Beilage. Meist wird dazu *Mantou* (Chinesisches Dampfbrot) gereicht.

Bei der Taiwaneser Reissuppe muß als Beilage unbedingt eingelegtes Gemüse gereicht werden. Daneben werden z.B. auch Gurken, fermentierter Tofuquark, Erdnüsse oder Salzeier sowie fritierte Nüsse angeboten. In Taiwan wird Reissuppe nicht nur zum Frühstück gegessen, sondern ist auch als Nachtessen sehr geschätzt.

Am bekanntesten ist die Reissuppe aus Guangdong, sie unterscheidet sich auch erheblich von der anderer Provinzen. Eine typische Reissuppengarküche arbeitet dort etwa so: Der Reis wird bereits am Abend vorher in Wasser eingelegt und über Nacht ziehen gelassen. Am nächsten Morgen ist er schon ziemlich aufgequollen und wird zum Kochen gebracht. Mit einem großen Holzstab rührt der Koch unablässig die Suppe, damit sie sich gut verbindet und nicht anbrennt. Nach etwa einer Stunde ist bereits kaum ein Korn mehr zu sehen. In der Zwischenzeit schneidet der Koch Schweine-, Rind- und Hähnchenfleisch sowie Fischfilet und Innereien ganz dünn und richtet sie auf einem Teller an. Anschließend werden Ingwer und Frühlingszwiebeln klein geschnitten, etwas Gemüse zerpflückt und die Gewürze vorbereitet.

Kommt ein Kunde vorbei, wird für ihn aus dem großen Topf etwas Reissuppe geschöpft und in einer kleinen Pfanne erwärmt. Als Beilage kann sich der Gast nun sein Fleisch aussuchen. Der Koch läßt dann das gewünschte Stück mit Gemüse und Gewürzen kurz in der Reissuppe aufkochen. Dann gibt er die Suppe in eine große Suppenschale, dekoriert sie mit ein paar Kräutern und serviert sie. Natürlich kann jeder die einzelnen Zutaten auswählen. Man kann zum Beispiel nur Gemüse als Beilage nehmen oder ganz auf solche verzichten. Fleisch als Beilage kann noch leicht rötlich sein, da es nur ganz kurz gekocht wird.
Die lange Tradition der Reissuppen hat natürlich als tieferen Grund das gute Zusammenspiel von Essen und Gesundheit.

Neujahrsreissuppe
Xin Nian Zhou

Zutaten
20 g Lotuskörner
40 g geschälte Erdnüsse
½ RS Klebreis
½ RS rote Bohnenkerne
20 g getrocknete Datteln
20 g Walnußkerne
15 g Rosinen
10 g Drachenaugen
½ RS weißer Kandiszucker

Vorbereitung Die Lotuskörner und die Erdnüsse, den Klebreis und die Bohnenkerne zusammen in 1 l kaltem Wasser ½ Std. einweichen.
In ein Sieb gießen und abtropfen. Die Datteln entkernen.

Zubereitung In einem großen Topf 3 l Wasser zum Kochen bringen und alle eingeweichten Zutaten zugeben. 20 Min. zugedeckt bei kleiner Flamme kochen.
Die Datteln, die Walnußkerne, die Rosinen, die Drachenaugen und den Kandiszucker zugeben und alles zusammen nochmals 20 Min. leicht kochen lassen.
Die Suppe heiß servieren.

Fleisch-Reis-Suppe
Rou Zhou

Vorbereitung Den Taro waschen, schälen und in erdnußgroße Würfel schneiden.

Die Blumenpilze 20 Min. in heißem Wasser einweichen, entstielen und in erdnußgroße Würfel schneiden.

Den Reis, die Erdnüsse und die Bohnenkerne zusammen 30 Min. in 1 l kaltem Wasser einweichen. Dann auf ein Sieb abgießen.

Das Schweinemett mit ½ l Wasser in einem Topf vermischen, unter Rühren aufkochen und abgießen.

Den Chinakohl waschen und in kleine Stückchen schneiden.

Die Krabben, die Petersilie und die Schalotten hacken.

Zubereitung Das Salatöl in einem Suppentopf erhitzen und die getrockneten Krabben sowie die Schalotten darin anbraten.

Mit der Brühe ablöschen und das Ganze zum Kochen bringen. Jetzt die Tarowürfel zugeben und 20 Min. kochen.

Das blanchierte Mett, den vorgeweichten Reis, die Erdnüsse, die Bohnenkerne und die Blumenpilze

Zutaten

300 g Taro
3 getrocknete chinesische Blumenpilze
⅔ RS Klebreis
50 g geschälte Erdnüsse
10 g rote Bohnenkeime
250 g Schweinemett
100 g Chinakohl
50 g getrocknete Krabben
2 EL Petersilie
3 Schalotten
10 EL Salatöl
3 l Hühnerbrühe
etwas Salz (nach Belieben)
1 TL Pfeffer
4 EL Zucker

zugeben und nun 30 Min. zugedeckt leicht kochen lassen.
Nun den Chinakohl beifügen und weitere 5 Min. kochen.
Das Salz, den Pfeffer, den Zucker und die Petersilie einrühren und heiß servieren.

Chinesische Milchreissuppe
Niu Nai Zhou

Zutaten
½ RS Langkornreis
½ RS Rundkornreis
½ l Milch
ev. etwas Zucker oder Süßholzpulver (nach Belieben)

Zubereitung Beide Reiszutaten waschen. 2½ l kaltes Wasser kalt in einen Topf geben und nun den gewaschenen Reis zugeben. Zum Kochen bringen und 20 Min. bei kleinster Flamme quellen lassen. Vom Feuer nehmen und 30 Min. ohne Wärmezufuhr weiterquellen lassen.
Nun die kalte Milch untermischen, erneut zum Kochen bringen, die Hitzequelle abstellen und die Reissuppe 5 Min. abkühlen lassen, bevor man sie nach individuellem Geschmack mit etwas Zucker oder Süßholzpulver bestreut serviert.

Feuertopf-Allerlei
Shi Jin Huo Guo

Zutaten
100 g Glasnudeln (oder Süßkartoffelmehlnudeln)
400 g Schweinefilet
ev. 50 g chinesische Salami
200 g Bambus
250 g frische Jakobsmuscheln
1 Abalone
5 g chinesische Blumenpilze
8 Blätter Chinakohl

Vorbereitung Die Glasnudeln in ½ l kaltem Wasser einweichen und dann abtropfen.
Das Schweinefilet, die Salami, den Bambus, die Jakobsmuscheln und die Abalone in Scheiben schneiden.
Die Blumenpilze einweichen und halbieren. Den Chinakohl in große Stücke, die Lammkoteletts in dünne Scheiben schneiden.
Den Babymais halbieren und den Spinat zerkleinern.
Die Frühlingszwiebeln, den Ingwer und den Knoblauch hacken.
Alle Zutaten für die Marinade vermischen und die Scheiben vom Schweinefilet und von den Lamm-

koteletts sowie die Hummerkrabben getrennt voneinander 20 Min. darin marinieren.
Alle Zutaten getrennt auf verschiedenen Tellern anrichten.
Die Dippsaucen A und B durch Mischen aus den Gewürzen herstellen und in Schälchen anrichten.
Den Feuertopf auf eine Spiritusflamme stellen und mit der kochenden Brühe füllen.

Zubereitung Jeder Gast nimmt mit seinen Stäbchen von den angerichteten Tellern Stücke nach seiner Wahl und blanchiert sie, indem er sie mit den Stäbchen in die heiße Brühe hält, bis sie wunschgemäß gegart sind. Dann dippt man das Ausgewählte kurz in die Sauce und ißt es.

300 g Lammkoteletts
8 St. Babymais
500 g Spinat
8 Hummerkrabben (oder große Garnelen)
3 bis 5 l Hühnerbrühe

Zum Marinieren:
1 Ei
4 EL Kartoffelmehl
½ TL Pfeffer
je 1 Prise Pfeffer
4 EL Salatöl
3 EL Sojasauce

Für Dippsauce A:
1 EL Chiliöl
2 EL Essig (5 %)
2 EL Sesamöl
½ RS Sojasauce

Für Dippsauce B:
2 EL Frühlingszwiebeln
1 EL Ingwer
1 EL Knoblauch
½ RS Sa-Cha-Chiang-Sauce
1 EL Sesamöl
½ RS Sojasauce

Benötigt wird zudem ein Feuertopf mit einer Spiritusflamme.

Der Feuertopf

Von August bis November wird das Wetter in Peking allmählich kälter und schließlich winterlich. Dann ist der Feuertopf die beliebteste Speise in den Restaurants. Seine Popularität geht darauf zurück, daß er ein relativ günstiges, wohlschmeckendes Gericht ist, das man am liebsten in Gesellschaft zu sich nimmt.

Schon 1400 v. Chr. war der Feuertopf in China bekannt, doch erst in der Tang-Dynastie breitete sich diese Eßkultur wirklich aus. Feuertöpfe bestanden früher nicht aus Metall, sondern aus grobem orangefarbenem Steingut. Sie waren, mit

heutigen Töpfen verglichen, auch wesentlich kleiner, etwa in der Größe eines kleinen Stieltopfes. Im Laufe der Zeit wandelte sich das Material des Feuertopfes vom Tontopf über Porzellan und Kupfer zum Edelstahl. Heutzutage gibt es sogar Elektrofeuertöpfe. Und nicht nur der Topf, auch die Art und Zubereitung der Speisen hat sich im Laufe der Zeit gewandelt.

Alles in allem gibt es 20 bis 30 verschiedene Feuertopfspezialitäten: z.B. den Pekinger Lammfleischfeuertopf, den Weißfleischfeuertopf aus dem Nordosten, den Allerlei-Feuertopf aus Shanghai, den Blumenfeuertopf aus Anhui, den Lammmagenfeuertopf aus Sichuan, den Fischfeuertopf aus Guandong (Kanton), den Selbstbedienungsfeuertopf aus Taiwan usw. Fast jede Provinz hat ihre eigene Feuertopf-Eßkultur, nicht zuletzt auch wegen des unterschiedlichen Klimas und der verschiedenartigen Lebensmittel.

Der *Sacha-Feuertopf* kommt aus Kanton. Dort ist die *Sacha-Jiang*-Sauce berühmt, die z.B. getrocknete Krabben, Erdnuß- oder Knoblauchpaste enthält. Zu Beginn des Essens bekommt jeder Gast etwas von dem Saucengemisch in seine Schale, dazu noch ein rohes Eigelb. Außerdem kann man sich Sesamkörner, Frühlingszwiebeln oder auch Chilipulver daruntermischen. Als Zutaten stehen u.a. Chinakohl, Tofu, Glasnudeln, Rind- und Schweinefleisch, Hummer und Austern zur Auswahl.

Der *Steinfeuertopf* ist für die Provinz Shandong bekannt. Hier ist die Zubereitung ganz verschieden, es wird u.a. sehr viel Knoblauch verwendet. Dieser Feuertopf hat jedoch nichts mit Stein zu tun. Der Name bezieht sich auf die steinähnliche Form, sehr dick und die Mitte nach innen gewölbt. In dieser Wölbung werden zu Beginn Knoblauch, Chili und Frühlingszwiebeln mit Sesamöl angebraten. Erst dann kommt die Brühe in den Topf.

Der *Sichuan-Feuertopf (Mao-Du-Huo-Guo)* wird mit besonders viel Chili zubereitet, ist also extrem scharf. Sichuan-Pfefferkörner, Sambal-Paste und Chili sowie Sesampaste werden mit Rinderfett und

Knochen in Wasser zu einer Brühe verkocht. Als Beilage werden Rindfleischmagenstücke, Schweinehirn und Knochenmark angeboten.

Der *Blumenfeuertopf* ist eine Spezialität aus Peking. Vom Herbst an gibt es auf dem Markt Chrysanthemen zu kaufen, und so ist dieser Feuertopf vornehmlich ein Herbstgericht. Die Lebensmittel dafür sind sehr dünn geschnitten: es gibt z.B. Hummer, Fisch, Nieren und Leber. Als bekannte Besonderheit wird dieser Feuertopf über einem Spirituskocher erhitzt.

Der *Pekinger Lammfleischfeuertopf* ist ein typisches Gericht der Hauptstadt. In Peking übertrifft die Vorliebe für Lamm- und Schweinefleisch sogar jene für Geflügel. Ein Grund dafür ist die Kälte: Im Winter schützen sich die Chinesen u.a. durch fettreicheres, kräftigeres Fleisch gegen die Kälte. Seit der Yuan-Dynastie wird auch die mongolische Eßkultur, zu der viel Lamm und Schwein gehören, in zunehmendem Maß übernommen. Vom Lamm werden neben den üblichen Fleischteilen auch Niere, Magen, Herz und Darm gegessen. Sehr beliebt ist auch die Schafmilch.

Der *Pekinger Feuertopf* ist aus Kupfer und wird mit Holzkohle beheizt. Es werden chinesische Blumenpilze, Frühlingszwiebeln und Strohpilze als Gemüse gereicht. Das Fleisch wird lang und dünn geschnitten und zwischen zwei Stäbchen wie mit Pinselstrichen durch die Brühe gezogen. Das ist auch der Ursprung des chinesischen Wortes *Yang-Sao-Rou* – «Pinsel-Lammfleisch».

Feuertopf mit Meeresfrüchten
Shi Jin Yu Huo Guo

Zutaten
300 g Lachsfilet
300 g Tintenfischfilet
4 frische Jakobsmuscheln
8 eingeweichte chinesische Blumenpilze
8 Tiger Prawns
200 g junger Porree
1 rote Paprika
200 bis 300 g Chinakohl
ev. 2 Seegurken (zur Vorbereitung siehe S. 56)
500 g frische Krebse (ohne Schalen)
500 g Tofu
3 bis 5 l Hühnerbrühe
100 g eingeweichte Glasnudeln

Für die Brühe:
2 EL Ingwer
1 bis 2 EL Salz
4 EL Reiswein

Für die Dippsauce:
2 EL Frühlingszwiebeln
2 EL frischer Koriander
5 EL Essig (5 %)
3 EL Sesamöl
½ RS Sojasauce
2 TL Zucker

Vorbereitung Das Lachsfilet in dünne Scheiben schneiden. Danach die Tintenfischfilet, die Jakobsmuscheln und auch die Blumenpilze in Scheiben schneiden.
Die Tiger Prawns säubern.
Den Porree, die Paprika, den Chinakohl und die Seegurken (falls verwendet) in Streifen schneiden.
Die Krebse in Stücke und den Tofu in Würfel schneiden.
Alle Lebensmittel auf verschiedenen Tellern schön anrichten.
Die Frühlingszwiebeln und den frischen Koriander hacken, den Ingwer fein hacken.
Alle Zutaten für die Dippsauce in einer Schale vermischen und in kleine Schälchen für jeden Gast abfüllen.

Zubereitung Die Brühe erhitzen und in den Feuertopf füllen. Dann mit dem Salz, dem Reiswein und dem Ingwer würzen und zu Tisch bringen.
Jeder Gast nimmt nun von den verschiedenen Lebensmitteln etwas in seine Reisschale und gart die Bissen Stück für Stück mit Hilfe seiner Stäbchen in der heißen Brühe.
Je nach Geschmack kann man den Bissen vor dem Verzehr noch kurz in die Sauce tauchen.
Zum Abschluß wird die aromatische Brühe in einer Reisschale zum Trinken gereicht.

Anmerkung Benötigt wird für dieses Gericht ein mongolischer Feuertopf mit Holzkohle oder ein Fondue-Topf mit Spiritusbrenner.

Feuertopf mit Seeaalfilet
Shi Jin Rou Huo Guo

Vorbereitung Das Fischfilet und den Bambus in Scheiben, den Tofu in Würfel schneiden.
Den Chinakohl in grobe, die Frühlingszwiebeln in 4 cm große Stücke schneiden.
Den Spinat hacken.

Zubereitung Siehe Rezept «Feuertopf mit Meeresfrüchten» (S. 566).

Zutaten
700 g Seeaalfilet
150 g junger Bambus
500 g Tofu
200 g Chinakohl
50 g Frühlingszwiebeln
200 g frischer Spinat
2 bis 3 l Hühnerbrühe

Zum Würzen der Brühe:
1 EL Glutamat
½ RS Reiswein
½ RS gelbe Sojabohnenpaste (Huangjiang)
3 EL Zucker

Für die Dippsauce:
½ TL Pfeffer
6 EL Reiswein
2 EL Sesamöl
½ RS Sojasauce

Benötigt wird ein chinesischer Feuertopf.

Feuertopf mit verschiedenen Fleisch- und Shrimpsklösschen
Rou Lei He Wan Zi Huo Guo

Vorbereitung Das Schweine- und das Rindfleisch in Scheiben schneiden.
Den Tofu in Würfel und die Frühlingszwiebeln in 4 cm lange Stücke schneiden. Den Ingwer hacken.

Zubereitung Für die Herstellung der Shrimpsklößchen alle dazu bestimmten Zutaten im Mixer pürieren und aus der Masse wallnußgroße Klößchen formen.

Zutaten
250 g Schweinefilet (oder Kotelett ohne Knochen)
250 g Rinderfilet (oder -nacken ohne Knochen)
350 g Tofu
6 Frühlingszwiebeln

400 g Spinatblätter
60 g eingeweichte (oder 15 g getrocknete) Holzohrenpilze
2 eingeweichte Glasnudelblätter (oder 160 g eingeweichte Glasnudeln)
4 l Gemüsebrühe (siehe S. 70)

Für die Brühe:
2 Scheiben Ingwer
½ TL Pfeffer
½ RS Reiswein

Für die Dippsauce:
½ RS Hoisin-Sauce (oder Austernsauce)
5 EL Sesamöl
½ EL Sichuan-Pfefferpulver
½ RS Sojasauce
2 EL Zucker

Für die Shrimpsklößchen:
1 TL Ingwer
2 Prisen Backpulver
1 Eiweiß
1 EL Kartoffelmehl
½ TL Salz
2 EL Reiswein
1 EL Sesamöl
400 g geschälte Shrimps
1 TL Zucker

Benötigt wird ein chinesischer Feuertopf.

Mit den genannten Zutaten eine Brühe herstellen, die Shrimpsklößchen vorkochen, dann mit den anderen Lebensmitteln auf verschiedenen Tellern anrichten.

Dann weiterfahren wie im Rezept «Feuertopf mit Meeresfrüchten» (S. 566) beschrieben.

Vegetarischer Feuertopf
Su Shi Huo Guo

Vorbereitung Den Tofu in Würfel, den Porree in Streifen schneiden.
Die Blumenpilze halbieren und den Ingwer hacken.
Die Brühe mit angegebene Zutaten verrühren.
Die Zutaten für die Dippsauce vermischen.

Zubereitung Siehe Rezept «Feuertopf mit Meeresfrüchten» (S. 566).

Geschichtliches Überall in China stößt man auf verschiedene Zubereitungen des Feuertopfgerichtes, zu der auch eine eigene Geschichte gehört.
Der Chrysanthemenfeuertopf geht auf die Qing-Dynastie zurück. Unter den ersten, die diese Art von Feuertopf genossen haben, war die kaiserliche Witwe Ci Xi. Für diesen Feuertopf wird zunächst eine große, schneeweiße Chrysanthemenblüte gepflückt, gewaschen und sofort in den Feuertopf zum Kochen gegeben.
Dank den Tagebuchaufzeichnungen eines Chinesen aus Übersee, der damals im Palast arbeitete, konnte man einiges über die Geschichte des Chrysanthemenfeuertopfes erfahren.
Damals wurde die Tafel bei Hofe durch Blumenbeete gesäumt, in denen unter anderem auch viele Chrysanthemensträucher wuchsen. So hatte man immer ganz frische Blüten zur Hand. Bei diesem

Zutaten
500 g Tofu
200 g Porree
6 chinesische Blumenpilze
200 g Babymais
20 g getrocknete eingeweichte Holzohrenpilze
200 g Lilienblumenpilze (aus der Dose)
200 g Spinatblätter
100 g Strohpilze (aus der Dose)
3 bis 4 l Gemüsebrühe (siehe S. 70)

Für die Brühe:
5 g Ingwer
½ TL Pfeffer
8 EL Pflaumenwein
1 bis 2 TL Salz

Für die Dippsauce:
1 EL Chiliöl
2 bis 3 EL Reiswein
½ RS vegetarische Sa-Cha-Ciang-Sauce
1 EL Sesamöl
5 EL Sojasauce
1½ TL Zucker

Benötigt wird zudem ein chinesischer Feuertopf.

Gericht wurde ein Feuertopf aus Silber benutzt.. Es wurde nur Fischbrühe verwendet, und um den Feuertopf herum richtete man viele Teller mit den unterschiedlichsten Zutaten an: dünn geschnittenen Fisch, Hühnerfleisch, verschiedene Saucen, Essig usw. Nun nahm sich jeder mit seinen Stäbchen das Gewünschte und ließ es für kurze Zeit in der Brühe kochen, tunkte es dann in eine Sauce seiner Wahl und genoß es anschließend. Die Chrysanthemenblüten wurden wie Gemüse gegessen – man blanchierte sie kurz in der Brühe und tunkte sie dann in die Sauce.
Diese Lebensmittelzusammenstellung vermittelte ein angenehmes Sättigungsgefühl. Fleisch und Blüten wirken zusammen wie ein eßbares Parfum. Es gibt nicht viele Rezepte in dieser Kombination wie beim Chrysanthemenfeuertopf. Selbst viele Chinesen wundern sich darüber, daß man diese Blumen essen kann. Dieses Rezept ist auch in China nicht sehr weit verbreitet.

Feuertopf mit verschiedenen Klösschen
Shi Jin Wan Zi Huo Guo

Zutaten
200 g Champignons
200 g Zuckerschoten
60 g eingeweichte Glasnudeln
3 bis 5 l Brühe (siehe S. 69)

Für die Brühe:
150 g Tomaten
2 Frühlingszwiebeln
5 g Ingwer
½ TL Pfeffer
3 TL Salz
2 EL Zucker

Vorbereitung Die Champignons halbieren und die Zuckerschoten entfädeln.
Die eingeweichten Glasnudeln abtropfen.
Nun die Tomaten in Scheiben schneiden und die verschiedenen Frühlingszwiebeln, Ingwer- und Knoblauchzutaten hacken.
Die Tiger Prawns reinigen.
Nun die Zutaten für jede Klößchenart *getrennt* pürieren.
Wallnußgroße Klößchen daraus formen und diese in 1 l kochendem Wasser etwa 5 Min. kochen.

Zubereitung Siehe Rezept «Feuertopf mit Meeresfrüchten» (S. 566).

Sauce zum Dippen:
1 EL Frühlingszwiebeln
1 EL Knoblauch
½ RS Austernsauce
2 EL Chiliöl
1 EL Essig (25 %)
5 EL Reiswein
3 EL Sojasauce

Lammfleischklößchen:
1 TL Ingwer
300 g Lammfleisch von der Keule
2 Prisen Backpulver
2 EL Eiweiß
1 EL Kartoffelmehl
3 EL Reiswein
2 EL Salatöl
½ TL Salz
3 EL Schweineschmalz

Für die Fischklößchen:
350 g Fischfilet
1 Msp. Backpulver
2 EL Eiweiß
1 EL Ingwer
1 EL Kartoffelmehl
½ TL Salz
1 EL Weizenmehl

Garnelenklößchen:
10 g Frühlingszwiebeln
400 g Tiger Prawns
2 EL Salatöl
1 TL Salz
1½ TL Zucker

Benötigt wird auch ein chinesischer Feuertopf.

Rindfleisch-Tofu-Suppe im Feuertopf
Niu Rou Doufu Huo Guo

Zutaten
40 g eingeweichte Glasnudeln
400 g Tofu
200 g Porree
200 g Chinakohl
800 bis 1000 g hohe Rippe (oder Bauchrippe) vom Rind
3 bis 4 l Hühnerbrühe

Für die Brühe:
10 g weiße Frühlingszwiebeln
2 EL Ingwer
8 EL Öl
2 EL Sambal Olek
4 EL Essig (5 %)
1½ EL Glutamat
1 TL Pfeffer
½ RS Sa-Cha-Chiang-Sauce
½ RS Sojasauce
3 TL Salz
4 EL Zucker

Benötigt wird zudem ein Spirituskocher.

Vorbereitung Die eingeweichten Glasnudeln abtropfen.
Den Tofu in Würfel, den Porree und den Chinakohl in Streifen schneiden.
Die Rippe etwa 10 Min. in 1 l kochendem Wasser blanchieren und dann in Würfel schneiden.
Die Frühlingszwiebeln und den Ingwer hacken.
Im heißen Öl das Sambal Olek, die Frühlingszwiebeln und den Ingwer anbraten. Mit der Brühe ablöschen und die weiteren Gewürze zufügen.

Zubereitung Die vorbereitete Brühe in den Suppentopf geben, zum Kochen bringen und die Rindfleischwürfel 60 Min. auf kleiner Flamme darin kochen.
Den Chinakohl sowie die Glasnudeln beifügen und weitere 10 Min. kochen lassen.
Zum Schluß den fritierten Tofu und die Porree-Streifen zugeben, kurz aufkochen und auf der Spiritusflamme zu Tisch bringen.

Süsse Klebreiskuchen
Tian Nian Gao

Vorbereitung Die Sojabohnen in einer Schüssel mit der dreifachen Menge Wasser 3 Std. einweichen.
Das Einweichwasser abgießen und die Bohnen in 1 l frischem Wasser ½ Std. kochen, abgießen und trocken dämpfen.
In einer großen Schüssel das Klebreismehl mit 1 RS kaltes Wasser mischen, danach den Zucker, die Rosinen, die vorbereiteten Sojabohnen und die Sesamsamen untermischen.
Diese Masse in ein mit geöltem Backpapier ausgelegtes Bambuskörbchen füllen und ein Bambusröhrchen zwischen Backpapier und Körbchenrand stecken.
Den Kuchen ungefähr 1½ Std. im Dampf garen.

Zubereitung Den gegarten Kuchen aus der Form stürzen. Dann über Nacht auskühlen und trocknen lassen.
Anderntags das Backpapier abziehen. Für die weitere Zubereitung stehen zwei Möglichkeiten offen:

A. Braten
Den Kuchen in ½ cm dicke Scheiben und daraus 4 × 8 cm große Rechtecke schneiden. Diese von beiden Seiten jeweils 2 Min. im heißen Fritieröl goldgelb braten.

B. Fritieren
Aus den angegeben Zutaten die Panade zubereiten. Den Kuchen in ½ cm dicke Scheiben und daraus 3 × 6 cm große Rechtecke schneiden. Die Stücke in die Panade tauchen und dann im heißen Öl fritieren.

Diese süßen Klebreiskuchen können warm oder kalt gegessen werden.

Zutaten
80 g rote (oder grüne) Sojabohnen
375 g Klebreismehl
1 RS Zucker
180 g Rosinen
5 EL schwarze Sesamsamen
1½ l Öl zum Fritieren

Panade für das Fritieren (Zubereitung B):
2 EL Backpulver
1 Ei
20 g Kartoffelmehl
10 EL Öl
1 TL Salz
320 g Weizenmehl
1½ EL Wasser

Benötigt wird ein Bambuskörbchen.

Lange Vor- und sehr lange Zubereitungszeit!

Die Vorbereitung des Neujahrsessens

Um die Zeit des chinesischen Neujahrs - nach dem «Yin»-Kalender zwischen 21. Januar und 19. Februar - werden auf den Straßen *Chun-Lian*, rotes Papier für die Neujahrssprüche, sowie andere spezielle Neujahrsgegenstände verkauft.

Alle Festtage in China richten sich nach dem Mond. Berechnet werden die Tage ja auch nicht nach dem westlichen Sonnenkalender (365 Tage), sondern nach dem chinesischen Mondkalender (354 oder 355 Tage), der so festgelegt ist daß Vollmond immer auch Monatsmitte ist. Während einige Festtage heute ihre besondere Bedeutung eingebüßt haben, wird das chinesische Neujahr sowohl in China selbst als auch unter den im Ausland lebenden Chinesen intensiv mit Familienfesten gefeiert.

Das traditionelle Familienneujahrsfest ist mit langen Vorbereitungen verbunden. Diese können

bis zu 2 Monate in Anspruch nehmen. Das Essen wird geplant und vorbereitet, das Haus geputzt und die Küchengeräte gesäubert. Der Hausaltar wird gereinigt, ohne dabei Gottheiten oder Gefäße zu bewegen, da dies Unglück bringen würde.

Am 23. des letzten Monats im Jahr wird dem Küchengott ein Opfer gebracht. Es drückt seinem Sinn nach aus, daß das Alte durch das Neue ersetzt wird – auf chinesisch *Zu-Jiu-Pu-Xin*.

Da das Essen in China eine sehr große Bedeutung hat, werden für das Neujahrsfest besonders gute Gerichte zubereitet. Jeder Feiertag hat seine Spezialitäten. So werden am Lampionfesttag Klebreisklößchen gegessen, am Drachenbootfesttag Bambusblattaschen und am Mondfesttag chinesische Mondkuchen. Zum chinesischen Neujahr nun gibt es Klebreiskuchen *(Nian-Gao)*, Pökelfleisch *(La-Chang)*, Pökelfisch *(La-Yu)* und vieles mehr.

In einem Volkslied werden die langen Vorbereitungsarbeiten in zehn Strophen besungen. Es beginnt mit dem Saubermachen und geht über das Opfer für den Küchengott, das Schreiben der Neujahrssprüche, das Zubereitung des Tofus, das Zerteilen des Schweines und des Geflügels bis zum Dämpfen der Klebreiskuchen. Am Vorabend des Neujahrs bleiben alle auf, denn niemand möchte den Beginn des neuen Jahres verpassen.

Neben Fleisch, Fisch und Gemüse werden auch Lebensmittel zubereitet, die nicht aus der eigenen Umgebung stammen. Auch wenn die Formen der Zubereitung sehr verschieden sind, darf in keiner chinesischen Provinz der Klebreiskuchen beim Neujahrsessen fehlen.

Sesambrötchen mit gewürztem Rindfleisch
Jia Rou Zhi Ma Bing

Zutaten
800 g Rindsfilet
½ Hefewürfel
2 RS Weizenmehl
½ TL Pfeffer
3 bis 5 EL Salatöl
½ TL Salz
½ RS weiße Sesamkörner
3 bis 4 EL Sesampaste
1 EL Sichuan-Pfefferpulver
2 EL Sojasauce
1 EL Sternanispulver

Für den Kochsud:
50 g frischer Ingwer
3 frische rote Chilischoten
2 EL Fünfgewürzpulver
2 g getrocknete Mandarinenschale
1 EL schwarzer Pfeffer
½ RS Reiswein
2 bis 3 EL Salz
2 EL Sesamöl
⅔ RS Sojasauce
5 g Süßholz
5 EL Zucker

Lange Vorbereitungszeit!

Vorbereitung Das Rindfleisch waschen und mit einem langen spitzen Messer durchstechen.
In einem Topf 1 l Wasser zum Kochen bringen und das Rindfleisch 10 Min. darin blanchieren.
Den Ingwer quetschen und den Hefewürfel mit ½ RS Wasser mischen.
Das Wasser fortgießen und nun alle Zutaten für den Kochsud im Topf erhitzen.
Das blanchierte Rindfleisch etwa 1 Std. im Sud zugedeckt kochen lassen.
20 Min. im Sud abkühlen lassen, herausnehmen, auf einem Teller völlig erkalten lassen und dann in ½ cm dicke, große Scheiben schneiden.
In der Zwischenzeit das Weizenmehl in eine Schüssel geben. In die Mitte eine kleine Vertiefung eindrücken, die Hefelösung hineingießen und mit etwas Mehl vom Rand her anrühren. Mit einem Küchentuch abdecken und an einem warmen Ort gehen lassen, bis die Hefemischung Blasen wirft.
Mit dem Rest des Mehls und allen anderen Zutaten gut durchkneten und 2 Std. an einem warmen Ort gehen lassen.
Die 2 EL Sojasauce mit 4 EL Wasser verquirlen.

Zubereitung Den vorbereiteten Hefeteig zu einer Rolle formen und in 8 bis 10 Stücke teilen.
Jedes Stück zu einer Kugel drehen und mit der flachen Hand etwas platt drücken.
Mit dem Wasser-Sojasauce-Gemisch beidseitig bepinseln und mit den Sesamkörnern panieren.
Auf ein geöltes Backblech legen und mit einem Tuch abgedeckt nochmals 20 Min. gehen lassen.
Im vorgeheizten Ofen bei 200 °C 25 bis 30 Min. backen.
Die gebackenen Sesambrötchen etwas abkühlen lassen, dann je eine Tasche einschneiden, jedes Brötchen mit einer Fleischscheibe füllen und servieren.

Gebratener Schweinenacken mit Mandarinensauce
Chen Pi Zhu Rou Zhi

Vorbereitung Das Fleisch waschen, trockentupfen und in 4 Scheiben schneiden. Mit dem Messer einige Einschnitte anbringen und die Sehnen zerschneiden.
Alle Zutaten für die Sauce in einer Schale vermischen.
Die Schalotten hacken.

Zubereitung Eine stark erhitzte Pfanne zweimal mit Öl ausschwenken. Das Öl zum Braten darin erhitzen und die vorbereiteten Nackenscheiben zweimal von beiden Seiten bei starker Hitze braun braten.
Auf einem Sieb abtropfen lassen und das Öl in das Vorratsgefäß zurückgießen.
Die Pfanne erneut erhitzen und die Schalotten in 3 EL Öl anbraten. Mit der Saucenmischung ablöschen und unter Rühren die Sauce ungefähr auf die Menge einer Reisschale reduzieren.
Die gebratenen Nackenscheiben in der Sauce wenden, bis sie rundherum glasiert sind.
Das Gericht heiß servieren.

Zutaten
500 g Schweinenacken
1 RS Öl zum Braten

Zum Anbraten:
2 Schalotten
3 EL Öl

Für die Sauce:
1½ EL Chiliöl
(oder Sambal Olek)
1 RS Orangensaft
2 EL Sesamöl
3 EL Sojasauce
½ RS Wasser
1½ EL Zucker
3 EL karamelisierter Zucker (siehe S. 72)

Gedämpfte Hähnchenschenkel
Yu Xiang Ji Tui

Zutaten
700 g Hähnchenschenkel
200 g Möhren
1 l Öl zum Fritieren
1½ TL Kartoffelmehl
3 EL Salatöl

Zum Anbraten:
3 weiße Frühlingszwiebeln
50 g Ingwer
12 EL Öl
5 frische Chilischoten

Zum Dämpfen:
1 EL Glutamat
2½ RS Hühnerbrühe
2½ TL Pfeffer
½ RS Reisweinsatz (siehe S. 73) oder Reiswein
2 TL Salz
5 EL Sojabohnenpaste (oder 3 EL Sambal Olek)
6 EL Sojasauce
2 EL Zucker

Für die Sauce:
1 TL Glutamat
2 EL Sojasauce
2½ EL karamelisierter Zucker (siehe S. 72)

Vorbereitung Die Hähnchenschenkel im Gelenk halbieren. Die Möhren waschen, schälen und in ähnlich grosse Stücke wie die Hähnchenschenkel schneiden.
Eine heiße Pfanne zweimal mit Öl ausschwenken und das Fritieröl darin erhitzen.
Zuerst die Hähnchenschenkel, dann die Möhren kurz fritieren und anschließend auf einem Sieb abtropfen. Das Öl in das Vorratsgefäß zurückgießen.
Alle Zutaten zum Dämpfen in einer Schale vermischen.
Alle Gewürze für die Sauce in einer Schale mischen.
Die weißen Frühlingszwiebeln in 6 cm lange Stücke und den Ingwer in 4 Stücke schneiden.

Zubereitung *Am 1. Tag:*
Eine heiße Pfanne zweimal mit Öl ausschwenken.
Das Öl zum Anbraten darin erhitzen und alle Gewürze (zum Anbraten) solange darin braten, bis sich das volle Aroma entwickelt hat.
Die vorfritierten Hähnchenschenkel und die Möhrenstücke zugeben, weitere 30 Sek. erhitzen und dann mit der Gewürzmischung zum Dämpfen ablöschen.

Das Ganze zum Kochen bringen und zugedeckt 40 Min. bei kleiner Flamme schmoren.
Eine Porzellanschüssel mit Deckel nehmen. Die Hähnchenschenkel aus der Pfanne nehmen, in die Schüssel legen und darauf die Möhrenstücke anrichten.
Zum Schluß alles mit der Dämpfflüssigkeit übergießen und zugedeckt im Kühlschrank bis zum folgenden Tag durchziehen lassen.

Benötigt wird auch eine Porzellanschüssel mit Deckel.

Sehr lange Zubereitungszeit!

Am 2. Tag:
Die Porzellanschüssel mit allen Zutaten aus dem Kühlschrank in ein Wasserbad stellen, zum Kochen bringen und alles 1½ Std. im kochenden Wasserbad dämpfen.
Von der Dämpfflüssigkeit etwa 1½ RS in eine Pfanne abgießen, zum Kochen bringen und mit der Gewürzmischung für die Sauce verrühren.
Das Kartoffelmehl mit 5 EL Wasser verrühren, die Sauce damit andicken und zum Schluß das Salatöl unterziehen.
Die Hähnchenschenkel mit den Möhren auf einem Teller anrichten, mit der Sauce übergießen und heiß servieren.

Scharfes gebratenes Schweinefleisch
Hui Guo Rou

Vorbereitung Die Holzohrenpilze 30 Min. in heißem Wasser einweichen, abwaschen und anschließend nochmals 20 Min. in kaltem Wasser einweichen.
Das Schweinefleisch 30 Min. in 1 l Wasser kochen, auf einem Teller abkühlen lassen und dann in Stücke von 3 cm Länge, 2 cm Breite und ½ cm Dicke schneiden.
Die Holzohrenpilze abtropfen. Den Knoblauch hacken und die Frühlingszwiebeln in 3 cm lange Stücke schneiden.

Zutaten
10 g chinesischer Holzohrenpilz
450 g Schweinenacken (ohne Knochen)
100 g Tofu
40 g Bambus
600 g grüne Paprika
½ l Öl zum Fritieren

10 g frische Chilischoten
1½ TL Kartoffelmehl
1 EL Sesamöl

Zum Anbraten:
2 EL Knoblauch
7 EL Öl
2 EL Sambal Olek

Für die Sauce:
30 g Frühlingszwiebeln
1 TL Glutamat
½ RS Hühnerbrühe
½ TL Pfeffer
½ TL Salz
2 EL Sojasauce
4 EL süße Sojasauce
1½ EL Zucker

Den Tofu, den Bambus, die grüne Paprika und die Holzohrenpilze in gleichgroße Stücke wie das Fleisch schneiden.
Eine stark erhitzte Pfanne zweimal mit Öl ausschwenken und das Fritieröl darin erhitzen. Nacheinander den Tofu 2 Min. und danach kurz den Bambus, die Paprika, die Holzohrenpilze und die frischen Chilischoten darin fritieren.
Auf einem Sieb abtropfen lassen und das Fritieröl in das Vorratsgefäß zurückgießen.
Alle Zutaten für die Sauce in einer Schale miteinander vermischen. Das Kartoffelmehl mit 5 EL Wasser vermischen.

ZUBEREITUNG Eine stark erhitzte Pfanne zweimal mit Öl ausschwenken. Das Öl zum Anbraten darin erhitzen. Den Knoblauch und das Sambal Olek braten, bis sich das volle Aroma entwickelt hat.
Das vorgekochte Fleisch zugeben und 1 Min. braten. Nun unter Rühren das vorfritierte Gemüse zugeben, erhitzen und mit der Saucenmischung ablöschen.
Mit dem angerührten Kartoffelmehl andicken, aufkochen und mit dem Sesamöl abschmecken.
Das Gericht heiß servieren.

SALZIGE KLEBREISKUCHEN
XIAN NIAN GAO

ZUTATEN
1000 g weißer Rettich
50 g Salami
½ RS Schweineschmalz
80 g Krabben
3 EL Zucker
1½ EL Salz
½ EL Pfeffer
1000 g Reismehl
2 RS Öl zum Braten

VORBEREITUNG Den Rettich in 5 cm lange Stäbchen schneiden. Die Salami in Streifen schneiden.
Eine Pfanne erhitzen, das Schweineschmalz darin heiß werden lassen und die Krabben und die Salami kurz braten.
Die Rettichstäbchen sowie ½ RS Wasser zufügen und bei geschlossenem Deckel ungefähr 10 Min. garen. Den Zucker, das Salz und den Pfeffer zugeben und weitere 2 Min. kochen.
In einer großen Schüssel das Reismehl, die Röstzwiebeln und die gekochte Krabben-Rettich-Masse mit ¾ l Wasser vermischen.

In einem Bambuskörbchen oder in einer mit Backpapier ausgelegten Schüssel im Dampf 1 Std. garen.

30 g Röstzwiebeln
1 RS Austernsauce

ZUBEREITUNG Den gegarten Kuchen 2 Tage trocknen lassen.
Danach in 1 cm dicke Scheiben sowie 9 cm große Quadrate schneiden. Von beiden Seiten je 2 Min. in heißem Öl braten und jede Scheibe mit 1 TL Austernsauce bestreichen (dies ergibt ungefähr 25 Reiskuchen).
Diese salzigen Reiskuchen werden warm gegessen.

Sehr lange Zubereitungszeit!

Klebreiskuchen

Auch die Klebreiskuchen sind eine besondere Köstlichkeit, die zum chinesischen Neujahr gereicht werden. Zwei Wochen vor Beginn des sogenannten Frühlingsfestes mußten früher die Hausfrauen mit der Vorbereitung für die Klebreiskuchen beginnen.

Für diese Kuchen gibt es ebenfalls viele verschiedene Zubereitungsmöglichkeiten für alle möglichen Geschmacksrichtungen. Beispielsweise läßt man 1 kg Klebreis in der doppelter Menge Wasser einen Tag ziehen. Eine weitere Möglichkeit der Zubereitung besteht darin, den Klebreiskuchen in etwa 3 × 4 × 0,5 cm große Stücke zu schneiden, in einer Weizenmehl-Panade zu wenden und dann zu fritieren.

Die Herstellung dieser Kuchen ist nicht gerade leicht, so daß Unterschiede in der Qualität keine Seltenheit sind. In der Regel beherrschen ältere Frauen die Zubereitung besser aufgrund ihrer langen Erfahrung.

Früher wurde der Klebreis in einer chinesischen Zugmühle, die meist von Menschen, manchmal auch von Ochsen angetrieben wurde, gemahlen. In einem Dorf teilten sich gewöhnlich mehrere Familien in eine solche Mühle. Daneben gab es vereinzelt auch noch Wassermühlen. Der Klebreis wurde mit dem Wasser zusammen in ein Loch des oberen Mühlsteines eingefüllt und dann zwischen den Mühlsteinen gemahlen. Unter der

Wassermühle stand eine große Schüssel, in der die Klebreismilch aufgefangen wurde. Diese Milch goß man anschließend durch ein feines Leintuch, damit das überschüssige Wasser abtropfen konnte. Danach wurde die Masse in das Tuch gepackt, dieses gut verschnürt und mit Steinen beschwert, um so auch das letzte Wasser herauszupressen. Jetzt konnte man das ausgepreßte Klebreismehl mit Zucker vermischen und in einen großen, mit Leinen ausgelegten Bambusdampftopf einfüllen.

Neben dem Zucker wird traditionellerweise manchmal noch getrocknetes Obst untergemischt. Dann dämpft man das Ganze im Bambustopf. Damit sich die Wärme im Topf besser verteilen kann, stellt man zwei Bambusbecher mit hinein, durch die der Dampf nach oben entweichen kann. So wird der Klebreis von allen Seiten gegart. Der Deckel bleibt dabei geschlossen, damit keine Energie vergeudet wird.

Die Dämpfzeit für süßen und salzigen Klebreis ist ganz unterschiedlich. Man muß aber mindestens mit 1 Std. rechnen. Danach wird die Klebreismasse herausgenommen und bei Raumtemperatur getrocknet. Nach ungefähr zwei Tagen kann man die Klebreiskuchen servieren.

Klebreiskuchen sind ziemlich lange haltbar: man kann sie ohne Probleme etwa 6 Monate Jahr bei Raumtemperatur aufbewahren. Selbst wenn sie an der Oberfläche schimmelig werden sollten,

braucht man nur die Oberfläche abzuwischen und kann die Klebreiskuchen dann getrost weiter benutzen. Salzige Klebreiskuchen lassen sich hingegen höchstens 2 Wochen aufbewahren, sie werden sonst sauer.
Die Vorbereitungszeit für das Chinesische Neujahr ist für die Hausfrauen nicht leicht. Sie haben alle Hände voll zu tun und müssen sich auch darum kümmern, ihre Familie zusammenhalten und allen etwas besonders Gutes aufzutischen, um Nachbarn, Verwandten und Freunden gegenüber das Gesicht zu wahren. Denn Sorgen innerhalb der Familie oder Geldprobleme müssen vor den Nachbarn geheim gehalten werden.

Eine Woche vor dem Neujahrsfest muß die Wohnung sauber sein. Neue Kleider für die ganze Familie werden besorgt, das Festessen wird vorbereitet. Jetzt fehlt nur noch der Einkauf von Lebensmitteln und Süßigkeiten für die Festtage. Neben typischen Neujahrsnaschereien wie Erdnuß- und Wintermelonenbonbons müssen natürlich auch Feuerwerkskörper, rote Geldumschläge sowie glücksverheißende Sprüche auf rotem Papier besorgt werden, die man dann an der Haustüre befestigt.

An diesen Tagen sind die Märkte und Geschäfte alle überfüllt. Auf den Straßen sieht man Massen von schwer beladenen Menschen. Unmengen von Taschen und Tüten werden in die Häuser geschleppt. Dieser Kaufrausch wird stimuliert durch die Angst, die Waren könnten bald ausverkauft sein. Jeder versucht, sich seinen Teil möglichst schnell zu sichern. Doch dann, nach all der Arbeit, braucht man sich nur noch auszuruhen und auf das Neue Jahr zu warten ...

Das Geschäftsessen am Jahresende

Im Dezember werden mehrere chinesische Festtage gefeiert. Einer davon fällt auf den 16. Dezember und heißt *Wei Ya*. An diesem Tag muß die Familie zu Ehren des Erdgottes eine besonders große, aufwendige Opferzeremonie durchführen, denn an jenem Tag steigt dieser zu den Gottheiten hinauf, um über die Erdenbürger zu berichten.

Zum ursprünglichen Sinn dieses Festes gibt es noch eine weitere Geschichte. Als China noch nicht als Großreich vereinigt war und viele verschiedene Kleinstaaten noch miteinander um die Vorherrschaft kämpften, gab es den Brauch, vor dem Kampfbeginn ein Tieropfer dazubringen und so um einen Sieg zu bitten. Die Soldaten wurden danach zu einem Festmahl eingeladen, bei dem das Opfertier dann verspeist wurde. Die Grundidee des *Wei-Ya*-Festtages ist bis heute dieselbe geblieben, auch wenn sich die Formen etwas geändert haben.

Eine ganz besondere Bedeutung hat der 16. Dezember für die Geschäftsleute. Sie erbitten

sich durch die Opfergaben ein erfolgreiches neues Geschäftsjahr. In China wird dieser Tag auch «kleines Neujahrsfest» genannt. Durch die vielen guten Opfergaben soll der Erdgott beeinflußt werden, bei den Gottheiten nur Gutes über die Menschen zu berichten. Nach der chinesischen Tradition sind die Opfergaben der Geschäftsleute so reichlich, daß sie nach Ende der Zeremonie alle Mitarbeiter und Kollegen zu einem Festmahl einladen können.

Bis vor einiger Zeit freuten sich diese aber nicht immer über die Einladung, weil sie im Laufe des Mahls erfuhren, wer im folgenden Jahr seine Stelle verlieren würde. Das wurde mit einem besonderen Gang, einem ganzen Hähnchen, angezeigt. Der Hähnchenkopf wurde dabei so auf den Tisch gestellt, daß er auf einen bestimmten Mitarbeiter zeigte. Dieser wußte dann, daß ihm bald die Kündigung zugestellt würde...

Mittlerweile hat sich dieser Brauch fast in sein Gegenteil verkehrt: Jetzt befürchten oft die Geschäftsinhaber, daß ihre Mitarbeiter – nachdem sie ihre Prämien zum Jahresende erhalten haben – kündigen und sich eine neue Stelle suchen könnten. Um das Personal zu halten, werden diese Prämien von Jahr zu Jahr höher und die Festgelage immer großartiger.

Da die Vorbereitungen für dieses Festmahl an die 3 Monate in Anspruch nehmen, muß man sich frühzeitig um einen Platz im Restaurant oder Hotel bemühen. Neuerdings werden den Angestellten anstelle eines Festessens häufig ein paar zusätzliche Tage bezahlten Urlaubs gewährt.

Scharfes Hühnerfleisch mit Curry
Jia Li Ji

Zutaten
200 g Hähnchenbrustfilet
10 g chinesische Blumenpilze
60 g Bambus
200 g junger Porree
60 g rote Paprika
1½ TL Kartoffelmehl
½ l Öl zum Fritieren
½ l Kokosmilch (zum Ablöschen)
1 EL Chiliöl

Zum Marinieren:
2 TL Kartoffelmehl
2 EL Salatöl
1 EL Sojasauce
3 EL Wasser

Zum Anbraten:
2 TL Ingwer
2 TL Knoblauch
5 EL Öl
3 TL Sambal Olek
4 EL Curry-Pulver

Zum Abschmecken:
1 TL Pfeffer
1 TL Salz
2 EL Zucker

Vorbereitung Das Hähnchenfilet waschen, dann trockentupfen und in Streifen schneiden.
Mit allen Zutaten für die Marinade vermischen und 20 Min. ziehen lassen.
Die Blumenpilze 20 Min. in heißem Wasser einweichen. Abtropfen, von den Stielen befreien und in Streifen schneiden.
Den Bambus, den Porree und die Paprika ebenfalls waschen und in Streifen schneiden.
Den Ingwer und den Knoblauch hacken. Das Kartoffelmehl mit 5 EL Wasser verrühren.

Zubereitung Eine stark erhitzte Pfanne zweimal mit Öl ausschwenken. Das Fritieröl darin erhitzen und zuerst das marinierte Hähnchenfleisch 2 Min., dann die Gemüsestreifen darin fritieren.
Auf einem Sieb abtropfen und das Fritieröl in das Vorratsgefäß zurückgießen. Die Pfanne erneut erhitzen, das Öl zum Anbraten darin erhitzen. Das Sambal Olek, den Knoblauch und den Ingwer anbraten, bis sich das volle Aroma entwickelt.
Das Curry-Pulver zugeben und nur 2 Sek. anbraten. Sofort das vorfritierte Hähnchenfleisch und das Gemüse untermischen, kurz erhitzen und mit der Kokosmilch ablöschen.

Aufkochen und die Gewürze zum Abschmecken zufügen. Mit dem angerührten Kartoffelmehl andicken und das Chiliöl unterziehen.
Das Gericht heiß servieren.

Pfannengerührtes Rindfleisch mit Paprika
La Niu Rou

Vorbereitung Das Rindfleisch waschen, trockentupfen und in bleistiftdicke Streifen schneiden.
Alle Zutaten für die Marinade in einer Schüssel mit den Fleischstreifen vermischen und 10 Min. ziehen lassen.
Die grüne und die rote Paprika waschen, entkernen und mit dem Bambus in feine Streifen schneiden.
Alle Zutaten für die Sauce in einer Schüssel vermischen.
Den Knoblauch hacken. Das Kartoffelmehl mit 4 EL Wasser und dem Sesamöl mischen.

Zubereitung Eine stark erhitzte Pfanne zweimal mit Öl ausschwenken. Das Öl zum Anbraten darin erhitzen und den Knoblauch braten, bis sich das volle Aroma entwickelt.
Die marinierten Fleischstreifen unter Rühren zugeben und 2 bis 3 Min. braten, mit einem Sieb herausnehmen und zur Seite stellen.
Das restliche Öl erneut erhitzen und die Paprika- sowie die Bambusstreifen 2 bis 3 Min. braten. Die gebratenen Fleischstreifen wieder zugeben.
Die Saucenmischung angießen, kurz aufkochen und mit der angerührten Kartoffelmehlmischung binden.
Das Gericht sofort heiß servieren.

Zutaten
250 g Rindfleisch
80 g grüner Paprika
20 g roter Paprika
60 g Bambus
(aus der Dose)

Zum Marinieren:
½ TL Backpulver
3 TL Kartoffelmehl
3 EL Öl
1 Prise Pfeffer
1 EL Sojasauce
2 EL Wasser

Zum Anbraten:
1 EL Knoblauch
8 EL Öl

Für die Sauce:
½ RS Hühnerbrühe
(oder Wasser)
½ TL Pfeffer
1 TL Salz
2 EL Sojasauce
1 EL Zucker

Zum Binden:
1 TL Kartoffelmehl
1 TL Sesamöl

Gebratener Fasan mit Sojabohnenkeimen
Ye Ji Chao Yin Ya

Zutaten
150 g Fasanenfleisch
300 g Sojabohnenkeime
30 g Frühlingszwiebeln
1 TL Kartoffelmehl (zum Abschmecken)
½ l Öl zum Fritieren
1 EL Sesamöl

Für die Marinade:
2 TL Kartoffelmehl
2 EL Salatöl
1 EL Sojasauce
3 EL Wasser

Zum Anbraten:
2 TL Knoblauch
5 EL Öl

Für die Sauce:
½ TL Glutamat
½ RS Hühnerbrühe
1 TL Pfeffer
1 TL Salz
1½ EL Zucker

Vorbereitung Das Fasanenfleisch in feine Streifen schneiden, mit allen Zutaten für die Marinade vermischen und 20 Min. ziehen lassen.
Die Sojabohnenkeime waschen, Wurzeln und Blüten abknipsen.
Jetzt alle Zutaten für die Sauce in einer Schale vermischen.
Die Frühlingszwiebeln in Streifen schneiden und den Knoblauch hacken.
Das Kartoffelmehl mit 4 EL Wasser verrühren.

Zubereitung Eine stark erhitzte Pfanne zweimal mit Öl ausschwenken und das Fritieröl darin erhitzen. Das marinierte Fasanenfleisch 2 Min. darin fritieren, dann herausnehmen und auf einem Sieb abtropfen.
In dem heißen Öl die Sojabohnenkeime ½ Min. fritieren. Auf einem Sieb abtropfen und das Öl in das Vorratsgefäß zurückgießen.
Die Pfanne erneut erhitzen, das Öl zum Anbraten hineingeben und den gehackten Knoblauch darin anbraten, bis das volle Aroma entwickelt ist.
Die vorfritierten Fasanenstreifen und Sojabohnenkeime zugeben. Unter Rühren erhitzen, mit der Saucenmischung übergießen und nochmals kurz erhitzen.
Mit dem angerührten Kartoffelmehl andicken und die Frühlingszwiebeln sowie das Sesamöl untermischen.
Das Gericht heiß servieren.

Zu den Rezepten

Im Rezeptteil verwendete Abkürzungen

EL	Eßlöffel	Msp.	Messerspitze
ev.	eventuell	RS	Reisschale(n)
g	Gramm	Sek.	Sekunde(n)
kg	Kilogramm	St.	Stück
l	Liter	Std.	Stunde(n)
Min.	Minute(n)	TL	Teelöffel

Für wie viele Personen reichen die angegebenen Zutaten?

Jedes Rezept ist mengenmäßig ausreichend für 1 Person bis 2 Personen. Da beim chinesischen Essen möglichst viele Varianten in Geschmack und Zutaten erreicht werden sollen, nimmt man – wenn beispielsweise für 4 Personen gekocht werden soll – nicht die drei- bis vierfache Menge eines Gerichtes, sondern bereitet statt dessen 3 bis 4 verschiedene Gerichte zu.

Als *Faustregel* beim chinesischen Essen gilt: so viele Gäste, so viele Gerichte, und jeder nimmt von jedem Gericht ein Häppchen. Daher sitzt man beim originalen chinesischen Essen auch immer an einem runden Tisch, möglichst mit einer Drehplatte in der Mitte, auf der die Platten schön angeordnet sind, so daß jeder Gast sich leicht von allem bedienen kann.

Überdurchschnittlich lange Vor- oder Zubereitungszeiten

Am Ende derjenigen Rezepte, für die eine besonders lange Vor- oder Zubereitungszeit erforderlich ist, steht jeweils eine der nachfolgenden Angaben:

Lange Vor- oder Zubereitungszeit!	mehr als 1½ Std.
Sehr lange Vor- oder Zubereitungszeit!	mehr als 12 Std.
Extrem lange Vor- oder Zubereitungszeit!	mehr als 3 Tage

Menü-Zusammenstellung

Das chinesische Festmahl

Sehr wahrscheinlich entstand das chinesische Festmahl etwa vor 4000 Jahren zu Lebzeiten des mythischen chinesischen Kaisers Lu-Shang (etwa 2318 bis 2208 v. Chr.). Es steht in engem Zusammenhang mit der Verehrung der chinesischen Götter und den Gebräuchen des alltäglichen Palastlebens im antiken China.

Zur Vorbereitung eines chinesischen Festmahles gehören folgende Elemente: die Anzahl der Gäste und die Platzordnung, die Dekoration des Speisesaals und der Tische, die Auswahl der Gerichte und die gereichte Menge und schließlich die Reihenfolge der Gänge

Bei einem chinesischen Festmahl sitzen jeweils 10 Personen an großen runden Tischen. Normalerweise werden 10 Gängen serviert. Den Auftakt bildet eine «kalte Platte». Sie besteht aus kunstvoll zugeschnittenen Leckerbissen, die auf einer großen Drehplatte dekorativ angeordnet sind. Diese Platte wird in die Mitte des runden Tisches gestellt, so daß sich jeder Gast mit seinen Eßstäbchen nach seinem persönlichen Geschmack bedienen kann. In diesem Zusammenhang gibt es die Tradition, daß die Gastgeberin mit ihren Eßstäbchen dem Ehrengast die besten Leckerbissen auf den Teller legt.

Die Auswahl der weiteren Gänge ist eine besondere Kunst. Dabei ist unter anderem streng darauf zu achten, daß sowohl Fisch, Rind, Schwein, Geflügel als auch Gemüse irgendwo im Menü enthalten sind. Weiterhin sollten die Speisen abwechselnd süßsauer, scharf, gebraten oder gedämpft zubereitet sein. Der Ablauf des Menüs sollte wie eine Symphonie erscheinen, bei der die Besucher langsam auf einen Höhepunkt zusteuern, der dann etwas abklingt, um eine neue Spitze zu erreichen. Auf jeden Fall sollte jeder Gang neue Gaumenfreuden wecken. Natürlich werden bei der Vielzahl der Gänge nur kleine Portionen gereicht, und die Köstlichkeiten werden ohne Reis oder Nudeln gegessen.

Eine Suppe wird nicht unbedingt an den Anfang gesetzt, wie man das nach europäischer Tradition kennt, sondern eher als Zwischengang zur Beruhigung des Magens gereicht. Als Abschluß der warmen Gänge serviert man dann ein Nudel- oder Reisgericht. Dieses hat jedoch eher symbolische Bedeutung. So stehen Nudeln für ein langes Leben, Reis hingegen steht für Reichtum.

Der Anstand gebietet aber den Gästen, in diesem prosaischen Abschluß eher lustlos herumzustochern. Ein lustvolles Verspeisen von Reis oder Nudeln könnte den Gastgeber leicht beschämen, müßte er doch annehmen, daß seine Gäste von den anderen Speisen noch nicht satt geworden sind...

Zum Abschluß des Festmahls werden Obst und Tee in verschiedenen Sorten gereicht. Solche chinesische Festmähler werden an Hochzeiten, bei Siegesfeiern, beim ersten Geburtstag eines Kindes oder als jährliche Betriebsfeier (siehe S. 584) veranstaltet.

Hier einige Vorschläge, wie Sie ein solches Festessen selbst komponieren können:

Neujahrstag

Am 1. Tag des 1. Mondmonat, nach westlichem Kalender zwischen 21. 1. und 19. 2.

A

Schmorente (siehe S. 110)
Schweinerolle (siehe S. 116)
Gebratenes Hähnchenfleisch (siehe S. 157)
Tintenfisch mit Stangensellerie (siehe S. 211)
Tofu mit Sojasauce (siehe S. 223)
Buddhistische Sauergemüsesuppe (siehe S. 331)

B
Hähnchen mit Zitronensauce (siehe S. 154)
Fritierte Shrimps (siehe S. 124)
Gedämpfte Lotusblattrollen (siehe S. 163)
Tofu nach Hausmannsart (siehe S. 176)
Familienfeuertopf (siehe S. 132)

Frühlingsfest

Synonym für Neujahrsfest

A
Gedämpfte Maultaschen (siehe S. 106)
Ente auf der kalten Platte (siehe S. 109)
Knusprige Garnelen (siehe S. 122)
Schweinefleischklößchen mit saurer Sauce (siehe S. 159)
Gedämpfter Lachs (siehe S. 319)
Gekochte Schweinefüße (siehe S. 203)
Entenbrust mit Mandarinenschale (siehe S. 200)
Hähnchen mit Sesampastensauce (siehe S. 156)
Gebratener Spinat (siehe S. 496)
Feuertopf mit Meeresfrüchten (siehe S. 566)

B
Gemischte kalte Platte (siehe S. 140)
Fritierte Riesengarnelenklößchen (siehe S. 170)
Ente mit Pflaumensauce gedämpft (siehe S. 198)
Geschmorte Seegurken (siehe S. 210)
Rindfleisch mit Sa-Cha-Chiang-Sauce (siehe S. 174)
Hähnchen aus Bambusbechern (siehe S. 136)
Gedämpfter Fischkopf (siehe S. 138)
Salztrockenfleisch (siehe S. 547)
Gebratener Spitzkohl (siehe S. 417)
Rebhuhn mit Ginsengbartwurzel (siehe S. 482)

Friedhofstag

Am 3. Tag des 3. Mondmonats

A
Hähnchen Kantoneser Art (siehe S. 147)
Junger Brokkoli mit Meeresfrüchten (siehe S. 180)
Kalte Chicoree-Platte (siehe S. 224)
Yamswurzeln mit Melonen geschmort (siehe S. 225)
Bachforelle mit Seetang (siehe S. 206)

B
Tofu nach Hausmannsart (siehe S. 176)
Chinakohl mit Holzohrenpilzen gekocht (siehe S. 224)
Gebratener Kugeltofu (siehe S. 217)
Schweinerücken mit Schwarzwurzeln und Lotusgewürz (siehe S. 182)
Rote und grüne Paprika (siehe S. 300)

Drachenbootfest

Ende Mai/Mitte Juni

A
Geschmorte Seegurken (siehe S. 210)
Gedämpfte Lotusblattrollen (siehe S. 163)
Fritierte Riesengarnelenklößchen (siehe S. 170)
Abalonen in Sesampaste (siehe S. 367)
Entenbrustfilet mit Sauergemüse (siehe S. 351)
Zuckerschoten (siehe S. 128)
Lammfleischsuppe (siehe S. 525)

B
Geschmorte Abalonen mit Hähnchenflügeln (siehe S. 397)
Fritierte Jakobsmuscheln (siehe S. 394)
Gemischte kalte Platte (siehe S. 140)
Rindfleisch nach Sichuan-Art (siehe S. 130)
Auberginen mit Schweinemett (siehe S. 131)
Hähnchen Kantoneser Art (siehe S. 147)
Tofu mit Champignons auf Spinatbett (siehe S. 423)
Bittermelonensuppe mit Schweinerippe (siehe S. 362)

Mondfest

In der 15. Nacht des 8. Mondmonats

A

Knusprige Tauben (siehe S. 111)
Geschmorter Schweinebauch (siehe S. 160)
Rindfleisch mit Sa-Cha-Chiang-Sauce (siehe S. 174)
Dreifarbige Kugeln mit Meeresfrüchten (siehe S. 177)
Gebratene Ente mit Ananas und Mango (siehe S. 314)
Brunnenkresse mit fermentiertem Tofu gebraten (siehe S. 466)
Hähnchen in Reiswein (siehe S. 529)

B

Gedämpfte Ente im Porzellantopf (siehe S. 137)
Schmorhähnchen mit Knoblauch (siehe S. 232)
Rindfleisch auf Kräuterbett (siehe S. 240)
Hummerkrabben mit Chili (siehe S. 354)
Tofu mit Schweinemett (siehe S. 447)
Fritierter Tintenfisch (siehe S. 398)
Spitzkohl mit Blumenpilzen (siehe S. 410)
Rindfleischsuppe (siehe S. 215)

Frühlingsgerichte

A

Salzeier mit Tiefseegarnelen (siehe S. 168)
Gebratenes Hähnchenfleisch (siehe S. 157)
Gedämpfte Schweineklößchen (siehe S. 173)
Garnelen mit jungen Erbsen (siehe S. 184)
Krebsfleisch und Shrimps mit Spargel (siehe S. 317)

B

Tofu nach Hausmannsart (siehe S. 176)
Stangensellerie mit fermentierten schwarzen Bohnen (siehe S. 228)
Gebratene Krabben mit Tomatensauce (siehe S. 185)
Lilienblumenpilzsuppe (siehe S. 294)

C
Hähnchenleber mit Gewürzen (siehe S. 327)
Ananasbecher (siehe S. 268)
Tofu mit Champignons auf Spinatbett (siehe S. 423)

D
Tintenfisch mit Stangensellerie (siehe S. 211)
Geschmorter Tofu mit Schweinefleisch (siehe S. 114)
Sojabohnenkeime mit Möhren (siehe S. 301)

Sommergerichte

A
Fritierte Auberginen (siehe S. 349)
Gebratene Tomaten mit Ei (siehe S. 481)
Poularde mit Sojabohnenkeimlingen (siehe S. 385)
Gekochter roter Tofu (siehe S. 422)

B
Zucchini mit Tomaten (siehe S. 421)
Junger Bambus mit Sauergemüse gebraten (siehe S. 464)
Gefüllte und gedämpfte Tofustücke (siehe S. 460)

C
Chili-Hähnchen (siehe S. 469)
Babymais mit verschiedenen Gemüsen (siehe S. 465)
Kalte Platte mit Jelly-Fisch und getrocknetem Tintenfisch (siehe S. 458)

D
Gedämpfter Lachs (siehe S. 319)
Kalte Tofuplatte mit Hoa-Goa-Gurken (siehe S. 257)
Chinesische kalte Nudeln (siehe S. 337)

Herbstgerichte

A
Fritierte Auberginen mit Sojabohnenkeimen (siehe S. 301)
Garnelen mit Tofu (siehe S. 285)
Schweineleber mit Frühlingszwiebeln (siehe S. 328)
Schweinerippe mit Mais (siehe S. 286)

B
Rindfleisch mit Ananas (siehe S. 239)
Tofu mit Frühlingszwiebeln und Schweinefleisch (siehe S. 281)
Vier-Farben-Allerlei (siehe S. 358)

C
Schweinefleisch mit grünen Bohnen (siehe S. 391)
Fritierter Tintenfisch (siehe S. 398)
Suppe aus verschiedenen Köstlichkeiten (siehe S. 451)
Rindfleischsuppe (siehe S. 215)

D
Geschmorte Abalonen mit Hähnchenflügeln (siehe S. 397)
Fritierter Gemüsetoast (siehe S. 283)
Buddhistische Sauergemüsesuppe (siehe S. 331)

Wintergerichte

A
Gedämpfte Lotusblattrollen (siehe S. 163)
Junger Brokkoli mit Meeresfrüchten (siehe S. 180)
Suppe im Tontopf (siehe S. 419)

B
Gefüllte und gedämpfte Tofustückchen (siehe S. 460)
Stangensellerie mit Sa-Cha-Chiang-Sauce (siehe S. 420)
Cury-Allerlei (siehe S. 521)
Rindfleisch-Tofu-Suppe im Feuertopf (siehe S. 572)

C
Hühnerfleisch süßsauer (siehe S. 537)
Geschmortes Kaninchen (siehe S. 511)
Vegetarischer Feuertopf (siehe S. 569)

D
Bok-Choy mit verschiedenen Gemüsen geschmort (siehe S. 506)
Geschmorte Ente mit Frühlingszwiebeln (siehe S. 472)
Feuertopf mit verschiedenen Fleisch- und Shrimpsklößchen (siehe S. 567)

Gerichte für Gäste zuhause

A
Geschmorte Seegurken (siehe S. 210)
Rindernacken Kantoneser Art (siehe S. 129)
Dreifarbige Kugeln mit Meeresfrüchten (siehe S. 177)
Ananasbecher (siehe S. 268)
Rindfleisch mit Tomate (siehe S. 237)
Entenfleisch mit jungem Ingwer (siehe S. 312)
Lilienblumenpilze mit Hähnchenfleisch (siehe S. 234)
Bittermelonensuppe mit Schweinerippe (siehe S. 362)

B
Lachs-Krebs-Pfanne (siehe S. 442)
Pikantes Schweinefleisch (siehe S. 444)
Kaltes Lammfleisch in pikanter Sauce (siehe S. 433)
Geschmortes Schweinefleisch mit Ei (siehe S. 392)
Fritierte Jakobsmuscheln (siehe S. 394)
Chili-Hähnchen (siehe S. 469)
Gebratener Spitzkohl (siehe S. 417)
Gedämpfte Taubenessenz (siehe S. 527)

Alltagsgerichte

A
Chinesische Strohpilze mit Schweinefleisch (siehe S. 202)
Hähnchen mit Sesampastensauce (siehe S. 156)
Pilze mit grünen Bohnen gebraten (siehe S. 223)
Hummersuppe mit Gurke (siehe S. 361)

B
Knuspriger Fisch (siehe S. 209)
Hähnchen in süßer Bohnenpastensauce (siehe S. 194)
Gefüllte Gurken (siehe S. 270)
Gebratener Eiersalat (siehe S. 279)

C
Rindfleisch auf Gemüsebett (siehe S. 214)
Gekochte Schweinefüße (siehe S. 203)
Eier mit gebratenen Makrelen (siehe S. 213)
Pekingsuppe (siehe S. 135)
Lilienblumenpilze mit Hähnchenfleisch (siehe S. 234)
Eingelegtes Senfgemüse mit Schweinefleisch (siehe S. 247)
Glasnudeln mit Salatgurke (siehe S. 403)
Hähnchenlebersuppe (siehe S. 485)

Festtagsgerichte

A
Hummerkrabben mit Chili (siehe S. 354)
Entenbrustfilet mit Sauergemüse (siehe S. 351)
Gebratenes Thunfischfilet (siehe S. 440)
Feingeschnittener Tofu in Gemüse (siehe S. 422)
Gedämpftes Rebhuhn (siehe S. 486)

B
Gedämpfte Hähnchenflügel mit verschiedenen Pilzen (siehe S. 509)
Fritierte Rindfleischklößchen (siehe S. 519)
Hähnchen in Kokosmilch (siehe S. 550)
Gebratener Spinat (siehe S. 496)

Feuertopf mit verschiedenen Fleisch- und Shrimpsklößchen (siehe S. 567)

Geburtstagsgerichte

A

Gefüllte Schweinerollen im Netz (siehe S. 325)
Gedämpftes Rindfleisch mit Chilisauce (siehe S. 291)
Gebratene Hähnchenschenkel (siehe S. 388)
Gedämpfter Aal (siehe S. 127)
Gans mit Glasnudeln (siehe S. 346)

B

Geschmorte Hähnchenschenkel mit Kastanien (siehe S. 390)
Rindfleisch mit Tomate (siehe S. 237)
Tofu mit Schweinemett (siehe S. 447)
Grüner Bohnensalat (siehe S. 446)
Rindfleischsuppe (siehe S. 215)

Gerichte in Krankheitstagen

Gekochter Tofu (siehe S. 409)
Rettichsuppe (siehe S. 452)
Rindfleischsuppe (siehe S. 215)
Lammfleischsuppe (siehe S. 525)
Schwalbennestersuppe (siehe S. 527)

Gerichte während der Schwangerschaft

Rebhuhn mit Ginsengbartwurzel (siehe S. 482)
Gedämpfte Jakobsmuscheln mit Ginseng (siehe S. 483)
Gedämpfte Rippchen mit Angelikawurzel (siehe S. 484)
Bocksdornreissuppe (siehe S. 558)
Fischsuppe (siehe S. 523)

Gerichte zur Stärkung

Yamswurzelreissuppe (siehe S. 557)
Fleischreissuppe (siehe S. 561)
Chinesische Milchreissuppe (siehe S. 562)
Rettichreissuppe (siehe S. 556)
Getrocknete Meeresfrüchtesuppe (siehe S. 534)
Seegrassuppe (siehe S. 532)

Register

Chronologisches Verzeichnis der Rezepte nach Monaten

Januar

Februar

März

April

Mai

Juni

Juli

August

September

Oktober

November

DEZEMBER

Alphabetisches Verzeichnis der Rezepte

Verzeichnis der eingeschobenen Texte

Nachwort und Dank

Als ich in meiner Familie heranwuchs, konnte ich natürlich nicht ahnen, daß eine meiner Schwestern als Schriftstellerin Berühmtheit erlangen würde. Mit 16 Jahren schrieb sie nämlich ihren ersten Liebesroman. Als sie 18 war, wurde dieser Roman verfilmt und im Kino vorgeführt. Die Verfilmung erregte großes Aufsehen, und meine Schwester war als Autorin mit einem Schlag sehr bekannt. Bis heute schreibt sie Bücher und ist mein großes Vorbild geblieben.

Stark beeinflußt hat mich auch meine Erziehung, vor allem die Strenge meines Vaters. Er war auf dem chinesischen Festland in eine reiche Familie geboren worden und sorglos und im Reichtum aufgewachsen. Seine Eltern besaßen damals über 30 Hausangestellte. Diese kümmerten sich um das Haus und bedienten die Familie, in der alle Mitglieder an das Leben im Reichtum gewöhnt waren. Mein Vater heiratete eine schöne junge Frau und lebte mit ihr ohne große Sorgen bis zum Jahre 1949.

Als die Kommunisten die Macht übernahmen, wurde mein Vater gezwungen, mit unserer Mutter das Festland zu verlassen und nach Taiwan zu fliehen. Dort hatte er aber nicht mehr den gewohnten Luxus um sich, sondern mußte sich sein Leben durch Arbeit verdienen.

In dieser Zeit wurden wir Geschwister geboren. Wir lebten nicht in einem guten Haus wie einst unser Vater, sondern in einer kleinen Wohnung. Unsere Eltern wollten jedoch trotz des Verlustes ihres früheren Lebensstandards nicht auf gutes Essen und Delikatessen verzichten. Das frohe Leben dauerte jedoch nicht lange an. Als ich etwa ein Jahr alt war, trennten sich meine Eltern.

Wir Kinder wuchsen dann bei meinem Vater auf. Da er arbeiten und Geld für den Unterhalt der Familie verdienen mußte, wurden wir vom Vater schon von klein an mit dem Kochen vertraut gemacht. Er war ein sehr strenger Lehrmeister.

Wenn wir zum Beispiel bei einem Gericht ein bestimmtes Gewürz vergessen hatten, schimpfte der Vater während des ganzen Essens. Bei der Zubereitung der Mahlzeiten wechselten wir Kinder uns ab.

Als ich 16 Jahre alt war, konnte ich die Auseinandersetzungen mit meinem Vater nicht mehr ertragen. Ich verließ meine Familie und zog in die Hauptstadt Taipeh. Durch Zufall entdeckte ich in einer Zeitung, daß ein Hotelrestaurant einen Küchenhelfer suchte. Ich stellte mich vor und konnte bald darauf meine lange Ausbildung zum Meisterkoch dort beginnen. Als erstes hatte ich die Küche sauber zu machen. Dann durfte ich die Lebensmittel waschen, später schneiden. Schließlich wurde mir erlaubt, das Essen für das Hotelpersonal zu kochen. Nach etwa zwei Jahren begann dann meine eigentliche Ausbildung zum Küchenmeister. Ich lernte, unter Aufsicht für Gäste zu kochen. Nach sieben Jahren war meine Ausbildung dann ganz abgeschlossen. Heute arbeite ich seit vielen Jahren als Meisterkoch und lebe nun in der Nähe von Köln.

Im Rückblick danke ich meinem Vater, daß er mich auf diesen Weg gebracht hat. Auch meiner Schwester spreche ich meinen Dank aus, denn ihr Vorbild gab mir den Mut, ebenfalls als Autor tätig zu werden.

Weiter möchte ich meinen Sekretärinnen, meinen Schülerinnen und Schülern danken. Sie brachten mir viele Anregungen und leisteten mir immer wieder Hilfe.

Gerne überreiche ich das Ergebnis meiner bisherigen Berufserfahrungen jenen Menschen, die mit der chinesischen Küche in Lust und Liebe verbunden sind.